"十三五"普通高等教育会计专业规划教材

成本管理会计

张 林 主编
王 佳　谭志强 副主编

中国财经出版传媒集团

经济科学出版社
Economic Science Press

图书在版编目（CIP）数据

成本管理会计/张林主编. —北京：经济科学出版社，2017.11

"十三五"普通高等教育会计专业规划教材

ISBN 978-7-5141-8758-8

Ⅰ.①成… Ⅱ.①张… Ⅲ.①成本会计-高等学校-教材 Ⅳ.①F234.2

中国版本图书馆 CIP 数据核字（2017）第 295703 号

责任编辑：边 江
责任校对：隗立娜
责任印制：邱 天

成本管理会计

张 林 主 编

王 佳 谭志强 副主编

经济科学出版社出版、发行 新华书店经销

社址：北京市海淀区阜成路甲 28 号 邮编：100142

总编部电话：010-88191217 发行部电话：010-88191522

网址：www.esp.com.cn

电子邮件：esp@esp.com.cn

天猫网店：经济科学出版社旗舰店

网址：http://jjkxcbs.tmall.com

固安华明印业有限公司印装

787×1092 16 开 30.25 印张 660000 字

2018 年 8 月第 1 版 2018 年 8 月第 1 次印刷

ISBN 978-7-5141-8758-8 定价：56.00 元

（图书出现印装问题，本社负责调换。电话：010-88191510）

（版权所有 侵权必究 打击盗版 举报热线：010-88191661

QQ：2242791300 营销中心电话：010-88191537

电子邮箱：dbts@esp.com.cn）

前　言

伴随着我国走进新时代,"创新驱动""一带一路"倡议成为我国社会经济发展的主要推动力,大数据、云计算、互联网、人工智能等新科技的高速发展,推动着新业态、新模式和新思维不断涌现;数字经济的迅猛发展更令会计和财务管理等相关专业人才培养重新思考、重新定位;供给侧结构性改革和"三降一去一补"的具体要求,使得我国强化企业内部管理、提升企业核心竞争力成为现实工作的重中之重。在此背景之下,财政部在国内积极推进管理会计应用指引的建设。应该说,成本管理会计的研究与应用是现阶段我国会计理论与实务界最为关注度事情,本书就是在这种背景之下编写而成,主要是满足读者对成本管理会计的知识获取和方法的应用。本书可作为高等院校会计学专业及其他相关专业本科生教材,也可供会计从业人员参考使用。

本书具有以下特色:

(1) 知识体系完整,不仅介绍简单的狭义成本会计内容,还非常完整的介绍成本管理会计具体方法;

(2) 内容新颖全面,逻辑思维清晰严谨,知识点讲解准确,语言表述通俗易懂;

(3) 理论与实际结合紧密,操作性、应用性强;

(4) 习题资料及案例内容翔实,突出学生的能力训练和综合素质的培养;

(5) 注重现实,放眼未来。许多教材中对学科研究前沿作出专题介绍,开阔学生视野,形成良好的专业发展引导和思维延展,培养学生创新意识。

本书共十四章,由张林担任主编,王佳、谭志强担任副主编,谷丰、陈欣、常纪锋参加编写。张林编写第一、第九、第十章,王佳编写第七、第八章,谭志强编写第十三、第十四章,谷丰编写第四、第五、第六章;陈欣编写第二、第三章;常纪锋编写第十一、第十二章。研究生王海峰、王昱、胡浩奇、赵玥、李姝葶参与资料整理与校对工作。

  在编写此书的过程中，我们参考借鉴了国内许多同类教材，在此对这些材料的作者一并表示衷心的感谢。由于各种原因，书中难免存在疏漏之处，望广大读者朋友批评指正！

编　者
2018 年 8 月

目　录

第一章　总论 … 1
第一节　成本管理会计的形成历程 … 1
第二节　成本管理会计的概述 … 13
第三节　成本管理会计的职能与工作组织 … 16
第四节　我国成本管理会计的发展历程 … 25
课后练习题 … 33

第二章　成本核算的概述 … 35
第一节　成本核算的基本要求 … 35
第二节　成本费用的分类 … 39
第三节　成本核算的账户设置和账务处理程序 … 42
课后练习题 … 46

第三章　生产费用的核算 … 51
第一节　材料费用的核算 … 51
第二节　职工薪酬的归集与分配 … 60
第三节　其他费用要素的核算 … 65
第四节　辅助生产费用的核算 … 75
第五节　制造费用的核算 … 84
第六节　生产损失的核算 … 92
课后练习题 … 99

第四章　完工产品成本与在产品成本的计算 … 113
第一节　概述 … 113
第二节　生产费用在完工产品和在产品之间的分配 … 116
课后练习题 … 126

成本管理会计

第五章　成本计算基本方法 ……………………………………………… 132
- 第一节　成本计算方法概述 …………………………………………… 132
- 第二节　品种法 ………………………………………………………… 139
- 第三节　分批法 ………………………………………………………… 152
- 第四节　分步法 ………………………………………………………… 161
- 第五节　分类法 ………………………………………………………… 178
- 课后练习题 ……………………………………………………………… 186

第六章　成本预测与决策 ………………………………………………… 199
- 第一节　成本预测 ……………………………………………………… 199
- 第二节　成本决策 ……………………………………………………… 208
- 课后练习题 ……………………………………………………………… 216

第七章　成本计划与成本控制 …………………………………………… 219
- 第一节　成本计划 ……………………………………………………… 219
- 第二节　定额法 ………………………………………………………… 230
- 第三节　标准成本法 …………………………………………………… 239
- 第四节　变动成本法 …………………………………………………… 251
- 课后练习题 ……………………………………………………………… 259

第八章　成本分析与成本考核 …………………………………………… 265
- 第一节　成本报表与成本分析概述 …………………………………… 265
- 第二节　产品生产成本表的编制和分析 ……………………………… 274
- 第三节　主要产品单位成本表的编制和分析 ………………………… 281
- 第四节　各种费用明细表的编制和其他成本分析 …………………… 286
- 第五节　成本考核 ……………………………………………………… 291
- 课后练习题 ……………………………………………………………… 298

第九章　其他主要行业的成本核算 ……………………………………… 301
- 第一节　商品流通企业成本核算 ……………………………………… 301
- 第二节　建筑施工企业成本核算 ……………………………………… 305
- 第三节　房地产开发企业成本核算 …………………………………… 312

第四节　农业企业成本核算 …………………………………… 319
　　第五节　交通运输企业成本核算 ……………………………… 324
　　课后练习题 ……………………………………………………… 330

第十章　质量成本 …………………………………………………… 334
　　第一节　质量成本概述 ………………………………………… 334
　　第二节　质量成本管理的含义及发展历史 …………………… 339
　　第三节　质量成本的核算、控制、报告与分析 ……………… 345
　　第四节　全面质量管理与质量成本精细化管理 ……………… 353
　　课后练习题 ……………………………………………………… 356

第十一章　目标成本管理 …………………………………………… 359
　　第一节　目标成本管理概述 …………………………………… 359
　　第二节　目标成本管理的流程 ………………………………… 363
　　课后练习题 ……………………………………………………… 367

第十二章　作业成本管理 …………………………………………… 370
　　第一节　作业成本法概述 ……………………………………… 370
　　第二节　作业成本法的核算 …………………………………… 374
　　第三节　成本动因与作业管理 ………………………………… 381
　　课后练习题 ……………………………………………………… 386

第十三章　战略成本管理 …………………………………………… 389
　　第一节　战略成本管理概述 …………………………………… 389
　　第二节　战略成本管理的工具 ………………………………… 396
　　第三节　战略成本管理的实施 ………………………………… 416
　　第四节　战略成本管理的业绩评价 …………………………… 423
　　第五节　战略成本管理制度的维护 …………………………… 428
　　课后练习题 ……………………………………………………… 429

第十四章　成本管理会计专题 ……………………………………… 431
　　第一节　环境成本管理会计 …………………………………… 431
　　第二节　资源消耗成本管理 …………………………………… 441

第三节 物流成本管理会计	455
第四节 反倾销成本管理会计	462
第五节 人力资源成本管理会计	466
课后练习题	472

第一章

总 论

本章内容引言：

学习成本会计首先要明确成本的含义和成本的作用，成本含义可以从经济学、会计学不同的学科进行探析，理论成本和实际成本存在联系与差异。成本会计的发展经历了成本会计萌芽、成本会计形成、近代成本管理会计和现代成本管理会计四个阶段，每一阶段都有其发展特点。现代成本管理会计的主要职能包括成本预测、成本决策、成本计划、成本控制、成本核算、成本分析和成本考核，从其职能角度对成本管理会计进行定义，可以有狭义成本会计和广义成本管理会计之分。为了有效地进行成本管理会计工作，充分发挥其应有作用，必须加强成本管理会计工作的组织，也就是要建立健全成本管理会计机构，配备必要的成本管理会计人员，制定和推行合理的成本管理会计制度。我国成本管理会计有着自己的独特发展历程和管理特色，应该不断创新与发展。

关键术语： 成本　成本会计　成本管理会计　理论成本　实际成本　成本管理会计职能　成本管理会计工作组织　成本管理会计制度　管理会计应用指引

第一节　成本管理会计的形成历程

成本管理会计是在借贷记账法形成以后，随着社会经济发展逐渐产生和发展的，最初表现为狭义成本会计的产生，后来伴随现代管理思想的产生，形成成本管理会计。对于成本管理会计的形成与发展历程，会计学界存在一些不同的观点，但总体概括，成本管理会计的产生与发展大致有以下四个阶段：狭义成本会计萌芽时期、成本会计形成时期、近代成本管理会计时期、现代成本管理会计时期。

一、复式记账法的产生

卢卡·帕乔利（Lusa Pacioli）（1445~1517）生于意大利台伯河上游的博尔戈·圣赛波尔克罗镇。1494年，威尼斯黄金出版社出版了他的《算术、几何比及比例概要》。这本会计名著中有关簿记的篇章是对复式簿记的系统总结和发展，用他自己的话说"本书并不是他的独创，而是几本手抄本的合成。"这本名著是他30年心血的结晶，对会计的发展产生了划时代的影响。

《算术、几何比及比例概要》由五部分组成：
1. 算术和代数；
2. 商业算术的应用；
3. 簿记；
4. 货币和兑换；
5. 纯粹数学和应用几何。

其中，第三卷第九部第十一篇《计算与记录详论》全面论述了复式簿记。这是帕乔利对已有复式簿记的理论总结和再造。正如美国丹尼尔·雷恩所说："虽然，热那亚、佛罗伦萨和威尼斯的银行家早在1340年就运用复式簿记的基本原理来记账，但是，第一次用文字的方式说明这种方法的则是方济会的一位僧侣，名叫卢卡·帕乔利。帕乔利所提出的方法是第一个管理信息的系统；这个系统可以告诉企业主有关他的现金和库存的情况，并且使他能够对他的现金流通的情况进行检查。这种系统不能对他的费用开支情况作出说明。直到二十世纪，帕乔利的方法才得到改进。"

丹尼尔从管理的高度评价了帕乔利的历史贡献，把《数学大全》中的簿记体系看成是一个管理信息系统，并从现金流量管理的角度分析了这个系统的管理意义和作用。在《数学大全》问世的时期，由于工业革命还未到来，成本管理会计尚未形成，要说明费用的开支情况是困难的。但是，在帕氏著作中贯穿的资产计价的内容，却提出了两种计价方式：一是成本；二是市价（估价），并在第37章中，两度讲到谨慎地估价原则。应当认为这是帕乔利成本思想的具体体现。"帕乔利在第22章论述了费用分配的记录方法。他建议，临时费用和损失应与营业费区分开来，应设置杂项费用账户……"，也体现了他的成本费用思想。

二、16~17世纪的成本会计萌芽

16~17世纪，是西方资本主义国家工场手工业的发展时期。这一时期的工场手工业遍布冶金、纺织、采矿、制盐等行业。工场手工业与家庭手工业相比，需要投入更多的生产要素，生产规模更大，劳动生产率也明显提高。因此，如何精确计算生产的投入和产出，就成为会计所面临的新问题。这样，成本会计也就应运而生了。

比较早的成本会计尝试，是德国的雅格布·富格尔（Jakob Fugger）家族。富格尔家族为了核算矿产开采和冶炼成本，突破了传统的簿记方法，专门设置了一些账户用于成本核算。如用"矿产和铸造场"账户专门记录各种材料和人工费用；"冶炼场"账户用来反映营业费和装运费等事项，然后通过汇总计算矿石的生产成本。

意大利的成本实践活动源于佛罗伦萨市的梅第奇（Medici）家族在1531年创立的纺织合伙手工业工场。该工场将原材料——羊毛在日记账中核算，人工费的工资单独设账核算，然后在"织物制造和销售"暂记账户中，对各批原料的成本和收入进行比较，以便算出一个经营期内全部织物的利润。

"普拉廷"印刷厂是由法国人克里斯托费尔·普拉廷于1555年在安特卫普创办，1563年改为合伙企业。在成本核算方面，他们设置了"原材料"账户，并建立了反映工资支付情况的工资账,当某一规格的印刷品制成后,再将印刷品生产过程中所耗费的纸张、劳务费等转入"书籍制成品"账户,从而使生产过程的核算与销售过程的核算得以分开。印刷厂中原材料账户、书籍制成品账户以及工资账户,都是根据成本核算的目的来设立的,并在成本计算中起到关键的作用。因而在成本会计发展史上占有重要的一页。

在16~17世纪的工场手工业时期,由于生产力水平低、科技不发达、企业规模普遍较小、产品品种单一,整个市场产品供不应求,处于卖方市场状态,因而消费者只是产品的接受者,并无多大的选择余地。在这种条件下,企业经营活动的重心自然是想方设法地提高生产效率、增加产量,成本核算只是企业生产经营活动的一个附带职能。当时产品按照订单生产,工场主为了规定产品的价格,必须正确估算成本,把成本视为制定价格的工具,比之控制生产耗费更为重要。特别是设备制造商和工程建造企业,更需要估计成本,以作为投标报价的依据。那时人们计算成本只将直接材料和直接人工看成是产品成本,将间接费用看成是一种生产损失。对于成本记录和财务会计记录也未能有效结合,甚至在总分类账中也不反映产品成本的结转情况,时常用统计方法来计算成本。对于原材料都采用实地盘点,先确定期末结存量,再来计算耗用量,而不采用永续盘存法。可见,处于萌芽时期的成本会计内容与方法都相对简单,成本计量主要是借助统计方法来实现,成本记录大都是在会计账户体系之外进行的,所提供的信息也较为单一和零散,距离成本管理的要求甚远。因此,当时所进行的关于成本会计的种种尝试,只能看作成本会计的萌芽。

当时在会计书籍中最早比较全面地讨论成本计算内容的要推属英国的 F. W. 克朗赫尔姆(F. W. Cronhelm)。1818 年,他在《簿记新法》一书中专列一章《单一产品的复式记账》,以毛纺厂为例,叙述了成本计算的简单方法,并最早采用了永续盘存法。

三、成本会计形成时期(18 世纪中叶~1920 年)

(一)欧洲成本制度的形成

18 世纪 60 年代开始的产业革命,也称工业革命,是从手工业技术为基础的资本主义工场过渡到采用机器的资本主义工厂制度的时期。产业革命开始于英国的纺织业,经过 80 年代蒸汽机的发明,发展到化工、冶金和机器制造。19 世纪法、德、美、日等国相继完成产业革命。在产业革命时期中生产技术上的革命推动着企业管理和成本思想的重大变革。

总的来说,工业革命可概括为工具的革命(如纺织机等新设备的出现)、动力的革命(瓦特发明蒸汽机)、材料的革命(焦炭、韧性铁、钢),而由此引发的是全社会的大变革也包括会计方面,主要表现在:

(1)工业革命标志着由资本主义工场手工业向资本主义机器大工业发展阶段的推进,生产力的显著提高与生产方式的变革,促进了以市场为中心的社会经济的变革,进而促使社会经济关系、市场经济关系与公司经济关系的复杂化,以及促使生产与经营朝着社会化、系统化与规模扩大化的方向发展。

（2）工业革命使整个经济社会开始呈现出科学技术、市场经济与经济管理三位一体的发展趋势，其中公司经济管理又体现出向科学化、系统化方向发展的特征，会计与财务、审计在公司经济管理与市场经济管理中具有越来越重要的作用。

（3）工业革命促使工厂制度的建立，自然而然产生对正确计算成本信息需要的期望。

18世纪的实业家对成本信息十分关注，工厂管理人员需要履行如下职责：

（1）搜集包括资产计价和折旧程序在内的资本效益会计，以便计算可用来发放股利的利润；

（2）防止舞弊和偷窃行为的发生，满足工资支付的需要，并保持资产流动性；

（3）需要生产控制数据，例如，原材料的库存量应足以防止因短缺而停工，也不应过大而浪费资本；

（4）检查不同生产过程的产出和费用的绝对数和相对数，以考核其经营效率；

（5）他们需要成本会计：

①计算期末库存和商品销售额；

②在工商业衰退时期确定产品价格可以降低到何种程度，同时使降低后的价格仍能补偿其变动成本；

③根据未来成本和替换成本的估计，进行合理的决策。

从这里，我们看到产业革命中，英国实业家和管理人员具有何等强烈的成本意识和对成本会计的那种迫切要求。这些要求是在成本会计思想的不断发展的过程中逐步实现的。

到18世纪中叶，英国人已经发展出迄今仍在使用的基本成本计算方法，即分批法与分步法。1750年，詹姆斯·道格森（James Dodson）在《会计人员或簿记方法》中介绍了制鞋厂的分批成本计算方法，道格森将每种规格鞋子按不同的材料计算价格，使鞋子的材料总成本等于耗用兽皮及皮革的总成本，这种处理方法，就是现在分批成本法的开端。

1777年，汤普森（Wardhaugh Thompson）以亚麻制袜为例，从亚麻"存货"账户开始，经过纺麻、漂白、染色、织袜及修整等各道工序的价值流转，最后算出每双袜子的成本，并在账户中列示了各步骤记载用量、用工数量以及价值的复式分录，可以说是分步成本法的萌芽。

1788年，罗伯特·哈密尔顿（Robert Hamilton）出版《制造商的商品简介》，其中对分步法问题也有阐述。1818年，克朗赫尔穆（Cronhelm）出版《簿记新法》，其中专辟一章"单一产品的复式记账"，以毛纺厂为例，叙述了成本计算的简单方法，并最早采用了永续盘存法。A. 佩恩（A. Payen）也在1817年介绍了车辆制造厂的分批成本计算法和胶水制造商的分步成本计算法。

1804年，约翰·米夏埃尔·洛伊赫斯（Johann Michael Leuchs）出版的《商业体系论》一书中，作者以企业价值的流向为基础，对成本要素进行了系统的分类，并采用了"近的费用"和"远的费用"的概念，从而提出"直接费用"和"间接费用"的划分。

詹姆斯·蒙哥马利（James Montgomery）撰写了最早的"管理"教本，著作有《棉纺者手册》《棉纺理论与实践》等。蒙哥马利在管理上的意见多属技术性的，谈到了如何检查劳动的质量和数量，如何调整和修理机器，如何降低成本以及在惩罚下级时如何"避免不必要的严厉行动"。他还主张管理上的事前控制，他指出，管理人员必须"公正无私，坚决果断，随时准备防犯错误的发生，而不是在发生问题后再去检查……"。他首次对不同国家的管理和成本进行比较研究。他的研究发现，当时，美国生产成本高，工资也高（包括妇女的工资），但是原材料成本低。英国公司的生产成本较低，工资也较低，但是原材料开支却较高。因此，蒙哥马利认为，英国拥有较强的竞争力，因为英国公司管理较好。蒙哥马利1836年受聘于美国迈阿州萨科地区约克纺织厂任总管，因此有机会对美英两国的管理和成本进行比较研究，只不过这种比较仅限于纺织业。尽管如此，蒙哥马利的比较，实际上已具有斯密和李嘉图关于比较成本学说的思想了。

1843年，C. D. 福特（C. D. Fort）再版了《单式和复式簿记在工业中的应用》一书。在书中，作者认为，成本核算的目的有二：一是确定价格；二是在年度末计算损益。主张设置"工厂经费账户"，以汇总间接费用，按单个产品进行计算，费用摊配采用估计的标准进行。

1865年，C. A. 基尔博（C. A. Dolphe Guilbault）在巴黎出版了《工业会计和管理概论》一书，书中第一部分，将账户分为人的账户和一般账户两大类；其中一般账户又分为"资本一般账户"和"经营一般账户"两种，前者反映资本形态的变化，后者反映经营活动的变化。第二部分专设"成本"一章，强调按取得成本在财产目录和资产负债表上反映各种财产，提出估价的一般原理，在这种成本主导思想的指导下，对库存资产估价和固定资产估价进行了探讨，并提出了对折旧问题的见解，使他的成本思想与管理结合了起来。

1865年，C. G. 戈特沙尔克（C. G. Gottschalk）在出版的《会计核算制度基础及其在产业设施上的应用》一书中，较为详细地论述了特别费用与一般费用的概念，并设置相应的账户，其特别账户用以反映工厂某部门或各部门的会计事项；一般费用账户用以记录非特别账户反映的有关经营的各种应负担的费用。

1869年，阿尔贝特·巴勒维斯基（Albert Ballewski）出版的《机械厂的成本核算》一书中，首先引进了"一般费用"的概念，用以计算那些无法直接确定的支付与付给。他还把成本计算形态分为特殊（成本）计算和汇总（成本）计算两部分，并提出间接费用的摊配标准等。

1878年，托马斯·马特斯比（Thomas Battersby）出版了《优秀的复式簿记人员》一书。书中的成本思想主要表现在：①提出"主要成本"或"第一成本"的概念，这一概念主要指直接材料成本。主张按"主要成本法"在各核算对象间摊配费用；②论及了划分直接费用和间接费用的法则；③介绍了"正规的折旧制"，并将折旧费列为主要成本的项目之一。

1887年，英国电力工程师埃米尔·加克（Emile Garcke）和特许会计师约翰·曼杰·

费尔斯（John Manger Pells）正式出版了他们合著的《工厂会计》一书。该书是19世纪最著名、最有影响的成本会计专著。加克和费尔斯把成本计算的程序簿记化了，从原材料到产成品的一系列总账的主要成本计算程序是非常完整的。通过原材料、工资账户将原材料费和人工费过入"生产"账户，并在该账户借方记录现金出纳账户直接用于生产过程的支出；定期从"生产"账户将生产成本过入"产品"（产成品）账户，"生产"账户余额为在产品；产品销售时，将销售品的成本过入"营业"账户借方，将售价记入贷方；原材料账户、生产账户、产品账户的余额反映为期末库存，"营业"账户余额为毛利。从而完成了成本记录与财务会计的完全结合，这种账务处理程序迄今基本未变。

加克和费尔斯还对间接费用作了解释和划分，并主张用劳动时间去分配间接费用，可见，他们的成本会计思想已进入相当成熟的阶段。

1889年，诺顿（Gre. P. Norton）在伦敦出版了他的《纺织工厂簿记》一书。他在书中提出以生产账和经营账作为成本核算的主要账簿。他认为生产账是根据成本资料做成的生产成本报告书，而经营账则是详细分类反映最终利润的报告书，进而对费用的分类，费用的摊配等内容进行了探讨。

1896年，J. S. 刘易斯（J. S. Lewis）出版了《工厂的商业组织》一书。在这本书中，刘易斯针对间接费用的不同处理办法，提出按商业会计中费用账户的做法，将开办费用账户中反映的实际费用直接往损益账户结转，而且认为所有的开办费、折旧费、工厂和建筑维修费、租税、销售费均应分类汇总在损益账户的借方，以便对间接费用作一次性核算。这种做法在当时被认为是比较简化而有效的。

由于工业革命及规模经济对盈利性的影响，工厂制度开始建立，由此也带来对会计信息的新需求。由于以前通过市场交易、付费完成的加工过程开始在企业内部进行，企业主只需要一种指标来衡量内部产出的"价格"，但缺乏有关企业内部发生的加工过程的价格信息，企业主就只好设计多项指标（重在评估每道工序和每个工人的加工成本，例如每小时成本或者每磅成本），把人工和材料成本分配到最终产品上，从而汇总出总体效益。这些指标被用来激励和评估那些监督内部加工过程的管理者以及激励员工达成生产力目标。

19世纪末，荷兰开始将商业簿记与"必须为测定生产成本提供实际资料"的工业簿记相区分。第一次世界大战后，K. G. 西蒙（K. G. Simon）出版了他的《工业成本会计与管理组织》，在这部书中，西蒙把成本会计作为得出制造过程管理原理的基础，使会计与企业管理之间关系有了逐步的发展。

到了20世纪初，德国的成本会计思想逐步走向系统化和标准化。最明显的是1905年弗里德里希·莱特纳出版的《工业经营的成本核算》一书。该书用丰富的例解对间接费用的分类和摊配标准进行了系统的研究，并提出建立部门成本核算制度的思想。此外，1906年，德国机械工业协会成立了研究成本核算问题的委员会。3年后该委员会在柏林发布了《机械厂的成本核算》的文件，规范了机械行业的成本核算制度。进而，经济制造委员会于1920年提出了《成本核算基本方案（草案）》，从而统一了成本核算方法和各种成本概念，对德国成本核算的成果进行系统总结，确定了实际成本计算制度。

（二）美国成本会计的形成

美国19世纪以前一直推行殖民地商业会计的模式。到了1807年的禁运法案和1812～1814年的英美战争后，美国才开始摆脱殖民统治，走上独立发展资本主义工业的道路。在当时，虽然尚未形成成本核算的思想体系和方法，但在时代的推动下也闪烁着成本会计思想的火花。

1854年，约翰·弗莱明（John Fleming）在《复式簿记》中，对工业簿记作了初步介绍，其中提出"工厂账户"，以核算成本和损益。

1882年，德怀特·S.道（Dwight. S. Dow）在他的《簿记》中，提出应设置"制造账户"以核算购进的原材料和雇用的劳动力等，但未提出制造费用。

1882年前后，《簿记员》杂志的主编撰文，强调了反映成本的必要性，并提出工厂会计制度应包括三项纪录：一为反映原材料成本的记录；二为反映由原材料变为产品时的成本记录；三为计算生产收益的记录，在这里体现他的成本思想的主要观点。

直到1885年，由亨利·梅特卡夫（Henry Metcalfe）在纽约出版了他的《产品成本》一书。书中介绍了一种新颖的成本表，并阐述了这个表的记录和计算方法。但是，该书主要围绕政府的兵工厂的经营情况进行设计，未涉及资本和利润。

哈密尔顿·丘奇（Hamilton Church）生于英国，1898年移居美国。他是第一个将成本核算放到整个生产企业的关系上去考察的人。他不反对对成本会计进行改良，而且是工厂经营的合理化组织。他对间接费用的分配进行了系统研究，1901年在《工程杂志》上发表了6篇关于"间接费的适当分配"的论文。他主张，如果可能按一种机械或一组同类机械为分配间接费用，机械小时率就可以成为准确的分配方法。因此，应将工厂分成许多小型车间或生产中心，然后按预定时间率将间接费用分配到作业上去。这样，就可将重要的费用，如电力费、折旧费、租金和保险费等，按分配这些因素的使用率把它们分配到各部门，再从各部门分配到生产中心，最后，根据充分营业的假设，使用"科学机器率"在产品中分配。为了使分配更加准确，丘奇还主张采用追加分配率进行二次分配。

丘奇关于分配间接费用的方法非常细致，但实际使用起来，显得太复杂且增加工作量。尽管如此，他的这一思想对美国后世研究者们产生了很大影响。后来，我们看到在惠特莫尔（Whit-more，1908）、尼科尔松（Nicholson，1907）、韦伯纳（Wehner，1911）、莫克塞伊（Moxey，1913）、斯科维尔（Scorell，1916），以及乔丹（Jordan）和哈里斯（Harris，1920）的著作中，都受到丘奇思想的直接影响。

丘奇的门徒，约翰·惠特莫尔（John Whitmore），在介绍和采用丘奇对间接费用的分配方法的基础上，对闲置生产能力成本采用二次分配的处理方法进行了否定。认为这部分成本不应作为间接费用进行分配。他主张运用标准分配率将直接人工费摊配到产品上去的方法。美国成本会计思想的形成和发展比欧洲各国显得落后一些，这是长期殖民统治的结果。但是，在产业革命前，从美国闪烁的成本会计思想的火花中，我们隐约看到了美国成本会计思想未来发展的巨大潜力。

(1) "成本"账户与"财务"账户分开登记。1899 年，H. L. 阿诺德（H. L. Arnold）出版了《健全的成本核算员》(*The Complete Cost—keeper*) 一书，论述了作者认为当时最先进的 15 家公司的成本核算制度。在费用的记录上，他采用了传统的方法，即将制造费用、管理费用等成本账目与财务账目分开来进行登记。尽管阿诺德已经意识到这种截然分开的办法并不妥当，另外，他也知道一些将财务账簿与成本账簿部分结合起来的实际做法，但可能由于当时他本人还未形成一定的思想，所以没能在书中体现出来。

(2) 成本账户与财务账户结合起来。1903 年，阿诺德出版了《工厂管理者和会计师》(*The Factory Manager and Accountant*)，除介绍美国当时的会计实务外，还提出自己对成本核算的观点。他认为成本记录是出于对工厂未来管理的需要，之所以对已发生的成本进行记录，是为了在将来更好地控制它。在书中，他还介绍了"财务"账户与"成本"账户的结合问题，从而使他在 1899 年的专著中未能表达的想法终于变成了现实。

1913 年，尼尔森出版了第二部专著《成本会计——理论与实务》(*Cost auounting——Theory and Practice*)，本书最突出的特点是引进了可将"财务"账户与"成本"账户结合起来的对应账户制度。

总之，1890～1915 年，成本会计发展得最快。在这一时期，成本会计的基本结构系统形成，尽管许多企业在 1930 年前还未正式将成本记录和总账账目相结合，但结合的方法已经设计出来。基本公认的是，一切实际费用都要分配于有关的生产工序，相应分配于个别批次的程序也拟订了出来。虽然制造费用的分配不一定必须与一般会计记录相结合，但制造费用的分配已经是平常的事了。

相比之下，19 世纪末 20 世纪初美国的成本会计比英国发展得更加完善，究其原因主要是两种经济环境下的工业活动组织方式的差异所致。英国的工业企业倾向于单一过程的专业化，至少在 20 世纪 20 年代是如此；而美国的工业企业则倾向于将几种生产过程综合在同一企业中。学者强调造成组织方式差异的原因是英国的市场机制比美国更为完善和有效。与美国企业相比，英国企业在单一生产过程中实现专业化，能够依赖市场价格，在企业之间协调完成更高比例的经济交易，并不需要用会计记录来确定中间产出的成本。而美国企业综合管理着两种或多种生产过程，需要"成本"账户来计算中间产出的成本。所谓英国企业"没能"采用人们认为先进的美国成本会计方法，实际上是由于英国市场有效性更高的结果。这种有效性使英国企业得益于通过市场交易协调各种生产过程，从而消除了使用复杂的内部成本会计方法的必要。同样由于英国的企业结构比较简单，公司总分类账上的信息既可以直接用于制定财务报告，也可用于制定审计财务报告，所以，英国的审计人员没有理由强烈要求企业将"成本"和"财务"账目结合起来。

四、近代成本管理会计时期（1920～1945 年）

20 世纪初，资本主义发展从自由竞争阶段向垄断阶段过渡，随着社会生产力的迅速发展.社会资本逐渐向大企业集中,企业规模不断扩大,促使经营管理复杂化,而且由于大量生产带来的平均利润率下降,迫使企业必须改变凭经验或惯例进行管理的传统方法,转而依靠专门知识,创造和应用科学的管理方法,加强计划组织、协调和控制等职能,实现内部管理的标准化、专业化和数据化。

1911年,美国工程师F. W 泰罗(F. W Taylor)出版了管理学名著《科学管理原理》,将科学引进管理领域,提出了"以计件工资和标准化工作原理来控制工人生产效率"的思想,这很快在美国得到广泛推行,并迅速传播到世界各工业发达的国家。在科学管理理论与方法的启发下,会计中"标准成本""差异分析"和"预算控制"等技术方法应运而生。与以往仅仅利用过去实际发生的数值进行成本计算的方法不同,标准成本法要求企业在产品开始生产之前预先制定作为规范的标准数值,在实际生产经营过程中,随着生产耗费的发生,就将实际资金耗费与标准成本值相比较,从中揭示实际耗费脱离标准的差异,以便及时采取措施予以调节。最先提出标准成本计算公式的是埃默森(H. Emerson),他在1913年出版的《效率十二项原则》一书中列举了标准成本的计算公式,但这些公式只能用于计算标准成本,缺乏差异分析的有效手段。

美国人G. 查特·哈里森(G. Charter Harrison)根据埃默森的观念,为伊利诺伊州科瓦尼城的轮毂制造公司设计了一套完整的标准成本会计制度。他在1918年发表一系列文章,其中曾介绍一套分析成本差异的公式,并认为标准成本法已脱离实验阶段而进入实施阶段。哈里森在1924年和1930年先后出版了《有助于生产的成本会计》和《标准成本论》两书,对标准成本计算进行了全面的论述,同时系统地提出了标准成本差异分析的计算公式,从而真正确立了标准成本的计算基础。标准成本制度的诞生和发展,将成本会计从单纯的事后核算成本前移到事中成本控制,使企业工程技术人员、管理人员及生产工人都增强了控制成本的意识,有利于企业成本的降低和节约。它不仅是一种成本制度,而且能够满足企业损益计算的需要,从而将成本控制与成本核算有机地结合起来。以标准成本为中心的科学成本会计体系是成本管理会计发展的重要历史阶段,此时的成本会计定义为:"成本会计是用来详细地描述企业在预算和控制它的资源(指资产、设备、人员及所耗的各种捌料和劳动)利用情况方面的原理、惯例、技术和制度的一种综合术语。"

20世纪30年代,在制造业迅猛发展的推动下,成本管理会计有了新的发展。为适应制造业环境变化的需要,成本会计发展为以分步成本会计和分批成本会计为主要内容的完整体系。1925年美国的劳伦斯出版了《成本会计》,1935年陀耳出版了《成本会计》,前一本书为《劳氏成本会计》,后一本书称为《陀氏成本会计》,两本《成本会计》均在标准成本与差异分析的基础上形成了主要服务于制造业的成本会计体系,此时的成本会计被定义为:"用以记录及分析一特定企业之各项支出,研究及解释其所得的资料,并借以作为经营及管理企业的指针。就狭义而言,所谓成本会计,专指制造企业的会计。"(陀耳,1935)

在这一时期,预算控制作为成本管理会计控制制度的另一方面被引入成本管理会计体系,它与标准成本制度是成本控制的两大支柱。1921年,美国《预算与会计法案》的颁布对企业预算控制起了催化作用。1922年，J. O. 麦金西（J. O. Mckinscy）的《预算控制》问世，对以后较长时期预算控制的发展产生了巨大的影响，被誉为预算控制方面第一本专著。而同年美国全国成本会计师协会第三次会议以"预算编制和使用"为专题展开研究，则将预算控制引向深入。预算控制的初始，是采用固定预算（也称静态预算）方法，即根据预算期间某一业务量（如产量）计划水平来确定其相应的预算数。但是由于产量变动使预算数和实际数无法比较，影响了预算控制的实际效果。到了1928年，美国一些会计师和工程师根据成本和产量的关系，提出分别制定固定预算和弹性预算方法。所谓弹性预算是根据计划期内可以预见某一业务量（如产量）的各种水平来确定相应的预算标准，使间接费用实际数同计划数更具有可比性。这样，企业预算可以合理地控制不同属性的费用支出，有助于正确考核经营者的工作成绩。所以，弹性预算是20世纪30年代成本管理会计中的最大进步之一。

成本管理会计的应用范围也由原来的工业企业扩展到各种行业，并深入企业内部的各个主要部门，特别是应用到企业经营的销售方面。

五、现代成本管理会计时期（1945年以后）

第二次世界大战以后，工业迅猛发展带动了科技的飞速发展，同时，科技的发展又促进了工业经济的发展，生产自动化程度越来越高，产品更新换代速度越来越快，市场竞争更加激烈。激烈的市场竞争使实业家们的经营理念发生了巨大变化，由原先生产导向型逐渐转变为顾客导向型，这一观念的转变给企业家们的生产目的、生产流程、管理方法等带来巨大影响，也给成本管理会计带来了深刻的变革。目标管理理论的应用直接导致了目标成本会计的产生，按照顾客的需求确定目标价格与目标利润，然后再确定目标成本，从而控制从产品设计到产出、分发、销售等各个阶段的技术工艺消耗成本。

在这一时期，成本管理会计有了重大的发展改变，成本管理会计的主要内容包括：

（1）实行变动成本计算法。这种成本计算模式只把变动成本计入产品成本，而把当期固定费用从销售收入中扣除，免去固定成本的分配计算程序。变动成本计算法早在1936年就由美国会计师乔纳森·N. 哈里斯（Harris）提出。但由于这种方法也存在一定缺陷，未被美国税务当局认可。直到1947年，匹兹堡厚玻璃公司玻璃部成功地采用了变动标准成本制度，才使这种方法得到了更多人的关注和支持。美国证券交易委员会和国内税务署规定企业只要将公开发表的数据调整为包括固定性间接费用在内，则可以采用这种方法。从20世纪50年代开始，美国会计界关于变动成本法的研究逐渐增多。实务中这种方法在实际成本制度和标准成本制度条件下都可采用。它不仅是一种可以减少计算工作量的成本核算方法，同时还为企业进行预测和决策创造了有利条件，所以它是企业经营管理所需的重要方法之一。一般来说，变动成本法优点多于缺点，它完全可以有效地在企业内部使用。

（2）实行目标成本计算。20世纪50年代后期，由于美国产品已经占领国际市场和日本市场，日本为了打开市场只能采取低成本战略。日本人发现产品的绝大多数成本在生产开始之前已经被研发设计所锁定，使得成本控制的重点在研发设计而不是生产，而控制研发设计成本的关键是采纳新的技术和材料。于是将会计方法与工程技术有机结合就形成独具日本特色的成本管理模式——目标成本制度。目标管理是美国管理学家 P. 德鲁克（P. Drucker）在 20 世纪 50 年代出版的《管理实务》一书中首次提出，以后在乔治·奥迪奥恩 1965 年出版的《目标管理》一书中作了全面论述。由于目标管理和全面预算的结合，从而使成本管理向着目标化方向迈进。目标成本会计运用预测理论和方法，建立起数量化的管理技术，对未来成本发展趋势作出科学的估计和预算；运用决策理论和方法，依据各种成本数据，按照成本最优化的要求，研究各种方案的可行性，选取最优方案，谋取企业的最佳效益，从而使成本管理会计向预防性管理方向发展。

（3）实施责任成本核算。随着企业规模日益扩大和管理日趋复杂，管理由集权制转为分权制。为了加强企业内部各级单位的业绩考核，1952 年美国会计学家 J. A. 希琴斯（J. A. Higgins）倡导了责任会计，将成本目标进一步分解为各级责任单位的责任成本，进行责任成本核算，使成本控制更为有效。

（4）推行质量成本核算。所谓质量成本是指为了保证和提高产品质量而支出的一些费用，以及因未达到质量要求而发生的损失成本。质量成本核算是按产品从形成直到消费的全过程，对发生的各种质量成本进行的货币形态的核算，它是质量成本管理的基础，也扩大了成本管理会计的研究领域。随着工业生产的发展，企业对质量管理日益重视。从 20 世纪 20 年代开始，质量管理几经变革，从质量检查阶段，经过统计质量管理阶段，直到 60 年代，形成全面质量管理的理论。在 50 年代，质量控制部门就发现，需要一种新的管理方式，即以货币为基础的新的管理统计方法，即质量成本。到 60 年代末，质量成本概念基本形成，并确定了质量成本项目、质量成本的计算和分析方法，从而扩大了成本管理会计的研究领域。在这方面，美国质量管理专家 J. M. 朱兰（J. M. Juran）等对此进行了系统研究，出版了大量著作，作出了很大贡献。

（5）推行价值分析。1947 年，美国通用电气公司采购部门工程师 L. D. 麦尔斯（L. D. Miles）提出这个概念。当时他在采购工作中发现购买材料只是为了获得材料的"功能"，而不是购买材料的本身，因而只要材料功能相同，就可以相互替换。于是他就从代用材料开始，通过不断实践，总结出了一套在保证产品质量前提下降低成本的科学方法，当时叫作价值分析。这种方法节省成本效果显著，广泛应用于航空、造船、电子、汽车等部门，后来迅速推广于西欧、日本等国，形成了完整的科学体系，才改称为价值工程。

（6）应用作业成本法。20 世纪 50 年代，源于日本丰田汽车公司的成本企划即是目标成成本管理方法，其理论观点和指导思想对传统成本会计带来了巨大的冲击；按照詹姆斯·A. 布林逊在其《作业会计》一书中的解释，所谓"作业"是企业为提供一定量的产品或劳务所消耗的人力、技术、原材料、方法和环境等的集合体，作业成本会计的实质是以"作业"作为企业管理的起点和核心，摒弃了传统的以"产品"作为企业管理核心的观点，引导管理人员将注意力集中在发生成本的原因——成本动因上，其作业概念的丰富内涵必将引起一场重大的成本管理会计变革。

作业成本法是英文 Activity – Based Costing 的中译名，简称 ABC 法。它是 20 世纪 80 年代由美国学者创建的。作业成本计算法是一种以作业为基础的成本计算和管理系统。它以作业为中心，通过对作业成本的确认、计量和成本动因的选择，提供相对准确真实的产品成本信息，从而提高决策、计划的科学性和有效性；通过对所有作业活动进行动态地追踪反映和作业分析，为尽可能消除"不增值作业"，改善"增值作业"，提高"顾客价值"，提供及时有用的信息，促使损失、浪费减少到最低限度，从而促进企业管理水平的不断提高，对各种作业的间接费用采用不同的间接费用分配率进行成本分配的成本计算方法。它是对传统的成本计算方法的革新。

（7）实施战略成本管理。从 20 世纪 60 年代美国经济学家 H. I. 安索夫（H. I. Ansoff）全面提出公司战略概念以来，战略管理日渐成为理论与实践研究的新热点。战略成本管理最早于 80 年代由英国学者西蒙提出，他当时对战略成本管理仅仅作了一些理论性的探讨。美国哈佛商学院的迈克尔·波特（Michael E. Porter）教授在《竞争优势》和《竞争战略》两本书中为我们指出了运用价值链进行战略成本分析的一般方法。美国管理会计学者杰克·桑克（Jack Shank）等人接受了西蒙提出的观点，并在迈克尔·波特研究的基础上，于 1993 年出版了《战略成本管理》一书，使战略成本管理的理论方法更加具体化。1998 年，一向推崇作业成本制度的英国教授罗宾·库珀（Robin Cooper）也提出了以作业成本制度为核心的战略成本管理体系。进入 90 年代以后，日本成本管理的理论界和企业界也开始加强战略成本管理方面的研究，提出了具有代表意义的战略成本管理模式——成本企划。因此，总的来看，国外学者对于战略成本管理的研究是从 20 世纪 80 年代末开始的，其研究的出发点是成本管理系统如何为新兴的企业战略管理服务。

战略成本管理（strategic cost management）就是战略管理在成本控制与管理领域中的应用和发展，其强调在成本管理过程中，不仅要控制成本，而且要关注提高企业在市场竞争中的战略地位。

战略成本管理是以企业的全局为对象，根据企业总体发展战略而开展。战略成本管理的首要任务是关注成本战略空间、过程、业绩，可表述为"不同战略选择下如何组织成本管理"，即将成本信息贯穿于战略管理整个循环过程之中，通过对公司成本结构、成本行为的全面了解、控制与改善，寻求长久的竞争优势。它把企业内部结构和外部环境综合起来，企业的价值链贯穿于企业内部自身价值创造作业和企业外部价值转移作业的二维空间。因此，战略成本管理从企业所处的竞争环境出发，其成本管理不仅包括企业内部的价值链分析，而且包括竞争对手价值链分析和企业所处行业的价值链分析，从而达到知己知彼、洞察全局的目的，并由此形成价值链的各种战略。

区别于传统的成本观念，战略成本管理作为一种全面性和前瞻性相结合的管理技术，在开放竞争的环境下，扩展了成本概念的外延，动态地获取了成本相关信息，这主要包括价值链的分析、战略定位和成本动因分析。

综上所述，成本管理会计的方式和理论体系，随着发展阶段的不同而有所区别。

从成本管理会计的方式来看，在早期成本会计阶段，主要采用分批或分步成本会计制度计算产品成本，以确定存货成本及销售成本；在近代成本管理会计阶段，主要采用标准成本制度和成本预算制度，为生产过程的成本控制提供了条件；在现代成本管理会计阶段，加强事前成本控制，广泛应用各种会计方法与理念控制成本开支，增加企业效益。从会计理论体系而言，早期成本会计理论只是简单的成本知识和管理经验逐渐积累与形成，难以形成完整体系；在随着产业革命完成，现代化大工业进一步发展的环境下，成本会计需求日渐增多的时候，会计理论体系正式形成，其主要内容侧重于成本计算结果的准确合理及成本会计核算；在现代成本管理会计时期，成本管理会计环境的发展与变化，在相关学科理论的支撑下，成本管理会计理论研究不再局限于成本计算的范畴，而是更加侧重于成本控制与评价，会计理论体系更加完善且成本管理会计方法多样，具有多学科融合、发展多样性的特征以满足成本管理需求，与传统的成本会计相比，现代成本管理会计理论更重视成本计算与成本控制的有机结合。

第二节 成本管理会计的概述

一、成本管理会计概念

成本管理会计是为适应生产发展和管理的需要而形成与发展的。成本管理会计到底产生于什么年代，很难有一个统一的结论。但是可以确认成本管理会计也有一个漫长的发展阶段，经过长期的生产实践，成本管理会计理论和方法日渐丰富完善。现代成本管理会计是成本会计与管理的直接结合，它根据成本核算和其他资料，采用现代数学和数理统计的原理和方法，建立起的数量化的管理技术，用来帮助人们按照成本最优化的要求，对企业的生产经营活动，进行预测、决策、控制、分析、考核，促使企业生产经营实现最优化运转，以提高企业的市场适应和竞争能力。

成本管理会计，一般有狭义和广义之分。狭义成本管理会计主要包括成本资料的收集、记录、归类、汇总、分配和最终确定产品的总成本和单位成本，侧重于产品成本的计算，主要包括成本核算与成本分析。广义成本管理会计除了产品成本计算外，还进一步把成本的规划和控制方面的内容也涵盖进去，包括成本预测、成本计划、成本决策、成本控制、成本考核、成本分析等方面的内容。

二、成本的含义

成本是商品经济的价值范畴，是商品价值的组成部分。人们要进行生产经营活动或达到一定目的，就必须耗费一定的资源（人力、物力和财力），其所费资源的货币表现及其对象化称之为成本。它有以下几方面的含义：

（1）成本是生产和销售一定种类与数量产品而耗费的资源用货币计量的经济价值。

企业要生产产品,就必然要消耗生产资料和劳动力,在这里成本则是生产产品所消耗的生产资料的价值和所支付的劳动报酬等,用货币计量就表现为材料费用、折旧费用和工资费用等,企业的经营活动不仅包括生产,而且还应包括销售活动,因此,在销售活动中所发生的费用,也应计入成本。同时,为了管理生产经营活动所发生的费用也具有形成成本的性质。所以说成本是由生产和销售一定种类与数量产品所发生的各项费用构成的。

(2)成本是为取得物质资源所应付出的经济价值。企业单位要进行生产经营活动,必须购置各种生产资料或购进商品,为此而支付的价款和费用,就是各种生产资料购置的成本或购进商品的采购成本。上述成本,随着生产经营活动的不断进行,就转变为生产成本和销售成本。

(3)成本作为实现一定目的而付出资源的价值牺牲,可以是多种资源的价值牺牲,也可以是某些方面的资源价值牺牲。

(4)从更广的含义看,成本是达到一种目的而放弃另一种目的所牺牲的经济价值。在经营决策中所用的机会成本就有这种含义。

三、理论成本的构成

理论成本是广义的成本,通常是指在正常生产、合理经营条件下的社会平均成本,是生产商品的价值中物化劳动价值和活劳动价值的货币表现。

成本作为一个价值范畴,在社会主义市场经济中是客观存在的。加强成本管理,努力降低成本,无论对提高企业经济效益,还是对提高整个国民经济的宏观经济效益,都是极为重要的。因此,从理论上充分认识成本的经济实质是十分重要的。

马克思指出:"按照资本主义方式生产的每一个商品 w 的价值,用公式来表示是 $w = c + v + m$。如果从这个产品价值中减去剩余价值 m,那么,在商品中剩下的,只是一个在生产要素上耗费去的资本价值 $c + v$ 的等价物或补偿价值。"

"只是补偿商品使资本家自身耗费的东西,所以对资本家来说,这就是商品的成本价格。"马克思在这里称为商品的"成本价格"的那部分商品价值,指的就是产品成本。

社会主义市场经济与资本主义市场经济有着本质的区别。但二者都是商品经济,在社会主义市场经济中,企业作为自主经营、自负盈亏的商品生产者和经营者,其基本的经营目标就是向社会提供商品,满足社会的一定需要,同时要以产品的销售收入抵偿自己在商品的生产经营中所支出的各种劳动耗费,并取得盈利。只有这样,才能使企业以至整个社会得以发展。因此,商品价值、成本、利润等经济范畴,在社会主义市场经济中,仍然有其存在的客观必然性,只是它们所体现的社会经济关系与资本主义市场经济中的不同。

在社会主义市场经济中,产品的价值仍然决定于它在生产上所耗费的必要劳动,具体包括三个部分:(1)已耗费的生产资料转移的价值(c);(2)劳动者为自己劳动所创造的价值(v);(3)劳动者为社会劳动所创造的价值(m)。从理论上讲,上述的前两部分,即 $c + v$,是商品价值中的补偿部分,它构成商品的理论成本。

成本的经济实质概括为：生产经营过程中所耗费的生产资料转移的价值和劳动者为自己劳动所创造的价值的货币表现，也就是企业在生产经营中所耗费的资金的总和。

四、实际成本的概述

实际应用成本是理论成本的具体化，也称实际成本，是按照现行制度规定的成本开支范围，以正常生产经营活动为前提，根据生产过程中实际消耗的物化劳动的转移价值和活劳动所创造价值中应纳入成本范围的那部分价值的货币表现。

实际应用成本与理论成本不同，理论成本不考虑生产经营活动中偶然因素和异常情况的消耗，只对正常的物化劳动和活劳动消耗进行货币计量，而实际成本往往受客观条件包括经济工作方针政策和当期生产经营条件变化的影响。从这里可以看出，实际工作中的各种应用成本，可以像商品价格背离价值一样背离其理论成本，其原因是多方面的，一般认为主要原因有以下三个方面：（1）我国目前存在多种所有制多生产主体的情况下，计算生产耗费量和补偿量的观念是不同的；（2）由于目前客观上存在的物价上涨、劳动报酬时增时减、固定资产折旧率不同以及内外部原因引起其他费用的变化，即使同一生产主体，同一成本对象，在不同的成本计算期里计算的实际成本当然也是不同的；（3）宏观管理政策和体制的变动，引起微观成本开支内容、范围的调整使实际成本在一定程度上脱离理论成本。

例如在实际工作中，为了促使企业厉行节约，减少生产损失，对一些不形成产品价值的损失性支出也列入产品成本之内，包括废品损失、停工损失等。此外，工业企业行政管理部门为组织和管理生产经营活动而发生的管理费用、为筹集资金而发生的财务费用、为销售产品而发生的销售费用，由于在发生时难以按产品归集，为了简化成本核算工作，都直接计入当期损益，冲减利润，而不计入产品成本。因此，实际应用中的产品成本，是指产品的生产成本，不是指产品耗费的全部成本。

从理论成本和实际成本的关系可以看出，实际成本以理论成本作为理论基础，又结合实际情况有所变化，满足管理的需求；同时实际成本又检验理论成本，对理论成本起到了丰富和发展的作用。正确处理两者关系，对理顺当前成本核算和管理工作，对发展成本理论，提高经济效益都有重要的意义。

五、成本的作用

（一）成本是生产耗费的补偿尺度

成本是以货币形式对生产耗费进行计量，并为企业的简单再生产提出资金补偿的标准。企业只有按照这个标准补偿了生产中的资金耗费，企业的简单再生产才能顺利进行。否则，企业就无法保持原有的生产规模。同时，补偿份额的大小对企业以及整个社会都有重要的现实经济意义。在价格不变的情况下，成本越低，企业的纯收入就越多，企业为自身的发展及社会创造的财富就越多。反之，用于补偿的份额增大，企业的纯收入就减少，甚至产生亏损。这样，企业不仅不能为社会提供财富，还会影响企业自身的生存而发展。

但是还要看到，上述成本只是成本价格。在商品经济条件下，由于价格是价值的货币表现，价格总是围绕着价值上下波动，经常发生背离。因此，成本价格作为补偿价值的货币表现，与其补偿价值也会不一致。如：材料费用并非所费材料的价值，而是它的价格，在某些情况下，其价格与价值一致，在供求数量有较大差异时，按成本价格确定的补偿量，与价值的补偿就会产生较大的差异，出现补偿不足的现象。同时，会计上还有一些无法精确计算的因素使成本价格同客观上的补偿价值发生背离，如：固定资产磨损价值的计算带有很大的主观性，也使得成本中固定资产折旧费用与固定资产实际损耗的价值不一致。所以，产品价值中的补偿价值只构成产品成本的基础，补偿价值与补偿价值的货币表现，在量上也允许发生差异。认识到这一点，对理解成本作为生产耗费的补偿尺度，并正确计量企业盈利，有重要意义。

（二）成本可以综合反映企业的工作质量

成本同企业生产经营各个方面的工作质量和效果有着内在的联系。如：劳动生产率的高低、固定资产的利用程度、原材料的使用是否合理与节约、产品产量的变动、产品质量的好坏、企业生产经营管理水平等诸多因素都能通过成本直接与间接地反映出来。因此，成本又是反映企业工作质量的综合性指标。

（三）成本是制定产品价格的重要依据

价格是价值的货币表现。因此产品价格的确定应以价值作为基础。由于目前人们还无法计算产品的价值，但却有可能比较准确地计算产品成本，所以成本可以作为制订价格的参考。在市场经济中，价格往往是由各个部门的平均成本再加上社会的平均利润形成的。

（四）成本是企业竞争的主要手段

在市场经济条件下企业的竞争主要是价格与质量的竞争，而价格的竞争归根到底是成本的竞争，只有成本低才能卖价低，并有盈利。因此，成本是企业竞争的重要手段。企业效益大小，竞争能力强弱，将很大程度上取决于其成本高低。若一个企业的个别成本能低于社会的平均成本，该企业在竞争中就占有较大的优势。因此成本的竞争将日益成为竞争的重要手段。

（五）成本可以为企业经营决策提供重要数据

现代企业中，成本越来越成为企业管理者投资决策、技术决策、经营决策的重要指标，如运用差量成本的数量，可为企业扩大产量、增加品种、选择加工方式等提供决策依据。

第三节 成本管理会计的职能与工作组织

一、成本管理会计的职能

成本管理会计的职能，是指成本管理会计在经济管理中的功能。结合成本管理工

作的具体实践,现代成本管理会计的主要职能有:

(一) 成本预测

成本预测是指根据现有成本的有关数据和具体情况,运用一定的专门方法对未来的成本水平及其发展趋势作出的科学估算。成本预测是确定目标成本和选择达到目标成本途径的重要手段,是进行成本决策和编制成本计划的基础。通过成本预测,有助于企业管理人员了解成本发展的前景,寻求降低产品成本、提高经济效益的途径。

(二) 成本决策

成本决策是在成本预测的基础上,结合其他有关资料,运用定量和定性的方法,选择最优方案,确定应达到目标成本及其执行的过程,例如,零件自制还是外购的决策,应否接受订货的决策,半成品出售或继续加工的决策,最佳生产批量的决策等。作出最优化的成本决策是制订成本计划的前提,也是提高经济效益的重要途径。

(三) 成本计划

成本计划是在成本预测和决策的基础上,为保证成本决策所确定的目标成本的实现,通过一定的程序,运用一定的方法,以货币形式规定计划期产品的生产耗费和各种产品的成本水平,作为计划执行的考核依据下达到各执行单位的书面文件。工业企业的成本计划,通常包括:按照生产要素确定的生产耗费、编制的生产费用的预算;按产品成本项目编制的主要产品单位成本计划和全部产品生产成本计划;提出降低产品成本和保证计划完成的措施和方案。

(四) 成本控制

成本控制是在成本形成过程中,对各种生产经营活动进行指导、限制和监督,及时发现与预定的成本目标之间的差异,采取纠正措施,保证实现预定的成本目标,争取使实际成本低于预定的成本水平,使企业成本不断降低。从企业整个经营过程来看,成本控制包括产品投产前的事前控制、生产过程控制和事后控制。通过成本控制可以揭示问题,找出差距,防止浪费,消除损失,为实现目标成本指明方向。

(五) 成本核算

成本核算是对生产经营过程中所发生的各种费用,按照一定的对象和标准进行归集和分配,以计算确定各该对象的总成本和单位成本。成本核算是成本管理会计工作的核心,成本核算过程是对产品生产中各种劳动耗费和费用支出进行反馈和控制的过程。通过成本核算提供的成本资料,可以反映成本计划的执行情况,为编制下期成本计划,进行成本预测和决策提供资料,还可为制定产品价格提供依据。

(六) 成本分析

成本分析主要利用成本核算资料和其他资料,与目标成本、上年实际成本、国内外同类产品的成本进行比较,用以了解成本的变动情况,系统地研究成本变动的因素和原因。成本分析的主要内容包括:全部产品成本分析、可比产品成本计划完成情况分析、单位产品成本分析、主要经济技术指标变动对成本影响的分析等。通过分析,可以深入了解成本变动的规律,寻求降低成本途径,并为新的经营决策提供依据。

(七) 成本考核

成本考核是定期对成本计划及有关指标实际完成情况总结和评价。成本考核要以各责任者为对象,以其可控成本为界限,并按责任的归属来核算和考核其成本指标完成情况,评价其工作业绩和决定对其奖惩。

上述成本管理会计的各职能既相互独立又相互联系。成本预测是成本决策的前提,成本决策是成本预测的结果;成本计划是成本决策目标的具体化,成本控制是为保证实现决策目标而对成本计划执行进行的监督;成本核算是对决策目标和成本计划的检验;成本分析在于找出影响成本变动的各种因素和原因,并对成本决策正确性作出判断;成本考核是实现决策目标的重要手段。其中成本核算是成本管理会计最基本的职能,成本预测、决策、计划,必须以过去的成本核算资料为重要依据,成本控制离不开成本核算提供的信息反馈,成本分析和成本考核更需要通过成本核算提供成本计划指标、实际完成情况的数据资料。因此,离开了成本核算,就谈不上成本管理会计,更谈不上其他职能的发挥。

二、成本管理会计工作组织

为了充分发挥成本管理会计的职能作用,圆满完成成本管理会计的任务,企业必须科学地组织成本管理会计工作。

成本管理会计的组织工作主要包括以下三个方面。

(一) 设置成本管理会计机构

成本管理会计组织机构是相对静态的社会实体单位,是完成会计工作的具体职能部门。影响成本管理会计工作组织机构设置的因素主要有两个:一是业务类型和经营规模,二是与财务会计机构的关系。

1. 企业业务类型和经营规模对成本管理会计机构设置的影响

企业的业务类型和经营规模是影响成本管理会计工作业务复杂程度的最重要因素,一般而言,大规模企业较小规模企业的成本管理会计工作复杂,工业企业、施工企业成本管理会计工作又较其他类型的企业复杂一些。因此,企业在设置成本管理会计机构、配备成本管理会计人员时,必须与企业生产经营规模和业务类型相适应,否则,将达不到预期效果。

2. 成本管理会计机构同财务会计机构的关系

成本管理会计和财务会计是会计学科体系中的两个重要的组成部分,两者既有联系又有区别。成本管理会计与财务会计的联系,成为两个机构合并设置的理论基础,而成本管理会计与财务会计的两者区别,则成为两个机构分别设置的理论依据。成本管理会计组织机构和财务会计组织机构分别设置,便于加强成本管理会计工作和内部控制,也便于相互补充,但往往会带来联系脱节、相互推诿等弊端。特别是在财务与会计机构分设的情况下,再单独设置成本管理会计组织机构,更不利于工作的协调。因此,在大中型生产企业里,通常在专设的会计机构中,单独设置成本管理会计部,配备必要的具有成本管理会计专业知识的人员,从事成本管理会计工作。在规模小、会计人员不多的生产企业里,通常在会计部门中指定专人处理成本管理会计工作。

成本管理会计工作的组织形式通常有集中工作和非集中工作两种。

在集中工作形式下，企业成本管理会计工作的任务全部由厂部成本管理会计部门完成，车间只负责提供有关原始记录，为成本核算等工作提供原始资料。集中工作形式可以减少成本管理会计机构层次和减少成本管理会计人员，但不便于车间及时掌握成本信息，不便于加强对成本的及时控制，因此，一般只适用于小型企业。

在分散工作形式下，成本管理会计工作在厂部和车间（分厂）分别进行。车间（分厂）配备成本管理会计人员，核算本单位发生的成本费用，编制成本、费用报表，进行成本、费用的控制、分析、考核等。厂部成本管理会计部门则负责对车间（分厂）成本管理会计工作的指导和监督，汇总全厂生产成本和对期间费用的核算，负责对差异的处理，编制全厂成本、费用报表，制定全厂目标成本并对目标成本进行分解，编制全厂成本计划和费用预测，进行成本的综合分析等。

分散工作形式虽然增设了机构，增加了财会人员，但是，车间（分厂）能及时掌握成本信息并进行有效的控制，促使各单位成本意识的加强和成本管理水平的提高，使成本得以降低。因此，一般来说，大中型企业应采用分散工作形式。

（二）配备成本管理会计人员

在企业的成本管理会计机构中，配备适当数量的合格成本管理会计人员，是做好成本管理会计工作的决定性因素。

1. 成本管理会计人员的职责

成本管理会计人员应该通过成本管理会计的各个环节，充分挖掘企业降低成本、费用的潜力，促使企业不断降低成本、费用；应该参与制订企业生产经营决策，提出改进企业生产经营管理的建议，当好企业负责人的参谋。

2. 成本管理会计人员的权限

成本管理会计人员有权要求企业有关单位和职工认真执行成本计划，严格遵守有关的法规和制度；有权参与制订企业生产经营计划和各项定额，参与与成本有关的生产经营管理的会议，有权督促检查企业内部各单位对成本计划和有关法规、制度的执行情况。

3. 成本管理会计人员应有的素质

成本管理会计人员必须熟悉国家的有关政策、法规和制度，熟悉成本、费用的发生过程和规律，熟悉成本管理会计的内容和有关方法，懂管理，具备电子计算机知识技能。成本管理会计人员尤其要善于思考，勤于学习，刻苦钻研业务，能胜任成本管理会计的各项工作。成本管理会计人员必须深入生产车间、班组，勤于调查研究，发现成本管理中的问题和弱点，总结基层班组成本管理中的好经验；通过成本管理各项工作的开展，增强企业的成本意识，做到人人注意关心成本，处处注意降低成本。

（三）建立成本管理会计制度

成本管理会计制度是进行成本管理会计工作的规范，是会计制度的重要组成部分。企业必须根据国家的有关法规及《企业财务通则》和《企业会计准则》的有关内容，建立企业成本管理会计制度。通过成本管理会计制度的建立，不仅可以使成本管理会计的各项工作有章可循，而且通过成本管理会计制度的建立和健全，还可以促进其他规章制度的建立和健全,做到规章明确,管理有序。

企业成本管理会计制度,除必须考虑国家的法规、制度等有关规定,还必须根据企业生产的特点和成本管理的要求,从实际出发加以制定,做到规范、简明、适用。成本管理会计制度主要包括以下几个方面的内容:

1. 成本核算制度

成本核算制度包括成本计算对象的确定,成本项目的规定,生产费用计入成本、费用的程序,生产费用在各成本计算对象之间的分配方法,在产品成本的计算,核算成本、费用的总分类账户和明细分类账户的设置,半成品、劳务的结算价格等内容。

2. 成本预测和成本计划制度

成本预测和成本计划方面的制度包括成本预测的内容,预测资料的搜集整理,预测的方法,目标成本的制定与分解,成本计划的编制程序、编制时间、编制方法的确定等内容。

3. 成本控制制度

成本控制方面的制度包括控制的内容,控制的方法和组织,控制业绩的考核与奖惩办法规定等内容。

4. 成本报表制度

成本报表方面的制度包括报表的种类、报表的格式和内容、编报的程序、编报日期和分析说明等内容。

5. 成本分析和考核制度

成本分析和考核制度包括成本分析的内容、成本分析的方法以及成本考核的方法等内容。

6. 其他有关制度

其他有关制度,包括对成本信息质量要求的规定,材料、半成品、产成品验收和清查盘点制度,有关费用开支的规定等。

成本管理会计制度一经制定,应保持相对的稳定,不得朝令夕改。但也不能一成不变,随着经济技术条件的变动,应进行相应的修订,以保持成本管理会计制度的科学性、合理性。

(四) 成本管理的工作内容体系

在成本管理体系中,实行成本的分级管理是一个重要的环节,它能保证成本在形成的各个环节都能有相应的部门和人员对其进行控制。由于实行了经济责任制,因此,其控制的效果还是十分明显的。

在实行成本分级归口管理的工作中,各部门和人员的职责是不一样的,为了明确责任,提高成本管理工作的效率,应对成本管理各层次的部门和人员规定相应的任务和责任。其包括的内容主要有:

1. 厂部成本管理的主要内容

厂部成本管理的职能部门是财务部,在规模较大的企业里,一般应设置专门的成本科室负责全厂的成本管理工作。在这种情况下,厂部的成本管理职能就由财务部所属的成本科室负责，其主要职责如下：

（1）根据本企业生产的特点和管理的要求，以及国家的各项财经法规，制定出适用于本企业的成本管理制度。

成本管理制度的制定是厂部成本管理部门的主要职责，俗话说没有规矩难成方圆。制定出符合实际情况的各项规章制度，成本管理工作就成功了一半。在制定成本管理制度时，除了要考虑企业管理的要求外，还应使这些制度具有较好的可操作性。否则，这些制度就很难贯彻下去，取得较好的成效。

对于制定出来的各项成本管理的制度，应采取一定的方式予以公布。大多数企业是将这些规章制度编印成册，下发到各个部门，由各部门遵照执行。

对于制定出来的各项规章制度应定期或不定期地进行修改和完善。由于制定制度的方法、手段等条件的限制，会使一些规章制度出现问题。同时，在具体执行时，还会发现一些问题，使得一些成本管理规章制度不能满足成本管理的要求，需要对其进行修改和完善。因此，在制定成本管理规章制度时，应同时制定出对其进行修改和完善的一些制度。如要求各单位对执行过程中出现的问题应及时汇报，对于规章制度不完善的地方提出修改意见等，使这些规章制度经过一段时间运行后能逐渐完善，为做好下一阶段的成本管理工作服务。

（2）进行产品及成本的预测，并进行决策。根据决策的结果，编制成本计划及降低成本的指标，并将其分解，下达到各车间、部门。并要求各单位制定出相应的具体措施方案。

进行成本的预测和决策是成本管理工作的重要内容，成本预测和决策的工作都是在厂部财务部门进行的。根据企业生产的实际情况所作出的成本决策，应作为编制成本计划的基础。在编制成本计划时，还应根据企业本年度的利润计划等指标，确定成本降低任务，并将其分解成为成本考核的指标，具体落实到各责任单位和个人。为了使成本降低任务能顺利完成，厂部财会部门应会同各基层单位，制定出完成成本降低任务的措施方案，确保该项任务的完成。

（3）进行成本控制。成本控制是成本管理中的一项重要内容。在进行成本管理时，应将重点放在成本控制上。进行成本控制可使成本费用控制在规定的范围之内，使企业能够完成成本计划任务，进而完成利润计划。

（4）将各车间、部门归集的费用进行汇总，进行全厂的成本计算，计算出完工产品的总成本和单位成本，作为确定产品销售成本的依据。

计算出产品的总成本和单位成本是成本管理的最基本的要求。企业成本管理的其他工作可能做得不好或可以不做，但是产品的单位成本和总成本却是不能不算的。因此，财务部门应会同各基层单位，制定成本计算的程序和方法，以便提供准确的成本信息资料。

（5）对各车间、部门成本计划的完成情况进行考核，编制成本分析报告，找出存在的问题，提出进一步解决问题的办法。

定期或不定期地进行成本分析，也是成本管理的一项重要工作。对于计算出来的成本资料及各单位成本计划的完成情况,应通过成本分析进行考核,以便于落实经济责任制。

本阶段的一项重要任务是编写成本分析报告。成本分析报告是对各单位成本管理活动工作的总结,不但要总结出工作中的成绩,以利于下一步的工作,更重要的是要找出成本管理工作中存在的问题,经过实地考察进行分析后,提出解决问题的方案。编写成本分析报告是一项重要的工作,它要求编写人员有较高的素质,不但要有较高的成本管理知识和经验,而且还应有其他方面的管理知识和经验。只有这样,才能写出较好的成本分析报告。因此,应对编写成本分析报告的人员进行相应的培训,使其掌握成本分析报告的主要内容、编写方法等。

企业的主要领导和财务部的主要负责人应对成本分析报告的内容进行检查,提出修改意见,作为正式的报告提交给各有关部门。

(6) 负责组织和领导各车间、部门的成本管理工作,定期或不定期地召开成本分析会议,总结经验,找出存在的问题,不断提高成本管理水平。同时,通过对实际完成情况的分析和考核,提出进一步改进的措施方案,以利于下一阶段的成本管理工作的开展。

对于厂部财会部门编写的成本分析报告,应组织具体的落实,对于其中提出的各项改进工作的建议,应提出具有可操作性的实施方案,使成本分析报告中的内容能具体地得到贯彻落实。

2. 车间成本管理的主要内容

生产车间是成本管理工作的具体实施部门,产品成本的大部分都发生在车间,因此,它应是企业成本管理的重中之重。车间一级的成本管理工作的成败,对企业成本管理来说是至关重要的,如果车间成本管理工作不做好,其他部门的成本管理工作就无从谈起。因此,企业应对车间一级的成本管理工作给予高度的重视。

根据车间成本管理的特点,归纳出车间成本管理的主要内容如下:

(1) 根据厂部制定的有关成本管理制度,结合本车间的具体情况,制定出适合于本车间的成本管理办法或有关成本管理制度的实施细则。

车间的主要任务是生产产品,其所发生的费用除了材料费用、工资费用外,还包括一些一般性的消耗性支出和车间管理费用。这些支出数量较多,金额较大,管理难度较高。因此,对成本管理的要求也相应要高。因此,各车间应加大对成本管理工作的支持力度,根据本车间的具体情况,结合厂部下达的成本管理工作规划及其他的相关指标,做好本车间的有关成本管理的各项规章制度。

车间成本管理制度的建立,同厂部成本管理制度的建立相同,也应由车间领导、成本管理专职人员、技术人员和生产工人组成的工作班子来做。由于制定的规章制度要由车间的全体人员来执行,所以,应在征求各方面意见的基础上,制定出切实可行的规章制度和成本管理工作的实施细则。

(2) 根据厂部下达的有关成本的指标,编制本车间的成本计划,并将有关的成本指标进行分解,具体落实到各班组或个人,并对实施情况提出具体的要求。

车间成本管理是具体执行厂部成本计划的单位，对于落实到本车间的各项成本计划，车间应再进行详细的分解和细化，并将其具体落实到班组和个人，以便于实行经济责任制，并便于进行相应的考核。在一般情况下车间的规模都不是很大，不论是管理人员还是生产工人，都对本车间的生产情况等比较了解。因此，在一般情况下，能制定出适合于本车间的成本计划。由于将本车间的成本计划具体落实到了班组和个人，因此，能比较好地完成厂部下达的成本计划。

（3）对本车间能控制的各项费用进行有效的控制，并对各班组或个人的成本计划执行情况进行监督。

车间由于是成本管理的基层单位，因此，对成本费用的高低影响是很大的，能否取得成本管理的预期效果，关键在于车间这一层的成本管理工作做得如何。因此，车间成本管理人员应真正地负起责任来，通过自己卓有成效的工作，开创成本管理工作的新局面，从各种不同的途径和采用不同的方法，对本车间各班组和个人发生的各种费用进行有效的控制，并对费用发生的过程进行全程监控。

（4）计算本车间产品的成本。对本车间发生的各项费用进行归集，并按成本计算对象进行分配，计算出完工产品和在产品的成本，编制车间成本报告。

从传统成本管理的角度看，成本管理会计工作就是进行成本计算，只要能计算出产品的实际总成本和产品的单位成本就可以。虽然现代成本管理的手段和方法有了较大的改进，但通过成本管理的程序和方法取得产品的实际成本资料仍然是其主要内容。通过车间成本管理工作所取得的真实的成本资料，是进行其他成本管理的基础，如成本预测、成本决策等。因此，虽然成本管理工作实现了现代化，但是，计算出产品的总成本和单位成本的目标不能改变。

但是，虽然计算产品的总成本和单位成本是传统成本管理工作的内容，但是，现代成本管理仍离不开它，而且对其准确性提出了更高的要求。因为成本资料的准确性对于成本预测、决策等具有重要的影响，因此，越是先进的成本管理方法，对成本资料的准确性要求越高。这就要求我们在进行成本计算时，不能认为其属于传统的成本方法而忽视对其进行管理。

（5）考核和分析成本计划的执行情况，编写成本分析报告。对于成本管理工作中存在的问题应提出具体的解决办法。

由于车间是最基层的成本管理单位，因此，他们对成本管理工作中存在的问题是最清楚的。同时，由于实行了经济责任制，各单位都有其自身的经济利益，对于成本管理工作中的一些关系到自己单位利益的问题就更加关心了。从而能提出一些具有重要参考价值的意见和建议，并且这些意见和建议对于厂部管理部门来说是非常难得的。因为他们也需要了解基层成本管理的一些意见和建议，掌握一些具体的动态。

3. 班组成本管理的内容

班组是企业生产的基本单位，产品生产过程中的大部分费用都是在班组发生的，如材料费用、工资费用等。因此，应将工作的重点，放在班组经济核算上。只有充分调动班组生产工人的积极性，才能不断地降低生产过程中材料的消耗，进而降低产品成本。如果生产工人对降低成本的积极性不高，就不能取得较好的降低成本的效果。

　　班组经济核算是提高企业经济效益的重要手段。市场经济是竞争的经济，没有科学的管理，企业就不能有强大的竞争力。同时，人又是生产力中最为活跃的要素。要提高企业的管理水平，首先就是要管好人，充分发挥每一个职工的主观能动性，挖掘每个人的潜力。班组核算正是基于这种思想进行的。将企业整体成本目标在科学的基础上进行层层分解，下放到每个班组，甚至到每个人。这样，我们就将企业的大目标分解成为若干个小指标，责任进一步明确到每个班组。同时，应建立与班组核算相适应的分配与奖罚制度，做到权责利相结合。这种制度的结果，必然会促使每位职工努力提高本班组的经济效益，进而提高整个企业的经济效益。

　　班组经济核算的重点是成本管理，班组经济核算都是由工人自己进行的，由于他们没有专业知识和成本管理的经验，因此，应由车间或厂部的成本管理人员对他们进行相应的培训，或直接指导这些班组进行核算。班组成本管理的主要内容包括：

　　（1）根据本班组所从事工作的性质及特点，制定出适用于本班组的成本管理制度。

　　在进行班组核算之前，应正确地划分班组。如果班组划分不明确，班组核算的主体界限就会不分明，企业的经济效益就无法科学地分解。应根据企业生产的特点及人数的多少等具体情况进行班组的划分。企业的各个班组由于工作任务不尽相同，因此，其成本管理的模式也不能完全相同。企业的厂部或生产车间的成本管理人员应会同各班组的成本核算员一起，了解本班组的生产特点，制定出符合本班组特点的成本管理制度。班组成本管理制度主要应包括考勤管理制度、物料消耗管理制度、工时统计制度等。由于大部分成本管理制度是由厂部制定的，车间也要制定一些制度，所以，到了班组主要是对厂部、车间制定的制度进一步细化，进行具体的落实。

　　（2）根据车间下达给本班组的经济指标及其他各项任务进行讨论，将其分解到每位职工。为了能具体完成本班组应完成的各项指标，最好是每位职工都应有具体的指标，这样便于考核。

　　（3）核算班组应负担的各项经济指标。班组应选择各方面条件都比较好的职工作为班组成本核算员，具体负责本班组的成本核算工作。班组成本核算比较简单，一般不设置账簿进行核算，只进行简单的统计核算。虽然不需十分准确，但也应大致准确。

　　（4）考核和分析班组成本计划的完成情况，召开班组成本分析会议，总结班组成本管理工作的经验，提出进一步改进的措施方案。班组核算的最终目的是督促各班组增收节支，提高企业的经济效益，而并非是对班组职工的奖与罚。也就是说，奖罚不是目的，而只是一种手段。因此，车间或企业的成本管理部门和人员，应协助各班组进行定期的经济活动分析。对于完成任务的班组，应总结经验，以便于今后继续发扬和推广；而对于未能完成任务的班组，则应帮助他们查出原因。

　　通过班组经济核算，可以提高企业职工的成本意识。由于班组经济核算直接与每位职工的经济利益挂钩，因而使职工们有了积极参与的热情。每个班组核算任务的完成，大大提高了企业的管理水平。由于企业整体的经济目标被划分到每个班组，使企业的经济活动分析更可以具体到比较小的环节，企业存在的较好的办法更易于被肯定和发展，存在的漏洞更易于被发现和堵塞，进而使企业的经济效益大大增加。

虽然班组经济核算工作比较简单，但由于它是成本管理的第一道关口，所以应作为成本管理的重点进行。

第四节 我国成本管理会计的发展历程

一、新中国成立以来我国成本管理会计的发展历程

我国成本管理的发展，大体上可分为三个阶段。第一阶段，20世纪50~60年代，对苏联成本管理体制的学习；第二阶段，20世纪70年代至改革开放之前，在计划经济体制下，探索以建立和完善企业经济核算制为核心内容的成本管理模式；第三阶段，改革开放之后，不断探索具有我国特色的成本管理会计发展道路，在总结我国成本管理历史经验的基础上，建立适应21世纪我国社会主义市场经济体制需要的现代成本管理模式。

（一）20世纪50~60年代，对苏联成本管理体制的学习

新中国成立之初，百废待兴，为了尽快建立社会主义经济体制，在工业企业管理方面，全面地学习了苏联的企业管理方法，普遍实行了计划管理制度。企业每年、每季都要编制生产技术财务计划，按照计划组织生产，并要进行考核。在成本方面要编制成本计划，作为生产技术财务计划的一个组成部分，重点考核全部产品成本计划降低率和可比产品成本降低率两项指标。同时国家又规定了企业必须向上级机关和财政部门报送财务决算报告，其中成本方面有生产费用表、成本计算表和费用明细表。

在成本核算方面，新中国成立初期国家就在统一中央各业务主管部门会计制度的基础上拟订了全国统一会计制度。1953年，又制定了《国营工业企业统一成本计算规程》，统一了国营工业企业成本计算方法。有些大量单一生产类型的企业还推行了定额成本计算方法，对于加强定额管理，降低产品成本起到了很大的作用。

实行经济核算制对推动企业加强成本管理具有十分重要的意义。早在1951年，政务院在《关于1951年国营工业生产建设的决定》中就明确指出："加强工业的经营管理，实行经济核算制是管理人民企业的基本原则。"从此，经济核算制在全国工业企业中逐步推行。以后企业经济核算又同劳动竞赛结合起来，使企业的成本为广大职工所掌握，把成本的专业管理和群众管理融合在一起，从而使成本管理工作进一步深入。

开展经济活动分析是企业对生产技术财务计划完成情况进行全面检查和分析的好方法。1954年，重工业部部分企业推行了经济活动分析会议制度，取得了良好效果。以后在全国工业企业中普遍推行，逐步形成了制度。在成本控制方面，当时也推行了很多做法，例如限额发料，费用控制等，对降低成本起到了一定作用。

1958~1960年是"大跃进"时期，企业管理曾经出现了一些新经验，例如"两参

一改三结合",推行车间经济核算,管理费用包干,流动资金归口分级管理,成本费用归口分级管理,群众性经济核算等。1959年,国家计委、财政部先后联合印发《关于加强成本计划管理工作的几项规定》,提出加强对成本的管理,对成本管理有一定影响。

1961年初,党中央为了纠正国民经济比例失调和自然灾害所造成的严重困难,提出了"调整、巩固、充实、提高"的八字方针,强调高度集中统一,并在经济工作中采取了一系列调整措施。1961年2月,国家首先发出《关于加强国有企业成本管理工作的联合通知》,要求企业必须加强成本管理工作,认真编制计划,搞好定额管理,加强经济核算,缩减管理费用,严格财经纪律。1961年9月,中央又颁发了《国营工业工作条例(草案)》,即"工业七十条",要求一切企业都要实行全面经济核算,遵守财经制度,编制成本计划,不断降低成本。成本降低指标要落实到车间、工段和小组,有的要落实到个人。同时,对成本核算也提出了明确要求,并要严格遵守国家规定的成本开支范围,必须根据凭证和记录如实计算成本,不得以估计成本、计划成本、预算成本来代替实际成本。1962年,又规定国有企业提取企业奖金的条件,必须完成六项指标,才能提奖,并把产品成本降低计划列为其中一项指标。1964年,在扭亏增盈、清仓核资的基础上提出了全面加强企业成本管理的要求,包括成本管理基础工作,整顿和健全原始记录,落实成本降低指标,准确核算成本,开展全面成本分析等,使企业的成本管理工作有所加强,对降低成本、增加积累起到了积极作用。1965年,财政部印发《企业会计工作改革纲要(试行草案)》,强调要改革成本核算办法,实行财务民主,正确地进行会计监督等,对企业成本管理产生了积极影响。

(二) 20世纪70年代至改革开放之前,探索企业经济核算制为核心内容的成本管理会计模式

1966年,"文化大革命"开始,企业成本管理工作遭受了一次大灾难。企业管理处于半瘫痪状态,消耗无定额,成本不核算,生产急剧下降,成本不断上升,亏损企业越来越多,给国民经济造成巨大损失。1973年,中共中央发出"把国民经济搞上去"等三项指示,财政部抓住时机,于1973年2月发布了《国有企业会计工作规则(试行草案)》和《国营工业企业成本核算办法》等3个附件。《国有企业会计工作规则》根据当时会计工作的实际情况和突出问题,提出了企业会计工作的基本任务是:遵循党的路线、方针和政策,执行国家计划和财政制度,促进企业多快好省地发展生产。在这个前提下,正确地记录、核算与反映企业的财产变化、资金变化、生产消耗和经营成果,促进企业加强经济核算,增加社会主义积累;考核与分析企业财务成本计划的执行情况,找差距,挖潜力,提措施,促进增产节约运动的深入开展。《国有企业成本核算办法》的主要内容包括产品成本核算对象、产品成本项目、生产费用的汇集和分配、产品成本计算方法、成本计划的考核和分析等五个部分。"文化大革命"结束之后,20世纪70年代末期,为了整顿经济秩序,恢复国民经济建设,尤其在中共十一届三中全会之后,随着"以经济建设为中心"战略的确立,党和政府提出了推行全面经济核算的要求。经济核算制是管理社会主义经济的基本形式,是在社会主义制度下，以经济利益为纽带，为提高生产经营的经济效果所结成的权责关系体系。

内部经济核算制是社会主义经济核算关系在企业内部的具体表现形式，是按经济核算原则来调节企业内部的经济关系。我国在20世纪70年代以前实行的是计划经济、统收统支、高度集中的集权式管理体制，成本管理体制也体现了这一特点。企业的成本开支范围由国家统一规定，1973年5月15日，财政部发布了《关于国营工业交通企业若干费用支出办法》，明确了工业企业成本开支范围，包括：（1）为制造产品而耗用的各种原料、材料和半成品。（2）为制造产品而耗用的燃料和动力。（3）生产工人、管理人员的工资和按照工资总额提取的职工福利基金。（4）按照规定提取的固定资产基本折旧基金、大修理折旧基金和固定的中小修理费用。（5）按照规定应当列入产品成本的低值易耗品摊销费用。（6）按照规定应当列入产品成本的停工费用。（7）废品损失。（8）产品的包装和销售费用。（9）经企业主管部门批准，每平方米造价不超过20元的简易料棚修建费。（10）其他生产费用，如管理费、运输费、材料、产品的盘盈盘亏，利息收支等。但企业内部实行的是成本分权管理体制，这和当时的统一领导，分级管理的体制是分不开的。它有利于调动企业内部各级管理者和各责任单位的积极性，便于把企业内部各部门、各单位的成本同其工作绩效直接挂钩，便于实现权、责、利三者的统一。实行内部经济核算制，通过指标分解，明确各单位的经济责任之后，还必须给予相应的生产经营权，以保证各单位有条件承担起经济责任，这就要相应地建立分级分权管理体系。企业垂直关系一般可分为厂部、车间和班组三级成本管理；联合企业可分为公司、厂矿、车间和班组（工段）四级成本管理；小型企业则可分为厂部和车间两级成本管理。

（三）改革开放至今，现代成本管理会计阶段

1976年10月，十年内乱结束。1978年12月，党的十一届三中全会召开，决定把工作重点转移到社会主义现代化建设上来。从此，企业成本管理又开始回到了科学管理阶段，并不断地向前推进。1979年，党中央提出了国民经济调整、改革、整顿、提高的方针，要求企业的管理工作从指导思想、组织领导、管理制度上进行整顿和建设，这属于恢复性的整顿。1980年，国家经济贸易委员会把建立全面经济核算体系作为企业整顿的一项内容，并发布了《全面经济核算暂行条例（草案）》，取得了一定效果。

从1981年起，财政部着手草拟《国有企业成本管理条例》和成本核算办法。1984年，国务院发布《国有企业成本管理条例》，明确了企业成本管理的基本任务是通过预测、计划、控制、核算、分析和考核，反映企业生产经营成果，挖掘降低成本的潜力，努力降低成本。同时，对成本开支范围作了明确规定，制止乱摊乱挤成本，并提出了成本核算的基本规范，不得以计划成本、估计成本、定额成本代替实际成本。最后要求企业建立成本管理责任制，明确各个部门的成本管理责任。从此，企业成本管理逐步向着全面成本管理推进。1985年，财政部又先后制定了国营工业、交通业、建设业、商业、金融业的成本管理条例实施细则。1986年，又发布了《国营工业企业成本核算办法》，对企业成本核算，提出了具体要求。

1992年10月，党的十四大提出了我国经济体制改革的目标是建立社会主义市场经济体制，以利于进一步解放和发展生产力，并要求尽快转换国有企业的经营机制，把企业推向市场，增强它们的活力，提高它们的素质，使企业真正成为自主经营、自负盈亏、自我发展和自我约束的法人实体和市场竞争主体。为了实现这一目标，经国务院批准，1992 年 11 月 30 日，财政部发布了《企业财务通则》和《企业会计准则》，1992 年 12 月，又印发了各行业的财务制度和会计制度，对企业财会制度进行了较大的改革，这次改革统一了所有企业的财务制度和会计制度，对于不同所有制、不同组织形式和不同经营方式的所有企业，在财务管理和会计核算方面都要求执行统一的规范，并尽可能同国际惯例衔接起来。从成本方面来说，主要改革了成本核算方法，采用制造成本法。同时，在企业财务报告体系中，取消了成本报表，改为内部报表。其目的就在于促进社会主义市场经济的发展和企业开展公平竞争，使企业的成本管理和成本核算更加科学化和规范化。

1993 年 11 月，党的十四届三中全会通过的《关于建立社会主义市场经济体制若干问题的决定》中明确指出："进一步转换国有企业经营机制，建立适应市场经济要求，产权清晰，权责明确，政企分开，管理科学的现代企业制度。"同时，要"转变政府管理经济的职能，建立以间接手段为主的完善的宏观调控体系，保证国民经济的健康运行"。党中央的决定为我国成本管理模式的选择指明了方向。

1994 年，国家对工商税制、外汇管理体制和信贷管理体制进行了较大改革，这些都对成本管理产生了深远的影响，对企业成本管理提出了更高的要求。1997 年 9 月，党的十五大明确了社会主义初级阶段的基本路线和纲领，提出了经济体制改革和经济发展战略的构想，要求建立有效的国有资产管理、监督和营运机制，保证国有资产保值增值，防止国有资产流失，这对企业成本管理产生了深刻的影响，提出了新的更高的目标。1997 年 10 月，国家发布《关于加强国有企业财务监督若干问题的规定》，强调企业应严格执行国家规定的成本开支范围和费用开支标准，正确核算成本费用，严禁少计少摊成本或乱挤乱摊成本，并建立科学严密的内部成本控制制度。

2000 年 10 月，党的十五届五中全会通过《中共中央关于制定国民经济和社会发展第十个五年计划的建议》；2001 年 3 月，九届全国人大四次会议通过《中华人民共和国国民经济和社会发展第十个五年计划纲要》。他们都要求推进改革，完善社会主义市场经济体制，基本完成产权清晰、权责明确、政企分开、管理科学的现代企业制度的建设，并强调要强化国有资产经营主体的外部监督，强化包括成本管理在内的科学管理，这对企业成本管理提出了新的要求。

2006 年 12 月，财政部企业司修订并颁布《企业财务通则》，明确企业财务管理六要素中包括成本控制，并在《企业财务通则》中要求企业应当建立成本控制系统，强化成本预算约束，推行质量成本控制办法，实行成本定额管理、全员管理和全过程控制。

2012 年以后财政部开始着手进行管理会计应用指引的研究，这是我国成本管理会计发展的又一次重大历史机遇，对于国内外的成本管理会计理论与实践成果的系统性综合性整理，2017 年，财政部陆续发布了数十项管理会计应用指引，这对于我国成本管理会计的理论研究与实践应用起到了重大的促进作用。

二、中国企业成本管理会计的特色

如前所述，在计划经济体制下，国营企业只是国家行政附属机构，没有什么自主权。国营企业按国家下达的计划生产的是产品而不是商品。这些产品由国家统购包销，对国营企业而言，根本不存在（也不必要存在）市场问题。由于成本代表着效率，自然成为人们关注的重点。从当时特定的历史环境和国营企业特有的制度安排来看，中国企业成本管理会计制度（工作）具有一些特色。

这些特色表现在以下几方面：

（一）班组核算

我国东北地区一些工业企业，1951年下半年开始推行高级成本管理会计的车间成本核算，《新会计》杂志1951年第11期刊登了姜开齐的《关于车间成本核算问题的研究》的文章，介绍东北地区一些企业推行车间成本核算的做法和经验，认为"把成本工作推行到车间是成本工作显著前进一步的标志"。

在中国，班组核算最早见于文字记载的是《工业会计》1952年第9期刊登的谢咸临的《介绍天津刘长福小组的经济核算经验》一文。该文详细介绍了刘长福小组进行经济核算的原始记录格式、内容、小组成本核算、增产价值核算的具体做法。在此之前，一些单位也在做这方面的尝试。例如，大同煤矿1952年春在第二矿的刘七孩小组和陈富小组试搞了小组成本核算，取得经验后在第二矿推广，受到工人群众的欢迎，促进了劳动竞赛的开展。班组核算在一个大型企业内部全面开展并且取得初步经验首见于中国当时最大的钢铁工业基地——鞍山钢铁公司。鞍钢从1954年3月起，在初轧厂开始推行班组经济核算，到1955年底，全公司有56个厂（矿）和直属车间在基本生产工段中开展了班组核算。他们对如何确定核算对象和核算指标、核算的组织形式、辅助生产工段的核算、科室的核算、核算的组织领导工作，以及如何为核算创造有利条件等有关问题，都作了有效的探索。班组核算这种吸引千百万职工群众参加核算、参与管理的形式一经出现，就受到广大财会工作者的极大重视，受到职工群众的欢迎和拥护。1954年12月24日，《人民日报》发表题为《使班组经济核算成为群众性的工作》的社论，肯定了鞍钢等企业推行班组经济核算的经验，指出"班组核算与劳动竞赛相结合是把增产节约变成经常性的重要手段"。

1955年7月，中央发布了《关于厉行节约的决定》，1956年初，一个群众性的增产节约运动迅速掀起，使班组核算这种既能激励职工群众增产节约热情，又能促进劳动竞赛开展的活动，在全国各行各业得到了广泛的推行。当时，这成为中国国营企业成本管理工作的一大特色。当然，也成为中国会计工作发展的一个重要标志。

班组核算是企业的最基层——班组对其生产活动进行记录、计算、控制、分析与考核的一种核算方式，它是企业推行经济责任制最扎实的基础。通过班组核算降低成本，提高劳动生产率。班组核算作为具有中国特色的责任会计，解决了西方责任会计难以解决的问题。

(二) 经济活动分析

1953年中国开始推广"经济活动分析"。它主要从数字、指标入手，从各项经济指标的相互联系中，进行系统的分析对比，正确评价企业的经济活动，并据以揭示矛盾，寻找差距，指明方向，提出措施，挖掘潜力，促使企业的经济活动沿着班组核算的增产轨道高效率地进行。班组核算只能反映问题之所在，而要寻找问题之根源，必须借助于经济活动分析。例如，最早开展班组核算的天津钢厂始终将班组核算与经济活动分析紧密结合起来。只有将班组核算与经济活动分析相结合，才能达到发现问题、解决问题的目的。"班组核算"和"经济活动分析"可以说是当时中国企业成本管理工作的两大法宝。

从国际视野来看，20世纪90年代，美国会计学家卡普兰（Robert S. Kaplan）等倡导从财务、顾客、企业内部业务流程和企业学习与成长等四个维度评价企业生产经营活动的"综合绩效评价制度"（the balanced scorecard），在西方影响较大，被称为超越会计的绩效评价制度。事实上，中国50年代初推行的"经济活动分析"已经突破了单纯财务评价指标的局限性，强调采用财务与非财务、货币与非货币等多元化指标评价企业经营活动。60年代初期，中国大冶钢厂推行的"五好"小指标竞赛类似于综合绩效评价制度。尽管局限于当时中国的环境，没有综合绩效评价制度这么全面，但毕竟开了多元化绩效评价之先河。可以说，我国的"经济活动分析"早已体现卡普兰等人所倡导的综合绩效评价制度的精髓。现在中国绝大部分高等财经院校已经把"企业经济活动分析"这门课程改为"企业财务（报表）分析"。

(三) 群众路线

成本管理会计制度本来属于企业内部的事情，成本信息还涉及商业秘密，能够走群众路线，充分地集思广益，共谋降低成本之良策，则是计划经济体制下国营企业成本管理会计工作的特色。群众路线曾经是中国革命取得胜利的三大武器之一。在鞍钢初轧厂的班组经济核算经验出现之前，从东北工业部到以后的中央重工业部，都多次召开企业成本管理会议，《工业会计》杂志在20世纪50年代也经常刊登文章，介绍和交流企业在具体实践中摸索所得的各种成本管理经验。其中影响较大的是鞍钢班组经济核算。鞍钢的这个经验传出后，很快就风靡全国。从这个经验可以看到，群众路线这个原则，如何应用到企业成本管理工作上来，依靠班组核算，发动群众，取得了较好的成效。

可以说，在班组核算和经济活动分析中，群众路线起了很大作用。成本管理工作是一项综合性的管理系统工程，不仅要深入班组，而且必须渗透到生产、技术、经营管理工作中去，必须与生产技术密切结合，走群众路线。

值得指出的是，西方企业目前强调人性化管理以及正在实行的"职工参与制"和"授权管理"类似于中国国营企业过去实行的"群众路线"，但是，西方国家的做法只局限于一个企业内部。只有在中国国营企业制度安排下，才有可能实行成本管理会计工作的群众路线。在西方市场经济环境下，独立主体的企业不可能如此广泛地实行成本管理会计工作的群众路线。西方企业成本管理会计即使实行群众路线，也只能在一个企业内部,因而只是局部的。

(四) 生产技术财务计划

在计划经济体制下,代表效率的成本指标非常重要,成本计划与成本管理会计制度不可缺少,因此,国营企业必须编制一个包罗一切经济活动的计划。这就是"生产技术财务计划"。就其基本体系而言,中国国营企业实行多年的"生产技术财务计划"与西方国家企业编制的"全面预算"一致。不过,具体的操作却存在区别。其主要区别在于:中国国营企业是国家行政附属单位,由国家统一制订计划,并下达给各个企业,确定企业生产经营目标,然后据以制订企业的全面计划。由此,编制计划时强调的是以生产计划为中心,要求其他各项计划与生产计划相配合。而西方的"全面预算"则是根据"以销定产"的原则进行编制,生产预算建立在销售预算的基础上,并以销售预算为中心,进行各项指标的综合平衡,而销售预算的编制又是以企业对市场需求的调查和预测为依据。同时,全面预算还特别重视生产经营活动对现金收支和财务状况的预期影响。而当时国营企业的现金收支统一由国家管理,企业一切收入都上交国家,一切支出都由国家拨付,即实行所谓的"统收统支"制度。

实际上,国营企业的市场问题由国家解决,国营企业并没有面临市场问题。在这个意义上,国家做了西方企业所要做的市场调查和预测工作。可以说,编制"生产技术财务计划"是中国国营企业成本管理会计制度的重要特色。

(五) 对外提供成本报表

在计划经济体制下,中国一直将成本管理会计制度纳入国家统一会计制度之中,要求编制成本计算表。国营企业对外报告的会计报表包括成本表,可以说是计划经济时代中国企业成本管理会计制度的一贯特色。这是因为那个时代中国的会计报表以供上级使用为主,所有的企业都是国家的,以整个国家为核算主体,各个国营企业之间是一种兄弟关系,无所谓成本保密,根本就谈不上"商业秘密"问题。成本信息只不过是为国家对各国营企业进行成本考核服务。企业成本管理会计制度基本上为国家宏观经济管理服务。

当时,国营企业编制的成本表包括:全部商品产品成本表、主要商品产品单位成本表、生产费用表、车间经费及企业管理费明细表等。国家对国营企业提出了成本降低额和降低率两个考核指标。

在计划经济体制下,生产费用表具有其特殊意义。"这和西方国家只注重成本要素的情况不同"。生产费用表按费用要素反映企业在年度(季度、月份)内所发生的全部生产费用。对企业来说,它可以用来考核生产费用计划的执行结果,分析各项生产费用要素之间的比例关系,并可作为核定企业流动资金定额的重要依据;对国家计划、统计部门来说,可据以计算工业净产值和国民收入。实际上,当时生产费用表主要为国家宏观控制服务。不过,从体现增值额的角度看,中国生产费用表与西方20世纪70年代兴起的增值表具有某些相似之处。生产费用表与增值表的基本设计思路一致,都比较接近商品的价值构成($W=C+V+M$)。生产费用表基本体现了生产过程中 $C+V$,便于计算工业净产值和国民收入,而增值表体现了生产过程中的 $V+M$。当然,两者编制的目的和理论基础不同。

此外，早在1951年，《大众会计》创刊号发表了汪慕恒先生的一篇比较详细介绍成本性态及其与利润关系的文章——《固定支出与变动支出》。遗憾的是，该文当时并没有得到应有的重视。可见，中国学术界对成本性态及其与利润的关系研究得并不晚。然而，过了将近30年之后，这个问题又被作为一件新鲜事物引入中国。

中国国营企业成本管理会计制度所表现出来的上述特色，尽管产生于计划经济体制和国营企业特殊制度安排，从今天的眼光看，缺乏市场观念（当时并不需要市场观念），但就企业内部成本管理会计（相当于西方管理会计的"执行会计"）而言，中国国营企业确实创造了一些足以令中国人引以为自豪的经验。在这些经验中，有些经验西方企业到20世纪80年代以后才开始实行。今天，当企业解决市场层面问题之后，中国国营企业过去的成本管理会计经验就可以发挥其作用。从这个意义上说，中国国营企业的成本管理会计特色和经验即使在今天也依然风采依旧，值得总结并发扬光大。

三、在市场经济环境下，与现代企业制度相适应的成本管理会计制度

如前所述，在计划经济体制下，国营企业生产的产品实行"统购包销"，不存在市场问题。实际上，市场问题已经由国家这个巨型企业解决了。1992年10月，中国共产党第十四次全国代表大会提出建立社会主义市场经济体制的目标，要求完善市场环境，转换企业经营机制，构建社会主义市场经济的微观基础，使企业成为真正以市场为导向的资源配置主体。从此，中国的企业进入市场化环境。企业已经到了应该自己解决市场问题的时候了。

与企业改革的产权化和市场化相适应，中国企业成本管理会计制度的改革也基本沿着企业化和市场化方向展开。于是，中国1993年7月1日的会计制度改革，将管理费用、财务费用、销售费用或经营费用等作为期间费用处理，取消对外报告成本表的做法，将成本表列为企业内部报表。成本管理会计问题开始成为企业经营过程的内部问题，初步实现了成本管理会计企业化。在这方面，武汉钢铁公司实行的"实际成本核算，目标成本控制，责任成本管理"就是比较成功的例证。然而，事物并不总是和谐的。这次会计制度改革产生的《企业财务通则》就是一个不和谐的"奇怪景观"。在市场经济环境下，一方面，企业成本管理会计工作理应企业化，与《国营企业成本管理条例》相类似的《企业财务通则》及其相应的行业财务制度缺乏应有的法理基础。另一方面，企业的一切管理活动都要以市场为导向，企业成本管理会计工作也不能例外。因此，企业应该转变成本管理会计的思维，建立以市场为导向、服务于企业内部经营管理的市场化成本管理会计制度。我们已经基本完成对西方企业成本管理会计理论与方法的引进、消化和吸收的工作，并随着我国市场经济体制的确定而逐步进入企业实际应用阶段。今天，企业成本管理会计基本理论与方法如成本性态分析、变动成本计算、本量利分析、成本管理决策、现金流量与投资项目评价、企业预算管理、企业责任会计、作业成本计算与作业管理、综合绩效评价与激励制度等都在我国企业得到不同程度的应用。

进入 21 世纪，我国市场经济体系更加完善，作为市场经济主体的企业更加注重成本管理会计在降低成本提升经济效益方面的作用，理论界与实务界不断加强成本管理会计建设，各种管理会计教材、研究论文和企业实践呈现出百花齐放的景象。在党的十八大以后，财政部为促进企业发展提升市场竞争能力，提出加强成本管理会计理论研究与实践应用，《管理会计应用指引》的发布与推广成为现代成本管理会计发展的标志性成果。

课后练习题

一、单项选择题

1. 按照现行制度规定的成本开支范围，以正常生产经营活动为前提，根据生产过程中实际消耗的物化劳动的转移价值和活劳动所创造价值中应纳入成本范围的那部分价值的货币表现称为（   ）。
   A. 产品生产费用   B. 产品实际生产成本
   C. 产品理论生产成本   D. 费用

2. 在正常生产、合理经营条件下的社会平均成本，是生产商品的价值中物化劳动价值和活劳动价值的货币表现称为（   ）。
   A. 产品生产费用   B. 产品实际生产成本
   C. 产品理论生产成本   D. 费用

3. 一般说来，实际工作中的成本开支范围与理论成本包括的内容（   ）。
   A. 是有一定差别的   B. 是完全一致的
   C. 是不相关的   D. 是相互可以代替的

4. 初级的成本会计也就是狭义的成本会计是指（   ）。
   A. 成本计划   B. 成本决策   C. 成本核算   D. 成本分析考核

二、多项选择题

1. 生产过程发生的耗费有（   ）。
   A. 劳动手段的耗费   B. 劳动方式的耗费
   C. 劳动指标的耗费   D. 劳动对象的耗费
   E. 活劳动的耗费

2. 商品的理论成本包括（   ）。
   A. 生产中消耗的生产资料的价值   B. 劳动者为自己的劳动创造的价值
   C. 劳动者为社会创造的价值   D. 为资本家创造的价值
   E. 为满足社会需要创造的全部新价值

3. 成本管理会计环节一共有七个，其中包括（   ）。
   A. 成本计算   B. 成本记录   C. 成本分析
   D. 成本考核   E. 成本确认

4. 对成本管理会计工作组织方式的说法，正确的有（   ）。

A. 成本管理会计内部工作组织方式分为集中核算与非集中核算
B. 大中型工业企业一般采用分散工作方式，中小型企业一般采用集中工作方式
C. 会计法规与制度制定的原则是"统一领导、分级管理"
D. 成本管理会计人员应不断提高自身素质
E. 成本管理会计有关的法规与制度的制定，主要考虑国家需求，可以不考虑企业的需要

三、判断题

1. 从理论上讲，产品价值中的补偿部分，就是产品的理论成本。（ ）
2. 在实际工作中，某些不形成产品价值的损失，如废品损失也计入产品成本。（ ）
3. 对于管理费用、财务费用、营业费用，为简化核算，一律计入产品成本。（ ）
4. 实际工作中的产品成本，是指产品所耗费的全部成本，不是指产品的生产成本。（ ）
5. 现代成本管理会计实际就是成本管理，即所说的狭义成本会计。（ ）
6. 实际工作中，确定成本的开支范围，应以产品的理论成本为理论依据。（ ）
7. 企业应根据外部有关方面的需求来组织成本管理会计工作。（ ）
8. 采用分散工作方式时，成本预测与决策工作一般由车间会计机构人员分散进行。（ ）
9. 理论成本中应包括各种期间费用。（ ）
10. 无论成本概念怎样变化，成本管理会计和成本管理会计的对象也不会发生变化。（ ）
11. 成本管理会计只在工业企业中存在，其他行业企业无成本管理会计核算。（ ）

四、名词解释

成本管理会计　理论成本　实际成本　成本核算

五、简答题

1. 成本的作用有哪些？
2. 成本管理会计制度包括哪些内容？
3. 实际成本与理论成本背离有哪些原因？
4. 简述成本管理会计的发展历程。

第二章

成本核算的概述

本章内容引言：

进行成本核算是成本会计的主要工作，为了更好地完成成本会计核算，必须遵循成本核算的一般要求，做好成本核算的基础工作。成本费用的分类是成本核算的主要内容，费用按照经济内容分类形成要素费用，费用按照经济用途分类形成成本项目，这两种分类对成本核算有重大影响。进行成本核算还需要设置的专门的账户，这些账户的结构用途有自身特点，使用这些账户对发生的业务进行会计处理，会形成一个完整的成本核算程序。

关键术语： 成本项目　费用要素　核算原则　生产成本　制造费用　期间费用　成本核算程序

第一节　成本核算的基本要求

一、正确划分各种成本费用界限

为了正确核算产品成本，保证产品成本的真实可靠，还需要在不同时期、不同产品以及产成品和在产品之间正确地分摊费用，分清有关成本费用的几个界线：

（一）分清计入产品成本和不计入产品成本的费用界线

企业发生的各种费用支出，不是全部都计入成本的。对于企业在生产经营过程中发生的一些资本性支出，如购建固定资产、无形资产的支出，不应列入产品成本，而应计入资产的价值中；对于与生产经营无关的营业外支出，也不能计入企业成本。而对于收益性支出，则应根据其发生的地点和用途，计入各产品成本或期间费用中。

（二）分清本期成本费用和下期成本费用的界线

凡应由本期产品成本负担的费用，不论是否在本期支付，都应全部计入本期产品成本；不应由本期产品成本负担的费用，即使在本期支付，也不能计入本期产品成本。应正确核算跨期费用，按受益期限摊销或预提，不能任意摊提，人为地调节产品成本。

（三）分清各种产品成本的界线

属于哪一种产品成本负担的费用，就应计入哪一种产品成本；对于不能直接计入各种产品成本的费用，应根据谁受益谁分摊、多受益多分摊、少受益少分摊的原则进行分配。在进行费用分配时,不能为了简化成本核算方法或其他目的,将费用随意在各种产品中进行分配,即不得将应计入可比产品的费用,计入不可比产品成本中或相反;也不能将应列入亏损产品的费用,计入盈利产品成本中或相反。

(四) 分清在产品成本和产成品成本的界线

企业应采取合理而简便的方法,在需要时将累计发生的生产费用在产成品和在产品之间进行分配,不得人为地任意压低或提高在产品的成本,保证成本计算的真实性。为了保证准确地将费用在完工产品和在产品之间进行分配,使各期的成本指标具有可比性,在产品的成本计算方法一经确定,不应经常改变。

二、完善成本费用责任制

企业规章制度是以责任制为核心的。责任制度就是规定企业内部各单位、各类人员的工作范围、应负的责任及相应权利的制度。企业建立的内部经济责任制,是把岗位责任制、内部经营承包、按劳分配三者有机结合而形成的内部经济责任制度,这有利于调动各方面的积极性。为了正确地进行成本计算,考核各责任单位的成本水平,强化成本管理,必须完善成本责任制。要完善成本责任制,应做好以下几项工作:

(一) 建立健全责任成本制度

责任成本是指以各责任单位作为成本计算对象所计算的成本。企业在进行成本计算时,最后计算出产品成本是非常重要的。但是,产品成本由于是以产品作为成本计算对象的,所以,它不能反映每一责任单位的工作业绩,不便于将每一责任单位成本的高低与其应承担的责任及经济利益相联系。因此,在进行成本计算时,还应创造条件,计算出每一责任单位的责任成本,便于进行各责任单位责任成本的考核和分析。

(二) 建立健全内部成本管理体系

内部成本管理体系是一个非常复杂的系统,它涉及企业的所有部门和全体职工。该系统的完善程度,运行是否合理,直接关系到成本责任制的推行。因此,应建立一个运行自如、合理的内部成本管理体系,并使之逐步完善。

(三) 建立健全成本评价考核制度

成本会计不仅要计算产品成本,并对产品成本指标进行分析,而且还需进行评价考核。企业应评价考核每一种产品成本的升降以及各责任单位的责任成本高低情况。对成本进行评价考核,就应建立一套有利于加强成本评价考核的成本信息收集、整理、对比、计算的方法和程序,确定成本评价标准,使成本考核形成制度,促使成本指标不断降低。

(四) 建立健全成本责任奖惩制度

在计算出产品成本及责任成本之后,应对各责任单位可控制成本的高低进行分析,实行规范、严格的奖惩制度,以鼓励先进,督促落后,调动各部门及人员不断降低产品成本的积极性,促进企业经济效益的不断提高。

三、做好成本核算的各项基础工作

在进行成本核算时,要正确计算成本,各项基础工作是非常重要的。如果基础工作做得不好，就会影响成本计算的准确性。要做好成本核算的各项基础工作，需要会计部门和其他各部门的密切配合，共同做好这项工作。

（一）健全原始记录

原始记录是按照规定的格式，对企业生产经营活动中的具体经济业务所作的最初记载，是反映企业经济活动情况的第一手资料，是编制成本计划，进行成本核算，分析消耗定额和成本计划完成情况的依据。由此可见，根据企业的具体情况，建立健全严密科学的原始记录制度，对于加强企业的生产经营管理，正确计算产品成本是非常重要的。

企业设置的原始记录主要有：

1. 反映设备使用情况的原始记录

反映设备交付使用、维修、事故、安全生产等情况，如固定资产交付使用表、设备运转记录、事故登记表等。

2. 反映物资动态的原始记录

反映材料物资验收入库、领用、退库、结存等情况，如收料单、材料入库单、领料单、限额领料单、领料登记表、材料退库单、材料报废单、材料盘盈盘亏报告单，等等。

3. 反映生产活动及产品产出的原始记录

它反映生产组织、在产品和自制半成品转移、产品质量检查、产成品入库等情况，如生产加工通知单、工序进程单、停工通知单、废品通知单、产品完工通知单、半成品入库、调拨、报废及盘点盈亏报告单、产成品入库单，等等。

4. 反映劳动工资方面的原始记录

反映职工人数、职工调动、考勤、工时利用、工资结算等情况，如职工录用通知书、职工调动通知单、请假单、考勤表、加班加点记录、工资奖金表等。

5. 反映费用开支的原始记录

反映水、电、劳务、办公费、差旅费开支等情况，如发票、账单、车船飞机票，等等。

企业成本核算部门应会同计划统计、生产技术、材料供应、劳动工资、设备动力等各有关职能部门，根据成本核算和有关职能部门管理的需要，建立和健全原始记录和凭证，并规范各种原始记录和凭证的格式、填写要求、传递程序和保管，加强对原始记录和凭证内容的审核，以保证原始记录和凭证的真实和准确。

原始记录是一切核算的基础，因此，原始记录必须真实正确、内容完整、手续齐全、要素完备，以便为成本计算、控制、预测和决策提供客观的依据。

（二）实施有效的定额管理

定额是指在一定生产技术组织条件下，对人力、财力、物力的消耗及占用所规定的数量标准。企业在生产过程中对材料、工时消耗和费用开支等，凡是能制定定额的，都要通过科学的方法，参照过去的执行情况，制定出既先进又切实可行的定额。科学先进的定额，是制定成本计划的基础，也是进行成本核算的重要条件，是对产品成本进行预测、控制和考核的依据。与成本核算有关的消耗定额，主要包括：工时定额、产量定额、材料、燃料、动力、工具等消耗的定额，有关费用的定额如制造费用预算等。

产品的消耗定额是编制成本计划、分析和考核成本水平的依据，也是审核和控制耗费的标准。企业应当制定和修订先进而又可行的原材料、燃料、动力和工时等项消耗定额，并据以审核各项耗费是否合理，是否节约，借以控制耗费，降低成本。但由于消耗定额服务于不同的成本管理目的，可表现为不同的消耗水平。当企业编制成本计划时，是根据计划期内平均消耗水平所制定的定额；当定额作为分配实际成本标准时，是以能体现现行消耗水平的定额为依据来衡量的；当企业为实现预期利润而控制成本时，是根据企业实现预期利润必须达到的消耗水平作为衡量的尺度。定额制定后，为了保持它的科学性和先进性，还必须根据生产的发展、技术的进步、劳动生产率的提高，进行不断地修订，使它为成本管理与核算提供客观的依据。

（三）建立和健全材料物资的计量、收发、领退和盘点制度

企业在生产经营过程中发生的各种材料物资的增减变化，除要进行价值核算外，还要进行数量核算，计量工作是进行数量核算的依据。如果没有准确的计量，就不能提供材料物资准确的数量变化资料，无法进行成本计算，也不能保护财产物资的安全完整。同时，生产过程中增减的材料物资，其质量规格是否符合现定的要求，直接关系到产品的质量和经济效果，为了保证入库材料物资数量与质量，必须搞好计量与验收工作，准确的计量和严格的质量检测是保证原始记录可靠性的前提；为了正确计算成本，对于各种材料物资的计价和价值的结转，应严格执行国家统一的会计制度。各种方法一经确定，应保持相对稳定，不能随意改变，以保证成本信息的可比性。

为了保证领、退的材料物资准确无误，还必须及时办好领料和退料凭证手续，使成本中的材料费用相对准确。由于材料物资等存货品种、规格多，进出频繁，尽管严格管理，但由于种种原因，账面不符还经常存在，还需要对库存物资和在产品进行定期或不定期的清查盘点，防止积压浪费、霉烂变质、贪污盗窃等情况的发生，并且对账面调整，做到账实相符，确保成本中的材料等费用更加准确。

（四）做好厂内计划价格的制定和修订工作

在计划管理基础较好的企业中，为了分清企业内部各单位的经济责任，便于分析和考核内部各单位成本计划的完成情况，明确各单位工作业绩以及总体评价与考核的需要，还应对材料、半成品和厂内各车间相互提供的劳务如运输、修理劳务等制定厂内计划价格，作为内部结算的依据。厂内计划价格应该尽可能接近实际并相对稳定，年度内一般不作变更。

制定结算价格的主要依据有：

内部转移的材料物资等，应以当时的市场价格作为内部结算价格。

材料物资、劳务等也可以以市场价格为基础，双方协商定价，作为内部的结算价格。

企业生产的零部件、半成品等在内部转移时，可以用标准成本或计划成本作为内

部结算价格。

在原有成本的基础上,加上合理的利润(即一定利润率计算)作为内部的价格。

除上述计价方法外,企业也可以根据生产特点和管理要求以及结算上具体情况来确定其合理的结算价格进行结算。内部价格制定后,应印制装订成册,颁布实行,各部门不得擅自改变,以维护企业内部价格的统一。

(五) 颁布科学、完善的规章制度

规章制度是企业为了进行正常的生产经营和管理而制定的有关制度、章程和规则。规章制度是人们行动的准绳,是实施有效的成本管理的保证。

企业内部与成本管理会计有关的规章制度主要包括:计量验收制度、定额管理制度、岗位责任制、考勤制度、质量检查制度、设备管理和维修制度、材料收发领用制度、物资盘存制度、费用开支规定以及其他各种成本管理制度等。各种规章制度的具体内容应随着生产发展、经营情况的变化、管理水平的提高等客观条件和变化,不断改进,逐步完善。

四、结合生产特点和管理要求选择适当的成本计算方法

企业在进行成本核算时,应根据本企业的具体情况,选择适合于本企业特点的成本计算方法进行成本计算。成本计算方法的选择,应同时考虑企业生产类型的特点和管理的要求两个方面。在同一个企业里,可以采用一种成本计算方法,也可以采用多种成本计算方法,即多种成本计算方法同时使用或多种成本计算方法结合使用。成本计算方法一经选定,一般就不应经常变动。

第二节 成本费用的分类

一、费用按照经济内容分类

企业的生产经营过程,也是物化劳动(劳动对象和劳动手段)和活劳动的耗费过程,因而生产经营过程中发生的费用,按其经济内容分类,可划分为劳动对象方面的费用、劳动手段方面的费用和活劳动方面的费用三大类。在这一分类的基础上,再将费用分为若干要素,称为费用要素。具体可以分为以下几项:

(1)外购材料,指企业为进行生产经营而耗用的一切由外部购入的原料及主要材料、半成品、辅助材料、包装物、修理用备件和低值易耗品等。

(2)外购燃料,指企业为进行生产经营而耗用的一切从外部购入的各种固体、液体和气体燃料。

(3)外购动力,指企业为进行生产经营而耗用的一切从外部购入的各种动力,包括电力、热力和蒸汽等。

（4）职工薪酬，指企业应计入成本费用的职工薪酬（包括工资、奖金、津贴和补贴、福利费、社会保险费、住房公积金、工会经费和职工教育经费等）。

（5）折旧费，指企业根据固定资产经济利益实现方式确定的折旧方法提取的折旧费用。

（6）修理费，指企业为修理固定资产而发生的支出。

（7）利息支出，指企业计入期间费用等的借入款项的利息支出减利息收入后的净额。

（8）税金，指应计入管理费用的各种税金，如房产税、车船使用税、土地使用税、印花税等。

（9）其他支出，指不属于以上各要素的费用支出，如差旅费、租赁费、外部加工费以及财产保险费等。

费用要素是一种反映费用原始形态的分类。将费用划分为若干要素进行反映与核算，可以明确地反映出各要素费用的耗费情况，并能将物化劳动的耗费明显划分出来，为国家计算国民收入提供数据资料，也可为企业控制流动资金占用以及编制材料采购计划提供依据。但是这种分类核算的不足之处在于不能反映各种费用的经济用途以及它们与产品之间的关系，不便于分析这些费用的支出是否节约、合理。

二、成本项目

费用按经济用途首先分为应计入产品、劳务成本的费用和不计入产品、劳务成本的费用，也就是计入产品成本的生产费用和直接计入当期损益的期间费用两类。

期间费用是指不能直接归属于某个特定产品成本的费用。它是随着时间推移而发生的与当期产品的管理和产品销售直接相关，而与产品的产量、产品的制造过程无直接关系，即容易确定其发生的期间，而难确认其所应归属的产品，因而不能列入产品制造成本，而在发生的当期从损益中扣除。期间费用包括直接从企业的当期产品销售收入中扣除的销售费用、管理费用和财务费用。由于当期的期间费用是全额从当期损益中扣除的，因而，其发生额不会影响下一个会计期间。

在企业产品生产的过程中，发生的能用货币计量的生产耗费，称为生产费用。为具体反映计入产品成本的生产费用的各种用途，提供产品成本构成情况的资料，还将其进一步划分为若干个项目，即产品生产成本项目（简称"产品成本项目"或"成本项目"）。

（1）直接材料，指直接用于产品生产并构成产品实体的原料、主要材料、外购半成品，以及有助于产品形成的辅助材料。

（2）燃料及动力，指直接用于产品生产的各种燃料及动力。

（3）直接人工，指直接参加产品生产的直接生产工人的职工薪酬，包括直接生产工人的职工工资、奖金、津贴、补贴及其福利费、社会保险费、住房公积金、工会经费、职工教育经费等。

（4）制造费用，指企业各个生产单位（车间）为组织和管理生产所发生的各种管理费用。包括各个生产单位（分厂、车间）为组织和管理生产所发生的生产单位管理人员工资、奖金、津贴和补贴；福利费；社会保险费；住房公积金；工会经费和职工教育经费，以及生产单位房屋、建筑物、机器设备等的折旧费、设备租赁费（不包括融资租赁费）、修理费、机物料消耗、低值易耗品摊销、设计制图费、试验检验费、劳动保护费等费用。

企业可根据生产特点和管理要求对上述成本项目做适当调整。在规定或者调整成本项目时，应该考虑以下几个问题：一是费用在管理工作中有无单独反映、控制和考核的需要。二是费用在产品成本中比重的大小。三是为某种费用专设成本项目所增加的核算工作量的大小。对于管理上需要单独反映、控制和考核的费用，以及产品成本中比重比较大的费用，应该专设成本项目，如增设"燃料与动力"成本项目；否则，为了简化核算工作，不必专设成本项目。如小型工业企业生产规模小，为简化核算可只设"原材料""工资""制造费用"三个成本项目，或者可只设"原材料"和"加工费用"两个成本项目；如需协作加工较多的企业，为了综合反映上一生产步骤发生的生产费用，可增设"自制半成品"成本项目。生产过程中产品损耗较大的产品，为了完整反映产生废品而造成的损失费用，可增设"废品损失"成本项目；为了完整反映停工而对企业带来的损失，可增设"停工损失"等成本项目。

将生产费用划分为若干成本项目，可以明确地反映直接用于产品生产上的材料费用是多少，直接用于产品生产上的工人工资是多少，以及耗用于组织和管理生产上的各项支出是多少等，这不仅可以从用途上掌握费用的构成，而且对于了解企业各项费用定额（计划、预算）的执行情况，分析费用支出是否节约、合理，控制费用的发生，加强成本、费用管理等，都有着重要的作用。

三、费用要素与成本项目的关系

费用要素与成本项目，是成本管理会计中两个非常重要的基本概念，它们之间既有联系，又有区别。

从联系上看，费用要素与成本项目都是对企业某一特定的费用所作的分类，有些费用要素与成本项目的名称也非常类似，如材料、职工薪酬等，它们都反映了企业的耗费。另外，就核算程序而言，成本项目的金额总是由费用要素转化而来的，费用要素中的生产费用要素形态都将转化并归属到不同的成本项目之中。当然，这里的费用要素与成本项目间的对应关系，既可能是一对一，也可能是一对几的关系。

费用要素与成本项目间的区别主要表现在：

（1）分类的标准不同。这是两者最根本的区别。费用要素的分类标准只是经济内容而不论用途；成本项目的分类标准只是经济用途而不论内容。即所谓费用要素就是指具有相同经济内容的各不同用途的耗费之和，而成本项目是指具有相同经济用途的各不同内容的生产耗费之和。正因为费用要素与成本项目的分类标准不同，因此也导致了两者间的对应关系有时变得错综复杂：同一费用要素，可能有多种经济用途，从而与多个成本项目相对应；同一成本项目，也许包含了多种不同的费用内容，从而又与多个费用要素相对应。

(2) 被分类的费用不同。费用要素是对总费用进行分类，而成本项目只是对总费用中的生产费用进行分类。将生产费用按经济内容进行划分所得到的若干类别便称为生产费用要素。

(3) 费用所属的时期不同。费用要素只反映本期发生的费用，而成本项目可能包括本期和以前几个时期发生的费用。即费用要素反映的费用具有时期性的特征，而成本项目反映的费用具有对象性的要求。

此外，费用要素与成本项目在具体的划分类别及各自的作用等方面也存在着区别。

第三节 成本核算的账户设置和账务处理程序

一、成本核算账户的设置

成本核算的主要目的是归集生产费用，计算出产品成本。为了核算生产费用的发生，需要设置相应的账户进行总分类和明细分类核算。企业需要设置的账户包括"生产成本""制造费用"等账户。

"生产成本"账户是用来核算产品生产成本项目的发生以计算产品成本的账户，为了分别核算基本生产成本和辅助生产成本，还应在该一级账户下，分别设置"基本生产成本"和"辅助生产成本"两个二级账户。企业根据需要，也可以将"生产成本"账户分设为"基本生产成本"和"辅助生产成本"两个一级账户。现分别说明两个账户的结构与用途。

(一)"基本生产成本"账户

基本生产是指为完成企业主要生产目的而进行的商品产品生产。"基本生产成本"账户核算生产各种产成品、自制半成品、自制材料、自制工具、自制设备等所发生的各项费用。企业生产中发生的直接材料、直接人工等直接费用，直接记入该账户的借方及其有关明细账户。间接费用应先通过"制造费用"账户归集，月终按一定标准分配记入该账户的借方及其有关明细账户。已完工并验收入库的产成品、自制半成品，应从"基本生产成本"账户的贷方转入"产成品""自制半成品"账户的借方，"基本生产成本"账户的月末余额，就是基本生产活动形成的在产品的成本。该账户应按产品品种等成本计算对象分设基本生产成本明细账，也称产品成本计算单或产品成本明细账。账中应按成本项目分设专栏，登记各该产品、各该成本项目的月初在产品成本、本月发生的生产费用、本月完工产品成本和月末在产品成本，其一般格式如表2-1所示。

表 2-1　　　　　　　　　产品成本计算单（基本生产成本明细账）

车间：　　　　　　　　　　　　　　　　　　　　　　　　　　产品：

年		摘要	产量	成本项目			成本合计
月	日			直接材料	直接人工	制造费用	
		月初在产品成本					
		本月生产费用					
		生产费用合计					
		本月完工产品成本					
		完工产品单位成本					
		月末在产品成本					

（二）"辅助生产成本"账户

辅助生产是指为基本生产服务等而进行的产品生产和劳务供应，例如工具、模具、修理用备件等产品的生产和修理，运输等劳务的供应。"辅助生产成本"账户核算为基本生产车间及其他部门提供产品、劳务所发生的各项费用。辅助生产提供的产品和劳务，有时也对外销售，但这不是它的主要目的。辅助生产所发生的各项费用，记入"辅助生产成本"总账科目的借方；完工入库产品的成本或分配转出的劳务费用，记入该科目的贷方；该科目的余额，就是辅助生产活动形成的在产品的成本，也就是辅助生产活动形成的在产品占用的资金。该科目应按辅助生产车间生产的产品、劳务分设辅助生产成本明细账，账中按辅助生产的成本项目或费用项目分设专栏进行登记。

（三）"制造费用"账户

"制造费用"账户核算为企业生产产品和提供劳务而发生的各项间接费用。费用发生时，记入"制造费用"账户的借方及其有关明细账。月终根据企业成本核算办法的规定，按一定标准分配计入有关成本计算对象，从"制造费用"账户的贷方转入"基本生产成本"账户的借方及其有关明细账户。"制造费用"账户应按不同车间、部门设置明细账。除采用年度计划分配法和累计分配法分配制造费用外，该账户月末一般无余额。

（四）"长期待摊费用"科目

"长期待摊费用"属于资产类会计科目。该科目核算企业已经发生但应由本期和以后各期负担的分摊期限在1年以上的各项费用。该科目应按费用项目进行明细核算。企业发生的长期待摊费用，记入该科目的借方。摊销长期待摊费用时，记入该科目的贷方。该科目期末借方余额，反映企业尚未摊销完毕的长期待摊费用的摊余价值。

二、成本核算的一般程序

成本核算的一般程序就是对生产过程中发生的各项要素费用，按经济用途归类计入产品成本的过程。制造企业的生产特点各不相同，对成本核算和管理的要求也不尽相同，根据企业的具体情况，可以选用不同的产品成本计算方法。尽管产品成本计算方法不同，但存在着产品成本核算的一般程序。在生产过程中所发生的各种耗费，有的直接计入产品成本，有的要先进行归集，然后经过分配再计入产品成本。月终，对既有完工产品又有月末在产品的产品，需将计入该种产品的生产费用在完工产品和在产品之间进行分配，计算出完工产品和月末在产品成本。完工产品要从生产过程转入成品仓库，经过销售，产品成本流转到主营业务成本账户，以计算销售损益。产品成本核算的一般程序如下：

（一）根据成本开支范围规定，审核生产费用支出

根据成本开支范围的规定，对各项费用支出进行严格审核，确定应计入产品成本的费用和不应计入产品成本的期间费用。

（二）编制要素费用分配表

对生产中产品所耗用的材料，可以根据领料凭证编制材料费用分配表，发生的人工费用，可根据产量通知单等产量工时记录凭证编制工资费用分配表，等等。凡是能直接记入成本计算对象的费用，根据各要素费用分配表可直接记入"基本生产成本""辅助生产成本"账户及有关明细账户。不能直接计入成本计算对象的费用，先进行归集，记入"制造费用"账户及其有关明细账户。

（三）编制跨期用分配表

本月发生的长期待摊费用归集后，应将本月摊销额按用途进行分配，编制长期待摊费用分配表。对尚未支付但应计入本月产品成本的预提费用，也应编制预提费用分配表。根据所编制分配表的数据资料，记入"辅助生产成本""制造费用"等账户及其明细账户。

（四）辅助生产费用的归集和分配

归集在"辅助生产成本"账户及其明细账户的费用，除对完工入库的自制工具等产品的成本转为存货成本外，应按受益对象和所耗用的劳务数量，编制辅助生产费用分配表，据以登记"基本生产成本""制造费用"等账户及有关明细账户。

（五）制造费用的归集和分配

各基本生产车间的制造费用归集后，应分别不同车间，于月终编制制造费用分配表，分配计入本车间的产品成本中，记入"基本生产成本"账户及其明细账户。

（六）废品损失的归集和分配

在生产过程中，难免会出现废品，如果废品损失的份额较大，则企业应该单独设置"废品损失"成本项目并且开设相应的账户进行核算，通过废品损失分配表将发生的在相关账户之间进行结转，确定由合格产品负担的废品损失，记入"基本生产成本"账户及其明细账户。

（七）完工产品成本的确定和结转

经过以上费用分配，各成本计算对象应负担的生产费用已全部记入有关的产品成本明细账。如果当月产品全部完工，所归集的生产费用即为完工产品成本。如果全部未完工，则为期末在产品成本。如果只有部分完工，则需要采用一定的方法在完工产品与期末在产品之间进行分配，以确定本期完工产品成本，并将完工验收入库的产成

品成本从"基本生产成本"账户及其明细账户结转至"库存商品"账户及有关明细账户。

(八) 已销售产品成本结转

已销售产品的成本要从"产成品"账户及其明细账户转到"主营业务成本"账户及其明细账户。

成本核算的一般程序,如图2-1所示。

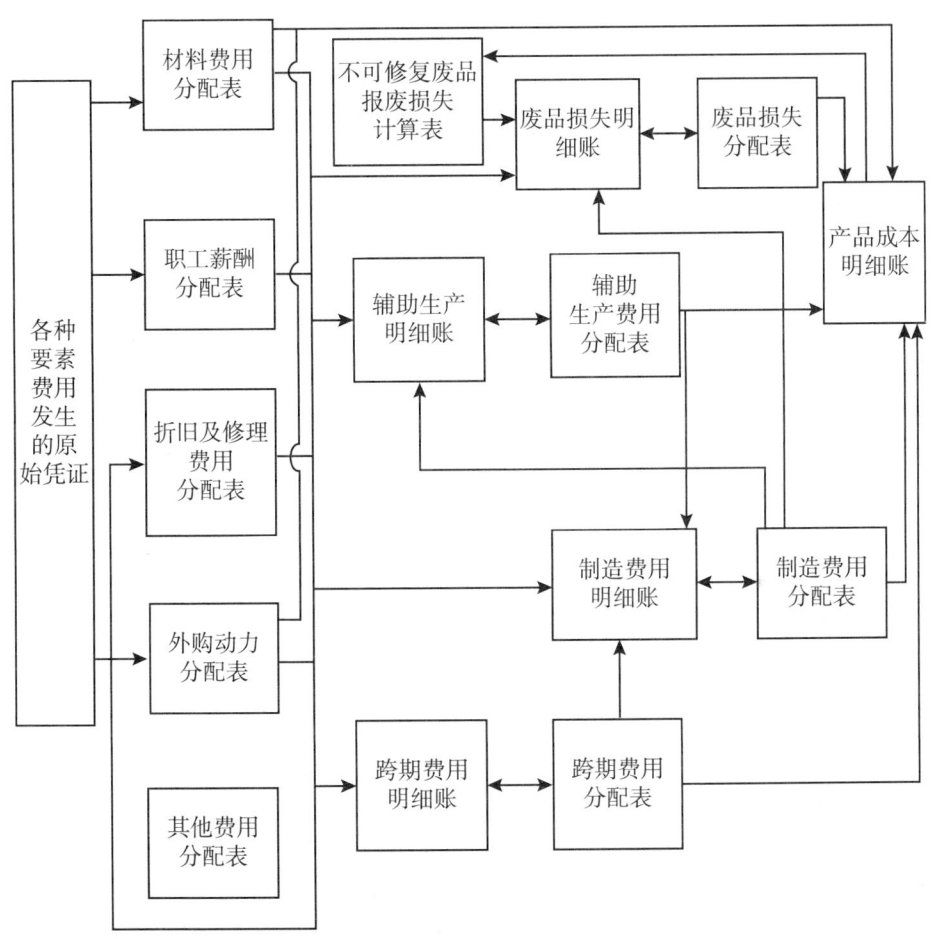

图2-1 成本核算流程

说明:
①根据各种原始凭证编制材料、工资等要素费用分配表;根据原始凭证及各要素费用分配表登记有关明细账;
②编制跨期费用分配表;根据跨期费用分配表登记有关明细账;
③编制辅助生产费用分配表;根据辅助生产费用分配表登记有关明细账;
④编制制造费用分配表;根据制造费用分配表登记有关产品成本计算单;
⑤编制废品损失计算表;将发生的废品损失计入废品损失和相关产品成本明细账户;
⑥完工产品与在产品成本;将完工产品成本转入产成品明细账;
⑦将已销售产品成本结转主营业务成本明细账。

课后练习题

一、单项选择题

1. 下列可以计入费用的项目有（　　）。
   A. 购入无形资产的支出　　　　B. 非正常原因发生的停工损失
   C. 固定资产的盘亏损失　　　　D. 基本生产车间支付的办公费
2. 下列属于生产费用的项目有（　　）。
   A. 支付的借款利息　　　　　　B. 销售部门支付的广告费
   C. 厂部支付的办公费　　　　　D. 生产车间支付给生产工人的工资
3. 为了防止利用费用待摊和预提的方法人为调节各个月份的产品成本和经营管理费用，人为调节各月损益，应（　　）。
   A. 正确划分各个月份的费用界限
   B. 正确划分各种产品的费用界限
   C. 正确划分完工产品和在产品费用界限
   D. 正确划分生产费用与经营管理费用界限
4. 企业的各项财产物资应当按取得时的实际成本计价，物价变动时（　　）。
   A. 可以随其变动计价
   B. 不能随其变动计价
   C. 不得调整其账面价值
   D. 除国家另有规定外，不得调整账面价值
5. 下列各项中属于生产费用要素的有（　　）。
   A. 原材料　　　B. 折旧费　　　C. 燃料和动力　　　D. 制造费用
6. 下列项目中不属于生产费用要素的有（　　）。
   A. 外购材料　　　B. 外购燃料　　　C. 利息支出　　　D. 原材料
7. 下列项目中，属于成本项目的有（　　）。
   A. 税金　　　B. 折旧费　　　C. 工资及福利费　　　D. 工资
8. 下列不应计入产品生产成本的费用有（　　）。
   A. 生产工人工资　　　　　　　B. 按生产工人工资提取的福利费
   C. 分厂、车间机器的修理费　　D. 租入固定资产的租赁费
9. 下列应计入产品生产成本的费用是（　　）。
   A. 宣传广告费　　　　　　　　B. 利息支出
   C. 厂部的设备维修费　　　　　D. 基本生产车间的设备折旧费
10. 生产费用按经济用途分类，可以（　　）。
    A. 反映各时期各种费用的构成和水平
    B. 考核各项费用定额或计划的执行情况
    C. 为编制企业的材料采购资金计划提供资料

D. 便于查找成本升降原因

11. 成本项目中的职工薪酬是指（　　）。
A. 直接参加制造产品的生产工人职工薪酬
B. 全部职工薪酬
C. 基本生产车间管理人员的职工薪酬
D. 销售机构人员的职工薪酬

12. 生产费用按其与生产工艺过程的关系分类，可以分为（　　）。
A. 直接计入费用和间接计入费用　　　B. 直接生产费用和间接生产费用
C. 变动费用和固定费用　　　　　　　D. 直接生产费用和间接计入费用

13. 在用同一种原材料，同时生产几种产品的联产品生产企业中（　　）。
A. 直接生产费用可以直接计入某种产品成本
B. 间接生产费用也可以直接计入某种产品成本
C. 直接生产费用和间接生产费用都不能直接计入某种产品成本
D. 直接生产费用可以直接计入而间接生产费用不能直接计入某种产品成本

14. "基本生产成本"科目核算的内容是（　　）。
A. 销售产品发生的广告费
B. 厂部使用机器的折旧费
C. 基本生产车间为生产产品所发生的一切费用
D. 支付的房产税、印花费

15. 正确划分各种产品的费用界限，是为了防止（　　）。
A. 乱挤成本费用
B. 少计成本费用
C. 混淆生产费用和经营管理费用
D. 在盈利产品和亏损产品之间，以盈利补亏损，掩盖超支

二、多项选择题

1. 工业企业的费用包括（　　）。
A. 生产费用　　　B. 营业费用　　　C. 财务费用
D. 营业外支出　　E. 管理费用

2. 为了正确计算产品成本，以下必须正确划分费用界限的包括（　　）。
A. 成本费用与非成本费用的界限　　　B. 产品制造成本与期间费用
C. 各个不同期间费用界限　　　　　　D. 各种产品的费用界限
E. 完工产品与在品的费用界限

3. 为了正确地计算产品成本，必须防止以下错误做法的有（　　）。
A. 乱挤成本和少计成本
B. 利用费用待摊和预提的方法，人为调节各月产品成本
C. 在可比产品与不可比产品之间盈利产品与亏损产品之间任意增减费用，以盈补亏，掩盖超支

D. 任意提高成本降低月末在产品费用，人为调节各月产品成本

E. 混淆生产费用和经营费用，借以调节各月产品成本和各月损益

4. 下列各项目中，应计入生产费用和期间费用的有（　　）。

A. 固定资产的盘亏损失　　　　　　B. 生产产品工人的工资

C. 广告宣传费　　　　　　　　　　D. 自然灾害等原因而发生的非常损失

E. 车间的机物料消耗

5. 下列各项目中，应计入期间费用的有（　　）。

A. 厂部管理人员工资

B. 销售机构经费

C. 基本生产车间管理人员的职工薪酬

D. 筹集资金所支付的利息

E. 支付的房产税、印花税

6. 为了正确计算产品成本和期间费用，以下应做好的基础工作有（　　）。

A. 正确划分各种费用界限

B. 建立健全定额管理制度

C. 建立存货的计量、收发领退和盘点制度

D. 建立健全原始记录

E. 制定和修订厂内计划价格

7. 下列各项目中，属于生产费用要素的有（　　）。

A. 折旧费　　　B. 废品损失　　　C. 停工损失

D. 制造费用　　E. 外购材料

8. 下列各项目中，属于产品成本项目的有（　　）。

A. 管理费用　　B. 财务费用　　C. 制造费用

D. 废品损失　　E. 原材料

9. 下列项目中，不属于产品成本项目的有（　　）。

A. 外购燃料　　B. 外购动力　　C. 利息支出

D. 折旧费　　　E. 其他支出

10. 生产费用要素中的税金，包括（　　）。

A. 增值税　　　B. 房产税　　　C. 土地使用税

D. 印花税　　　E. 车船使用税

11. 工业企业的费用按其经济内容分类，作用包括（　　）。

A. 分析各个时期各种费用的构成和水平

B. 为编制企业的材料采购资金计划提供资料

C. 可以反映各种费用的经济用途

D. 可以为企业储备资金定额和考核储备资金周转速度提供资料

E. 可以为制定厂内计划价格提供资料

12. 生产费用要素中的外购材料包括（　　）。

A. 原料及主要材料 B. 半成品
C. 辅助材料 D. 燃料
E. 修理备用件

13. 生产费用要素中的外购材料可能记入的成本项目有（   ）。
A. 燃料和动力　　B. 工资及福利费　　C. 制造费用
D. 废品损失　　E. 原材料

14. 下列各项中属于生产费用要素中的工资有（   ）。
A. 工人工资 B. 车间管理人员工资
C. 技术人员工资 D. 学徒工资
E. 厂部管理人员工资

15. 工业企业或企业的上级机构可以根据实际情况对成本项目进行适当调整。在规定或调整成本项目时，应考虑的因素有（   ）。
A. 费用在管理上有无单独反映、控制和考核的需要
B. 企业生产工艺和生产的特点
C. 费用在产品成本中比重的大小
D. 为某种费用专设成本项目所增加的核算工作量的大小
E. 企业规模的大小

16. 以下说法正确的有（   ）。
A. 直接生产费用大多是直接计入费用
B. 间接生产费用大多是间接计入费用
C. 直接生产费用一定是直接计入费用
D. 在只生产一种产品的企业中，直接生产费用和间接生产费用都是直接计入费用
E. 在用同一种原材料，同时生产出几种产品的企业，直接生产费用和间接生产费用都是间接计入费用

17. 为了核算生产经营管理费用应开设的会计科目有（   ）。
A. "生产成本"科目
B. "制造费用"科目
C. "营业费用"科目
D. "待摊费用"科目和"预提费用"科目
E. "财务费用"科目

三、判断题

1. 购置和建造固定资产的支出，应计入费用。（   ）
2. 用于基本生产车间机器设备大修理的费用不应计入费用。（   ）
3. 由于水灾造成的材料、产成品损失应计入生产费用。（   ）
4. 由于产品销售、管理生产经营活动和等集生产经营资金所发生的费用，应该计入经营管理费用。（   ）
5. 违反财政纪律或经营合同的赔偿金、违约金、滞纳金和罚款，都是经营管理不

善的支出，应计入产品成本。 （　　）

6. 为了正确地计算产品成本，应该也可能绝对正确地划分各个月份的费用界限。

（　　）

7. 生产费用按经济内容分类不能反映各种费用的经济用途，因而不便于分析这些费用的支出是否节约、合理。 （　　）

8. 生产费用按经济用途分类可以反映工业企业在一定时期内总共发生了哪些费用，各是多少，据以分析各个时期各种费用的构成和水平。 （　　）

9. 基本生产车间发生的各种生产费用都应直接记入"基本生产成本"科目。

（　　）

10. "制造费用"科目是核算企业为生产产品和提供劳务而发生的各种直接费用和间接费用。 （　　）

四、名词解释

费用　生产成本　期间费用　成本项目

五、简答题

1. 简述费用的分类。
2. 正确划分各种费用界限包括哪些具体内容？
3. 成本核算的基础工作有哪些？

第三章

生产费用的核算

本章内容引言：

按照成本核算的要求和程序，企业应将发生的各种费用要素先进行归集，然后采用适当的分配方法分配计入各成本计算对象中，记入有关成本账户。要素费用的分配主要包括材料费用、燃料费用、外购动力费用、职工薪酬费用、折旧费用和修理费用等项目的归集与分配，这些要素费用的归集和分配都因费用自身的特点不同而采用不同的归集程序和分配方法。

企业的辅助生产车间主要是为基本生产车间服务，也为企业管理部门、基本建设工程、福利部门和其他辅助生产车间服务，一般不对外销售，因此辅助生产车间发生的费用应在各受益部门之间分配；辅助生产费用的分配方法有直接分配法、交互分配法、计划成本分配法、代数分配法、顺序分配法。企业基本生产车间往往生产的产品不止一种，车间为管理和组织生产发生的费用需要通过"制造费用"账户归集，期末再按一定标准分配转入各成本计算对象中，制造费用的分配方法有生产工时比例分配法、年度计划分配率分配法等。

关键术语： 要素费用　费用归集　费用分配　材料费用　职工薪酬　消耗定额　费用定额　定额耗量　定额费用　外购动力　职工薪酬　固定资产折旧　跨期费用　辅助生产费用　直接分配法　交互分配法　对外分配法　计划成本分配法　代数分配法　生产工时比例法　生产工人工资比例法　机器工时比例法　年度计划分配率分配法　废品　废品损失

第一节　材料费用的核算

一、材料的分类与成本构成

（一）材料的分类

材料是工业生产过程中的劳动对象，材料费是产品成本的构成要素之一。由于它们在生产中起的作用不同，一般按材料的用途划分为以下几类：

（1）原料及主要材料，指生产过程中构成产品实体的原料和材料。如纺纱用的原棉、机械制造用的钢材等。

（2）辅助材料，指虽不构成产品的主要实体，但有助于产品实体形成的各种材料。如制造家具用的油漆，加工服装用的线、扣等。另外，被劳动资料消耗的材料，如机器用的润滑油、冷却液等；为创造劳动条件而消耗的材料，如照明用的灯泡、清洁卫生用具等，也列入辅助材料。

（3）外购半成品，指企业购入已经过外单位加工的半成品。如汽车制造厂购入的发动机、各种汽车仪表等。

（4）修理用备件，指为修理本企业的机器设备和运输设备的备用件。如齿轮、轴承等。此类材料虽然用量不大，但它是使设备能正常运转而必备的，且种类多，所以单列一类。

（5）燃料，指工艺用或其他用途的各种固体、液体、气体等燃料。燃料按其生产中的作用可归入辅助材料类，但能源在国民经济中的地位越来越重要，国家强调燃料的管理，单独划分为一类。

（6）包装物，指为包装本企业产品的各种包装容器，如桶、箱、瓶、罐、坛、袋等。

（7）低值易耗品，指单位价值较低，容易耗损的各种工具、管理用具、玻璃器皿以及劳保用品等。从性质上看，低值易耗品并不是劳动对象，而是劳动资料，但由于它不具备固定资产的条件，因而把它列为材料的一类。

（二）材料成本的构成内容

材料成本应以企业取得或加工生产该种材料所发生的实际支出为基础来计算。由于企业材料来源不同，其成本构成的具体内容也不同。

（1）外购材料成本。外购材料的采购成本主要由以下几项构成：①买价，是指国内购买供货单位开出的发票价格，进口材料则是材料物资的清算标价和进口加工费；②运杂费，即从销货单位运达企业仓库前发生的包装、运输、装卸搬运、保险及仓储等费用，进口材料包括国外运杂费、关税及国内运杂费；③运输途中的合理损耗；④购入材料应负担的税金；⑤入库前整理挑选费用，包括整理挑选过程中发生的人工、费用支出和必要的损耗，并扣除回收的下脚料价值；⑥大宗材料的市内运输费；⑦其他，即与采购材料有关的其他费用支出。

（2）委托加工材料成本。委托外单位加工本企业所需要的材料物资，其成本包括：加工中耗用材料物资的实际成本，支付的加工费用，为加工材料物资支付的往返运杂费等。

（3）自制材料成本。即自制材料的生产成本，包括在制造过程中发生的直接材料费、直接加工费以及其他费用。

二、材料盘存制度

正确计算材料成本费用，应首先正确计算与确定生产中材料的消耗量，并做好消耗的原始记录。

（一）材料消耗的原始记录

记录生产中材料消耗的原始凭证有限额领料单、领料单、领料登记簿等。

(1) 限额领料单,是由生产计划部门和供应部门,根据生产计划和材料消耗定额等资料核定并编制一种多次有效凭证。单中事先填明领料单位、材料用途、领料限额,以便能够有效地控制材料消耗,适用于经常领用并有消耗定额的材料领用,其格式见表3-1。

(2) 领料单,是由领料单位填写一式三联,一联留领料单位备查,其余两联一联留存发料仓库登记材料明细账,另一联送交会计部门据以进行材料收发和材料费用的核算。它是一种一次有效使用凭证,适用于难以用消耗定额控制和不经常领用的材料领用,其格式见表3-2。

(3) 领料登记簿,每一领料单位每月对于同种材料的多次领取,只需填制一张领料登记表。领料单位领料时,应在登记表中填明领料日期,当时领料数量,累计领料数量,采用领料登记簿记录经常领用的消耗材料,可以大大减少日常领料凭证的填制工作,而且便于月末材料耗用材料的汇总工作,其格式见表3-3。

(二) 材料盘存制度

计算材料消耗量有两种方法,即定期盘存制和永续盘存制。

(1) 定期盘存制,是用会计期间结束时清点实物的方法来确定材料期末结存数量,发出的数量就等于期初结存实物数量加本期增加的实物数量减期末结存数量。定期盘存制对每次发出数量不填凭证,不登记账簿,只在期末将盘点数量作为账面结存数量,并根据计算出的材料消耗数量一次填单记账,核算工作较简便,但将各种非正常发出(毁损盗窃及自然损耗等) 而减少数量隐含在发出数量之中,不利于材料的管理。

其材料消耗量计算公式:

材料消耗量 = 期初结存实物量 + 本期增加实物量 - 期末结存实物量

(2) 永续盘存制,是对各种材料的增加和减少数量都根据相应的会计凭证在有关账簿中进行连续登记,并随时在账簿中反映出每种材料的收发结存情况。永续盘存制要求随时填制领料单,并随时在账簿上登记增加、减少和结存数量,利于实物的管理和监督,但工作量较大。采用这种方法,也要定期全面地进行实地盘点,对一些价值较高或容易发生记录错误的材料,核对每种材料的实有数和账面数,账实不符的要查明原因,予以调整。

由于永续盘存制便于材料的日常核算,有利于材料的计算与控制,又能通过实物盘点来及时发现和处理各种不正常的损失。因而是当前国内外企业,特别是大中型企业材料核算所广泛实行的办法。至于定期盘存制方法,只适用于材料收发业务较为简单的小型企业,或因某些原因难以采用永续盘存制度的企业。

三、材料费用核算设置的账户

材料的计价分为按计划成本计价和按实际成本计价,根据计价方法的不同,设置的账户也不同,分别介绍如下:

(一) 材料按实际成本计价设置的账户

材料按实际成本计价是指从材料的收发凭证到材料的总分类和明细分类核算都采

用实际成本进行计价。这种计价方法一般适用于材料品种较少、采购业务不多的企业。采用实际成本计价，企业应开设"原材料"账户和"在途物资"账户。

"原材料"账户核算企业库存的各种材料的实际成本。该账户为资产类账户，借方登记入库材料的实际成本，贷方登记发出材料的实际成本，期末有借方余额，表示月末库存材料的实际成本。

"在途物资"账户核算企业已付款或已开出结算凭证但尚未验收入库的材料的实际成本。该账户为资产类账户，借方登记企业购入的在途物资的实际成本，贷方登记验收入库的在途物资的实际成本，期末有借方余额，表示月末尚未验收入库的在途物资的实际成本。

（二）材料按计划成本计价设置的账户

材料按计划成本计价是指从材料的收发凭证到材料的总分类和明细分类核算都采用计划成本进行计价。采用计划成本计价的企业，首先应制定材料的计划单位成本，要使其尽可能地接近实际成本。日常材料的收发凭证、总分类账和明细分类账都以计划成本记录。购入材料时，先通过"材料采购"账户核算，材料的实际成本与计划成本之间的差异通过"材料成本差异"账户核算。发出材料仍以计划成本记录，月末再将发出材料应负担的成本差异予以摊销，记入相关成本费用账户，将发出材料的计划成本调整为实际成本。这种计价方法适用于材料品种繁多、采购业务量较大的企业。采用计划成本计价，企业除开设"原材料"账户外，还应开设"材料采购"账户和"材料成本差异"账户。

"材料采购"账户用来核算计划成本计价法下企业已付款或已开出结算凭证但尚未验收入库的材料成本。该账户为资产类账户，借方登记购入材料的实际成本和实际成本小于计划成本的节约额的结转，贷方登记验收入库材料的计划成本和实际成本大于计划成本的超支额的结转，期末有借方余额，表示月末尚未验收入库的材料的实际成本。

"材料成本差异"账户用来核算材料的实际成本与计划成本的差异额。该账户是"原材料"账户的调整账户，借方登记已验收入库材料的实际成本大于计划成本的超支差异额，贷方登记已验收入库材料的实际成本小于计划成本的节约差异额和月末分配结转的发出材料应负担的差异额。期末有借方余额，表示月末结存材料的超支差异额；有贷方余额，表示月末结存材料的节约差异额。

四、材料发出成本的确定

1. 材料按照实际成本计价

如果材料按照实际成本进行日常核算，材料发出时，可以选择存货发出计价的先进先出法、加权平均法和个别计价法等方法中的一种计价。某种方法一经选用，不得随意变更；如确实需要变更，应在会计报表附注中说明。

（1）先进先出法。

先进先出法是假定先购入的材料先发出，日常发出材料的实际成本要按最先购入材料的实际单位成本计算的方法。这种计价方法的成本流转假设是先入库的材料先发出,如果发出的批量超过最先入库的那一批量时,超过部分要依次按下一批入库的单位成本计算。这种方法的特点是期末结存的存货最接近于当期价格水平,符合资产负债观的要求;而计入产品成本的材料会偏离了当期市价。在材料价格逐渐上涨的情况下,采用此法会使计算出来的产品成本偏低,利润虚增,违反了稳健性原则。

这种方法的优点:①有利于掌握库存资金动态;②分散了发料计价工作量,有利于均衡月内工作。缺点:计价工作量大,价格变动大的时候会影响当期成本与利润的真实性。

(2) 全月一次加权平均法。

全月一次加权平均法是指以本月购进某种材料的数量加月初该种材料结存数量为权数,计算出该种材料的平均单位成本以确定发出材料成本的方法。其计算公式如下:

$$加权平均单位成本 = \frac{月初库存材料的实际成本 + 本月购进的各批材料的实际成本}{月初库存材料数量 + 本月购进各批材料数量}$$

$$发出材料成本 = 发出材料数量 \times 加权平均单位成本$$

采用这种方法,特点是将价格波动对成本的影响平均化。优点:加权平均单位成本只需在月末一次计算,手续简便,简化发料计价工作量。缺点:①影响核算及时性,发料计价集中在月末进行;②不利于掌握库存金额的动态,对资金的调度有一定影响。另外,按这种方法计算的发出材料成本,在物价上涨时,会低于市场上同类材料的现行成本,而在物价下跌时,又会高于同类材料的现行成本。所以,在材料价格经常波动的情况下,采用此法计算发出材料的成本比较合理。

(3) 移动加权平均法。

移动加权平均法是指每次购进某种材料的数量和金额与各次购进前的数量和金额为基础,计算出加权平均单价的方法。其计算公式如下:

$$加权平均单位成本 = \frac{本次购进前材料结存成本 + 本次购进材料成本}{本次购进前材料数量 + 本次购进材料数量}$$

移动加权平均法的优点:①能使管理当局及时了解存货的结存情况;②计算的平均单位成本以及发出和结存的存货成本比较客观。缺点:计算工作量大。一般适用于经营品种不多或购进材料价格波动较大的企业。

(4) 个别计价法。

个别计价法是指某种材料的发出成本与结存成本均按它们的实际取得成本计价的方法。采用这种方法计价,需要为每一种材料设置记录,详细记录材料的批次和取得的单位成本,并在材料上加贴标签或编号,期末可以根据库存及本期发出材料的编号逐个辨认其购进日期和单位成本,以正确计算发出和结存材料的成本。这种方法的优点:能正确计算存货的实际成本和耗用存货的实际成本。缺点:分别记录各批的单价和数量,工作量大。适用范围:容易识别、存货品种数量不多、单位成本较高的存货计价。

2. 材料按计划成本计价

在材料按计划成本计价的情况下,对于发出的材料,应计算发出材料应负担的材料成本差异，把发出材料的计划成本调整为实际成本，对于期末库存材料，应以实际成本反映在资产负债表上。

材料按照计划成本进行日常核算，仓库发出材料时，应先根据期初结存材料和本期收入材料的成本及差异情况，计算材料成本差异率，再根据发出材料的计划成本和材料成本差异率，计算发出材料的成本差异以及发出材料的实际成本，计算公式如下：

$$材料成本差异率 = \frac{月初结存材料的成本差异 \pm 本月收入材料成本差异}{月初结存材料的计划成本 + 本月收入材料的计划成本} \times 100\%$$

$$发出材料成本差异 = 发出材料的计划成本 \times 材料成本差异率$$

$$发出材料的实际成本 = 发出材料的计划成本 \pm 发出材料成本差异$$

会计人员按照发出材料的实际成本，借记有关成本费用账户；按照发出材料的计划成本，贷记"原材料"账户；同时将发出材料的成本差异，贷记"材料成本差异"账户，超支差异用蓝字，节约差异用红字。具体如下：

月末根据材料费用分配表：

借：基本生产成本

　　辅助生产成本

　　制造费用

　　管理费用

　　贷：原材料

如果发出材料为超支差异，应作如下调整分录：

借：基本生产成本

　　辅助生产成本

　　制造费用

　　管理费用

　　贷：材料成本差异

如果发出材料为节约差异，应作的调整分录同超支差异，但应以红字反映。

对生产中领用而当月未用的材料，生产部门应认真办理余料退库手续，即使下月继续使用该种余料，也要办理假退料手续，以便分清本月成本与下月成本的界限。对于废料价值，应抵减产品成本，以便真实反映产品的实际消耗。

这种方法的优点：简化了存货的计价工作量，有利于反映物资采购业务的经营成果，有利于考核车间成本的开支情况。缺点：材料成本的真实性和准确性受到一定影响。材料按计划成本计价的方法，一般适用于材料品种规格繁多，收发料频繁，材料计划成本比较准确、稳定的企业。

五、材料费用的分配

（一）材料费用分配的原则

材料费用的分配，是通过编制"材料费用分配表"的方式进行的，因此，各生产车间和部门的材料费用分配表应根据各种领料凭证中的记录编制，在按实际成本核算时，根据各种领料凭证中所登记的实际成本汇总编制"材料费用分配表"。

材料费用中构成产品实体的原料及主要材料,一般由生产车间按产品领用,这些费用可以根据领料凭证直接归集到有关成本核算对象,记入该产品成本计算单中的"直接材料"项目。

原料及主要材料也有不能分产品领用的,如化工生产中为几种产品共同耗用的原料,这些原料是这几种产品的共同费用。对于这些共同费用则要采用适当的方法进行分配。

直接用于某种产品生产、有助于某种产品形成的辅助材料,应该直接记入该种产品成本的"直接材料"项目,如织布用的浆料。如属于多种产品共同耗用的辅助材料,如油漆、染料等,则需采用一定的方法在几种产品中分配。

直接用于某种产品生产的燃料,直接记入该种产品成本的"直接材料"项目,属于几种产品共同耗用的燃料,分配后计入有关产品成本。

分配材料费用与燃料费用,常用的分配标准有产品的重量、体积和材料的消耗定额。选择分配标准时,要从合理、简便原则出发。所谓分配方法的合理,是指这种分配方法的分配标准与费用大小有密切联系。如铸造车间生铁的耗用量与铸件的重量有密切关系,因此可以用铸件的重量作为分配标准。所谓分配方法的简便,是指分配标准的资料比较容易取得,而且尽量采用单一的分配标准。

(二) 原材料费用分配方法

1. 材料定额耗用量比例法

按材料定额耗用量比例分配材料费用时,首先根据各种产品的产量和单位消耗定额,计算各种产品的材料定额耗用量,然后按实际耗用量与定额耗用量的比例,求出各种产品的材料实际耗用量,最后根据材料的单位成本,求得各种产品应分配的材料费用。计算公式如下:

某种产品材料定额耗用量 = 该种产品实际产量 × 单位产品耗用定额

$$材料耗用量分配率 = \frac{各种产品共同耗用的材料费用}{各种产品定额消耗量}$$

某种产品应分配的材料数量 = 该种产品的材料定额耗用量 × 材料耗用量分配率

某种产品应分配的材料费用 = 该种产品应分配的材料数量 × 材料单位成本

【例 3-1】某企业第一车间本月生产 A、B、C 三种产品,产量分别为 100 件、200 件和 300 件,单位产品材料消耗定额分别为 8 千克、3 千克和 6 千克,共同耗用甲材料 2 880 千克,甲材料的单位成本为 10 元,计算本月各种产品应分配的材料费用。

A、B、C 三种产品的定额材料耗用总量 = 800 + 600 + 1 800 = 3 200(千克)

$$材料耗用量分配率 = \frac{2\ 880}{3\ 200} = 0.9$$

A 产品应分配的材料费用 = 800 × 0.9 × 10 = 7 200(元)

B 产品应分配的材料费用 = 600 × 0.9 × 10 = 5 400(元)

C 产品应分配的材料费用 = 1 800 × 0.9 × 10 = 16 200(元)

2. 材料定额费用比例法

按材料定额费用比例分配材料费用时,除分配标准为定额费用之外,分配的步骤

与材料定额耗用量比例法相同。其计算公式如下:

直接材料定额费用 = 产品产量 × 单位产品材料消耗定额 × 材料计划单位成本
= 产品产量 × 单位产品材料费用定额

$$材料费用分配率 = \frac{各种产品共同耗用的材料费用}{各种产品材料定额费用合计}$$

某种产品应分配的材料费用 = 该种产品材料定额费用 × 材料分配率

3. 产品重量比例法

按产品重量分配材料费用时,同样要求各种产品重量的计量单位必须一致,以便产品重量可以加总。如果计量单位不一致,必须将产品重量的计量单位调整一致。这种方法适用于直接材料耗用的数量与产品重量有一定比例关系的产品。其计算公式如下:

$$材料费用分配率 = \frac{各种产品共同耗用的材料费用}{各种产品重量之和}$$

某产品应分配的材料费用 = 该产品实际重量 × 材料费用分配率

4. 产品产量比例法

按产品产量分配材料费用时,要求各种产品产量的计量单位必须一致,否则产量无法加总。如果不一致,可以用不变价格计算产值替代产量进行分配。其计算公式如下:

$$直接材料分配率 = \frac{各种产品共同耗用的材料费用}{各种产品产量(产值)之和}$$

某种产品应分配的材料费用 = 该产品产量(产值) × 直接材料分配率

这种方法适用于直接材料耗用的数量与各种产品产量有一定比例关系的产品。

在实际工作中,材料费用的分配是先按各生产车间、部门编制各车间、部门的"材料费用分配表",然后据此汇总编制全厂的"材料费用分配汇总表",并据此进行材料分配的账务处理。"材料费用分配汇总表"一般格式如表3-1所示。

表3-1　　　　　　　　　　材料费用分配汇总表

　　　　　　　　　　　　　　年　月　日　　　　　　　　　　　　　　单位:元

应借科目		成本或费用项目	直接计入	分配计入（分配率0.9）	原材料费用合计
基本生产成本	甲产品	原材料	3 000	2 800	5 800
	乙产品	原材料	2 000	3 500	5 500
	小计		5 000	6 300	11 300
辅助生产成本	机修车间	原材料	2 000		2 000
	运输车间	原材料	1 500		1 500
	小计		3 500		3 500

续表

应借科目		成本或费用项目	直接计入	分配计入（分配率0.9）	原材料费用合计
制造费用	基本车间	机物料	1 000		1 000
	机修车间	机物料	800		800
	运输车间	机物料	1 500		1 500
	小计		3 300		3 300
管理费用	行政部门	其他	2 000		2 000
合计			13 800	6 300	20 100

材料费用分配汇总表可与作为发料记账依据的发料汇总表相核对，也可以代替发料汇总表作为记账依据。

根据表 3-1，按实际成本对材料进行总分类核算和明细分类核算时，应作会计分录如下：

借：基本生产成本——甲产品　　　　　　　　　　　　　　　5 800
　　　　　　　　——乙产品　　　　　　　　　　　　　　　5 500
　　辅助生产成本——机修车间　　　　　　　　　　　　　　2 000
　　　　　　　　——运输车间　　　　　　　　　　　　　　1 500
　　制造费用——基本车间　　　　　　　　　　　　　　　　1 000
　　　　　　——机修车间　　　　　　　　　　　　　　　　 800
　　　　　　——运输车间　　　　　　　　　　　　　　　　1 500
　　管理费用　　　　　　　　　　　　　　　　　　　　　　2 000
　　贷：原材料　　　　　　　　　　　　　　　　　　　　　20 100

（三）燃料费用的分配

生产过程使用的燃料，实际上也是材料，因此其费用归集与分配的方法与原材料费用的归集与分配方法大致相同。

燃料也是材料，在实际工作中企业可将燃料并入"原材料"账户核算。但在燃料费用比重较大，与动力费用一起专门设置"燃料与动力"成本项目的情况下，就应增设"燃料"账户，将燃料从"原材料"账户分出单独进行核算。

燃料费用如果属于直接计入费用，则计入产品成本；如果属于间接计入费用，则需要在几种产品之间分配。燃料的性质与材料相同，因此材料费用的分配方法完全适用于燃料费用的分配，可以选择的分配标准有产品的重量、体积、所耗原材料的数量、费用或者燃料的定额消耗量、定额费用等。

燃料费用支出直接用于产品生产的借记"基本生产成本账户"；用于辅助生产、车间一般消耗、管理部门和销售部门消耗的，分别借记"辅助生产成本""制造费用""管理费用""销售费用"账户，贷记"燃料"账户或"原材料"账户。

第二节　职工薪酬的归集与分配

一、职工薪酬的组成

应付职工薪酬是指企业根据有关规定应付给职工的各种薪酬，包括职工工资、奖金、津贴和补贴，职工福利费，医疗、养老、失业、工伤、生育等社会保险费，住房公积金，工会经费，职工教育经费，非货币性福利等因职工提供服务而产生的义务。从广义上讲，职工薪酬是企业必须付出的人力成本，是吸引和激励职工的重要手段，也就是说，职工薪酬既是职工对企业投入劳动获得的报酬，也是企业的成本费用。具体而言，职工薪酬主要包括以下几方面的内容。

1. 职工工资

工资费用是应付职工薪酬的重要组成部分，企业的工资费用应当按照国家劳动部门制定的工资总额核算。工资总额是指各单位在一定时期内应直接支付给本单位职工的全部劳动报酬总额。目前我国规定工资总额由计时工资、计件工资、奖金、津贴和补贴、加班加点工资和特殊情况下支付的工资六部分组成。

（1）计时工资。

计时工资是指按照计时工资标准和职工工作时间支付给职工的劳动报酬。计时工资包括按计时工资标准支付的工资、实行结构工资制的企业支付给职工的基础工资和职务（岗位）工资、新参加工作职工的见习工资等。

（2）计件工资。

计件工资是指按计件单价和职工完成工作的数量支付给职工的劳动报酬。计件单价是指职工每完成一单位工作应得的工资额。计件工资包括直接无限计件工资、限额计件工资、超定额计件工资和超额累进计件工资，及按照营业额（或利润）提成办法支付给职工的工资等。

（3）奖金。

奖金是指支付给职工的超额劳动报酬以及增收节支业绩报酬，如生产奖、节约奖、劳动竞赛奖以及企业支付的其他奖金。

（4）津贴和补贴。

津贴是指为补偿职工特殊劳动、额外劳动或其他劳动需支付的报酬，如技术津贴、保健津贴等。补贴是指为了保证职工工资水平不受物价变动影响而支付的物价补贴，如粮价补贴、油价补贴等。

（5）加班加点工资。

加班加点工资是指按照规定的工资标准和职工增加或延长的劳动时间支付给职工的劳动报酬，如节假日工资等。

(6) 特殊情况下支付的工资。

按照国家法律、法规和政策规定，在特殊情况下支付给职工的工资。特殊情况包括工伤假、事假、病假、婚丧假、产假、探亲假、定期休假、停工学习以及执行国家或社会义务。有些情况下应全额发放职工的计时工资，而另一些情况下则按一定比例支付职工工资。

2. 职工福利费

职工福利费是指企业为职工提供各种福利支出而计提的薪酬，如补助生活困难职工等。

3. 医疗保险费、养老保险费、失业保险费、工伤保险费和生育保险费等社会保险费

医疗保险费、养老保险费、失业保险费、工伤保险费和生育保险费等社会保险费是指企业按照国家规定的基准和比例计算，向社会保险经办机构缴纳的医疗保险金、基本养老保险金、失业保险金、工伤保险费和生育保险费，以及根据《企业年金试行办法》《企业年金基金管理试行办法》等相关规定，向有关单位（企业年金基金账户管理人）缴纳的补充养老保险费。此外，以商业保险形式提供给职工的各种保险待遇也属于企业提供的职工薪酬。

4. 住房公积金

住房公积金是指企业按照国家《住房公积金管理条例》规定的基准和比例计算，向住房公积金管理机构缴存的公积金。

5. 工会经费和职工教育经费

工会经费和职工教育经费是指企业为了改善职工文化生活、提高职工业务素质，用于开展工会活动和职工教育及职业技能培训，根据国家规定的基准和比例，从成本费用中提取的金额。

6. 非货币性福利

非货币性福利包括企业以自己的产品或其他有形资产发放给职工作为福利、企业向职工提供无偿使用自己拥有的资产（如提供给企业高级管理人员的汽车、住房等）、企业为职工无偿提供商品或类似医疗保健的服务等。

7. 其他职工薪酬

比如，因解除与职工的劳动关系给予的补偿（又称辞退福利），即由于企业分离办社会职工，实施主辅分离、辅业改制分流安置富余人员，实施重组、改组计划，职工不能胜任等原因，企业在职工劳动合同到期之前解除与职工的劳动关系，或者为鼓励职工自愿接受裁减而提出补偿建议的计划中给予职工的经济补偿。对于这些其他职工薪酬的内容，本书暂不涉及。

二、职工薪酬的分配

（一）职工薪酬的核算应设置的会计科目

企业对职工薪酬的核算，应设置"应付职工薪酬"总账科目，该科目属于负债类

科目，用来核算企业根据有关规定应付给职工的各种薪酬，以及外商投资企业按规定从净利润中提取的职工奖励及福利基金。本科目可按"工资""职工福利""社会保险费""住房公积金""工会经费""职工教育经费""非货币性福利""辞退福利""股份支付"等应付职工薪酬项目进行明细核算。对发生的职工薪酬记入"应付职工薪酬"的贷方，并根据职工提供服务的受益对象，分别记入"基本生产成本""辅助生产成本""制造费用""管理费用""销售费用""在建工程"等科目的借方；企业按有关规定支付、缴纳、代扣或补偿各项职工薪酬时，记入该科目的借方，并视具体情况，分别记入"银行存款""现金""其他应收款"等科目的贷方；期末余额在贷方，反映企业应付职工薪酬的结余。

(二) 职工薪酬分配的账务处理

企业按规定计算出每一职工的工资及相应的费用后，各部门、车间应编制职工工资单，财务部门根据各部门、车间的职工工资单，汇总编制"工资结算汇总表"，作为应付职工薪酬账务处理的依据。根据"工资结算汇总表"（见表3-2）编制"工资费用分配表"，根据一定的标准计提的职工福利费和其他费用应编制相应"费用分配表"作为职工福利费和其他费用账务处理的依据。

工资、福利费及其他薪酬费用的分配，要按照它们的用途和发生部门进行分配。对于基本生产车间直接从事产品生产的生产工人工资、福利费及其他薪酬费用，应记入"基本生产成本"科目中的"直接人工"成本项目中；辅助生产车间人员的工资、福利费及其他薪酬费用，应记入"辅助生产成本"科目中的"直接人工"项目中；基本生产车间管理人员和技术人员的工资、福利费及其他薪酬费用，应记入"制造费用"科目；行政管理人员的工资、福利费及其他薪酬费用，应列入"管理费用"科目中；专设销售机构人员的工资、福利费及其他薪酬费用，应列入"销售费用"科目中等。需要指出的是，福利部门人员的工资，不属于产品成本和期间费用，应记入"应付职工薪酬——职工福利"科目中，而按这部分人员的工资额提取的职工福利费则应作为期间费用中的"管理费用"列支，而不能再由"应付职工薪酬——职工福利"列支。因为如果由"应付职工薪酬——职工福利"列支，则一方面增加形成了职工福利费来源；另一方面又减少了职工福利费，其结果这部分职工福利费等于没有提取。

对于记入"基本生产成本"科目的工资及福利费等，还需按成本计算对象（产品等）进行分配。其分配方法与工资形式及生产特点相关。如果企业实行计件工资形式，则可直接根据工资结算凭证计入生产成本的各种成本计算对象中的"直接人工"成本项目。如果企业实行计时工资形式，在只生产一种产品时，其职工薪酬也能直接根据工资结算凭证计入该产品生产成本中；而在生产多种产品的情况下，就需要采用一定的方法分配计入各种产品成本中。工资、福利费及其他薪酬费用的分配方法主要是按实际工时或定额工时的比例进行分配。其计算公式如下：

$$\text{分配率} = \frac{\text{生产工人计时工资总额}}{\text{各种产品实际(或定额)工时之和}}$$

某产品应分配的计时工资 = 该种产品实际(或定额)工时 × 工资分配率

【例 3-2】 某工业企业生产甲、乙两种产品,某月份生产工人工资总额为 50 000 元,按工资总额 14% 计提职工福利费。其中计件工资 15 000 元,分别为:甲产品 6 000 元,乙产品 9 000 元;甲、乙产品计时工资共计 35 000 元。本月甲、乙产品实际生产工时分别为 2 000 小时、1 500 小时。按实际生产工时分配计时工资计算如下:

$$\text{工资分配率} = \frac{35\ 000}{2\ 000 + 1\ 500} = 10$$

甲产品分配工资费用 = 2 000 × 10 = 20 000(元)

乙产品分配工资费用 = 1 500 × 10 = 15 000(元)

其他薪酬的费用分配计算与工资、福利费的分配基本相同,企业应该根据实际情况及相关规定进行相应的分配,在此不赘述。

(三)职工薪酬分配表的编制

职工薪酬分配是根据职工薪酬结算汇总表(见表 3-2)编制职工薪酬分配表,根据分配表编制会计分录,登记有关总账和所属明细账。分配表格式及举例详见表 3-3、表 3-4。

表 3-2　　　　　　　　　　职工薪酬结算汇总表

年　月　　　　　　　　　　　　　　　　　　单位:元

车间、部门		标准工资	扣缺勤工资		奖金	夜班津贴	应付工资	代扣款		实付工资
			事假	病假				养老保险	社会保险	
第一车间	生产人员	4 000	200		2 000	300	6 100	305	610	5 185
	管理人员	2 000		150	800	400	3 050	152.5	305	2 592.5
第二车间	生产人员	4 500		180	1 200	500	6 020	301	602	5 117
	管理人员	2 400	160		900	300	3 340	167	334	2 839
第三车间	生产人员	5 000	200		1 300	200	6 300	315	630	5 355
	管理人员	3 000		100	500	400	3 800	190	380	3 230
辅助车间	生产人员	2 500	120		1 000	500	3 880	194	388	3 298
	管理人员	2 000		130	700	200	2 770	138.5	277	2 354.5
厂部管理人员		3 000	100		600	150	3 650	182.5	365	3 102.5
合计		28 400	780	560	9 000	2 950	38 910	1 945.5	3 891	33 073.5

表 3-3　　　　　　　　　　　　职工薪酬费用分配表

年　　月　　　　　　　　　　　　　　　　单位：元

应借科目		成本或费用项目	直接计入	分配计入			工资费用合计
				生产工时（小时）	分配率	分配金额	
基本生产成本	甲产品	直接人工	5 000	2 000		6 400	11 400
	乙产品	直接人工	4 000	3 000		9 600	13 600
		小计	9 000	5 000	3.2	16 000	25 000
辅助生产成本	供电车间	直接人工	3 000				3 000
	供水车间	直接人工	4 000				4 000
		小计	7 000				7 000
制造费用		人工费用	3 000				3 000
管理费用		人工费用	2 000				2 000
销售费用		人工费用	3 000				3 000
应付职工薪酬		职工福利	2 000				2 000
合计			26 000			6 000	42 000

根据表 3-3，编制会计分录如下：

借：基本生产成本——甲产品　　　　　　　　　　　　　　11 400
　　　　　　　　——乙产品　　　　　　　　　　　　　　13 600
　　辅助生产成本——供电　　　　　　　　　　　　　　　 3 000
　　　　　　　　——供水　　　　　　　　　　　　　　　 4 000
　　制造费用　　　　　　　　　　　　　　　　　　　　　 3 000
　　管理费用　　　　　　　　　　　　　　　　　　　　　 2 000
　　销售费用　　　　　　　　　　　　　　　　　　　　　 3 000
　　应付职工薪酬——职工福利　　　　　　　　　　　　　 2 000
　　贷：应付职工薪酬——工资　　　　　　　　　　　　　42 000

表 3-4　　　　　　　　　　　　计提职工福利费分配表

年　　月　　　　　　　　　　　　　　　　单位：元

应借科目		成本或费用项目	工资总额	计提福利费（14%）
基本生产成本	甲产品	直接人工	11 400	1 596
	乙产品	直接人工	13 600	1 904
		小计	15 000	3 500

续表

应借科目		成本或费用项目	工资总额	计提福利费（14%）
辅助生产成本	供电车间	直接人工	3 000	420
	供水车间	直接人工	4 000	560
	小计		7 000	980
制造费用		人工费用	3 000	420
管理费用		人工费用	4 000	560
销售费用		人工费用	3 000	420
合计			42 000	5 880

根据表3-4编制会计分录如下：

借：基本生产成本——甲产品　　　　　　　　　　　　　　1 596
　　　　　　　　——乙产品　　　　　　　　　　　　　　1 904
　　辅助生产成本——供电车间　　　　　　　　　　　　　420
　　　　　　　　——供水车间　　　　　　　　　　　　　560
　　制造费用　　　　　　　　　　　　　　　　　　　　　420
　　管理费用　　　　　　　　　　　　　　　　　　　　　560
　　销售费用　　　　　　　　　　　　　　　　　　　　　420
　　贷：应付职工薪酬——职工福利　　　　　　　　　　　5 880

其他薪酬的费用分配表与工资、福利费的分配基本相同，企业应该根据实际情况及相关规定进行相应的分配，在此不赘述。

第三节　其他费用要素的核算

一、外购动力费的核算

外购动力费是指从外单位购买电力、蒸汽、煤气等动力所支付的费用。

（一）外购动力费用支付的核算

由于外购动力费用一般不是在每月月末支付，而是在每月下旬的某日支付，这样每月支付的动力费用并不是本月应负担的动力费用。因此，将实际付款先作为暂付款处理，借记"应付账款"科目，贷记"银行存款"科目；在月末按照本月外购动力的金额和用途归集与分配费用时，再借记有关成本、费用科目，贷记"应付账款"科目。

如果每月支付动力费用的日期固定，而且每月付款日到月末的应付动力费用相差不多,就可将本月支付的动力费用作为本月应负担的动力费用处理,在付款时借记有关成本、费用科目,贷记"银行存款"科目。

(二)外购动力费用的分配

1. 外购动力费用分配的概述

外购动力有的直接用于产品生产,有的用于照明、取暖等;企业应根据不同用途、发生地点等分配计入产品成本或有关费用。

对于基本生产车间直接用于产品生产的外购动力消耗应记入"基本生产成本"有关明细账,在"动力"成本项目或"燃料与动力"成本项目中反映,生产某一产品单独耗用的动力应直接记入该产品成本明细账,生产几种产品共同耗用的动力费用应按合理的标准分配计入有关产品成本。对于辅助生产车间耗用的外购动力,应记入"辅助生产成本"有关明细账,为组织和管理各生产单位生产发生的动力消耗,应记入"制造费用"有关明细账。

2. 外购动力费用的分配方法

外购动力费用应根据各车间、部门记录的实际耗用量进行计算。生产车间的外购动力费用在各产品之间的分配方法主要有以下几种。

(1) 机器工时分配法。它是以机器工时为标准分配动力费用的一种方法。其计算公式为:

$$分配率 = \frac{耗用外购动力费用总额}{各种产品耗用机器工时总数}$$

某产品应分配的外购动力费用 = 该种产品耗用机器工时 × 分配率

一般情况下,机器工作时间与动力消耗密切相关,但是在各种机器的功率相差较大时,分配动力费仅考虑机器工作时间一个因素,分配结果就不够准确。

(2) 机器功率时数分配法。它是以机器功率时数为标准分配动力费用的一种方法。其计算公式为:

$$分配率 = \frac{耗用外购动力费用总额}{各种产品的机器功率时数之和}$$

某产品应分配的外购动力费用 = 该种产品机器功率时数 × 分配率

式中,机器功率时数是指机器的标牌功率与机器开动工时的乘积。这种分配方法,不仅考虑机器工时,而且考虑机器功率,所以分配结果较为准确。

(3) 定额耗用量分配法。它是以定额耗用量为标准分配动力费用的一种方法。其计算公式为:

$$分配率 = \frac{耗用外购动力费用总额}{各种产品的定额耗用量之和}$$

某产品应分配的外购动力费用 = 该种产品的定额耗用量 × 分配率

采用定额耗用量作为分配标准进行分配,方法简便,但企业必须具备比较准确的动力消耗定额,否则影响分配结果的准确性。

【例3-3】外购动力费用分配的账务处理应根据外购动力费用分配表进行,如表3-5所示。

表 3-5　　　　　　　　　　　　外购动力费用分配表
　　　　　　　　　　　　　　　　　年　　月　　　　　　　　　　　　　　　单位：元

应借账户		分配标准（机器工时）	分配率	分配额	直接计入	合计
基本生产成本	甲产品	3 000	2	6 000		6 000
	乙产品	2 000	2	4 000		4 000
	小计	5 000		10 000		10 000
辅助生产成本	机修车间				2 000	2 000
	运输车间					
	小计				2 000	2 000
制造费用	基本车间				600	600
	机修车间				800	800
	运输车间				1 100	1 100
	小计				2 500	2 500
管理费用					800	800
合计		5 000		10 000	5 300	15 300

现根据表 3-5 编制有关会计分录如下：

借：基本生产成本——甲产品　　　　　　　　　　　　　　　6 000
　　　　　　　　——乙产品　　　　　　　　　　　　　　　4 000
　　辅助生产成本——机修车间　　　　　　　　　　　　　　2 000
　　制造费用——基本车间　　　　　　　　　　　　　　　　600
　　　　——机修车间　　　　　　　　　　　　　　　　　　800
　　　　——运输车间　　　　　　　　　　　　　　　　　　1 100
　　管理费用　　　　　　　　　　　　　　　　　　　　　　800
　　贷：应付账款　　　　　　　　　　　　　　　　　　　　15 300

二、折旧费用的核算

工业企业的固定资产在长期的使用过程中，虽然保持着原有的实物形态，但其价值会随着固定资产的损耗而逐渐减少。固定资产由于损耗而减少的价值就是固定资产的折旧。固定资产折旧应该作为折旧费用计入产品成本和经营管理费用。

进行折旧费用的核算，先要计算固定资产的折旧；然后分配折旧费用。

（一）折旧费用的计算

经济学上讲，固定资产在使用过程中逐渐转移的价值一般称为折旧。会计学的折旧，是指在固定资产使用寿命内，按照确定的方法对应计折旧额进行系统分摊。

应计折旧额，是指应当计提折旧的固定资产的原价扣除其预计净残值后的金额。

已计提减值准备的固定资产，还应当扣除已计提的固定资产减值准备累计金额。

预计净残值，是指假定固定资产预计使用寿命已满并处于使用寿命终了时的预期状态，企业目前从该项资产处置中获得的扣除预计处置费用后的金额的折现价值。预计净残值不是使用终值，而是将固定资产预计净残值进行折现。

根据规定，企业的固定资产除了已提足折旧仍在继续使用的固定资产和按照规定单独估价作为固定资产入账的土地外，应对所有固定资产计提折旧。企业应当按月计提固定资产折旧，并根据用途分别计入有关成本计算对象的成本或当期费用，当月增加的固定资产，当月不提折旧，从下月起计提折旧；当月减少的固定资产，当月仍提折旧，从下月起停止计提折旧。

企业应当根据固定资产未来经济利益的预期实现方式选择折旧方法，可选用的折旧方法包括年限平均法、工作量法、双倍余额递减法和年数总和法。

（1）年限平均法。年限平均法是指按照固定资产的预计使用年限平均计算折旧的一种方法。这种方法假定固定资产的服务潜力随着使用时间而不是随着使用强度逐渐减退，其损耗的价值应在使用期间平均分配，由此计算的各期折旧费用都是相等的。年限平均法又称直线法。其计算公式如下：

$$年折旧额 = \frac{固定资产原价 - 预计净残值}{预计使用年限}$$

在实际工作中，为了反映固定资产在单位时间内的损耗程度并简化计算，每期的折旧费用是由固定资产原值乘以折旧率计算而得的。固定资产折旧率是指一定时期内固定资产折旧额与固定资产原值的百分比，它反映固定资产的磨损程度。其计算公式如下：

$$年折旧率 = \frac{年折旧额}{固定资产原值} \times 100\%$$

$$= \frac{固定资产原值 \times (1 - 预计净残值)}{预计使用年限} \times \frac{1}{固定资产原值} \times 100\%$$

$$= \frac{1 - 预计净残值}{预计使用年限} \times 100\%$$

$$月折旧率 = 年折旧率 \div 12$$

$$月折旧额 = 固定资产原值 \times 月折旧率$$

采用年限平均法计算折旧费用的最大优点是简单明了，易于掌握和应用。但这种方法只考虑固定资产的使用时间，忽视了固定资产的利用程度和使用效率，使各期的折旧费用完全相等，如果固定资产的使用效率发生变化，必然使各期的折旧费用与固定资产的实际损耗价值不一致，从而导致单位产品负担的折旧费用存在差异。因此，年限平均法比较适用于各期使用程度和使用效率大致相同、受技术进步因素影响较小或可忽略不计的固定资产，如房屋、建筑物等。

企业拥有的固定资产较多，为了简化计算，除新建企业在开始计提折旧的第一个月必须逐项计算固定资产的折旧额外，以后每个月只需根据固定资产的增减变动情况，确定每月的固定资产折旧额，其计算公式如下：

$$\text{本月固定资产应计折旧额} = \text{上月计提的折旧额} + \text{上月增加固定资产应计提的折旧额} - \text{上月减少固定资产应计提的折旧额}$$

（2）工作量法。工作量法也称作业量法，是指按照固定资产在其使用年限内预计完成的工作量或工作时数计算折旧费用的一种方法。其计算公式如下：

$$\text{单位工作量应提折旧额} = \frac{\text{固定资产原值} \times (1 - \text{预计净残值})}{\text{预计总工作量}}$$

$$\text{各期折旧额} = \text{单位工作量应提折旧额} \times \text{各期实际完成工作量}$$

采用工作量法计提折旧也具有直线法同样的优点，同时又弥补了直线法只考虑固定资产的使用时间，不考虑使用程度和使用效率的缺陷，使各期计提的折旧额与固定资产的实际损耗价值达到一致，从而使单位工作量负担的固定资产折旧费用相等。工作量法比较适用于容易估计工作总量的固定资产，如运输设备、筑路机械以及不常使用的价值较高的大型设备等。

（3）双倍余额递减法。双倍余额递减法是指在不考虑固定资产净残值的情况下，根据每期期初固定资产的账面净值和双倍的直线法折旧率计算折旧的一种方法。由于固定资产的账面净值逐年减少，以双倍的直线法折旧率乘以递减的账面净值确定的折旧金额也逐年递减，所以，这种方法是一种加速折旧法。其计算公式如下：

$$\text{年折旧率} = \frac{2}{\text{预计使用年限}} \times 100\%$$

$$\text{年折旧额} = \text{年初固定资产账面净值} \times \text{年折旧率}$$

$$\text{月折旧额} = \text{年折旧额} \div 12$$

采用双倍余额递减法计算折旧费用时，由于计算折旧率时不考虑净残值因素，而固定资产的账面净值又是逐年递减的，按此连续计算各年折旧额后，会使固定资产在最后折旧年度自动产生一个残值（即固定资产的账面净值），这个残值不可能恰好等于预计的净残值。因此，运用双倍余额递减法时应注意：如果发现在某一折旧年度，按双倍余额递减法计算的折旧额小于按年限平均法计算的折旧额，应从这一年度开始改为年限平均法计算折旧额。

【例3-4】某企业某项固定资产的原值为200 000元，预计净残值为5 000元，预计使用5年，则采用双倍余额递减法计算的各年折旧额如表3-6所示。

表3-6　　　　　　　　　　双倍余额递减法折旧计算表　　　　　　　　　　单位：元

年份	期初账面净值	折旧率	折旧额	累计折旧额	期末账面值
1	200 000	40%	80 000	80 000	120 000
2	120 000	40%	48 000	128 000	72 000
3	72 000	40%	28 800	156 800	43 200
4	43 200	—	19 100	175 900	24 100
5	24 100	—	19 100	195 000	5 000

其中：折旧率 = 2 × 1/5 × 100% = 20%。

对双倍余额递减法进行总结，有以下特点：折旧率在各年（除到期前两年）一致；计算基数年年递减，使各年年初折余价值；到期年两年改为直线法，否则永无终结；开始计提折旧时，不考虑残值，改为直线法时再考虑；各年折旧额递减，但同年内各月折旧额相等。

（4）年数总和法。年数总和法是指将固定资产的原值减去预计净残值后的净额乘以一个逐年递减的分数来计算折旧的一种方法。这个递减的分数即为固定资产的折旧率，其分子为某年年初固定资产尚可使用的年数，每年递减；分母为该项固定资产预计使用年数的逐年数字总和，固定不变。由于折旧率逐年递减，折旧基数固定不变，因此，它也是一种加速折旧法。其计算公式如下：

$$年折旧率 = \frac{预计使用年限 - 已使用年数}{预计使用年限 \times (1 + 预计使用年限) \div 2}$$

$$月折旧率 = 年折旧率 \div 12$$

$$月折旧额 = (固定资产原值 - 预计净残值) \times 月折旧率$$

【例3-5】某企业某项固定资产的原值为200 000元，预计净残值为5 000元，预计使用5年，采用年数总和法计算的各年折旧额如表3-7所示。

表3-7　　　　　　　　　年数总和法折旧计算表　　　　　　　　　单位：元

年份	尚可使用年限	原值-预计净残值	折旧率	折旧额	累计折旧额
1	5	195 000	5÷15	65 000	65 000
2	4	195 000	4÷15	52 000	117 000
3	3	195 000	3÷15	39 000	156 000
4	2	195 000	2÷15	26 000	182 000
5	1	195 000	1÷15	13 000	195 000

年数总和法具有以下特点：各年折旧基数一致，均为原值扣减净残值后的余额；折旧率逐年递减；各年折旧额递减，同年内各月相等。

折旧方法一经确定，不得随意变更。企业应定期复核固定资产的折旧方法，如果固定资产包含的经济利益的预期实现方法有重大改变，则应当相应改变固定资产折旧方法，企业还应定期对固定资产使用寿命进行复核，如果固定资产使用寿命的预期数与原先的估计数有重大差异，则应当相应调整固定资产折旧年限，并进行会计处理。

（二）固定资产折旧费用的分配

折旧费用的归集是通过编制各车间、部门折旧计算明细表而汇总编制全厂的折旧计算汇总表进行的。各车间、部门折旧计算明细表应根据月初计提折旧固定资产的有关资料和确定的折旧计算方法编制。生产单位使用的固定资产，其折旧费用计入产品成本，通过"制造费用"账户反映；非生产单位使用的固定资产，应分别用途，将其折旧费用计入规定的成本和费用中。具体来讲，在建工程使用的固定资产，其折旧费用应记入"在建工程"账户；企业管理部门使用的固定资产，其折旧费用应记入"管理费用"账户；经营租出的固定资产，其折旧费用应记入"其他业务支出"账户。

固定资产折旧费用按月计提和分配，因而当月的折旧额可以在上月折旧额的基础上加、减调整计算。又由于每月折旧额按月初固定资产的原值和规定的折旧率计算。因此，该企业 5 月份的折旧额和折旧费用，可以在 4 月固定资产折旧额的基础上，加上 4 月份增加的固定折旧额，减去 4 月份减少的固定资产的折旧额计算（见表 3-8）。

表 3-8　　　　　　　　　　折旧费用分配表
2011 年 5 月　　　　　　　　　　　　单位：元

应借科目	车间、部门	4月固定资产折旧额	4月增加固定资产的折旧额	4月减少固定资产的折旧额	本月（5月）固定资产折旧额
制造费用	基本生产车间	30 000	800	1 200	29 600
	机修车间	25 000	1 000	800	25 200
	运输车间	16 000	500	720	15 780
	小计	71 000	2 300	2 720	70 580
管理费用	行政管理部门	5 000	600	800	4 800
合计		76 000	2 900	3 520	75 380

对于按规定计提的折旧费，应根据固定资产的使用地点和用途进行分配，分别列入不同的科目中。按表 3-8 折旧费用分配表中资料作如下会计分录：

借：制造费用——基本生产车间　　　　　　　　　　　　29 600
　　　　　　——机修车间　　　　　　　　　　　　　　25 200
　　　　　　——运输车间　　　　　　　　　　　　　　15 780
　　管理费用　　　　　　　　　　　　　　　　　　　　 4 800
　　贷：累计折旧　　　　　　　　　　　　　　　　　　75 380

三、固定资产修理费的归集和分配

固定资产参与企业生产经营过程，虽然不改变其自身形态，但在长期的使用过程中发生损耗。为了维护固定资产的正常使用功能，使其处于正常运转的状态，必须对其进行有计划的、及时的修理工作。

固定资产经常修理的目的，是为了维护和保持固定资产的正常工作状态，由于经常修理支付的费用少，一般都是将经常修理费用作为当月的生产费用处理，直接计入当月的成本费用中。

固定资产的日常修理，一般由企业的辅助生产车间或基本生产车间负责。如果由辅助生产车间进行时，发生的各项修理费用，应通过"辅助生产成本"科目进行，应借记"辅助生产成本"科目，贷记"原材料""应付职工薪酬""银行存款"等科目；月末时，再根据各部门耗用修理劳务的多少,将发生的修理费用分配给各受益的车间或部门,应借记"制造费用""管理费用"等科目,贷记"辅助生产成本"科目。如果经常修理工作是由企业的基本生产车间进行的,发生的修理费用,可直接计入当期的费用中,借记"制造费用"科目,贷记"原材料""应付职工薪酬"等科目。

四、预付费用的核算

预付费用指本月发生,但应由本月和以后各月产品成本和经营管理费用共同负担的费用。这种费用发生以后,由于受益期较长,不应一次全部计入当月成本、费用,而应按照待摊费用的受益期限分月摊销计入各月成本、费用。

预付费用包括低值易耗品摊销、出租出借包装物摊销、预付保险费、预付固定资产租金,以及一次购买印花税票和一次交纳印花税额较多、需要分月摊销的税金等。按照我国现行会计总则的要求,受益期在一年以内的预付费用直接计入当期费用,不允许进行摊销。

预付费用的摊销期限需要超过一年的费用,应该作为长期待摊费用核算。

1. 长期待摊费用支付的核算

长期待摊费用的支出和摊销是通过"长期待摊费用"总账科目进行的。支出待摊费用时,应借记"长期待摊费用"科目,贷记"银行存款""低值易耗品""包装物""应交税费"等科目;分月摊销时,应按待摊费用的用途分别借记各有关的成本、费用科目,贷记"长期待摊费用"科目。该科目借方余额表示已支付、尚未摊销的费用,是生产经营过程中占用的资金,属于流动资产。该科目应按费用的种类进行明细核算,分别反映各种长期待摊费用的支付和摊销情况。

2. 长期待摊费用摊销的核算

按照长期待摊费用的受益和摊销期限进行摊销,由于摊销的费用一般没有专设成本项目,因而摊销费用时一般按应摊费用的车间、部门和费用用途,分别记入"制造费用""销售费用""管理费用"等总账科目和所属明细账的借方相应的费用项目。长期待摊费用的摊销额,应记入"长期待摊费用"总账科目和所属明细。

【例3-6】某企业在某月末摊销本月负担的保险费,编制保险费用分配表,见表3-9。

表3-9　　　　　　　　　　保险费用分配表

年　　月　　　　　　　　　　　　　　　　　　　单位:元

应借科目		成本或费用项目	费用金额
总账科目	明细科目		
制造费用	基本生产车间	保险费	2 000
	机修车间	保险费	3 000
	运输车间	保险费	2 000
	小计		7 000

续表

应借科目		成本或费用项目	费用金额
总账科目	明细科目		
管理费用		保险费	3 000
合计			10 000

根据长期待摊费用分配表，编制如下会计分录：

借：制造费用——基本车间　　　　　　　　　　　　2 000
　　　　　——机修车间　　　　　　　　　　　　　3 000
　　　　　——运输车间　　　　　　　　　　　　　2 000
　　管理费用　　　　　　　　　　　　　　　　　　3 000
　　贷：长期待摊费用　　　　　　　　　　　　　　　　10 000

五、预提费用的核算

预提费用是指预先分月计入各月成本、费用，但在以后才实际支付的费用，是应付而未付的费用，因而是一种负债。可以预提的费用，一般有借款利息、固定资产租金和保险费等。按照我国现行会计准则，受益期限虽然超过一个月，如果费用不大，也可以不作为预提费用处理，而在实际支付时直接计入支付月份的成本、费用。

1. 预提费用预提的核算

为了正确地划分各个月份的费用，防止多计或少计某些月份的成本、费用，预提费用的项目和预提的标准应在企业会计制度中规定，不应任意多提、少提或不提。发现某种预提费用总额到预提期末可能与实际费用总额发生较大的差额时，应及时调整预提的标准。预提费用应按规定的预提期末结算。预提费用总额与实际费用总额的差额，应调整计入预提期末月份的成本、费用。也就是说，预提期最后一个月份应提的费用，应根据预提期内实际费用总额减去已提费用总额计算。

预提费用的预提和支付，是通过"其他应付款""应付利息"等总账科目进行的。由于预提的各种费用都没有专设成本项目，因而预提时应按预提费用的车间、部门和用途，分别记入"制造费用""管理费用""财务费用"等总账科目和所属明细账的借方，记入"其他应付款""应付利息"等科目的贷方；实际支付时，记入"其他应付款""应付利息"等科目的借方，同时记入"银行存款"或"原材料"等科目的贷方。"其他应付款""应付利息"等科目的贷方余额，为已经预提尚未支付的费用，属于流动负债。

【例3-7】某企业在5月末预提本月负担的租赁费，编制租赁费用分配表，如表3-10所示。

表 3-10　　　　　　　　　　　租赁费用分配表

　　　　年　月　　　　　　　　　　　　　　　　　　　　单位：元

应借科目	车间、部门	本月预提费用
制造费用	基本生产车间	2 000
	机修车间	4 000
	运输车间	2 000
	小计	8 000
管理费用	行政管理部门	5 000
合计		13 000

根据所列租赁费用分配表，应编制下列会计分录：

借：制造费用——基本车间　　　　　　　　　　　　　　2 000
　　　　　　——运输车间　　　　　　　　　　　　　　4 000
　　　　　　——机修车间　　　　　　　　　　　　　　2 000
　　管理费用　　　　　　　　　　　　　　　　　　　　5 000
　　贷：其他应付款　　　　　　　　　　　　　　　　　　　13 000

2. 预提费用实际支出的核算

已经预提费用在实际支付时，不应再计入当月费用，而应冲减预提费用，否则会使费用计算重复。在实际支付费用时，也许实际支付额会大于已预提费用额，在这种情况下，并不考虑已提取的费用是否能足以支付，而是正常冲减其他应付款，此时，其他应付款账户会出现借方余额，然后在规定的期间继续提取费用（实际是摊销已支付的费用）。由此可见，"其他应付款"作为资产负债表的一个项目，它是应付未付费用，是负债项目；但作为一个会计科目，它既可能有贷方余额，也可能有借方余额，因而是负债和资产双重性质的会计科目。其贷方余额为预提费用，属于负债；其借方余额实际上是待摊费用，属于资产。

六、利息费用的核算

利息费用包括短期债务利息和长期债务利息两部分。短期债务利息均应计入当期损益，长期债务利息中与购建固定资产等有关的且在该资产交付使用前发生的，应予以资本化。由于短期借款的利息一般是按季结算支付的，为了正确划分各个月份的费用界限，对短期借款的利息一般采取预提的方式进行核算。即在季度内前两个月份，按计划预提借款利息，借记"财务费用"科目，贷记"应付利息"科目，季末月份实际支付利息时，按已预提数的差额借记"财务费用"科目，按已提数借记"应付利息"科目，按实际支付数贷记"银行存款"科目。对于长期负债的利息，应按照权责发生制原则按期预提，其中应予以资本化的部分，借记"在建工程"科目，贷记"应付利息"等科目；应计入当期损益的部分，则借记"财务费用"科目，贷记"应付利息"等科目。

七、税金的核算

这里所指的税金包括印花税、房产税、土地使用税、车船使用税。其中,印花税是指由纳税人根据规定自行计算应纳税额以购买并一次贴足印花税票的方式交纳的税款,不存在与税务机关结算或清算的问题,因此在购买印花税票时,直接借记"管理费用"科目(一次购买数额较多,分月使用时,购买时可借记"待摊费用"科目),贷记"银行存款"科目。对于房产税、车船使用税和土地使用税,需要预先计算应交金额,然后交纳。这些税金需要通过"应交税费"科目核算,即在计算出应交纳的这些税金时,借记"管理费用"科目,贷记"应交税费"科目;实际交纳税金时,再借记"应交税费"科目,贷记"银行存款"科目。

第四节 辅助生产费用的核算

工业企业的辅助生产,是为基本生产和经营管理服务而进行的产品生产和劳务供应。其中有的只生产一种产品或提供一种劳务,如供电、供水、供气、供风、运输等辅助生产;有的则生产多种产品或提供多种劳务,如从事工具、模具、修理用备件的制造,以及机器设备的修理等辅助生产。辅助生产提供的产品和劳务,有时也对外销售,但这不是辅助生产的主要任务。

辅助生产产品和劳务所耗费的各种生产费用之和,构成这些产品和劳务的成本。但是,对于耗用这些产品或劳务的基本生产产品和各车间、部门来说,这些辅助生产产品和劳务的成本又是一种费用,即辅助生产费用。

辅助生产产品和劳务成本的高低,对于基本生产产品成本和经营管理费用的水平有着很大的影响;同时,只有辅助生产产品和劳务成本确定以后,才能计算基本生产的产品成本。因此,正确、及时地组织辅助生产费用的归集和分配,对于节约费用、降低成本,以及正确及时地计算企业产品的成本都有着重要的意义。

一、辅助生产费用的归集

辅助生产车间发生的费用的归集主要是通过"辅助生产成本"账户进行的。在实际工作中,考虑辅助车间的制造费用情况不同,又具体有两种归集方法,两种方法的根本区别表现在对辅助车间的制造费用处理的不同。

1. 设置"制造费用——辅助车间"明细账

在这种方法下,企业需开设"辅助生产成本"和"制造费用——辅助车间"明细账,并要确定辅助生产成本账户的成本项目,对企业发生的专设成本项目的费用,直接或分配记入辅助生产成本明细账;车间发生的未专设成本项目的费用先记入制造费用明细账,月末分配辅助费用时,以这两个明细账归集的费用之和作为待分配费用进行分配，并在分配过程结束时，将制造费用明细账归集的全部费用（含分配时转入的费用）结转到辅助生产成本明细账。结转后，制造费用明细账应无余额。这种方法一般适用于辅助车间规模较大、发生费用较多的企业。

2. 不设置"制造费用——辅助车间"明细账

这种方法下，企业只设置"辅助生产成本"明细账，不再开设"制造费用——辅助车间"明细账。此时，辅助生产成本明细账是按费用项目开设专栏，凡是辅助车间的费用都直接或间接记入辅助生产成本明细账，月末时，该明细账归集的费用总额即为待分配的费用，即可进行分配。这种方法较为简单，但不利于企业对费用进行控制分析。当辅助生产不对外提供商品产品时，不需要按规定的成本项目计算产品成本，编制产品成本报表，而且辅助车间规模很小，制造费用很少，为了简化核算工作可采用该种方法。

现将辅助生产成本明细账列示如账簿 3-1 所示（采用第二种归集方法）。

账簿 3-1　　　　　　　　　　　　辅助生产成本明细账

运输车间　　　　　　　　　　　　单位：元

月	日	摘要	原材料	燃料及动力	人工费用	折旧费	修理费	办公费	水电费	保险费	机物料消耗	其他	合计	转出	余额
3															
3															
3	31	本月合计													

二、辅助生产费用的分配

归集在"辅助生产成本"科目及其明细账借方的辅助生产费用，由于辅助生产车间所产产品和劳务的种类不同，其转出分配的程序也不一样。工具和模具车间生产的工具、模具和修理用备件等产品成本，应在产品完工入库时，从"辅助生产成本"科目及其明细账的贷方分别转入"低值易耗品"和"原材料"科目的借方。在有关车间、部门领用时，再从"低值易耗品"和"原材料"等科目的贷方，转入"制造费用""销售费用""管理费用""在建工程"等科目的借方。动力、机修和运输等车间生产和提供的电、气、水、修理和运输等产品和劳务所发生的费用，要在各受益单位之间按照所耗数量或其他比例进行分配。分配时，应从"辅助生产成本"总账科目和所属明细账的贷方转入"基本生产成本""制造费用""销售费用""管理费用""在建工程"等科目的借方。

辅助生产提供的产品和劳务，主要是为基本生产车间和行政管理部门使用和服务的。但在某些辅助生产车间之间，也有相互提供产品和劳务的情况。因此，为了正确计算辅助生产产品和劳务的成本，并且将辅助生产费用正确地计入基本生产产品成本，在分配辅助生产费用时，还应在各辅助生产车间之间进行费用的交互分配。这就是辅助生产费用分配的特点。

由此可见，在存在辅助车间交互分配的情况下，辅助生产成本明细账所归集的费用只是待分配费用，并不是辅助车间负担的全部费用，辅助车间发生的全部费用应是待分配费用加上从其他辅助车间分来的费用。

1. 直接分配法

直接分配法的前提是不考虑辅助车间相互提供劳务的情况，而是将各辅助车间的待分配费用直接分配给辅助生产以外的各受益单位，其计算公式为

$$辅助车间费用分配率 = \frac{待分配的费用}{辅助车间的对外劳务量}$$

$$某一部门负担辅助生产费用 = \sum (该部门耗用劳务量 \times 辅助车间费用分配率)$$

式中的辅助车间的对外劳务量，是指辅助生产车间提供的全部劳务量扣除其他辅助车间耗用的劳务量，也就是辅助生产车间以外的其他部门耗用的劳务量。

【例3-8】某企业有运输车间和机修车间两个辅助生产车间，本月有关资料如表3-11所示。

表3-11　　　　　　　　某企业两车间有关资料

辅助生产车间名称	运输车间	机修车间
待分配费用	8 900（元）	10 500（元）
供应劳务数量	4 450（吨公里）	3 000（小时）
计划单位成本	2.4（元/吨公里）	3.9（元/时）

续表

辅助生产车间名称		运输车间	机修车间
耗用劳务数量	运输车间		500（小时）
	机修车间	450（吨公里）	
	基本生产车间	1 600（吨公里）	1 800（小时）
	行政管理部门	2 400（吨公里）	700（小时）

根据所给资料编制辅助生产费用分配表，如表 3-12 所示。

表 3-12　　　　　　辅助生产费用分配表（直接分配法）

20××年×月

辅助生产车间名称		运输车间	机修车间	合计
待分配辅助生产费用		8 900（元）	10 500（元）	19 400
供应辅助生产以外单位的劳务数量		4 000（吨/公里）	2 500（小时）	—
费用分配率（单位成本）		2.225（元/吨公里）	4.2（元/时）	—
基本生产车间	耗用量	1 600（吨/公里）	1 800（小时）	—
	金额	3 560（元）	7 560（元）	11 120
行政管理部门	耗用量	2 400（吨/公里）	700（小时）	—
	金额	5 340（元）	2 940（元）	8 280
合计		8 900（元）	10 500（元）	19 400

根据辅助生产费用分配表编制如下会计分录：

借：制造费用——基本生产车间　　　　　　　　　　　　　11 120
　　管理费用　　　　　　　　　　　　　　　　　　　　　 8 280
　　贷：辅助生产成本——运输车间　　　　　　　　　　　 8 900
　　　　　　　　　　——机修车间　　　　　　　　　　　10 500

直接分配法计算比较简单，但计算结果不准确，一般适用于辅助生产之间相互不提供产品、劳务或相互提供产品、劳务较少的情况。

2. 顺序分配法

顺序分配法是指各辅助生产车间分配费用时，按照各辅助生产车间受益多少进行排列，受益少的排列在前先分配，受益多的排列在后后分配。各辅助生产车间的费用只对后列的辅助生产车间和辅助生产以外的受益单位分配，而不考虑前列的辅助生产车间耗用本车间产品或劳务情况，计算公式为：

$$\text{先分配费用的辅助生产车间费用分配率} = \frac{\text{该辅助生产车间的待分配费用}}{\text{该车间提供的全部劳务量}}$$

$$\text{后分配费用的辅助生产车间费用分配率} = \frac{\text{该辅助生产车间的待分配费用} + \text{从其他车间分来的费用}}{\text{该车间提供的全部劳务量} - \text{先分车间耗用的劳务量}}$$

【例3-9】承〖例3-8〗资料，编制辅助生产费用分配表，如表3-13所示。

表3-13　　　　　　　辅助生产费用分配表（顺序分配法）

20××年×月

项目	辅助生产成本						制造费用		管理费用		分配金额合计
	机修车间			运输车间			基本车间				
	劳务数量	分配率	待分配费用	劳务数量	分配率	待分配费用	耗用数量	分配金额	耗用数量	分配金额	
	3 000		10 500	4 450		8 900					19 400
分配机修车间费用	-3 000	3.5	-10 500	500		1 750	1 800	6 300	700	2 450	0
运输费用合计						10 650					
分配运输费用				-4 000	2.6625	-10 650	1 600	4 260	2 400	6 390	0
分配金额合计								10 560		8 840	19 400

根据辅助生产费用分配表编制如下会计分录：

分配机修车间费用

借：辅助生产成本——运输车间　　　　　　　　　　　　　　1 750
　　制造费用——基本生产车间　　　　　　　　　　　　　　6 300
　　管理费用　　　　　　　　　　　　　　　　　　　　　　2 450
　　　贷：辅助生产成本——机修车间　　　　　　　　　　　　　　10 500

分配运输车间费用

借：制造费用——基本生产车间　　　　　　　　　　　　　　4 260
　　管理费用　　　　　　　　　　　　　　　　　　　　　　6 390
　　　贷：辅助生产成本——运输车间　　　　　　　　　　　　　　10 650

顺序分配方法适用于各辅助生产车间受益程度有明显顺序的企业。

3. 交互分配法

交互分配法是将辅助生产费用的分配分两步进行。先根据各辅助生产车间相互提供的劳务数量和交互分配前的单位成本，在各辅助生产之间进行一次交互分配；然后将各辅助生产车间交互分配后的实际费用（即本车间发生的费用，加上交互分入的费用，减去交互分出的费用），按照辅助生产车间以外各受益单位耗用劳务的数量和交互分配后的单位成本，分配给各受益部门的一种方法，其有关计算公式如下：

交互分配的计算公式为：

$$交互分配前费用分配率 = \frac{某辅助生产车间交互分配前的费用}{该辅助生产车间提供劳务总量}$$

$$某辅助生产车间应分配劳务费用 = \sum (该辅助生产车间耗用劳务数量 \times 交互分配费用分配率)$$

对外分配的计算公式为：

$$某辅助生产车间交互分配后的实际费用 = 交互分配前的费用 + 交互分配转入的费用 - 交互分配转出的费用$$

$$交互分配后的费用分配率 = \frac{某辅助生产车间交互分配后的实际费用}{辅助车间提供的对外劳务量}$$

$$某车间（产品）、部门应分配劳务费用 = \sum \left(\begin{array}{c} 该车间（产品）、部门 \\ 耗用劳务数量 \end{array} \times \begin{array}{c} 交互分配后的 \\ 费用分配率 \end{array} \right)$$

【例 3-10】 承〖例 3-9〗资料，编制辅助生产费用分配表，如表 3-14 所示。
根据辅助生产费用分配表编制如下会计分录。

交互分配时：

借：辅助生产成本——运输车间　　　　　　　　　　　1 750
　　　　　　　　——机修车间　　　　　　　　　　　　900
　　贷：辅助生产成本——运输车间　　　　　　　　　　900
　　　　　　　　——机修车间　　　　　　　　　　　1 750

对外分配时：

借：制造费用——基本生产车间　　　　　　　　　　　10 848
　　管理费用　　　　　　　　　　　　　　　　　　　8 552
　　贷：辅助生产成本——运输车间　　　　　　　　　　9 750
　　　　　　　　——机修车间　　　　　　　　　　　9 650

交互分配法分配给各受益部门的费用比较准确，也有利于考核各辅助生产车间的费用水平，在实际工作中应用较多。

表 3-14　　　　　　　　辅助生产费用分配表（交互分配法）

20××年×月

项目 辅助生产车间名称	第一次（交互分配）			第二次（对外分配）		
	运输车间	机修车间	合计	运输车间	机修车间	合计
待分配费用	8 900	10 500	19 100	9 750	9 650	19 400
供应数量	4 450	3 000		4 000	2 500	—
费用分配率（单位成本）	2	3.5		2.4375	3.86	

续表

项目			第一次（交互分配）			第二次（对外分配）		
辅助生产车间名称			运输车间	机修车间	合计	运输车间	机修车间	合计
辅助生产车间	运输车间	耗用量		500				
		金额		1 750	1 750			
	机修车间	耗用量	450					
		金额	900		900			
基本生产车间		耗用量				1 600	1 800	
		金额				3 900	6 948	10 848
行政管理部门		耗用量				2 400	700	
		金额				5 850	2 702	8 552
合计			900	1 750	2 650	9 750	9 650	19 400

说明：1. 运输车间对外成本 = 8 900 + 1 750 − 900 = 9 750（元）；2. 机修车间对外成本 = 10 500 + 900 − 1 750 = 9 650（元）。

4. 代数分配法

代数分配法是根据代数中解联立方程的原理，计算出各辅助生产产品或劳务单位成本，然后再根据各受益单位耗用数量分配辅助生产费用。

【例 3 − 11】设运输车间费用的单位成本为 X，机修车间费用的单位成本为 Y。列方程式如下：

$$\begin{cases} 8\ 900 + 500Y = 4\ 450X \\ 10\ 500 + 450X = 3\ 000Y \end{cases}$$

解方程组：

$$\begin{cases} X = 2.4342857 \\ Y = 3.8651428 \end{cases}$$

根据辅助生产费用分配表编制如下会计分录：

借：辅助生产成本——运输车间	1 932.57
——机修车间	1 095.43
制造费用——基本生产车间	10 852.12
管理费用	8 547.88
贷：辅助生产成本——机修车间	10 832.57
——运输车间	11 595.43

根据上述资料编制辅助生产费用表，如表 3 − 15 所示。

表 3-15　　　　　　　　辅助生产费用分配表（代数分配法）

20××年×月

辅助生产车间名称			运输车间	机修车间	合计
待分配辅助生产费用			8 900	10 500	19 400
劳务供应数量			4 450	3 000	
用代数分配法算出的实际单位成本			2.4342857	3.8651428	
辅助生产车间	运输车间	耗用数量		500	
		分配金额		1 932.57	1 932.57
	机修车间	耗用数量	450		
		分配金额	1 095.43		1 095.43
	小计		1 095.43	1 932.57	3 028
基本生产车间		耗用数量	1 600	1 800	
		分配金额	3 894.86	6 957.26	10 852.12
行政管理部门		耗用数量	2 400	700	
		分配金额	5 842.28	2 705.60	8 547.88
合计			10 832.57	11 595.43	22 428

代数分配方法理论上合理，分配结果最为正确，但计算工作比较复杂。因而适用于已采用计算机工作的企业。

5. 计划成本分配法

计划成本分配法是指按照各受益部门所耗用的劳务总量和事先确定的计划单位成本，向各受益部门分配辅助生产费用的一种方法。采用这种分配方法，首先，要按照各种辅助生产费用的计划单位成本和实际耗用劳务数量，向基本生产车间、其他受益部门以及其他辅助生产车间分配费用，然后将各辅助生产车间的实际总成本（指本车间直接发生的费用与其他辅助生产车间按计划成本分配转入费用之和）与分配转出的计划总成本之间的差额，直接记入管理费用账户或再对基本生产车间和其他受益部门进行一次追加分配，有关计算公式如下：

$$\text{某辅助生产车间计划总成本} = \text{该辅助生产车间提供的劳务总数量} \times \text{劳务计划单位成本}$$

$$\text{某辅助生产车间实际总成本} = \text{该辅助生产车间直接发生的费用} + \text{其他辅助生产车间分配转入的计划成本}$$

$$\text{某辅助生产车间成本差异} = \text{该辅助生产车间实际总成本} - \text{该辅助生产车间计划总成本}$$

【例 3-12】承〖例 3-11〗资料，编制辅助生产费用分配表，见表 3-16。

表 3-16　　　　　　　辅助生产费用分配表（按计划成本分配法）

20××年×月

辅助生产车间名称			运输车间	机修车间	合计
待分配辅助生产费用（元）			8 900	10 500	19 400
计划单位成本			2.4 元/吨公里	3.9 元/小时	
应借记"辅助生产成本"科目	运输车间	耗用量（吨公里）		500	
		金额（元）		1 950	1 950
	机修车间	耗用量（小时）	450		
		金额（元）	1 080		1 080
基本生产车间		耗用量	1 600	1 800	
		金额（元）	3 840	7 020	10 860
行政管理部门		耗用量	2 400	700	
		金额（元）	5 760	2 730	8 490
计划成本总额		金额（元）	10 680	11 700	22 380
按计划成本分配金额合计			10 680	11 700	22 380
待分配费用加上按计划成本分配转入数			10 850	11 580	22 430
辅助生产成本差异			+170	-120	+50

按计划成本分配：
借：辅助生产成本——机修车间　　　　　　　　　　　1 080
　　制造费用——基本生产车间　　　　　　　　　　　3 840
　　管理费用　　　　　　　　　　　　　　　　　　　5 760
　　贷：辅助生产成本——运输车间　　　　　　　　　　　10 680
借：辅助生产成本——运输车间　　　　　　　　　　　1 950
　　制造费用——基本生产车间　　　　　　　　　　　7 020
　　管理费用　　　　　　　　　　　　　　　　　　　2 730
　　贷：辅助生产成本——机修车间　　　　　　　　　　　11 700
结转实际成本与计划成本的成本差异：
借：管理费用　　　　　　　　　　　　　　　　　　　50
　　贷：辅助生产成本——运输车间　　　　　　　　　　　170
　　　　　　　　　　——机修车间　　　　　　　　　　　120

计划成本分配方法不仅计算简便，分配及时，而且有利于考核各辅助生产车间成本计划完成情况。但采用这种方法必须具备比较准确的劳务计划单位成本，否则会影响分配结果的正确性。这种方法适用于实际成本比较稳定、计划成本比较准确的企业。

第五节　制造费用的核算

制造费用是指工业企业为生产产品而发生,应该计入产品成本,但没有专设成本项目的各项生产费用。

一、制造费用的内容

制造费用一般包括以下内容:

(1) 工资,指基本生产车间除生产工人以外的所有人员的工资。如车间管理人员、工程技术人员、车间辅助人员、修理人员、搬运工人、勤杂人员等的工资。

(2) 其他职工薪酬,按上述人员工资一定比例提取的职工福利费、"五险一金"等。

(3) 折旧费,指基本生产车间各项固定资产计提的折旧费。

(4) 修理费,指基本生产车间各项固定资产的大修理、经常性修理以及低值易耗品的修理费。

(5) 办公费,指基本生产车间的文具、印刷、邮电、办公用品等办公费用。

(6) 水电费,指基本生产车间由于消耗水电而支付的费用。

(7) 机物料消耗,指基本生产车间为维护生产设备等所消耗的各种材料(不包括修理用和劳动保护用材料)。

(8) 劳动保护费,指基本生产车间所发生的各种劳动保护费用,如不构成固定资产的安全装置、卫生设备、通风设备、工作服、工作鞋等。

(9) 季节性、修理期间的停工损失,指季节性停工和机器设备修理停工期间所发生的各项费用。

(10) 租赁费,指基本生产车间自外部租入各种固定资产和工具按规定在成本中列支的租金(不包括融资租赁的租赁费)。

(11) 保险费,指基本生产车间应负担的财产物资保险费。

(12) 低值易耗品摊销,指基本生产车间所使用的低值易耗品的摊销费。

(13) 其他,指不能列入以上各项目的各种制造费用。

由于各工业部门性质不同,制造费用构成也会略有差别。因此制造费用项目可根据企业具体情况增减。

以上项目除损失性费用外,多数按费用的经济性质加以划分。把折旧费用、修理费用及一些虽为产品所耗但用量甚少的材料(如胶水擦光油等)计入制造费用,从费用分类的理论上看是矛盾的。因为从生产工艺看,这些属于基本费用而非一般费用,从费用数额与产量的关系来看,这些属于变动费用而非固定费用。目前把这些费用归入制造费用是因为有些不好确定归属关系(如折旧费在产品多品种的车间),有些是因为用量少、对产品成本影响不大、没有必要进行分配。

制造费用在产品成本中占有一定的比重,它们是构成产品成本的综合成本项目。由于这些费用大部分属于一般费用,并且相对固定。因此不能按业务量制定定额,只能按期(月、季、年)编制费用预算加以控制。

二、制造费用的归集

制造费用按其发生的地点和范围,又分为基本生产车间制造费用和分厂制造费用。基本生产车间和分厂都属于企业的生产单位,它们所发生的制造费用最终都要按一定的程序和分配方法分配计入产品制造成本。在成本核算中,要对分厂和基本生产车间所发生的制造费用按单位分别进行归集。由于制造费用在产品成本中占有一定的比重,因此,分别按各车间正确地归集制造费用是一项十分必要的工作。

首先,分别组织各车间和分厂的制造费用归集,是保证产品制造成本计算正确性的需要。工业产品的生产,一般需要经过比较复杂的生产加工过程,往往需要几个生产车间的合作加工,而各生产车间耗用的费用并不同。如果对各生产车间发生的制造费用不分别车间进行归集核算,就无法分别生产车间进行制造费用的分配。如果将各生产车间的制造费用乃至分厂制造费用合并归集,统一分配,就会使各产品制造成本分担的制造费用、同产品在各生产车间接受的加工量之间失去依存关系,那么,据此计算的产品制造成本就难以准确。因此,分别各生产车间和分厂归集制造费用,并根据各生产车间和分厂组织和管理生产的特点、性质分别确定分配方法进行分配,是保证产品制造成本计算正确性的需要。

其次,按各生产车间和分厂分别归集制造费用,有助于企业和车间加强制造费用的管理和产品制造成本的控制。由于制造费用是一种相对固定的费用,它与产品生产联系并不十分紧密,因此不易按照产品制定定额。为了加强对制造费用的管理,就应分别生产车间和分厂,并按制造费用的明细项目编制预算,据以监督各生产车间和分厂制造费用的支出。费用预算的编制应与实际费用的归集保持口径一致,这样才能与实际发生的费用与预算费用进行比较分析,才能客观地考核各制造费用预算的执行情况,并对预算的执行结果进行评价,从而促进企业和车间进一步加强制造费用的控制和管理,努力节约费用开支,降低产品制造成本。

前已述及制造费用分配的正确与否,将直接影响产品制造成本计算的正确性。要合理、正确地分配制造费用,除了应根据各生产车间和分厂组织和管理生产活动的特点、性质,选择合理的分配标准和恰当的分配方法进行分配外,制造费用归集的正确性则是保证分配正确性的前提。正确归集制造费用,应注意分清以下几种费用界限:

(1)正确区分制造费用与管理费用的界限。
(2)正确区分直接费用与间接费用的界限。
(3)正确区分不同月份制造费用的界限。
(4)正确区分不同生产单位发生的费用界限。
(5)正确区分不同明细项目的制造费用界限。

此外,制造费用归集的正确性还会受到各种费用计算和分配正确性的影响。例如,材料费用、材料成本差异率、折旧方法和折旧费用、动力费用、工资费用、待摊费用与预提费用的摊销与预提，低值易耗品的摊销等各项费用的计算与分配是否正确，都将直接影响制造费用归集的正确性。

为了总括地反映企业在一定时期内发生的制造费用，并对其分配情况进行控制和分析，应设置"制造费用"总分类账户。该账户是集合分配账户，其借方反映企业一定时期内发生的全部制造费用，贷方反映制造费用的分配，月末一般无余额。

为了满足管理上的需要，有利于对各生产车间和分厂制造费用预算的执行情况进行控制和分析，应分别各生产车间和分厂设置制造费用明细分类账户，反映各生产车间制造费用发生和分配情况。在制造费用明细账户中，应按费用的明细项目设置专栏进行明细核算。制造费用的明细项目，可按费用的经济性质分类，也可按费用的经济用途设置。由于不同行业、企业的制造费用构成内容不同，因此，各行业、企业应根据本行业、企业的生产特点和管理上的需要，规定不同的明细项目。为便于各企业之间，以及企业不同时期之间进行制造费用的比较分析和评价考核，同行业的明细项目应力求统一，同时一旦确定了明细项目，就不宜改变。

制造费用明细账的格式见账簿3-2。

账簿3-2 制造费用的明细账

车间名称： 单位：元

年		摘要	人工费用	机物料	折旧费	水电费	保险费	房租	修理费	运费	其他	合计	转出	余额
月	日													
		合计												

三、制造费用的分配

不论是基本生产车间或分厂直接发生的制造费用，还是由辅助生产车间提供劳务、作业而应由基本生产车间或分厂承担的制造费用，最终都必须随各基本生产车间或分厂制造费用的分配计入产品制造成本中。因此，各基本生产车间或分厂各自归集的制造费用，在月末必须按一定的分配标准，采用一定的方法，按各成本计算对象受益的比例进行分配。

在生产单品种的车间或企业中，所归集的制造费用因只有该种产品的制造成本承担，因此，制造费用可直接计入该种产品的制造成本中。在生产多种产品的车间或企业中，因制造费用有多个受益对象，因此，应采用适当的方法对制造费用进行分配，分别计入各成本计算对象的制造成本中。制造费用的归集和分配必须分别各车间和分厂进行。基本生产车间的制造费用应在该基本生产车间生产的各产品间进行分配，分厂的制造费用应在该分厂所生产的全部产品间进行分配，不能将各车间的制造费用汇总起来在全厂统一分配。

制造费用的分配是否合理、正确，对保证产品制造成本计算的正确性至关重要。合理分配制造费用的关键，在于正确选择分配标准。制造费用分配标准的选择应遵循以下原则：

（1）分配标准应具有"共有性"。所谓分配标准的共有性，是指各应承担制造费用的对象都具有该分配标准的资料。分配标准应是各分配对象所共有的因素，这样才能使各受益对象都能承担其应承担的制造费用，以免造成部分无分配标准的受益对象没有承担应负担的制造费用，而有分配标准的受益对象则多承担了制造费用，从而严重影响了制造费用分配的正确性。

（2）分配标准应能体现"比例性"。所谓分配标准的比例性，是指分配标准与制造费用之间存在客观的因果比例关系，即分配标准总量的变化与制造费用总额的多少有密切的依存关系。各受益对象的受益量可用其耗用的分配标准进行测定，以达到"多受益、多承担，少受益、少承担"的要求，使制造费用得到公平、合理的分配。

（3）分配标准应具备易取得和可计量性。各受益对象所耗用分配标准的资料应该是比较容易取得的，并且可以进行客观计量，最好是现存的统计资料或会计资料，如果为了进行制造费用分配，而单独进行分配标准资料的统计或核算，就会使制造费用分配工作烦琐复杂，影响会计工作的及时性，降低会计工作效率。当然，如果只注意分配标准容易取得，而忽视分配标准的共有性和可比性，则会降低会计工作的质量。

（4）分配标准应具有相对的稳定性。由于制造费用既不是变动费用，也不是固定费用，是一种混合成本，因此，任何一种分配标准都不可能与制造费用保持正比例或反比例关系，所以任何分配标准都具有主观性，选择不同的分配标准将产生不同的分配结果。为了便于各期制造成本间的比较分析，分配标准不宜经常改变，应该保持相对的稳定。

在选择制造费用分配方法时，应遵循以下几个原则：①分配的标准与被分配的费用要有因果关系；②计算简便；③分配标准要相对稳定，不要经常变动。

制造费用的分配方法通常有以下几种：

（1）生产工时比例法。

生产工时比例法是以各种产品的生产工时为标准分配制造费用，其工时可以是实际工时，也可以是定额工时。在工时记录资料齐全的情况下，可采用实际工时，计算结果较为准确。生产工时比例法计算公式为：

$$制造费用分配率 = \frac{制造费用总额}{生产工时总数}$$

某产品应负担的制造费用 = 该产品的生产工时数 × 制造费用分配率

【例3-13】某车间本月制造费用总额120 000元，生产工时总数30 000小时，其中甲产品生产工时8 000小时，乙产品生产工时10 000小时，丙产品生产工时11 000

小时,修复废品工时 1 000 小时,其费用分配如下:

制造费用分配率 = $\dfrac{120\ 000}{30\ 000}$ = 4(元/小时)

甲产品应负担的制造费用 = 8 000 × 4 = 32 000(元)

乙产品应负担的制造费用 = 10 000 × 4 = 40 000(元)

丙产品应负担的制造费用 = 11 000 × 4 = 44 000(元)

废品修复应负担的制造费用 = 1 000 × 4 = 4 000(元)

制造费用中的一般费用与产品生产工时数有一定的内在联系。采用生产工时比例法使劳动生产率与产品负担的费用水平联系起来,合理地反映了劳动生产率与产品成本的关系。但是机器设备使用与修理费在制造费用中占有较大比重,如果车间各种产品生产的机械化程度不同,用生产工时分配制造费用,会使机械化程度较低的产品负担了较多的设备使用与维护费用,又显得不合理了。为解决这一矛盾,可以采用产品的机器工时比例分配制造费用。

(2)机器工时比例法。

机器工时比例法是以各种产品生产所用机器设备的运转工作时数的比例作为标准来分配制造费用,适用于机械化程度较高的车间,其计算公式为:

某种产品应负担的制造费用 = 该种产品机器工时数 × 制造费用分配率

制造费用分配率 = $\dfrac{制造费用总额}{机器工时总数}$

如果车间中存在着各种不同类型的机器设备,而且其使用与维修费用大小悬殊,如一件产品在较小类型机器上工作一小时,与另一件产品在较大类型机器上工作一小时,两者所应负担的机器设备磨损费与维修费应有所区别。为使其合理,还应将机器设备进行分类,按其类别确定机器工时系数,用工时系数折算出标准机器工时,再按标准机器工时分配制造费用。

【例 3 – 14】某车间本月制造费用总额 19 200 元,机器工时总数为 14 000 小时。A 设备为高级精密设备,工时总数为 4 000 小时,B 设备为普通设备,工时总数为 10 000 小时,根据 A、B 设备的损耗与维修费用确定 A、B 设备工时系数为 1.5∶1。本月甲产品在 A 设备上加工工时为 3 000 小时,乙产品在 A 设备上的加工工时为 1 000 小时。丙产品在 B 设备上的加工工时为 8 000 小时,丁产品在 B 设备上的加工工时为 2 000 小时。本月甲、乙、丙、丁四种产品应分配的制造费用计算见表 3 – 17。

(3)生产工人工资比例法。

生产工人工资比例法是以直接计入各种产品中的生产工人工资比例作为标准来分配制造费用,其计算公式为:

制造费用分配率 = $\dfrac{制造费用总额}{生产工人工资总额}$

某产品应负担的制造费用 = 该产品生产工人工资总额 × 制造费用分配率

采用生产工人工资比例法的前提必须是各种产品的机械化水平大致相同。否则,机械化水平低、用工多的产品,将因其工资费用多而多分配制造费用,多负担机器设备的使用与修理费，这显然不合理。

表3-17　　　　　　　　　　　制造费用分配表
20××年×月

产品名称	机器工时	工时系数	标准工时	分配率	应分配制造费用额
甲产品	3 000	1.5	4 500		5 400
乙产品	1 000	1.5	1 500		1 800
丙产品	8 000	1	8 000		9 600
丁产品	2 000	1	2 000		2 400
合计			16 000	1.2	19 200

（4）原料及主要材料成本比例法。

原料及主要材料成本比例法是以各种产品所耗用的原料及主要材料的成本的比例为标准来分配制造费用，其计算公式为：

$$制造费用分配率 = \frac{制造费用总额}{原料及主要材料成本总额}$$

$$某产品应分配的制造费用 = 该种产品耗用的原料及主要材料成本 \times 制造费用分配率$$

原料及主要材料成本比例法只适用于各种产品使用同一种类的原料及主要材料，而且制造费用的发生主要是由于对原料及主要材料的处理，如食品加工行业原料的搬运、整理费用在制造费用中占有很大比重，可以采用该方法。

（5）直接费用比例法。

直接费用比例法是以计入各种产品的直接费用的比例作为标准来分配制造费用，其计算公式为：

$$制造费用分配率 = \frac{制造费用总额}{直接费用总额}$$

某产品应负担的制造费用 = 该产品生产直接费用数额 × 制造费用分配率

【例3-15】某车间本月制造费用总额70 500元，该车间本月甲、乙、丙三种产品的直接费用及制造费用计算见表3-18。

表3-18　　　　　　　　　　　制造费用分配表

产品名称	直接材料	直接人工	直接费用总额	分配率	应分配制造费用额
甲产品	26 000	14 000	40 000		20 000
乙产品	35 000	12 000	47 000		23 500
丙产品	33 000	21 000	54 000		27 000
合计	94 000	47 000	141 000	0.5	70 500

原料及主要材料成本比例法以产品的直接费用与制造费用的发生有关系为前提,并且各项直接费用对制造费用的影响程序必须大体一致。否则,分配的结果就不合理。

(6) 产品标准产量比例法。

产品标准产量比例法是以各种产品的标准产量的比例作为标准分配制造费用,它适用于系列产品即同一产品类别内各不同品种的产品之间,或者同一产品品种内各不同规格型号的产品之间的费用分配,其计算方法见表3-19。

表3-19　　　　　　　　　　制造费用分配表

20××年×月

产品名称	实际产量	系数	标准产量	分配率	应分配制造费用额
A产品	500	1.2	600		3 600
B产品	1 000	1	1 000		6 000
C产品	800	1.1	880		5 280
D产品	700	1.5	1 050		6 300
合计			3 530	6	21 180

(7) 计划分配率分配法。

计划分配率分配法是根据企业正常经营条件下的年度制造费用预算数和预计产量的定额标准(定额工时、预计工人工资等)计算分配率,再根据预定分配率分配制造费用的方法,其计算公式为:

$$计划分配率 = \frac{年度制造费用计划总额}{年度预计产量的定额标准}$$

某产品应分配的制造费用 = 该产品实际产量的定额工时数 × 计划分配率

【例3-16】某车间全年计划制造费用总额360 000元,全年计划生产甲产品12 000件,乙产品8 000件;甲产品工时定额3小时,乙产品工时定额8小时。1月份甲产品实际产量1 500件,乙产品实际产量700件。1月份制造费用总额为33 000元。制造费用分配计算如下:

$$计划分配率 = \frac{360\ 000}{12\ 000 \times 3 + 8\ 000 \times 8} = 3.6$$

本月甲产品应负担的制造费用 = 1 500 × 3 × 3.6 = 16 200 (元)

本月乙产品应负担的制造费用 = 700 × 8 × 3.6 = 20 160 (元)

采用计划分配率分配法分配,"制造费用"科目月末一般都有余额并且可能出现贷方余额。〖例3-16〗制造费用账户出现贷方余额3 360元。月末时,将制造费用账户余额记入存货项目。年末该账户的余额是制造费用实际发生额与计划发生额的差额,在年末调整计入12月份的生产成本。

计划分配率分配法比较简便,特别适用于季节性的生产企业,可以使企业旺季与淡季的制造费用比较均衡地计入产品生产成本,避免受到生产季节影响而造成的成本忽高忽低。

(8) 累计分配率法。

累计分配率法是把应由产品负担的制造费用，在其完工时一次进行分配，未完工产品应负担的费用保留在原账户中，到其完工后连同新发生的费用一起分配，其计算公式为：

$$制造费用分配率 = \frac{期初费用结存数 + 本期费用发生数}{期初未完工产品累计分配标准数 + 本期发生的分配标准数}$$

$$已完工产品应负担的制造费用 = 已完工该种产品全部分配标准数 \times 制造费用分配率$$

【例 3 – 17】某车间生产甲、乙两种产品，本车间制造费用采用累计分配法。其费用分配见表 3 – 20。

表 3 – 20 制造费用分配表

20××年×月

摘要	工时	分配率	制造费用金额
上月累计结存数	5 000		2 000
本月发生数	45 000		23 000
合计	50 000	0.5	25 000
本月完工甲产品的工时及应分配费用	20 000	0.5	10 000
本月完工乙产品的工时及应分配费用	24 000	0.5	12 000
合计	44 000		22 000
月末累计结存数	6 000	0.5	3 000

累计分配率法对于产品生产周期较长、产品品种或批别较多的企业，可以简化分配工作量。但在产品完工前，生产成本账上只有直接费用与累计分配标准，不能完整反映未完工产品的成本。

四、制造费用分配的账务处理

企业月末根据"制造费用分配表"进行制造费用分配的账务处理。基本生产车间的制造费用记入"基本生产成本"账户，辅助生产车间的制造费用记入"辅助生产成本"账户，可修复废品应分配的制造费用记入"废品损失"账户。根据表 3 – 18，制造费用分配账务处理如下：

借：基本生产成本——甲产品　　　　　　　　　　　　　　　20 000
　　　　　　　　——乙产品　　　　　　　　　　　　　　　23 500
　　　　　　　　——丙产品　　　　　　　　　　　　　　　27 000
　　贷：制造费用　　　　　　　　　　　　　　　　　　　　70 500

第六节 生产损失的核算

工业生产企业在其生产经营过程中难免会发生这样或那样的损失,企业发生的各种损失按其是否计入产品制造成本,可分为生产损失和非生产损失两大类。

生产损失是指企业在产品生产过程中或由于生产原因而发生的各种损失。例如,由于制造了不合格产品而造成的废品损失;由于机器设备发生故障被迫停工而造成的停工损失;由于对在产品管理不善而造成的在产品盘亏、毁损、变质损失等。生产损失都是与产品生产直接有关的损失,因此生产损失应由产品制造成本承担,是产品制造成本的组成部分。

非生产损失主要是由于企业经营管理或其他原因造成的损失,例如坏账损失,材料、产成品的盘亏、毁损、变质损失,汇兑损失,投资损失,固定资产盘亏、毁损损失,非常损失,等等。非生产损失由于与产品生产没有直接关系,因此不能计入产品制造成本,而应根据损失的性质、原因和现行制度的规定列入期间费用、营业外支出或冲抵投资收益等。

不同的企业由于产品性质、工艺技术、工艺流程以及管理水平均有所不同,因此生产损失发生的频繁程度、数额大小、对产品制造成本的影响程度就可能不一样,如果企业生产损失偶尔发生,金额较小,对产品制造成本影响不大,则生产损失没有必要进行单独核算。所谓生产损失不单独核算,就是将发生的生产损失包含在正常的成本项目中,增加正常成本项目的单位成本。反之,如果企业生产损失时有发生,其数额较大,对产品制造成本影响也较大,则生产损失就需单独进行核算。所谓单独核算,就是单独归集生产损失,计算发生的生产损失金额,必要时还可以设置"废品损失""停工损失"等成本项目列示发生的损失数额,计算出单位产品应负担的生产损失,有利于企业进行成本分析和成本考核,因此,虽然单独核算生产损失将给会计工作增加一些核算工作量,但如果生产损失给企业造成的不利影响较大,生产损失还应单独进行核算。

企业发生的生产损失主要包括废品损失和停工损失两部分。

一、废品损失的核算

(一)废品和废品损失的含义

会计上所称的废品是指由于生产原因而造成的质量不符合规定的技术标准,不能按原定用途使用,或者需要加工修理后才能按原定用途使用的在产品、半成品和产成品。由于废品是因生产工作的缺点所造成的,因此与废品发现的时间、地点无关,只要是属于生产原因造成的,均应视为废品。废品可能在生产过程中被发现,也可能在入库后,甚至销售后才被发现。但如果产品入库时确系合格产品,后因保管不善、运输搬卸不当或者其他原因而发生的变质、损坏，不能按原定用途使用，则应作为产成品毁损处理，不应包括在废品之内。凡质量不符合规定的技术标准，但经检验部门检验，可以不需要返修即可降级出售或者使用的产品，在实际工作中称为次品。次品不包括在废品之内，次品的成本应与合格产品成本相同，次品售价低于合格品售价所发生的损失，直接影响企业的产品销售损益，而不作为废品损失处理。

废品按其产生的原因不同可分为料废和工废两种。"料废"是指由于原料不符合质量要求而造成的废品；"工废"是指由于加工原因，如操作违反规程、看错或绘错图纸等造成的废品。料废是材料供应部门或前道车间（如铸造车间）责任造成的，工废是加工过程造成的，应由生产车间负责，因此，区分废品是属于料废，还是工废，有利于分清产生废品的责任，有利于企业贯彻经济责任制。

废品按其能否修复可分为可修复废品和不可修复废品两类。可修复废品是指技术上可以修复，而且所需修复费用在经济上合算的废品，可修复废品一般经过修复，即可成为合格产品；不可修复废品是指在技术上已不可修复，或者虽然技术上可以修复，但所需修复费用在经济上不合算的废品。所谓经济上是否合算，是指修复费用是否超过重新制造同一产品的支出。区分可修复废品和不可修复废品是进行废品损失核算的前提，因为可修复废品和不可修复废品造成损失的组成内容不同。

废品损失是指由于产生废品而发生的废品报废损失和超过合格产品正常成本的多耗损失。具体地说，不可修复废品损失是指不可修复废品已耗的实际成本，如果不可修复废品可作材料或废料回收，则回收材料或废料的价值应冲抵损失；可修复废品损失是指可修复废品在返修过程中所发生的修复费用，包括修复时耗用的直接材料、直接工资，以及应负担的制造费用等。无论是可修复废品，还是不可修复废品，如果需向造成废品的责任人索赔损失的，则过失人的赔偿款应冲抵废品损失。这里要指出，废品损失一般只包括发生废品所造成的直接损失，至于因产生废品给企业带来的间接损失，如延误交货合同而发生的违约赔偿款、减少销售量而造成的利润减少损失，以及产生废品造成的企业声誉损失则不包括在内。

（二）废品损失核算的账户

为了全面反映企业一定时期内发生废品损失的情况，加强废品损失的控制，应设置"废品损失"账户进行废品损失的归集和分配。该账户借方反映可修复废品的修复费用和不可修复废品的已耗成本，对于可修复废品的修复费用应根据返修废品的领料单和工时记录所编制的直接材料分配表、直接工资分配表，以及制造费用分配表登记；对于不可修复废品的已耗成本应根据废品成本计算单登记。该账户贷方反映不可修复废品回收的残值和应向责任人索赔的数额，以及废品净损失的分配结转额。不可修复废品回收的残值应根据废品交库单汇总登记；应向责任人索赔的款项应根据废品通知单汇总登记；最后将借方发生额减去贷方的回收残值和责任人赔偿款之差（即本月发生的废品净损失），从贷方转至"基本生产成本"账户的借方。"废品损失"账户月末一般无余额。废品损失明细分类账户应分别不同的产品设置，账内按不同的成本项目开设专栏。

(三) 不可修复废品损失的核算

不可修复废品的损失是该废品已耗的成本,由于不可修复废品的成本是与合格产品的成本捆在一起的,即不可修复废品的成本包括在合格产品成本之内,因此计算不可修复废品的成本,并将其成本从合格产品成本中转出,确定了不可修复废品的成本后,再减去不可修复废品的残值和应向责任人索赔的数额,即可计算出不可修复废品的损失。

不可修复废品的已耗成本确定有以下几种方法。

1. 按实际成本计算

按实际成本计算废品损失,首要问题是分配各项费用,计算出不可修复废品的生产成本,其计算公式如下:

$$\text{不可修复废品已耗直接材料成本} = \frac{\text{直接材料总成本}}{\text{合格产品数量} + \text{废品数量}} \times \text{废品数量}$$

$$\text{不可修复废品已耗直接人工成本} = \frac{\text{直接人工总成本}}{\text{合格产品工时} + \text{废品工时}} \times \text{废品工时}$$

$$\text{不可修复废品已耗制造费用} = \frac{\text{制造费用总成本}}{\text{合格产品工时} + \text{废品工时}} \times \text{废品工时}$$

【例3-18】某车间本月生产甲产品400件,经检验发现不可修复废品10件;合格品的生产工时为11 800小时,废品工时为200小时,全部生产工时为12 000小时。甲产品成本计算单所列合格品和废品的全部生产费用为:原材料20 000元;燃料及动力费11 880元;直接人工费用18 000元;制造费用30 000元,共计79 880元。废品残料回收价值120元,原材料是生产开工时一次投入,原材料按合格品数量和废品数量的比例分配;其他费用按生产工时比例分配。

编制废品损失计算表,见表3-21。

表3-21　　　　　　　　　废品损失计算表

车间名称:　　　　　　　　　20××年×月　　　　　　　　产品名称:甲产品

项目	数量	原材料	生产工时	燃料及动力费	直接人工费用	制造费用	成本合计
费用总额	400	20 000	12 000	11 880	18 000	30 000	79 880
费用分配率		50		0.99	1.5	2.5	
废品成本	10	500	200	198	300	500	1 498
减:废品残料		120					120
废品损失		380		198	300	500	1 378

以上所计算的损失尚未扣除应收赔款,称之为报废损失;以报废损失减去应收赔款,则称之为废品净损失。

假设废品报废后应收责任人赔款300元,则废品净损失为1 078元。

根据废品损失计算表作如下会计分录。

结转不可修复废品成本：

借：废品损失——甲产品	1 498
贷：基本生产成本——甲产品（原材料）	500
（燃料和动力）	198
（直接人工费用）	300
（制造费用）	500

反映残料和赔款：

借：原材料	120
其他应收款	300
贷：废品损失——甲产品	420

结转废品净损失：

借：基本生产成本——甲产品（废品损失）	1 078
贷：废品损失——甲产品	1 078

根据以上会计分录登记基本生产成本和废品损失明细账，分别如账簿 3 - 3、账簿 3 - 4 所示。

如果企业发生的废品损失数额不大，对产品制造成本的影响较小，对产品制造成本的构成分析不会带来困难，则产品成本明细账中可不单独设置"废品损失"成本项目，废品损失明细账归集的废品净损失可转至产品成本明细账中的"制造费用"成本项目内。

账簿 3 - 3　　　　　　　　　　　　　**基本生产成本明细账**

产品名称——甲产品

摘要	原材料	燃料和动力	直接人工费用	制造费用	废品损失	合计
原材料分配表	20 000					20 000
燃料分配表		4 000				4 000
动力分配表		7 880				7 880
直接人工分配表			18 000			18 000
制造费用分配表				30 000		30 000
转出不可修复废品成本	500	198	300	500		1 498
转入不可修复废品净损失					1 078	1 078
转入可修复废品损失					400	400
本期费用累计	19 500	11 682	17 700	29 500	1 378	79 760

账簿 3-4　　　　　　　　　　　　废品损失明细账

产品名称：甲产品

摘要	原材料	燃料和动力	直接人工费用	制造费用	合计
可修复废品耗用材料	180				180
可修复废品耗用动力		20			20
可修复废品耗用人工			40		40
可修复废品耗用制造费用				160	160
可修复废品小计	180	20	40	160	400
转入不可修复废品成本	500	198	300	500	1 498
反映残料入库	120				120
反映应收赔款				300	300
不可修复废品净损失	380	198	300	200	1 078
转出废品损失	560	218	340	360	1 478

如果企业不需综合反映一定时期内发生的废品损失情况，而只需具体了解各种产品发生的废品损失情况，则也可不设"废品损失"总分类账户及其明细分类账户，而将发生的可修复废品的修复费用直接记入产品成本明细账中的"废品损失"成本项目内；将不可修复废品的已耗成本从各成本项目中转至"废品损失"成本项目内；不可修复废品的残值和责任人的赔偿款也从"废品损失"成本项目中扣减。

废品损失通常只计入本月完工产成品的成本，本月在产品和完工自制半成品一般不负担损失。这是因为废品损失主要是由企业工作中的缺点所造成的，将本月发生的废品损失集中反映在本月生产完工的产成品成本中，可以更好地引起企业生产经营决策者的注意，从而采取积极措施，防止废品损失继续发生。但是在单件、小批生产的企业里，应归属于某一尚未生产完成的订单的废品损失，应由该订单的产品成本负担。

2. 按计划成本或定额成本计算

按计划成本或定额成本计算是根据生产产品的定额和计划资料，结合废品的数量或工时，计算出不可修复废品的计划成本或定额成本，然后再计算出净损失的一种方法。

【例 3-19】某车间本月生产丙产品，验收时发现不可修复废品 4 件，收回残料价值 200 元。废品成本按定额成本计算，单位废品原材料费用定额 400 元，工时定额 50 小时，每小时人工单价 2 元，制造费用每小时 4 元。编制废品损失计算表，如表 3-22 所示。

表 3-22　　　　　　　　　　废品损失计算表

车间名称：　　　　　　　　　　20××年×月　　　　　　　　　　产品名称：甲产品

项目	产量	原材料	生产及工时	直接人工费用	制造费用	成本合计
费用定额		400	50	100	200	
废品定额成本	4	1 600	200	400	800	2 800
减：回收残值		200				200
废品损失		1 400		400	800	2 600

有关废品损失明细账和基本生产成本明细账的登记与按实际成本计算相同，不再赘述。

（四）可修复废品损失的核算

由于可修复废品与不可修复废品损失的组成内容不一样，其废品损失的归集计算方法也不同。可修复废品损失的是修复费用，修复费用的归集与合格产品所耗费用的归集一样，可以根据直接材料、直接人工和制造费用分配表的分配结果进行归集计算。如果修复费用中要由责任人赔偿一部分时，则赔偿款应冲抵废品损失。有必要指出，可修复废品损失的归集是指当月实际发生的修复费用，它与可修复废品发现的时间无关。即凡是本月发生的修复费用，不论被修废品是本月发现的，还是以前月份发现的，都作为本月废品损失进行归集；同样，即使是本月发现的废品，如果未在本月进行修复，则其修复时发生的修复费用不能计入本月的废品损失。如果修复废品跨月进行，则各月发生的修复费用计入各月的废品损失。

【例 3-20】 生产甲产品的过程中，发现有可修复的废品进行修复，月末根据各种费用分配表记录的资料作如下会计分录（在实际工作中，这些分录是在每张分配表后的分录中分散反映的，并不需要集中处理）：

借：废品损失——甲产品　　　　　　　　　　400
　　贷：原材料　　　　　　　　　　　　　　　　180
　　　　应付账款　　　　　　　　　　　　　　　 20
　　　　应付职工薪酬　　　　　　　　　　　　　 40
　　　　制造费用　　　　　　　　　　　　　　　160

结转可修复废品损失：
借：基本生产成本——甲产品　　　　　　　400
　　贷：废品损失——甲产品　　　　　　　　　　400

根据会计分录登记基本生产成本明细账和废品损失明细账，分别如账簿 3-3、账簿 3-4 所示。

在不设置"废品损失"总分类账户的情况下，发生可修复废品的修复费用时，应借记"停工损失"账户，贷记有关账户。

应该注意的是，废品损失核算的目的不仅是为了正确计算产品成本，更重要的是控制废品发生，减少废品损失，降低产品成本，提高企业的经济效益。为了加强对废品进行控制，有必要区别正常范围内的废品和超过正常范围内的废品。所谓"正常范围内的废品"是指就目前技术条件下，允许发生废品的限度。有的企业虽然在技术上能消除废品，但要花费很大的代价，为减少废品所花费的费用如果大于发生的废品损失，在经济上就不合算了，对这种产品允许有一定限度的废品。在正常范围内的废品，一般不进一步追查原因。超过正常范围的废品就要及时进行原因分析，积极采取措施，以防成本超支。区分正常范围损失和超正常范围损失，将废品控制在正常范围之内是加强废品管理的有效方法。

二、停工损失的核算

停工损失是指企业生产车间由于计划减产或因停电、待料、机器设备发生故障而停止生产所造成的损失。停工损失主要包括停工期间需支付的生产工人工资，按工资额计提的其他职工薪酬，以及应承担的制造费用等。企业的停工可分为计划内停工和计划外停工两种。所谓计划内停工是指计划规定的停工。计划外停工是指各种事故造成的停工。对于因季节性生产或固定资产大修理停工而发生的停工期间的一切费用，列入制造费用，可采用预提、待摊的方法，由开工期内生产的产品成本负担，不单独核算其停工损失。

停工从时间上有长有短，从几分钟、几天到一个月以上；从范围上有大有小，从单台机器、一个车间到全厂。如果所有的停工都要计算损失，则核算工作就太烦琐了，所以企业一般都需规定一定时间和一定范围内的停工不计算损失，只有超过一定时间和范围（如全车间停工一个班次以上）的停工才计算停工损失。企业发生停工损失时，应由车间填制"停工单"，并在考勤记录上予以记录，停工单内应注明停工的地点、时间、停工原因，以及造成停工的责任人等。

停工损失按停工期间实际负担的费用进行计算。有的企业为了简化停工损失核算的手续，对于时间比较短的停工，往往只计算停工期间应支付的工资和应计提的职工福利费，而不全面计算因停工而遭受的一切直接损失。

停工损失一般可设置"停工损失"总分类账户进行核算，该账户借方归集本月发生的停工损失，贷方分配结转停工损失，月末一般无余额。该账户应分别按车间设置明细分类账户，按车间分别归集和分配停工损失。在停工损失明细账中最好分别按计划内停工和计划外停工，主观原因停工和客观原因停工进行记录，以便明确责任，正确地计算产品制造成本。

发生的计划内停工损失，一般应通过预提、待摊的方式分期计入开工期所生产的产品成本中。发生的计划外停工损失应全部计入当月生产的产品成本中，如果该车间生产几种产品，停工损失可按制造费用分配的方法在各种产品中进行分配。只有在车间发生全月停工的特殊情况下，车间无产品生产，则方可将停工损失保留在"停工损失"账户中，由下月生产的产品负担。各产品应负担的停工损失，一般由当月完工产成品承担，当月在产品和自制半成品不负担停工损失。停工损失计入产品成本时，可在产品成本明细账中单独设置"停工损失"成本项目列示，也可不设置"停工损失"

成本项目，而将停工损失记入"制造费用"成本项目内。

不论是计划内停工，还是计划外停工，在停工期间发生的实际耗费，应根据停工单和工资费用、制造费用分配表，以及其他有关凭证借记"停工损失"账户，月末根据编制的停工损失分配表贷记"停工损失"账户。对于计划内停工而造成的停工损失，采用预提方式计入产品制造成本，预提时应借记"基本生产成本"账户，贷记"其他应付款"账户。当发生停工损失月份分配结转停工损失时，借记"其他应付款"账户，贷记"停工损失"账户。如果实际发生的停工损失超过预提的停工损失，在当年以后月份仍有计划内停工情况下，可作为待摊费用处理，在当年以后月份无计划内停工情况下，应将多预提的损失冲回。对于计划外停工损失，应全部计入当月产品成本，有月末分配结转停工损失时，应借记"基本生产成本"账户，贷记"停工损失"账户。如果停工损失应向责任人索赔，则索赔款应在停工损失中扣除，借记"其他应收款"账户，贷记"停工损失"账户。

在停工损失发生较少的企业中，为简化核算工作，也可以不单独核算停工损失，停工期间发生的费用分别记入"直接人工费用"和"制造费用"成本项目内。

课后练习题

一、单项选择题

1. 下列不属于工资总额项目的是（　　　）。
   A. 市内交通补助费　　　　　　B. 节约奖
   C. 婚丧假期工资　　　　　　　D. 工伤期间工资

2. 直接用于产品生产的燃料，应直接记入或者分配记入产品成本的科目是（　　　）。
   A. "制造费用"　　　　　　　　B. "财务费用"
   C. "基本生产成本"　　　　　　D. "辅助生产成本"

3. 生产费用要素中的税金，发生或支付时应借记（　　　）。
   A. "生产成本"科目　　　　　　B. "管理费用"科目
   C. "制造费用"科目　　　　　　D. "销售费用"科目

4. 在实际工作中，在支付外购动力费款时，通常借记（　　　）科目，贷记"银行存款"科目。
   A. "生产成本"　B. "管理费用"　C. "制造费用"　D. "应付账款"

5. （　　　）是指每一职工在单位时间内应得的工资额。
   A. 计时工资　B. 计件单价　C. 标准工资　D. 工资标准

6. 计算计件工资费用时，应以（　　　）记录为依据。
   A. 考勤　　　B. 时间　　　C. 统计　　　D. 产量和质量

7. 在实际工作中，按管理部门人员工资和规定比例提取的职工教育经费，应计入（　　　）。
   A. 制造费用　B. 管理费用　C. 营业外支出　D. 应付职工薪酬

8. 下列项目中，不计提折旧的是（　　）。
   A. 未使用的房屋　　　　　　　　　　B. 当月减少的固定资产
   C. 在用设备　　　　　　　　　　　　D. 以经营租赁方式租入的固定资产

9. 工业企业各要素费用中的利息费用，是（　　）的一个费用项目。
   A. 管理费用　　　B. 财务费用　　　C. 制造费用　　　D. 生产成本

10. 工业企业各要素费用中的税金，是（　　）的一个费用项目。
    A. 生产成本　　　B. 财务费用　　　C. 制造费用　　　D. 管理费用

11. 在辅助生产内部相互提供劳务或产品不多，不进行费用的交互分配对辅助生产成本和企业产品成本影响不大的情况宜采用的辅助生产费用分配方法是（　　）。
    A. 顺序分配法　　B. 直接分配法　　C. 代数分配法　　D. 计划分配法

12. 辅助生产费用的各种分配方法中，能分清内部经济责任，有利于实行厂内经济核算的是（　　）。
    A. 交互分配法　　B. 顺序分配法　　C. 计划分配法　　D. 直接分配法

13. 在辅助生产费用的各种分配方法中，分配结果最准确的方法是（　　）。
    A. 计划分配法　　B. 代数分配法　　C. 交互分配法　　D. 顺序分配法

14. 在采用计划分配法分配辅助生产费用时，辅助生产车间实际发生的费用与按计划单位成本分配转出的费用之间的差异，为了简化计算工作，一般计入（　　）。
    A. 财务费用　　　B. 管理费用　　　C. 销售费用　　　D. 制造费用

15. 制造费用（　　）。
    A. 大部分是间接用于产品生产的费用
    B. 大部分是直接用于产品生产的费用
    C. 完全是间接用于产品生产的费用
    D. 完全是直接用于产品生产的费用

16. 基本生产车间应支付管理人员的工资记入（　　）的借方。
    A. "应付职工薪酬"科目　　　　　　B. "生产成本"科目
    C. "制造费用"科目　　　　　　　　D. "管理费用"科目

17. 基本生产车间耗用的消耗材料，应记入（　　）的借方。
    A. "生产成本"科目　　　　　　　　B. "制造费用"科目
    C. "管理费用"科目　　　　　　　　D. "销售费用"科目

18. 按照生产工人工资比例分配法分配制造费用，要求（　　）。
    A. 各种产品生产的机械化程度差不多
    B. 各种产品生产的机械化程度相差悬殊
    C. 不考虑产品的机械化程度
    D. 产品生产的机械化程度较高

19. 适用于季节性生产的车间分配制造费用的方法是（　　）。
    A. 生产工人工资比例法　　　　　　B. 生产工时比例法
    C. 年度计划分配率分配法　　　　　D. 机器工时比例分配法

20. 可修复废品是指（ ）。
A. 在技术上可以修复，但在经济上不合算的废品
B. 在技术上可以修复，而且在经济上合算的废品
C. 在技术上可以修复的废品
D. 所花费的修复费用小于其生产成本的废品

21. 不可修复废品成本应按废品（ ）。
A. 计划成本计算   B. 制造费用计算
C. 所耗定额费用计算   D. 先进先出法计算

22. 企业实行"三包"出售产品后发现的废品损失属于（ ）。
A. 废品损失   B. 管理费用   C. 制造费用   D. 销售费用

23. "废品损失"科目和"废品损失"项目，反映（ ）。
A. 基本生产车间的废品损失   B. 辅助生产车间的废品损失
C. 销售机构的废品损失   D. 应由过失人赔偿的损失

24. 下列各项应计入产品成本的停工损失是（ ）。
A. 由过失人造成的停工损失
B. 由于自然灾害引起的非正常停工损失
C. 季节性固定资产修理期间的停工损失
D. 辅助生产车间发生的停工损失

25. "停工损失"科目和"停工损失"项目，反映（ ）。
A. 基本生产车间的停工损失   B. 辅助生产车间的停工损失
C. 销售机构的停工损失   D. 行政管理部门的停工损失

二、多项选择题

1. 下列不属于工资总额组成项目的有（ ）。
A. 劳动竞赛奖   B. 劳动保护费   C. 洗理费
D. 生产奖   E. 创造发明奖

2. 按 30 日计算日工资率的企业（ ）。
A. 出勤期间的节假日不算工资
B. 事病假缺勤期间的节假日不扣工资
C. 出勤期间的节日也按出勤算工资
D. 事病假缺勤期间的节假日扣工资

3. 下列计提折旧的固定资产有（ ）。
A. 未使用和不需用的设备   B. 季节性停用的固定资产
C. 房屋及建筑物   D. 经营租入的设备
E. 提前报废的固定资产

4. 工业企业要素费用中的其他费用包括（ ）。
A. 邮电费   B. 误餐补助费
C. 保险费   D. 职工技术培训费

E. 排污费

5. 以下属于工资总额范畴的有（   ）。
   A. 计时工资　　　B. 计件工时　　　C. 奖金
   D. 退休金　　　　E. 加班加点工资

6. 工资费用核算的主要原始记录有（   ）。
   A. 产量记录　　　B. 考勤记录　　　C. 工龄记录

7. 下列关于固定资产折旧的表述，正确的有（   ）。
   A. 月份内增加的固定资产，当月计提折旧
   B. 月份内减少的固定资产，当月仍提折旧
   C. 房屋、建筑物不论使用与否，均应计提折旧
   D. 提前报废的固定资产，应补提折旧
   E. 以经营租赁方式租入固定资产，不计提折旧

8. 以下项目中，属于管理费用的税金有（   ）。
   A. 房产税　　　　B. 增值税　　　　C. 印花税
   D. 车船使用税　　E. 土地使用税

9. 采用交互分配法分配辅助生产费用时，应该（   ）。
   A. 先在企业各受益单位之间进行一次交互分配
   B. 先在辅助生产内部各受益单位之间进行一次交互分配
   C. 算出交互分配后的实际费用
   D. 再向各受益单位进行一次分配
   E. 再向辅助生产以外各受益单位进行一次对外分配

10. 采用计划分配法分配辅助生产费用，可以（   ）。
    A. 简化成本计算工作
    B. 便于考核和分析各受益单位成本
    C. 有利于分清企业内部各单位的经济责任
    D. 有助于提高成本计算的正确性
    E. 推动实现电算化

11. 制造费用是企业为生产产品和提供劳务而发生的各项间接费用，包括（   ）。
    A. 销售人员的直接人工费用
    B. 生产单位（车间、分厂）管理人员直接人工费用
    C. 生产单位（车间、分厂）固定资产折旧费
    D. 辅助生产车间机器设备折旧费
    E. 基本生产车间的办公费

12. 工业企业制造费用的分配方法有（   ）。
    A. 生产工时比例法　　　　　　B. 计划成本分配法
    C. 机器工时比例法　　　　　　D. 直接分配法
    E. 年度计划分配率分配法

13. 不可修复废品是指（　　）。
A. 在技术上不能进行修复的废品
B. 在技术上可以进行修复，而且在经济上合算的废品
C. 在技术上不能进行修复，或者所花费的修复费用在经济上不合算的废品
D. 在技术上可以进行修复，但所花费的修复费用在经济上不合算的废品
E. 以上说法均不正确

14. 废品损失应包括（　　）。
A. 不合格品的降价损失　　　　B. 可修复废品的修复费用
C. 不可修复废品的报废损失　　D. 保管不善损坏变质损失
E. 应由过失人赔偿的损失

15. 可修复废品的修复费用应包括（　　）。
A. 修复废品领用的材料
B. 修复废品的动力费用
C. 修复废品人员的工资及提取的福利费
D. 修复废品的销售费用
E. 修复废品所发生的燃料费用

16. 下列各项不属于废品损失的有（　　）。
A. 实行"三包"的损失　　　　　B. 出售不合格品的降价损失
C. 应由过失人赔偿的损失　　　D. 由于保管不善损坏变质的损失
E. 在产品出售以后发现的废品所发生的一切损失

17. 不可修复废品的成本，可以按（　　）计算。
A. 废品所耗实际费用　　　　　B. 废品售价
C. 废品残值　　　　　　　　　D. 废品所耗定额费用
E. 废品计划成本

18. 计算不可修复废品的净损失应包括下列各项目（　　）。
A. 不可修复废品的成本　　　　B. 废品的残值
C. 废品的应收赔款　　　　　　D. 废品的材料费用
E. 出售废品的销售费用

19. "废品损失"科目借方应反映的内容有（　　）。
A. 可修复废品成本　　　　　　B. 不可修复废品成本
C. 可修复废品的材料费用　　　D. 可修复废品的动力费用
E. 出售废品的销售费用

20. 下列不应计入产品成本的停工损失有（　　）。
A. 季节性停工损失　　　　　　B. 固定资产大修理的停工损失
C. 自然灾害引起的非正常停工损失　D. 应由过失人赔偿的停工损失
E. 电力中断原因而造成的停工损失

21. 下列应计入产品成本的停工损失有（　　）。
   A. 季节性停工损失　　　　　　　　B. 固定资产大修理的停工损失
   C. 原材料供应不足造成的停工损失　　D. 由于计划减产而造成的停工损失
   E. 电力中断原因而造成的停工损失

22. 停工发生应计入停工损失的各种费用归集完毕后，应从"停工损失"科目的贷方分别转入（　　）。
   A. "其他应收款"科目的借方　　　B. "营业外支出"科目的借方
   C. "辅助生产成本"科目的借方　　D. "基本生产成本"科目的借方
   E. "管理费用"科目的借方

三、判断题（正确的画"√"，错误的画"×"）

1. 用于几种产品生产共同耗用的，构成产品实体的原材料费用，可以直接计入各种产品成本。（　　）

2. 按计划成本进行材料日常核算，"材料采购"总账科目的月末余额，就是月末在途材料的计划成本。（　　）

3. 企业全部职工的直接人工费用，均应计入产品的成本。（　　）

4. 根据有关规定，当月减少的固定资产当月仍计提折旧，而提前报废的固定资产，则不计提折旧。（　　）

5. 对于直接用于产品生产的各项费用，都应单独地记入"基本生产成本"总账科目。（　　）

6. "材料采购"账户的贷方反映验收入库材料的计划成本，贷方还反映材料成本的超支差异。（　　）

7. 在实际工作中，外购动力在付款时，一般通过"应付账款"科目核算，即在付款时先作为暂付款处理，借记"应付账款"科目，贷记"银行存款"科目。（　　）

8. 按工作任务包干方法支付给职工的工资，属于计时工资。（　　）

9. 工业企业各要素费用中的税金，不是产品成本的组成部分，而是管理费用的组成部分。（　　）

10. 工业企业的各项税金，均需通过"应交税费"科目核算。（　　）

11. 工业企业各种要素费用中的其他费用，有的是产品成本的组成部分，有的则不是。（　　）

12. 辅助生产车间发生的生产费用都直接记入"辅助生产成本"科目。（　　）

13. 所有生产车间发生的各种制造费用，一律通过"制造费用"科目核算。（　　）

14. 采用直接分配法分配辅助生产费用时，应考虑各辅助生产车间之间相互提供劳务或产品情况。（　　）

15. 采用直接分配法时，费用分配率计算中的分子是待分配辅助生产费用，分母是该辅助生产提供的劳务总量。（　　）

16. 采用计划成本分配法，将辅助生产成本差异全部计入管理费用，有利于简化分

配工作。（　）

17. 辅助生产费用的交互分配法，是只进行辅助生产车间之间交互分配，不进行对外分配的方法。（　）

18. 采用交互分配法分配辅助生产费用时，对外分配的辅助生产费用，应为交互分配前的费用加上交互分配转入的费用，减去交互分配转出的费用。（　）

19. 按计划成本分配辅助生产费用而算出的辅助生产成本差异，是完全正确的成本差异。（　）

20. 按年度计划分配率分配制造费用，需要计算两个年度计划分配率。（　）

21. 采用年度计划分配率分配费用时，如果在年度内发现全年的制造费用实际数和产量实际数与计划数可能发生较大差别时，应及时调整计划分配率。（　）

22. 制造费用大多数是间接用于产品生产的费用，也有一部分直接用于产品生产，但管理上不要求单独核算，又不专设成本项目，因此可以直接计入产品生产成本的费用。（　）

23. 制造费用所采用的所有分配方法，分配结果"制造费用"科目期末都没有余额。（　）

24. 不可修复废品是指不能修复，或者所花费的修复费用在经济上不合算的废品。（　）

25. 由于计划减产的原因而引起的停工损失不应计入产品成本。（　）

四、名词解释

工资总额　制造费用　交互分配法　计划成本分配法　生产损失　废品损失　停工损失

五、简答题

1. 材料成本是如何构成的？
2. 工资总额由哪几部分组成？
3. 制造费用包括哪些内容？
4. 制造费用有哪些分配方法？
5. 辅助费用的归集方法有哪两种？

六、业务计算题

（一）某企业对甲材料采用计划成本进行核算：月初，甲材料明细账结存数量为450千克，"材料成本差异"账户甲材料明细账借方余额为211元。本月购入数量为8 050千克，全部验收入库，支付实际成本为93 380元。本月发出原材料7 900千克，用于产品生产消耗。甲材料计划单位成本为12元。

要求：对发出材料进行账务处理。

（二）某企业生产甲、乙两种产品，共同耗用原材料5 670千克，该材料实际成本为每千克4元。本月投产量：甲产品480件，乙产品400件。单位产品原材料定额：甲产品5千克，乙产品7.5千克。

要求：

1. 计算原材料定额消耗量分配率，按定额消耗量分配原材料费用。
2. 计算原材料定额费用分配率，按定额费用分配原材料费用。
3. 根据分配结果，编制会计分录。

（三）某企业月末汇总本月原材料发出情况如下：甲产品直接消耗 1 200 千克，乙产品直接消耗 900 千克，甲、乙产品共同耗用 3 150 千克。基本生产车间一般耗用 100 千克；辅助生产车间：机修车间直接耗用 500 千克，一般耗用 100 千克，运输车间一般耗用 70 千克，管理部门一般耗用 120 千克。原材料实际单位成本 30 元。本月甲产品产量 500 件，乙产品产量 400 件。单位产品消耗定额：甲产品 2.8 千克，乙产品 4 千克。

要求：
1. 按材料定额耗量分配甲、乙产品共同消耗原材料费用。
2. 编制原材料费用分配表（见练习题表 3－1），编制分配原材料费用的会计分录。

练习题表 3－1　　　　　　　　　　　原材料费用分配表
××工厂　　　　　　　　　　　　　　20××年×月

应借科目		成本或费用项目	直接计入	分配计入	原材料费用合计
基本生产成本	甲产品	原材料			
	乙产品	原材料			
	小计				
辅助生产成本	机修车间	原材料			
	运输车间	原材料			
制造费用	基本车间	机物料			
	机修车间	机物料			
	运输车间	机物料			
	小计				
管理费用	行政部门	其他			
合计					

（四）月末汇总企业工资资料如下：基本生产工人工资 84 000 元，供电、供水车间生产工人工资分别为 14 000 元和 12 000 元，基本生产车间技术人员工资 8 000 元，管理人员工资 12 000 元，销售人员工资 5 000 元。

本月甲产品生产工时为 22 000 小时，乙产品生产工时为 28 000 小时。

要求：
1. 按照产品生产工时比例分配甲、乙产品的工资费用。
2. 编制直接人工费用分配表（分别见练习题表 3－2、练习题表 3－3）。
3. 编制直接人工费用的会计分录。

练习题表 3-2　　　　　　　　　车间（部门）工资费用分配表

××工厂　　　　　　　　　　　　　　20××年×月

应借科目		成本或费用项目	生产工人工资		辅助人员管理人员工资	合计
			生产工时	分配金额		
基本生产成本	甲产品	直接人工				
	乙产品	直接人工				
	小计					
制造费用	工资					
合计						

练习题表 3-3　　　　　　　　　全厂直接人工费用分配表

××工厂　　　　　　　　　　　　　　20××年×月

应借科目		成本或费用项目	工资	其他职工薪酬	合计
基本生产成本	甲产品	直接人工费用			
	乙产品	直接人工费用			
	小计				
辅助生产成本	供电产品	直接人工费用			
	供水车间	直接人工费用			
	小计				
制造费用	基本车间	人工费用			
管理费用	行政部门	人工费用			
销售费用	销售部门	人工费用			
合计					

（五）某企业本月发生如下业务：

1. 以银行存款支付动力费用 25 000 元。

2. 月末根据有关计量仪表所示，本企业共消耗电力 72 500 千瓦时，每度电单位成本为 0.3 元，消耗情况：产品生产电力耗用 50 000 千瓦时，供水车间直接耗用 2 000 千瓦时，供热车间直接耗用 5 000 千瓦时，基本生产车间照明耗用 7 500 千瓦时，管理部门耗用 6 000 千瓦时，销售部门耗用 2 000 千瓦时。

3. 本月甲产品机器工时 45 000 小时，乙产品机器工时 30 000 小时。

要求：按照产品机器工时分配电力费用，并编制电力费用分配表及会计分录。

（六）某企业固定资产登记簿所记固定资产原值如练习题表 3-4 所示。

练习题表 3-4　　　　某企业固定资产原值资料表

日期	摘要	基本生产车间		辅助生产车间		管理部门	
		增加	减少	增加	减少	增加	减少
7.31	月末余额	490 000		230 000		370 000	
8.31	本月发生额合计	80 000	65 000		40 000	80 000	20 000
8.31	月末余额	505 000		190 000		430 000	

要求：根据练习题表 3-4 所列资料，编制 9 月份固定资产折旧分配表，提取 9 月份折旧。企业固定资产综合折旧率为 9.6%。

（七）基本车间 8 月份折旧额 23 200 元，辅助车间折旧 11 500 元，行政管理部门 9 500 元，8 月份增加的固定资产有：基本车间增加 150 000 元机器一台，预计使用 8 年，残值率 4%；辅助车间增加 70 000 元设备一台，残值率 4%，预计使用 5 年；行政管理部门增加 120 000 元设备一台，年折旧率 12%。8 月份减少固定资产：基本车间 60 000 元设备一台，预计使用 8 年，残值率 5%，辅助车间 80 000 元设备一台，残值率 4%，使用 4 年。

要求：计算 9 月份折旧额。

（八）某企业有两个辅助生产车间，运输车间和机修车间，本月有关资料如练习题表 3-5 所示。

要求：

采用直接分配法、顺序分配法、交互分配法、代数分配法、按计划成本分配辅助生产费用，并编制费用分配表（分别见练习题表 3-6~练习题表 3-9）和会计分录。

练习题表 3-5　　　　某企业本月有关资料

项目		运输车间	机修车间
待分配费用		8 900 元	10 500 元
供应劳务数量		4 450 吨公里	3 000 工时
计划（单位成本）		2.4 元/吨公里	3.90 元/时
耗用劳务数量	运输车间		500 小时
	机修车间	450 吨公里	
	基本生产车间	1 600 吨公里	1 800 小时
	行政管理部门	2 400 吨公里	700 小时

练习题表 3-6   辅助生产费用分配表（直接分配法）
20××年×月

项目		运输车间	机修车间	合计
待分配辅助生产费用				
供应辅助生产以外单位的劳务数量				
费用分配率（单位成本）				
基本生产车间	耗用量			
	金额			
行政管理部门	耗用量			
	金额			
合计				

练习题表 3-7   辅助生产费用分配表（交互分配法）
20××年×月

项目		第一次交互分配			第二次对外分配		
		运输车间	机修车间	合计	运输车间	机修车间	合计
待分配辅助生产费用							
供应劳务数量							
费用分配率（单位成本）							
辅助生产车间	运输车间	耗用量					
		金额					
	机修车间	耗用量					
		金额					
基本生产车间	耗用量						
	金额						
行政管理部门	耗用量						
	金额						
合计							

练习题表 3-8　　　　　辅助生产费用分配表（代数分配法）

20××年×月

项目			运输车间	机修车间	合计
待分配辅助生产费用					
用代数分配法算出的实际单位成本					
应借记"辅助生产成本"科目	运输车间	耗用数量			
		分配金额			
	机修车间	耗用数量			
		分配金额			
	小计				
应借记"制造费用"科目	基本生产车间	耗用数量			
		分配金额			
应借记"管理费用"科目		耗用数量			
		分配金额			
合计					

练习题表 3-9　　　　　辅助生产费用分配表（按计划成本分配法）

20××年×月

项目			运输车间	机修车间	合计
待分配费用					
供应劳务数量					
计划单位成本					
辅助生产	运输车间	耗用量			
		金额			
	机修车间	耗用量			
		金额			
基本生产车间		耗用量			
		金额			
行政管理部门		耗用量			
		金额			
按计划成本分配金额合计					
待分配费用加上按计划成本分配转入数					
辅助生产成本差异					

（九）某企业基本生产车间 5 月份发生以下业务：

1. 存款支付劳动保护费 7 200 元。
2. 分配车间技术人员工资 50 000 元,并按 40% 提取各种职工薪酬费用。
3. 一般消耗材料 8 660 元。
4. 本月提取折旧 1 700 元,预提租赁费用 4 000 元。摊销财产保险费 400 元。
5. 分配转入的辅助费用 24 140 元。
6. 以银行存款支付其他费用支出 1 000 元。

该车间生产三种产品,A 产品本月生产工时为 1 500 小时,B 产品为 1 700 小时,C 产品为 1 200 小时。

要求:按照生产工时分配制造费用。

(十)某车间全年制造费用计划 220 000 元,全年各种产品的计划产量为:甲产品 5 200 件,乙产品 4 500 件;单件产品的工时定额为甲产品 10 小时,乙产品 8 小时。该车间是季节性生产,1 月份为淡季,实际产量为:甲产品 300 件,乙产品 300 件,实际发生制造费用为 19 000 元;2 月份为旺季,实际产量为:甲产品 650 件,乙产品 580 件,实际发生制造费用 27 000 元。11 月末制造费用账户余额为借方 76 130 元,12 月发生制造费用 19 600 元,12 月份的产量为甲产品 400 件,乙产品 500 件。

要求:

1. 按年度计划分配率计算分配 1、2 月份产品应负担的制造费用。
2. 开设"制造费用"丁字账,登记账户,比较 1、2 月份余额。
3. 分配 12 月份的费用。

(十一)某车间本月生产甲产品 400 件,其中经验收入库发现废品 10 件;合格品的生产工时为 11 700 小时,废品工时为 300 小时,全部生产工时为 12 000 小时。甲产品成本计算所列合格品和废品的全部生产费用为:原材料 20 000 元、燃料及动力费 11 880 元、直接人工费 12 120 元、制造费用 7 200 元,共计 51 200 元。废品残料回收价值 120 元,原材料是生产开工时一次投入,原材料费用按合格品数量和废品数量的比例分配;其他费用按生产工时比例分配。

要求:编制废品损失计算表(见练习题表 3-10)和会计分录。

练习题表 3-10　　　　　　　废品损失计算表

车间名称:　　　　　　　　　20××年×月　　　　　　　　产品名称:甲产品

项目	数量(件)	原材料	生产工时	燃料及动力费	工资及福利费	制造费用	成本合计
费用总额							
费用分配率							
废品成本							
减:废品残料							
废品损失							

（十二）某车间本月生产丙产品，验收入库时发现不可修复废品 6 件，收回残料价值 200 元。单位废品费用定额：原材料 600 元，燃料及动力费 50 元，直接人工费用 40 元，制造费用 30 元。

要求：计算不可修复废品成本，编制废品损失计算表（见练习题表 3-11）和会计分录。

练习题表 3-11　　　　　　　　　废品损失计算表

车间名称：　　　　　　　　　20××年×月　　　　　　　　产品名称：甲产品

项目	原材料	燃料及动力费	工资及福利费	制造费用	成本合计
费用总额					
废品定额成本					
减：回收残值					
废品损失					

第四章

完工产品成本与在产品成本的计算

本章内容引言：

产品成本的计算直接关系到成本在本期已销售产品和期末存货之间的划分，决定着存货计价和收益的确定，并影响财务报表所反映的企业财务状况和经营成果的真实性。企业在生产过程中发生的各项要素费用，按成本计算对象进行分配和归集后，如期末存在完工产品与在产品，根据管理的特点和要求，应采用适当的方法，在完工产品与在产品之间进行分配，以确定在产品和完工产品成本。生产费用在完工产品与在产品之间进行分配的方法主要有不计算在产品成本法、按年初数固定计算在产品成本法、在产品按所耗原材料费用计价法、在产品按完工产品成本计算法、在产品成本按定额成本计算法、定额比例法、约当产量比例法。

关键术语： 产品成本　成本计算对象　完工产品　在产品　定额成本　不计算在产品成本法　按年初数固定计算在产品成本法　在产品按所耗原材料费用计价法　在产品按完工产品成本计算法　在产品成本按定额成本计算法　定额比例法　约当产量比例法

第一节　概　　述

一、完工产品和在产品成本计算的意义

完工产品是指已经完成全部生产过程、符合质量要求并已验收入库，可以作为商品对外销售的产成品。在产品是指没有完成全部生产过程，还不能作为商品销售的产品，包括正在车间加工中的产品、已经完成一个或几个生产步骤但还需要继续加工的半成品、已完工而尚未验收入库的产成品、正在返修和等待返修的废品等。企业对外销售的自制半成品由于属于商品产品，一经验收入库，就不再列入在产品之内。此外，企业生产过程中产生的不可修复的废品既不属于在产品，也不包括在完工产品之内。

产品成本的计算直接关系到成本在本期已销售产品和期末存货之间的划分，决定着存货计价和收益的确定，并影响财务报表所反映的企业财务状况和经营成果的真实

性。而合理地划分完工产品和在产品，使成本在二者间恰当分摊，是正确计算产品成本的关键步骤之一，同时这种划分对于进行成本计划、控制、监督和分析，加强内部成本管理等都有重大意义。具体说来，划分完工产品和在产品的意义主要表现在以下几个方面：

（1）正确计算产品成本。成本是确定企业盈亏的尺度，成本这个尺度的准确与否，对企业盈亏的衡量至关重要。划分完工产品和在产品的根本目的，在于完成产品成本计算，它能使产品成本计算更为准确可靠，从而合理地反映企业当期经营成果。

（2）存货合理计价。期末在产品与完工产品之间的成本分摊，直接影响着期末在产品成本和期末存货的计价，而存货成本计算正确与否，又影响着销售成本计算的准确性。不划分完工产品和在产品会使完工产品成本数字不实，进而造成企业本期损益计算失真；同时还会使在产品存货及产成品存货数字不实，从而影响企业以后各期盈亏计算的准确性。

（3）实现成本补偿。成本是测定产品价格的依据，价格是价值的货币表现，价格的制定应建立在价值的基础上。由于成本是产品部分价值（C+V部分）的货币表现，因而是产品价格的重要组成部分，它为企业定价提供了基础。划分完工产品和在产品，正确分配其各自应该承担的成本，能使企业合理制定价格，在产品售出后及时获得成本补偿。

（4）考核评价的需要。随着成本管理会计管理作用的加强，准确计算各种产品的成本也显得尤为重要，特别是在业绩考核与成本控制相联系的企业，划分完工产品和在产品成本，能使考核标准更为合理，从而正确评价管理者的工作。

（5）管理决策需要。企业的各种成本数据是企业管理所需要的，无论企业短期决策还是长期决策，都要在研究比较不同方案的基础上。而各种成本、利润方案要做到准确可靠，则离不开完工产品和在产品的划分，以及产品成本在二者之间的恰当分摊。

二、在产品的核算

（一）在产品收发结存的日常核算

在产品数量的核算，应同时具备账面核算资料和实际盘点资料，做好在产品收、发、结存的日常核算工作和在产品的清查工作，既可以从账面上随时掌握在产品的动态，又可以查清在产品的实存数量，因此，应该根据在产品实际盘存数量计算在产品成本。但由于在产品品种多、数量大，每月都要组织实地盘点确有困难，可根据在产品业务核算资料的期末结存量来计算在产品成本。车间在产品收发结存的日常核算，通常是通过"在产品收发结存账"（即在产品台账）进行的，该账应分别车间并按照产品品种和在产品的名称（零部件名称）设置，提供车间各种在产品收、发、结存动态的业务核算资料。它是根据领料凭证、在产品内部转移凭证、产品检验凭证和产品交库凭证，及时登记在产品收发结存账，最后由车间核算人员审核汇总。在产品收发结存账详见表4-1。

表 4-1　　　　　　　　　　　在产品收、发、结存账

车间名称：一车间
零部件名称：3301　　　　　　　　　　　　　　　　　　　　　　　　　　　　单位：件

日期	摘要	收入		转出			结存	
		凭证号	数量	凭证号	合格品	废品	完工	未完工
5.1	结存							4
5.10			14		18		8	8
合计			365		326	10	8	4

（二）在产品清查的核算

在产品应该定期或不定期地进行清查，达到在产品账实相符，保护在产品的安全完整。清查结果，根据实际盘点数和账面资料编制在产品盘存表，列明在产品的账面数、实有数、盘盈盘亏数，以及盘亏的原因和处理意见等，对于报废和毁损的在产品还要登记残值。成本核算人员应对在产品盘存表进行认真审核，并报有关部门审批，同时对在产品盘盈、盘亏进行账务处理。

在产品发生盘盈时，按计划成本或定额成本记入"生产成本——基本生产成本"科目的借方，"待处理财产损溢"科目的贷方；按照规定核销时，则记入"待处理财产损溢"科目的借方，"管理费用"科目的贷方。

在产品发生盘亏或毁损时，记入"待处理财产损溢"科目的借方，"生产成本——基本生产成本"科目的贷方，冲减在产品的账面价值。毁损在产品的残值，记入"原材料""银行存款"等科目的借方，"待处理财产损溢"科目的贷方，冲减其损失。按规定核销时，应根据不同情况分别将损失从"待处理财产损溢"科目的贷方转入有关科目的借方，其中由于自然灾害造成的非常损失并收到保险公司的保险赔款部分，记入"银行存款"科目或"其他应收款"科目的借方，其余损失记入"营业外支出"科目的借方；应由过失单位或过失人员赔偿的记入"其他应收款"科目的借方，要求赔偿。

【例 4-1】某工业企业基本生产车间在产品清查结果：甲产品的在产品盘盈 20 件，单位定额成本 25 元；乙产品的在产品盘亏 15 件，单位定额成本 20 元，过失人赔款 100 元；丙产品的在产品毁损 100 件，单位定额成本 30 元，残料入库作价 300 元。属于自然灾害损失 1 000 元，应由保险公司赔偿 1 500 元，其余损失计入营业外支出。都已经批准转账。

1. 在产品盘盈的核算

（1）盘盈时：

借：生产成本——基本生产成本——甲产品（20×25）　　　　　500
　　　贷：待处理财产损溢　　　　　　　　　　　　　　　　　　　　500

（2）批准后转账：

借：待处理财产损溢　　　　　　　　　　　　　　　　　　　　500

    贷：管理费用   500

2. 在产品盘亏的核算

（1）盘亏时：

借：待处理财产损溢（15×20）   300

    贷：生产成本——基本生产成本——乙产品 300

（2）批准后转账：

借：其他应收款——××   100

  管理费用   200

    贷：待处理财产损溢   300

3. 在产品毁损的核算

（1）毁损转账：

借：待处理财产损溢（100×30）   3 000

    贷：生产成本——基本生产成本——丙产品 3 000

（2）残料入库：

借：原材料   300

    贷：待处理财产损溢   300

（3）批准后转账：

借：其他应收款（或银行存款）   1 500

  营业外支出   1 200

    贷：待处理财产损溢   2 700

第二节 生产费用在完工产品和在产品之间的分配

  本期生产的产品，如果在期末有完工产品和在产品，企业可根据成本管理的要求和特点，采用适当的方法，将归集的生产费用在完工产品和在产品之间进行分配。常用的分配方法有：不计算在产品成本法、按年初数固定计算在产品成本法、在产品按所耗原材料费用计价法、在产品按完工产品成本计算法、定额成本法、定额比例法、约当产量比例法。

一、不计算在产品成本法

  这种方法适用于各月末在产品数量很小或几乎没有月末在产品，算不算在产品成本对于完工产品成本的影响很小，管理上也不要求计算在产品成本。为了简化核算工作，可以不计算在产品成本，即某种产品本月归集的全部生产费用就是该种产品的完工产品成本。

二、按年初数固定计算在产品成本法

这种方法适用于在产品数量较小，或者在产品数量虽大但各月之间在产品数量变动不大，月初、月末在产品成本的差额不大，算不算各月在产品成本的差额，对完工产品成本的影响不大，为了简化核算工作，同时又反映在产品占用的资金，各月在产品成本可以按年初数固定计算。例如，炼铁厂、化工厂或其他有固定容器装置的在产品，数量都较稳定，可以采用这种方法。采用该种方法，某种产品本月发生的生产费用就是本月完工产品的成本。年终时，根据实际盘点的在产品数量，重新调整计算确定在产品成本，以免在产品成本与实际出入过大，影响成本计算的正确性。

三、在产品按所耗原材料费用计价法

这种方法适用于各月末在产品数量较大、各月末在产品变化也较大，同时原材料费用在成本中所占比重较大的产品。例如，造纸、酿酒等行业的产品，原材料费用占产品成本比重较大。采用这种方法时，月末在产品只计算耗用的原材料费用，不计算所耗用的工资及福利费、制造费用等加工费用，产品的加工费用全部计入完工产品成本。某种产品的全部生产费用，减月末在产品原材料费用，就是完工产品的成本。

【例4-2】 某企业生产甲产品，该产品原材料费用在产品成本中所占比重较大，在产品只计算原材料费用，采用在产品按所耗原材料费用计价法。甲产品月初在产品原材料费用（即月初在产品费用）为2 500元。本月发生原材料费用12 500元，工资及福利费等加工费用共计8 000元；完工产品500件，月末在产品100件。该种产品的原材料费用是在生产开始时一次投入的，原材料费用按完工产品和在产品的数量比例分配。分配计算如下：

原材料费用分配率 $= \dfrac{2\ 500 + 12\ 500}{500 + 100} = 25$

完工产品原材料费用 $= 500 \times 25 = 12\ 500$（元）

月末在产品原材料费用（月末在产品费用） $= 100 \times 25 = 2\ 500$（元）

月末在产品成本 = 月末在产品原材料费用 = 2 500元

完工产品成本 = 12 500 + 8 000 = 20 500（元）

四、在产品按完工产品成本计算法

这种分配方法是将在产品视同完工产品分配费用。该方法适用于月末在产品已经接近完工，或者产品已经加工完毕，但尚未验收或包装入库的产品。在这种情况下，在产品成本已接近完工产品成本，为了简化核算工作，将月末在产品视同完工产品分配费用。

【例4-3】 企业丁产品月初在产品费用和本月发生费用累计数为：原材料费用33 250元，工资及福利费8 550元，制造费用9 500元。完工产品800件，月末在产品150件，该产品已接近完工，采用月末在产品成本按完工产品成本计算。其计算分配结果见表4-2。

表 4-2　　　　　　　　　　　　在产品成本计算表

产品名称：丁　　　　　　　　200×年×月　　　　　　　　　　单位：元

成本项目	生产费用合计	费用分配率	完工产品		月末在产品	
			数量	费用	数量	费用
①	②	③=②÷(④+⑥)	④	⑤=④×③	⑥	⑦=⑤×③
原材料	33 250	35	800	28 000	150	5 250
工资及福利费	8 550	9	800	7 200	150	1 350
制造费用	9 500	10	800	8 000	150	1 500
合计	51 300			43 200		8 100

五、定额成本法

在定额比较准确、定额管理比较健全、各月在产品数量变化比较均衡的企业，月末在产品可根据实际结存的在产品数量和在产品的单件定额成本，计算出在产品成本。月初在产品定额成本加上本月产品费用，再减去月末在产品定额成本，即为完工产品成本。采用这种方法，月末在产品实际成本与定额成本的差异，全部由完工产品负担。

计算月末在产品的定额成本，其中原材料费用可根据在产品数量和单位产品原材料费用定额计算；其他各项加工费用可根据全部在产品的定额工时和每一定额工时的费用计划分配率计算。

【例 4-4】 企业生产 A 产品经过三道工序，原材料在第一道工序开始时一次投入，原材料费用定额 150 元，每工序的工时定额分别为 10 小时、20 小时、30 小时，直接人工费用的计划单价为每小时 1.2 元，制造费用计划单价为每小时 2 元。每道工序在产品数量分别为 50 件、80 件、40 件。各工序在产品累计工时定额的计算：

工序 1 在产品工时定额 = 10×50% = 5（小时）

工序 2 在产品工时定额 = 10 + 20×50% = 20（小时）

工序 3 在产品工时定额 = 10 + 20 + 30×50% = 45（小时）

根据上述资料和计算结果，编制月末在产品定额成本计算表，如表 4-3 所示。

表 4-3　　　　　　　　　　　在产品定额成本计算表

20××年×月

产品	工序	在产品数量	原材料		在产品工时定额	在产品定额工时	工资及福利费	制造费用	定额成本
			费用定额	定额费用					
A产品	1	50	200	10 000	5	250			
	2	80	200	16 000	20	1 600			
	3	40	200	8 000	45	1 800			
合计		—	—	34 000	—	3 650	4 380	7 300	45 680

将以上计算结果登记基本生产成本明细账，如账簿 4-1 所示，即为计算完工产品成本。

账簿 4-1

基本生产成本明细账

20××年×月

项目	原材料	直接人工费用	制造费用	合计
月初费用	57 200	8 700	11 000	76 900
本月费用	47 800	6 300	9 000	63 100
生产费用累计	105 000	15 000	20 000	140 000
结转完工成本	71 000	10 620	12 700	94 320
月末在产品成本	34 000	4 380	7 300	45 680

六、定额比例法

定额比例法是以定额资料为标准，将应由产品负担的费用按照完工产品与月末在产品定额消耗量或定额成本的比例进行划分。它适用于各项消耗定额比较健全、稳定，定额管理基础比较好，各月末在产品数量变动较大的产品。

定额比例法分配费用与在产品按定额成本计价的区别在于，在产品按定额成本计价，其实际成本与定额成本的差异全部由完工产品成本负担；而采用定额比例法分配的情况下，产品实际成本脱离定额成本的差异，则按完工产品和月末在产品的定额消耗量或定额成本的比例分摊。因此按定额比例法划分完工产品与在产品的总成本，它可以减少由于月初、月末在产品数量波动对完工产品成本准确性的影响。

采用定额比例划分完工产品成本与月末在产品成本时，实际成本的分配率，可以根据月初在产品和本月投产产品的定额资料计算，也可以根据本月完工和月末在产品的定额资料计算。

不论按哪种定额为标准进行划分，都必须分别成本项目进行。直接材料成本可以按材料的定额消耗量或定额成本进行划分。直接人工和间接制造费用可以按照工时和定额消耗量（即定额工时）进行划分。各成本项目费用分配率和分配额的计算公式如下：

（1）直接材料费用的分配：

$$\text{材料费用分配率} = \frac{\text{直接材料费用总额}}{\text{完工产品定额消耗量（或定额成本）} + \text{在产品定额消耗量（或定额成本）}}$$

完工产品应分配的直接材料 = 完工产品定额消耗量（或定额成本）× 费用分配率

在产品应分配的直接材料 = 在产品定额消耗量（或定额成本）× 费用分配率

（2）直接工资和制造费用的分配：

$$\text{分配率} = \frac{\text{直接工资（或制造费用）总额}}{\text{完工产品定额工时} + \text{在产品定额工时}}$$

完工产品应分配的费用 = 完工产品定额工时 × 分配率

在产品应分配的费用 = 在产品定额工时 × 分配率

【例 4-5】某企业生产丙产品,期初与本月生产费用合计为直接材料 28 350 元,直接人工费用 4 410 元,制造费用 2 520 元,合计 39 330 元。原材料在生产开始时一次投入,完工产品 400 件,月末在产品 50 件,单件产品直接材料费用定额 60 元,工时定额 10 小时,在产品完工程度为 40%,有关计算如下。

(1) 直接材料:

完工产品定额费用 = 400 × 60 = 24 000(元)

在产品定额费用 = 50 × 60 = 3 000(元)

$$材料费用分配率 = \frac{28\ 350}{24\ 000 + 3\ 000} = 1.05$$

完工产品应负担材料费用 = 24 000 × 1.05 = 25 200(元)

在产品应负担材料费用 = 3 000 × 1.05 = 3 150(元)

(2) 直接人工费用:

完工产品定额工时 = 400 × 10 = 4 000(小时)

在产品定额工时 = 50 × 10 × 40% = 200(小时)

$$直接工资分配率 = \frac{4\ 410}{4\ 000 + 200} = 1.05$$

完工产品应负担人工费用 = 4 000 × 1.05 = 4 200(元)

在产品应负担人工费用 = 200 × 1.05 = 210(元)

(3) 制造费用:

完工产品定额工时 = 400 × 10 = 4 000(小时)

在产品定额工时 = 50 × 40% × 10 = 200(小时)

$$制造费用分配率 = \frac{2\ 520}{4\ 000 + 200} = 0.6$$

完工产品应负担制造费用 = 4 000 × 0.6 = 2 400(元)

在产品应负担制造费用 = 200 × 0.6 = 120(元)

其计算如账簿 4-2 所示。

账簿 4-2　　　　　　　　　　　　**基本生产成本明细账**

完工产品数量:400 件
产品名称:丙产品　　　　　　　单位:元　　　　　　　在产品数量:50 件

摘要		直接材料	直接工资	制造费用	合计
…	…	…	…	…	…
生产费用合计		28 350	4 410	2 520	35 280
分配率		1.05	2.05	0.6	

续表

摘要		直接材料	直接工资	制造费用	合计
完工产品	定额	24 000	4 000	4 000	
	实际	25 210	4 200	2 400	31 800
在产品	定额	3 000	200	200	
	实际	3 150	210	120	3 480

七、约当产量比例法

约当产量比例法是将月末在产品数量按照完工程度折算为相当于完工产品的产量，即约当产量，然后按照完工产品产量与月末在产品约当产量比例分配计算完工产品费用和月末在产品费用的方法。这种方法适用于月末在产品数量较大，各月末在产品数量变化也较大，产品成本中原材料费用和直接人工费用等加工费用的比重相差不多的产品。这是由于月末在产品数量较大，而且各月末在产品数量变化也较大，不能采用第一种和第二种分配方法，必须具体计算月末在产品成本；由于各种费用在产品成本中所占比重相差不多，就不能采用第四种方法，必须将各种费用在完工产品与月末在产品之间分配。

（一）费用的分配程序

采用约当产量比例法，分配各项费用都需要先计算确定月末在产品在该项费用上的完工程度，从而计算其约当产量；然后再按完工产品产量与月末在产品约当产量比例分配该项费用。其分配计算公式如下，计算在产品在某项费用上的约当产量：

$$在产品的约当产量 = 在产品数量 \times 完工程度$$

分配某项费用：

(1) $某项费用的分配率 = \dfrac{月初在产品该项费用 + 本月发生的该项费用}{完工产品产量 + 月末在产品约当产量}$

(2) $月末完工产品应分配的该项费用 = 月末完工产品产量 \times 该项费用的分配率$

(3) $月末在产品应分配该项费用 = 月末在产品的约当产量 \times 该项费用的分配率$

【例 4-6】某产品月初在产品和本月发生的直接人工费用分别为 7 000 元和 60 500 元。该产品本月完工 240 件、月末在产品 100 件，月末在产品的加工程度为 60%，月末在产品在直接人工费用上的完工程度就是在产品的加工程度。分配计算如下：

(1) 在产品约当产量 = $100 \times 60\% = 60$（件）

(2) 直接人工费用分配率 = $\dfrac{7\ 000 + 60\ 500}{240 + 60} = 225$（元/件）

(3) 完工产品应分配直接人工费用 = $240 \times 225 = 54\ 000$（元）

在产品应分配直接人工费用 = $60 \times 225 = 13\ 500$（元）

(二) 在产品完工程度的确定

采用约当产量比例法,必须正确计算在产品的约当产量,而在产品约当产量的正确与否主要取决于在产品完工程度的确定。在产品在各项费用上的完工程度不一定相同,应区别确定。

1. 加工程度的确定

在产品在燃料及动力费用、直接人工费用、制造费用等各项加工费用上的完工程度就是在产品的加工程度,即在产品在各项加工费用上的完工程度是一致的,都是按在产品加工程度和数量计算在产品的约当产量。

(1) 如果产品加工只经过一道工序,在这种情况下,某种在产品的加工程度按其累计工时定额与其产品的工时定额相比计算确定,其计算公式为:

$$某种在产品加工程度 = \frac{该种在产品累计工时定额}{该产品的工时定额} \times 100\%$$

在产品累计工时定额是单件在产品已加工完成的工时定额,实际上是各件在产品已加工完成定额工时的平均数。如某种产品的工时定额为 10 小时,有三件在产品都已加工完成 6 小时的定额工时,则该种在产品累计工时定额为 6 小时,加工程度为 60%。如果这三件产品分别加工完成 7 小时、8 小时、9 小时定额工时,则三件平均完成定额工时 8 小时,该种在产品累计工时定额为 8 小时,加工程度为 80%。如果在产品在该道工序上分布的数量比较均衡,则可认为每件在产品加工完成的平均定额工时为产品工时定额的 50%,即每件在产品的平均加工程度为 50%。

(2) 如果产品生产经过几道工序,在这种情况下,不同工序中的在产品,其加工程度也不相同,应按在产品所在工序分别确定其加工程度,其计算公式为:

$$某工序在产品加工程度 = \frac{前面各道工序工时定额之和 + 本工序的工时定额 \times 在产品在本工序中的加工程度}{产品工时定额} \times 100\%$$

如果在产品在某道工序上分布的数量比较均衡,则在产品在该道工序中的平均加工程度按 50% 计算。在这种情况下,可将上例公式改写为:

$$某工序在产品加工程度 = \frac{前面各道工序工时定额之和 + 本工序的工时定额 \times 50\%}{产品工时定额} \times 100\%$$

【例 4-7】某企业甲产品的工时定额为 40 小时,顺序经过三道工序制成,三道工序的工时定额分别为 8 小时、20 小时和 12 小时。各道工序中的在产品加工程度均按 50% 计算。本月末,甲产品在第一、二、三道工序中的在产品分别为 30 件、20 件和 40 件,共计 90 件。

①各工序在产品加工程度的计算:

$$第一道工序在产品加工程度 = \frac{8 \times 50\%}{40} \times 100\% = 10\%$$

$$第二道工序在产品加工程度 = \frac{8 + 20 \times 50\%}{40} \times 100\% = 45\%$$

$$第三道工序在产品加工程度 = \frac{8 + 20 + 12 \times 50\%}{40} \times 100\% = 85\%$$

②在产品约当产量的计算：

第一道工序在产品的约当产量 = 30 × 10% = 3（件）

第二道工序在产品的约当产量 = 20 × 45% = 9（件）

第三道工序在产品的约当产量 = 40 × 85% = 34（件）

在产品约当产量 = 3 + 9 + 34 = 46（件）

如果在各工序中分布的在产品数量是按单位产品在各工序的加工时间比例分布，且在各工序中的分布均衡，各工序中在产品的平均加工程度就是50%，即全部在产品加工程度均可按50%平均计算。

2. 投料程度的测算

在产品在原材料费用上的完工程度是在产品的原材料投料程度。在生产过程中，原材料的投料方式不同，其在产品投料程度的确定方法也不同。

（1）原材料在生产开始时一次投入。在这种情况下，每件在产品与每件完工产品所消耗的原材料相同，在产品的投料程度为100%。

（2）原材料分工序投入，但在各道工序开始时一次投入。在这种情况下，应分工序分别计算各道工序在产品的投料程度，其计算公式为：

$$某工序在产品投料程度 = \frac{前面各工序原材料费用定额之和 + 本工序原材料费用定额}{单位产品原材料费用定额} \times 100\%$$

【例4-8】按〖例4-7〗的资料，单位甲产品原材料费用定额为50元，第一、二、三道工序的原材料费用定额分别为25元、15元、10元，且原材料分别在各工序生产开始时一次投入。各工序在产品投料程度计算如下：

$$第一道工序在产品投料程度 = \frac{25}{50} \times 100\% = 50\%$$

$$第二道工序在产品投料程度 = \frac{25+15}{50} \times 100\% = 80\%$$

$$第三道工序在产品投料程度 = \frac{25+15+10}{50} \times 100\% = 100\%$$

根据以上资料及计算结果，编制在产品约当产量计算表，见表4-4。

表4-4　　　　　　　　　　在产品约当产量计算表

产品：甲产品

加工工序	各工序定额		在产品数量（件）	各工序完工程度		在产品约当产量（件）	
	材料费用定额（元）	定额工时（工时）		投料程度	加工程度	原材料费用	加工费用
	①	②	③	④	⑤	⑥=③×④	⑦=③×⑤
1	25	8	30	50%	10%	15	3
2	15	20	20	80%	45%	16	9

续表

加工工序	各工序定额		在产品数量（件）	各工序完工程度		在产品约当产量（件）	
	材料费用定额（元）	定额工时（工时）		投料程度	加工程度	原材料费用	加工费用
	①	②	③	④	⑤	⑥=③×④	⑦=③×⑤
3	10	12	40	100%	85%	40	34
合计	50	40	90	—	—	71	46

计算甲产品的月末在产品成本时，原材料费用按 71 件约当产量分配计算，其他加工费用则按 46 件约当产量分配计算。

（3）原材料分工序陆续投入，但投料程度与加工程度不一致。在这种情况下，也应分工序分别计算各道工序在产品的投料程度。

【例 4-9】按〖例 4-7〗的资料，假设原材料分别在各工序陆续投入，在各工序中的投料程度按 50% 计算，则各工序在产品投料程度及约当产量计算如下。

①各工序在产品投料程度的计算：

第一道工序在产品投料程度 = $\frac{25 \times 50\%}{50} \times 100\% = 25\%$

第二道工序在产品投料程度 = $\frac{25 + 15 \times 50\%}{50} \times 100\% = 65\%$

第三道工序在产品投料程度 = $\frac{25 + 15 + 10 \times 50\%}{50} \times 100\% = 90\%$

②在产品约当产量的计算：

第一道工序在产品约当产量 = 30 × 25% = 7.5（件）

第二道工序在产品约当产量 = 20 × 65% = 13（件）

第三道工序在产品约当产量 = 40 × 90% = 36（件）

计算甲产品的在产品成本时，原材料费用按 56.5 件约当产量分配计算。

（4）原材料分工序陆续投入，投料程度与加工程度一致。在这种情况下，原材料费用的完工程度和加工费用的完工程度相同，都是产品的加工程度。

如前面举例中的甲产品，如果其原材料是分工序陆续投入，且投料程度与加工程度一致，不论分配原材料费用，还是分配加工费用，在产品的约当产量都是 46 件。

采用约当产量比例法，应区分各种不同费用项目和各种不同的加工情况或投料方式来计算确定在产品的约当产量，在此基础上，才能正确计算完工产品成本与月末在产品成本。

【例 4-10】振华工厂基本生产车间 20××年 7 月生产甲产品，根据表 4-6，月初在产品成本：原材料费用 23 390 元，燃料及动力费用 487 元，直接人工费用 2 415.2 元，制造费用 2 960 元；本月发生的生产费用：原材料费用 78 400 元，燃料及动力费用 1 913 元，直接人工费用 15 184.8 元，制造费用 15 920 元。该产品本月完工产品 120

件，月末在产品 75 件。甲产品单位产品工时定额为 25 小时，经两道工序加工制成，第一、二道工序工时定额分别为 10 小时和 15 小时。第一、二道工序中的在产品分别为 25 件和 50 件，各工序中的各件在产品加工程度均按 50% 计算。原材料是生产开始时一次投入。采用约当产量比例法分配完工产品成本与月末在产品成本计算如下。

1）在产品完工程度的计算。

①在产品投料程度：由于原材料在生产开始一次投入，所以在产品投料程度均为 100%。

②在产品加工程度的计算：

第一道工序在产品加工程度 $= \dfrac{10 \times 50\%}{25} \times 100\% = 20\%$

第二道工序在产品加工程度 $= \dfrac{10 + 15 \times 50\%}{25} \times 100\% = 70\%$

2）在产品约当产量的计算。

①分配原材料费用的在产品约当产量：

$75 \times 100\% = 75$（件）

②分配加工费用的在产品约当产量：

第一道工序在产品约当产量 $= 25 \times 20\% = 5$（件）

第二道工序在产品约当产量 $= 50 \times 70\% = 35$（件）

在产品约当产量 $= 5 + 35 = 40$（件）

3）在完工产品与月末在产品之间分配各项费用。

①分配原材料费用：

原材料费用分配率 $= \dfrac{23\ 390 + 78\ 400}{120 + 75} = 522$（元/件）

完工产品应分配原材料费用 $= 120 \times 522 = 62\ 640$（元）

在产品应分配原材料费用 $= 75 \times 522 = 39\ 150$（元）

②分配燃料及动力费用：

燃料及动力费用分配率 $= \dfrac{487 + 1\ 913}{120 + 40} = 15$（元/件）

完工产品应分配燃料及动力费用 $= 120 \times 15 = 1\ 800$（元）

在产品应分配燃料及动力费用 $= 40 \times 15 = 600$（元）

③分配直接人工费用：

直接人工费用分配率 $= \dfrac{2\ 415.2 + 15\ 184.8}{120 + 40} = 110$（元/件）

完工产品应分配直接人工费用 $= 120 \times 110 = 13\ 200$（元）

在产品应分配直接人工费用 $= 40 \times 110 = 4\ 400$（元）

④分配制造费用：

制造费用分配率 $= \dfrac{2\ 960 + 15\ 920}{120 + 40} = 118$（元/件）

完工产品应分配制造费用 $= 120 \times 118 = 14\ 160$（元）

在产品应分配制造费用 = 40 × 118 = 4 720（元）

根据上述资料和计算结果，编制完工产品与月末在产品费用分配表见表 4-5。

表 4-5　　　　　　　　完工产品与月末在产品费用分配表
振华工厂　　　　　　　　　　　20××年7月　　　　　　　　　　甲产品

成本费用	月初在产品费用 ①	本月生产费用 ②	生产费用合计 ③ = ① + ②	费用分配率 ④ = ③/(⑤+⑦)	完工产品 产量 ⑤	完工产品 分配金额 ⑥ = ⑤ × ④	月末在产品 约当产量 ⑦	月末在产品 分配金额 ⑧ = ⑦ × ④
原材料	23 390	78 400	101 790	522	120	62 640	75	39 150
燃料及动力	487	1 913	2 400	15	120	1 800	40	600
直接人工费用	2 415.2	15 184.8	17 600	110	120	13 200	40	4 400
制造费用	2 960	15 920	18 880	118	120	15 160	40	4 720
合计	29 252.2	111 417.8	140 670	—	—	92 800	—	48 870

根据完工产品与月末在产品费用分配表，编制结转完工产品成本的会计分录如下：

借：库存商品——甲产品　　　　　　　　　　　　　　　92 800
　　贷：基本生产成本——甲产品　　　　　　　　　　　　　　92 800

以上我们介绍了生产费用在完工产品和在产品之间分配的七种方法。分配结束后，就可以计算出完工产品的成本。企业应根据各种"基本生产成本明细账"编制"完工产品成本汇总表"以汇总完工产品成本。

课后练习题

一、单项选择题

1. 月末完工产品与在产品之间分配费用不计算在产品成本法，适用于（　　）。
   A. 各月在产品数量很小　　　　　　B. 各月在产品数量很大
   C. 没有在产品　　　　　　　　　　D. 各月末在产品数量变化很小

2. 完工产品与在产品之间分配费用，采用在产品按固定成本计价法，适用于（　　）的产品。
   A. 各月末在产品数量很小
   B. 各月末在产品数量大，但各月之间变化不大
   C. 各月成本水平相差不大
   D. 各月末在产品数量较大

3. 某种产品月末在产品数量较大，各月末在产品数量变化也较大，原材料费用占产品成本比重较大，月末在产品与完工产品之间费用分配应采用（　　）。

A. 约当产量比例法　　　　　　　　B. 在产品按定额成本计价法

C. 定额比例法　　　　　　　　　　D. 在产品按所耗原材料费用计价法

4. 某种产品月末在产品数量较大，各月在产品数量变化也较大，产品成本中原材料费用和工资等其他费用所占比重相差不多，应采用（　　）。

A. 定额比例法　　　　　　　　　　B. 约当产量比例法

C. 固定成本计价法　　　　　　　　D. 按在产品所耗原材料计价法

5. 按完工产品和月末在产品数量比例，分配计算完工产品和月末在产品的原材料费用，必须具备的条件是（　　）。

A. 产品成本中原材料费用比重较大　　B. 原材料随生产进度陆续投料

C. 原材料在生产开始时一次投料　　　D. 原材料消耗定额比较准确、稳定

6. 按完工产品和月末在产品数量比例，分配计算完工产品和月末在产品成本，必须具备的条件是（　　）。

A. 在产品已接近完工　　　　　　　　B. 原材料在生产开始时一次投料

C. 在产品原材料费用比重较大　　　　D. 各项消耗定额比较准确、稳定

7. 在产品完工率为（　　）与完工产品工时定额的比率。

A. 所在工序工时定额

B. 所在工序工时定额之半

C. 所在工序累计工时定额

D. 上道工序累计工时定额与所在工序工时定额之半的合计数

8. 原材料在每道工序开始时一次投料的情况下，分配原材料费用的在产品完工率，为原材料的（　　）与完工产品消耗定额的比率。

A. 所在工序消耗定额　　　　　　　　B. 所在工序累计消耗定额

C. 所在工序累计消耗定额之半　　　　D. 所在工序消耗定额之半

二、多项选择题

1. 约当产量比例法适用于（　　）的分配。

A. 原材料费用　　　　　　　　　　　B. 各项费用

C. 工资等其他加工费用　　　　　　　D. 随生产进度陆续投料的原材料费用

E. 在第一工序一次投入的原材料费用

2. 采用在产品按所耗原材料费用计价法，分配完工产品和月末在产品费用，应具备的条件包括（　　）。

A. 原材料费用在产品成本中所占比例较大

B. 各月在产品数量比较稳定

C. 各月末在产品数量较大

D. 各月末在产品数量变化较大

E. 能够制定比较准确的消耗定额

3. 采用在产品按定额成本计价法，分配完工产品和月末在产品费用，应具备的条件包括（　　）。
　　A. 定额管理基础较好　　　　　　B. 各项消耗定额变化较大
　　C. 各月末在产品数量变化较小　　D. 各月末在产品数量变化较大
　　E. 原材料在各工序陆续投入

4. 采用定额比例法分配完工产品和在产品费用，应具备的条件包括（　　）。
　　A. 消耗定额比较准确　　　　　　B. 消耗定额比较稳定
　　C. 各月末在产品数量变化不大　　D. 各月末在产品数量变化较大
　　E. 原材料在各工序陆续投入

5. 采用约当产量比例法，必须正确计算在产品的约当产量，而在产品约当产量正确与否，取决于产品完工程度的测定，测定在产品完工程度（完工率）的方法有（　　）。
　　A. 定额工时　　　　　　　　　　B. 按50%平均计算各工序完工率
　　C. 分工序分别计算完工率　　　　D. 按定额比例法计算

三、判断题

1. 各月末在产品数量变化不大的产品，可以不计算月末在产品成本。　　　　（　　）
2. 采用按年初数固定成本计算在产品成本法时，某种产品本月发生的生产费用就是本月完工产品的成本。　　　　　　　　　　　　　　　　　　　　　　　　（　　）
3. 采用在产品按所耗原材料费用计价法时，某种产品月末在产品只计算所耗的原材料费用，不计算工资等其他费用，产品的加工费用全部计入完工产品成本。（　　）
4. 完工产品与在产品之间分配费用的约当产量比例法适用于工资等其他费用的分配，不适用于原材料费用的分配。　　　　　　　　　　　　　　　　　　　（　　）
5. 月末没有在产品时，月初与本月生产费用之和就是完工产品成本。　　　（　　）
6. 某工序在产品的完工率为该工序累计的工时定额与完工产品工时定额的比率。
　　　　　　　　　　　　　　　　　　　　　　　　　　　　　　　　　　　（　　）
7. 某工序在产品完工率＝（本工序工时定额＋前面各工序工时定额之和×50%）÷产品。　　　　　　　　　　　　　　　　　　　　　　　　　　　　　　　　（　　）
8. 采用在产品按定额成本计价法时，月末在产品的定额成本与实际成本的差异，全部由完工产品成本负担。　　　　　　　　　　　　　　　　　　　　　　　（　　）
9. 月初在产品费用、本月生产费用、本月完工产品费用和月末在产品费用四者之间的关系，用下列公式表示：月末在产品费用＋本月生产费用＝本月完工产品费用＋月初在产品费用。　　　　　　　　　　　　　　　　　　　　　　　　　　　（　　）
10. 根据月初在产品费用、本月生产费用和月末在产品费用的资料，完工产品费用＝月初在产品费用＋本月生产费用－月末在产品费用。　　　　　　　　　（　　）

四、名词解释

约当产量比例法　在产品　产成品

五、简答题

1. 划分完工产品与在产品成本的意义有哪些？
2. 简述完工产品与在产品之间划分费用的方法的适用范围。

六、业务计算题

（一）某工业企业甲产品期末在产品数量很少，不计算在产品成本。3月份的生产费：原材料13 000元，直接人工费用8 200元，制造费用6 500元。本月完工产品200件，在产品1件。

要求：计算该月完工甲产品的总成本和单位成本。

（二）某工业企业每月在产品数量较大，但各月末在产品数量变化不大，在产品按固定成本计价。其月初余额为：原材料2 700元，直接人工费用1 300元，制造费用2 200元。5月份的生产费用：原材料13 600元，人工7 200元，制造费用10 900元。该月完工产品100件，月末在产品50件。

要求：计算完工产品总成本和单位成本。

（三）企业生产的A产品原材料在生产开始时一次投入，产品成本中的原材料费用比重很大，月末在产品按其所耗原材料费用计价。5月初在产品成本为6 000元，本月生产费用：原材料45 000元，直接人工费用3 700元，制造费用2 800元。该月完工产品220件，月末在产品80件。

要求：分配计算完工产品成本和月末在产品成本。

（四）企业生产B产品，月末在产品数量较大，各月末在产品数量变化也较大，产品成本中各项费用比重相差不大，采用约当产量比例法计算完工产品与在产品的生产成本。月初在产品的生产费用：直接材料5 500元，直接人工2 200元，制造费1 903元。本月发生的生产费用：直接材料15 086元，直接人工9 740元，制造费用9 440元。本月完工产品350件，月末在产品计120件。原材料在生产开始时一次投入，在产品加工程度为40%。

要求：按约当产量比例，分配各项费用并计算完工产品与在产品成本。

（五）某产品生产经过两道工序完工，完工产品工时定额为80小时，第一道工序为50小时，第二道工序为30小时。每工序在产品工时定额按本工序工时定额的50%计算。

要求：计算完工产品第一、二道工序在产品的完工率。

（六）某种产品的月末在产品已经加工完毕，但尚未入库，在产品按完工产品成本计价。5月份在产品费用和本月生产费用如练习题表4-1所示，该产品月末完工产品240件，在产品60件。

要求：计算完工产品和在产品成本。

（七）某企业定额管理基础较好，各项消耗定额或费用定额比较准确、稳定，而且各月在产品数量变化不大，月末在产品采用定额成本计价。某产品在生产开始时原材料一次性投入，单位产品的直接材料定额成本为27元，本月完工产品600件，月末在产品200件，在产品的工时定额为每件4小时。计划每小时费用为：人工4.5元，燃料及动力2元，制造费用5.5元。月初在产品费用及本月生产费用如练习题表4-2所示。

要求：计算在产品与完工产品成本。

练习题表4-1　　　　　在产品费用和半月生产费用表

项目	直接材料	直接人工	制造费用
月初在产品	2 700	4 800	3 200
本月生产费用	15 300	22 200	19 600

练习题表4-2　　　　月初在产品费用及本月生产费用表

项目	直接材料	燃料及动力	直接人工	制造费用
月初在产品	4 960	1 440	3 240	3 960
本月生产费用	16 440	2 460	5 000	7 480

（八）企业定额管理基础较好，各项消耗定额或费用定额比较准确、稳定，但各月末在产品数量变动较大，在产品与完工产品之间费用划分采用定额比例法。

月初在产品费用及本月生产费用如练习题表4-3所示。本月完工产品3 500件，单位产品材料消耗定额为2千克，单位产品工时定额为12.5小时，月末在产品1 000件，单位产品材料消耗定额2千克，工时定额10小时。直接材料费用按材料定额消耗量比例划分，直接人工和制造费用按定额工时比例划分。

要求：

1. 分配各项费用，计算各种费用分配率。
2. 计算完工产品与在产品的生产成本。

（九）企业采用定额比例法计算完工产品与在产品成本，月初在产品生产费用定额及本月生产费用定额资料如练习题表4-4所示。本月完工产品500件，每件原材料费用定额260元，完工产品工时定额35小时，月末在产品300件。

要求：开设基本生产成本明细账，计算完工产品与月末在产品成本。

练习题表4-3　　　　月初在产品费用及本月生产费用表

项目	直接材料	直接人工	制造费用
月初在产品	12 000	2 500	4 100
本月生产费用	69 000	19 000	26 000

练习题表 4-4　　月初在产品生产费用定额及本月生产费用定额资料表

项目	原材料	直接人工费用	制造费用	定额材料	定额工时
月初在产品	4 000	2 000	1 600	10 000	2 000
本月生产费用	166 000	20 000	18 200	140 000	18 000

（十）本月生产甲产品，月初余额：原材料费用 17 600 元、人工费用 11 200 元、制造费用 13 500 元，本月费用：原材料费用 27 500 元、人工费用 14 800 元、制造费用 16 900 元，本月完工产量 300 件，在产品 200 件，原材料在生产开始一次投入，在产品加工程度 50%，约当产量划分费用。

要求：计算完工产品和在产品成本。

（十一）月初原材料费用 17 200 元，本月原材料费用 45 600 元，产品生产经三道工序，每道工序投料定额分别为 10 千克、30 千克、60 千克，每道工序在产品数量分别为 100 件、50 件、40 件，完工产品产量 180 件，原材料在每道工序陆续投入。

要求：按照约当产量划分完工产品与在产品的费用。

（十二）生产产品经四道工序，投料定额分别为 30 千克、40 千克、20 千克、10 千克，月末在产品分别为 90 件、40 件、50 件、60 件，完工产量 200 件，全部材料费用 78 600 元，约当产量划分费用，原材料在每道工序开始一次性投入。

要求：按照约当产量划分完工产品与在产品的费用。

第五章

成本计算基本方法

本章内容引言：

成本核算的主要方法包括品种法、分批法、分步法和分类法。

品种法是以产品的品种为成本计算对象计算成本的方法，主要是大批单步骤生产或管理上不要求分布计算成本的多步骤生产。品种法的成本计算程序有着极强的代表性，也是最基本的成本计算方法。

分批法是以产品批别为成本计算对象计算产品成本的方法，主要适用于小批单件生产的产品。在企业产品批别很多、每月间接生产费用水平相差不多、每月完工批别较少的情况下，企业还可以选择使用简化分批法计算产品成本。

分步法是以产品的生产步骤为成本计算对象计算产品成本的方法，主要在大量大批多步骤生产的企业应用。按照半成品成本在每一步骤的结转方法不同，分步法分为逐步结转分步法和平行结转分步法，而逐步结转分步法按照所耗用半成品成本在明细中列示方法的不同又分为综合结转分步法和分项结转分步法。

分类法是为了解决成本核算对象的分类问题，以产品类别作为成本核算对象，并运用品种法等基本原理，计算出各类产品的实际总成本，再求得类内各种（各种规格）产品的实际总成本和单位成本。

关键术语： 品种法　分批法　分步法　逐步结转分步法　平行结转分步法　总额结转分步法　分项结转分步法　分类法

第一节　成本计算方法概述

产品的生产成本在生产过程中形成，计算产品成本是为了成本管理及计算损益的需要。因此，生产特点及管理要求的不同对成本计算方法的确定有着重要的影响。

一、生产的分类

1. 按工艺过程分类

工业企业的生产，按其生产工艺过程，可以分为单步骤生产和多步骤生产两种类型。

单步骤生产，亦称简单生产，是指生产工艺过程不能间断、不可能或不需要划分为几个生产步骤的生产，例如发电、采掘企业。这类生产的生产周期较短，通常只能由一个企业整体进行，而不能由几个车间协作进行。

多步骤生产，亦称为复杂生产，是指生产工艺过程由若干个可以间断的、分散在不同地点、分别在不同时间进行的生产步骤所组成的生产，例如纺织、钢铁、机械、造纸、服装等企业。多步骤生产按其产品的加工方式，又可分为连续加工式生产和装配式生产。连续加工式生产是指原材料投入生产后，要依次经过各生产步骤的连续加工，才能成为产品的生产，例如纺织、钢铁工业生产等。装配式生产是指先将原材料分别加工为零件、部件，再将零件、部件装配为产成品的生产，例如机械、车辆、仪表制造等。

2. 按生产组织特点分类

工业企业生产按其生产组织特点可以分为大量生产、成批生产和单件生产三种类型。

大量生产是指不断地重复生产品种相同产品的生产。其特点是产量大，品种少且比较稳定，生产的重复性强，如发电、采掘、酿酒、造纸等都是这种类型的生产，机械制造也有按照大量生产组织的。

成批生产是指按照规定的产品批别和数量或根据订货者的需要，分批进行一定种类产品的生产。其主要特点是产品品种较多，生产具有一定的重复性，如服装生产和某些机械制造的生产等都属于这种类型的生产。成批生产按照产品批量的大小还可以分为大批生产和小批生产。

大批生产的性质近于大量生产，小批生产的性质近于单件生产。

单件生产是指按照购货单位的要求，生产个别的、性质特殊的产品的生产。其主要特点是产量少、品种多，而且经常变换，很少重复生产，如重型机械、船舶和专用设备的制造，以及新产品的试制等都是这种类型的生产。

工业企业的工艺技术过程与生产组织之间有一定联系。

单步骤生产和连续式多步骤生产往往是大量或大批生产；装配式多步骤生产则可以是大量大批生产，也可以是小批单件生产。

二、企业的生产特点和管理要求对产品成本计算的影响

企业的生产特点和管理要求对产品成本计算的影响表现在成本计算对象、成本计算期和在产品计价三个方面。

1. 企业的生产特点、管理要求对成本计算对象的影响

成本计算对象是为计算产品成本而确定的归集生产费用的目标，也就是成本的承担者。确定成本对象是设置产品成本明细账、分配费用和计算产品成本的前提。

在单步骤连续式大量生产企业，由于工艺过程不能间断，不需要亦不能划分为几个生产步骤，因而不要求分步骤计算产品成本。同时，由于生产组织是大量大批生产，不存在分批组织生产的问题，因而不要求分批别计算产品成本。所以，成本计算对象是不同品种的产品。

多步骤连续式大量大批生产的企业，由于生产工艺过程可以间断，并由几个有顺序的生产步骤所组成，在计算产品成本时，可以以产品的生产步骤作为成本计算对象，

分步骤计算产品成本。如果企业不要求提供各步骤生产成本资料，这时的大量大批多步骤生产可以以产品品种作为成本计算对象，计算产品成本。

多步骤装配式大量大批生产企业，由于产品品种稳定，生产工艺过程可以间断，各生产步骤不存在先后顺序，而是平行生产，零部件通过装配形成产成品，由于零部件各步骤（半成品）没有独立的经济意义，因此不需要按步骤计算半成品成本，而以最终的各种产品作为成本计算对象。但对于可为各种产品共同使用的自制的"通用件"和"标准件"，往往也作为成本计算对象单独计算成本。

多步骤装配式小批单件生产，由于是按产品件别或批别组织生产，要求按不同品种的产品件别或批别计算成本，其成本计算对象便是产品的每一订单，或每一批别、件别。

2. 企业的生产特点、管理要求对产品成本计算期和在产品计价的影响

大量大批生产由于生产不间断进行，时常有产品完工，不便在产品完工时立即计算成本，只能定期按月进行成本计算。因此，成本计算期与生产周期不一致。

单件小批生产由于是按件或按批组织生产，可按每件产品或每批产品进行成本计算，即在每批或每件产品完工时计算成本。因此，成本计算期与会计期间不一致，但与生产周期一致。

单步骤大量生产往往没有在产品，或在产品很少。因此，不要求单独计算在产品成本。

多步骤单件小批生产月末虽有在产品存在，但由于产品的生产周期与成本计算期一致，一般也不需要单独计算在产品成本，只有在同批产品分期完工的情况下，才有必要单独计算期末在产品成本。

多步骤大量大批生产由于生产不间断进行，通常在期末都有在产品存在，因而月末要求计算在产品成本。

以产品成本计算对象作为成本计算方法的标志，成本计算的基本方法分为三种：以产品品种为成本计算对象的品种法，以产品批别为成本计算对象的分批法，以产品生产步骤为成本计算对象的分步法。品种法是最基本的成本计算方法。此外，还有多种辅助成本计算方法与基本方法结合运用，诸如定额法、分类法等。将成本计算方法划分为基本方法和辅助方法，并不是因为辅助方法不重要。有些辅助方法，如定额法对控制生产费用、降低产品成本具有重要作用。

产品成本计算方法与各种类型生产的关系如表5-1所示。

表5-1　　　　　　　　产品成本计算方法与各种类型生产的关系

产品成本计算方法	生产组织	工艺过程和管理要求
品种法	大量大批生产	单步骤生产或管理上不要求分步骤计算成本的多步骤生产
分批法	小批单件生产	
分步法	大量大批生产	管理上要求分步骤计算成本的多步骤生产

三、产品成本计算的主要方法

成本计算是对有关费用数据进行处理的过程，它是以一定的成本核算对象为依据，分配和归集生产费用并计算其总成本和单位成本的过程。成本核算对象是处理各项费用数据的中心，它是产品成本计算方法的核心。在实际工作中存在的各种各样的产品成本计算的具体方法，主要是根据成本核算对象来命名的。

（一）成本计算的基本方法

根据生产工艺过程和生产组织特点以及企业成本管理要求，工业企业有三种产品成本计算的基本方法，即品种法、分批法和分步法。

1. 品种法

在大量大批单步骤生产企业，或者管理上不要求分步计算成本的多步骤生产企业，只需要以产品品种作为成本核算对象，来归集和分配生产费用，计算出各种产品（品种）的实际总成本和单位成本，这就产生了品种法。

在大量大批生产企业，不可能等全部产品完工以后才计算其实际总成本，成本计算期只能与会计报告期（定期按月）一致，但与生产周期不一致。品种法在按月计算成本时，有些单步骤生产企业没有月末在产品，这时，不需要在完工产品和月末在产品之间分配生产费用，本月生产费用等于本月完工产品成本。而管理上不要求分步计算成本的大量大批多步骤生产企业，通常有月末在产品，则需要在完工产品和月末在产品之间分配生产费用。

2. 分批法

单件小批生产企业（单步骤生产或管理上不要求分步计算成本的多步骤生产企业），是按照客户的订单来组织生产的，客户的订货不仅数量和质量上的要求不同，交货日期也不一样。因此，单件小批生产企业只能以生产的产品批别作为成本核算对象，来归集和分配生产费用，计算出各批产品的实际总成本和单位成本，这就产生了分批法。

在分批法下，由于成本核算对象是产品的批别，只有在该批产品全部完工以后，才能计算出其实际总成本和单位成本，因此分批法的成本计算期是不定期的，与产品生产周期一致。

分批法的成本计算期与生产周期一致，一般不存在期末在产品与完工产品的划分，不需要将生产费用在完工产品和期末在产品之间进行分配。

3. 分步法

在大量大批多步骤生产企业，如果企业成本管理上要求按生产步骤归集生产费用、计算产品成本，就应当以产成品及其所经生产步骤作为成本核算对象，来归集和分配生产费用，计算出各生产步骤和最终产成品的实际总成本和单位成本，这就产生了分步法。

与品种法相同，采用分步法的大量大批多步骤生产企业，不可能等全部产品完工以后才计算成本，只能定期按月计算成本，成本计算期与会计报告期一致，但与生产周期不一致。大量大批多步骤生产企业在月末计算产品成本时,通常有在产品,因此,分步法需要将生产费用在完工产品和期末在产品之间进行分配。

上述产品成本计算的三种基本方法,其成本核算对象(由生产工艺过程、生产组织的特点和成本管理要求决定)、成本计算期、生产费用在完工产品和在产品之间的分配等方面的区别,可以集中列示,见表 5-2。

表 5-2　　　　　　　　　　　产品成本计算的基本方法

产品成本计算方法	品种法	分批法	分步法
成本核算对象	产品品种	产品批别	产品品种及其所经生产步骤
生产工艺过程和管理要求	单步骤生产或管理上不要求分步骤计算成本的多步骤生产		管理上要求分步骤计算成本的多步骤生产
生产组织类型	大量大批生产	单件小批生产	大量大批生产
成本计算期	定期按月	可以不定期与生产周期一致	定期按月
生产费用在完工产品和在产品之间的分配	有在产品时需要分配	一般不需要分配	通常有在产品需要分配

应当指出,无论采用哪种方法计算产品成本,最后都必须计算出各种产品的实际总成本和单位成本。按照产品的品种计算成本,是成本计算工作的共同要求,也是最起码的要求。因此,在三种产品成本计算的基本方法中,品种法是最基本的方法。

(二)产品成本计算的其他方法

在实际工作中,除了上述三种产品成本计算的基本方法以外,还有为了解决某一个特定问题而产生的其他成本计算方法,也称作成本计算的辅助方法。

1. 分类法

在产品品种、规格繁多的企业,为了解决成本核算对象的分类问题,产生了产品成本计算的分类法。分类法的成本核算对象是产品的类别,它需要运用品种法等基本方法的原理,计算出各类产品的实际总成本,再求得类内各种品种(各种规格)产品的实际总成本和单位成本。

2. 定额法

产品成本计算的定额法,是为了及时反映和监督产品成本脱离定额成本的情况,配合和加强定额管理而采用的一种成本计算方法。其基本原理是:在实际费用发生时,将其划分为定额成本与定额差异两部分来归集,并分析产生差异的原因,及时反馈到管理部门,月终以产品定额成本为基础,加减所归集和分配的脱离定额成本差异、定额变动差异、材料成本差异,求得产品实际成本。

采用定额法计算产品成本的一般程序如下:首先,按照企业生产工艺特点和管理要求,确定成本计算对象及成本计算的基本方法,按照定额成本标准,进行逐项分解计算各成本项目的定额费用，编制产品定额成本表；其次，在生产费用发生时，将其划分为定额成本和定额成本差异两部分，分别编制凭证，予以汇总，对其中重点差异，实行例外管理；再次，按确定的成本计算基本方法，汇集、结转各项费用的定额成本差异，并按一定标准在完工产品与在产品之间进行分配；最后，将产品定额成本加减所分配的定额成本差异、定额变动差异及材料成本差异，即可求得产品实际成本。

实际成本与定额成本的关系可用下列公式表示：

$$产品实际成本 = 产品定额成本 \pm 脱离定额成本差异 \pm 定额变动差异 \pm 材料成本差异$$

由此可见，定额成本法并非一种基本的成本计算方法，它是在品种法、分步法、分批法的基础上，运用一种特殊汇集费用的技术，计算产品成本的方法。采用此方法计算产品成本，能及时揭示差异，提供有关成本形成动态的各种信息，有助于促使企业控制和节约费用。该方法一般适用于企业定额管理制度较健全，而且产品生产定额、消耗定额比较准确、稳定的企业。

3. 标准成本法

企业经营管理要确定目标，规划利润，进行控制。控制是通过一定手段对实际成本开支施加影响，使之能按预订的目标或计划进行，其重点就在于严格按规定的标准进行把关，并分析发生的偏差，以调整和指导当前的实际工作。

标准成本法包括标准成本制定、差异计算分析和差异处理三个有机组成部分。

标准成本法的成本计算程序如下：首先是制定产品的标准成本，标准成本分为直接材料、直接人工、制造费用三部分。标准成本的制定一般采用现行标准成本，亦称可达到的标准成本，是在现有生产技术条件的基础上，根据下期最可能发生的各种生产要素的耗量、预计价格和预计的生产经营能力利用程度而制定的标准成本。这种标准成本包含管理当局认为在短期内无法消除的低效、失误和超量消耗，因而最切实可行，最接近实际成本，最适合在经济形式变化多端的情况下使用。其次是标准成本差异的计算与分析，标准成本差异是标准成本同实际成本的差额。实际成本低于标准成本的差异为节约差，也可以称为有利差异或顺差；实际成本高于标准成本的差异称为超支差异，也可以称为不利差异或逆差。具体的成本差异可以从直接材料、直接人工、变动制造费用和固定制造费用这四个方面进行计算，具体差异有"材料价格差异"和"材料用量差异"，"直接人工工资率差异"和"直接人工效率差异"，"变动制造费用开支差异"和"变动制造费用效率差异"，"固定制造费用开支差异"、"固定制造费用能力差异"和"固定制造费用效率差异"等。最后是标准成本差异的处理。标准成本差异的处理，应根据具体情况采用不同的方法进行。一般主要有如下几种方式：一是将差异全部计入当期损益。采用这种方法处理时，在期末，应将归集在各种差异账户中的标准成本差异，全部计入当期的损益账户中，结平这些差异账户。如果是有利差异，则应增加当期的收益；如果是不利差异，则应冲减当期的收益。二是将标准成本差异根据当月销售产品成本、在产品成本和库存产品成本的比例进行分摊。在分摊时，是根据各种销售产品、在产品和库存产品的标准成本的比例进行分配的。

标准成本法与产品成本计算的其他方法不同，其他成本计算方法计算出的是产品的实际成本，而标准成本法下的产品成本，不是产品的实际成本，而是产品的标准成本。因此，尽管标准成本法与成本计算结合在一起了，但它更重要的是用来控制成本，在本质上它是一种成本管理方法。

4. 变动成本法

变动成本法是指将变动成本计入产品成本，固定成本全部作为期间成本（费用）直接计入当期损益的一种成本计算方法。

成本管理会计中的传统做法采用的是"全部（或完全）成本法"，亦可称作"全部（或完全）成本计算"，即在计算产品成本和存货成本时，把一定期间内在生产过程中所消耗的直接材料、直接人工、变动制造费用和固定制造费用的全部成本都包括在内的方法。正因为它是把所有变动成本和固定成本都归集到产品成本和存货成本中去，故亦称为"吸收成本法"或"吸收成本计算"。

变动成本法就是在计算产品成本和存货成本时，只包括在生产过程中所消耗的直接材料、直接人工和变动制造费用，而把固定制造费用全数一笔列入收益表内的"期间成本"项目内，作为"当期损益"的减项。

变动成本法改变了全部成本法中把固定制造费用在本期销货与存货之间进行分配的老传统，而由当期的销货负担全部固定成本。其理论根据是：固定性制造费用是为企业提供一定的生产经营条件，以保持生产能力，并使它处于准备状态而发生的成本。它们同产品的实际产量没有直接联系，既不会由于产量的提高而增加，也不会因产量的下降而减少。它们实质上是联系会计期间所发生的费用，并随着时间的消逝而逐渐丧失。所以，其效益不应递延到下一个会计期间，而应在费用发生的当期全额列入收益表内，作为当期损益的减除项目。

标准成本法和变动成本法在西方国家的企业中采用较多，我国一般将其作为管理会计的方法，不列入产品成本计算的方法。

四、产品成本计算方法的应用

产品成本计算的品种法、分批法、分步法以及分类法、定额法等，是比较典型的成本计算方法。在实际工作中，一个企业总是将几种方法同时应用或结合应用。

1. 几种方法同时应用

一个企业往往有若干个生产单位（分厂、车间），各个生产单位的生产特点和管理要求并不一定相同；同一个生产单位所生产的各种产品的生产特点和管理要求也不一定相同。因此，在一个企业或企业的生产单位中，往往同时采用多种成本计算方法。

例如，企业基本生产单位与辅助生产单位的生产特点和管理要求不同，可能同时采用多种成本计算方法。基本生产单位可能采用品种法、分批法、分步法、分类法、定额法等多种方法计算产品成本；辅助生产车间的供电、供气、供水和机修等应采用品种法计算产品（劳务）成本，自制设备等可以采用分批法计算产品成本。

又如，在一个生产单位内，由于产品的生产组织方式不同，也可以同时采用多种成本计算方法。大量大批生产的产品可以采用品种法或分步法、分类法、定额法等多种方法；单件小批生产的产品则应采用分批法计算产品成本。

2. 几种方法结合应用

一个企业或企业的生产单位（分厂、车间），除了可能同时应用几种成本计算方法以外，在计算某种产品成本时，还可以以一种成本计算方法为主，结合采用几种成本计算方法。

例如，在单件小批生产的机械制造企业，其产品的生产过程由铸造、加工、装配等生产步骤（车间）组成，装配车间生产出最终产品。这时主要产成品的成本计算可以采用分批法；铸造车间生产的铸件为自制半成品，可以采用品种法计算其成本，加工车间将铸件加工为零部件，加上投入的其他材料加工的零部件，交给装配车间装配，铸造、加工和装配车间之间可以采用分步法。这样该种产成品成本的计算就是以分批法为主，结合采用了品种法、分步法等成本计算方法。

企业采用分类法、定额法等计算产品成本时，因为它们是成本计算的辅助方法，必须结合品种法、分批法和分步法等成本计算的基本方法加以应用。

第二节　品　种　法

一、品种法的概念及适用范围

产品成本计算的品种法是以产品品种作为成本计算对象，按产品品种开设成本明细账，归集费用、计算产品成本的一种方法。

品种法适用于大量大批的单步骤生产，例如发电、采掘等生产。在大量大批多步骤生产中，如果企业车间的规模较小，或者车间是封闭式的，也就是从原材料投入到产品产出的全部生产过程都在一个车间内进行，或者生产是按流水线组织的，管理上不要求按生产步骤计算产品成本，就可以采用品种法计算产品成本。例如小型水泥厂，虽然是多步骤生产，但可以采用品种法计算产品成本。又如大量大批生产的铸件熔铸和玻璃制品的熔制等，如果管理上不要求按生产步骤计算产品成本，也可以采用品种法。

此外，辅助生产的供水、供气、供电等单步骤大量生产也采用品种法计算成本。

二、品种法的特点

品种法的特点主要体现在成本计算对象、成本计算期以及费用在完工产品与在产品之间的分配这三个方面。

1. 成本计算对象

在采用品种法计算产品成本的企业或车间里，如果只生产一种产品，只需为该产品开设一本生产成本明细账，账内按成本项目设立专栏或专行。在这种情况下，所发生的全部生产费用都是直接费用,可以直接记入该产品成本明细账的有关成本项目。如果是生产多种产品,产品成本明细账就要按照产品品种分别设置,发生的直接费用可以直接记入各产品成本明细账的有关成本项目,间接费用则要采用适当方法分配记入各产品成本明细账的有关成本项目。

2. 成本计算期

品种法主要应用在大量大批单步骤或多步骤生产中,由于大量地重复生产一种或几种产品,所以很难等到产品全部完工时再计算完工产品成本。例如,企业在两年内重复生产一种产品,那么,我们就不可能等到两年后产品全部完工时再计算产品成本,也不可能每生产出一件产品就算一件成本。因而,品种法的成本计算期一般是按月进行,与会计期间一致,与生产周期不一致。

3. 费用在完工产品与在产品之间的分配

在单步骤生产中,由于生产周期短,月末在产品数量较少,因而可以不计算在产品成本,成本明细账归集的生产费用之和即为完工产品成本。在多步骤生产中,由于月末存在在产品并且在产品数量一般较多,所以应当选择适当的分配方法,在完工产品与在产品之间进行分配,以便于计算完工产品成本与月末在产品成本。

三、品种法的计算程序

品种法是产品成本计算方法中的最基本方法,因而品种法的计算程序体现着产品成本计算的一般程序。品种法的成本计算程序如下。

1. 按产品品种设置有关成本明细账

企业应在"基本生产成本"总分类账户下,按照企业确定的成本核算对象(即产品品种),设置产品生产成本明细账(或产品成本计算单),在"辅助生产成本"总分类账户下,按照辅助生产车间提供的产品(劳务)品种,设置辅助生产成本明细账;在"制造费用"总分类账户下,按生产单位(分厂、车间)设置制造费用明细账。产品生产成本明细账(产品成本计算单)和辅助生产成本明细账应当按照成本项目设专栏,制造费用明细账应当按费用项目设专栏。

2. 归集和分配本月发生的各项费用

根据各项费用发生的原始凭证和其他有关凭证,归集和分配材料费用、直接人工费用和其他各项费用。按成本核算对象(即产品品种)归集和分配生产费用时,根据编制的会计分录,凡能直接记入有关生产成本明细账(产品成本计算单)的费用,应当直接记入;不能直接记入的,应当按照受益原则分配以后,根据有关费用分配表,分别记入有关生产成本明细账(产品成本计算单)。各生产单位发生的制造费用,先通过制造费用明细账归集,记入有关制造费用明细账。直接计入当期损益的管理费用、销售费用、财务费用,应分别记入有关期间费用明细账。

3. 分配辅助生产费用

根据辅助生产成本明细账归集的本月辅助生产费用总额,按照企业确定的辅助生产费用分配方法,分别编制各辅助生产单位的"辅助生产费用分配表"分配辅助生费用。根据分配结果,编制会计分录,分别记入有关产品成本明细账(产品成本计算单)、制造费用明细账和期间费用明细账。

辅助生产单位发生的制造费用,如果通过制造费用明细账归集,应在分配辅助生产费用前分别转入各辅助生产成本明细账,并计入该辅助生产单位本期费用(成本)总额。

4. 分配基本生产单位制造费用

根据各基本生产单位制造费用明细账归集的本月制造费用,按照企业确定的制造费用分配方法分别编制各生产单位的"制造费用分配表"分配制造费用。根据分配结果,编制会计分录,分别记入有关产品生产成本明细账(产品成本计算单)。

5. 计算完工产品实际总成本和单位成本

根据产品生产成本明细账(产品成本计算单)归集的生产费用合计数(期初在产品成本加上本期生产费用),在完工产品和在产品之间分配生产费用,计算出本月完工产品的实际总成本和月末在产品成本。各种完工产品实际总成本分别除以其实际总产量,即为该产品本月实际单位成本。

6. 结转完工产品成本

根据产品成本计算结果,编制本月"完工产品成本汇总表",编制结转本月完工产品成本的会计分录,并分别记入有关产品生产成本明细账(产品成本计算单)和库存商品明细账。

品种法的成本计算程序如图 5-1 所示。

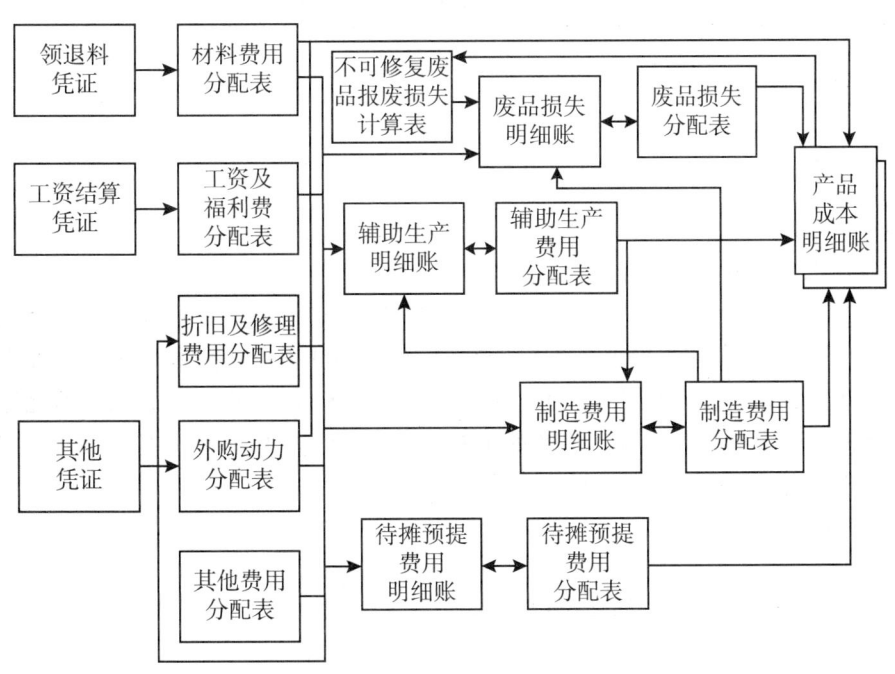

图 5-1 品种法成本计算程序

四、品种法计算产品成本的举例

【例5-1】某企业生产A、B两种产品,在同一基本生产车间完成。企业拥有两个辅助生产车间,即修理车间与运输车间,由于车间规模小,发生制造费用较少,不单独开设辅助生产车间的"制造费用"明细账,所发生的费用直接记入辅助生产成本明细账。该企业采用品种法计算产品成本。

该厂20××年2月份有关成本资料分别如表5-3、表5-4、表5-5所示。

表5-3　　　　　　　　　　本月产品产量及工时资料　　　　　　　　　　单位:元

产品名称	月初在产品	本月投产	本月完工产量	月末在产品	生产工时(小时)
A产品	40	200	200	40	15 000
B产品	60	100	120	40	10 000

表5-4　　　　　　　　　　本月期初在产品成本　　　　　　　　　　单位:元

产品名称	直接材料	燃料和动力	直接人工	制造费用	合计
A产品	2 100	260	3 400	3 180	8 940
B产品	7 360	280	4 860	4 368	16 868

表5-5　　　　　　　　　　辅助生产车间对外提供的劳务量

项目	机修车间(小时)	运输车间(公里)
基本生产车间	5 400	12 000
管理部门	1 500	8 000

该企业为简化成本计算,辅助生产成本分配时采用直接分配法。

企业在本月还发生以下业务。

(1) 汇总发出材料如下:生产A产品直接消耗750千克,B产品直接耗用600千克,A、B产品共同耗用1 890千克,机修车间消耗100千克,基本车间机物料消耗50千克,管理部门一般性消耗30千克。原材料单价为8元/千克。在共同性消耗原材料时,A产品消耗定额为5千克,B产品消耗定额8千克,两种产品投产量分别为200件、100件。按定额耗量比例分配共同消耗的原材料。

(2) 本月电费4 200元,电度表记录如表5-6所示。生产动力用电按产品的生产工时进行分配。

(3) 企业有关工资资料如表5-7所示。

表 5-6　　　　　　　　　电度表记录的耗量　　　　　　　　单位：千瓦时

生产动力耗电量	4 400
基本车间照明耗电量	200
机修车间耗电量	1 000
运输车间耗电量	100
管理部门耗电量	300

表 5-7　　　　　　　　　各部门人员应付工资　　　　　　　　　单位：元

生产工人	40 000
基本车间技术人员	5 000
机修车间	7 000
运输车间	9 000
行政管理部门	15 000

企业按照工资总额14%提取其他职工薪酬。同时规定：生产工人工资按照产品生产工时比例在各种产品之间进行分配。

（4）企业上月折旧额：基本生产车间8 600元、机修车间3 200元、运输车间4 700元、行政管理部门5 100元。上月增加的固定资产：基本车间增加机器一台，原值80 000元，年折旧率为12%；运输车间增加汽车一辆，价值70 000元，年折旧率14.4%。上月减少的固定资产有：基本车间报废机器一台，原值60 000元，年折旧率7.2%；行政管理部门报废电子设备一台，原值45 000元，年折旧率16.8%。

（5）月末摊销本月负担的保险费：基本生产车间负担1 500元，机修车间、运输车间分别负担700元、500元，行政管理部门负担800元。

（6）计算本月负担的房租：基本生产车间负担800元，运输部门负担1 200元，行政管理部门负担1 000元，机修车间负担200元。

（7）用存款支付有关费用如表5-8所示。

表 5-8　　　　　　　　　用存款支付有关费用　　　　　　　　　单位：元

	基本生产车间	机修车间	运输车间	管理部门
办公费	110	170	130	620
其他费用	30	50	100	150

（8）对月末完工产品与在产品费用划分的有关规定：A产品月末在产品数量变化较小。

月末在产品按年初固定成本计价；B产品在月末时采用约当产量比例法划分完工产

品与月末在产品的费用界限。

现在根据以上所给资料,采用品种法计算产品成本。

第一步:首先开设"基本生产成本——A产品""基本生产成本——B产品"两个明细账,分别如账簿5-4、账簿5-5所示。

第二步:开设"辅助生产成本——机修车间""辅助生产成本——运输车间""制造费用——基本生产车间"明细账(如账簿5-1、账簿5-2和账簿5-3所示),以及"待摊费用""其他应付款"明细账(这两个明细账略)。

第三步:根据所给资料编制各种费用分配表,根据分配表编制会计分录,再记入有关总账及明细账。

根据业务(1)编制"材料费用分配表",如表5-9所示。

表5-9　　　　　　　　　　　材料费用分配表　　　　　　　　　　　单位:元

借方科目	直接耗用材料	共同耗用材料					耗用材料费用合计
		产量	消耗定额	定额耗用量	分配率	应分配费用	
基本生产成本							
——A产品	6 000	200	5	1 000	8.4	8 400	14 400
——B产品	4 800	100	8	800	8.4	6 720	11 520
小计				10 800	1 800	8.4	15 120	25 920
辅助生产成本							
——机修车间	800						800
——运输车间							
小计	800						800
制造费用							
——基本车间	400						400
管理费用	240						240
合计	12 240					15 120	27 360

根据表5-9编制会计分录,并登记有关账户。

借:基本生产成本——A产品　　　　　　　　　　　14 400
　　　　　　　　——B产品　　　　　　　　　　　11 520
　　辅助生产成本——机修车间　　　　　　　　　　800
　　制造费用——基本生产车间　　　　　　　　　　400
　　管理费用　　　　　　　　　　　　　　　　　　240
　　贷:原材料　　　　　　　　　　　　　　　　　27 360

根据业务(2)及有关资料编制动力费用分配表,如表5-10所示。

表 5-10　　　　　　　　　　　　　动力费用分配表　　　　　　　　　　　　　单位：元

借方科目	动力费用分配			电费分配	
	生产工时	分配率	分配金额	用电数/千瓦时	分配金额 (0.70元)/千瓦时
基本生产成本					
——A产品	15 000	0.1232	1 848		1 848
——B产品	10 000	0.1232	1 232		1 232
小计	25 000	0.1232	3 080	4 400	3 080
辅助生产成本					
——机修车间				1 000	700
——运输车间				100	70
小计				1 100	770
制造费用					
——基本车间				200	140
管理费用				300	210
合计				6 000	4 200

根据表 5-10 编制会计分录，并登记有关账户。

借：基本生产成本——A产品　　　　　　　　　　　　　1 848
　　　　　　　　——B产品　　　　　　　　　　　　　1 232
　　辅助生产成本——机修车间　　　　　　　　　　　　700
　　　　　　　　——运输车间　　　　　　　　　　　　70
　　制造费用——基本车间　　　　　　　　　　　　　　140
　　管理费用　　　　　　　　　　　　　　　　　　　　210
　　贷：应付账款　　　　　　　　　　　　　　　　　　4 200

根据业务（3）以及有关资料编制职工薪酬分配表，如表 5-11 所示。

表 5-11　　　　　　　　　　　　　职工薪酬分配表　　　　　　　　　　　　　单位：元

借方科目	分配生产工人工资			其他人员工资	工资费用合计	提取其他职工薪酬
	生产工时	分配率	分配费用			
基本生产成本						
——A产品	15 000		24 000		24 000	3 360
——B产品	10 000		16 000		16 000	2 240
小计	25 000	1.6	40 000		40 000	5 600

续表

借方科目	分配生产工人工资			其他人员工资	工资费用合计	提取其他职工薪酬
	生产工时	分配率	分配费用			
辅助生产成本						
——机修车间				7 000	7 000	980
——运输车间				9 000	9 000	1 260
小计				16 000	16 000	2 240
制造费用						
——基本车间				5 000	5 000	700
管理费用				15 000	15 000	2 100
合计			40 000	36 000	76 000	10 640

根据表 5-11 编制会计分录,并登记有关账户。

分配工资分录:

```
借:基本生产成本——A 产品                 24 000
           ——B 产品                 16 000
   辅助生产成本——机修车间                 7 000
           ——运输车间                 9 000
   制造费用——基本车间                    5 000
   管理费用                          15 000
   贷:应付职工薪酬                      76 000
```

提取其他职工薪酬:

```
借:基本生产成本——A 产品                  3 360
           ——B 产品                  2 240
   辅助生产成本——机修车间                   980
           ——运输车间                 1 260
   制造费用——基本车间                      700
   管理费用                           2 100
   贷:应付职工薪酬                      10 640
```

根据业务(4)编制折旧费用分配表,如表 5-12 所示。

表 5-12　　　　　　　　折旧费用分配表　　　　　　　　单位:元

借方科目	1 月份折旧额	1 月份增加的固定资产折旧额	1 月份减少的固定资产折旧额	本月(2 月)折旧额
制造费用				
——基本车间	8 600	80 000×12%÷12=800	60 000×7.2%÷12=360	9 040

续表

借方科目	1月份折旧额	1月份增加的固定资产折旧额	1月份减少的固定资产折旧额	本月（2月）折旧额
辅助生产成本				
——机修车间	3 200			3 200
——运输车间	4 700	70 000×14.4%÷12=840		5 540
小计	7 900	840		8 740
管理费用	5 100		45 000×16.8%÷12=630	4 470
合计	21 600	1 640	990	22 250

根据表5-12编制会计分录，并登记有关账户。

借：制造费用——基本车间　　　　　　　　　　　　　　　　9 040
　　辅助生产成本——机修车间　　　　　　　　　　　　　　3 200
　　　　　　　　——运输车间　　　　　　　　　　　　　　5 540
　　管理费用　　　　　　　　　　　　　　　　　　　　　　4 470
　　贷：累计折旧　　　　　　　　　　　　　　　　　　　　22 250

根据业务（5）编制保险费用分配表，如表5-13所示。

表5-13　　　　　　　　　　保险分配表　　　　　　　　　单位：元

借方科目	分配金额
制造费用——基本车间	1 500
辅助生产成本——机修车间	700
——运输车间	500
管理费用	800
合计	3 500

根据表5-13编制会计分录，并登记有关账户。

借：制造费用——基本车间　　　　　　　　　　　　　　　　1 500
　　辅助生产成本——机修车间　　　　　　　　　　　　　　700
　　　　　　　　——运输车间　　　　　　　　　　　　　　500
　　管理费用　　　　　　　　　　　　　　　　　　　　　　800
　　贷：待摊费用　　　　　　　　　　　　　　　　　　　　3 500

根据业务（6）编制租赁费用分配表，如表5-14所示。

表 5-14　　　　　　　　　　　租赁费用分配表　　　　　　　　单位：元

借方科目	分配金额
制造费用——基本车间	800
辅助生产成本——机修车间	200
——运输车间	1 200
管理费用	1 000
合计	3 200

根据表 5-14 编制会计分录，并登记有关账户。

借：制造费用——基本车间　　　　　　　　　　　　800
　　辅助生产成本——机修车间　　　　　　　　　　200
　　　　　　　　——运输车间　　　　　　　　　1 200
　　管理费用　　　　　　　　　　　　　　　　　1 000
　　贷：其他应付款　　　　　　　　　　　　　　3 200

根据业务（7）编制有关付款凭证，并登记有关账户。

借：制造费用——基本车间　　　　　　　　　　　　140
　　辅助生产成本——机修车间　　　　　　　　　　220
　　　　　　　　——运输车间　　　　　　　　　　230
　　管理费用　　　　　　　　　　　　　　　　　　770
　　贷：银行存款　　　　　　　　　　　　　　　1 360

现在汇总辅助生产成本明细账所归集的生产费用，并将辅助生产成本对外分配。

根据辅助生产成本明细账上归集的待分配费用金额以及表 5-13、表 5-14 所给资料，编制"辅助生产成本明细账"，如账簿 5-1、账簿 5-2 所示。

账簿 5-1　　　　　　　　　　　辅助生产成本明细账

车间名称：机修车间　　　　　　　　　　　　　　　　　　　　　　　单位：元

年		摘要	材料费用	燃料和动力	职工薪酬	折旧费	保险费	房租	办公费	其他	合计	转出	余额
月	日												
2	28	根据表 5-9	800								800		
	28	根据表 5-10		700							700		
	28	根据表 5-11			7 000 980						7 000 980		
	28	根据表 5-12				3 200					3 200		
	28	根据表 5-13					700				700		

续表

年		摘要	材料费用	燃料和动力	职工薪酬	折旧费	保险费	房租	办公费	其他	合计	转出	余额
月	日												
	28	根据表5-14						200			200		
	28	根据付款凭证							170	50	220		
		待分配费用小计	800	700	7 980	3 200	700	200	170	50	13 800		13 800
		根据表5-15										13 800	
		合计	800	700	7 980	3 200	700	200	170	50	13 800	13 800	0

账簿5-2　　　　　　　　　　　　**辅助生产成本明细账**

车间名称：运输车间　　　　　　　　　　　　　　　　　　　　　　　　单位：元

年		摘要	材料费	燃料动力	职工薪酬	折旧费	保险费	房租	办公费	其他	合计	转出	余额
月	日												
2	28	根据表5-9		70							70		
	28	根据表5-10		9 000 1 260							9 000 1 260		
	28	根据表5-12			5 540						5 540		
	28	根据表5-13				500					500		
	28	根据表5-14					1 200				1 200		
	28	根据付款凭证							130	100	230		
		待分配费用小计		70 10 260	5 540	500	1 200		130	100	17 800		17 800
		根据表5-15										17 800	
		合计		70 10 260	5 540	500	1 200		130	100	17 800	17 800	0

表5-15　　　　　　　　　　　　**辅助生产费用分配表**

辅助车间	机修车间	运输车间	合计
待分配费用（元）	13 800	17 800	31 600
对外劳务量	6 900（小时）	20 000（公里）	
分配率	2	0.89	

续表

辅助车间		机修车间	运输车间	合计
制造费用 ——基本车间（元）	劳务量	5 400	12 000	
	金额	10 800	10 680	21 480
管理费用（元）	劳务量	1 500	8 000	
	金额	3 000	7 120	10 120
合计（元）		13 800	17 800	31 600

根据表5-15编制会计分录，并登记相关账户。

借：制造费用——基本车间　　　　　　　　　　　　　21 480
　　管理费用　　　　　　　　　　　　　　　　　　　10 120
　贷：辅助生产成本——机修车间　　　　　　　　　　13 800
　　　　　　　　　　——运输车间　　　　　　　　　17 800

根据"制造费用——基本车间"明细账（见账簿5-3）归集的费用，汇总求出本期发生的制造费用的合计数，然后按生产工时比例在A、B产品之间进行分配。

账簿5-3　　　　　　　　　　　　　　制造费用明细账

车间名称：基本生产车间　　　　　　　　　　　　　　　　　　　　　　单位：元

年		摘要	职工薪酬	机物料	折旧费	水电费	保险费	房租	修理费	运费	其他	合计	转出	余额
月	日													
2	28	根据表5-9		400								400		
	28	根据表5-10				140						140		
	28	根据表5-11	5 000 700									5 000 700		
	28	根据表5-12			9 040							9 040		
	28	根据表5-13					1 500					1 500		
	28	根据表5-14						800				800		
	28	根据账簿5-1							10 800	10 680		21 480		
	28	根据付款凭证									140	140		
	28	根据账簿5-2											39 200	
		合计	5 700	400	9 040	140	1 500	800	10 800	10 680	140	39 200	39 200	0

根据制造费用账户所归集的全部制造费用以及表5-15所给资料，编制"基本生产车间制造费用分配表"，如表5-16所示。

表 5-16　　　　　　　　　基本生产车间制造费用分配表　　　　　　　　单位：元

借方科目	分配标准（生产工时）	分配率	分配金额
基本生产成本——A 产品	15 000		23 520
——B 产品	10 000		15 680
合计	25 000	1.568	39 200

根据表 5-16 编制会计分录，并登记有关账户。

借：基本生产成本——A 产品　　　　　　　　　　　　　　　23 520
　　　　　　　　——B 产品　　　　　　　　　　　　　　　15 680
　　贷：制造费用——基本车间　　　　　　　　　　　　　　　　　39 200

至此，第三步骤工作全部结束。

第四步：在产品成本明细账上划分完工产品与月末在产品费用界限，计算完工产品与月末在产品成本。

根据前面编制的会计分录在账簿 5-4、账簿 5-5 逐笔过账，基本生产成本明细账已经登记了本月发生的全部费用，现在计算完工产品与在产品成本。

账簿 5-4　　　　　　　　基本生产成本明细账（产品成本计算单）

基本生产车间　　　完工产量：200 件　　　A 产品　　　在产品产量：40 件
　　　　　　　　　　　　20××年 2 月　　　　　　　　　　　单位：元

年		摘要	直接材料	燃料和动力	直接人工	制造费用	合计
月	日						
2	1	月初余额	2 100	260	3 400	3 180	8 940
2	28	根据表 5-9	14 400				14 400
	28	根据表 5-10		1 848			1 840
	28	根据表 5-11		3 360	24 000		24 000 3 360
	28	根据账簿 5-2				23 520	23 520
	28	本月生产费用小计	14 400	1 848	27 360	23 520	67 128
	28	生产费用累计	16 500	2 108	30 760	26 700	76 068
	28	转出完工产品成本	14 400	1 848	27 360	23 520	67 128
		完工产品单位成本	72	9.24	136.8	117.6	335.64
	28	月末在产品成本	2 100	260	3 400	3 180	8 940

账簿 5-5　　　　　　　　　基本生产成本明细账（产品成本计算单）

基本生产车间　　　完工产量：120 件　　　B 产品　　　在产品产量：40 件
加工程度：50%　　 投料方式：一次性投入
　　　　　　　　　　　　　　20××年 2 月　　　　　　　　　　　　单位：元

年		摘要	直接材料	燃料和动力费	直接人工	制造费用	合计
月	日						
2	1	月初余额	7 360	280	4 860	4 368	16 868
2	28	根据表 5-9	11 520				11 520
	28	根据表 5-10		1 232			1 232
	28	根据表 5-11			16 000 2 240		16 000 2 240
	28	根据账簿 5-2				15 680	15 680
	28	本月费用小计	11 520	1 232	18 240	15 680	46 672
	28	生产费用累计	18 880	1 512	23 100	20 048	63 540
	28	约当产量	160	140	140	140	
	28	分配率（单位成本）	118	10.8	165	143.2	437
	28	转出完工产品成本	14 160	1 296	19 800	17 184	52 440
	28	月末在产品成本	4 720	216	3 300	2 864	11 100

编制结转完工产品成本的会计分录：
　　借：库存商品——A 产品　　　　　　　　　　　67 128
　　　　　　　　——B 产品　　　　　　　　　　　52 440
　　　贷：基本生产成本——A 产品　　　　　　　　67 128
　　　　　　　　　　——B 产品　　　　　　　　　52 440

第三节　分　批　法

一、分批法的概念及适用范围

产品成本计算的分批法是以产品的批别作为成本计算对象，按产品的批别开设成本明细账，归集费用，计算产品成本的一种方法。

产品成本计算的分批法主要适用于单件、小批多步骤生产，如重型机械、船舶、精密仪器和专用设备的制造，以及主要产品以外的新产品制造、来料加工、自制设备、修理作业等。另外，某些单步骤生产的企业或车间，如果也按小批单件组织生产，也可采用分批法。

在小批单件生产的企业中，产品的品种和每批产品的批量往往根据订货单位的订单确定，因而按照产品批别计算产品成本，通常也就是按照订单计算产品成本。所以产品成本计算的分批法，也称为订单法。

二、分批法的特点

1. 成本计算对象

产品成本计算对象就是产品的批别（单件产品为件别）。一般情况下，企业将客户的每一张订单作为一个批别进行成本计算，也就是说，一张订单对应着一个成本计算对象。但也不是完全如此，如果一张订单只规定一种产品，且数量较多，可以将一张订单分几批进行生产，分批计算成本；如果在一张订单中只规定一种产品，而该产品价值高，生产周期长（如大型船舶），也可以将一张订单分成几批产品组织生产，分批计算成本；如果同一时期内，有几张订单规定生产同一种产品，且每一张订单数量都不多，也可以将几张订单合为一批组织生产，计算成本。在这种情况下，分批法的成本计算对象，就不是购货单位的订货单，而是企业生产计划部门签发的生产任务通知单，单内应对该批生产任务进行编号称为产品批号或生产令号。会计部门应根据产品批号设立产品成本明细账，归集生产费用。

2. 成本计算期

在小批单件生产的条件下，一批产品数量不多，产品生产周期一致，那么批内产品就可能同时完工，计算产品成本时，一般是在该批产品全部完工时进行，成本计算期与生产周期一致，与会计期间不一致。

3. 费用在完工产品与月末在产品之间的分配

在小批生产中，由于产品批量较小，批内产品一般都能同时完工，或在相距不久的时间内完工。分批法是在产品全部完工时才计算成本。月末时，如果该批产品完工，则所有的生产费用合计就是完工产品成本，在产品成本为零；如果该批产品未完工，则所有的生产费用合计就是在产品成本，完工产品成本为零。所以，一般情况下，分批法计算产品成本，不存在月末完工产品与在产品划分费用界限问题。

特殊情况下，小批生产会出现"跨期出货"，即批内完工产品跨越两个会计期间。例如，0102 批产品共 10 件，7 月份完工 3 件，8 月初完工 7 件。对于跨期出货的产品数量较少的，可以先采用简化方法转出完工成本，即按计划单位成本、定额单位成本或近期的实际单位成本先转出，等到该批产品全部完工时重新计算全部总成本及单位成本；如果跨期出货的数量较多，则应选择适当的费用划分方法，在完工产品与月末在产品之间划分费用，计算完工产品成本和在产品成本。

三、分批法的计算程序

采用分批法计算产品成本的一般步骤如下。

(1) 按产品批别设置生产成本明细账（产品成本计算单）。

(2) 按产品批别归集和分配本月发生的各种费用。在分批法下，要按产品批别（生产令号）来归集和分配生产费用。企业发生的生产费用，能按批次划分的直接计入的费用，要在费用原始凭证上注明产品批号（或生产令号），以便据以直接记入各该批产品成本明细账（产品成本计算单）；对于不能分清属于某批产品的费用，则应在费用原始凭证上注明费用的用途，以便按费用项目归集，按照企业确定的分配方法在各批产品之间进行分配以后，再记入各该批产品成本明细账（产品成本计算单）。

(3) 分配辅助生产费用。

(4) 分配基本生产单位制造费用。

(5) 计算完工产品成本。分批法一般不需要在完工产品和在产品之间分配生产费用。某批产品全部完工，则该批别产品生产成本明细账（产品成本计算单）归集的生产费用合计数，就是该批产品的实际总成本。如果某批产品少量跨月陆续完工，可以用完工产品实际数量，乘以近期实际单位成本或计划单位成本、定额单位成本，作为完工产品实际总成本，但是为了正确分析和考核该批产品成本计划的执行情况，在该批产品全部完工时，还应计算该批产品的实际总成本和单位成本。

(6) 结转完工产品成本。

上述分批法成本计算程序，除了生产成本明细账的设置和完工产品成本的计算与品种法有所区别外，其他与品种法是完全一致的。

【例 5-2】企业根据客户订单组织生产，采用分批法计算产品成本，该厂设有机械加工和装配两个基本生产车间，原材料在机械加工车间生产开始时一次性投入。20××年12月份有关资料如下。

(1) 各批产品的产量和工时资料如表 5-17 所示。

表 5-17　　　　　　　　　各批产品的产量和工时

产品批号	产品名称	开工日期	产量台	完工产量台		本月耗用工时小时	
				11月	12月	机械加工车间	装配车间
0210	A产品	11月份	20	8	12	3 000	1 600
0211	B产品	12月份	15		15	1 500	2 000
0212	C产品	12月份	10		6	1 000	1 500

(2) 0210批A产品在11月份消耗费用如下：机械加工车间：原材料10 500元、直接人工12 500元、制造费用3 250元；装配车间：直接人工6 400元、制造费用2 800元。

(3) 12月份编制的原材料费用分配表、职工薪酬分配表及制造费用明细账提供有关资料如下：

原材料费用：0211 批 B 产品耗用原材料 40 500 元，0212 批 C 产品耗用原材料 9 500 元。

直接人工费用：0210 批 A 产品在机械加工车间的直接人工费用 9 900 元、装配车间的直接人工费用 4 000 元；0211 批 B 产品在机械加工的直接人工费用 4 950 元、装配车间的直接人工费用 7 010 元；0212 批 C 产品在机械加工车间的直接人工费用 2 300 元、装配车间的直接人工费用为 2 740 元。

制造费用：机械加工车间全部的制造费用为 5 225 元，装配车间全部的制造费用为 6 120 元。制造费用按产品的生产工时比例在各批产品之间分配。

（4）该厂对于订单内跨期出货的完工产品实行不同的处理方法：A 产品 11 月份跨期出货先按计划成本转出，待全部产品完工后重新计算完工产品的总成本和单位成本，而对于 12 月份完工的 C 产品，按约当产量比例法分配计算完工产品成本和在产品成本，在产品加工程度为 50%。

A 产品计划单位成本：原材料 500 元、直接人工费用 1 500 元、制造费用 480 元。

根据以上所给资料用分批法计算各批产品成本。该三批产品成本明细账分别如账簿 5-6～账簿 5-8 所示。

账簿 5-6　　　　　　　　　　　**产品生产成本明细账**

产品批号：0210　　　　　　　　　　　　　　　　　　　　　　　投产日期：11 月
产品名称：A 产品　　　产品批量：20 台　　　单位：元　　　完工日期：12 月

年		摘要	直接材料	直接人工	制造费用	合计
月	日					
11	30	机械加工车间生产费用	10 500	12 500	3 250	26 250
		装配车间费用		6 400	2 800	9 200
		生产费用累计	10 500	18 900	6 050	35 450
		按计划成本转出完工产品成本（8 台）	4 000	12 000	3 840	19 840
		月末在产品成本	6 500	6 900	2 210	15 610
12	31	月初余额	6 500	6 900	2 210	15 610
		机械加工车间生产费用		9 900	2 850	12 750
		装配车间费用		4 000	1 920	5 920
		生产费用累计	6 500	20 800	6 980	34 280
		转出完工产品成本（12 台）	6 500	20 800	6 980	34 280
		20 台产品全部成本产品单位成本	10 500 525	32 800 1 640	10 820 541	54 120 2 706

账簿 5-7　　　　　　　　　　　　　产品成本明细账

产品批号：0211　　　　　　　　　　　　　　　　　　　　　　　　　投产日期：12 月
产品名称：B 产品　　　　产品批量：15 台　　　　单位：元　　　　完工日期：12 月

年		摘要	直接材料	直接人工	制造费用	合计
月	日					
12	31	机械加工车间生产费用	40 500	4 950	1 425	46 875
		装配车间生产费用		7 010	2 400	9 410
		生产费用累计	40 500	11 960	3 825	56 285
		结转完工产品成本（15 台）	40 500	11 960	3 825	56 285
		单位产品成本	2 700	797.33	255	3 752.33
		月末在产品				0

在 0212 批产品成本明细账中的各项费用的约当产量分配率计算如下：

原材料分配率 $= \dfrac{9\ 500}{6+4} = 950$（元/件）

直接人工费用分配率 $= \dfrac{5\ 040}{6+4 \times 50\%} = 630$（元/件）

制造费用分配率 $= \dfrac{2\ 750}{6+4 \times 50\%} = 343.75$（元/件）

账簿 5-8　　　　　　　　　　　　　产品成本明细账

产品批号：0212　　　　　　　　　　　　　　　　　　　　　　　　　投产日期：12 月
产品名称：C 产品　　　　产品批量：10 台　　　　单位：元　　　　完工日期：12 月 6 日

年		摘要	直接材料	直接人工	制造费用	合计
月	日					
12	31	机械加工车间生产费用	9 500	2 300	950	12 750
		装配车间生产费用		2 740	1 800	4 540
		生产费用累计	9 500	5 040	2 750	17 290
		结转完工产品成本（6 台）	5 700	3 780	2 062.5	11 542.5
		按约当产量法计算分配率	950	630	343.75	1 923.75
		月末在产品成本（4 台）	3 800	1 260	687.5	5 747.5

在以上三批产品明细账中，制造费用的资料来自下列制造费用分配表，如表 5-18 所示。

表 5-18　　　　　　　　　　　　　　制造费用分配表

产品批号	机械加工车间			装配车间			合计
	生产工时（小时）	分配率	分配金额	生产工时（小时）	分配率	分配金额	
0210	3 000	0.95	2 850	1 600	1.2	1 920	4 770
0211	1 500		1 425	2 000		2 400	3 825
0212	1 000		950	1 500		1 800	2 750
合计	5 500	0.95	5 225	5 100	1.2	6 120	11 345

【例 5-2】列示了三批产品成本明细账的格式和金额，计算程序和计算工作都比较简便。但不能因此得出结论：产品成本计算的分批法比品种法简单。实际上，前面所述品种法的全部计算程序和各项计算工作，在分批法中都可能进行。上列举例只列举出这些比较简单的成本明细账及登记方法，目的是为了突出分批法的特点。

四、简化的分批法

在小批单件生产的企业或车间中，同一月份内投产的产品批数往往很多，有的多至几十批，甚至上百批。在这种情况下，各种间接计入的费用在各批产品之间按月进行分配的工作就极为繁重。因此，在投产批数繁多，且月末未完工批数较多的企业，还可采用一种简化的分批法，也就是不分批计算在产品成本的分批法。

1. 简化分批法的特点

（1）简化分批法计算成本时，必须设立基本生产成本二级账，用以提供企业或车间全部产品的累计生产费用和生产工时资料。

（2）仍然按照产品的批别开设生产成本明细账，但在各该批产品完工以前，账内只需按月登记直接计入的费用和生产工时，而不必按月登记、分配各项间接计入费用。

（3）在有完工产品的月份，按照基本生产成本明细账上完工产品的累计生产工时和基本生产成本二级账资料计算的累计间接计入费用分配率，计算完工产品应负担的累计间接费用并计入生产成本。

（4）月末时，不计算在产品应负担的累计间接费用，即不计算在产品成本。

2. 简化分批法的举例

【例 5-3】某工业企业小批生产多种产品，产品批数繁多，采用简化分批法计算成本。该企业在 20××年 8 月份生产 20 批产品，有关资料如下。

（1）产品及产量资料如表 5-19 所示。

表 5-19　　　　　　　　　　产品批别及产量

批号	产品品种	开工日期	产量	本月完工产量
K012 批至 K020 批	A1 至 A99 种产品	7月	略	无
K021 批	A10 产品	7月	20 台	20 台
K022 批	B1 产品	8月	35 台	10 台
K023 批	B2 产品	8月	10 台	无
K024 至 K031 批	B3 至 B108 种产品	8月	略	无

注：各批产品的有关资料应按批别分别给出，此例为简化，将这些批别合并给出。

（2）月初资料：基本生产成本二级账月初余额：原材料 180 000 元、生产工时 68 000 小时、工资及福利费 126 000 元、制造费用 175 000 元，其中 K021 批原材料 30 000 元、生产工时 13 000 小时，其余各批产品月初余额省略。

（3）本月生产费用及生产工时资料如表 5-20 所示。资料取自材料费用分配表、工时记录、工资结算单、制造费用明细账。

表 5-20　　　　　　　本月生产费用及生产工时资料　　　　　　单位：元

产品批次	直接材料	生产工时	直接人工	制造费用
K012 批至 K020 批		30 000		
K021 批		5 000		
K022 批	30 000	12 000		
K023 批	40 000	8 000		
K024 至 K031 批	96 000	27 000		
合计	166 000	82 000	189 000	245 000

企业采用计时工资制，所以制造车间职工薪酬列为间接计入的费用。

对于跨期出货的 K022 批产品，按定额成本转出。单位产品原材料费用定额 1 150 元，工时定额 400 小时，完工产品的间接计入费用按照完工产品的定额工时与累计间接计入费用分配率计算。

该企业开设生产成本二级账如账簿 5-9 所示。

账簿 5-9　　　　　　　　　**基本生产成本二级账**

（各批全部产品总成本）　　　　　　　　　　　　　单位：元

年		摘要	直接材料	生产工时	直接人工	制造费用	合计
月	日						
8	1	月初余额	180 000	68 000	126 000	175 000	481 000
8	31	本月生产费用	166 000	82 000	189 000	245 000	600 000
		生产费用累计	346 000	150 000	315 000	420 000	1 081 000
		全部产品累计间接计入费用分配率			2.1	2.8	
		本月转出产品完工成本	41 500	22 000	46 200	61 600	149 300
		月末在产品成本	304 500	128 000	268 800	358 400	931 700

在上列基本生产成本二级账中，本月发生的直接材料费和生产工时根据本月各批产品原材料费用分配表、生产工时记录与各批产品成本明细账平行登记；本月发生的各项间接计入费用，应根据各该费用分配表登记。

$$\text{全部产品某项累计间接计入费用分配率} = \frac{\text{全部产品该项累计间接计入费用}}{\text{全部产品累计生产工时}}$$

$$\text{直接人工费用累计分配率} = \frac{315\,000}{150\,000} = 2.1\,（元/小时）$$

$$\text{制造费用累计分配率} = \frac{420\,000}{150\,000} = 2.8\,（元/小时）$$

基本生产成本二级账中完工产品的直接材料费用和生产工时，应根据各批产品成本明细账中完工产品的直接材料和生产工时汇总登记。完工产品的各项间接计入费用，可以根据账中完工产品生产工时，分别乘以各该费用累计分配率计算登记，也可以根据各批明细账中完工产品的各该费用分别汇总登记。基本生产成本二级账中月末在产品各项费用和生产工时登记方法与完工产品的各项内容的登记方法相同。

该企业设立的产品成本明细账分别如账簿 5-10～账簿 5-12 所示。

账簿 5-10　　　　　　　　　**产品成本明细账**

产品批号：K021　　　　　　　　　　　　　　　　　　　投产日期：7月
产品名称：A10　　　　产量批量：20 台　　　　　　　　完工日期：8月
　　　　　　　　　　　　　　　　　　　　　　　　　　单位：元

年		摘要	直接材料	生产工时	直接人工	制造费用	合计
月	日						
8	1	月初余额	30 000	13 000			
8	31	本月生产费用		5 000			

续表

年		摘要	直接材料	生产工时	直接人工	制造费用	合计
月	日						
		生产费用累计及累计间接计入费用分配率	30 000	18 000	2.1	2.8	
		转出产品完工成本	30 000	18 000	37 800	50 400	118 200
		产品单位成本	1 500		1 890	2 520	5 910

账簿 5-11　　　　　　　　　　　**产品生产成本明细账**

产品批号：K022　　　　　　　　　　　　　　　　　　　　　　　　投产日期：8 月
产品名称：B1　　　　　　　　产量：35 台　　　　　　　　　完工日期：8 月完工 10 台
　　　　　　　　　　　　　　　　　　　　　　　　　　　　　　　　　　单位：元

年		摘要	直接材料	生产工时	直接人工	制造费用	合计
月	日						
8	31	本月生产费用	30 000	12 000			
		生产费用累计及累计间接计入费用分配率	30 000	12 000	2.1	2.8	
		转出产品完工成本	11 500	4 000	8 400	11 200	31 100
		产品单位成本	1 150		840	1 120	3 110
		结余	18 500	8 000			

账簿 5-12　　　　　　　　　　　**产品生产成本明细账**

产品批号：K023　　　　　　　　　　　　　　　　　　　　　　　　投产日期：8 月
产品名称：B2　　　　　　　　产量：10 台　　　　　　　　　完工日期：
　　　　　　　　　　　　　　　　　　　　　　　　　　　　　　　　　　单位：元

年		摘要	直接材料	生产工时	直接人工	制造费用	合计
月	日						
8	31	本月生产费用	40 000	8 000			
		月末余额	40 000	8 000			

企业共开设 30 个产品成本明细账，以上仅以其中三批产品为例，说明简化分批法的具体操作，其余各批产品明细账资料省略。

在产品成本明细账中，直接材料费用和生产工时按照原材料费用分配表及生产工时记录登记。在有完工产品的月末，各完工产品的累计间接计入费用按下列公式计算：

$$\text{某批完工产品应负担的某项间接计入费用} = \text{该批完工产品累计生产工时} \times \text{全部产品该项累计间接计入费用分配率}$$

如〖例 5-3〗中 K021 批产品：

完工产品的直接人工费用 = 18 000 × 2.1 = 37 800（元）

完工产品的制造费用 = 18 000 × 2.8 = 50 400（元）

从〖例 5-3〗可以看出，采用简化分批法，每月发生的各项间接计入费用不是按月分配的，而是先累计起来，到产品完工时，按照累计间接费用分配率进行分配。各批完工产品与月末在产品之间分配费用及各批产品之间分配费用的工作，是利用累计间接计入费用分配率，到产品完工时合并在一起进行的。也就是说，各项累计间接计入费用分配率，是各批产品之间划分费用的依据，也是完工产品与月末在产品划分费用的依据。简化分批法，也称为累计间接计入费用分配法。

简化分批法一般在各个月份的间接计入费用水平相差不多，且月末未完工产品的批数较多的企业应用。

第四节 分 步 法

一、分步法的概念和适用范围

产品成本计算的分步法是以产品生产步骤作为成本计算对象，按生产步骤开设成本明细账，归集费用，计算产品成本的一种方法。

分步法适用于大量大批的多步骤生产，例如冶金、纺织、造纸，以及大量大批生产的机械制造等。在这些生产企业中，产品生产可以分为若干个生产步骤进行，例如，钢铁企业可分为炼钢、轧钢等步骤；纺织企业可以分为纺纱、织布等步骤；造纸企业可分为制浆、制纸、包装等步骤；机械企业可以分为铸造、加工、装配等步骤。

二、分步法的特点

1. 成本计算对象

分步法中，成本计算对象就是产品的生产步骤。产品成本明细账应按生产步骤和产品品种设立；或者按生产步骤设立，账中按产品品种反映。

一般情况下，在按生产步骤设立车间的企业中，分步计算成本就是分车间计算成本，每一个生产车间就是一个生产步骤。但也不完全一致，有时一个大规模的生产车间可以再分成几个步骤计算成本，或者几个生产车间合为一个生产步骤计算产品成本。产品成本计算的分步与实际的生产步骤不一定完全一致。为简化成本计算工作，只对管理上有必要分步计算成本的生产步骤单独设立成本明细账进行核算。

2. 成本计算期

分步法一般是应用在大量大批生产中的，因此，产品成本计算期与生产周期不一致，与会计期间一致，按月计算完工产品成本。

3. 月末完工产品与在产品的费用划分

在多步骤生产中，产品的生产周期较长，各步骤在产品的数量较多。因此，采用分步法计算产品成本时，计入各种产品、各生产步骤明细账中的生产费用，大多要采用适当的分配方法在完工产品和月末在产品之间进行分配，计算完工产品成本和在产品成本。

出于成本管理对各生产步骤成本资料和对简化成本计算工作的考虑，分步法可以分为逐步结转分步法和平行结转分步法两种。

三、逐步结转分步法

逐步结转分步法是按照产品的生产步骤逐步结转半成品成本，最后算出产成品成本的分步法，又称为计列半成品成本分步法。

逐步结转分步法的成本计算程序如图 5-2 所示。

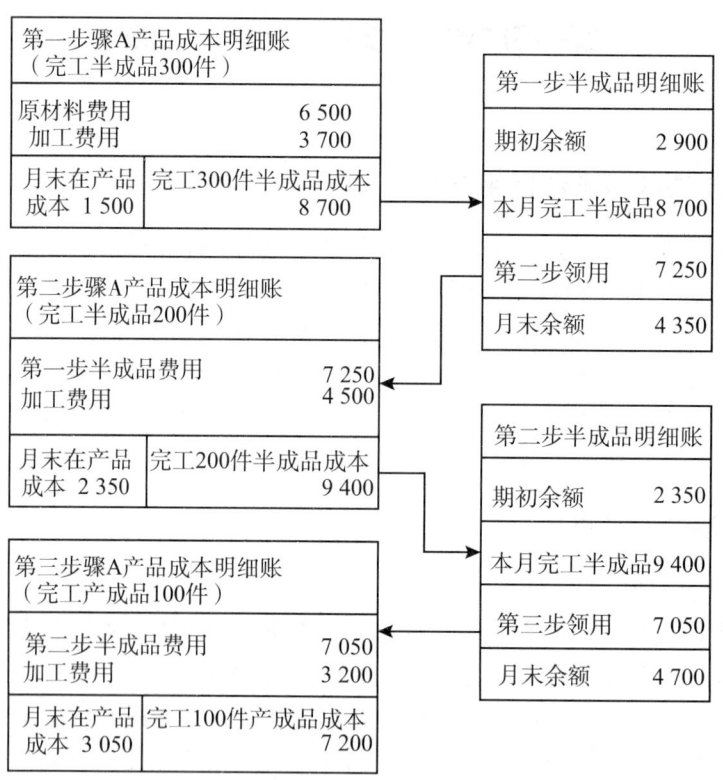

图 5-2 逐步结转分步法成本计算程序

从图 5-2 可以看出，在逐步结转分步法下，各生产步骤应计算本步骤各种产品（自制半成品）的成本。自制半成品的实物转移时，其成本亦随之转移。在企业未设半成品库，自制半成品实物直接从上一步骤转入下一生产步骤时，其半成品成本亦应从各该步骤的成本计算单中转出，计入下一步骤的成本计算单中。如果企业设有半成品库，半成品经过半成品库进行收发，则应设置"自制半成品"账户进行核算。如第一生产步骤半成品完工验收入库时，借记"自制半成品"账户，贷记"基本生产成本"账户；下一生产步骤领用时，借记"基本生产成本"账户，贷记"自制半成品"账户。

自制半成品成本的结转按其在下一生产步骤成本明细账中反映的方法不同，有综合结转和分项结转两种方法。

（一）综合结转法

综合结转法即各生产步骤对耗用上一步骤的半成品成本，不分成本项目，均以"自制半成品"（原材料）项目，综合记入各该产品的成本计算单中。

综合结转可以按照半成品的实际成本结转，也可以按照半成品的计划成本（或定额成本）结转。

1. 按实际成本综合结转

采用这种方法，各步骤耗用的半成品是按照上一步骤的实际成本记入下一步骤的成本计算单的"直接材料"或"半成品"项目中。如果半成品通过半成品库收发，由于各月所产半成品的单位成本不同，因而所耗半成品的单位成本，可以同材料核算一样，采用先进先出法、加权平均法或移动加权平均法等方法计算。为了提高各步骤成本计算的及时性，在月初半成品结余数量较多，本月耗用的半成品全部或大部分是以前月份所产的情况下，本月所耗半成品费用也可按上月末的加权平均单位成本计算，其目的是为简化核算。

现举例说明按实际成本综合结转法进行成本计算的具体程序。

【例 5-4】 某工业企业生产 A 产品经过两个生产步骤，第一步骤生产出 A 半成品，验收后入半成品库，通过半成品库进行收发，第二步骤根据生产需要从半成品库中领用半成品，继续加工生产出产成品。半成品在发出时，采用加权平均单价计算成本。两个车间月末的在产品均按定额成本计价。其成本计算程序如下：

（1）根据各种费用分配表、半成品交库单和第一车间在产品定额成本资料，登记第一车间 A 半成品成本明细账，如账簿 5-13 所示。

账簿 5-13　　　　　　　　　　　　**产品成本明细账**

第一车间：A 半成品

年		摘要	产量（件）	原材料（元）	直接人工费用（元）	制造费用（元）	合计（元）
月	日						
8	1	期初余额（定额成本）		13 500	7 800	5 600	26 900
8	31	本月生产费用		46 000	24 200	28 900	99 100
	31	生产费用累计		59 500	32 000	34 500	126 000
	31	结转完工半成品成本		38 000	19 000	23 000	80 000
	31	在产品成本（定额成本）		21 500	13 000	11 500	46 000

在上列半成品成本明细账中，由于月初、月末在产品按定额成本计价，因而用生产费用累计数减去月末在产品的定额成本，即可求得本月完工半成品成本。

根据第一车间的半成品交库单编制下列会计分录：

借：自制半成品——A 半成品　　　　　　　　　　　　　　80 000
　　贷：基本生产成本——第一步骤　　　　　　　　　　　　　　80 000

（2）根据半成品交库单和第二步骤领用半成品的领料单（第二车间本月领用半成品 450 件），登记自制半成品明细账，如账簿 5-13 所示。

账簿 5-14　　　　　　　　　　　　**自制半成品明细账**

A 半成品

月份	月初余额			本月增加			累计			本月减少		
	数量（件）	单价（元）	实际成本（元）	数量（件）	单价（元）	实际成本（元）	数量（件）	单价（元）	实际成本（元）	数量（件）	单价（元）	实际成本（元）
8	100	208	20 800	400	200	80 000	500	201.60	100 800	450	201.6	90 720
9	50	201.6	10 080									

在账簿 5-14 所示明细账中，"累计栏"的单价是全月一次加权平均单价，应根据累计实际成本除以累计数量计算填列。本期减少的实际成本，根据领用数量乘以加权平均单价计算填列。

根据第二车间领用半成品的领料单，编制下列会计分录：

借：基本生产成本——第二步骤　　　　　　　　　　　　　　90 720
　　贷：自制半成品——A 半成品　　　　　　　　　　　　　　　90 720

（3）根据各种费用分配表、半成品领用单、产成品交库单，以及第二车间在产品定额成本资料，登记第二车间 A 产品成本明细账，如账簿 5-15 所示。

账簿 5-15　　　　　　　　　　　　**产品成本明细账**

第二车间：A 产品

年		摘要	产量（件）	半成品（元）	直接人工费用（元）	制造费用（元）	合计（元）
月	日						
8	1	月初余额（定额成本）		12 000	6 000	7 500	25 500
	31	本月生产费用		90 720	19 600	23 400	133 720
	31	生产费用累计		102 720	25 600	30 900	159 220
	31	结转完工产成品成本	430	87 920	18 400	22 300	128 620
	31	产成品单位成本		204.47	42.79	51.86	299.12
	31	在产品成本（定额成本）		14 800	7 200	8 600	30 600

上列第二车间产品成本明细账增设了"半成品"成本项目，其中本月半成品费用就是根据半成品领用凭证登记的。

根据产成品交库单，编制如下会计分录：

借：库存商品——A 产品　　　　　　　　　　　　　　　128 620
　　　贷：基本生产成本——第二步骤　　　　　　　　　　　　128 620

2. 按计划成本综合结转

采用这种方法是半成品的日常收发核算均按计划单位成本核算；在半成品实际成本计算出来以后，再计算半成品的成本差异率，调整所耗半成品的成本差异。

这种方法与实际成本结转相比较，除半成品收发核算必须采用计划成本核算以外，在第二步骤以及以后各步骤生产成本明细账中，对半成品成本项目必须分设"计划成本""成本差异""实际成本"三个专栏，分别核算。

【例 5-5】仍以〖例 5-4〗企业资料说明按计划成本结转的成本计算程序。

（1）根据各种费用分配表、半成品交库单和第一车间在产品定额资料，登记第一车间 A 半成品成本明细账。明细账登记内容与上例第一车间明细账内容完全相同，见账簿 5-13，这里不再重复列示。

该企业半成品的计划单位成本为 204 元。结转第一步骤完工半成品成本及成本差异的会计分录如下：

借：自制半成品——A 半成品　　　　　　　　　　　　　　81 600
　　　贷：基本生产成本——第一步骤　　　　　　　　　　　　81 600

完工 400 件自制半成品计划成本 = 400 × 204 = 81 600（元）。

结转半成品成本差异

借：基本生产成本——第一步骤　　　　　　　　　　　　　1 600
　　　贷：材料成本差异——半成品成本差异　　　　　　　　　1 600

（2）根据半成品交库单和第二车间领用半成品的领料单，登记自制半成品明细账，如账簿 5-16 所示。

账簿 5-16　　　　　　　　　　自制半成品明细账

月份	月初余额			本月增加			累计	
	数量（件）	计划成本（元）	实际成本（元）	数量（件）	计划成本（元）	实际成本（元）	数量（件）	计划成本（元）
	①	②	③	④	⑤	⑥	⑦ = ① + ④	⑧ = ② + ⑤
8	100	20 400	20 800	400	81 600	80 000	500	102 000
9	50	10 200	10 080					

续表

	累计		本月减少		
实际成本（元）	成本差异（元）	成本差异率	数量（件）	计划成本（元）	实际成本（元）
⑨=③+⑥	⑩=⑨-⑧	⑪=⑩÷⑧×100%	⑫	⑬	⑭=⑬+⑬×⑪
100 800	-1 200	-1.176 5%	450	91 800	90 720

根据第二车间领用半成品的领用单，编制如下会计分录：
按计划成本发出 450 件半成品：
　　借：基本生产成本——第二步骤　　　　　　　　　　　　　　91 800
　　　　贷：自制半成品——A 半成品　　　　　　　　　　　　　　91 800
调整发出半成品应负担的成本差异：
　　借：基本生产成本——第二步骤　　　　　　　　　　　　　　1 080
　　　　贷：材料成本差异——半成品成本差异　　　　　　　　　　1 080

（3）根据各种费用分配表、半成品领用单、产成品交库单，以及第二车间在产品定额成本资料，登记第二车间 A 产品成本明细账，如账簿 5-17 所示。

账簿 5-17　　　　　　　　　　　　产品成本明细账

第二车间：A 产品

年		摘要	产量（件）	半成品			直接人工费用（元）	制造费用（元）	合计
月	日			计划成本（元）	成本差异（元）	实际成本（元）			
8	1	月初余额		12 000		12 000	6 000	7 500	25 500
	31	本月生产费用		91 800	-1 080	90 720	19 600	23 400	133 720
	31	生产费用累计		103 800	-1 080	102 720	25 600	30 900	159 220
	31	结转完工产品成本	430	89 000	-1 080	87 920	18 400	22 300	128 620
	31	产成品单位成本		206.98	-2.51	204.47	42.79	51.86	299.12
	31	在产品成本（定额成本）		14 800		14 800	7 200	8 600	30 600

在上列产品成本明细账中，本月所耗半成品费用的计划成本数，按计划单位成本与领用数量乘积登记；本月所耗半成品成本差异，按所耗半成品的计划成本乘以半成品成本差异率计算登记。由于在产品按定额成本计价，其所耗半成品不再负担半成品成本差异，因此，本月所耗半成品成本差异全部都由产成品成本负担。

按计划成本结转半成品成本可以简化和加速成本核算工作，同时也便于进行成本的考核和分析。

3. 综合结转法的成本还原

从账簿 5-15、账簿 5-17 所列的两个明细账中可以看出，在产成品的成本构成中，存在着"半成品"这一项目，这样的产品成本构成并不按原始成本项目进行反映，对于企业进行成本的分析考核，以及加强产品成本管理存在不利影响，不便于企业考核和分析产品成本的构成水平。因此，需要对产成品中的半成品成本进行还原。

所谓成本还原，是指将产成品中的半成品成本分解成各原始项目，从而按原始成本项目反映产成品的成本构成。

通常采用的成本还原方法是：从最后一个步骤起，把各步骤所耗上一步骤的半成品综合成本逐步分解，还原成为直接材料、直接人工和制造费用等原始成本项目，从而求得按原始成本项目反映的产成品成本资料。也就是将本月产成品所耗的上步骤半成品的综合成本，按照本月所产该种半成品的成本结构进行还原。

【例 5-6】 在《例 5-4》中，第二车间完工的总成本为 128 620 元，其中半成品成本为 87 820 元，现对该半成品成本进行还原。

在进行成本还原时，是按照本月所产该种半成品成本结构进行的。因此，要根据第一车间完工的 A 半成品成本结构进行分解。在第一步骤完工的 A 半成品成本 80 000元中，原材料为 38 000 元、直接人工费用 19 000 元、制造费用 23 000 元。原材料所占完工半成品成本的比重为 $\frac{38\ 000}{80\ 000}$，则 87 920 元的半成品中原材料费用为 87 920 × $\frac{920\ 000}{80\ 000}$ = 41 762（元）。

以此类推，在 87 920 元的 A 半成品成本中所含的直接人工费用、制造费用分别为：

半成品中的直接人工费用 = 87 920 × $\frac{19\ 000}{80\ 000}$ = 20 881（元）

半成品中的制造费用 = 87 920 × $\frac{23\ 000}{80\ 000}$ = 25 277（元）

$$还原分配率 = \frac{产成品所耗上一步骤半成品成本合计}{本月所产该种半成品成本合计}$$

从以上计算可以看出，产成本中所耗半成品还原后的各项费用，是以本月所产半成品的各项费用分别乘以还原分配率计算求出的，因而被还原的半成品的各项费用之间的比例与本月所产该种半成品的各项费用之间的比例是相同的。即：产成品中的半成品费用按本月所产该种半成品成本的结构进行还原。

还原后的产成品成本构成如下：

原材料费用 = 41 762（元）

直接人工费用 = 18 400 + 20 881 = 39 281（元）

制造费用 = 22 300 + 25 277 = 47 577（元）

产成品成本合计 = 128 620（元）

以上计算还可以通过产成品成本还原计算表进行，如表 5-21 所示。

表 5-21　　　　　　　　　　　产成品成本还原计算表　　　　　　　　　单位：元

行次	项目	产量	还原分配率	半成品	直接材料	直接人工费用	制造费用	合计
①	还原前产成品成本			87 920		18 400	22 300	128 620
②	本月所产该种半成品成本			38 000	19 000	23 000	80 000	
③	对产成品中的半成品成本进行还原		$\frac{87\,920}{80\,000}=1.099$	-87 920	41 762	20 881	25 277	0
④=①+③	还原后产成品总成本	430			41 762	39 281	47 577	128 620
⑤	还原后产成品单位成本				97.12	91.35	110.65	299.12

如果〖例 5-4〗中，A 产品的生产步骤不是两步，而是三步，按照上列方法还原后，产成品成本还原表"半成品"项目还会有未还原的综合费用，这时应再进行一次还原。如果是四步，则应还原三次，以此类推，直至半成品项目的综合费用全部分解、还原为原始成本项目为止。

4. 综合结转法的优缺点和应用条件

综合结转法的优点是：可以在各生产步骤的产品成本明细账中反映该步骤所耗用的半成品费用水平和本步骤加工费用水平，有利于各个生产步骤的成本管理。例如，可以从钢铁企业炼钢车间产品成本明细账中看出所耗半成品生铁或铁水的费用水平和炼钢成本的水平，有利于炼钢车间的成本管理。综合结转法的缺点是：为了从整个企业角度反映产品成本的构成，加强成本管理，必须进行成本还原，从而增加了核算工作量。因此，这种方法只宜在管理上要求计算各步骤完工产品所耗半成品费用，但不要求进行成本还原的情况下采用。

（二）分项结转法

采用这种结转法，是将各步骤所耗半成品费用按成本项目分项转入各步骤产品成本明细账的各个成本项目中。如果半成品通过半成品库收发，那么，在自制半成品明细账中登记半成品成本时，也要按照成本项目分别登记。

分项结转法可以按照半成品实际成本结转，也可以按照计划单位成本进行结转，然后按成本项目分项调整差异。后一种做法的计算工作量较大。因此一般采用按实际成本结转的方法。

1. 分项结转法的计算程序

【例 5-7】现以〖例 5-4〗A 产品成本资料为例，说明按半成品实际成本进行分项结转的计算程序。

(1) 根据各种费用分配表、半成品交库单和第一车间在产品定额成本资料，登记第一车间 A 半成品成本明细账，明细账登记的内容及半成品入库的会计分录与本节第一例题的明细账及分录完全相同，见账簿 5-13 及所列会计分录，这里不再重新列示。

(2) 根据半成品交库单和第二步领用半成品的领料单，登记自制半成品成本明细账，如账簿 5-18 所示。

账簿 5-18　　　　　　　　　　　　自制半成品明细账

A 半成品

月份	摘要	数量（件）	实际成本			
			直接材料（元）	直接人工（元）	制造费用（元）	合计（元）
8	月初余额	100	9 880	4 940	5 980	20 800
8	本月增加	400	38 000	19 000	23 000	80 000
8	累计	500	47 880	23 940	28 980	100 800
8	本月产品单位成本		95.76	47.88	57.96	201.6
8	本月减少	450	43 092	21 546	26 082	90 720
8	月末余额	50	4 788	2 394	2 898	10 080

在上列自制半成品明细账中，月初结存 100 件，其总成本为 20 800 元，各成本项目资料如账中所列，该资料取自上月末余额；本月增加数根据半成品入库单填列；本月减少数则依据第二车间领料单及单位成本计算登记。

编制领用半成品的会计分录：

借：基本生产成本——第二步骤　　　　　　　　　　　　　90 720
　　贷：自制半成品——A 半成品　　　　　　　　　　　　　　　90 720

(3) 根据各种费用分配表、半成品领料单、自制半成品明细账、产成品交库单和第二车间在产品定额成本资料，登记第二车间 A 产成品成本明细账，如账簿 5-19 所示。

账簿 5-19　　　　　　　　　　　　产品成本明细账

第二车间：A 成品

年		摘要	产量（件）	直接材料（元）	直接人工（元）	制造费用（元）	合计（元）
月	日						
8	1	月初余额（定额成本）		5 700	8 850	10 950	25 500
	31	本月生产费用			19 600	23 400	43 000

续表

年		摘要	产量（件）	直接材料（元）	直接人工（元）	制造费用（元）	合计（元）
月	日						
	31	耗用上步骤半成品		43 092	21 546	26 082	90 720
	31	生产费用累计		48 792	49 996	60 432	159 220
	31	结转完工产成品成本	430	41 762	39 281	47 577	128 620
	31	产成品单位成本		97.12	91.35	110.65	299.12
	31	在产品成本（定额成本）		7 030	10 715	12 855	30 600

上列明细账中，月初余额根据上月末在产品的定额成本资料登记；本月生产费用从有关的费用分配表中查找、登记；耗用上步骤半成品费用根据账簿5－18的半成品明细账或第二车间领料单登记；月末在产品根据在产品的定额资料登记。需要说明的是，这里的月初、月末在产品定额成本资料总额与账簿5－15的相应指标相等，但具体成本构成不同，因为这里的半成品成本是分项结转，按原始成本项目反映成本构成，而账簿5－16成本明细账中半成品成本是综合结转的，没有按原始成本项目反映。故两者总额相等，而具体内容不同。

现在将明细账中的产成品成本构成的数据与表5－21的成本还原计算表中的"还原后产成品总成本"的资料相比较，会发现两者数据完全相同。所以，在分项结转法中，不需要经过产品成本还原，可以直接求得按原始成本项目反映的产成品成本。

在实际工作中，有时采用分项结转法计算的产成品成本构成与还原后的产成品成本构成不相同，但总成本一致。这是因为产品成本计算受到在产品成本的影响，如果上月末在产品成本结构与本月所产半成品成本结构不相同，而成本还原又是按照本月所产半成品成本结构进行，成本还原时就没有考虑上月末半成品成本构成的影响，而分项结转法在计算成本时，却是按上月半成品的实际成本构成进行的，即分项结转法考虑到了上月半成品成本结构的影响。

因此，这两种方法计算的产成品成本会出现产成品成本总额相等，但内部构成却不相同的现象。本书所举例题，是在上月末半成品成本构成与本月所产半成品成本结构完全一致的条件下进行的，因此两者计算结果完全相同。

2. 分项结转法的优缺点及应用条件

采用分项结转法结转半成品成本，其优点是：可以直接、正确地提供按原始成本项目反映的企业产品成本资料，便于从整个企业的角度考核和分析成本计划执行情况，不需要进行成本还原；其缺点是：成本结转工作比较复杂，而且在各步骤完工产品成本中看不出所耗上一步骤半成品费用是多少、本步骤加工费用是多少，不便于各步骤完工产品的成本分析。该方法一般适用在管理上不要求计算各步骤完工产品所耗半成品费用和本步骤加工费用，而要求按原始成本项目计算产品成本的企业。

（三）逐步结转分步法的优缺点和应用条件

逐步结转分步法的优点：①能够提供各个生产步骤的半成品成本资料；②各生产

步骤的半成品成本随半成品实物的转移而结转,能够全面地反映各该步骤的生产耗费水平,能够较好地满足这些生产步骤成本管理的要求。

逐步结转分步法的缺点:①各个生产步骤逐步结转半成品成本,会影响成本核算的及时性;②在需要按原始成本项目提供产成品成本的企业中,如果采用综合结转法,需要进行成本还原。如果采用分项结转法,半成品成本结转工作量比较大,不利于简化和加速成本核算工作。

逐步结转分步法一般应在半成品种类不多,逐步结转半成品成本工作量不大,管理上要求提供各生产步骤半成品成本资料的情况下采用。

四、平行结转分步法

平行结转分步法是平行结转各生产步骤生产费用中应计入产成品成本的份额,然后汇总计算产成品成本的分步法

1. 平行结转分步法计算程序

平行结转分步法计算程序如图5-3所示。

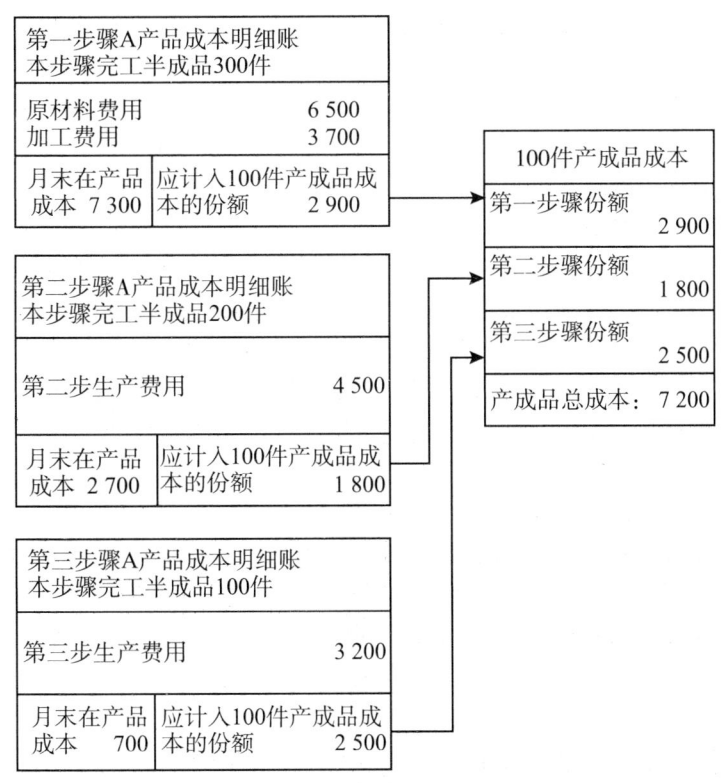

图5-3 平行结转分步法计算程序

从图5-3中可以看出,采用平行结转分步法计算成本,各步骤不计算,也不逐步结转半成品成本。图5-3中第一、第二步骤完工半成品分别为300件、200件,但在

计算成本时,并不计算这些半成品的成本,而是计算出每一步的生产费用应计入100件产成品成本的"份额",是将每一步骤的生产费用在100件产成品与广义的在产品之间进行划分,在产成品入库时,将所求得的每一步骤计入产成品成本的份额平行汇总,记入"库存商品"账户的借方,贷记"基本生产成本"账户。因此,采用这一方法,不论半成品是在各生产步骤之间直接转移,还是通过半成品库收发,都不通过"自制半成品"账户进行总分类核算。

需要强调的是,在平行结转法计算成本时,每一步骤生产成本明细账在月末划分费用时,是在完工的产成品与广义的在产品之间划分。这里的在产品包括本步骤正在加工的在产品和本步骤已加工完毕但未最终产成的半成品。也就是说,半成品的实物已经转移,但这些半成品的成本仍保留在本步骤成本明细账中,尚未转出。即半成品的成本与实物转移相脱节。

2. 各步骤应计入产成品成本份额的计算

采用平行结转分步法计算产品成本时,月末各步骤需要将本月累计的生产费用在最终的产成品与广义在产品之间进行分配,从而确定出本步骤费用中应计入产成品成本的份额。常用的分配方法有约当产量法和定额比例法。

(1) 采用约当产量法时,各步骤应计入产成品成本的份额计算公式:

$$\text{某步骤应计入产成品成本的份额} = \frac{\text{产成品数量} \times \text{单位产成品耗用该步骤半成品数量} \times \text{该步骤单位半成品费用}}{}$$

其中,

$$\text{该步骤单位半成品费用} = \frac{\text{该步骤月初在产品费用} + \text{该步骤本月生产费用}}{\text{该步骤约当产量}}$$

某步骤约当产量 = 最终完工产品数量 + 广义在产品约当产量

$$= \text{最终完工产品数量} + \text{本步骤月末在产品约当产量} + \text{本步骤以后各步期末在产品数量}$$

(2) 采用定额比例法时,应先取得有关定额资料,包括产成品和在产品的定额消耗量(材料消耗定额、工时定额)或定额费用。其中,产成品的定额消耗量或定额费用可根据产成品数量乘以单位产品消耗定额或费用定额计算;月末在产品的定额资料可以采用倒挤的方法计算,即:

$$\text{月末在产品定额消耗量或定额费用} = \text{月初在产品定额消耗量或定额费用} + \text{本月投入的定额消耗量或定额费用} - \text{本月完工产品定额消耗量或定额费用}$$

在取得定额资料的基础上,计算各项费用分配率,其中,原材料费用按原材料定额消耗量(或定额费用)比例分配;其他各项费用均按定额工时比例分配。具体计算通过例题说明。

【例 5 - 8】某企业大量大批生产甲产品,分三个步骤分别由三个基本生产车间进行生产。一车间生产 A 半成品,二车间将 A 半成品加工成 B 半成品,三车间将 B 半成品加工成甲产品。每件甲产品耗用各步骤半成品均为 1 件。原材料在生产开始时一次投入,月末各步骤狭义在产品完工程度均为60%。该企业某年10月份有关产量和成本资料如下:产量记录见表5 - 22,月初在产品成本见表5 - 23,本月生产费用资料见表 5-24。

表 5-22　　　　　　　　　　　　产量记录表　　　　　　　　　　　　单位：件

项目	第一车间	第二车间	第三车间
月初在产品	72	18	36
本月投入	360	396	360
本月完工	396	360	378
月末在产品	36	54	18

表 5-23　　　　　　　　　　　月初在产品成本表　　　　　　　　　　单位：元

项目	直接材料费用	直接人工费用	制造费用	合计
第一车间	1 260	288	432	1 980
第二车间		270	216	486
第三车间		180	144	324

表 5-24　　　　　　　　　　本月生产费用资料表　　　　　　　　　　单位：元

项目	直接材料费用	直接人工费用	制造费用	合计
第一车间	3 600	810	1 260	5 670
第二车间		5 760	5 040	10 800
第三车间		3 240	2 700	5 940

根据上述资料，采用平行结转分步法计算产品成本。

各车间产品成本明细账见账簿 5-20～账簿 5-22。账簿 5-20 中，应计入产成品成本的份额，应用前述计算公式计算：

直接材料应计入产成品成本的份额 $= \dfrac{4\ 860}{378 + 54 + 18 + 36} \times 378 = 3\ 780$（元）

直接人工应计入产成品成本的份额 $= \dfrac{1\ 098}{378 + 54 + 18 + 36 \times 60\%} \times 378 = 880$（元）

制造费用应计入产成品成本的份额 $= \dfrac{1\ 692}{378 + 54 + 18 + 36 + 60\%} \times 378 = 1\ 356$（元）

月末在产品成本采用倒扣的方法确定。

账簿 5－20　　　　　　　　　　　　一车间产品成本明细账

产品名称：A 半成品　　　　　　　　　　　　　　　　　　　　　　　　单位：元

项目	直接材料费用	直接人工费用	制造费用	合计
月初在产品成本	1 260	288	432	1 980
本月生产费用	3 600	810	1 260	5 670
合计	4 860	1 098	1 692	7 650
应计入产成品成本的份额	3 780	880	1 356	6 016
月末在产品成本	1 080	218	336	1 634

账簿 5－21　　　　　　　　　　　　二车间产品成本明细账

产品名称：B 半成品　　　　　　　　　　　　　　　　　　　　　　　　单位：元

项目	直接材料费用	直接人工费用	制造费用	合计
月初在产品成本		270	216	486
本月生产费用		5 760	5 040	10 800
合计		6 030	5 256	11 286
应计入产成品成本的份额		5 321	14 638	9 959
月末在产品成本		709	618	1 327

账簿 5－21 中，应计入产成品成本的份额分别计算如下：

$$直接人工应计入产成品成本的份额 = \frac{6\ 030}{378 + 18 + 54 \times 60\%} \times 378 = 5\ 321（元）$$

$$制造费用应计入产成品成本的份额 = \frac{5\ 256}{378 + 18 + 54 \times 60\%} \times 378 = 4\ 638（元）$$

账簿 5－22　　　　　　　　　　　　三车间产品成本明细账

产品名称：甲产品　　　　　　　　　　　　　　　　　　　　　　　　单位：元

项目	直接材料费用	直接人工费用	制造费用	合计
月初在产品成本		180	144	324
本月生产费用		3 240	2 700	5 940
合计		3 420	2 844	6 264
应计入产成品成本的份额		3 325	2 765	6 090
月末在产品成本		95	79	174

账簿 5－22 中应计入产成品成本的份额分别计算如下：

$$直接人工应计入产成品成本的份额 = \frac{3\ 420}{378 + 18 \times 60\%} \times 378 = 3\ 325（元）$$

制造费用应计入产成品成本的份额 $= \dfrac{2\,844}{378 + 18 \times 60\%} \times 378 = 2\,765$（元）

根据上述计算结果，将各步骤应计入产成品成本的份额平行汇总，计算产成品成本，编制产成品成本汇总计算表，见表 5-25。

表 5-25　　　　　　　　　　　产成品成本汇总计算表

产品名称：甲产品　　　　　　　　　××年10月

产量：378件　　　　　　　　　　　　　　　　　　　　　　　　　　　单位：元

项目	直接材料费用	直接人工费用	制造费用	合计
第一车间	3 780	880	1 356	6 016
第二车间		5 321	4 638	9 959
第三车间		3 325	2 765	6 090
总成本	3 780	9 526	8 759	22 065
单位成本	10	25.2	23.17	58.37

3. 平行结转分步法举例

【例 5-9】某企业生产 A 产品经过两个生产步骤。半成品不经过半成品库收发。每一生产步骤完工产品与在产品之间的费用划分方法采用定额比例法，其中原材料费用按定额费用比例分配，其他各项费用采用定额工时比例分配。本月第二步骤完工 A 产成品 400 件，有关产成品的定额资料如表 5-26 所示。

表 5-26　　　　　　　　　　　有关产成品的定额资料

车间	直接材料费用定额	工时定额
第一车间	175 元	65 小时
第二车间		60 小时

根据定额资料、各种费用分配表和产成品交库单，登记第一车间、第二车间的产品成本明细账，分别如账簿 5-23、账簿 5-24 所示。

账簿 5-23　　　　　　　　　　　产品成本明细账

第一车间：A 成品　　　　　　　　　　　　　　　　　　　　　　　　单位：元

年		摘要	产量/件	直接材料费用		定额工时	直接人工费用	制造费用	合计
月	日			定额费用	实际费用				
8	1	月初余额		63 360	67 260	19 520	20 080	39 240	126 580
	31	本月生产费用		38 400	44 676	11 200	16 784	25 272	86 732

续表

年		摘要	产量/件	直接材料费用		定额工时	直接人工费用	制造费用	合计
月	日			定额费用	实际费用				
	31	生产费用累计		101 760	111 936	30 720	36 864	64 512	213 312
	31	费用分配率				1.1	1.2	2.1	
	31	应计入产成品成本份额	400	70 000	77 000	26 000	31 200	54 600	162 800
	31	月末在产品		31 760	34 936	4 720	5 664	9 912	50 512

账簿 5-24   产品成本明细账

第二车间：A 成品   单位：元

年		摘要	产量/件	直接材料费用		定额工时	直接人工费用	制造费用	合计
月	日			定额费用	实际费用				
8	1	月初余额				12 600	15 120	45 360	60 480
	31	本月生产费用				19 700	26 870	67 690	94 560
	31	生产费用累计				32 300	41 990	113 050	155 040
	31	费用分配率					1.3	3.5	
	31	应计入产成品成本份额				24 000	31 200	84 000	115 200
	31	月末在产品				8 300	10 790	29 050	39 840

上列明细账中，月初余额根据上月末在产品的资料登记；本月的实际生产费用根据有关费用分配表登记；定额材料费用和定额工时根据有关的定额资料、记录填列。各项费用分配率计算如下：

一车间直接材料费用分配率 $= \dfrac{111\ 936}{101\ 760} = 1.1$

一车间直接人工费用分配率 $= \dfrac{36\ 864}{30\ 720} = 1.2$

一车间制造费用分配率 $= \dfrac{64\ 512}{30\ 720} = 2.1$

二车间直接人工费用分配率 $= \dfrac{15\ 120 + 26\ 870}{32\ 300} = 1.3$

二车间制造费用分配率 $= \dfrac{45\ 360 + 67\ 690}{32\ 300} = 3.5$

明细账中完工产成品的定额资料计算如下，一车间：

完工产品的定额材料费用 = 400 × 175 = 70 000（元）

完工产品定额工时 = 400 × 65 = 26 000（小时）

完工产品的实际费用计算，

完工产品在一车间分配材料费用 = 70 000 × 1.1 = 77 000（元）

分配直接人工费用 = 26 000 × 1.2 = 31 200（元）

分配制造费用 = 26 000 × 2.1 = 54 600（元）

二车间：

完工产品的定额工时 = 400 × 60 = 24 000（小时）

完工产品分配的直接人工费用 = 24 000 × 1.3 = 31 200（元）

完工产品分配的制造费用 = 24 000 × 3.5 = 84 000（元）

根据第一、二车间产品成本明细账所记产成品成本份额，平行汇总产成品成本，如表5-27所示。

表5-27 A产品成本汇总表

车间	产量（件）	直接材料费用（元）	直接人工费用（元）	制造费用（元）	合计（元）
第一车间		77 000	31 200	54 600	162 800
第二车间			31 200	84 000	115 200
合计	400	77 000	62 400	138 600	278 000
单位成本		192.5	156	346.5	695

4. 平行结转分步法的优缺点和应用条件

平行结转分步法的优点：①各步骤可以同时计算产品成本，将计入完工产品成本的份额平行结转汇总计入产成品成本，不必逐步结转半成品成本，从而可简化和加速成本计算工作；②能够直接提供按原始成本项目反映的产成品成本资料，不必进行成本还原，简化了成本计算工作。

平行结转分步法的缺点：①不能提供各步骤半成品成本资料及各步骤所耗上一步骤半成品费用资料，因而不能全面地反映各步骤生产耗费水平，不利于各步骤的成本管理；②由于各步骤间不结转半成品成本，使半成品实物转移与费用结转脱节，因而不能为各步骤在产品的实物管理和资金管理提供资料。

平行结转分步法的优缺点与逐步结转分步法的优缺点相反。该方法只宜在半成品种类较多，逐步结转半成品成本工作量较大，管理上又不要求提供各步骤半成品成本资料的情况下采用。

第五节 分　类　法

一、分类法的特点和适用范围

产品成本计算的分类法是按照产品类别归集生产费用，先计算各类产品的总成本，然后再按一定标准分配计算类内各种产品成本的方法。在实际工作中，一般将类内各产品之间的分配成本比例折合为系数，按系数进行分配，所以，分类法又可称为系数法。

分类法适用于产品品种、规格繁多，且可以按照一定标准将产品划分为若干类别的企业。具体有品种规格繁多，但耗用主要材料相同、工艺相同的产品生产，如服装行业生产的服装，搪瓷行业生产的面盆、口杯，食品厂生产的面包、饼干，灯泡厂生产的不同瓦数的灯泡，无线电厂生产的不同型号的电子元件等。另外有联产品、副产品的生产。

分类法是以产品类别为成本计算对象的，因此采用这种方法应将产品划分为不同的类别，按类别开设成本计算单，归集和分配生产费用。产品的分类方法要根据产品的结构及所耗原材料和工艺技术过程为标准，相同者归为一类，不同者不能归为一类。因为耗用原材料不同，各种产品的材料成本会有较大差别，工艺过程不同，其加工费用也会产生较大差别，如将其归并为一类，则会影响成本计算的正确性。分类的类距也要适当，应本着简化工作，又能比较正确计算产品成本的原则来确定。

采用分类法时，必须选择合理的标准分配计算类内各种产品的成本。分配标准的选择，既要保证费用分配结果的正确性和合理性，又要使分配工作简便易行。通常采用的分配标准有：产品的数量、重量、体积、长度、定额消耗量、定额成本、售价等，或将这些标准折合为系数。

分类法不是一种独立的成本计算方法，它是由品种法、分批法、分步法等基本方法派生，为了简化产品品种、减少规格繁多的成本计算对象而采用的一种成本计算方法。

采用分类法需对产品分类和对类内各种产品分配选择标准，这样成本计算具有一定假定性，所以标准应尽量符合实际。当产品所用原材料或工艺过程发生较大变动时应重新考虑产品分类，重新选择分配标准。

成本计算时间要根据生产组织来定，分类法结合品种法或分步法进行成本计算时，应定期在月末进行；如与分批法结合应用，成本计算期就不可能固定。

二、分类法的成本计算程序

（1）确定产品的类别。按产品的类别为成本计算对象开设成本计算单，归集和分配本月费用。

（2）每月月末，按类别计算出本月完工产品成本和月末在产品成本。

（3）计算分配类内各种产品或规格产品的成本。将已计算出的每类完工产品成本采用一定的方法分配给类内各种产品或不同规格的产品，然后计算产品的总成本和单位成本。

进行类内产品的费用分配是分类法的重点内容，在进行类内产品的费用分配时，可以按以下步骤进行：①确定标准产品及产品的分配标准额（如消耗定额、费用定额或工时定额等），将标准产品的系数定为1；②用其他产品的分配标准额同标准产品的分配标准额相比，计算出比率即系数；③计算各产品的总系数；④利用总系数进行费用分配，计算出各种产品负担费用；⑤汇总计算各种完工产品的总成本和单位成本。

三、类内产品费用分配的方法

要进行类内产品费用分配，首先要计算系数，由于成本计算要求的不同，系数可以分为综合系数和单项系数。

综合系数是以某一综合性分配标准为基础制定的系数。计算公式为：

$$单位成本（售价）系数 = \frac{某种产品的定额成本（售价）}{标准产品的定额成本（售价）}$$

采用综合系数分配费用，计算比较简单，但分配结果的正确性较差。

单项系数是以某一单项分配标准为基础制定的系数。原材料成本系数分两种情况：一是如果共同耗用多种原材料，则按定额成本计算，其公式为：

$$原材料成本系数 = \frac{某种产品所耗各种原材料定额成本}{标准产品所耗各种原材料定额成本}$$

二是如果共同耗用一种原材料，则按原材料的消耗定额计算系数，其公式为

$$原材料成本系数 = \frac{某产品耗用原材料消耗定额}{标准产品耗用原材料消耗定额}$$

产品的人工和制造费用可以按下列公式计算系数：

$$工资（费）成本系数 = \frac{某产品工资（费）定额成本（或定额工时）}{标准产品工资（费）定额成本（或定额工时）}$$

采用单项系数分配计算产品成本，计算较复杂，但结果较正确。

系数确定后，再计算各种产品的总系数，并据以分配计算类内各种产品的成本。计算公式为：

$$某种产品总系数（标准产量） = 该产品实际产量 \times 系数$$

$$类内标准产品总量（总系数） = \sum 各产品标准产量$$

$$分配率（单位系数成本） = \frac{某类产品总成本}{某类标准产品总量}$$

$$某种产品总成本 = 分配率 \times 该产品总系数$$

$$某种产品单位成本 = \frac{该种产品总成本}{该种产品产量}$$

四、分类法成本计算举例

【例5-10】 某厂采用分类法计算产品成本,按一定的标准将繁多的品种划分为若干类。甲、乙、丙三种产品结构相同,耗用材料相同,归成一类,为第二大类。

(1)开设按产品类别的成本计算单见表8-58,归集和分配本月费用的方法和程序与品种法相同,因而本例计算分配过程略。

(2)计算和分配类别的本月完工产品和月末在产品成本。月末在产品成本按定额成本计算。计算分配过程略,其结果如表5-28所示。

表5-28　　　　　　　　　产品成本计算单

产品类别:第二大类　　　　　　20××年×月　　　　　　　　单位:元

摘要	直接材料	直接人工	制造费用	合计
月初在产品成本	57 500	10 200	16 800	84 500
本月生产费用	255 000	41 460	67 700	364 160
生产费用累计	312 500	51 660	84 500	448 660
完工产品成本	263 680	42 900	70 200	376 780
月末在产品定额成本	48 820	8 760	14 300	71 800

(3)分配计算第二大类的三种产品的成本。

①三种产品的产量为:

甲产品　　　100千克

乙产品　　　700千克

丙产品　　　400千克

②三种产品的单位产品所耗用的材料和人工工时的数量均不同,采用系数法分配类内三种产品的成本。材料费用按材料定额成本系数分配,其他费用按定额工时系数分配。三种产品的单位产品定额资料和单位系数,如表5-29所示

表5-29　　　　　　　单位产品定额资料及系数计算表

产品名称	直接材料费		人工工时	
	单位产品定额费用（元）	单位系数	单位产品定额工时（小时）	单位系数
甲（标准产品）	120	1	4	1
乙	96	96/120 = 0.8	2	2/4 = 0.5
丙	150	150/120 = 1.25	6	6/4 = 1.5

根据三种产品产量、直接材料费和人工工时的单位系数,分配计算甲、乙、丙三

种产品的成本，如表5-30所示。

表5-30 第二大类类内各种完工产品成本分配计算表

项目	产量（千克）	直接材料单位系数	直接材料总系数	定额工时单位系数	定额工时总系数	直接材料（元）	直接人工（元）	制造费用（元）	成本合计（元）
1	2	3	4 = 2×3	5	6 = 2×5	7 = 4×率①	8 = 6×率②	9 = 6×率③	10
						分配额	分配额	分配额	
分配率						128	22	36	
甲产品	1 000	1	1 000	1	1 000	128 000	22 000	36 000	186 000
乙产品	700	0.8	560	0.5	350	71 680	7 700	12 600	91 980
丙产品	400	1.25	500	1.5	600	64 000	13 200	21 600	98 800
合计			2 060		1 950	263 680	42 900	70 200	376 780

注：①直接材料分配率 = 263 680/2 060 = 128；
②直接人工分配率 = 42 900/1 950 = 22；
③制造费用分配率 = 70 200/1 950 = 36。

五、分类法的优、缺点及注意事项

由于分类法的成本计算对象是产品的类别，这就使成本计算对象大为减少，节省了归集和分配费用以及登记产品成本明细账的工作量，因而简化了成本核算工作。但是，由于类内各种产品或不同规格产品的成本是用一定的标准和比例分配计算出来的，其正确性和合理性受到一定的影响。因此，采用分类法计算成本应注意划分类别的范围，选择分配类内各种产品的标准都要适当。所谓划分类别的范围要适当，首先，要按照前面所阐述的条件分类；其次，类距的大小也要适当，类距过大，分配结果不正确，类距过小，达不到简化成本核算的目的。所谓选择分配类内产品成本的标准要适当，指所选择的分配标准应与所分配产品成本的高低有直接联系，是影响产品成本的内在因素。

六、联产品的成本计算

（一）联产品的概念及特点

联产品是指工业企业在生产过程中，利用同一种材料，在同一生产过程中同时生产出两种或两种以上的主要产品。例如炼油厂提供原油，可以从中提炼出汽油、煤油和柴油等各种联产品，又如甘蔗制糖厂用甘蔗作原料可以同时生产出白砂糖和赤砂糖，由于这些产品是对同一种原料进行加工，而且又是在同一生产工艺过程中生产出来的，且又都是主要产品，所以，它们叫作联产品成本。

联产品的特点有以下几点：

（1）联产品是在生产过程中利用同一种原材料一起生产出来的，其性质和用途都不一样。

（2）联产品在生产过程中所耗用的原材料和加工费是不能按照产品分别计算的。

（3）各种联产品都是主要产品。其生产工艺程序也不尽相同。有些是自投料在同一生产过程中进行生产，最后生产出联产品；有些是在同一生产过程中的某步骤生产出半成品，分离出来再按照各自的生产过程进一步加工，生产出产成品。对于前一类联产品成本的计算，由于它们都是耗用同一种原材料，在同一生产过程中加工出来的，它们的费用汇总在一起后，就无法分别按每种联产品计算。所以，可将联产品视为产品，采用分类法进行成本计算，计算出来的半成品在分离后再进一步加工生产时，就要按照分离后的生产加工特点，采用产品成本计算的品种法、分批法等成本计算方法，才能计算出分离后的联产品成本。

（二）联产品成本的会计处理

联产品从原料投入到产品销售要经过三个阶段：分离前、分离时和分离后。分离前在联合生产过程发生的费用汇总后确定联合成本。联产品分离时的分离点或分裂点是最关键的，它是联合生产过程的结束，在分离点就必须采用可行的分配办法，将联合成本分配于各联产品。分离后，不需进一步加工即可销售或结转的联产品，其成本就是分配的联产品成本。分离后如需进一步加工的，继续加工费用为直接费用的，可直接计入联产品加工成本，为间接费用的，应在相关的产品间分配计入联产品加工成本。联合成本加上继续加工成本为该产品的销售成本，联产品成本计算的三个部分中，总联合成本与继续加工成本的计入，可适用于前面介绍的几种成本计算方法。这里着重阐述联合成本的分配问题，通用的基本方法包括：用系数法分摊联合成本，用实物单位法分摊联合成本，用相对销售价值分摊联合成本，用在分离点上能够实现的净值分摊联合成本。联产品三部分成本计算关系如图5-4所示。

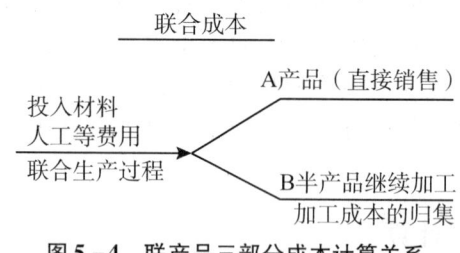

图5-4 联产品三部分成本计算关系

（三）联产品的成本计算方法

1. 系数分配法

系数分配法就是将各种联产品的实际产量乘以系数，然后按总系数比例分配费用，计算联产品成本。这种方法在前面已经详细论述，不再赘述。

2. 实物量分配法

实物量分配法就是按分离点上各种联产品的重量、容积或其他实物量度比例来分配联合成本。举例如表5-31所示。

表5-31　　　　　　　　　联合成本按实物量比例分配

产品名称	产量（千克）	分配比例（%）	成本分配额（元）	单位成本（元）	单位售价（元）	毛利（元）	毛利率（%）
甲	7 500	40	30 000	4	5	1.0	20
乙	7 500	40	30 000	4	4.5	0.5	11.11
丙	2 625	14	10 500	4	4.8	0.5	16.67
丁	1 125	6	4 500	4	4.2	0.2	4.76
合计	18 750	100	75 000				

按实物分配联合成本，优点是简便易行，因为物质产品都可用实物单位计量，资料较易取得，为成本分摊带来方便；某些分离后需继续加工的中间产品，无法确定销售价格时也可以采用此法。

但是，采用实物量分配法有下列两个问题。

(1) 没有充分考虑联产品经济含量，使各联产品的实际单位成本与获取销售收入能力无关。从表6-4可以看出，将联合成本除以各联产品的实物量之和，得到的每实物单位应负担的联合成本额，其实质是简单平均单位成本，使各联产品的实际单位成本一致。一般来说，各联产品的销售单价是不同的，相同的实际单位成本可能造成售价低的联产品亏损。如豆油生产会联产出豆饼；若豆油每千克售价3元，豆饼每千克售价0.3元，用实物量分配法求得某月豆油、豆饼单位成本都为2元，从而使豆饼生产每千克亏损1.7元。如果因此而认为企业应只生产豆油而停止生产豆饼，这种想法显然是不明智的。首先，它们的生产过程是联合为一体的，没有豆饼的产生，豆油是无法产出的。其次，企业若把豆饼扔掉，以免出售而遭受损失，则全部联合成本就将由豆油负担，反而会使总收益下降。

(2) 假定所有产出的联产品有相同的实物计量单位。如果一种联产品是气体，以立方米计量，而另一种是液体，以吨计量，那么就有必要将所有的实物换算为同一计量单位后，再按比例分配各联产品的总成本，按加权平均法求得实际单位成本。如油气田开采同时联产出原油和天然气，原油以吨计量，天然气以立方米计量，通常以1 000立方米折算为1吨，再按实物量比例分配开采原油和天然气的联合成本。这种变化延伸为把各联产品实物量根据一定标准换算为相对实物量，再按比例分配联合成本，类似于前述的系数分配法。

从实物量分配法的两个问题可知，该法较适用于特征、含量和销售单价近似的联产品联合成本分配。

3. 按相关销售价值分配

按相关销售价值分配是以不同的联产品，有不同销售价格，售价较高的联产品通常应该成比例地负担较高份额的联合成本为理论依据,这种方法从另一个侧面来弥补实物量分配方法的不足,见表5-32。

表5-32　　　　　　联产品成本计算表（按相关销售价值分配法）

产品	数量	销售价值（元）	价值百分比（%）	成本分配（元）	单位成本（元）
甲产品	800	24 000	40	9 600	12
乙产品	500	36 000	60	14 400	28.80
合计	1 300	60 000	100	24 000	

从计算过程和结果看出,这种方法把联合成本的分配和联产品的最终销售价值联系起来,按各联产品的销售价值的比例来分摊联产品分离前的成本。避免了按物理量分配方法使售价低的产品亏损的问题发生。但是实际生产中,不是所有的产品成本都是与产品售价有关,有些高价格的产品,其实际成本却低,这既受影响价格的多种因素影响,还受材料耗用计价方法的影响。

4. 按分离点上能够实现的净值分配

按分离点上能够实现的净值分配是将联产品的联合成本按各联产品的最终销售价格减去分离后成本的价值比例分配,见表5-33。

表5-33　　　　　　联产品成本计算表（按分离点上能够实现净值）

产品	数量	分离时的价格（元）	分离时的价值（元）	价值百分比（%）	成本分配（元）	单位成本（元）
甲产品	600	40~10	18 000	45	10 800	18
乙产品	400	90~35	22 000	55	13 200	33
合计	1 000		40 000	100	24 000	

从计算结果和过程看出,这种方法适用于联产品在分离后加工较多的情况,避免了按相关销售价值分配方法造成分离后加工产品利润率过低甚至亏损的情况。

分配联产品成本的四种方法,结果形成了不同的单位成本。因此,各企业应该根据企业的特点和联产品加工的情况,选择既能准确计算,又简便易行的方法,在许多情况下,方法4会给出一个更好的解答。

七、副产品的成本计算

1. 副产品的概念及特点

副产品是指企业在生产主要产品的过程中附带生产出的一些非主要产品。副产品不是企业生产的主要产品,但这些副产品有一定的经济用途和经济价值,能够满足社会上的某一需求。例如,炼油厂提炼原油的过程中所产生的石焦油、油渣;在高炉炼铁过程中，在生产出铁产品的同时，也可以收回一部分煤气；又如，炼钢生产中所生产的炉渣，也可以用来生产制造水泥。

副产品成本计算的特点：由于企业的副产品和主产品是在同一生产过程生产出来的，所以，副产品和主产品发生的费用很难严格划分，仅能将副产品和主产品作为一类产品，采用产品成本计算分类法来归集费用并计算产品成本。但是，由于一般情况下副产品单位价值都比较低，在企业全部产品中占的比重较小，所以在企业计算产品成本时，可以采用简单的计算方法，首先计算出副产品成本，然后从发生的费用总额中减去副产品成本，余额就是主产品的成本。

联产品和副产品的划分不是一成不变的。随着技术的进步，生产的发展，一些副产品的用途扩大，经济价值提高，副产品变成了联产品，同时，一些联产品由于生产工艺的改变，也可能从联产品降为副产品，或者把副产品当作联产品，这通常是与企业的经营政策、经营方向有密切关系。如企业要集中力量创一两个名牌优质产品，则将其他种类的产品作为副产品。

2. 副产品成本的会计处理

副产品是企业次要产品，对企业的收入和利润都影响甚微，因此副产品会计处理可以选用以下方法之一来进行。

（1）把副产品收入作为其他收入来处理。当副产品价值极微时，假定其分配的联合成本为零，联合成本全部由主产品成本负担，因此，当副产品回收时，保持一种数量存货，等到销售出去借记"应收账款"等账户，贷记"副产品销售收入"账户。

这种方法手续简便，可减少成本计算工作量。但是副产品不负担分离前的联合成本，这样会使主产品成本计算的准确性受到影响。

（2）把副产品收入作为商品销售成本的减少来处理。即把副产品的销售价格扣除继续加工成本、销售费用、销售税金及合理利润后作为扣除价格，再从联合成本中扣除。

这种方法揭示了主产品的产品成本净额。但是与联产品的相关销售价值分配方法相同，当市场价格大幅度地波动时，副产品的价值和成本客观上又受到很大程度的影响，结果又影响到主产品成本计算的准确性。

（3）把副产品成本从联合成本分离出来。如果副产品在企业销售额中不是微乎其微，还能占据一定的比例，那就可以按照联产品分配的办法来分配联合成本，分配结果当然是副产品占少量成本。副产品所分配的联合成本加上继续加工成本就是副产品的成本。

（4）把副产品成本在分离点上能够实现的净值，当作主要产品的成本减少来处理。能够实现的净值，就是副产品估计的销售价减去各自增加的加工成本和销售费用。

八、等级品的成本核算

1. 等级品的含义

等级品是指品种相同但质量有所差别的产品，如纺织品、搪瓷器皿、电子元件的生产常有等级品产生。等级品与联、副产品相同之处在于都是使用同种原材料，经过同一生产过程而产生的。它们的不同之处在于联、副产品之间产品性质、用途不同，属不同种产品，而等级品是性质、用途相同的同种产品；在每种联、副产品中，其质量可以比较一致，因而销售单价相同，而各等级产品质量存在差异，从而销售单价相应分为不同等级。

等级品与非合格品是两个不同的概念。等级产品质量上的差别一般是在允许的设计范围以内的，这些差别一般不影响产品的使用寿命。非合格品是指等级以下的产品，其质量标准达不到设计的要求，属于废品范围。

2. 等级品成本计算

等级品应视造成等级品质量差别的原因确定成本计算方法。如果等级产品是由于工人操作不当、技术不熟练等主观原因造成的，可以采用实物量分配法，以使各等级产品的单位成本相同。因为各产品虽然等级不同，但使用原材料、经过的生产过程都相同，所以各等级产品的单位成本理应没有差别。同时，低等级产品成本与正品成本一样，由于售价较低而使其毛利低于正品的差额，能够比较敏感地反映由于企业产品质量管理不善所导致的经济损失。

等级品也可能是由于所用原材料的质量或受目前技术水平限制等原因不可避免而产生的，即客观原因造成的。如某些电子元件产品，由于目前生产技术水平限制，难以控制其产品质量，生产出售价差别较大的等级产品；对原煤进行洗煤加工，由于受原料质量影响，洗出售价不同的等级煤。上述情况一般不能对各等级产品确定相同的单位成本，要采用系数分配法计算各等级产品成本。通常以单位售价比例定出系数，再按系数的比例计算出不同等级产品应负担的联合成本。这样不同等级产品具有不同的单位成本，等级高、售价大的产品负担成本多，等级低、售价小的产品负担成本少，这种做法更符合收入与成本相配比的要求。

课后练习题

一、单项选择题

1. 生产特点和管理要求对产品成本计算的影响，主要表现在（   ）。
   A. 产品成本计算对象上 B. 产品成本计算日期上
   C. 间接费用的分配上   D. 完工产品与在产品的分配方法上
2. 划分产品成本计算的基本方法和辅助方法的标准是（   ）。
   A. 成本计算工作的繁简 B. 对成本管理作用的大小
   C. 成本计算是否及时   D. 对于计算产品实际成本是否必不可少
3. 区分各种成本计算基本方法的主要标志是（   ）。
   A. 成本计算对象
   B. 成本计算日期
   C. 间接费用的分配方法

D. 完工产品与在产品之间分配费用的方法

4. 在采用品种法计算产品成本的企业或车间中，如果只生产一种产品，发生的生产费用是（　　）。

A. 全部都是直接费用　　　　　　　B. 全部都是间接费用

C. 有直接费用，也有间接费用　　　D. 全部费用都是直接生产费用

5. 产品成本计算的分批法适用于（　　）。

A. 小批生产　　B. 大批生产　　C. 大量生产　　D. 多步骤生产

6. 采用简化的分批法，在产品完工之前，产品成本明细账（　　）。

A. 不登记任何费用　　　　　　　　B. 只登记直接费用和生产工时

C. 只登记原材料费用和生产工时　　D. 登记间接费用，不登记直接费用

7. 在分批法下，累计间接费用分配率（　　）。

A. 只是在各批产品之间分配直接费用的依据

B. 只是在各批在产品之间分配间接费用的依据

C. 既是各批产品之间，也是完工产品与在产品之间分配间接费用的依据

D. 只是完工产品与在产品之间分配间接费用的依据

8. 进行成本还原，应以还原分配率分别乘以（　　）。

A. 本月所产半成品各个成本项目的费用

B. 本月所耗半成品各个成本项目的费用

C. 本月所产该种产成品各个成本项目的费用

D. 本月所耗该种产成品各个成本项目的费用

9. 采用平行结转分步法（　　）。

A. 不能全面地反映各个生产步骤产品的生产耗费水平

B. 能够全面地反映各个生产步骤产品的生产耗费水平

C. 能够全面地反映第一个生产步骤产品的生产耗费水平

D. 能够全面地反映最后一个生产步骤产品的生产耗费水平

10. 产品成本计算的步骤与实际生产步骤（　　）。

A. 完全一致　　　　　　　B. 不一致

C. 与生产车间一致　　　　D. 不一定完全一致

11. 逐步结转分步法实际上是多次连续应用（　　）。

A. 品种法　　B. 分批法　　C. 分类法　　D. 定额法

12. 综合转结成本法所计算的产品成本在成本还原前，产品成本中的人工和制造费用是指（　　）。

A. 半成品中所包含的费用　　　　　B. 第一步骤的人工和制造费用

C. 最后步骤的人工和制造费用　　　D. 产品生产过程中的人工和制造费用

二、多项选择题

1. 品种法的适用范围包括（　　）。

A. 大量大批的单步骤生产

B. 大量大批多步骤管理上不要求按照生产步骤计算产品成本的生产

C. 大量大批的多步骤生产

D. 规格多、品种多的产品生产

E. 单件、小批生产

2. 在单一产品生产，没有在产品的情况下，品种法也称（　　）。

A. 订单法　　　B. 不计算半成本法　　　C. 单一法

D. 简单法　　　E. 简化的品种法

3. 分步法适用于（　　）。

A. 大量生产　　B. 大批生产　　C. 小批生产

D. 单步骤生产　E. 管理上要求分步计算成本的多步骤生产

4. 企业在确定成本计算方法是，必须从企业的具体情况出发，同时依据（　　）。

A. 企业的生产特点　　　　　　B. 企业的生产规模大小

C. 进行成本管理的要求　　　　D. 月末有没有在产品

E. 生产工人的工资

5. 受生产特点和管理要求的影响，在产品成本计算工作中，成本计算对象包括（　　）。

A. 产品品种　　　　　　B. 产品类型

C. 产品批别　　　　　　D. 产品生产步骤

E. 产品类别

6. 采用简化的分批法（　　）。

A. 不计算在产品成本　　　　　B. 不分批计算在产品成本

C. 不计算全部在产品成本　　　D. 计算全部在产品总成本

E. 将发生的费用在各批产品的完工产品和在产品之间分配

7. 分批法适用于（　　）。

A. 小批生产　　B. 大批生产　　C. 单件生产

D. 多步骤生产　E. 大量生产

8. 采用简化的分批法（　　）。

A. 必须设立基本生产成本二级账

B. 在产品完工之前，产品成本明细账只登记直接费用和生产工时

C. 在基本生产成本二级账中只登记间接费用

D. 不分批计算在产品成本

E. 分批计算在产品成本

9. 分步法适用于（　　）。

A. 大量生产　　B. 大批生产　　C. 小批单件

D. 多步骤生产　E. 单步骤生产

10. 分步法进行具体详细分类后，可以分为（　　）。

A. 按计划成本综合逐步结转分步法　　B. 按实际成本综合逐步结转分步法

C. 按计划成本分项逐步结转分步法　　D. 按实际成本分项逐步结转分步法

E. 平行结转分步法

11. 分项结转分步法时（　　）。

A. 按计划成本核算比按实际成本核算工作量小

B. 按实际成本核算比按计划成本核算工作量小

C. 不需要成本还原

D. 适用于管理上不要求计算各步骤完工产品所耗半成品费用和本步骤加工费用的企业

E. 不利于考核产品成本结构

12. 采用逐步结转分步法，按照结转的半成品成本在下一步骤产品成本明细账中的反映方法分为（　　）。

A. 按定额成本结转法　　　　　　B. 综合结转法

C. 按实际成本结转法　　　　　　D. 分项结转法

E. 按计划成本结转法

13. 分步法中的平行结转法（　　）。

A. 不能提供半成品成本资料　　　B. 能提供半成品成本资料

C. 各步骤可以同时计算产品成本　D. 费用结转与半成品实物转移脱节

E. 不能全面地反映各个生产步骤产品的生产耗费水平

14. 采用分项结转半成品的优点是（　　）。

A. 可以直接、正确地提供按原始成本项目反映的产品成本资料

B. 便于各生产步骤的成本分析

C. 便于各生产步骤完工产品的成本分析

D. 便于从整个企业角度考核和分析产品成本计划的执行情况

E. 便于考核产成品成本计划执行情况

三、判断题

1. 品种法是成本计算的最基本方法。　　　　　　　　　　　　　　（　　）
2. 工业企业的生产，按照生产工艺过程划分为大量生产、成批生产、单件生产。
　　　　　　　　　　　　　　　　　　　　　　　　　　　　　　（　　）
3. 工业企业的生产，按照生产组织划分，可以分为大量生产、成批生产、单件生产。
　　　　　　　　　　　　　　　　　　　　　　　　　　　　　　（　　）
4. 成批生产按照批量的大小，分为大批生产和小批生产两种类型。　（　　）
5. 单步骤生产只要求按照产品的品种计算成本。　　　　　　　　　（　　）
6. 分类法和定额法是成本计算的辅助方法。　　　　　　　　　　　（　　）
7. 多步骤生产的企业成本计算均采用分步法。　　　　　　　　　　（　　）
8. 如果一张订单规定的产品数量较大，不便集中一次投产，或者需用单位要求分批交货，可以分为数批生产，计算成本。　　　　　　　　　　　　　（　　）
9. 简化分批法，产品完工以前，产品明细账中只按月登记直接费用和作为间接费

用分配依据的生产工时。（　　）

10. 简化的分批法下，累计间接费用分配率既是在各批完工产品之间分配间接费用的依据，也是在完工产品与月末在产品之间分配间接费用的依据。（　　）

11. 如果一张订单规定有几种产品，也应合为一批生产。（　　）

12. 采用分批法，如果批内产品跨月陆续完工情况不多，完工产品数量占全部批量比重较小，完工产品可按计划成本计算。（　　）

13. 采用简化的分批法，必须设立基本生产成本二级账。（　　）

14. 简化的分批法适用于月末完工产品的批数比较多。（　　）

15. 简化的分批法适用于各个月份的间接计入费用水平相差不多的产品生产。（　　）

16. 由于各个企业生产工艺过程的特点不同，各生产步骤成本的计算和结转采用着两种不同的方法：逐步结转和平行结转。（　　）

17. 采用逐步结转分步法，半成品成本的结转与半成品实物的转移是一致的，因而有利于半成品的实物管理和在产品的资金管理。（　　）

18. 按计划成本综合结转半成品成本所应具备的条件是：半成品的计划成本必须比较准确。（　　）

19. 采用平行结转分步法与按逐步结转分步法一样，如果半成品通过半成品库收发，要在"自制半成品"成本明细账中进行核算。（　　）

20. 在多步骤生产中，为了加强生产步骤的成本管理，应当按照生产步骤计算产品成本。（　　）

21. 采用分项结转半成品成本，在各步骤完工产品成本中看不出所耗上一步骤半成品的费用和本步骤加工费用的水平。（　　）

22. 采用平行结转分步法，各生产步骤不计算半成品成本。（　　）

23. 在平行结转分步法下，在产品费用不按其发生地点登记。（　　）

四、名词解释

单步骤生产　多步骤生产　品种法　分批法　分步法　成本还原

五、简答题

1. 简述品种法的一般计算程序
2. 简述各种分步法的优缺点。
3. 简述各种分步法的适用范围。

六、业务计算题

（一）生产 A、B 两种产品成本如练习题表 5-1、5-2 所示，月初余额 A 产品原材料费用 12 600 元、燃动力费用 4 700 元、直接人工费用 6 500 元、制造费用 11 000 元，B 产品原材料费用 14 800 元、燃动力费用 5 000 元、人工费用 7 600 元、制造费用 13 200 元，本月发生以下业务：

1. 生产产品领用原材料费用 116 000 元，辅助车间耗用 11 000 元，基车间耗用 3 200 元，A、B 产品定额费用分别为 6 万元、4 万元，按照定额费用比例划分产品耗用的原材料费用。

2. 分配本月动力,生产产品耗电 12 000 千瓦时,机器工时分别为 2 500 小时、1 500 小时,辅助车间耗电 5 000 千瓦时,基本车间耗电 1 000 千瓦时,每千瓦时成本 0.8 元,按机器工时比例分配动力费。

3. 分配本月工资费用,生产工人工资 70 000 元,辅助车间 20 000 元,车间技术人员 12 000 元,产品生产工时分别为 22 000 小时、18 000 小时,按工时比例分配。

4. 提取其他职工薪酬。

5. 车间领用低值易耗品 3 000 元,五五摊销。

6. 提取本月折旧,基本车间 15 800 元,辅助车间 6 000 元。

7. 摊销保险费,基本车间负担 3 000 元,辅助车间负担 2 000 元。

8. 用存款支付劳保费,基本车间 7 000 元,辅助车间 4 000 元。

9. 归集本月辅助生产费用并进行分配,基本车间与管理部门分别负担 60% 和 40%。

10. 将本月制造费用进行结转,按生产工时比例分配。

11. 月末时 A 产品全部完工。生产中发现有不可修废品 10 件,每件废品原材料 300 元,燃料及动力费 40 元,人工费用 120 元,制造费用 150 元,转出废品成本,报废废品时收残料 800 元,应收赔款 300 元,结转净损失并计算完工成本。

12. B 产品完工 300 件,在产品 200 件,原材料一次投入,在产品加工程度 50%,按约当产量划分费用。

要求:应用品种法计算产品生产成本。

练习题表 5-1　　　　　　　　A 产品成本

项目	原材料	燃料及动力	人工费用	制造费用	废品损失	合计
月初	12 600	4 700	6 500	11 000		34 800
本月	69 600	6 000	43 890	41 173		160 663
转出废品成本	3 000	400	1 200	1 500		6 100
转入净损失					5 000	5 000
累计	79 200	10 300	49 190	50 673	5 000	194 363
完工成本	79 200	10 300	49 190	50 673	5 000	194 363

练习题表 5-2　　　　　　　　B 产品成本

项目	原材料	燃料及动力	人工费用	制造费用	合计
月初	14 800	5 000	7 600	13 200	40 600
本月	46 400	3 600	3 5910	33 687	119 597
累计	61 200	8 600	4 3510	46 887	160 197

续表

项目	原材料	燃料及动力	人工费用	制造费用	合计
分配率	122.4	21.5	108.775	117.2175	365.5925
转出完工成本	36 720	6 450	32 632.5	35 156.25	110 967.75
在产品	24 480	2 150	10 877.5	11 721.75	49 229.25

（二）企业生产三批产品，批号分别为9906、9907、9908，月初余额9906批原料费用12 500元、人工费用8 600元、制造费用11 200元，9907批原材料费用23 000元、人工费用15 200元、制造费用17 800元，本月发生以下业务：

1. 9908领原材料费用31 000元，9906修理可修废品耗用材料费用200元。
2. 本月全部人工费用48 000元，三种产品生产工时分别为5 000小时（其中可修废品修理所用工时为200小时）、6 000小时、9 000小时，按工时比例分配人工费用。
3. 本月全部制造费用56 000元，按工时比例分配。
4. 本月9906全部完工，9907完工6件，按计划单位成本转出原材料费用800元、人工费用600元、制造费用700元，9908完工15件，在产品10件，分布三道工序上，每工序分别为2件、3件、5件，原材料生产开始一次投入，每工序在产品加工程度分别为20%、40%、60%，按约当产量划分费用。

（废品损失 = 200 + 200 × 2.4 + 200 × 2.8 = 1 240）

要求：采用分批法计算产品生产成本。

9906、9907、9908批产品成本明细账请见练习题账簿5 - 1 ~ 账簿5 - 3。

练习题账簿5 - 1   **成本明细账**
9906批

项目	原材料	人工费用	制造费用	废品损失	合计
月初	12 500	8 600	11 200		32 300
本月	—	11 520	13 440	1 240	26 200
累计	12 500	20 120	24 640	1 240	58 500
完工成本	12 500	20 120	24 640	1 240	58 500

练习题账簿5 - 2   **成本明细账**
9907批

项目	原材料	人工费用	制造费用	合计
月初	23 000	15 200	17 800	56 000
本月	—	14 400	16 800	31 200
累计	23 000	29 600	34 600	87 200

续表

项目	原材料	人工费用	制造费用	合计
转出完工成本	4 800	3 600	4 200	12 600
在产品成本	18 200	26 000	30 400	74 600

练习题账簿 5 - 3   成本明细账

9908 批

项目	原材料	人工费用	制造费用	合计
本月	31 000	21 600	25 200	77 800
累计	31 000	21 600	25 200	77 800
分配率	1 240	1 102.04	1 285.71	
完工成本	18 600	16 530.6	19 285.65	54 416.25
在产品成本	12 400	5 069.4	5 914.35	23 383.75

（三）企业生产四批产品，批号分别为 9902、9903、9904、9905，月初余额 9902 原材料费用 19 200 元，工时 6 000 小时；9903 原材料费用 17 500 元，工时 4 000 小时；9904 原材料费用 18 700 元，工时 12 500 小时，二级账月初全部人工费用 39 500 元，制造费用 51 200 元。本月 9905 领原材料 18 000 元，本月四批产品工时分别为 4 000 小时、5 000 小时、2 000 小时、7 000 小时，本月全部人工费用 21 500 元，全部制造费用 31 600 元，月末时 9902 全部完工，9903 完工 15 件，在产品 10 件，原料生产开始一次投入，按约当产量比例分工时，其余未完工。

要求：采用简化分批法计算成本。

（四）生产产品经过三个步骤，一车间完工的 A 半成品成本中原料费用 11 000 元、人工费用 4 000 元、制造费用 5 000 元，二车间完工的 B 半成品成本中 A 半成品成本 17 200 元、人工费用 5 600 元、制造费用 8 200 元，三车间完工的产成品成本中 B 半成品 34 100 元、人工费用 5 000 元、制造费用 8 000 元。

要求：成本还原。

（五）月初一车间原材料费用 12 900 元、人工费用 6 600 元、制造费用 8 500 元，二车间原材料费用 4 400 元、人工费用 2 100 元、制造费用 3 500 元；本月一车间原材料费用 41 100 元、人工费用 23 400 元、制造费用 31 500 元，完工半成品 300 件，在产品 200 件，原料在生产开始一次投入，在产品加工程度 50%。月初库存半成品 100 件，原材料费用 12 000 元、人工费用 7 200 元、制造费用 9 500 元，本月领 350 件半成品用于二车间生产，半成品发出采用加权平均单价，二车间本月人工费用 11 000 元、制造费用 14 600 元，月末在产品原材料费用 5 500 元、人工费用 8 600 元、制造费用 10 000 元。

要求：用分项结转法计算成本。

（六）月初一车间原材料费用 11 600 元、人工费用 5 800 元、制造费用 7 300 元，二车间人工费用 4 100、制造费用 6 500 元，一车间本月耗用原材料费用 40 400 元、人工费用 21 200 元、制造费用 27 300 元，二车间人工费用 16 900 元、制造费用 27 500 元。月初一车间原料定额费用 9 500 元，定额工时 3 000 小时，二车间定额工时 3 500 小时。本月一车间原材料定额费用 40 500 元，定额工时 12 000 小时，二车间定额工时 14 500 小时，本月完工产成品 300 件，原料在一车间一次性投入，原材料费用定额 120 元，在一车间的工时定额 30 小时，在二车间工时定额 40 小时。

要求：按定额比例划分完工与在产品费用，平行结转计算产品成本。

（七）生产产品经过两个步骤，一车间生产出半成品入半成品库以后，再由二车间领用，加工出产成品，半成品发出时采用加权平均单价，月初余额一车间原材料费用 8 500 元、人工费用 3 900 元、制造费用 5 200 元，二车间半成品 11 600 元、人工费用 4 800 元、制造费用 6 500 元；本月费用一车间原材料费用 39 500 元、人工费用 15 300 元、制造费用 18 800 元，二车间人工费用 11 200 元、制造费用 17 600 元。月末时一车间完工 160 件，在产品 80 件，原材料在生产开始一次投入，在产品加工程度 50%，按约当产量划分费用；二车间领用半成品 220 件，月初库存半成品 90 件，总成本 39 600 元，二车间月末在产品按定额成本计价半成品 7 700 元、人工费 2 500 元、制造费用 3 800 元。

要求：用综合结转分步计算成本。

（八）月初余额一车间原材料费用 25 100 元、人工费用 13 900 元、制造费用 18 700 元，二车间人工费用 13 600 元、制造费用 17 200 元，本月费用：一车间原材料费用 31 500 元、人工费用 21 200 元、制造费用 29 600 元，二车间人工费用 18 700 元、制造费用 23 400 元，定额资料：一车间月初原材料定额费用 22 000 元，定额工时 7 000 小时，二车间，月初定额工时 9 000 小时；本月一车间原材料定额费用 28 000 元，定额工时 13 000 小时，二车间定额工时 11 000 小时。二车间完工产成品 360 件，一车间原材料费用定额 100 元，工时定额 40 小时，二车间工时定额 45 小时。

要求：定额比例划分费用，平行结转计算成本。

（九）企业生产经过三个车间，本月完工产成品成本中乙半成品费用 19 500 元、人工费用 4 900 元、制造费用 8 300 元，本月完工的乙半成品成本中甲半成品成本费用 13 100 元、人工费用 6 900 元、制造费用 10 000 元，完工甲半成品成本中有原材料费用 2 700 元、人工费用 5 900 元、制造费用 8 400 元。

要求：成本还原。

（十）生产经过二车间，一车间月初余额原材料费用 16 000 元、人工费用 9 000 元、制造费用 12 000 元，二车间原材料费用 13 500 元、人工费用 5 900 元、制造费用 6 600 元。本月费用一车间原材料 32 000 元、人工费用 15 000 元、制造费用 18 000 元，二车间人工费用 21 000 元、制造费用 23 000 元。本月一车间完工半成品 200 件，在产品 200 件，原材料生产开始一次投入，在产品加工程度 50%，约当产量划分费用，月初库存半成品 50 件，其中原材料费用 6 500 元、人工费用 3 800 元、制造费用 4 800

元,二车间领用半成品 160 件,半成品发出采用加权单价,月末在产品,按定额成本计价(二车间)原材料 7 900 元、人工费用 3 700 元、制造费用 4 600 元。

要求:分项结转法计算完工成本。

(十一)某工厂生产甲、乙、丙三种产品,2002 年 10 月份生产量、发生的生产费用资料如练习题表 5-3~练习题表 5-5 所示。甲产品原材料开始加工时一次投入,乙、丙两种产品原材料随加工程度逐步投入。

练习题表 5-3　　　　　　本月完工产品和月末在产品资料表

产品	完工数量(件)	未完工	
		数量(只)	完工程度(%)
甲	500	50	50
乙	400	25	60
丙	600	125	80

练习题表 5-4　　　　　　本月发生的生产费用表

品种	原材料(计划成本)	燃料和动力	直接人工费用	制造费用
甲	30 000	6 300	4 200	9 500
乙	25 000	4 100	3 200	7 300
丙	35 000	8 200	7 000	11 000
废品损失	2 000	200	500	400
—甲(可修复)				

练习题表 5-5　　　　　　丙产品不可修复废品损失计算表

品种	原材料(计划成本)	燃料和动力	直接人工费用	制造费用
丙产品(40 件)	1 000	220	200	300

1. 本月材料成本差异率为 2%(节约),其他职工薪酬按生产工人工资的 14% 提取。

2. 该工厂本月初无在产品,甲、乙、丙三种产品均为当月投产。废品损失均由全月完工产品成本负担。月末完工产品与在产品之间费用分配采用约当产量法。

要求:采用品种法计算各种产品成本(记入各产品成本计算单),编制有关会计分录。

(十二)某企业采用分批法计算产品成本。根据订货者要求,小批生产四批产品。有关资料如下。

1. 该厂 6~9 月份投产和完工情况见练习题表 5-6。

练习题表 5-6　　　　　　　　该厂 6~9 月份投产和完工情况

产品名称	批号	批量（件）	投产日期	投产数量（件）	完工日期	完工数量（件）
A	201	80	6月5日	80	8月31日 9月30日	20 60
B	303	50	8月2日	50	9月30日	40
C	402	40	8月2日	40	9月30日	40
D	105	20	9月20日	20		

2. 各月发生的直接材料、直接人工和制造费用，都已根据有关原始凭证和各种费用分配表登记入账。A、B、C、D 四批产品的成本计算单见练习题表 5-7。

练习题表 5-7　　　　　　　　产品成本计算单

产品批号：201　　产品名称：A　　批量：80 件　　投产日期：6月5日　　完工日期：9月30日

年		摘要	直接材料	直接人工	制造费用	合计
月	日					
8	31	6~8月累计发生额	182 600	121 300	69 200	
	31	按计划成本结转20件完工产品	19 400	13 000	8 300	
	31	在产品成本	163 200	108 300	59 900	
9	30	材料分配表	45 300			
	30	直接人工费用分配表		10 200		
	30	制造费用分配表			23 400	
9	30	6~9月累计发生额				
	30	结转60件产成品成本				
9	30	本批产品总成本				
	30	本批产品单位成本				

3. 9月末，303 批 B 产品的完工产品占总批量的比重较大，生产费用需在完工产品和在产品之间进行分配。采用约当产量法。在产品完工程度为 50%，原材料是在开工时一次投入的。

要求：计算 9 月末各种完工产品的总成本和单位成本以及在产品成本，登记各批产品成本计算单，见练习题表 5-8 ~ 练习题表 5-10。

练习题表 5-8　　　　　　　　　**产品成本计算单**

产品批号：303　　　　　产品名称：B　　　　　投产日期：8月2日
订货单位：××　　　　　批量：50件　　　　　完工日期：

年		摘要	直接材料	直接人工	制造费用	合计
月	日					
8	31	8月份发生额	8 400	1 350	2 300	
	30	材料分配表	16 800			
9	30	直接人工费用分配表		7 200		
	30	制造费用分配表			5 710	
9	30	累计发生额				
9	30	结转40件产成品成本				
	30	完工产品总成本				
	30	完工产品单位成本				
	30	在产品总成本				

练习题表 5-9　　　　　　　　　**产品成本计算单**

产品批号：402　　　　　产品名称：C　　　　　投产日期：8月2日
订货单位：××　　　　　批量：40件　　　　　完工日期：9月30日

年		摘要	直接材料	直接人工	制造费用	合计
月	日					
8	31	8月份发生额	75 600	81 200	20 700	
	30	材料分配表	81 000			
9	30	直接人工费用分配表		31 500		
	30	制造费用分配表			41 000	
9	30	累计发生额				
	30	本批产品总成本				
	30	本批产品单位成本				

练习题表 5-10　　　　　　　　　产品成本计算单

产品批号：105　　　　　产品名称：D　　　　　投产日期：9 月 20 日
订货单位：××　　　　　批量：20 件　　　　　完工日期：

年	月	日	摘要	直接材料	直接人工	制造费用	合计
	9	30	材料分配表	26 600			
		30	直接人工费用分配表		5 880		
		30	制造费用分配表			6 220	
	9	30	本月费用合计				

（十三）某企业生产甲产品，分三个生产步骤进行生产。该企业设有第一、第二、第三个基本生产车间，甲产品由这三个车间顺序加工而成。成本计算采用逐步结转分步法，上一车间向下一车间结转成本时，采用综合结转法。原材料在第一车间开始加工时一次投入，半成品不通过中间库收发，上一步骤完工后全部交由下一步骤继续加工。月末在产品按约当产量法计算，各车间月末在产品完工程度均为 50%。该企业本年 5 月份有关成本计算资料见练习题表 5-11，月初在产品成本和本月发生费用见练习题表 5-12。

练习题表 5-11　　　　　该企业本年 5 月份有关成本计算资料表

项目	月初在产品	本月投产或上一车间交来	本月完工	月末在产品
一车间　甲产品	4	100	88	16
二车间　甲产品	12	88	80	20
三车间　甲产品	20	80	96	4

练习题表 5-12　　　　　月初在产品成本和本月发生费用表

项目	月初在产品成本				本月发生的费用			
	一车间	二车间	三车间	小计	一车间	二车间	三车间	小计
直接材料	5 210	19 120	49 130	73 460	129 860			129 860
直接人工	540	3 640	3 600	7 780	24 420	30 200	30 700	85 320
制造费用	400	3 130	2 560	6 090	18 800	262 264	20 960	66 024
合计	6 150	25 890	55 290	87 330	173 080	56 464	51 660	281 204

要求：

（1）采用综合结转分步法计算甲产品的半成品和产成品成本，编制产品成本计算单。

（2）进行成本还原，编制产品生产成本还原计算表。

第六章

成本预测与决策

本章内容引言：

本章主要介绍成本的预测与决策，都属于成本管理的事前管理阶段，成本预测是以过去的历史数据和现在所能取得的信息为基础，分析当前各种经济技术条件及外界环境变化，按照成本发展规律，运用专业知识和实践经验对未来成本水平及其发展趋势进行定量描述及逻辑推断，其程序包括四步骤：制定目标成本草案、计算成本差异、拟订成本降低方案、选取最优方案。预测方法分为定量和定性预测两种；成本决策主要采用的方法有差量分析法、总额分析法、相关成本分析法三种，具体应用为零件自制或外购决策、亏损产品是否继续生产、生产哪种产品的决策。

关键术语： 成本预测　成本决策　成本管理　成本差异　定量预测法　定性预测法　差量分析法　总额分析法　相关成本分析法

第一节　成　本　预　测

一、成本预测的概述

（一）成本预测的概念

预测是 20 世纪 60 年代以来在西方国家逐步发展起来的，不仅重视对自然现象变化的预测，更重视对社会现象变化的预测，尤其在经济领域，开展预测已经成为现代企业发展的日益重要的活动，经济预测是人们对未来经济活动可能产生的经济效益及其发展趋势，事先提出的一种科学测算。预测是根据事物的已知信息，预计和推测事物未来发展趋势和可能结果的行为。预测对企业具有重要经济意义，现代企业均应设置预测机构，开展有关的经济预测活动，围绕企业的竞争能力，产品价格、销售数量、发展方向、市场潜力，企业目标利润和成本水平，以及新产品的开发等方面作出预测，以减少企业潜在风险，在竞争中生存和发展。

成本预测是以过去的历史数据和现在所能取得的信息为基础，分析当前各种经济技术条件及外界环境变化，按照成本发展规律，运用专业知识和实践经验对未来成本水平及其发展趋势进行定量描述及逻辑推断。成本预测是成本管理工作的起点，也是事前成本控制的关键环节。成本预测为成本决策服务，是成本决策的前提，实践经验表明，有效的成本决策方案和合理的成本计划必须建立在科学合理的成本预测基础之上，通过进行成本预测，可以为企业选择最优成本决策和制订科学成本计划提供依据，提高企业经济效益。

（二）成本预测的程序

成本预测应以过去及现在本企业及国内外同行业同类型产品的数据为依据，由专业人员采用一定方法结合当前经济技术发展水平对企业产品成本进行计算、比较和分析，作出合理判断，为保证预测结果的合理性，应制定科学的预测程序，通常按照以下步骤进行：

（1）根据企业总体目标提出初步成本目标，即目标成本草案。科学的预测应有一个明确的目标，成本预测目标的确定，应以企业未来时期的总目标为依据，使成本目标和利润目标的水平保持一致，只有明确成本目标，才能发挥成本预测应有的效果。

（2）在不考虑任何降低成本措施前提下，初步预测在目前情况下可能达到的成本水平，计算出预计成本与成本目标的差距，为成本预测提供方向。

（3）考虑并拟订各种可能降低成本方案，预计各种方案实施后可能达到的成本水平，力求缩小与目标成本间的差距。成本预测不是消极地预计企业未来的成本水平，而是积极地挖掘潜力，降低未来的成本水平。

（4）对降低成本的各种可行性方案进行技术经济分析，从各备选方案中选取最优成本方案，预计实施后的成本水平，可能高于或低于初步成本目标，应以此修订初步成本目标，正式确定成本目标。以上成本预测程序表示的只是单个成本预测过程，而要达到最终确定的正式成本目标，这种过程必须反复多次，只有经过多次的预测、比较以及对初步成本目标的不断修改、完善，才能最终确定成本目标，并依据本目标组织实施成本管理。

（三）成本预测注意事项

成本是企业经营管理业绩的综合性指标，成本预测由于受到主客观因素影响较大，具体工作需要考虑诸多方面，如生产技术、组织管理、工艺流程、设备新旧程度等，从而决定了成本预测所涉及内容的广泛性和复杂性。因此成本预测的结果直接影响成本决策的正确性，为提高成本预测的正确性，发挥成本预测的重要作用，需注意如下几点：

1. 成本预测时间范围

成本预测根据不同的时间范围采用不同的预测方法，按照时间范围分为短期预测（年度、季度、月份）及长期预测（长于1年时间，例如3年、5年、10年等），通常时间范围不同具体的预测角度也不同，月份及季度成本预测只需对成本的完成情况进行估算，不要求考虑成本降低措施；长期成本预测只需指明未来成本发展方向，不需做具体数据预测；年度预测不仅预测成本完成情况，还需考虑降低成本的各种措施。

2. 遵循成本效益原则

开展成本预测时，应把经济效益与社会效益结合起来，同时要重视成本预测本身的经济效益。企业进行成本预测，不能单纯考虑降低成本和增加利润，同时必须考虑成本预测所支付的费用与效益之间的关系，全面考虑经济效益，确定最优成本方案。如果预测本身所支付的费用要比可能获取的效益大，违背成本效益原则，则此项预测工作无必要进行。

3. 正确认识预测结果误差

预测过程是对未来发展趋势的估计，考虑到预测的前提假设条件，即使效果较好的预测活动与实际发生的结果也不可能是完全相符的，当二者产生差距时，不要误认为预测结果的不合理性，同时根据预测结果所作的决策，应预留一定的可变动范围。

4. 注意预测结果时效性

客观条件变化时，预测结果本身也要不断修改。为了能够及时提供预测数据，要尽可能缩短预测周期，使预测数据在事前控制和推动经营目标实现中发挥应有的效果。

（四）成本预测的重要性

1. 成本预测是组织成本决策和编制成本计划的前提

通过成本预测，掌握未来的成本水平及其变动趋势，有助于把未知因素转化为已知因素，帮助管理者提高自觉性，减少盲目性；作出生产经营活动中所可能出现的有利与不利情况的全面和系统分析，还可避免成本决策的片面性和局限性。有了科学的成本决策，就可以编制出正确的成本计划；三者之间的关系为预测是决策与计划的基础和前提条件，决策和计划则是预测的产物。

2. 成本预测是加强企业全面成本管理的重要环节

传统成本管理工作侧重事后管理，但单方面的成本分析与考核已无法满足当前经济环境的变化，成本管理工作也应重视成本事前控制，全面成本管理将促进企业合理地降低成本、提高经济效益。

3. 成本预测为降低产品成本指明方向和奋斗目标

企业在做好市场预测、利润预测之后，能否提高经济效益以及提高多少，完全取决于成本降低多少。为了降低成本，必须根据企业实际情况组织全面预测，寻找方向和途径，并由此力求实现预期的奋斗目标，降低产品成本。

二、成本预测方法

（一）定性预测方法

1. 意见汇集法

意见汇集法属于主观判断法，是由本企业熟悉生产及市场等业务的企业主要负责人、部门主管人员及基层业务人员根据多年经验集思广益，分析各种不同意见并对之进行综合分析所作出的判断。其产生依据为企业内部各有关人员对于工作岗位和业务范围及分工不同，他们对各自的领域比较熟悉，但对本领域外的问题理解的深度和广度具有一定局限性，因此，需要各相关人员对企业总体发展趋势有充分的认识，进行信息的交流和互补，在此基础上，经过汇集和分析，作出比较全面客观的判断。此种方法时间短，耗费小，运用灵活，能根据生产情况的变动对预测结果进行修正，具有一定时效性。

2. 德尔菲法

德尔菲法是在 20 世纪 40 年代由赫尔默和戈登首创，1946 年美国兰德公司为避免集体讨论存在的屈从于权威或盲目服从多数的缺陷，首次用这种方法来进行定性预测，后来该方法被迅速广泛采用。德尔菲法最初产生于科技领域，后来逐渐被应用于其他领域的预测，如军事预测、人口预测、医疗保健预测、经营和需求预测、教育预测等。此外，还用来进行评价、决策、管理沟通和规划工作。

德尔菲法具体步骤如下：

（1）确定调查题目并组成专家小组。拟订调查提纲，准备向专家提供的资料（包括预测目的、期限、调查表以及填写方法等），同时按照所预测事项需要的专业范围确定所选专家，具体人数可根据预测事项的大小和涉及面的宽窄而定。

（2）向专家组提出所要预测的问题及有关要求，并附上有关问题的背景材料，专家组成员根据他们所收到的材料，提出自己的预测意见。

（3）将各位专家第一次判断意见汇总，进行列表但不注明观点提出人员，再分发给各位专家，让专家比较自己同他人的不同意见，修改自己的意见和判断。

（4）将所有专家的修改意见收集起来进行汇总，再次分发给各位专家，以便做第二次修改。逐轮收集意见并为专家反馈信息是德尔菲法的主要环节。收集意见和信息反馈这一过程重复进行，一般要经过三、四轮，直到每一个专家不再改变自己的意见为止。

（5）对专家的意见进行综合处理。经过多次反复征求意见后，企业把最后一次意见采用中位数、平均数、加权平均数的方法综合作出最后预测结论。

【例 6-1】如某企业拟研发一种新产品，市场上还没有同类产品出现，因此没有历史数据。企业需要对可能的销售量作出预测，以决定预计生产量。于是该企业成立专家小组，由业务经理、市场专家和销售人员等 8 位专家，预测全年可能的销售量。8 位专家提出个人判断，经过三次反馈得到结果如表 6-1 所示。

表 6-1　　　　　　　德尔菲法专家小组判断过程列表　　　　　　单位：件

专家编号	第一次判断			第二次判断			第三次判断		
	最高	最可能	最低	最高	最可能	最低	最高	最可能	最低
1	2 000	1 800	1 600	2 000	1 850	1 500	2 000	1 800	1 500
2	1 600	1 500	1 300	1 800	1 700	1 600	1 700	1 600	1 500
3	1 400	1 300	1 100	1 500	1 400	1 300	1 400	1 300	1 200
4	2 200	2 000	1 800	2 000	1 800	1 700	2 100	2 000	1 900
5	1 500	1 400	1 200	1 600	1 500	1 400	1 600	1 500	1 300
6	2 400	2 200	2 000	2 200	2 000	1 800	2 300	2 200	2 100
7	2 500	2 400	2 000	2 400	2 300	1 800	2 300	2 200	2 000
8	2 600	2 500	2 200	2 400	2 300	2 000	2 600	2 400	2 100
平均值	2 025	1 887.5	1 650	1 987.5	1 856.2	1 637.5	2 000	1 875	1 700

以上专家预测结果可以通过平均数、中位数、加权平均数计算进行结果预测。

（1）平均数法。

预测销售量 =（2 000 + 1 875 + 1 700）÷ 3 = 1 858（件）

（2）中位数法。

第三次判断作为最终结果，分别按照预测值高低进行排列，找出中位数，将三种情况中位数进行加权平均计算，预测结果如表 6 - 2 所示。

表 6 - 2　　　　　　　　　集中判断过程及结果　　　　　　　　　单位：件

可能销售量	按预测值高低顺序排列	中位数	权重
最高销售量	2 600　2 300　2 100　2 000　1 700　1 600　1 400	2 000	0.3
最可能销售量	2 400　2 200　2 000　1 800　1 600　1 500　1 300	1 800	0.4
最低销售量	2 100　2 000　1 900　1 500　1 300　1 200	1 700	0.3

预测销售量 = 2 000 × 0.3 + 1 800 × 0.4 + 1 700 × 0.3 = 1 830（件）

（3）加权平均数法。

预测销售量 = 2 000 × 0.3 + 1 875 × 0.4 + 1 700 × 0.3 = 1 860（件）

德尔菲法是为了克服意见汇集法的缺点而产生的专家预测方法，其特点如下：吸收专家参与预测，充分利用专家的经验和学识；采用匿名或背靠背的方式，能使每一位专家独立自由地作出自己的判断；预测过程几轮反馈，使专家的意见逐渐趋同。德尔菲法的这些特点使它成为一种最为有效的判断预测法。

德尔菲法在应用过程中的注意事项：（1）挑选的专家应有一定的代表性和权威性；（2）在进行预测之前，应取得参加者的支持，确保他们能认真地进行预测，以提高预测的有效性；（3）问题设计应该措辞准确，不能引起歧义，而且应尽可能保证所有专家都能从同一角度去理解；（4）进行统计分析时，应该区别对待不同的问题，对于不同专家的权威性应赋予不同权重；（5）提供给专家的信息应该尽可能的充分，以便其作出判断；（6）问题集中，有针对性，以便使各个事件构成一个有机整体；（7）调查单位或领导小组意见不应强加于调查意见之中，防止出现诱导现象，以至得出专家迎合领导小组观点的预测结果。

（二）定量预测方法

1. 目标成本预测

目标成本是为实现未来一定时期的生产经营目标所规划的企业成本水平，是企业从事生产经营活动在成本管理方面所建立的目标。就某一产品而言，目标成本也是生产该种产品所预定达到的先进成本水平。目标成本是管理者在综合分析企业生产经营能力、客观环境条件、未来发展趋势和其他影响因素的基础上，对企业成本的期望值。目标成本预测方法主要有：

（1）倒扣测算法。

倒扣测算法是指在事先确定目标利润的基础上，首先预计产品的售价和销售收入，然后扣除价内税和目标利润,余额即为目标成本的一种预测方法。此法既可以预测单一产品生产条件下的产品目标成本,还可以预测多产品生产条件下的全部产品的目标成本;当企业生产新产品时,也可以采用这种方法预测,此时新产品目标成本的预测与单一产品目标成本的预测相同。

$$\text{单一产品生产条件下产品目标成本} = \text{预计销售收入} - \text{应交税金} - \text{目标利润}$$

$$\text{多产品生产条件下全部产品目标成本} = \sum \text{预计销售} - \sum \text{应交税金} - \sum \text{目标利润}$$

以上公式中各项目注意事项如下:

①销售收入必须结合市场销售预测及客户的订单等予以确定;

②应交税金按照国家有关规定予以缴纳,由于增值税是价外税,因此应交税金不包括增值税;

③目标利润通常可采用先进(指同行业或企业历史较好水平)的销售利润率乘以预计的销售收入、先进的资产利润率乘以预计的资产平均占用额,先进的成本利润率乘以预计的成本总额确定。这种方法以确保目标利润的实现为前提条件,目标成本的确定与销售收入的预计紧密结合,西方企业常常采用,我国也应逐渐推广应用。需要注意的是,以上计算公式是建立在产销平衡假定的基础上,实际中多数企业产销不平衡,在这种情况下,企业应结合期初、期末产品存货的预计成本倒推产品生产目标成本。

【例6-2】甲企业生产某产品,假定产销平衡,预计产品的销量为10 000件,单价为300元,增值税率16%,另还需缴纳10%消费税,假设企业产品购进货物占销售额比重为40%,同行业先进销售利润率为20%,预测企业目标成本。

预计收入 = 10 000 × 300 = 3 000 000(元)

目标利润 = 10 000 × 300 × 20% = 600 000(元)

应交税金计算步骤如下:

消费税 = 10 000 × 300 × 10% = 300 000(元)

增值税 = 10 000 × 300 × 16% × (1 - 40%) = 288 000(元)

增值税属于价外税,因此,

应交税金 = 300 000元

目标成本 = 3 000 000 - 300 000 - 600 000 = 2 100 000(元)

(2)比率测算法。

比率测算法是倒扣测算法的延伸,它是依据成本利润率来测算单位产品目标成本的一种预测方法。这种方法要求事先确定先进的成本利润率,并以此预测目标成本,这种方法常常用于新产品目标成本的预测。

$$\text{单位产品目标成本} = \text{产品预计价格} \times (1 - \text{税率}) \div (1 + \text{成本利润率})$$

【例6-3】某企业拟生产新产品,预计价格2 000元,税率10%,成本利润率为25%,要求预测该种新产品目标成本。

单位产品目标成本 = 2 000 × (1 - 10%) ÷ (1 + 25%) = 1 440(元)

(3) 选择测算法。

选择测算法是以某一先进单位产品成本作为目标成本的一种预测方法。如标准成本、国内外同类型产品的先进成本水平、企业历史最好的成本水平等都可以作为目标成本。这种方法要求企业熟悉市场行情，及时掌握国内外同行业同类型产品的最先进的成本水平动态。虽然此法比较简单，但实际应用中应注意可比性，如果彼此现状相差较大，就不能采用；如果要采用，必须作必要的调整和修正。

(4) 直接测算法。

直接测算法是根据上年预计成本总额和企业规划确定的成本降低目标来直接推算目标成本的一种预测方法。通常成本计划是在上年第四季度进行编制，因此目标成本的测算只能建立在上年预计平均单位成本的基础上，计划期预计成本降低率可以根据企业的近期规划事先确定，另外还需通过市场调查预计计划期产品的生产量。这种方法建立在上年预计成本水平的基础之上，从实际出发，充分考虑降低产品成本的潜力，适用于可比产品目标成本的预测。

$$目标成本 = \frac{按上年预计平均单位成本计算的计划年度可比产品成本总额}{} \times (1 - 预计成本降低率)$$

因为成本计划通常是在上一年度的第四季度编制，因此上年一至三季度成本数据是实际成本，第四季度成本数据为预计成本。

$$上年预计平均单位成本 = \frac{上年一至三季度实际平均单位成本 \times 上年一至三季度实际产量 + 上年第四季度预计平均单位成本 \times 上年第四季度预计产量}{上年一至三季度实际产量 + 上年第四季度预计产量}$$

【例6-4】某公司生产甲、乙两种产品，明年计划生产甲产品5 500件，预计平均单位成本460元；计划生产乙产品12 000件，预计平均单位成本170元。可比产品成本降低率达到10%，采用直接测算法预测公司明年的目标成本。

目标成本 = [(5 500 × 460) + (12 000 × 170)] × (1 - 10%) = 4 113 000（元）

2. 产品设计成本预测

产品设计成本是指企业设计一种产品，从开始到完成整个过程所需要投入的成本。企业在进行产品设计时，根据设计方案中规定使用的材料、经过生产工艺过程等条件计算出来的产品成本，它是一种事前成本，并不是实际成本，也可以说是一种预计成本。产品设计是否科学、合理，在很大程度上决定了产品的生产技术、质量水平和成本消耗，也关系着产品的生产和使用的技术经济效果。产品设计成本就是根据技术、工艺、装备、质量、性能、功用等方面的各种不同设计方案，核算和预测新产品在正式投产后可能达到的不同成本水平，它是对新产品开发和老产品改造进行可行性分析的重要组成部分，目的在于论证产品设计的经济性、有效性和可行性。

企业在投产新产品前，都要由企业的设计部门进行产品设计，在进行产品设计时，应设计出产品使用的材料、经过的生产工艺、质量标准等条件，为了对新产品是否投产进行决策，应测算该新产品的成本水平。若该产品的成本水平在可接受的范围之内，则可以投产；若不在可接收的范围之内，则应对产品的设计方案进行修改，如减少材料的消耗量、降低使用材料的档次等，经过测算后，使之能够达到可接受的范围。产品成本水平绝大部分在产品设计阶段就已经确定，如产品经过的工艺过程、使用的材料等。待产品投入生产后再采取措施进行降低成本的难度就比较大了。因此，产品设计成本强调管理的重心从产品的生产阶段转移到了产品的开发设计阶段。

产品设计成本预测通常采用以下方法：

(1) 比率法。

产品设计成本预测的比率法，是将某种新产品或改型换代产品的全部成本粗略地划分为料、工、费三个项目，分别确定各项成本在全部产品成本中所占比重，然后测算该种产品的设计成本。这种方法主要适用于对产品成本中材料成本比重较大的有关产品进行设计成本预测。采用比率法测算产品设计成本的一般公式为：

$$某种产品设计成本 = \frac{该产品预计材料费用}{同类产品成本中所含材料费用比重}$$

【例6-5】假设某企业根据本行业同类产品的有关资料设计某种新产品，经技术经济分析，确认此种新产品单位成本中所含材料费用为400元，同类产品成本中材料成本比为80%。此时，若按比率法测算，某种新产品的设计成本为

某新产品设计成本 = 400 ÷ 80% = 500（元）

假如某种新产品成本中所含材料费用和工资费用的比重都比较大，可按以下方法测算其设计成本，常用的计算公式为：

$$产品设计成本 = （预计材料费用 + 预计人工费用）\\ \times （1 + 同类产品成本中制造费用比重）$$

【例6-6】企业根据本行业同类产品的有关资料设计某种新产品，经技术经济分析，确认此种新产品单位成本中所含直接材料费为200元，直接人工费为100元；同类产品成本中，变动性制造费用和固定性制造费用比重分别为直接费用总额的10%和5%。此时，若按比率法测算，该种新产品的设计成本为：

某新产品设计成本 = (200 + 100) × (1 + 15%) = 345（元）

(2) 概算法。

产品设计成本预测的概算法，是指根据某种新产品设计方案所涉及的各项费用标准，计算该种新产品的设计成本的方法。这种方法主要适用于对缺乏现有或同类产品成本资料的全新产品进行设计成本预测，其计算分式为：

$$某种产品设计成本 = 单位产品材料费用标准 + 单位产品人工费用标准 \\ + 单位产品制造费用标准$$

【例6-7】企业设计生产某种全新产品，年设计生产能力为2 000台。经测算，该产品所需甲、乙两种原材料的标准单耗分别为3千克和4.8千克，标准单价分别为16元和12元；单位产品耗电标准为28千瓦时，每千瓦时电费0.6元；生产工人年度工资总额为60 000元；年度制造费用总额为80 000元；新产品单位标准工时占全部产品单位标准工时总数的25%，此时，若按概算法测算，计算新产品的设计成本。

单位产品材料和燃料费用标准 = 3 × 16 + 4.8 × 12 + 28 × 0.6 = 122.4（元）

单位产品人工费用标准 = (60 000 ÷ 2 000) × 25% = 7.5（元）

单位产品制造费用标准 = (80 000÷2 000)×25% = 10（元）
产品设计成本 = 122.4 + 7.5 + 10 = 139.9（元）

3. 可比产品成本变动趋势预测

在目标成本的预测和执行阶段，可以在预测可比产品成本降低额基础上，将实际降低额与目标降低额进行对比，进而确定目标成本的修正额。通常可比产品成本变动趋势预测以计划年度采取的各项成本降低措施为基础，测算计划期可比产品成本降低额，进行此类预测的关键在于发动成本管理参与者采取切实可行的成本降低措施，在此基础上测算这些措施对成本总额的影响，并与目标成本进行比较，据此检验目标成本实现的可能性并对此予以修正。

【例 6 - 8】假设某企业第一车间采取的成本降低措施如下：

（1）由于改进生产工艺，单位甲产品材料耗用量由 6 千克降低为 5 千克，该材料价格为 10 元/千克；

（2）单位乙产品工时定额由 1.2 小时降低为 1 小时，小时工资率为 15 元；

（3）由于加强质量管理预计甲产品每件可以减少废品损失 0.2 元，乙产品每件减少废品损失 0.3 元；

（4）每月压缩制造费用 10 000 元；

（5）预计生产甲产品 50 000 件，乙产品 30 000 件；

假定目标成本节约额为 700 000 元，要求：预测成本降低额并与目标成本降低额比较加以评价。

（1）节约材料成本 = 50 000×(6 - 5)×10 = 500 000（元）
（2）节约人工成本 = 30 000×(1.2 - 1)×15 = 90 000（元）
（3）减少废品损失 = 50 000×0.2 + 30 000×0.3 = 19 000（元）
（4）降低制造费用 = 10 000×12 = 120 000（元）

预计全年节约产品成本 = 500 000 + 90 000 + 19 000 + 120 000 = 729 000（元）
目标成本节约额 700 000 元小于预计成本节约额 729 000 元，完成目标任务。

4. 产品成本水平发展趋势预测

产品成本水平的预测即预测计划期内产量变化条件下的总成本水平，产品按照特性分为变动成本和固定成本两大类，产品产量与成本的关系用关系式表示即为：

$$总成本 = 固定成本总额 + 产品产量 \times 单位产品变动成本$$

为了确定产量与总成本之间关系可以首先确定固定成本总额和单位产品变动成本，其方法主要为高低点法。高低点法是根据一定时期历史成本资料中最高最低产量下成本的差额与最高最低产量的差额进行对比，计算出固定总成本和单位产品变动成本，从而得出总成本与产量之间关系式，根据产量即可计算出总成本。计算公式为：

$$单位产品变动成本 = \frac{最高产量总成本 - 最低产量总成本}{最高产量 - 最低产量}$$

$$固定成本总额 = 最高点成本总额 - 最高产量 \times 单位变动成本$$
$$= 最低点成本总额 - 最低产量 \times 单位变动成本$$

【例 6 - 9】某企业生产甲产品，其近 5 年产量和历史成本资料如表 6 - 3 所示。

表6-3　　　　　　　　　　产量与成本数据表

年度	产量（件）	产品成本（元）
1	8 000	430 000
2	9 000	470 000
3	8 500	440 000
4	10 000	530 000
5	9 500	500 000

要求：计算产量为10 500件时总成本。

根据高低点法原理，产量最高和最低点分别为8 000件、10 000件，其对应总成本为400 000元、500 000元，计算如下：

$$单位产品变动成本 = \frac{530\ 000 - 430\ 000}{10\ 000 - 8\ 000} = 50（元）$$

固定成本总额 = 530 000 - 50 × 10 000

或 = 430 000 - 50 × 8 000

　　= 30 000（元）

总成本与产量的关系式为：

总成本 = 30 000 + 产品产量 × 50 = 30 000 + 10 500 × 50 = 55 500（元）

高低点法是最简单的计算方法，适用于产品成本变动趋势较稳定的情况下，如果各期成本变动幅度较大，采用此法易造成误差。

第二节　成本决策

一、成本决策的概念

成本决策是现代成本管理的一项重要职能。成本决策是对两种或两种以上备选方案，利用有关理论和方法进行比较分析，从中选择最优方案的一项活动。为使决策能符合客观实际，取得最佳效果，要善于根据有关数据进行可行性研究，而其中成本数据通常是一项关键性的因素。成本决策是按照既定或要求的总目标，选择达到目标成本最优化的活动，即成本决策是在成本预测的基础上，利用各种决策成本数据，对各备选方案进行分析比较，从中选择最佳经济效益方案的活动。成本决策对于正确地制订成本计划，促进企业降低成本，提高经济效益都具有十分重要的意义。

二、成本决策中常用的成本概念

（一）决策相关成本

1. 边际成本

边际成本是指成本对于产量无限小变化的变动部分。在实际经济生活中，产量无限小变化，最小只能小到一个单位。边际成本的实际计量，就是产量增加或减少一个单位所引起的成本变动。

2. 变动成本

变动成本是指在一定范围内，其成本总额随着产量的增减比例而增减变动。变动成本与差量成本都是边际成本理论概念的实际表现形式。边际成本与变动成本一样，可以用来判断增减产量在经济上是否合理。

3. 差量成本

差量成本是一个备选方案的预期成本与另一个备选方案的预期成本之间的差异，不同方案的经济效益，一般可通过差量成本的计算明显地反映出来。

4. 付现成本

付现成本是指那些由于某项决策而引起的需要在未来动用现金支付的成本。当企业在经营决策中如果碰到本身的货币资金短缺，而筹措资金又有困难时，对付现成本的考虑往往比对总成本的考虑更为重视，并会选择付现成本最小的方案来代替总成本最低的方案。

5. 可避免成本

可避免成本是指通过管理人员的决策行动可以改变其数额的成本。

6. 机会成本

机会成本是指在决策分析过程中，从各个备选方案中选取最优方案而放弃次优方案所丧失的潜在利益。但这个潜在利益要从最优方案中得到补偿，也就是说，必须把已放弃的次优方案可能提供的收益作为被选用的最优方案的机会成本。

（二）决策无关成本

1. 历史成本

历史成本是根据过去实际已发生的支出而计算的成本。

2. 沉没成本

沉没成本是指那些由于过去的决策所引起并已经支付过款项的成本。这些是无法由现在或将来的任何决策所能变更的成本，因此在决策时不需考虑。

3. 不可避免成本

不可避免成本是管理人员的决策行动不能改变的成本。

三、成本决策的程序

第一，提出问题，确定决策目标。进行成本决策，首先要弄清楚这项决策要解决的问题。例如某产品发生亏损，为合理安排生产确定是否停产，如果停产对企业利润的影响；如果企业生产能力有剩余，某客户要求增加订货，决策是否接受该订单；企业生产产品需要的某些零件是自行制造还是外购；等等。

第二，广泛搜集资料。即为制订每个备选方案搜集尽可能多且对它们有影响的各种可计量因素的资料，对于这些资料要善于鉴别，要去粗取精、去伪存真。

第三，针对决策目标提出若干可行的备选方案。为实现成本决策目标，可提出若干个备选方案。每个备选方案必须是技术上先进，经济上合理，在提出方案时应该使现有的各项资源都能得到最合理、最充分的利用。

第四，分析计算评价。成本决策就是要测定哪一个备选方案有更多的优势，但是如果各方案的评价仅用文字进行定性说明，进行分析评价困难较大。为此，在确定可行备选方案的基础上，要进行定量分析，通过反复计算选择最优方案。

第五，考虑其他非计量因素的影响。根据上一步骤的初步评价，结合计划期各种非计量因素的影响，例如政治经济形势的变动，以及人们心理、习惯的改变等因素。

第六，确定最优方案。根据各个备选方案的经济效益的大小确定最优方案，供管理层进行参考。

四、成本决策的方法

成本决策所采用的方法根据决策的具体内容和取得的资料而不同，其最常用的专门方法有差量分析法、总额分析法、相关成本分析法和成本无差别点法四种。

（一）差量分析法

差量是指不同备选方案之间的差别，适用于同时涉及成本和收入的方案的决策分析。它是根据差异利润作为最终评价指标，以决定方案取舍的一种方法。差量分析涉及"差异收入""差异成本""差异利润"几个基本概念。差异收入是指两个备选方案之间的预计收入的差额，差异成本是指两个备选方案之间的预计成本的差额，差异利润是指差异收入与差异成本之差。差量分析法的基本内容，就是以两个备选方案的差异收入与差异成本进行比较，若差异收入大于差异成本，即取得差异利润，则前一方案是较优的；相反，如差异收入小于差异成本，即差异利润为负数，那么后一方案较优。差量成本以及差量损益必须坚持相关性原则，凡与决策无关的收入、成本、损益均应予以剔除。

（二）总额分析法

用于同时涉及成本和收入方案的决策分析，它是根据利润作为最终的评价指标，以决定方案取舍的一种方法。决策中涉及的收入、成本、利润是指总收入、总成本、总利润，不考虑其与决策是否相关，一般通过编制总额分析表来进行决策。总额分析法以利润作为最终的评价指标，按照销售收入－变动成本－固定成本的模式计算利润，由此决定方案取舍的一种决策方法。总成本通常不考虑它们与决策的关系，不需要区分相关成本与无关成本，这种方法一般通过编制总额分析表进行决策。此法便于理解，但由于将一些与决策无关的成本也加以考虑，可能导致决策失误，因此决策中不常使用。

(三) 相关成本分析法

适用于只涉及成本的方案决策，它是根据相关成本的大小作为最终的评价指标，以决定方案取舍的一种方法。决策时，首先要对各可行备选方案估计其未来成本。如差异成本、机会成本、专属成本等。与相关成本相对立的概念是不相关成本，即与决策无关的成本，这部分成本在决策中不考虑，如沉没成本。另外，某些未来成本，不论在我们决策时选定何种方案，均发生相同数额，则该项目可略去不计。确定相关成本有两种方法：一是列出所有的相关成本项目，加计总数求得；二是汇总各备选方案的全部总成本，减去不相关成本，即为该方案的相关成本。这种方法可分为下列五个步骤：

(1) 将决策时的备选方案的全部成本（包括机会成本）进行汇总；
(2) 扣除沉没成本；
(3) 扣除各项备选方案中金额相等项目的成本；
(4) 其余的各项成本汇总起来，就是决策的相关成本。
(5) 通过两个方案相关成本的对比，评价哪一方案更有利。

(四) 成本无差别点法

成本无差别点法是以成本无差别点业务量作为最终的评价指标，根据成本无差别点所确定的业务量范围来决定方案取舍的一种决策方法。这种方法适用于只涉及成本，而且业务量未知的方案决策。成本无差别业务量又称为成本分界点，是指两个不同备选方案总成本相等时的业务量。应用此法值得注意的是，如果备选方案超过两个以上方案进行决策时，应首先两两方案确定成本无差别点业务量，然后通过比较进行评价，在此基础上再进行综合判断分析。

五、成本决策的应用

(一) 零件取得的决策

企业在其生产经营过程中经常遇到零件是自制还是外购的决策问题。其主要原因是：有时企业生产任务过重，有必要外购某些零件；有时生产任务不足，为充分利用自身的生产能力，需考虑将原来外购的零件改为自制；有时由于产品设计的变更，对某些零件是自制还是外购需重新选择；有时因为生产成本的变化，须重新考虑零件取得方式的选择。对这个问题进行决策分析通常采用差额分析法，但由于备选方案的预期收入相同，只是备选方案间预期成本差别，因而进行差额分析时无须计算差异收入，只需计算差异成本。

1. 自制不增加固定成本的选择

【例 6-10】某企业年需用 A 零件 600 个，如从市场上购买，每个购入价格为 20 元。若该厂利用加工车间剩余生产能力自制，预计制造一个 A 零件需支付直接材料费 6 元，直接人工费用 5 元，变动制造费用 5 元，固定制造费用 1 元。又知生产车间若不制造该零件，生产设备没有其他用途。该企业的 A 零件自制还是外购较有利？

由于加工车间设备属于剩余生产能力，不加工 A 零件无其他用途。故固定制造成本在该项决策中属无关成本。编制差异分析表如表6-4所示。

表6-4　　　　　　　　　　成本决策分析表　　　　　　　　　　单位：元

项目	自制方案	外购方案	差额
自制：直接材料	6×600=3 600		
直接人工	5×600=3 000		
变动制造费用	5×600=3 000		
小计	9 600		9 600
外购：购入成本		20×600=12 000	12 000
自制与外购的差额成本			2 400

从表6-4计算过程可知，自制比外购零件节约成本2 400元，因此，自制方案较优。

2. 自制需增加固定成本的选择

【例6-11】接前例，若企业自制零件，则需另增加一台专用检测设备价值3 000元，企业应作出何种选择。

由于条件与〖例6-9〗相同，仅增加了固定资产价值3 000元，即增加专属成本3 000元。仍列示差额分析表分析，其结果如表6-5所示。

表6-5　　　　　　　　　　成本决策分析表　　　　　　　　　　单位：元

项目	自制方案	外购方案	差额
自制：直接材料	6×600=3 600		
直接人工	5×600=3 000		
变动制造成本	5×600=3 000		
专属成本	3 000		
小计	12 600		12 600
外购：购入成本		20×600=12 000	12 000
自制与外购的差额成本			-600

从表6-5计算过程可知，外购比自制零件节约成本600元，因此，外购方案较优。

（二）半成品是否进一步加工的选择

半成品是企业连续生产的中间产品，有的既可以直接出售，也可以对其进一步加工后再出售，当然，完工产品的售价要比半成品售价高些，但继续加工要追加变动成本，有时还可能追加固定成本。对于这类问题的决策，需视进一步加工后增加的收入是否超过进一步加工过程中追加的成本而言，如果前者大于后者，则继续加工方案较优；反之，如果前者小于后者，则应选择直接出售半成品的方案。需要注意的是，决策中必须考虑半成品与产成品数量上的投入产出关系，以及企业现有的进一步加工能力。企业生产的半成品，若进一步加工，则收入会增加，同时随着加工深度扩大，生产成本也会增加。为增加企业盈利，需要认真进行决策分析。在分析半成品是否进一步加工时，常用差额分析法，分析差额利润即可得到决策结果。

【例6-12】某企业年生产甲零件2 000件，单位变动成本为10元，单位固定成本为4元，销售单价为20元。若把A零件进一步加工成A产品，销售单价为28元，需追加单位变动成本4元，专属固定成本20 000元。企业应否将A零件加工成A产品。

在本例中仅追加单位变动成本和专属成本为相关成本，编制差额分析表如表6-6所示。

表6-6　　　　　　　　　　成本决策分析表　　　　　　　　　　单位：元

项目	进一步加工方案	出售半成品	差额
差额收入：			16 000
进一步加工	28×2 000＝56 000		
出售半成品		20×2 000＝40 000	
差额成本：			28 000
追加变动成本	4×2 000＝8 000		
追加固定成本	20 000		
差额利润			-12 000

如表6-6所示，若进一步加工企业将损失利润12 000元，故该零件应出售半成品。

（三）生产产品品种的选择

在满足市场需求的前提下，企业现有的生产能力可生产多种产品，但由于资源的限制，企业不可能生产所有产品时，企业必须作出生产哪种产品的选择。在进行产品品种选择分析时，选择生产品种的标准是既要充分利用企业现有的生产能力，又要在经济上取得尽可能好的效益。决策者要在目前的技术、设备、物资和经营管理条件下，选择出经济效益最佳的品种。

【例6-13】某公司原设计生产能力为20 000机器工时，但实际开工率只有原设计能力的80%，现准备将剩余生产能力生产新产品甲或新产品乙，有关新老产品的资料如表6-7所示，根据上述资料作出开发哪种新产品较有利的决策分析。

表 6-7   成本决策分析表

产品名称	老产品（实际）	新产品甲（预计）	新产品乙（预计）
每件定额工时（小时）	10	8	4
销售单价（元）	50	40	25
单位变动成本（元）	30	30	17
固定成本总额（元）	15 000		

由于是利用空闲生产能力，并不增加固定成本。在决策时以创造最多边际贡献为决策的分析标准。

根据表 6-8 所示，生产新产品乙增加的边际贡献总额较多，应选择生产乙产品。

表 6-8   成本决策分析表

产品名称	新产品甲	新产品乙
剩余生产能力（小时）	20 000 × (1 - 80%) = 4 000	
每件定额工时（小时）	8	4
最大产量（件）	4 000 ÷ 8 = 500	4 000 ÷ 4 = 1 000
销售单价（元）	40	25
单位变动成本（元）	30	17
单位边际贡献（元）	10	8
边际贡献总额（元）	5 000	8 000

（四）亏损产品应否停产的决策分析

在企业生产经营的产品中，由于特定的原因可能造成某产品的销售收入减少或者成本上升而发生亏损，这时企业必须作出处理亏损产品的决策。若使用完全成本分析法，企业很容易作出停产亏损产品的决策，但这样决策不一定正确。因为，若亏损产品能提供边际贡献，停产该产品将减少企业的边际贡献总额和盈利。在分析是否停产亏损产品时，应以边际贡献为衡量标准，若产品能提供边际贡献，将继续生产该产品；否则，应停止生产。

【例 6-14】某企业生产甲、乙、丙三种产品，其销售量、售价、成本及利润情况如表 6-9 所示。并知由于市场趋于饱和，甲、乙产品无增产的可能，若停产丙产品，设备将空闲起来。决策企业应否停止丙产品的生产，若停产丙产品企业获利状况如何。

从表 6-9 的资料来看，不应停止丙产品的生产，因为它仍为企业提供了 8 800 元的边际贡献。

表 6-9　　　　　　　　　　　　成本决策分析表　　　　　　　　　　单位：元

项目	甲产品	乙产品	丙产品	合计
年销售量	1 000	1 600	1 200	
销售单价	50	60	70	
销售收入	50 000	96 000	84 000	230 000
单位变动成本	30	36	60	
变动成本总额	30 000	57 600	72 000	159 600
边际贡献	20 000	38 400	12 000	70 400
固定成本	10 000	15 000	20 000	45 000
利润	10 000	23 400	-8 000	25 400

若停产丙产品，其盈亏情况如表 6-10 所示。

表 6-10　　　　　　　　　　　成本决策分析表　　　　　　　　　　单位：元

产品名称	甲产品	乙产品	合计
销售收入	50 000	96 000	146 000
变动成本	30 000	57 600	87 600
边际贡献	20 000	38 400	58 400
固定成本	15 000	30 000	45 000
利润	5 000	8 400	13 400

根据表 6-9、表 6-10，若停止生产丙产品，盈利将由 25 400 元减少为 13 400 元，所以不应停止生产丙产品。

(五) 最佳生产批量的决策分析

根据企业产品特点，某些产品需要进行批量生产，在决策过程中，应考虑生产批次及每批应生产多少件产品最为经济合理的问题。最佳生产批量决策时考虑的相关成本为调整准备成本和储存成本，而生产过程中发生的直接材料、直接人工等成本，与此决策无关，不必考虑。调整准备成本是指每批产品投产前为做准备工作而发生的成本。如产品生产前发生的机器调整、工具准备、现场清理等成本支出。这类成本发生额基本相等，与生产数量没有直接联系，而与批次成正比，批次越多，调整准备成本就越高；反之，则越低。储存成本是指产品在储存过程中所发生的成本，如仓库及其设备的维修费、折旧费、保险费等。这类成本与批次多少无直接联系，而与生产批量成正比变化，批量越大，储存成本就越高；反之，则越低。

设每批调整准备成本为 S，生产批次为 n，全年调整准备成本为 Ts，

年调整准备成本（Ts）= 每批调整准备成本 × 生产批次 = S × n

设全年单位储存成本为 C，生产批量为 Q，平均每天生产量为 p，平均每天发出量为 d，全年调整准备成本为 Tc，

年储存成本（Tc）
= 单位储存成本 × 年平均储存量
= 单位储存成本 × 1/2 × 每批生产终了时的最高储量
= 单位储存成本 × 1/2 × 生产批量/每天生产量 ×（每天生产量 - 每天发出量）
= 1/2 × 单位储存成本 × 生产批量 ×（1 - 每天发出量/每天生产量）
= 1/2 × C × Q ×（1 - d/p）

调整准备成本与储存成本是性质相反的两类成本，由于调整准备成本与批量无关，而与批次成正比，因此要想降低全年的调整准备成本，必须减少批次；而批次的减少，必将引起批量的增长，从而提高全年的平均储存成本。在这种情况下，就存在最优生产批量的控制的问题。最优生产批量的控制就是要寻求一个适当的生产批量，使其全年的调整准备成本与其全年的平均储存成本之和为最低。

课后练习题

一、单项选择题

1. 确定型成本决策是指（　　）的决策。
   A. 状态变量已知，采取一方案只会有一相应确定的结果
   B. 状态变量已知，采用一方案会有不同的结果
   C. 状态变量未知，采用一方案只会有一相应确定的结果
   D. 状态变量未知，采用一方案会有不同的结果

2. 因果关系法是一种（　　）的预测分析方法。
   A. 定量预测　　B. 定性预测　　C. 主观概率　　D. 直观判断

3. 剩余生产能力的产品特殊定价决策中决策无关成本是（　　）。
   A. 材料费用　　　　　　　　　　B. 生产工人计件工资
   C. 车间管理人员工资　　　　　　D. 燃料动力费用

4. 在剩余生产能力的产品特殊定价决策，方案选择的关键是（　　）。
   A. 销售收入增加　　　　　　　　B. 有边际贡献存在
   C. 相关成本不包括固定资产购置费　D. 相关成本不包括固定制造费用

5. 成本预测和决策属于（　　）的内容。
   A. 成本事前控制　B. 成本事中控制　C. 成本事后控制　D. 财务成本核算

二、多项选择题

1. 成本预测和决策的定性分析法，主要有（　　）。
   A. 专家会议法　B. 德尔菲法　C. 主观概率法　D. 类推法

2. 以下属于定量分析方法的有（　　）。
   A. 差量分析法　B. 量本利分析法　C. 线性规划法　D. 数学模型法

3. 成本决策的基本要素有（　　）。
A. 决策目标　　B. 决策方法　　C. 评价标准　　D. 决策者
4. 时序外推法，主要包括（　　）。
A. 简单移动平均法　　　　　　B. 加权移动法
C. 指数平滑法　　　　　　　　D. 量本利法
5. 确定型成本决策的主要方法有（　　）。
A. 差量分析法　B. 量本利分析法　C. 线性规划法　D. 数学模型法

三、判断题

1. 成本预测是成本决策的依据，是制订成本计划的基础。（　　）
2. 定性分析法和定量分析法可以相互配合使用。（　　）
3. 随机型成本决策和不确定型成本决策合称为风险型成本决策。（　　）
4. 不确定型成本决策指状态变量未知，但有一定概率依据的决策。（　　）
5. 在成本预测中，不论采用定性分析还是量分析的方法，预测值都是一个近似值。（　　）
6. 按照决策树法决策，绘制决策树时。从左到右；方案分析时，则从右到左进行剪枝。（　　）
7. 广义成本决策不包括成本预测。（　　）
8. 采用叶斯决策模型法进行成本决策时，其计算结果具有假定性。（　　）
9. 成本预测不需要考虑时间范围。（　　）
10. 变动成本属于成本决策中的无关成本。（　　）

四、业务计算题

（一）假设某企业只生产一种产品，全年最大生产能力为2 400件，年初已按照200元/件的价格接受正常任务2 000件，该产品单位生产成本为160元（其中固定成本50元），现有顾客要求以180元的价格追加订单。

要求：考虑以下情况，分析企业是否应接受订单。

1. 剩余生产能力无法转移，追加订货量200件，不追加专属成本；
2. 剩余生产能力无法转移，追加订货量200件，但企业需追加2 000元专属成本；
3. 条件同（1），但剩余生产能力可用于对外出租，租金收入10 000元；
4. 剩余生产能力无法转移，追加订货量400件，且企业需追加专属成本3 000元。

（二）某企业生产某产品所需零部件甲一直以来从市场购买，通常采购量在10 000件，单价20元，达到或超过10 000件时，单价为18元，如果追加投资20 000元专属成本就可自行生产，预计单位变动成本10元。

要求：作出企业该零部件自制或外购的决策。

（三）假设某企业第一车间采取的成本降低措施如下：

1. 改进生产工艺，单位甲产品材料耗用量由8千克降低为7千克，该材料价格为6元/千克；
2. 单位乙产品工时定额由1.1小时降低为1小时，小时工资率为20元；

3. 由于加强质量管理预计甲产品每件可以减少废品损失 0.5 元，乙产品每件减少 0.4 元；

4. 每月压缩制造费用 20 000 元；

5. 预计生产甲产品 40 000 件，乙产品 20 000 件。

要求：预测成本降低额。

（四）企业根据本行业同类产品的有关资料设计某种新产品，经技术经济分析，确认此种新产品单位成本中所含直接材料费为 400 元，直接人工费为 200 元；同类产品成本中，变动性制造费用和固定性制造费用比重分别为直接费用总额的 15% 和 8%。

要求：按比率法测算该种新产品的设计成本。

第七章

成本计划与成本控制

本章内容引言：

本章介绍成本计划与成本控制，成本计划属于事前成本管理，一般包括两部分内容：一是按生产要素确定的生产耗费，编制生产费用预算；二是按照生产费用的经济用途编制预算。成本的编制方法主要包括集中编制成本计划和分级编制成本计划。

成本控制是事中成本控制，其方法包括定额成本法、标准成本法和变动成本法。定额法是以产品定额成本为基础，通过加减脱离定额的差异和定额变动差异来计算产品实际成本的一种成本计算方法，主要适用于定额管理基础比较好，并且产品的生产已经定型、消耗定额比较准确、稳定的各种类型的生产企业；标准成本法是事先制定标准成本，并计算标准成本与实际成本差距，最后通过会计处理计算产品成本；变动成本法是指在计算产品成本和存货成本时，只包括在生产过程中所消耗的直接材料、直接人工和变动制造费用，而把固定制造费用全数一笔列入收益表内的"期间成本"项目内，作为"贡献毛益总额"的减项，这是管理会计专用的一种成本计算方法。

关键术语： 成本计划　成本控制　定额成本法　产品定额　标准成本法　标准成本　变动成本法　固定制造费用　期间成本　贡献毛益

第一节　成　本　计　划

一、成本计划的概念

成本计划是成本管理的重要组成部分，属于事前成本管理，是以货币形式事先规定企业在计划期内的生产耗费水平和各种产品成本水平及可比产品成本的降低程度。成本计划是成本管理的主要手段。它是在认真分析研究各种技术经济条件、发展前景和采取各种相应措施的基础上，规划一定时期的成本水平及成本目标。编制精确的成本计划，能动员和组织全体职工精打细算，挖掘增产节约潜力，不断降低成本，以尽可能少的劳动耗费取得较好的经济效益。

成本计划一般包括两部分内容：(1) 按照生产要素确定的生产耗费，编制生产费用预算，如变动制造费用采用弹性预算，固定制造费用采用固定预算；(2) 按照生产费用的经济用途，即按产品成本项目编制产品单位成本计划和全部产品成本计划。通过编制成本计划对于提高企业领导和职工降低成本的自觉性，克服盲目性，严格控制生产费用支出，挖掘降低成本的潜力，保证完成成本计划任务，提高企业经济效益有重要意义。

二、成本计划的作用

（1）成本计划是企业内部加强成本管理，建立经济责任制，实行成本指标归口、分级管理的基础。企业具备既先进又切实可行的成本计划，才能确定各部门、各单位在成本管理工作中应承担的任务，并在日常生产中据此控制和监督生产耗费，检查和考核成本计划的完成情况。因此，成本计划是推行经济责任制，加强企业成本管理，促进生产耗费节约和产品成本降低的有力工具。

（2）成本计划是企业组织全体职工有计划降低产品成本的重要手段。在成本计划编制过程中，企业要发动群众修订各项消耗定额，拟订增产节约措施，保证计划任务的完成，成本计划的编制过程也是发动群众的过程。成本计划也就成为广大职工努力降低成本的奋斗目标，从各方面降低生产耗费，为实现成本计划规定的目标而努力工作。

（3）成本计划是进行企业成本考核的一个重要依据。企业在编制成本计划时，要从多方面搜集和整理资料，使企业的成本计划具有可行性。它表明在现有的生产经营条件下，如何使成本水平符合预测的要求，以及为达到这一目的，企业在生产经营活动中应采取哪些部署和安排。成本计划一经确定，对各车间与部门便具有约束力，成为企业对生产耗费进行控制、分析和考核的重要依据。

（4）产品成本计划是企业编制财务计划的重要依据。成本指标与企业经营过程中许多经济指标有密切联系，成本计划为其他经济计划编制提供了依据。借助于成本计划，企业可以有计划地确定各部门创造的收入和纯收入，提高企业效益，搞好综合平衡。

三、成本计划的程序

第一，总结经验，明确方向。对于可比产品，编制成本计划是在总结报告期成本计划执行情况的基础上进行的，因此在编制成本计划以前，首先应对报告期成本管理工作进行总结，以便积累经验降低成本，努力提高企业的经济效益。

第二，收集资料，编制成本计划所需以下资料：

（1）计划年度内原材料、燃料等消耗定额、生产工时定额及人工费用水平。

（2）制订年度内企业的销售、采购、生产、工资和技术组织措施等计划。

（3）原料燃料等计划价格。

（4）成本降低指标和其他技术经济指标。

（5）相关成本计划编制的各项规定。

（6）前期实际成本的核算和分析资料。

（7）同类企业或同类产品的实际成本资料等。

第三，预计和分析上期成本计划的执行情况。在编制成本计划之前，必须对上期成本计划执行情况进行预计和分析，总结上期计划执行中存在的问题与不足，找出成本升降的规律和潜力，并研究降低成本的各种措施。

第四，进行成本降低指标和试算平衡。由于成本计划的编制工作比较复杂，在编制计划前，一般应进行成本降低指标的试算平衡工作，也就是先进行测算，了解可比产品成本降低指标可能达到的程度和途径。

第五，正式编制企业成本计划。编制成本计划一般在上年度的第四季度进行，首先根据各项成本降低指标进行初步试算，然后再编制成本计划，并经过反复核实进行组织执行。

四、成本计划编制方法及应用

制造企业成本计划的编制，根据企业的生产组织、管理要求和规模大小而确定。一般有以下两种方法：第一种方法为集中编制成本计划，即不分车间、部门，直接由企业财务部门编制全厂的成本计划；第二种方法为分级编制成本计划，即先由各车间编制成本计划，然后由企业财务部门汇总编制全厂成本计划。

（一）集中编制成本计划

1. 生产预算

企业在编制下年度生产预算时，应对企业的本期及历史销售资料进行分析与预测，按产品名称、数量、单价、金额确定销售预算量，然后推算出本计划期预计生产量。计算公式为：

预计生产量 = 计划期销售量 + 计划期预计期末库存量 - 计划期预计期初库存量

【例7-1】某工厂下年度预计销售 C 产品 9 800 件，今年年末库存有 200 件，预计在计划期第一~第四季度每季度销售量分别为 3 800 件、1 600 件、2 400 件、2 000 件，期末库存按下季度销量 10% 计算，预计年末库存为 400 件。则 C 产品的生产预算如表 7-1 所示。

表 7-1　　　　　　　　　　C 产品生产预算
201×年度　　　　　　　　　　　　　　单位：件

摘要	第一季度	第二季度	第三季度	第四季度	全年
预计销售量	3 800	1 600	2 400	2 000	9 800
预计期末存量	160	240	200	400	400
预计期初存量	200	160	240	200	200
预计生产量	3 760	1 680	2 360	2 200	10 000

假设该企业除生产 C 产品外，还生产 D 产品，D 产品计划产量经测算为 6 000 件，根据有关资料可以编制 C、D 产品生产计划及工时计划，如表 7-2 所示。

表 7-2　　　　　　　　　　　　生产计划及工时计划表
201×年度

产品	项目	第一季度	第二季度	第三季度	第四季度	合计
C产品	计划产量	3 760	1 680	2 360	2 200	10 000
	单位产品工时定额	4	4	4	4	
	定额工时	15 040	6 720	9 440	8 800	40 000
D产品	计划产量	1 200	1 500	1 600	1 700	6 000
	单位产品工时定额	3	3	3	3	
	定额工时	3 600	4 500	4 800	5 100	18 000
	定额工时合计	18 640	11 220	14 240	13 900	58 000

2. 直接材料预算

生产产品数量一经确定，就可以编制直接材料预算。直接材料消耗量的多少，同样决定于生产活动的规模和期初、期末库存规模的大小。计算公式为：

预计材料采购量 = 预计材料耗用量 + 预计期末材料库存量 - 预计期初材料库存量

【**例 7-2**】接〖例 7-1〗，某工厂所生产 C、D 产品均消耗甲、乙、丙三种材料，材料消耗定额及计划单价均已确定，可以编制直接材料预算表。直接材料预算表一般按材料种类编制。现以甲材料为例说明材料预算表的编制，设 C 产品的甲材料消耗定额为 5 千克，D 产品的甲材料消耗定额为 4 千克，材料计划单价为 2 元/千克，期末库存材料数量为下期需用量的 10%，编制直接材料预算表如表 7-3 所示。

表 7-3　　　　　　　　　　　　直接材料预算表
材料名称：甲材料　　　　　　　　201×年度

项目	第一季度	第二季度	第三季度	第四季度	全年合计
预计生产量					
C产品	3 760	1 680	2 360	2 200	10 000
D产品	1 200	1 500	1 600	1 700	6 000
单位产品原材料消耗定额					
C产品	5	5	5	5	
D产品	4	4	4	4	
预计材料需用量					
C产品	18 800	8 400	11 800	11 000	50 000
D产品	4 800	6 000	6 400	6 800	24 000
小计	23 600	14 400	18 200	17 800	74 000

续表

项目	第一季度	第二季度	第三季度	第四季度	全年合计
加：预计材料期末存货	144	182	178	156	660
合计	23 744	14 582	18 378	17 956	74 660
减：预计材料期初存货	96	144	182	178	600
预计原材料采购量	23 648	14 438	18 196	17 778	74 060
单价	2	2	2	2	2
预计原材料采购额	47 296	28 876	36 392	35 556	148 120

企业还可以按照原材料用途来编制材料费用预算表，如表7-4所示。

表7-4　　　　　　　　　　材料费用预算表
201×年度

	项目	甲	乙	丙	合计
	计划单价（元）	2	3	4	
C产品	消耗定额（件）	5	6	7	
	费用定额（元）	10	18	28	56
	定额耗量（件）	50 000	60 000	70 000	
	定额费用（元）	100 000	180 000	280 000	560 000
D产品	消耗定额（件）	4	5	6	
	费用定额（元）	8	15	24	47
	定额耗量（件）	24 000	30 000	36 000	
	定额费用（元）	48 000	90 000	144 000	282 000
	合计（元）	148 000	270 000	424 000	842 000

3. 直接人工预算

直接人工预算根据生产过程中预计所需的生产工人数量及工人技术等级、工资率等情况所作出的合理测算，以确定计划年度内直接人工总额。

【例7-3】接〖例7-2〗，设企业在下年度预计的人工福利费用为10元/小时，根据表7-2所列工时资料编制直接人工预算表，如表7-5所示。

表 7-5 直接人工预算表
201×年度

项目	第一季度	第二季度	第三季度	第四季度	全年合计
预计耗用工时	18 640	11 220	14 240	13 900	58 000
小时工资率	10	10	10	10	
预计直接人工费用	186 400	112 200	142 400	139 000	580 000

4. 年度制造费用预算

年度制造费用预算可以分项目根据以前年度指标进行分析测算，也可以将制造费用按变动与固定费用进行划分再进行测算，考虑到下期具体情况后汇总编制。

【例 7-4】接〖例 7-3〗，该企业年度制造费用表如表 7-6 所示。

表 7-6 制造费用预算表
201×年度
单位：元

项目	费用金额
车间技术人员工资	50 000
车间技术人员福利费	20 000
水电费	40 000
折旧费	30 000
修理费	20 000
保险费	20 000
办公费	30 000
劳动保护费	10 000
其他费用	20 000
合计	240 000

【例 7-5】接〖例 7-4〗，制造费用经过测算，预计年度固定制造费用 66 000 元，其余为变动制造费用，则制造费用预算表如表 7-7 所示。

表 7-7 制造费用预算表
201×年
单位：元

项目	第一季度	第二季度	第三季度	第四季度	合计
预计人工	18 640	11 220	14 240	13 900	58 000
变动性制造费用分配率	3	3	3	3	

续表

项目	第一季度	第二季度	第三季度	第四季度	合计
预计变动制造费用	55 920	33 660	42 720	41 700	174 000
预计固定性制造费用	16 500	16 500	16 500	16 500	66 000
预计制造费用合计	72 420	50 160	59 220	58 200	240 000

5. 产品成本计划编制

根据以上预算资料分配各项费用，编制成本计划。

【例7-6】接〖例7-5〗，根据费用预算进行费用分配，见表7-8。

表7-8　　　　　　　　　单位产品成本计划表

201×年

产品	计划产量	单位工时定额	单位产品成本（元）			
			直接材料费用	直接人工费用	制造费用	合计
C	10 000	4	56	40	16.552	112.552
D	6 000	3	47	30	12.414	89.414

根据以上资料分别按产品品种和成本项目编制全部产品成本计划表如表7-9、表7-10所示。

表7-9　　　　　　　全部产品成本计划表（按产品品种编制）

201×年

产品	计划产量（件）	单位成本（元）		总成本（元）			
		上年平均	成本计划	按上年平均单位成本计算	按本年计划单位成本计算	降低额	降低率
C产品	10 000	120	112.552	1 200 000	1 125 520	74 480	6.20
D产品	6 000	94	89.414	564 000	536 480	27 520	4.88
合计				1 764 000	1 662 000	102 000	5.78

经测算（已知资料），C产品本年单位成本为120元，其中直接材料为60元，直接人工42元，制造费用18元；D产品单位成本为94元，其中直接材料为50元，直接人工32元，制造费用12元。

表 7-10　　　　　　　　全部产品成本计划表（按成本项目编制）
　　　　　　　　　　　　　　　　　201×年

项目	按上年平均单位成本计算（元）	按本年计划单位成本计算（元）	降低额（元）	降低率（％）
直接材料	900 000	842 000	58 000	6.44
直接人工	612 000	580 000	32 000	5.23
制造费用	252 000	240 000	12 000	4.76
合计	1 764 000	1 662 000	102 000	5.78

（二）分级编制成本计划

分级编制成本计划，即先由各车间编制成本计划，然后由企业财务部门汇总编制全厂成本计划。在分级编制成本计划方法下，可分为如下步骤：编制辅助生产车间成本计划；编制基本生产车间成本计划；编制企业总体成本计划。

1. 编制辅助生产车间成本计划

辅助生产车间是指不直接从事产品生产，直接或间接地为基本生产车间、厂部管理部门提供服务，而进行辅助性生产和劳务供应的生产车间。如机械制造企业中的动力生产、工具制造、供水供电、设备维修等。辅助生产的特点主要包括以下几点：主要对企业内部提供产品或劳务，一般很少对外提供服务；以生产的产品或劳务为对象归集费用；本期发生的费用应由受益的车间和部门根据接受劳务或产品的数量多少负担，即"谁受益谁承担"；为基本生产提供服务的部分，是基本生产产品成本的构成部分之一，因此辅助生产产品和劳务成本的高低和分配合理与否对企业产品成本水平影响很大；除了向基本生产车间提供服务之外，还为管理部门等单位提供劳务或产品，此外辅助生产车间之间也相互提供产品或劳务。

辅助生产车间为其他部门提供服务，其成本费用应按照一定方法分配计入受益单位的产品成本或费用中，因此，编制产品成本计划，首先编制辅助生产成本计划，辅助生产成本计划一般按照辅助车间进行。

【例 7-7】某企业设一、二两个生产车间和一个辅助生产车间，本年计划生产甲、乙两种产品，第一车间生产甲产品，第二车间生产乙产品，产量见表 7-11，甲乙两种产品均消耗 A、B 两种材料，消耗定额及计划单价见表 7-12，该企业采用分级编制成本计划方法编制企业成本计划。

表 7-11　　　　　　　　　　　产品产量计划表

车间	产品名称	计划产量
第一车间	甲产品	2 000
第二车间	乙产品	5 000

表 7-12　　　　　　　　　　　产品单位消耗定额和计划单价表

成本项目	单位	单位消耗定额 甲产品 第一车间	单位消耗定额 乙产品 第一车间	计划单价
一、直接材料				
A 材料	千克	10	8	5 元/千克
B 材料	千克	15	12	8 元/千克
二、直接人工	工时	20	15	10 元/工时

【例 7-8】 接【例 7-7】，该企业辅助生产车间为修理车间，主要为企业基本车间及其他部门进行机器设备及精密仪器修理工作，本年该辅助车间生产费用计划为 60 000 元，为第一车间服务 2 000 工时，为第二车间服务 3 000 工时，为管理部门服务 1 000 小时，具体成本计划及分配表如表 7-13 所示。

表 7-13　　　　　　　　　　　辅助生产车间成本计划表

辅助生产成本计划		辅助生产成本分配			
项目	金额	受益部门	服务工时	分配率	分配费用
材料费用	20 000	第一车间	2 000	10	20 000
人工费用	15 000	第二车间	3 000	10	30 000
办公费用	5 000	管理部门	1 000	10	10 000
折旧费	8 000				
质检费	12 000				
合计	60 000	—	6 000	—	60 000

2. 编制基本生产车间成本计划

基本生产车间成本计划根据基本生产车间进行编制，首先编制车间直接费用计划，再编制制造费用计划，并在各种产品之间进行分配，最后编制车间产品成本计划。

【例 7-9】 接前例，编制第一基本车间产品成本计划表（见表 7-14、表 7-15）。

表 7-14　　　　　　　　　　　第一基本车间直接费用计划表

产品名称：甲产品

项目	单位	单价	单位成本			总成本	
			消耗量	金额	产量	消耗量	金额
直接材料							
A 材料	千克	5 元/千克	10	50	2 000	20 000	100 000
B 材料	千克	8 元/千克	15	120	2 000	30 000	240 000

续表

项目	单位	单价	单位成本			总成本	
			消耗量	金额	产量	消耗量	金额
直接工资	工时	10元/工时	20	200	2 000	40 000	400 000
合计		—	—	370	2 000	—	740 000

表7-15　　　　　　　　　第一基本车间制造费用计划表

项目	金额
工资	30 000
办公费	30 000
折旧费	40 000
修理费	20 000
质检费	30 000
合计	150 000

由于第一基本生产车间只生产甲产品，因此该车间制造费用均应计入甲产品生产成本。根据第一基本车间直接费用计划表和制造费用计划表编制第一基本车间产品成本计划表，如表7-16所示。

表7-16　　　　　　　　　第一基本生产车间产品成本计划表

项目	甲产品（计划产量2 000件）	
	单位成本	总成本
直接材料	170	340 000
直接人工	200	400 000
制造费用	75	150 000
合计	445	890 000

【例7-10】接前例，编制第二基本车间产品成本计划表（见表7-17、表7-18）。

表7-17　　　　　　　　　第二基本车间直接费用计划表

产品名称：乙产品

项目	单位	单价	单位成本			总成本	
			消耗量	金额	产量	消耗量	金额
直接材料							
A材料	千克	5元/千克	8	40	5 000	40 000	200 000
B材料	千克	8元/千克	12	96	5 000	60 000	480 000

续表

项目	单位	单价	单位成本		产量	总成本	
			消耗量	金额		消耗量	金额
直接工资	工时	10元/工时	15	150	5 000	75 000	750 000
合计				286	5 000		1 430 000

表7-18 第二基本车间制造费用计划表

项目	金额
工资	50 000
办公费	40 000
折旧费	50 000
修理费	30 000
质检费	30 000
合计	200 000

由于第二基本生产车间只生产乙产品,因此该车间制造费用均应计入乙产品生产成本。根据第二车间直接费用计划表和制造费用计划表编制第二车间产品成本计划表,如表7-19所示。

表7-19 第二基本生产车间产品成本计划表

项目	甲产品（计划产量2000件）	
	单位成本	总成本
直接材料	136	680 000
直接人工	150	750 000
制造费用	40	200 000
合计	326	1 630 000

3. 编制制造费用预算总表

根据辅助生产车间和基本生产车间制造费用进行汇总,编制企业制造费用预算总表。

【例7-11】接前例,编制制造费用预算总表（见表7-20）。

表7-20 制造费用预算总表

项目	辅助生产车间	第一车间	第二车间	合计
工资		30 000	50 000	80 000
办公费	5 000	30 000	40 000	75 000

续表

项目	辅助生产车间	第一车间	第二车间	合计
折旧费	8 000	40 000	50 000	98 000
修理费		20 000	30 000	50 000
质检费	12 000	30 000	30 000	72 000
合计	25 000	150 000	200 000	375 000

4. 编制企业产品总成本计划

根据企业基本生产车间计划成本编制企业产品成本计划总表。

【例7-12】接前例，编制企业产品成本计划表（见表7-21）。

表7-21　　　　　　　　　产品成本计划表

成本项目	产品计划总成本
直接材料	1 020 000
直接人工	1 150 000
制造费用	350 000
合计	2 520 000

第二节　定　额　法

一、定额法的特点

产品成本计算的定额法，是为了及时反映和监督产品成本脱离定额成本的情况，配合和加强定额管理而采用的一种成本计算方法。其基本原理是：在实际费用发生时，将其划分为定额成本与定额差异两部分来归集，并分析产生差异的原因，及时反馈到管理部门，月终以产品定额成本为基础，加减所归集和分配的脱离定额成本差异、定额变动差异、材料成本差异，求得产品实际成本。实际成本与定额成本的关系可用下列公式表示：

产品实际成本＝产品定额成本±脱离定额成本差异±定额变动差异±材料成本差异

由此可见，定额成本法并非一种基本的成本计算方法，它是在品种法、分步法、分批法的基础上，运用一种特殊汇集费用的技术，计算产品成本的方法。采用此方法计算产品成本，能及时揭示差异，提供有关成本形成动态的各种信息，有助于促使企业控制和节约费用。该方法一般适用于企业定额管理制度较健全，而且产品生产定额、消耗定额比较准确、稳定的企业。

二、定额法计算产品成本的程序

采用定额法计算产品的一般程序如下:

(1) 按照企业生产工艺特点和管理要求,确定成本计算对象及成本计算的基本方法。

(2) 按照定额成本标准,进行逐项分解计算各成本项目的定额费用,编制产品定额成本表。

(3) 生产费用发生时,将其划分为定额成本和定额成本差异两部分,分别编制凭证,予以汇总。对其中重点差异,实行例外管理。

(4) 按确定的成本计算基本方法,汇集、结转各项费用的定额成本差异,并按一定标准在完工产品与在产品之间进行分配。

(5) 将产品定额成本加减所分配的定额成本差异、定额变动差异及材料成本差异,求得产品实际成本。

三、定额成本计算

定额成本是进行定额法计算的一个基本依据,单位产品的定额成本是进行成本计算的目标,也是进行成本控制与考核的依据。

产品的定额成本是分成本项目计算的,其计算公式如下:

产品直接材料定额成本 = 直接材料消耗定额 × 材料计划单价

产品直接人工定额成本 = 产品工时定额 × 计划工资率

产品制造费用定额 = 产品工时定额 × 计划工资率

因此,采用定额成本法,首先必须制定产品的材料、动力、工时等消耗定额,然后,根据各项消耗定额、材料计划单价、计划工资率、计划费用率等资料,计算产品的各项费用定额和产品的单位定额成本。

定额成本的计算可通过编制定额成本计算表进行。定额成本计算表的格式和内容,如表 7-22 所示。

表 7-22 产品定额成本计算表

产品名称:甲产品   200×年6月

成本项目		定额材料		定额工时			金额合计
		数量（千克）	计划单价	数量（小时）	计划工资率	计划费用率	
直接材料	A 材料	60	12				720
	B 材料	40	8				320
	小计						1 040

续表

成本项目	定额材料		定额工时			金额合计
	数量（千克）	计划单价	数量（小时）	计划工资率	计划费用率	
直接工人			40	3		120
制造费用			40		5.5	208
合计						1 368

产品定额成本表可先按零件编制，然后汇总编制部件、产品的定额成本表。但在零部件较多的情况下，为了简化其编制手续，可不编制零部件定额成本表，而直接编制产品定额成本表。

四、定额法下差异的计算

在定额法下，差异一共分为三种，即脱离定额差异、定额变动差异和材料成本差异三种，三种差异的核算方法分述如下。

（一）脱离定额差异的核算

脱离定额差异是指按产量和单位定额成本计算出的总定额成本和计划成本之间的差异。它标志各项生产费用支出的合理程度，反映现行定额的执行情况。为了及时、正确地核算和分析生产费用脱离定额的差异，控制生产费用的支出、防止发生浪费和损失，企业在发生费用时，应及时分别编制定额凭证和差异凭证，并记入有关费用分配表和明细分类账中。填制差异凭证后，还要按规定办理审批手续，在实行车间成本核算的企业，应把定额差异的日常核算与车间、班组的经济核算有机地结合起来。

脱离定额差异的核算与定额成本的核算一样，是按成本项目进行的。

1. 直接材料脱离定额差异的核算

直接材料脱离定额差异是指产品耗用原材料的计划成本与定额成本的差异。用公式表示为：

直接材料脱离定额差异 = 原材料计划成本 − 原材料定额成本

或　　　　　　　　　 =（原材料实际耗用量 × 计划单价）
　　　　　　　　　　 −（原材料定额耗用量 × 计划单价）

在定额法下核算耗用量的差异（即量差）一般有三种方法。

（1）限额法：采用这种方法时，企业实行的是限额领料制度。限额范围内的领料，根据限额领料单领用，由于增加产量而发生的超额领料，应办理追加限额手续，仍使用限额领料单领用。如果因其他原因造成的超额领料，应填制专设的超限额领料单差异凭证；发生代用材料和以废料代替好料时，应将代用料和废料折合为相当于原定材料的数量后再计算差异，反映在差异凭证中。超限额领料凭证反映耗用量的超支，形成正差异，限额领料单的余额和退料单，反映耗用量的节约，形成负差异；代用材料高于原材料的消耗量，形成正差异，反之，则形成负差异。月末汇总，即可求得原材料本月的定额差异。

（2）切割核算法：对于需要经过切割才能进一步加工的材料，还应采用设置"材料切割核算单"的方法来计算材料的定额差异。采用这种方法，企业应按照切割材料的批别开设"材料切割核算单"，单内应填明的内容见表7-23。这种方法计算的材料定额差异是指将切割后的材料数量（即毛坯数量）和消耗定额相乘得出的材料定额消耗量与材料实际消耗量相比求得的差额。具体计算过程见表7-23。

表7-23　　　　　　　　　　　　　　材料切割核算单

材料编号名称：1705　　　材料计量单位：千克　　　计划单位成本：20元
产品名称：甲　　　　　　零件编号名称：110　　　图纸号：1001
切割工人工号姓名：324 李伟　　　　　　　　　　　机床编号：157
发交切割日期：　　　　　×年×月×日　　　　　　完工日期：×年×月×日

发料数量	退回余料数量	材料实际消耗量	废料回收数量
402	18	394	15

单件消耗定额	单件回收废料定额	应割成的毛坯数量	实际割成的毛坯数量	材料定额消耗量	废料定额回收量
20	0.5	19	18	360	9

材料脱离定额差异		废料脱离定额差异			差异原因	过失人
数量	金额	数量	单价	金额	违反操作规程	李伟
34	680	-5	6	-30		

采用材料切割核算单，可以及时反映材料的耗用情况及发生差异的具体原因，但材料切割核算单的填制工作量较大，只适用于需要切割后才能加工的某些贵重或大宗材料。

（3）定期盘存法：在连续投料，无法分批的大量生产下，则应定期通过盘存的方法核算定额差异。其核算程序是：先根据产量报表和在产品盘存（或账面）数量计算出本期产品投产量，即：

产品投产量 = 完工产品数量 + 期末在产品数 - 期初在产品数量

然后根据产品投产量和原材料消耗定额，计算原材料定额消耗量，即：

原材料定额消耗量 = 产品投产量 × 原材料消耗定额

再根据有关定额领料凭证、差异凭证和余料盘存资料，计算原材料实际消耗量，最后计算原材料脱离定额的差异，即：

原材料耗用量差异（量差）= 原材料实际消耗量 - 原材料定额消耗量

原材料脱离定额差异 = 原材料耗用量差异（量差）× 材料计划单位成本

采用定期盘存法时，应注意尽量缩短耗料差异的核算期，以便增加定额差异核算的正确性，因为它是以盘存数倒挤的消耗数，因此计算结果不够准确。

不论采用哪种核算方法，原材料脱离定额差异的计算，都应分批或定期地按成本计算对象汇总,编制"直接材料定额费用和脱离定额差异汇总表",如表 7-24 所示,以便于产品成本计算。

表 7-24　　　　　　　　原材料定额费用和脱离定额差异汇总表

车间名称：一车间　　　　　　产品名称：甲　　　　　　　　　　　××年×月

类别	编号	单位	计划单位成本	定额费用		计划费用		定额差异		差异原因分析
				数量	金额	数量	金额	数量	金额	
原料	601	千克	3	500	1 500	520	1 560	+20	+60	
主要材料	602	千克	1	400	400	380	380	-20	-20	
合计					1 900		1 940		+40	

2. 直接人工费用定额差异的核算

直接人工费用定额差异的确定方法,因工资形式不同而有所不同。在计件工资形式下,按计件单价支付的工资就是定额人工费用,除此以外的奖金、津贴等均为定额差异,通常反映在专设的补付单等差异凭证中,填明原因并有一定的审批手续。

在计时工资形式下,因人工费用定额差异只有在月末实际人工费用确定以后,才能计算,所以平时只记录工时,并将定额工时与实际工时进行对照,确定工时的定额差异,到月末实际人工费用确定后,再按实际生产工时,计算出实际单位小时工资(工资率),经与产品的定额直接人工费用比较后,计算出直接人工费用的定额差异。其计算公式为:

如果人工费用是直接计入某种产品成本的,其定额差异的计算公式为:

$$\text{某产品的直接人工费用定额差异} = \text{该产品实际直接人工费用} - \left(\text{该种产品实际产量} \times \text{单位产品定额人工费用} \right)$$

如果人工费用是按实际工时比例分配计入产品成本的,其定额差异的计算公式为:

$$\text{计划单位小时直接人工费用(工资)} = \frac{\text{该车间计划产量的定额直接人工费用}}{\text{该车间计划产量的定额生产工时}}$$

$$\text{实际单位小时直接人工费用} = \frac{\text{该车间实际直接人工费用总额}}{\text{该车间实际生产工时总数}}$$

$$\text{某产品的定额直接人工费用} = \text{该产品实际产量的定额生产工时} \times \text{计划单位小时直接人工费用}$$

$$\text{某产品的实际直接人工费用} = \text{该产品实际产量的实际生产工时} \times \text{实际单位小时直接人工费用}$$

$$\text{某产品直接人工费用定额差异} = \text{该产品实际直接人工费用} \times \text{该产品定额直接人工费用}$$

【例 7-13】某企业本月生产甲、乙两种产品,计划人工费用总额为 270 000 元,计划产量工时为 90 000 小时。实际人工费用总额为 278 400 元,实际工时为 87 000 小时,其中甲产品 52 000 小时,乙产品 35 000 小时。分别计算甲、乙产品人工费用定额差异。

计划小时工资率 = $\dfrac{270\,000}{90\,000}$ = 3（元）

实际小时工资率 = $\dfrac{278\,400}{87\,000}$ = 3.20（元）

甲产品人工费用定额差异 = (52 000 × 3.20) − (50 000 × 3.00) = 16 400（元）

其中，工时变动影响：

3 × (52 000 − 50 000) = 6 000（元）

工资率变动影响：

(3.2 − 3) × 52 000 = 10 400（元）

乙产品人工费用定额差异 = (35 000 × 3.2) − (38 000 × 3) = −2 000（元）

其中，工时变动影响：

3 × (35 000 − 38 000) = −9 000（元）

工资率变动影响：

(3.20 − 3) × 35 000 = +7 000（元）

由〚例 7 − 13〛可见，影响直接人工费用定额差异的因素是工时差异和小时平均工资（小时工资率）差异。因此要降低单位产品人工费用，除了要严格控制人工费用总额支出外，还必须严格控制单位产品的工时耗费。

企业无论采用哪种工资形式，都应根据以上核算资料，按照成本计算对象编制"直接人工费用定额成本和脱离定额差异汇总表"。表内汇总登记定额人工费用、实际人工费用、人工费用定额差异及差异原因等资料。在计时工资形式下，还应汇总反映各种产品的定额工时、实际工时和工时差异，以便分析和考核产品直接人工费用定额和工时定额的执行情况。

3. 制造费用定额差异的核算

制造费用是间接费用，不能在费用发生时就直接按产品确定脱离定额的差异，这是因为制造费用须待月末汇总总额，并采用一定方法分配于各种产品后，才能确定各产品应负担的制造费用。在日常核算中主要是制定费用预算，按费用项目核算实际费用脱离预算的差异并填制差异凭证，以此控制制造费用的发生。对于能用一定标准制定限额并加以控制的项目，如机物料、劳保用品等费用项目，可参照材料定额差异的核算；对于没有限额的项目，如领用生产工具、办公用品和其他零星费用等，只有定期以费用预算和实际费用相比较的方法进行核算。月末计算出各产品的实际费用，再计算确定费用脱离定额（即费用预算差异额），计算公式为：

$$\text{制造费用脱离定额的差异} = \text{该产品实际制造费用} - \left(\text{该产品实际产量的定额工时} \times \text{计划小时制造费用} \right)$$

可见，影响制造费用脱离定额差异的因素是工时差异和小时平均费用（即小时费用率）差异。其核算和分析方法与产品直接人工费用脱离定额差异相似，不再重述。

制造费用的定额差异还可用制造费用的实际发生额与按生产计划完成百分比调整后的预算相减算出。

【例 7-14】 某企业实际制造费用 62 000 元，预算制造费用 50 000 元，实际生产比计划生产超额完成 30%，则

调整后的制造费用预算 = 50 000 + 50 000 × 30% = 65 000（元）

制造费用差异额 = 62 000 - 65 000 = -3 000（元）

直接材料、直接人工和制造费用的定额差异计算出来后，应按产品汇总，计算出每一种产品的定额差异，然后在完工产品和在产品之间按定额成本比例进行分配，计算公式为：

$$脱离定额差异分配率 = \frac{某项费用脱离定额差异合计}{完工产品和在产品定额成本合计}$$

完工产品应负担的脱离定额差异 = 完工产品定额成本 × 脱离定额差异分配率

在产品应负担的脱离定额差异 = 在产品定额成本 × 脱离定额差异分配率

如果月末在产品数量比较稳定，可将全部脱离定额差异计入完工产品成本，月末在产品成本不负担脱离定额差异。

（二）定额变动差异的核算

定额变动差异是指由于修订消耗定额而产生的新旧定额之间的差额。随着科学技术的发展和劳动生产率的提高，企业原制定的消耗定额要发生变动，需重新修订，以适应新的管理要求。定额变动差异虽然不是本期生产耗费水平的反映，但它影响本期产品的实际成本。

消耗定额修订后，定额成本也会随之改变。消耗定额和定额成本一般是在月初、季初或年初定期进行修订。在定额修订后，月初在产品的定额成本仍是按旧定额计算的，而当月投产产品定额费用是按新定额计算的，二者计算的基础不同，不能直接相加汇总。为了将月初按旧定额确定的定额成本调整为按新定额确定的定额成本，这样就产生了定额变动差异。调整月初在产品定额成本的计算公式为：

调整后的月初在产品成本 = 调整前的月初在产品成本 ± 定额变动差异

月初在产品定额变动差异，应根据定额变动的在产品零部件盘存资料和修订前后的消耗定额，计算月初在产品定额消耗量的变动差异和差异金额。由于按零部件计算定额消耗量的变动的工作量较大，为简化工作，可采用系数进行计算。其计算公式为：

$$定额变动系数 = \frac{按新定额计算的单位产品费用}{按旧定额计算的单位产品费用}$$

月初在产品定额变动差异 = 按旧定额计算的月初在产品费用 ×（1 - 定额变动系数）

【例 7-15】 甲产品的某些零件从某月 1 日起修订材料定额，单位产品的材料费用定额为 40 元，新的材料消耗定额为 38 元。该产品月初在产品按旧定额计算的材料定额费用为 12 000 元。其月初在产品定额变动差异计算如下：

$$系数 = \frac{38}{40} = 0.95$$

月初在产品定额变动差 = 12 000 ×（1 - 0.95）= 600（元）

上述方法，多在零部件成套生产或零部件生产的成套性较大的情况下采用。

月初在产品定额变动差异，一方面应调整月初在产品定额成本，另一方面又要调

整本月产品成本。这两方面调整的金额相等,但方向相反。在消耗定额下降时,减少了定额成本,增加了定额变动差异,一方面应从月初在产品定额成本中扣除(用"-"表示),另一方面由于这项差异是月初在产品费用实际支出的一部分,因而应加入本月生产费用中。反之,消耗定额提高时,增加了定额成本,减少了定额变动差异,一方面在月初在产品定额成本中加上这项差异(用"+"表示),另一方面由于这部分增值的差异未实际发生,因而应从本月生产费用中扣除。

定额变动差异一般应按完工产品和在产品的定额成本比例,在完工产品和在产品之间进行分配。计算公式为:

$$定额变动差异分配率 = \frac{定额变动差异合计}{完工产品和在产品定额成本合计}$$

完工产品应负担定额变动差异 = 完工产品的定额成本 × 定额变动差异分配率

在产品应负担的定额变动差异 = 定额变动差异合计 - 完工产品应负担的定额变动差异

或 = 在产品的定额成本 × 定额变动差异分配率

如果定额变动差额较小,其差异可以由完工产品全部负担。

(三) 材料成本差异的分配

在定额法下,为了加强对产品成本的考核和分析,材料日常核算都按计划成本进行。即材料定额成本和材料定额差异,都按材料的计划单位成本计算。因此,在月末计算产品实际成本时,还必须按照下列公式计算产品应负担的材料成本差异。

$$某产品应分配的材料成本差异 = \left(该产品材料定额成本 \pm 材料脱离定额差异\right) \times 材料成本差异分配率$$

【例7-16】 甲产品所耗原材料定额成本为15 000元,材料脱离定额差异为超支1 000元,原材料的成本差异率为节约3%。该产品应分配的材料成本差异为:

(15 000 + 1 000) × (-3%) = -480 (元)

对上述计算所得的定额成本、脱离定额差异、定额变动差异以及材料成本差异,月末应在完工产品和月末在产品之间按照定额成本比例进行分配。如果各种差异数额不大,或者差异虽然较大,但各月在产品数量比较均衡,月末在产品可按定额成本计价,即不负担差异,差异全部由产成品负担。

五、定额法应用举例

【例7-17】 某企业大批生产甲产品,各项消耗定额比较准确、稳定,为加强定额管理和成本控制,采用定额法计算产品成本。20××年6月份生产情况和定额资料如下:

月初在产品20件,本月投入产品150件,本月完工160件,月末在产品10件。在产品完工率均为50%,材料系开工时一次投入。材料消耗定额由5.4元降为5元,材料计划单价为6元,材料成本差异率为节约2%,工时定额为5小时,计划小时工资率为4元,计划小时制造费用4.5元。

在采用定额法下,20××年6月份完工产品实际成本计算结果,如表7-25所示。

表7-25 产品成本计算单（160件）

成本项目	月初在产品			月初在产品定额变动		本月费用			生产费用合计				差异分配率	产成品成本					月末在产品	
	定额成本	脱离定额差异		定额成本调整	定额变动差异	定额成本	脱离定额差异	材料成本差异	定额成本	脱离定额差异	材料成本差异	定额变动差异	脱离定额差异	定额成本	脱离定额差异	材料成本差异	定额变动差异	实际成本	定额成本	脱离定额差异
栏次	(1)	(2)		(3)	(4)	(5)	(6)	(7)	(8)=(1)+(3)+(5)	(9)=(2)+(6)	(10)=(7)+(4)	(11)=(4)	(12)=(9)÷(8)	(13)	(14)=(13)×(12)	(15)=(10)	(16)=(11)	(17)	(18)	(19)=(9)−(14)
直接材料	648	−20		−48		4 500	50	−91	5 100	30	−91	48	0.6%	4 800	28.8	−91	48	47 858	300	1.2
直接人工	200	10				3 100	16		3 300	26			0.8%	3 200	25.6			32 256	100	0.4
制造费用	225	12				34 875	34		37 125	46			1.2%	3 600	43.2			36 432	112.5	2.8
合计	1 073	+2		−48	48	110 875	100	−91	121 125	102	−91	48	—	11 600	97.6	−91	48	116 546	512.5	4.4

表 7-25 中栏次（1）月初在产品定额成本计算过程为：
直接材料定额成本 = 20 × 5.4 × 6 = 648（元）
直接人工定额成本 = 20 × 50% × 5 × 4 = 200（元）
制造费用定额 = 20 × 50% × 5 × 4.5 = 225（元）
栏次（3）月初在产品定额成本调整数计算为：
月初在产品定额成本调整 = 月初在产品按调整后定额计算的定额成本 – 月初在产品按原定额计算的定额成本 = 20 × 5 × 6 – 20 × 5.4 × 6 = –48（元）
栏次（5）定额成本计算过程为：
直接材料定额成本 = 150 × 5 × 6 = 4 500（元）
直接人工定额成本 = 155 × 5 × 4 = 3 100（元）
制造费用定额 = 155 × 5 × 4.5 = 3 487.5（元）
栏次（7）材料成本差异 = (4 500 + 50) × (–2%) = –91（元）
栏次（17）（18）的计算过程为：
(17) = (13) + (14) + (15) + (16)
(18) = (8) – (13)

从〖例 7-17〗可以看出，脱离定额差异金额较小，因此，可以全部由完工产品负担。但为了说明其在完工产品和在产品之间分配的方法，本例仍进行了分配。

第三节　标准成本法

一、标准成本和标准成本系统

企业经营管理要确定目标，规划利润，进行控制。控制是通过一定手段对实际成本开支施加影响，使之能按预定的目标或计划进行，其重点就在于严格按规定的标准进行把关，并分析发生的偏差，以调整和指导当前的实际工作。

早在 20 世纪 20 年代泰罗制时期，标准成本、差异分析等这些与泰罗制有直接联系的技术方法开始引进到会计中来，但是在相当长的时间里，这些技术方法只是作为原有会计体系的一个部分，没有形成一个相对独立的体系。1935 年，西方企业重视成本控制和标准成本，用实际成本与标准成本比较，分析成本差异，采取有效的成本控制措施。1946 年后，责任成本制度初步形成，标准成本成为世界上普遍使用的一种目标成本。

标准成本系统包括标准成本制定、差异计算分析和差异处理三个有机组成部分。

标准成本与产品成本计算的其他方法不同，其他成本计算方法计算出的是产品的实际成本，而标准成本法下的产品成本，不是产品的实际成本，而是产品的标准成本。因此，尽管标准成本法与成本计算结合在一起了，但它更重要的是用来控制成本，在本质上它是一种成本管理方法。

二、标准成本的种类

标准成本通常有理想标准成本、正常标准成本、现行标准成本、基本标准成本四种。

理想标准成本，指现有生产经营条件处于最优状态时所确定的最低水平的成本。通常是根据理论上的生产要素用量、最理想的生产要素价格和最高的生产能力利用程度制定的，不考虑现实状况，很难达到，实际上很少用。

正常标准成本，可以理解为平均成本，是根据正常的耗用水平、正常的价格和正常的生产经营能力制定的成本；是对以往成本剔除重大的异常变动后，而得到的一种平均值；是企业经过努力可以达到的、较为先进可行的成本。

现行标准成本，亦称可达到的标准成本，是在现有生产技术条件正进行有效经营的基础上，根据下期最可能发生的各种生产要素的耗量、预计价格和预计的生产经营能力而制定的标准成本。这种标准成本包含管理者认为在短期内无法消除的低效、失误和超量消耗，因而最切实可行、最接近实际成本、最适用于经济形式变化多端的情况下使用。

基本标准成本，是指企业选定的基本时期的标准成本。这种成本一经确定，就不予变动。选定某一时期的标准成本为基本标准成本作为基础，使各期的成本以同一标准为基础进行比较，以此衡量各年度成本的高低，确定成本的差异以及发展趋势。这种做法类似于统计学的基期分析法，以基期数为底数确定今后趋势，它较少考虑以后必须纳入"标准成本"的那些因素。因而随时间推移，这种标准成本日趋过时，使它在成本管理中不能发挥应有的作用，实际工作中较少采用。

三、标准成本的作用

1. 作为评价和考核工作质量和效果的重要依据

标准成本是事先经过研究分析而制定的，它具有客观性与科学性，提供了一个具体衡量成本水平的适当尺度，可以用来确定生产经营有关方面在成本上应达到的目标，并作为评价和考核工作质量和效果的重要依据。

2. 为正确进行经营决策提供有用数据

由于标准成本代表了成本要素的合理近似值，因而它是进行价格决策和投标议价的一项重要依据，也是其他长短期投资必须考虑的因素。

3. 减少成本计算工作量、简化日常账务处理

采用标准成本法，将标准成本和成本差异分别列示，生产成本、产成品和销售成本都可直接按成本入账，相应简化了日常账务和报表编制工作。

4. 采用标准成本有利于推行责任会计制度

标准成本是编制责任成本预算的依据，也是分析、考核责任中心成本控制业绩的依据，从而增强职工的成本观念，挖掘降低成本的潜力，进一步地降低成本。

四、标准成本的制定方法

标准成本的制定分为直接材料、直接人工、制造费用三部分。

1. 直接材料标准成本制定

需要考虑的两个因素是直接材料的数量标准与直接材料的价格标准。

(1) 直接材料数量标准的确定以正常生产条件下构成产品实体的材料数量与在正常范围内允许发生的损耗及不可避免的废品所耗费的材料数量为依据。

(2) 直接材料的价格标准是指取得某种材料所应支付的单位材料价格，包括买价和采购费用。

直接材料标准成本计算如下：

单位产品直接材料标准成本 = ∑（直接材料标准耗量 × 直接材料标准价格）

【例7-18】某产品需要耗用甲、乙两种材料，该产品直接材料的标准成本计算如表7-26所示。

表7-26　　　　　　　　　某产品直接材料的标准成本计算表

项目	甲材料	乙材料	合计
预计购买价格（元/千克）	20	15.5	
预计采购费用（元/千克）	1	1.2	
材料标准价格（元/千克）	21	16.7	
材料需用数量（千克）	3	5	
材料正常损耗（千克）	0.2	0.4	
材料标准耗量（千克）	3.2	5.4	
产品直接材料标准成本（千克）	67.2	90.18	157.38

2. 直接人工标准成本的制定

需要考虑直接人工工时标准与直接人工工资率标准两个因素。

直接人工工时标准是指正常生产条件下生产某种产品所需的标准工时；直接人工工资率标准是指现行的工资福利标准确定的每一单位工作时间的工资率。

某产品人工标准成本计算公式为：

某产品直接人工标准成本 = ∑（标准工时 × 直接人工标准价格）

【例7-19】某产品生产经过一、二两个生产车间，直接人工费用计算如表7-27所示。

表7-27　　　　　　　　　某产品直接人工费用计算表

项目	一车间	二车间	合计
从事直接生产工人数	40	30	
每人每月标准工时数	168	168	
每月标准加工总工时（小时）	6 720	5 040	11 760

续表

项目	一车间	二车间	合计
每月直接人工工资额（元）	16 800	12 600	29 400
每一工时平均工资（元）	2.5	2.5	
每一工时平均福利费（元）	0.35	0.35	
每一工时直接人工费（元）	2.85	2.85	
单位产品标准工时（小时）	4	6	10
单位产品直接人工标准成本（元/件）	11.4	17.1	28.5

3. 制造费用标准成本的制定

制造费用标准成本的制定需要考虑标准工时与制造费用标准分配率两个因素。

（1）标准工时也是指正常生产条件下生产单位产品所需的标准工作时间。

（2）制造费用分配率是指每标准工时所负担的制造费用。制造费用分配率的大小，取决于工时标准与制造费用预算额。制造费用预算额又分为固定性制造费用和变动性制造费用预算两部分。费用分配率计算公式为：

$$固定性制造费用标准分配率 = \frac{固定性制造费用预算}{标准总工时}$$

$$变动性制造费用标准分配率 = \frac{变动性制造费用预算}{标准总工时}$$

根据制造费用工时标准和费用分配率标准，制造费用标准成本计算公式为：

$$固定性制造费用标准成本 = 固体性制造费用分配率 \times 标准工时$$

【例7-20】某产品制造费用包括固定性制造费用与变动性制造费用两部分。该产品的制造费用标准成本计算如表7-28所示。

表7-28　　　　某产品的制造费用标准成本计算表

项目	固定部分	变动部分	合计
制造费用预算额（元）	17 640	37 632	55 272
标准加工总工时（小时）		11 760	
制造费用分配率（元/小时）	1.5	3.2	4.7
单位产品标准工时（小时）		10	
单位产品制造费用标准成本（元/件）	15	32	47

4. 单位产品标准成本的制定

单位产品的标准成本是在直接材料标准成本、直接人工标准成本、制造费用标准成本的基础上汇总而成的，其计算公式为：

单位产品标准成本 = 直接材料标准成本 + 直接人工标准成本 + 制造费用标准成本

【例 7-21】根据〖例 7-17〗~〖例 7-19〗计算资料。

某产品单位标准成本 = 157.38 + 28.5 + 47 = 232.88（元）

标准成本确定后，应对每种产品建立标准成本卡。标准成本卡的样式如表 7-29 所示。

表 7-29　　　　　　　　　　　　标准成本卡的样式

项目	金额/元
直接材料标准成本	157.38
直接人工标准成本	28.5
制造费用标准成本	47
单位产品标准成本	232.88

五、标准成本差异的计算与分析

标准成本差异是标准成本同实际成本的差额。实际成本低于标准成本的差异为节约差，也可以称为有利差异或顺差；实际成本高于标准成本的差异称为超支差异，也可以称为不利差异或逆差。

（一）直接材料成本差异的计算与分析

直接材料成本差异，是指一定产品耗用的直接材料实际成本与直接材料标准成本之间的差额，其计算公式为：

$$\genfrac{}{}{0pt}{}{直接材料}{成本差异} = \genfrac{}{}{0pt}{}{直接材料}{实际成本} - \genfrac{}{}{0pt}{}{直接材料}{标准成本} = \left(\genfrac{}{}{0pt}{}{实际}{用量} \times \genfrac{}{}{0pt}{}{实际}{价格}\right) - \left(\genfrac{}{}{0pt}{}{标准}{用量} \times \genfrac{}{}{0pt}{}{标准}{价格}\right)$$

其中：

材料标准用量 = 实际产量 × 单位产品材料标准耗用量

直接材料成本差异，是由材料价格差异和材料耗用量差异两部分构成的。

直接材料价格差异 =（实际价格 - 标准价格）× 实际用量

【例 7-22】A 产品耗用甲、乙两种直接材料，标准单价分别为 18 元和 25 元，实际单价分别为 19 元和 24 元，实际耗用量分别为 1 000 千克和 450 千克。

甲、乙两种直接材料的价格差异计算如下：

甲材料价格差异 =（19 - 18）× 1 000 = + 1 000（元）（超支差异）

乙材料价格差异 =（24 - 25）× 450 = - 450（元）（节约差异）

A 产品直接材料价格差异：+ 550（元）（超支差异）

材料价格差异应由采购部门负责。造成该项差异的原因一般有市场价格的变化、采购批量的增减、采购费用的升降等，应具体分析情况，采取相应措施控制费用超支。

直接材料用量差异 =（实际数量 - 标准数量）× 标准价格

【例 7-23】假设〖例 7-17〗中甲材料标准用量为 950 千克，乙材料标准用量 560 千克。甲、乙两种材料的用量差异计算如下：

甲材料用量差异 = (1 000 - 950) × 18 = +900（元）（超支差异）

乙材料用量差异 = (450 - 560) × 25 = -2 750（元）（节约差异）

A产品直接材料用量差异：-1 850（节约差异）

实际工作中材料消耗量的差异主要由生产部门负责。造成该项差异的主要原因有用料上的浪费和质量事故造成的材料损耗等。但采购部门购入质量低劣的材料、仓储中保管不善造成材料的损坏变质，也会造成材料耗用量的增加。

A产品直接材料成本差异 = 550 + (-1 850) = -1 300（元）

（二）直接人工成本差异的计算与分析

直接人工成本差异，是指一定产品的直接人工实际成本与直接人工标准成本之间的差额。它的计算公式为：

$$\text{直接人工成本差异} = \text{实际工资} - \text{标准工资} = (\text{实际工时} \times \text{实际工资率}) - (\text{标准工时} \times \text{标准工资率})$$

其中：

$$\text{实际工资率} = \frac{\text{实际工资}}{\text{实际工时}}$$

标准工时 = 实际产量 × 单位产品工时耗用标准

直接人工成本差异，是由直接人工工资率差异与直接人工效率差异两部分组成的。

（1）直接人工工资率差异。直接人工工资率差异是指由于直接人工工资率脱离标准工资率而形成的人工成本差异，计算公式为：

直接人工工资率差异 = (实际工资率 - 标准工资率) × 实际工时

【例7-24】 A产品本月实际工时为8 400工时，标准工资率为2元，实际工资率为2.15元。

A产品直接人工工资差异率 = (2.15 - 2) × 8 400 = 1 260（元）（超支差异）

影响直接人工工资率产生差异的主要原因有工资的调整、直接生产工人升级或降级使用、出勤率的变化等，其责任一般应由劳动人事部门或生产部门负责。

（2）直接人工效率差异。直接人工效率差异是指由于直接人工实际工作时数脱离标准工作时数而形成的人工成本差异，其计算公式为：

直接人工效率差异 = (实际工时 - 标准工时) × 标准工资率

【例7-25】 假设上题中A产品的标准工时为8 200工时。

A产品直接人工效率差异 = (8 400 - 8 200) × 2 = +400（元）（超支差异）

人工效率差异形成的主要原因有工人技术的熟练程度和责任感、加工设备的完好程度、作业计划的安排是否周密、工作环境是否良好、动力供应情况等。人工效率差异的责任基本上由生产部门负责，但也有一部分由其他部门负责。例如，因材料质量不好而影响生产效率，从而产生的人工效率差异，就应由供应部门负责。

（三）制造费用成本差异的计算与分析

制造费用差异是制造费用的实际发生额与标准发生额之间的差额。制造费用按成本习性划分为变动制造费用与固定制造费用，在控制差异时，一般也从这两个方面进行。

制造费用是与一定的生产活动水平相联系的,因而需要编制一张弹性预算表,如表7-30所示。

表7-30　　　　　　　　　　　　间接制造费用预算表

项目	每小时耗费	生产工时		
		8 000	8 400	8 300
变动制造费用	1.2	9 600	10 800	10 560
固定制造费用		27 720	27 720	27 720
制造费用合计		37 320	37 800	38 280

下面从变动制造费用和固定制造费用两个方面分析成本差异。

1. 变动制造费用差异的计算

变动制造费用差异是指一定产品产量的实际变动制造费用与标准制造费用之间的差额。其计算公式为:

$$\begin{matrix}变动制造\\费用差异\end{matrix} = \begin{matrix}实际变动\\制造费用\end{matrix} - \begin{matrix}标准变动\\制造费用\end{matrix} = \left(\begin{matrix}实际\\工时\end{matrix} \times \begin{matrix}实际\\分配率\end{matrix}\right) - \left(\begin{matrix}标准\\工时\end{matrix} \times \begin{matrix}标准\\分配率\end{matrix}\right)$$

其中:

$$变动制造费用实际分配率 = \frac{实际变动制造费用}{实际工时}$$

变动制造费用差异,由变动制造费用开支差异和变动制造费用效率差异两部分组成。在成本分析中,变动制造费用开支差异类似于材料价格差异和直接人工工资率差异,有时把它们同归为一类,称为"价格差异",而把材料用量差异和直接人工效率差异、变动制造费用效率差异归为一类,称为"数量差异"。

变动制造费用开支差异 = 实际变动制造费用 - 实际工时 × 标准分配率

【例7-26】根据以上例题所给资料,计算A产品变动制造费用开支差异。

A产品变动制造费用开支差异 = 10 248 - 8 400 × 1.2 = +168(元)(超支差异)

变动制造费用是一个综合性项目费用,对其差异的分析,应结合构成变动制造费用的具体明细项目作进一步深入分析,所依据的是前面所编制的"制造费用弹性预算表",即把实际费用开支与表中预算的各项费用数额比较,找出原因,以控制费用开支。

变动制造费用效率差异 = (实际工时 - 标准工时) × 标准分配率

【例7-27】根据以上例题所给资料,计算A产品变动制造费用效率差异。

A产品变动制造费用效率差异 = (8 400 - 8 200) × 1.2 = +240(元)(超支差异)

变动制造费用效率差异实际上反映的是产品制造过程中的工时利用效率问题,在分析时应结合人工效率差异进行分析。

A产品变动制造费用成本差异 = (+168) + (+240) = +408(元)(超支差异)

2. 固定制造费用差异的分析与计算

固定制造费用差异的计算公式为:

$$\begin{aligned}\text{固定制造}\\ \text{费用差异}\end{aligned} = \begin{aligned}\text{实际固定}\\ \text{制造费用}\end{aligned} - \begin{aligned}\text{标准固定}\\ \text{制造费用}\end{aligned} = \left(\begin{aligned}\text{实际}\\ \text{工时}\end{aligned} \times \begin{aligned}\text{实际}\\ \text{分配率}\end{aligned}\right) - \left(\begin{aligned}\text{标准}\\ \text{工时}\end{aligned} \times \begin{aligned}\text{标准}\\ \text{分配率}\end{aligned}\right)$$

其中：

$$\text{固定制造费用实际分配率} = \frac{\text{实际固定制造费用}}{\text{实际工时}}$$

$$\text{固定制造费用标准分配率} = \frac{\text{预算固定制造费用}}{\text{预算总工时}}$$

固定制造费用差异由两分法与三分法组成。两分法即把固定制造费用差异分解为固定制造费用开支差异和能力差异，计算公式为：

$$\text{固定制造费用开支差异} = \text{实际固定制造费用} - \text{预算固定制造费用}$$

$$\text{固定制造费用能力差异} = (\text{预算总工时} - \text{标准工时}) \times \text{标准分配率}$$

其中：

$$\text{固定制造费用标准分配率} = \frac{\text{预算固定制造费用}}{\text{预算总工时}}$$

在一定的业务范围内，固定制造费用总额保持不变。为了计算固定制造费用标准分配率，必须设定一个预算工时作分母。当实际工时未达到预算工时时，说明企业生产能力的利用程度未达到预算时的计划水平；反之，说明企业生产能力的利用程度超过了预算规定的水平。这种由于实际工时与预算工时之间的差异而造成的固定制造费用的差异，称为固定制造费用能力差异。

【例 7 – 28】 本期生产过程中，固定制造费用总额为 28 140 元，其中车间管理人员工资为 13 200 元，固定资产折旧 9 680 元，其他费用 5 260 元。预计产量 880 件，而实际产量 820 件，预算总工时为 8 800 小时。

固定制造费用开支差异 = 28 410 – 27 720 = + 420（元）（超支差异）
固定制造费用能力差异 = (8 800 – 8 200) × 27 720 ÷ 8 800 = + 1 890（元）（超支差异）
固定制造费用成本差异 + 2 310（元）

这里需要说明的是，标准分配率是按预算费用与预算工时计算的，以使制造费用预算数与实际数相等。只要实际产量与预计产量有差异，就会发生成本差异。

二分法是以每单位产品耗用标准时间为前提的，对于实际工时与标准工时不同而带来的差异，未作计算分析，工作效率对成本的影响没有具体体现出来。为避免这种缺点，实际工作中多采用三分法。

三分法把固定制造费用差异分解为固定制造费用开支差异、能力差异和效率差异三部分。

$$\begin{aligned}\text{固定制造费用}\\ \text{开支差异}\end{aligned} = \begin{aligned}\text{实际固定}\\ \text{制造费用}\end{aligned} - \begin{aligned}\text{预算固定}\\ \text{制造费用}\end{aligned} = \left(\begin{aligned}\text{实际}\\ \text{工时}\end{aligned} \times \begin{aligned}\text{实际}\\ \text{分配率}\end{aligned}\right) - \left(\begin{aligned}\text{预算}\\ \text{工时}\end{aligned} \times \begin{aligned}\text{预算}\\ \text{分配率}\end{aligned}\right)$$

$$\begin{aligned}\text{固定制造费用}\\ \text{能力差异}\end{aligned} = \left(\begin{aligned}\text{预算}\\ \text{工时}\end{aligned} - \begin{aligned}\text{实际}\\ \text{工时}\end{aligned}\right) \times \begin{aligned}\text{标准}\\ \text{分配率}\end{aligned} = \begin{aligned}\text{预算固定}\\ \text{制造费用}\end{aligned} - \begin{aligned}\text{实际}\\ \text{工时}\end{aligned} \times \begin{aligned}\text{标准}\\ \text{分配率}\end{aligned}$$

$$\begin{aligned}\text{固定制造费用}\\ \text{效率差异}\end{aligned} = \left(\begin{aligned}\text{实际}\\ \text{工时}\end{aligned} - \begin{aligned}\text{标准}\\ \text{工时}\end{aligned}\right) \times \begin{aligned}\text{标准}\\ \text{分配率}\end{aligned} = \begin{aligned}\text{实际}\\ \text{工时}\end{aligned} \times \begin{aligned}\text{标准}\\ \text{分配率}\end{aligned} - \begin{aligned}\text{标准}\\ \text{工时}\end{aligned} \times \begin{aligned}\text{标准}\\ \text{分配率}\end{aligned}$$

【例 7 – 29】 根据以上例题所给资料测算固定制造费用差异。

固定制造费用标准分配率 = 27 720 ÷ 8 800 = 3.15

固定制造费用实际分配率 = 28 140 ÷ 8 400 = 3.35

固定制造费用开支差异 = 28 140 – 27 720 = +420（元）

固定制造费用能力差异 = 27 720 – 8 400 × 3.15 = +1 260（元）

固定制造费用效率差异 = (8 400 – 8 200) × 3.15 = +630（元）

则：

固定制造费用成本差异 = (+420) + (+1 260) + (+630) = +2 310（元）（超支差异）

固定制造费用也是一个综合性的费用项目，因此，为了较准确地查明产生差异的原因，必须按照预算表上的各项目，将实际数额与预算数额比较，以便逐项分析原因和责任。

固定制造费用开支差异的出现有外部原因，但大多数为内部原因，如临时购置固定资产，超计划雇用管理人员，研究开发费、培训费增加等。

能力差异出现主要是由于产销数量引起的，如原材料、能源供应不足造成生产能力不足，产品销售量低导致生产能力不能全部利用。

固定制造费用效率差异与人工效率差异的形成原因相同。

六、标准成本法的账务处理

（一）核算账户

(1) "原材料"账户。该账户借方登记入库材料的标准成本，它是根据入库材料的数量乘以材料标准单价计算的；贷方登记发出材料的标准成本，它是根据实际发出材料的数量乘以材料的标准单价计算的；期末借方余额反映库存材料的标准成本。

(2) "生产成本"账户。该账户借方登记生产产品过程中发生费用的标准成本，其中"直接材料"项目是用材料的实际产量的标准耗用量乘以标准单价计算的，"直接工资"项目是根据实际产量的标准工时乘以标准小时工资率计算的，"制造费用"项目是根据实际产量的标准工时乘以标准小时制造费用率计算的；该科目的贷方登记结转入库产成品的标准成本，它是根据入库产成品的数量乘以单位产品标准成本计算的；期末余额在借方，表示期末库存产成品的标准成本。

(3) "库存商品"账户。该账户借方登记入库产成品的标准成本，它是用入库产成品的实际数量乘以单位产成品的标准成本计算的；贷方登记发出商品的标准成本，它是用发出商品的数量乘以单位标准成本计算的。期末借方余额表示库存商品的标准成本。

(4) 差异类账户。在标准成本分析中计算出来的各种标准成本差异，应按其性质设置不同的差异账户记录和反映不同的差异。这些差异账户的借方登记发生的超支差异（即实际成本大于标准成本的不利差异），贷方登记发生的节约差异（即实际成本小于标准成本的有利差异）；当对标准成本差异进行处理转出差异时，借方转出节约差异，贷方转出超支差异。期末借方余额反映的是超支差异，贷方反映的是节约差异。

直接材料差异,设置"材料价格差异"和"材料用量差异"两个账户;对于直接人工差异,设置"直接人工工资率差异"和"直接人工效率差异"两个账户;对于变动制造费用差异,设置"变动制造费用开支差异"和"变动制造费用效率差异"两个账户;对于固定制造费用差异,设置"固定制造费用开支差异""固定制造费用能力差异""固定制造费用效率差异"三个账户。

以上各个差异账户,借方登记超支差异,贷方登记节约差异,到期末时,再将超支或节约差异分别从相反方向转出。

(二)标准成本差异的处理原则

标准成本差异的处理,应根据具体情况采用不同的方法进行。一般主要有如下几种方式:

(1)将差异全部计入当期损益。采用这种方法处理时,在期末,应将归集在各种差异账户中的标准成本差异,全部计入当期的损益账户中,结平这些差异账户。如果为有利差异,则应增加当期的收益;如果是不利差异,则应冲减当期的收益。

(2)将标准成本差异根据当月销售产品成本、在产品成本和库存产品成本的比例进行分摊。在分摊时,是根据各种销售产品、在产品和库存产品的标准成本的比例进行分配的。

(三)核算举例

对材料价格差异有两种处理方法。一是购入时将材料标准成本记入"材料"账户,而将其价格差异记入"材料价格差异"账户,此时该账户核算的是购入材料的价格差异;二是购入时"材料"账户登记实际成本,领用时,将领用材料的价格差异从"材料"账户转入"材料价格差异"账户,而将材料标准成本转入生产成本,此时,"材料价格差异"账户核算的是领用材料价格差异。以下例题采用后一种做法。

【例7-30】材料购入及领用。企业购入甲材料200千克,买价17.9元/千克,运费11元/千克;购入乙材料1 000千克,买价23.2元/千克,运费0.8元/千克。增值税率为16%,以银行存款支付,收到材料、验收入库。则有关账务处理如下:

借:材料采购——甲材料　　　　　　　　　　　　　　　　38 000
　　　　　　——乙材料　　　　　　　　　　　　　　　　24 000
　　应交税费——应交增值税(进项税额)　　　　　　　　　9 920
　贷:银行存款　　　　　　　　　　　　　　　　　　　　71 920

结转材料采购成本:
借:原材料——甲材料　　　　　　　　　　　　　　　　　38 000
　　　　——乙材料　　　　　　　　　　　　　　　　　　24 000
　贷:材料采购——甲材料　　　　　　　　　　　　　　　38 000
　　　　　　——乙材料　　　　　　　　　　　　　　　　24 000

甲材料单位成本19元、乙材料单位成本24元。领用时,根据前例有关资料作账务处理如下:

借:生产成本——A产品　　　　　　　　　　　　　　　　31 100

　　　　直接材料价格差异　　　　　　　　　　　　　　　　550
　　　　贷：原材料　　　　　　　　　　　　　　　　　　　　29 800
　　　　　　直接材料数量差异　　　　　　　　　　　　　　　 1 850
标准成本 = 950 × 18 + 560 × 25 = 31 100（元）
实际成本 = 1 000 × 19 + 450 × 24 = 29 800（元）

【例7-31】生产中耗用人工成本。根据〖例7-29〗有关资料计算，所作以下账务处理如下：
　　　　借：生产成本——A产品　　　　　　　　　　　　　16 400
　　　　　　直接人工工资差异　　　　　　　　　　　　　　 1 260
　　　　　　直接人工效率差异　　　　　　　　　　　　　　　 400
　　　　　　贷：应付职工薪酬　　　　　　　　　　　　　　　18 060
A产品的标准直接人工费用 = 8 200 × 2 = 16 400（元）
A产品的实际直接人工费用 = 8 400 × 2.15 = 18 060（元）

【例7-32】归集和结转变动制造费用。接〖例7-30〗。
实际工作中发生各项变动制造费用时，作以下账务处理：
　　　　借：制造费用（变动）　　　　　　　　　　　　　　10 248
　　　　　　贷：银行存款（或相关科目）　　　　　　　　　　10 248
结转变动制造费用根据前例有关资料计算，作以下账务处理：
　　　　借：生产成本——A产品　　　　　　　　　　　　　 9 840
　　　　　　变动制造费用开支差异　　　　　　　　　　　　　 168
　　　　　　变动制造费用效率差异　　　　　　　　　　　　　 240
　　　　　　贷：制造费用（变动）　　　　　　　　　　　　　10 248

【例7-33】归集结转固定制造费用。接〖例7-31〗。
实际工作中发生各项固定制造费用时：
　　　　借：制造费用（固定）　　　　　　　　　　　　　　28 140
　　　　　　贷：银行存款（或相关科目）　　　　　　　　　　28 140
结转固定制造费用时，根据前例资料计算，作以下账务处理：
　　　　借：生产成本——A产品　　　　　　　　　　　　　25 830
　　　　　　固定制造费用开支差异　　　　　　　　　　　　　 420
　　　　　　固定制造费用能力差异　　　　　　　　　　　　 1 260
　　　　　　固定制造费用效率差异　　　　　　　　　　　　　 630
　　　　　　贷：制造费用（固定）　　　　　　　　　　　　　28 140
A产品标准固定制造费用 = 8 200 × 3.15 = 25 830（元）

【例7-34】结转完工入库产品标准成本。接〖例7-32〗。
完工入库全部产品的标准成本如下：
　　直接材料　　　　　31 100
　　直接人工　　　　　16 400

变动制造费用	9 840
固定制造费用	25 830
合计	83 170

作账务处理：

借：库存商品——A 产品　　　　　　　　　　　　　　　　　　83 170
　　贷：生产成本——A 产品　　　　　　　　　　　　　　　　　83 170

【例 7-35】销售本月所产全部产品账务处理。接〖例 7-33〗。

借：应收账款　　　　　　　　　　　　　　　　　　　　　　123 000
　　贷：主营业务收入　　　　　　　　　　　　　　　　　　123 000

产品销售收入 = 820 × 150 = 123 000（元）

【例 7-36】结转已销产品标准成本，接〖例 7-35〗，作账务处理：

借：主营业务成本　　　　　　　　　　　　　　　　　　　　 83 170
　　贷：库存商品　　　　　　　　　　　　　　　　　　　　 83 170

【例 7-37】月末汇总各项成本差异并结转，接〖例 7-35〗，根据上述资料汇总各项成本差异，如表 7-31 所示。

表 7-31　　　　　　　　　各项成本差异汇总表

账户名称	借方余额	贷方余额
直接材料价格差异	550	
直接材料用量差异		1 850
直接人工工资率差异	1 260	
直接人工效率差异	400	
变动制造费用开支差异	168	
变动制造费用效率差异	240	
固定制造费用开支差异	420	
固定制造费用能力差异	1 260	
固定制造费用效率差异	630	
合计	3 078	

月末将各项成本差异转入当期销售成本。

借：主营业务成本　　　　　　　　　　　　　　　　　　　　　4 928
　　贷：直接材料价格差异　　　　　　　　　　　　　　　　　　550
　　　　直接人工工资率差异　　　　　　　　　　　　　　　　1 260
　　　　直接人工效率差异　　　　　　　　　　　　　　　　　3 400
　　　　变动制造费用开支差异　　　　　　　　　　　　　　　　168
　　　　变动制造费用效率差异　　　　　　　　　　　　　　　　240

固定制造费用开支差异	420
固定制造费用能力差异	1 260
固定制造费用效率差异	630

借：直接材料用量差异　　　　　　　　　　　　　1 850
　　贷：主营业务成本　　　　　　　　　　　　　　1 850

七、标准成本法与定额成本法的比较

标准成本法是西方企业所采用的一种将成本计算与成本控制结合在一起的经营管理方法，是一个制定标准成本、计算和分析差异以及处理成本差异三个环节所组成的完整系统。我国企业采用的定额法是从标准成本制度的母体中派生出来的一种成本控制方法，它们之间有许多相似之处，但也有不同之处。

1. 标准成本法与定额成本法的相同之处

（1）事先都要制定成本的控制标准，称为定额成本与标准成本。

（2）核算中都要按照成本要素将实际耗用与控制标准相比较，及时揭示二者之间的差异，并对产生差异的原因进行分析并要有控制措施。

2. 标准成本法与定额成本法不同之处

（1）定额法要计算产品的实际成本，而在标准成本法下，一般只计算产品的标准成本，不计算产品的实际生产成本。这是两种方法的本质区别。

（2）定额法下，对成本差异的划分较为简单，而标准成本法核算成本差异较为详细。定额法下只计算各项目的成本差异，不单独设置科目核算各种成本差异，而且与定额成本在同一明细账中进行核算。而标准成本法下，要单独设置许多一级科目，核算各种成本差异并详列于利润表中。

（3）定额法下，要将成本差异在完工产品与在产品之间分配，而标准成本法一般将成本差异全部计入当期损益。

此外，定额法下要设置差异凭证，而标准成本法下，一般不设差异凭证，定额法计算和分析成本差异所依据的定额成本是现行的。而在标准成本法下，计算和分析成本差异所依据的标准成本是多种多样的，如有现实标准成本、正常标准成本和理想标准成本等。

第四节　变动成本法

一、变动成本法的基本理论

成本管理会计中的传统做法是在20世纪20年代受产业革命的推动，为了配合一系列的生产程序复杂化而采用的全部（或完全）成本法，亦可称为全部（或完全）成本

计算，即在计算产品成本和存货成本时，把一定期间内在生产过程中所消耗的直接材料、直接人工、变动制造费用和固定制造费用的全部成本都包括在内的方法。正因为它是把所有变动成本和固定成本都归纳到产品成本和存货成本中去，故亦称为归纳（或吸收）成本法或归纳（或吸收）成本计算。

必须注意，在全部成本法中，固定制造费用也是存货成本的一个组成部分，只有当存货售出时，这部分固定制造费用才构成销货成本反映在收益表内，并与当期的销售收入相配合。换句话说，在采用全部成本法时，任何会计期间只要生产量大于销售量，就必然会有一部分固定制造费用滞留在存货成本内。这样就会使按全部成本法所确定的税前净利，既不符合经济学原理，也很难使管理人员接受、理解，甚至还会促使企业片面追求产量，盲目生产社会不需要的产品，造成仓库积压，财政虚收。为了避免出现上述不合理的现象，在20世纪30年代，西方会计学术界就有人认为应该采取另一种新的成本计算方法来代替它，那就是变动成本法。

变动成本法，亦可译作变动成本计算，就是在计算产品成本和存货成本时，只包括在生产过程中所消耗的直接材料、直接人工和变动制造费用，而把固定制造费用全数一笔列入收益表内的"期间成本"项目内，作为"贡献毛益总额"的减项。这是管理会计专用的一种成本计算方法。

变动成本法改变了全部成本法中把固定制造费用在本期销货与存货之间进行分配的老传统，而由当期的销货负担全部固定成本。其理论根据是：固定性制造费用是为企业提供一定的生产经营条件，以保持生产能力，并使它处于准备状态而发生的成本。它们同产品的实际产量没有直接联系，既不会由于产量的提高而增加，也不会因产量的下降而减少。它们实质上是联系会计期间所发生的费用，并随着时间的消逝而逐渐丧失。所以，其效益不应递延到下一个会计期间，而应在费用发生的当期全额列入收益表内，作为本期贡献毛益总额的减除项目。

正因为变动成本法不包括固定制造费用在内，故亦称"直接成本法"，也可称作"直接成本计算"。在英国则习惯称为"边际成本法"或称作"边际成本计算"。

二、变动成本法与完全成本法的区别

变动成本法与完全成本法对比，在以下几个方面具有不同特点。

1. 产品成本内容构成不同

采用完全成本法计算的产品成本把直接材料、直接人工和制造费用，包括变动制造费用和固定制造费用，全部包括在内。其理由是：固定制造费用也是生产过程必不可少的，也应计入产品成本。

采用变动成本法计算的产品成本仅由直接材料、直接人工和变动制造费用等变动成本组成，不包括固定制造费用。其理由是：固定制造费用是与企业的生产能力相联系的。企业生产能力一经形成，不论产品生产与否、生产多少，这些费用都将按照会计期间照样发生，因而应视之为期间费用，直接计入当期损益，不应计入产品成本。

经营管理费用大多属于固定费用，但也有变动费用，例如随销售量变动的销售费用。不论采用完全成本法还是采用变动成本法,固定的和变动的经营管理费用都不计入产品成本。

2. 存货估价不同

采用完全成本法时,由于产品成本计算包括变动成本和固定成本,因而在产品、半成品和产成品这些存货也按完全成本计价,既包括变动成本,也包括固定成本。

采用变动成本法时,由于产品成本计算只包括变动成本,因而上述存货也只按变动成本计价,而不包括固定成本。

3. 利润计算方式不同

采用完全成本法时,先将产品销售收入减去按完全成本(完全的生产成本)计算的产品销售成本和产品销售费用①算出产品销售利润,再减去管理费用和财务费用,算出营业利润。

采用变动成本法时,先将产品销售收入减去按变动成本(变动的生产成本)计算的产品销售成本,算出生产边际利润;然后将生产边际利润减去变动的经营管理费用(即变动的营业费用、管理费用和财务费用),算出企业边际利润;最后再从企业边际利润中减去全部固定成本(包括固定制造费用和固定的经营管理费用),算出营业利润。计算边际利润对于进行本量利分析,为企业生产经营的预测、决策提供数据,有着重要意义。

4. 产销量不平衡时算出的利润额不同

采用变动成本法时,由于产品成本只计算变动成本,固定成本不分别计入在产品、半成品、库存产成品和已销产品的成本,而直接计入当月损益,因而算出的利润额与采用完全成本法算出的当月利润额往往不一致。下面举例说明。

【例 7-38】假定某企业有关资料如下(单位:元)。

(1) 20××年1月、2月、3月三个月的收入及成本数据(为了便于说明问题,假定三个月中产品的价格和成本未变):

单位产品销售价格	35.00
单位产品变动制造成本	14.6
月固定制造费用	92 000
单位销售产品变动经营管理费用②	1.2
月固定经营管理费用③	58 000

(2) 产销情况:

	1月	2月	3月
期初库存产成品	0	2 000	2 000
当期产成品产量	10 000	10 000	8 000

---

① 为了简化后列举例,产品销售税金从略。
② 假定变动经营管理费用均为产品销售费用。
③ 假定固定经营管理费用均为管理费用和财务费用。

	1月	2月	3月
当期销售量	8 000	10 000	10 000
期末库存产成品	2 000	2 000	0

（3）单位产品成本：

	1月	2月	3月
变动成本法：			
变动制造成本	14.6	14.6	14.6
完全成本法：			
变动制造成本	14.6	14.6	14.6
固定制造费用	9.2①	9.2	11.5②
	23.80	23.80	26.10

根据上列资料，分别采用上述两种成本计算法计算营业利润，如表7-32、表7-33所示。

表7-32　　　　　　　　采用完全成本法计算

项目	1月	2月	3月	合计
销售收入	280 000	350 000	350 000	980 000
销售产品成本：				
期初库存产成品成本	0	47 600	47 600	0
生产产品成本	238 000	238 000	208 800	684 800
可供销售产品成本	238 000	285 600	256 400	684 800
期末库存产成品成本	47 600	47 600	0	0
销售产品成本	190 400	238 000	256 400	684 800
销售费用	9 600	12 000	12 000	33 600
销售利润	80 000	100 000	81 600	261 600
管理费用和财务费用	58 000	58 000	58 000	174 000
营业利润	22 000	42 000	23 600	87 600

表7-33　　　　　　　　采用变动成本法计算

项目	1月	2月	3月	合计
销售收入	280 000	350 000	350 000	980 000
销售收入	280 000	350 000	350 000	350 000

---

① 9.2 = 92 000 ÷ 10 000。

② 11.5 = 92 000 ÷ 8 000。

续表

项目	1月	2月	3月	合计
减变动成本：				
销售产品变动成本				
期初库存产成品成本	0	29 200	29 200	0
生产产品成本	146 000	146 000	116 800	408 800
可供销售产品成本	146 000	175 200	146 000	408 800
期末库存产成品成本	29 200	29 200	0	0
销售产品变动成本	116 800	146 000	146 000	408 800
生产边际利润	163 200	204 000	204 000	571 200
减：变动经营管理费用	9 600	12 000	12 000	33 600
企业边际利润	153 600	192 000	192 000	537 600
减固定成本：				
固定制造费用	92 000	92 000	92 000	276 000
固定经营管理费用	58 000	58 000	58 000	174 000
营业利润	3 600	42 000	42 000	87 600

通过〖例7-37〗，我们可以知道，按照两种成本法计算出来的税前净利之所以会发生差别，关键就在于期初与期末存货中所包含的固定生产成本的金额变动及其对比关系。现归纳为如下三条规律作为小结：

若期末存货中所包含的固定生产成本等于期初存货中的固定生产成本，则两种方法扣除的固定成本总额相等。因此，它们算出来的税前净利也必然相等。

若期末存货中所包含的固定生产成本大于期初存货中的固定生产成本，则全部成本法所扣除的固定成本总额要大于变动成本法所扣除的固定成本总额。因此，按全部成本法算出的税前净利要大于按变动成本法算出的税前净利。其差额 =（期末存货中的单位固定生产成本×期末存货量）-（期初存货中的单位固定生产成本×期初存货量）。

若期末存货中所包含的固定生产成本小于期初存货中的固定生产成本，则全部成本法所扣除的固定成本总额要小于变动成本法所扣除的固定生产成本总额。因此，按全部成本法算出来的税前净利要小于按变动成本法算出的税前净利。其差额 =（期初存货的单位固定生产成本×期初存货量）-（期末存货的单位固定生产成本×期末存货量）。

三、全部成本法的优缺点

目前会计实务界都主张采用全部成本法来计算产品的单位成本，并据以确定存货成本和利润。其理由是：变动成本和固定成本都是产品生产所必需支付的费用；而存货成本主要是反映一种物品达到规定存放条件和处于现有场所而发生的合适的成本与开支数额,其中包括一切直接和间接的支出,故变动成本和固定成本均应列入产品成本和存货成本中。正由于会计实务界都主张采用全部成本法,因此,在财务会计中,企业编制对外报表,必须采用全部成本法。

1. 全部成本法的优点

当今世界正步入信息社会的高技术时代,国际、国内市场竞争激烈,企业为了应对竞争对手,追求高额利润,不得不经常更新设计,开发新产品;政府部门为了支持和鼓励企业采用高技术,加快科学技术向生产力的转化,增强企业的后劲,因而允许某些行业采用加速折旧的方法,使固定资产的价值以超过实体周转率 1 倍以上的速度往产品上转移。在这样的情况下,如果采用全部成本法,就会使单位产品成本发生急剧变化。那就是说,产量越大,单位固定生产成本越低,于是整个单位产品成本也随之降低了,这就会大大刺激企业提高产品生产的积极性。

2. 全部成本法的缺点

(1) 采用全部成本法计算出来的单位产品成本不仅不能反映生产部门的真实业绩,却反而掩盖或夸大了它们的生产成绩。

(2) 按照经济学原理,商品只有销售出去,其价值才算得到社会的承认,企业才能获得收入和利润。在售价、单位变动成本和固定成本总额水平不变的情况下,多销售产品就应该多获得利润。但是,按照全部成本法所确定的税前净利,往往会使管理人员迷惑不解,甚至会促使企业片面追求产量、高产值,盲目生产社会不需要的产品。

①有时尽管企业的某产品每年的销售量相同,销售单位价格和成本水平(包括单位变动成本和固定成本总额)均无变动,但只要产量不同,各年的单位产品成本和税前净利就有很大差别。这是很令人费解的。

②有时尽管企业的某产品今年的销售量超过去年,而销售单价和成本水平均无变动;但只要今年的期末存货比上年显著减少,就会出现今年的税前净利反而比上年减少的情况。

③有时甚至在销售量下降的情况下,并假定销售单价、单位变动成本、固定成本总额均无变动;但由于产量的大幅度增长,反会造成税前净利增加的奇怪现象。这样,不但使人费解,而且会促使企业盲目生产市场不需要的产品,造成人力、物力和财力资源的极大浪费。

总之,通过以上的分析表明:按全部成本法来确定企业的税前净利,不仅受产量高低的影响,而且也与存货成本的增减密切相关,它既有悖于经济学原理,也会严重抹杀销售部门扩大产品销售的业绩。

(3) 采用全部成本法,由于其销售成本未按成本习性把变动成本与固定成本分开,无法计算贡献毛益,因此,如果要进行预测分析、参与决策、编制弹性预算,就很不方便。管理当局收到这类财务报表,还必须另行分类计算,才能据以规划和控制企业的经济活动。

(4) 采用全部成本法,对于固定制造费用往往需要经过很繁重的分配手续推入产品成本，而固定制造费用的各种分配方法，总难免要受会计主管人员的主观判断的影响，带有较大的主观随意性。

四、变动成本法的优点及局限性

（一）变动成本法的优点

从前面的叙述中我们可以知道，变动成本法的诞生，突破了传统的、狭隘的成本观点，为强化企业的内部经营管理、提高经济效益开创了新路。这种成本计算方法的优点，可扼要归纳为以下五个方面：

1. 从理论上来说，这种方法最符合"费用与收益配比"这一公认会计原则的要求

所谓"费用与收益相配合"的原则，就是要求会计所记录的在一定期间所发生的收益和费用，必须属于这一会计期间；也就是说，在一定的会计期间内，应当以产生的收益为根据，把有关的费用同所产生的收益配合起来。变动成本法的基本原则就是把转作本期费用的成本，照成本习性分为两大部分：一部分是直接与产品制造有联系的成本，即变动成本，如直接材料、直接人工，以及随着产量变动而变动的制造费用。它们需要按产品销售量的比例，将其中已销售的部分转作销售成本（即当期费用），同本期销售收入（即当期收益）相配合；另外尚未销售的产品成本转作存货成本，以便与未来预期获得的收益相配合。另一部分是同产品制造没有直接联系的成本，即固定成本。它们是为了保持生产能力并使其处于准备状态而引起的各种费用。这类成本与生产能力的利用程度无关，既不会因产量的提高而增加，也不会因产量的下降而减少；它们只联系期间，并随着时间的消逝而逐渐丧失，故应全部列作期间成本，同本期的收益相配合；由当期的净利来负担。变动成本法完全符合这一会计原则的要求，可以避免全部成本法那样由于受本期产量高低的影响，而把功过延期反映在下个会计期间的销售成本和盈亏上。

2. 能提供有用的管理信息，为预测前景、参与决策和规划未来服务

采用变动成本法求得的单位变动成本、贡献毛益总额以及其他有关信息（如贡献毛益率、变动成本率、经营杠杆率等），对管理当局十分有用。因为它们能揭示业务量与成本变动的内在规律，找出生产、销售、成本和利润之间的依存关系，提供各种产品的盈利能力、经营风险等重要信息。所有这些，能帮助管理当局深入地进行本量利分析和贡献毛益分析，用来预测前景、规划未来（例如，预测保本点，规划目标利润、目标销售量或销售额、目标成本，编制弹性预算，等等）；有利于正确地进行短期经营决策（例如，接受追加订货的决策、最优生产批量的决策、产品最优组合的决策，等等）。

3. 便于分清各部门的经济责任，有利于进行成本控制和业绩评价

一般说来，变动生产成本的高低最能反映出企业生产部门和供应部门的工作业绩，业绩完成得好坏应由它们负责。例如，在直接材料、直接人工和变动制造费用方面，如有所节约或超支，就会立即从产品的变动生产成本指标上反映出来，它们可以通过事前制定标准成本和建立弹性预算进行日常控制。至于固定生产成本的高低，责任一

一般不在生产部门，通常应由管理部门负责，可通过事先制定费用预算的办法进行控制。另外，变动成本法所提供的信息还能把由于产量变动所引起的成本升降，同由于成本控制工作的好坏而造成的成本升降，清楚地区别开来。这就不仅有利于我们进行科学的分析，以及采用正确的方法进行成本控制，还能对各有关责任单位履行经济责任的工作成绩作出恰当的、实事求是的评价。

4. 促使企业管理当局重视销售环节，防止盲目生产

采用变动成本法以后，产量的高低与存货的增减对税前净利都没影响。

在销售单价、单位变动成本、销售组合不变的情况下，企业的税前净利将随销售量同方向变动（尽管不成比例）。这样一来，就会促使管理当局十分重视销售环节，千方百计加强促销活动，并把主要精力集中在研究市场动态、了解消费者的需求、搞好销售预测和以销定产等方面，力求做到适销对路、薄利多销，防止盲目生产。否则，如采用全部成本法，就可能出现销量增加，净利反而减少；甚至销量下降，净利反而增加的反常现象，其结果必然是盲目生产，仓库积压。

5. 简化成本计算，便于加强日常管理

采用变动成本法，把固定制造费用列作期间成本，从贡献毛益总额中一笔减除，可以省掉许多间接费用的分摊手续。这不仅大大简化了产品成本的计算过程，避免间接费用分摊中的一些主观随意性（特别是在生产多品种的企业内），而且可以使会计人员从繁重的计算工作中解脱出来，集中精力向日常管理的广度和深度进军。

（二）变动成本法的局限性

1. 不符合传统的成本概念的要求

人们一般认为："成本是为了达到一个特定的目的而已经发生或可能发生的以货币计量的牺牲。"按照这个传统观念，产品成本就应该既包括变动成本也包括固定成本，而按变动成本法算出来的产品成本，显然不能满足这个要求。何况变动成本与固定成本的划分，在很大程度上是假设的结果，而不是一种非常精确的计算。

2. 不能满足长期经济决策和定价决策的需要

尽管变动成本法所提供的信息在短期经营决策中能作为确定最优方案的重要根据，但不能解决诸如增加或减少生产能力，以及扩大或缩小经营规模的长期决策问题。因为从长期来看，由于技术进步和通货膨胀等因素的影响，销售单价、单位变动成本和固定成本总额很难固定不变。另外，在定价决策中，一般需要掌握产品的全部成本资料（包括变动的和固定的成本信息），因为它们都应该得到补偿，而变动成本法所提供的产品成本资料，显然不能适应这方面的需要。

3. 从传统的全部成本法过渡到变动成本法时，会影响有关方面的利益

在实际工作中，如由原来的全部成本法过渡到变动成本法时，一般要降低期末存货的计价（即在存货成本中要减去固定生产成本）。因为要等这些存货售出时才能实现利润，于是就会减少当期的税前净利。这就会使企业延迟支付当期的所得税和股利，从而暂时影响当期的税务机关的所得税收入和投资者的股利收益。

课后练习题

一、单项选择题

1. 产品成本计算的分类法适用于（　　）。
   A. 品种、规格繁多的产品
   B. 可以按照一定标准分配的产品
   C. 品种、规格繁多的产品，而且可以按照产品结构、所用原材料和工艺过程的不同划分若干类别的产品
   D. 大量、大批生产的产品

2. 采用分类法的目的，在于（　　）。
   A. 分类计算产品成本　　　　　　　B. 简化各种产品的成本计算工作
   C. 简化各类产品的成本计算工作　　D. 准确计算各种产品成本

3. 原材料脱离定额差异是（　　）。
   A. 数量差异　　　　　　　　　　　B. 价格差异
   C. 一种定额变动差异　　　　　　　D. 原材料成本差异

4. 定额法的主要缺点是（　　）。
   A. 只适用于大量大批生产的机械制造企业
   B. 较其他成本计算方法核算工作量大
   C. 不能合理、简便地解决完工产品和月末在产品之间的费用分配问题
   D. 不便于成本分析工作

5. 在完工产品成本中，如果月初在产品定额变动差异是正数，说明（　　）。
   A. 定额提高了
   D. 定额降低了
   C. 本月定额管理和成本管理不利
   D. 本月定额管理和成本管理取得了成绩

6. 产品成本计算的定额法，在适用范围上（　　）。
   A. 与生产的类型没有直接关系　　　B. 与生产的类型有直接关系
   C. 只适用大批大量生产的机械制造业　D. 只适用于小批单件生产的企业

7. 产品定额成本的制定过程，也是对产品成本进行（　　）的过程
   A. 事中控制　　　　　　　　　　　B. 事后控制
   C. 事前控制　　　　　　　　　　　D. 原材料费用控制

8. 在单独核算废品损失的企业中发生的废品损失应计入（　　）。
   A. 产品的定额成本　　　　　　　　B. 作为脱离定额的差异
   C. 月末在产品的定成本　　　　　　D. 管理费用

9. 某产品9月所耗原材料的定额费用60 000元，脱离定额差异为节约500元，原材料的成本差异率为10%，则甲种产品应负担的原材料成本差异为（　　）元。

A. 5 950　　　　B. 6 050　　　　C. −5 950　　　　D. −6 050

10. 甲产品的某些零件从本月起修订原材料消耗定额，单位产品旧的原材料费用定额为150元，新的原材料费用定额为142.5元，甲种产品定额变动系数为（　　）。

A. 0.95　　　　B. 1.053　　　　C. 0.05　　　　D. 0.053

11. 标准成本法与定额成本法的相同之处是（　　）。

A. 按照产品品种归集成本差异

B. "库存商品"科目不包含成本差异

C. 需在事前制定目标成本

D. 能够提供产品实际成本资料

12. 变动成本法下，产品成本中不包括的内容是（　　）。

A. 直接材料　　　　　　　　　B. 直接人工

C. 变动制造费用　　　　　　　D. 固定制造费用

13. 在产销不平衡而其他因素相同的情况下，采用变动成本法计算的营业利润小于采用完全成本法计算的营业利润，则说明（　　）。

A. 本期产量大于本期销量

B. 本期产量小于本期销量

C. 期末没有产成品库存

D. 期初产成品库存大于期末产成品库存

14. 变动成本法的不足之处是（　　）。

A. 不便于进行量本利分析　　　B. 不便于固定成本控制

C. 不便于进行产品定价　　　　D. 不能合理地进行业绩考评

二、多项选择题

1. 采用分类法计算产品成本时，同类产品内各种产品之间分配费用的标准有（　　）。

A. 定额消耗量　　B. 定额费用　　C. 产品的售价　　D. 产品的质量

E. 产品体积、长度

2. 按照系数比例分配同类产品中各种成本的方法（　　）。

A. 是一种单独的产品成本计算方法

B. 是完工产品和月末在产品之间分配费用的方法

C. 是分类法的一种

D. 是一种简化的分类法

E. 是一种间接费用的分配方法

3. 可以或者应该采用分类法计算成本的产品有（　　）。

A. 联产品

B. 副产品

C. 由于工人操作所造成的质量等级不同的产品

D. 品种、规格繁多，但可按规定标准分类的产品

E. 由于内部结构、所用原材料的质量不同而产生的不同规格的产品

4. 采用分类法计算产品成本，是在同类产品的各种产品之间，采用一定的标准，分配（　　）。
   A. 原材料费用　　B. 直接人工费用　　C. 燃料及动力费用　　D. 制造费用
   E. 管理费用

5. 副产品可以按固定单价计价，副产品的计价金额（　　）。
   A. 应从主产品的各个成本项目中分项扣除
   B. 应从主产品的"原材料"成本项目中扣除
   C. 不能过高，以免把主产品超支转嫁到副产品上
   D. 不能过低，以免把销售副产品的亏损转嫁到主产品上
   E. 以上说法都正确

6. 标准成本所依据的生产技术和经营水平分类，分为（　　）。
   A. 理想标准成本　　　　　　　　B. 未来标准成本
   C. 现实标准成本　　　　　　　　D. 正常标准成本

7. 下列方法中，属于完全成本法的有（　　）。
   A. 分步法　　B. 定额成本法　　C. 变动成本法　　D. 标准成本法

8. 变动成本法与完全成本法的区别有（　　）。
   A. 产品成本内容构成不同　　　　B. 存货估价不同
   C. 利润计算方式不同　　　　　　D. 产销平衡时算出的利润额不同

9. 变动成本法的优点有（　　）。
   A. 使企业注重销售　　　　　　　B. 促使企业增加生产
   C. 有利于企业进行短期决策　　　D. 有利于企业进行成本控制

10. 下列方法中，属于混合成本分解方法的有（　　）。
    A. 定额比例法　　B. 散布图法　　C. 高低点法　　D. 盘存法

三、判断题

1. 只要产品的品种、规格繁多，就可以采用分类法计算产品成本。（　　）
2. 按照系数分配计算同类产品中各种产品成本的方法，是一种简化的分类法。（　　）
3. 在选择同类产品内各种产品之间分配费用的标准时，应考虑分配标准是否与产品成本的高低关系较大。（　　）
4. 按标准产品产量比例分配费用，实际上是按总系数比例分配费用。（　　）
5. 分类法的适用范围与生产类型有直接关系。（　　）
6. 工业企业的"三废"，一经利用就是副产品，就应按副产品计算成本。（　　）
7. 副产品可以按固定的单价计算，一般从主产品的各个成本项目中分项扣除。（　　）
8. 副产品是在主要产品的生产过程中附带生产出来的非主要产品。（　　）
9. 定额成本是一种目标成本，是企业进行成本控制和考核的依据。（　　）
10. 定额法是一种单纯计算产品实际成本的成本计算方法。（　　）

11. 限额领料单所列领料限额就是材料的定额消耗量。　　　　　（　）
12. 在定额法下，退料单是一种差异凭证。　　　　　　　　　　（　）
13. 进行材料切割核算时，回收废料超过定额的差异可以冲减材料费用。（　）
14. 计件工资形式下，生产工人工资属于直接费用，因而其脱离定额差异的核算与原材料相类似。　　　　　　　　　　　　　　　　　（　）
15. 在计时工资形式下，生产工人工资脱离定额的差异一般不能按照产品进行日常核算。　　　　　　　　　　　　　　　　　　　　　（　）
16. 定额法的优点是：较其他成本计算方法核算工作量小。　　　（　）
17. 只有大批大量生产的企业才能采用定额法计算产品成本。　　（　）
18. 计划成本是按平均消耗定额和计划单价计算的目标成本，在计划期内一般不变。　　　　　　　　　　　　　　　　　　　　　　　（　）
19. 标准成本法下，当期发生的全部成本差异均作为期间费用处理。（　）
20. 不论采用什么折旧方法，机器设备的折旧费均属于固定成本。（　）
21. 混合成本的特征是通常有一个固定不变的初始量，在这个基础上随着产量的增加而增加。　　　　　　　　　　　　　　　　　　　（　）
22. 不论采用变动成本法还是完全成本法计算产品成本，固定的经营管理费用均不计入产品成本。　　　　　　　　　　　　　　　　　（　）
23. 在产量大于销量而其他因素相同的情况下，采用变动成本法计算的营业利润高于采用完全成本法计算的营业利润。　　　　　　　　　　　（　）

四、名词解释

分类法　联产品　副产品　定额法　变动成本法　标准成本法

五、简答题

1. 简述分类法的计算程序。
2. 简述标准成本的作用。
3. 标准成本法与定额成本法有哪些相同与不同？
4. 变动成本法与完全成本法有哪些区别？
5. 全部成本法的优缺点有哪些？
6. 变动成本法的优缺点有哪些？

六、业务计算题

（一）企业生产 A、B、C 三种产品归为甲类，三种产品分别消耗乙、丙两种材料，乙材料消耗定额分别为 2 千克、5 千克、10 千克，丙材料消耗定额分别为 4 千克、8 千克、12 千克，两种材料单价分别为 4 元、3.75 元，按费用定额确定系数，其中 B 产品为标准产品。三种产品完工产量分别为 60 件、100 件、50 件，工时定额分别为 80 小时、50 小时、40 小时，月初甲类产品明细账原材料费用 57 000 元、人工费用 34 000 元、制造费用 46 000 元，本月原材料费用 49 000 元、人工费用 26 000 元、制造费用 38 000 元，月末在产品按固定成本计价。

要求：用系数法分配各项费用。

（二）企业生产 A 产品，附带生产出副产品，月初余额 A 产品原材料费用 27 900 元、人工费用 11 600 元、制造费用 18 400 元，副产品原材料费用 3 500 元、人工费用 1 700 元、制造费用 2 000 元。本月 A 产品领用原材料费用 49 800 元、全部人工费用 36 000 元、制造费用 48 000 元，主副产品生产工时分别为 19 000 小时、1 000 小时，按工时比例分配人工和制造费用，本月共生产出副产品原材料 4 500 千克，按每千克 2 元价格从主产品中扣除。月末在产品成本：主产品原材料费用 11 200 元、人工费用 7 700 元、制造费用 9 100 元；副产品的在产品按固定成本计价。

要求：计算主副产品成本。

（三）甲、乙、丙三种产品归为 A 类，A 类产品月初余额原材料费用 28 500 元、人工费用 13 700 元、制造费用 19 800 元，本月耗用原材料费用 57 900 元、人工费用 41 200 元、制造费用 52 800 元，月末在产品按定额成本计价，原材料费用 8 000 元、人工费用 5 000 元、制造费用 7 000 元，甲产品为标准产品，按消耗定额确定系数，消耗定额分别为 15 千克、24 千克、9 千克，完工产量分别为 600 件、800 件、500 件，工时定额分别为 40 小时、30 小时、50 小时。

要求：用系数法划分费用。

（四）某工厂生产甲、乙、丙三种产品所用原材料和生产工艺过程基本相同，合为一类产品计算成本。生产费用在三种产品之间的分配标准为：材料费用按材料消耗定额成本系数分配，其他费用按工时定额系数分配。甲产品为标准产品，耗用料工费的系数均为 1。期初期末在产品均按定额成本计价。2002 年 10 月有关成本、产量的资料如下：

1. 本月完工产量：甲产品 1 400 件，乙产品 200 件，丙产品 800 件。
2. 在产品定额成本和本月发生的费用如下：

	直接材料	直接人工	制造费用
月初在产品定额成本	17 500 元	1 700 元	1 950 元
月末在产品定额成本	32 500 元	2 500 元	3 960 元
本月生产费用	328 140 元	24 200 元	36 300 元

3. 材料、工时定额资料见练习题表 7-1，材料定额系数按材料单耗定额成本计算，工时定额系数按工时单耗定额计算。

练习题表 7-1　　　　　　材料、工时定额系数计表

产品	单位产品材料表				材料定额系数	工时定额	
	材料品名	单耗定额（千克）	计划单价	定额成本		单耗	系数
甲	A	500	0.1			2 小时	
	B	300	0.15				
	C	150	0.2				
	小计						

续表

产品	单位产品材料表				材料定额系数	工时定额	
	材料品名	单耗定额（千克）	计划单价	定额成本		单耗	系数
乙	A	450	0.1			3 小时	
	B	300	0.15				
	C	100	0.2				
	小计						
丙	A	650	0.1			2.5 小时	
	B	350	0.15				
	C	100	0.2				
	小计						

要求：

1. 计算各产品的材料、工时定额系数。
2. 计算本月各种产成品总成本和单位成本。

第八章 成本分析与成本考核

本章内容引言：

成本分析是利用成本核算资料、结合产品成本的计划资料、历史资料及其他资料，运用一定的方法，对成本水平及其构成情况进行分析与评价，研究成本计划完成情况及成本变动的具体原因，寻找降低成本的途径和方法，提出改进措施，促进企业效益的不断提高。

成本分析的方法是多种多样的，企业应根据成本分析的目的、企业生产组织的特点及其所掌握资料的性质和内容来选择适当的分析方法。一般来说，常用的成本分析方法主要有对比分析、比率分析法和因素分析法等。成本分析主要包括全部产品成本计划完成情况的分析、主要产品（可比产品）成本计划完成情况的分析、主要技术经济指标变动对产品成本的影响分析、期间费用的分析等内容。

成本考核就是通过定期对成本指标和成本效益指标的对比分析，对目标成本或成本计划以及成本效益指标的完成结果进行的全面审核、评价，以奖优避。在我国，从成本考核的主体和范围来看，成本考核主要包括两个方面的内容：一是国家对企业的成本考核；二是企业内部的成本考核。产品成本考核的指标有两类：一种是产品目标成本节约额；另一种是产品目标成本节约率。

关键术语： 成本分析　对比分析法　比率分析法　因素分析法　成本考核　成本指标　成本效益指标　目标成本　成本节约额　成本节约率

第一节　成本报表与成本分析概述

一、成本报表

（一）成本报表的概念

成本报表是根据企业产品成本和期间费用的核算资料以及其他有关资料编制的，用来反映企业一定时期内产品成本和期间费用水平及其构成情况的报告文件。

成本报表是向企业经营管理者提供成本信息的内部报表。通过编制和分析成本报表，可以考核企业成本计划和费用预算的执行情况，为正确进行成本决策提供资料。编制和分析成本报表是成本管理会计工作的重要内容。

成本报表是服务于企业内部经营管理的内部会计报表，不对外报送或公布，与财务会计报告中的资产负债表、利润表和现金流量表等对外会计报表比较，有以下特点：

（1）成本报表是为企业内部经营管理的需要而编制的。

在市场经济条件下，激烈的商业竞争使企业对自己的生产和经营情况、产品成本和期间费用的水平及其构成情况采取保密的态度。也就是说，反映企业一定时期内产品成本和期间费用水平及其构成的成本报表是企业的商业秘密，不对外报送和公开，而在企业内部的生产经营管理工作中，成本费用水平及其构成等成本信息是非常重要的。正确编制和及时报送成本报表，在考核企业成本计划的执行情况、分析成本管理工作中的成绩和问题、挖掘企业降低成本及节约费用的潜力、及时作出成本决策、指导生产经营活动等方面，有任何其他管理工作不可替代的作用。因此，为企业内部经营管理的需要而编制，是成本报表的主要特点。

（2）成本报表的种类、格式、项目和内容等由企业自行决定。

一个企业的成本信息总是与其生产工艺技术过程和生产组织的特点及成本管理的要求密切相关，各个企业需要获取的成本信息总有不同的侧重点。因此，对外财务会计报告需要由国家会计准则、制度规定会计报表的种类和格式，成本报表则可以由企业自行确定报表的种类、格式、项目和内容。企业自行设计和编制的成本报表具有较大的灵活性和多样性，这是成本报表（对内会计报表）区别于财务会计报表（对外财务会计报告）的又一重要特点。

（3）可以综合反映企业生产经营管理工作的质量。

成本报表提供的成本信息（成本指标）反映企业各方面的工作质量企业产品产量的多少，产品质量的高低，原材料、燃料及动力消耗的节约与浪费，工人劳动生产率和平均工资的高低，固定资产的利用程度，废品率的变动，生产单位和企业管理部门费用的节约与浪费，以及生产经营管理工作的好坏等，都会或多或少、直接间接地反映到费用和成本指标上来。成本指标成为反映企业生产、技术、经营和管理工作水平的综合性质量指标。

（二）成本报表的作用

编制成本报表是成本管理会计工作中的一项十分重要的内容，对加强成本管理和节约费用支出，提高企业经济效益具有重要的作用。

（1）通过编制成本报表，可向企业管理层提供成本计划完成情况的信息，作为评定企业工作业绩、考核各部门工作质量的一种依据。同时还可以使企业管理部门从成本管理的现状中分析、预测成本的变动发展趋势，为制订成本计划提供重要的数据资料。

（2）通过成本报表分析，可以揭示影响产品成本指标和费用项目变动的因素和原因，从生产技术、生产组织和经营管理等各个方面挖掘和动员节约费用支出和降低产品成本的潜力，提高企业生产耗费的经济效益。成本报表提供的实际产品成本和费用支出的资料，既可满足企业、车间和部门加强日常成本、费用管理的需要，也可以为企业进行成本、利润的预测、决策，编制产品成本计划和各项费用计划，制定产品价格的重要依据。

（3）随着市场经济的发展，企业生产经营过程中的不可知因素、不确定因素日益增多，而对这些因素的估计与判断，已经成为企业日常管理的重要工作，成本报表所反映的信息是企业进行各项经营决策的信息来源之一。

（三）成本报表分类

工业企业主要成本报表有产品生产成本表，制造费用明细表、各种期间费用明细表，此外，企业还可以根据生产特点和管理要求，编制其他必要的成本报表。

成本报表作为企业内部报表，没有固定的种类、格式和内容。企业成本报表的设置，不仅应该全面反映成本费用情况，又要满足企业内部管理的需要，同时还应该讲究简化。即根据管理要求，适应企业数据提供能力，以较低的成本编制报表。从性质上进行分类，成本报表通常有以下四种类型：

（1）反映一定时期内各类资产耗费状况的报表，如生产费用表、制造费用表、管理费用表等。

（2）反映一定生产经营对象成本状况的报表，如产品生产成本表等。

（3）反映一定责任中心各类资产耗费状况的报表，如责任成本表。

（4）根据企业特殊需求编制的报表，如人工成本考核表。

这样分类，便于满足成本费用管理不同目标的要求，有利于企业根据不同的需要编制符合自身特点的报表，为提高成本管理水平提供更充分的条件。

（四）成本报表的编制要求

企业在成本报表编制过程中必须掌握各种成本报表数据来源以及编制成本报表的一般要求。企业编制成本报表过程中，其数据来源主要有三个方面：①报告期产品成本账簿资料，包括总账和相关的明细账。②以前年度的成本报表资料和本期成本计划及费用预算。③企业有关统计数据，如职工人数、出勤记录等，以及生产技术资料等其他资料。

为充分发挥成本报表在企业经营管理中的作用，企业编制的成本报表应当符合以下要求：

第一，数据真实可靠。报表中的各项指标，数据必须真实可取。成本报表中的各项数据大部分来自当期的成本账簿记录。为保证报表数据真实可信，在编制前，首先应将所有经济业务登记入账，在查实财产物资、往来款项的基础上，做好结账、对账工作，做到账证、证证、账账相符，才能编制成本报表。

第二，内容完整清晰。成本报表中的主要报表种类应齐全，表内指标及表内补充资料应完整，并注意保持各成本报表计算口径一致。计算方法如有变动，应在附注中说明。对定期报送的主要成本报表，还应有分析、说明生产成本和费用升降情况、原因、措施的文字材料。

第三，编制及时迅速。各种成本报表应当根据企业管理部门的需要及时、迅速提供。要做到这一点，必须充分掌握大量有关成本核算资料。企业不仅要做好日常成本核算工作，还要注意整理收集有关历史成本、同行业成本资料、统计资料以及费用预算资料,才能保证成本报表的及时编制。

二、成本分析

(一)成本分析的概念与意义

成本分析是按照一定的原则,采用一定的方法,利用成本计划、成本核算和其他有关资料,控制实际成本的支出,揭示成本计划完成情况,查明成本升降的原因,寻求降低成本的途径和方法,以达到用最少的劳动消耗取得最大的经济效益的目的。

成本分析可以分为长期分析和短期分析。长期分析是企业从战略发展角度出发,立足于企业未来发展前景,全面分析研究导致企业成本的一切活动和成本驱动因素,寻求降低成本的途径,使企业保持持久的成本优势。短期分析主要是对企业日常经济活动的分析。企业日常的成本分析可以从全厂出发进行全厂性成本分析,也可以以车间或班组为单位进行车间或班组的成本分析,还可以选择同行业的同类产品进行成本对比,寻找生产技术或管理方面的差距,进行厂际成本分析等。

(二)成本分析的内容

成本分析贯穿于费用发生和成本形成的全过程,包括的内容很多。主要讲述根据成本报表和成本计划等资料进行的成本事后分析,主要包括:

(1) 全部产品成本计划完成情况的分析;
(2) 可比产品(主要产品)成本计划完成情况的分析;
(3) 主要产品单位成本的分析;
(4) 制造费用执行情况的分析;
(5) 期间费用执行情况的分析。

(三)成本分析的原则

成本分析的原则是进行成本分析工作的规范。成本分析应遵循以下原则:

1. 全面分析与重点分析相结合

全面分析并非完全指分析的全面性,而是说要着眼整体,树立全局观念,切忌片面性,必须以党和国家有关方针、政策、法令为依据,将企业成本效益与社会效益结合起来进行分析;坚持实事求是,对成绩和缺点、经验和存在问题、有利因素和不利因素,进行客观的分析与评价,不能强调一个方面而忽视另一方面,从而得出正确的结论。此外,要以产品成本形成的过程为对象,结合生产经营各阶段的不同性质和特点进行成本分析。

2. 专业分析与群众分析相结合

成本涉及企业所有部门及全体职工的工作业绩,为使成本分析能够做到经常性和有效性,真正达到成本分析的目的,必须发动群众参加,将成本分析化为广大群众的自觉性行动。这就要求成本分析专群结合,充分发挥每个部门和广大群众分析成本、挖掘降低成本潜力的积极性,把专业分析建立在群众分析的基础上,这样才能充分揭露矛盾,深挖提高效益的潜力,把成本分析搞得生机勃勃,充分发挥其应有的作用。

3. 经济分析与技术分析相结合

成本的高低既受经济因素影响，又受技术因素影响，在一定程度上技术因素起决定性作用。所以，成本分析如果只停留在经济指标的分析上，而不深入技术领域，结合技术指标进行分析，就不能达到其目的。为此，必须要求分析人员通晓一些生产技术知识，并注意发动技术人员参加成本分析，把经济分析与技术分析结合起来。所谓经济分析与技术分析相结合，就是通过经济分析为技术分析提出课题，增强技术分析的目的性；而技术分析又可反过来增加经济分析深度，并从经济效果角度对所采取的技术措施加以评价，从而通过改进技术来提高经济效益。这两方面分析的结合，就能防止片面性，并能结合技术等因素查明成本指标变动的原因，全面改进工作，提高效益。

4. 事后分析与事前、事中分析相结合

现代成本分析不能局限于事后分析，还应包括事中分析，特别是要开展事前分析。这三个环节的分析，是相互联系，各有其特定作用，不可偏废哪一种分析。只有在成本发生之前就开展预测分析，在成本发生过程中，实行控制分析，在成本形成之后，搞好考核分析，把事前分析、事中分析和事后分析结合起来，建立起完整的分析体系，才能将成本分析贯穿于企业再生产全过程，从而做到事前发现问题，事中及时揭示差异，事后正确评价业绩。这对于提前采取相应措施，把影响成本升高因素消灭在发生之前或萌芽状态之中，以及总结经验教训，指导下期成本工作，都具有明显的积极意义。

（四）成本分析的主要方法

成本分析的方法很多，下面着重讲述通常采用的一些分析方法，包括对比分析法、比率分析法、因素分析法、差额分析法。

1. 对比分析法

比较分析法是将两个或两个以上相关的可比数据进行对比，从数量上确定差异的一种分析方法。成本报表中有关成本指标数量上的差异，反映成本管理工作的绩效或差距。运用比较分析法，其主要作用在于揭示客观上存在的差距，分析差异产生的原因，为进一步分析指出方向，提高成本管理的水平。进行对比分析的基数由于成本分析的目的不同而有所不同，实际工作中通常有以下三种形式。

（1）以分析期成本的实际指标与成本的计划或定额指标对比。

以分析期成本的实际指标与成本的计划或定额指标比较，是基本的比较方法。该方法可以找出分析期成本或费用与计划成本或费用之间的差异，揭示成本计划或定额的完成情况。在具体比较时，算出实际脱离计划的差异额和实际脱离计划的差异率两个指标。

实际脱离计划的差异额是指实际与计划比较增加或减少的数额。在费用总额和单位成本的分析中，经常利用该差异了解企业成本或费用的超支（实际大于计划）或节约（实际小于计划）情况。其计算公式为：

实际比计划增减的数额 = 分析期实际指标数据 − 分析期计划指标数据

因为实际数与计划数或定额之间差异的产生，除了成本管理水平的原因外，还可能由于计划或定额太保守或不切实际造成的。所以，在分析时应该检查计划或定额本身是否既先进又切实可行。

（2）以分析期实际成本指标与前期的实际成本指标对比。

将分析期实际成本指标与前期（上月、上季、上年、上年同期、本企业历史先进水平等）的实际成本指标对比，可以反映企业成本、费用指标的变动情况和变动趋势，了解企业生产经营工作的改进情况。在有关成本、费用的计划（或定额）资料不全或计划（或定额）制订质量不高时，这种比较将显得尤为重要。

在成本分析过程中，将分析期实际数据与前期实际数据比较，除了可以算出分析期实际数据较前期增减的差异额和差异率外，可比产品成本降低额和降低率也是这种比较分析的一种表现形式。企业可比产品的成本降低额和降低率，无论计划降低额（降低率），还是实际降低额（降低率），都是与上年实际进行比较计算的。

（3）以本企业实际成本指标与国内外同行业先进指标对比。

以本企业实际成本指标与国内外同行业先进指标进行对比，可在更大的范围内发现与先进水平的差距，从而学习先进，推动企业改进经营管理，赶上和超越先进。

比较分析法只适用于同质指标的数量对比，例如实际产品成本与计划产品成本对比，实际原材料费用与定额原材料费用对比，本期实际制造费用与前期实际制造费用对比，等等。

因此，在采用这种分析法时，应该注意对比指标的可比性。进行对比的各项指标，在经济内容、计算方法、计算期和影响指标形成的客观条件等方面，应当具有可比的共同基础。如果相比的指标之间有不可比因素，应先将可比的口径进行调整，然后再进行对比。

2. 比率分析法

比率分析法是通过计算各项指标之间的相对数（即比率）借以考察经济业务的相对效益的一种分析方法。比率分析法主要有相关指标比率分析、构成比率分析和趋势比率分析三种。

（1）相关指标比率分析，是指计算两个性质不同而又相关的指标的比率进行数量分析的方法。在实际工作中，由于企业规模不同等原因，单纯地对比产值、销售收入或利润等绝对数，不能说明各个企业经济效益好坏，如果计算成本与产值、销售收入或利润相比的相对数，即产值成本率、销售收入成本率或成本利润率，就可以反映各企业经济效益的好坏。

（2）构成比率分析，是通过计算某项指标的各个组成部分占总体的比重，即部分与全部的比率，进行数量分析的方法。例如将构成产品成本的各项费用分别与产品成本总额相比，计算产品成本的构成比率；又如将构成制造费用的各项费用分别与制造费用总额相比，计算制造费用的构成比率。这种比率分析法也称比重分析法，通过这种分析，可以反映产品成本或者经营管理费用的构成是否合理。

（3）趋势比率分析，是指在分析时将几个时期的同一成本指标对比求出比率，再根据比率指标分析、判断企业成本的变化速度与变化趋势。趋势比率分析法。既可用于评价经营业绩，又可用于成本预测。

比率分析法与对比分析法相比，具有容易判断、可比性强等特点，但是由于它同样受会计资料、成本核算方法及行业特点的影响与制约。因此，在使用比率分析法时，同样需要结合实际，对具体问题进行具体分析。不论采用什么比率分析法，进行分析时，还应将比率的实际数与其基数进行对比，揭示其与基数之间的差异。例如进行相关指标比率的成本利润分析时，还应将成本利润率与前期实际的成本利润率进行对比，揭示其与计划、前期的差异。进行构成比率分析也是如此。

3. 因素分析法

因素分析法是将某一综合指标分解为若干相互联系的因素，并分别计算、分析各因素影响程度的方法。利用因素分析法对综合性指标的变动进行分析，应首先确定该指标的组成因素，并建立各因素与综合指标的函数关系，然后根据分析目的，选择适当的方法分析，测定各因素的变动对指标影响程度。连环替代法是最常用的因素分析法。连环替代法的名称是由其分析程序的特点决定的。为正确理解连环替代法，首先应明确连环替代法的一般程序或步骤。

（1）连环替代法的程序。连环替代法由以下几个步骤组成。

①确定分析指标与其影响因素之间的关系。确定分析指标与其影响因素之间的关系，通常是用指标分解法，即将经济指标在计算公式的基础上进行分解或扩展，得出各影响因素与分析指标之间的关系式。如对于材料费用指标，要确定它与影响因素之间的关系，可按上式进行分解，即：

材料费用＝产品产量×单位产品材料费用＝产品产量×单位产品材料消耗量×材料单价

分析指标与影响因素之间的关系式，既说明哪些因素影响分析指标，又说明这些因素与分析指标之间的关系及顺序。如上式中影响材料费用的有产品产量、材料单耗和材料单价三个因素，它们都与材料费用呈正比关系，它们的排列顺序是，产品产量在先，其次是材料单耗，最后是材料单价。

②根据分析指标的报告期数值与基数值列出关系式，或指标体系，确定分析对象。如材料费用的指标体系是：

基期材料费＝基期产品产量×基期材料单耗×基期材料单价

实际材料费用＝实际产品产量×实际材料单耗×实际材料单价

分析对象＝实际材料费用－基期材料费用

③连环顺序替代，计算替代结果。所谓连环顺序替代就是以基期指标体系为计算基础，用实际指标体系中的每一因素的实际数顺序地替代其相应的基期数，每次替代一个因素，替代后的因素被保留下来。计算替代结果，有几个因素就替代几次，并相应确定计算结果。

④比较各因素的替代结果，确定各因素对分析指标的影响程度。比较替代结果是连环进行的，即将每次替代所计算的结果与这一因素被替代前的结果进行对比，二者的差额就是替代因素对分析对象的影响程度。

⑤检验分析结果。即将各因素对分析指标的影响额相加,其代数和应等于分析对象。如果二者相等,说明分析结果可能是正确的;如果二者不相等,则说明分析结果一定是错误的。

连环替代法的程序或步骤是紧密相连、缺一不可的,尤其是前四个步骤,任何一个步骤出现错误,都会出现错误结果。

连环替代法的程序和原理也可用简单的数学公式表示。

设某一经济指标 N 是由相互联系的 a、b、c 三个因素组成(假定该经济指标是以组成因素的乘积的形态出现),其计划指标 N_0 是由 a_0、b_0、c_0 三个因素综合影响的结果,其实际指标 N_1 是由 a_1、b_1、c_1 三个因素综合影响的结果,因则

$$N_0 = a_0 \times b_0 \times c_0 \quad (8-1)$$
$$N_1 = a_1 \times b_1 \times c_1 \quad (8-2)$$

该指标实际脱离计划差异($N_1 - N_0$)= d 同时受 a、b、c 三个因素变动的影响。现在要测定各因素变动对 N 的影响,必须补充两个中间环节。

假定变动 a 因素,有

$$N_2 = a_1 \times b_0 \times c_0 \quad (8-3)$$

在 a 因素变动的基础上再变动 b 因素,有

$$N_3 = a_1 \times b_1 \times c_0 \quad (8-4)$$

这样就可以计算各个因素的影响程度,计算结果是:

式(8-3)~式(8-1)= $N_2 - N_0$,是由 $a_0 \rightarrow a_1$,变动所发生的影响。

式(8-4)~式(8-3)= $N_3 - N_2$,是由 $b_0 \rightarrow b_1$,变动所发生的影响。

式(8-2)~式(8-4)= $N_1 - N_3$,是由 $c_0 \rightarrow c_1$,变动所发生的影响。

把各个因素加以综合,则

$$(N_2 - N_0) + (N_3 - N_2) + (N_1 - N_3) = N_1 - N_0 = d$$

下面举例说明连环替代法的步骤和应用。

【例 8-1】 某企业 2001 年和 2002 年有关材料费用、产品产量、材料单耗和材料单价的资料见表 8-1。

表 8-1　　　　　　　　　　材料消耗资料

指标	2009 年	2010 年
材料费用(元)	10 000	8 640
产品产量(件)	100	120
材料单耗(千克)	10	9
材料单价(元)	10	8

要求:分析各因素变动对材料费用的影响程度。

根据连环替代法的程序和上述对材料费用的因素分解式,可得出:

实际指标体系:$120 \times 9 \times 8 = 8\ 640$(元)

基期指标体系：$100 \times 10 \times 10 = 10\,000$（元）

分析对象是：$8\,640 - 10\,000 = -1\,360$（元）

在此基础上，按照第三步骤的做法进行连环顺序替代，并计算每次替代后的结果：

基期指标体系：$100 \times 10 \times 10 = 10\,000$（元）

替代第一因素：$120 \times 10 \times 10 = 12\,000$（元）

替代第二因素：$120 \times 9 \times 10 = 10\,800$（元）

替代第三因素：$120 \times 9 \times 8 = 8\,640$（元）

根据第四步骤，确定各因素对材料费用的影响程度：

产品产量的影响：$12\,000 - 10\,000 = 2\,000$（元）

材料单耗的影响：$10\,800 - 12\,000 = -1\,200$（元）

材料单价的影响：$8\,640 - 10\,800 = -2\,160$（元）

最后分析结果：$2\,000 - 1\,200 - 2\,160 = -1\,360$（元）

（2）应用连环替代法应注意的问题。连环替代法作为因素分析方法的主要形式，在实践中应用比较广泛。但是，在应用连环替代法过程中必须注意以下几个问题。

①因素分解的相关性。所谓因素分解的相关性，是指分析指标与其影响因素之间必须真正相关，即有实际经济意义。各影响因素的变动确实能说明分析指标差异产生的原因。例如，将影响材料费用的因素分解为下列等式，从数学上是成立的，同样也需要具有经济意义，即：

$$材料费用 = 产品产量 \times 单位产品材料费用$$

有经济意义的因素分解式可能并不是唯一的，经济指标从不同角度看，可分为不同的有经济意义的因素分解式。这就是需要我们在因素分解时，根据分析的目的和要求，确定合适的因素分解式，以找出分析指标变动的真正原因。

②分析前提的假定性。所谓分析前提的假定性是指分析某一因素对经济指标差异的影响时，必须假定其他因素不变，否则就不能分清各单一因素对分析对象的影响程度。但是实际上，有些因素对经济指标的影响是共同作用的结果，共同影响的因素越多，那么各种假定的准确性就越差，分析结果的准确性也就会越低。因此，在因素分解时，并非分解的因素越多越好，而应根据实际情况，具体问题具体分析，尽量减少相互影响较大的因素再分解，使之与分析前提的假设基本相符，否则因素分解过细，从表面看有利于分清原因和责任，但在共同影响因素较多时，反而影响了分析结果的正确性。

③因素替代的顺序性。前面谈到，因素分解不仅要因素确定准确，而且因素排列顺序不能交换，这里特别强调的是不存在乘法交换率问题。因为分析前提假定性的原因，按不同顺序计算结果是不同的。那么，如何确定正确的替代顺序呢？这是一个在理论上和实践中都没有很好解决的问题。传统的方法是依据数量指标在前、质量指标在后的原则进行排列。现在也有人提出依据重要性原则排列，即主要的影响因素排在前面，次要因素排在后面。但是无论何种排列方法，都缺少坚实的理论基础。正因为如此，许多人对连环替代法提出异议，并试图加以改善，但至今仍无人们公认的好的解决方法。

④顺序替代的连环性。连环性在确定各因素变动对分析对象的影响时，都是将某因素替代后的结果与该因素替代前的结果对比，一环套一环，这样才能保证各因素对分析对象影响结果的可行性，又便于检验分析结果的准确性。因为只有连环替代并确定各因素影响额，才能保证各因素对经济指标的影响之和与分析对象相等。

4. 差额分析法

差额分析法是连环替代法的一种简化形式，其因素分析的原因与连环替代法是相同的。区别只在于分析程序上，差额分析法比连环替代法简便，即它可直接利用各影响因素的实际数与基期数的差额，在其他因素不变的假定条件下，计算各因素对分析指标的影响程度。或者说差额分析法是将连环替代法的第三步骤和第四步骤合并为一个步骤进行。

这种方法的基本步骤是：确定各因素实际数与基期数之间的差额，并在此基础上乘以排列在该因素前面各因素的实际数和排列在该因素后面各因素的基期数，所得出的结果就是该因素变动对分析指标的影响数。

例如，根据表 8-1 提供的数据，运用差额计算法分析各因素变动对材料费用的影响程度。

分析对象：$8\,640 - 10\,000 = -1\,360$（元）

因素分析：

产品产量的影响：$(120 - 100) \times 10 \times 10 = 2\,000$（元）

材料单耗的影响：$120 \times (9 - 10) \times 10 = -1\,200$（元）

材料单价的影响：$120 \times 9 \times (8 - 10) = -2\,160$（元）

最后分析结果：$2\,000 - 1\,200 - 2\,160 = -1\,360$（元）

应当指出，应用连环替代法应注意的问题，在应用差额计算法时同样要注意。除此之外还应注意的是，并非所有连环替代法都可按上述差额分析法的方式进行简化。特别是在各影响因素之间不是连乘情况下，运用差额分析法必须慎重。

第二节 产品生产成本表的编制和分析

一、产品生产成本表的编制

（一）产品生产成本表的概念和作用

产品生产成本表是反映企业在报告期内生产的全部产品的总成本和各种主要产品单位成本和总成本的报表。利用产品生产成本表可以考核全部产品和主要产品成本计划的执行情况，评价产品成本节约或超支情况，利用产品成本表，可以考核可比产品成本降低计划的执行结果，计算各种因素对计划执行情况的影响程度，找出不利因素，采取措施，挖掘降低成本的潜力。

（二）产品成本表的结构和内容

产品生产成本表通常由基本部分和补充资料两部分内容组成。基本部分中将全部产品分为可比产品和不可比产品，列示其各种产品的单位成本、本月总成本、本年累计总成本；补充资料部分主要列示可比产品成本降低额和可比产品成本降低率等指标。

可比产品是指前年度正式生产过，具有较完备的成本资料的产品。不可比产品是指以前年度没有正式生产过，因而也没有完备的成本资料的产品以及去年试制成功今年正式投产的产品。

本表对可比产品的单位成本、本月总成本和本年累计总成本的报告，分别列出上年实际数、本年计划数、本月实际数和本年累计实际平均数等具体指标，以便于分析可比产品成本降低任务的完成情况。本表中对不可比产品的单位成本、本月总成本和本年累计总成本的报告以及全部产品生产总成本的报告，只列出本年计划数、本月实际数和本年累计实际平均数，以利于分析不可比产品、全部产品的生产成本计划执行情况。

（三）产品生产成本表的编制

表中各种主要产品的实际产量，根据产品、成本明细账或产成品明细账的产量记录填列；上年实际平均单位成本，根据上年产品成本表所列全年累计实际平均单位成本填列；本年累计实际产量，根据本月实际产量加上上月产品成本表所列本年累计实际产量填列；本年计划成本，按本年成本计划填列；本月实际单位成本，根据本月实际总成本除以本月实际产量计算填列；本年累计实际平均单位成本，根据本年累计实际总成本除以本年累计实际产量计算填列。

可比产品按上年实际平均单位成本计算的本月总成本，根据本月实际产量乘以上年实际平均单位成本计算填列；可比产品按上年实际平均单位成本计算的本年累计总成本，根据本年累计实际产量乘以上年实际平均单位成本计算填列；可比产品和不可比产品按本年计划单位成本计算的本月总成本，根据本月实际产量乘以本年计划单位成本计算填列；可比产品和不可比产品按本年计划单位成本计算的本年累计总成本，应根据产品成本明细账所记录本月产成品成本计算填列；本年累计实际总成本，根据产成品明细账本年各月产成品成本计算填列。如有不合格产品，应单列一行，注明"不合格产品"，不能和合格产品合并填列。产品生产成本表的格式和内容见表 8 - 2。

表 8 - 2　　　　　　　　　　　产品生产成本表

编制单位：××公司　　　　　　200×年 12 月　　　　　　单位：元

项目		可比产品			不可比产品			全部产品生产成本
		甲	乙	合计	A	B	合计	
规格								
计量单位		件	件	件	件	件	件	件
实际产量	本月（1）	50	40		100			
	本年累计（2）	540	500		1 300			

续表

项目		可比产品			不可比产品			全部产品生产成本
		甲	乙	合计	A	B	合计	
单位成本	上年实际平均（3）	100	90					
	本年计划（4）	96	80		438			
	本月实际 (5)=(9)÷(1)	90	75		431			
	本年累计实际平均 (6)=(12)÷(2)	92	78		440			
本月总成本	按上年实际平均单位成本计算 (7)=(1)×(3)	5 000	3 600	8 600				
	按本年计划单位成本计算 (8)=(1)×(4)	4 800	3 200	8 000	43 800			51 500
	本月实际（9）	4 500	3 000	7 500	43 100			50 600
本年累计总成本	按上年实际平均单位成本计算 (10)=(2)×(3)	54 000	45 000	99 000				
	按本年计划单位成本计算 (11)=(2)×(4)	51 840	40 000	91 840	569 400			661 240
	本年实际（12）	49 680	39 000	88 680	572 000		—	660 680

注：①可比产品成本降低额为 10 320 元。
②可比产品成本降低率为 10.42%。

其中补充资料包括可比产品成本降低额和可比产品成本降低率，根据表中有关数字计算，计算公式如下：

$$可比产品成本降低额 = \begin{pmatrix} 可比产品按上年实际 \\ 平均单位成本计算的 \\ 本年累计总成本 \end{pmatrix} - \begin{pmatrix} 本年累 \\ 计实际 \\ 总成本 \end{pmatrix}$$

$$可比产品成本降低率 = \frac{可比产品成本降低额}{可比产品按上年实际平均单位成本计算的本年累计总成本} \times 100\%$$

表 8-2 中可比产品成本降低额和可比产品成本降低率计算如下：

可比产品成本降低额 = 99 000 - 88 680 = 10 320（元）

可比产品成本降低率 = $\dfrac{10\,320}{99\,000} \times 100\% = 10.42\%$

二、产品生产成本的分析

产品生产成本表是反映企业产品生产总成本的报表,所以产品生产成本表分析是一种总括性的分析,属于成本事后分析和成本定期分析。该分析是将产品按本年实际产量调整的上年(或计划)总成本与实际总成本进行比较,计算出成本降低额和降低率,借以评价产品成本的升降情况。上年(或计划)总成本按实际产量进行调整,是因为全年产品的上年(或计划)总成本是按照各种产品的上年(或计划)产量乘以其上年(或计划)单位成本加总后的结果,该项指标与本年实际成本的比较基础不一致。为了排除产品产量因素,单纯考虑成本水平变动对成本降低情况的影响,就该将上年(或计划)总成本调整为按本年实际产量计算的上年(或计划)总成本。另外,企业产品包括主要产品和非主要产品两大类,对于主要产品要分别列示进行分析,对于非主要产品可以按汇总数进行分析。无论是主要产品还是非主要产品,按其以前年度是否正式生产过进行分类,可以分为可比产品和不可比产品。可比产品是指本企业以前正式生产过的、有历史成本资料的产品。所以可比产品实际成本不仅可以同计划比较,也可与上期实际比较。不可比产品是指本企业以前从未生产过的本年新投产的产品,因此不可比产品实际成本只能与计划成本进行比较。这样,全部产品成本分析,在没有不可比产品的情况下,可以取本年实际与上年实际(或本年计划)的比较方式,在既生产可比产品,又生产不可比产品情况下,只能采取本年实际与本年计划的比较方式,以考察全部产品成本水平的升降情况。

产品生产成本计划完成情况分析,具体包括:按产品品别分析、按成本项目别分析产品生产成本计划完成情况,以及可比产品成本降低任务完成情况的分析。

(一) 按产品品别分析

按产品品别分析,主要是根据按产品品种编制的产品生产成本表等资料,分别确定可比产品、不可比产品和全部产品生产成本的降低额和降低率。根据表8-2资料表明,该公司产品实际总成本比计划总成本降低560元,降低率为0.08%。其中,可比产品总成本降低10 320元,降低率为10.42%;不可比产品成本超支2 600元,超支率为0.4%。这说明企业总体上完成了产品生产计划,但在可比产品成本降低的情况下,隐藏着不可比产品成本超支的情况,应进一步分析,查明原因,采取措施。

(二) 按成本项目分析

在实际工作中,工业企业产品生产所发生的费用支出是多种多样的,这些费用支出的节约或超支必然影响产品生产的成本水平。为了充分了解成本变动的原因,挖掘成本降低的潜力,还要根据企业编制的按成本项目反映的产品生产成本表和产品成本计划表,对构成产品成本的各个项目支出的变动情况及其对总成本的影响程度进行比较和分析。按成本项目进行分析,日常成本核算除按成本项目进行列示外,编制的产品生产成本表也要结合上年实际数和本年计划数列示,如表8-3所示。

表8-3　　　　　　　　　　　　　产品生产成本表

编制单位：××公司　　　　　　200×年12月　　　　　　　　　　　单位：元

		可比产品			不可比产品			全部产品合计
		丙	丁	合计	A	B	合计	
规格								
计量单位		件	件	件	件	件	件	件
实际产量		1 200	800	2 000		600	600	2 600
直接材料	上年实际	282 000	195 520	477 520				
	本年计划	280 800	192 400	473 200		90 000	90 000	563 200
	本年实际	278 400	191 360	469 760		91 080	91 080	560 840
直接人工	上年实际	92 400	60 160	152 560				
	本年计划	91 800	59 200	151 000		37 500	37 500	188 500
	本年实际	96 000	58 880	154 880		37 950	37 950	192 830
制造费用	上年实际	33 600	45 120	78 720				
	本年计划	31 800	44 400	76 200		22 500	22 500	98 700
	本年实际	29 400	44 160	73 560		22 770	22 770	96 330
合计	上年实际	408 000	300 800	708 800				
	本年计划	404 400	296 000	700 400		150 000	150 000	850 400
	本年实际	403 800	294 400	698 200		151 800	151 800	850 000

根据表8-3的成本计划和本年有关成本核算数据资料，按成本项目进行全部产品成本计划完成情况的分析，如表8-4所示。

表8-4　　　　　　　　　　　　　全部产品成本分析表

编制单位：××公司　　　　　　200×年12月　　　　　　　　　　　单位：元

成本项目	本年实际产量的总成本		实际比计划		各成本项目差异对总成本的影响程度（%）
	计划	实际	降低额	降低率（%）	
直接材料	563 200	560 840	2 360	0.4190	2.8
直接人工	188 500	192 830	-4 330	-2.2971	-0.51
制造费用	98 700	96 330	2 370	2.4012	2.79
生产成本	850 400	850 000	400	0.47	0.47

根据表8-4可以看出虽然企业实际生产总成本比计划有所降低，但三个成本项目中直接人工成本项目却是超支的，实际比计划超支4 330元（188 500 - 192 830），还需进一步分析，结合实际情况，找出各成本项目超支和降低的具体原因。

(三) 可比产品成本降低计划完成情况的分析

企业成本计划中,对可比产品不仅规定了计划成本,而且还规定了成本降低任务的指标。可比产品成本降低任务是成本计划中规定的本年可比产品计划总成本,与按计划产量和上年实际单位成本计算的上年实际总成本相比较,所确定的计划成本降低额和降低率。

可比产品成本降低任务完成情况的分析,就是将可比产品的实际成本与按实际产量和上年实际单位成本计算的上年实际总成本相比较,确定可比产品的实际成本降低额和降低率,并同计划规定的计划成本降低额和降低率相比,评价企业完成可比产品成本降低的情况,确定各项因素的影响程度,以便为今后采取措施降低成本指明方向。

计划成本和实际成本降低指标可按下列公式计算:

$$计划成本降低额 = \sum[计划产量 \times (上年实际单位成本 - 本年计划单位成本)]$$

$$计划成本降低率 = \frac{计划成本降低额}{\sum(计划产量 \times 上年实际单位成本)} \times 100\%$$

$$实际成本降低额 = \sum[实际产量 \times (上年实际单位成本 - 本年实际单位成本)]$$

$$实际成本降低率 = \frac{实际成本降低额}{\sum(实际产量 \times 上年实际单位成本)} \times 100\%$$

根据表8-2提供的资料,假定可比产品甲、乙两种产品的计划产量分别是540件和500件,则计划成本降低额和降低率计算如下:

$$计划成本降低额 = 540 \times (100 - 96) + 500 \times (90 - 80)$$
$$= 2\ 160 + 5\ 000 = 7\ 160 元$$

$$计划成本降低率 = \frac{7\ 160}{540 \times 100 + 500 \times 90} \times 100\% = 7.232\%$$

实际成本降低额和降低率在前述编制8-2的补充资料时,已经计算过,分别为10 320元和10.42%。

可比产品成本降低任务的完成情况可从两个方面分析:从绝对额说,实际成本降低额比计划成本降低额多降低3 160元(10 320 - 7 160);从相对数看,实际成本降低率比计划成本降低率多降低3.19%(10.42% - 7.23%),说明企业超额完成了可比产品成本降低任务。

除上述分析外,可比产品成本降低计划完成情况还可以利用因素分析法,分别从产品产量、品种结构和单位成本三方面进行分析,具体情况见表8-5。

(1) 产品产量变动的影响。

因为可比产品成本降低是根据各可比产品的计划产量分别乘以该产品的上年单位成本与计划成本的差额计算的。可比产品成本的实际完成情况是根据各可比产品的实际产量分别乘以该产品的上年单位成本与实际单位成本的差额计算的。因此,在品种构成不变、成本不变的条件下,产品产量的变动只会引起成本降低额发生同比例的变动,但不会影响成本降低率的变动。

(2) 品种结构变动的影响。

所谓品种构成,也称为品种结构,它是指各种产品数量在全部产品数量总和中所占的比重。由于各种产品的实物量不能简单相加,所以在分析可比产品成本时,一般以上年单位成本为基础计算,当企业生产两种或两种以上的产品时,如果各种产品产量变化不是同比例的,就会引起品种构成变动。一般说来,各种产品的成本降低率是不同的,有高有低,企业如果增大降低率较高的产品生产比重,或减少降低率较低的产品生产比重,企业可比产品平均降低率就会比原来提高,降低额也随之提高;反之,则会使降低率和降低额下降。

(3) 单位成本变动的影响。

可比产品成本计划降低额,是以本年计划单位成本和上年实际单位成本相比较来确定的;可比产品实际降低额是以本年实际单位成本与上年实际单位成本相比较来确定的。因此,本年实际单位成本降低或提高时,必然会引起可比产品成本降低额和降低率的变动,也就是说,实际单位成本越低,降低额和降低率完成计划情况越好。

表8-5　　　　　　可比产品降低任务完成情况分析表(因素分析法)

顺序	影响因素			计算方法	
	产量	品种构成	单位成本	降低额(元)	降低率
(1)	计划	计划	计划	计划降低额　7 160	计划降低率　7.232%
(2)	实际	计划	计划	实际产量的上年总成本×计划降低率 99 000×7.232% = 7 160	计划降低率 7.232%
(3)	实际	实际	计划	实际产量的上年总成本 − 实际产量的计划总成本 99 000 − 91 840 = 7 160	$\dfrac{\text{本步骤的降低额}}{\text{实际产量的上年总成本}} \times 100\%$ $\dfrac{7\,160}{99\,000} \times 100\% = 7.232\%$
(4)	实际	实际	实际	实际降低额　10 320	实际降低率 10.42%
各因素影响:(2)-(1) 产量影响				0	0
(3)-(2)　品种构成影响				7 160 − 7 160 = 0	7.232% − 7.232% = 0
(4)-(3)　单位成本影响				10 320 − 7 160 = 3 160	10.42% − 7.232% = 3.188%
合计				3 160	3.188%

通过以上分析可以看出,可比产品降低任务超额完成主要是由于产品结构,其次是单位成本变动。

第三节　主要产品单位成本表的编制和分析

一、主要产品单位成本表的编制

(一) 主要产品单位成本表的结构

主要产品单位成本表是反映企业一定会计期间内生产的各种主要产品的单位成本及其构成情况的报表。该表通常按月编制，其一般格式见表8－6。

表8－6　　　　　　　　　　主要产品单位成本表

编制单位：××公司　　　　　200×年12月

产品名称	甲产品		本月计划产量		200	
规格			本月实际产量		180	
计量单位	台		本年计划产量		1 800	
销售单价	140		本年累计实际产量		2 000	
成本项目	行次	历史先进水平	上年实际平均	本年计划	本月实际	
		1	2	3	4	
直接材料		55	60	58	56	
直接人工		18	25	20	16	
制造费用		12	15	14	16	
合计		85	100	92	88	
技术经济指标	计量单位	上年用量		本年计划		本月实际
		单位用量	金额	单位用量	金额	单位用量	金额
1. A材料	千克	15	3.0	16	2.5	15	2.4
2. B材料	千克	10	1.0	10	2.0	11	2.0
3. 工时	小时	3	—	5	—	4	—

主要产品单位成本表应按企业主要产品分别编制，即每种主要产品编制一张报表。从表8－6中可以看到，该表按照成本项目分别反映各种主要产品的历史先进水平单位成本、上年实际平均单位成本、本年计划单位成本、本月实际单位成本等指标。为了便于分析，该表还可以提供有关产品产量的资料。利用主要产品单位成本表可以反映企业各种主要产品的单位成本水平及其变动趋势，以及产品单位成本的构成情况，为进一步分析产品成本升降的原因、寻找降低产品成本的途径指明方向。

（二）主要产品单位成本表的编制方法

主要产品单位成本表中，产品单位成本的历史先进水平是指本企业生产该种产品在历史上单位生产成本最低年度的成本，应根据该产品历史上成本最低年度的成本计算资料填列；上年实际平均单位成本、本年计划单位成本、本月实际单位成本和本年累计实际平均单位成本等指标的填列方法，与"产品生产成本表"中单位生产成本的填列方法基本相同，主要产品单位成本表仅增加了分成本项目的资料。产品生产成本表和主要产品单位成本表二张报表中，相同产品对应的单位成本数额应当相符。

主要产品单位成本表各项目的填列方法如下：

（1）"本月计划产量"和"本年计划产量"项目，分别根据本月和本年产品产量计划填列。

（2）"本月实际产量"和"本年累计实际产量"项目，根据统计提供的产品产量资料或产品入库单填列。

（3）"成本项目"各项目，应按规定填列。

（4）"主要技术经济指标"项目，反映主要产品每一单位产量所消耗的主要原材料、燃料、工时等的数量。

（5）"历史先进水平"栏各项目，反映本企业历史上该种产品成本最低年度的实际平均单位成本和实际单位用量，根据有关年份成本资料填列。

（6）"上年实际平均"栏各项目，反映上年实际平均单位成本和单位用量，根据上年度本表的"本年累计实际平均"单位成本和单位用量的资料填列。

（7）"本年计划"栏各项目，反映本年计划单位成本和单位用量，根据年度成本计划资料填列。

（8）"本月实际"栏各项目，反映本月实际单位成本和单位用量，根据本月产品成本明细账等有关资料填列。

对本表中不可比产品，不填列"历史先进水平""上年实际平均"的单位成本和单位用量。本表中按成本项目反映的"上年实际平均""本年计划""本月实际"的单位成本合计，应与产品生产成本表中的各该产品单位成本金额分别相等。

二、主要产品单位成本的分析

对全部产品成本计划完成情况和可比产品成本降低情况的分析，可以总体了解成本计划的完成情况，为了能够更深入地了解主要产品单位成本计划完成情况及其节约或超支的具体原因，还需进一步对主要产品成本进行分析，揭示各种产品单位成本及其各个成本项目的变动情况，尤其是各项消耗定额的执行情况；确定产品结构、工艺和操作方法的改变，以及有关技术经济指标变动对产品单位成本的影响，查明主要产品单位成本升降的具体原因，从而采取有效措施，挖掘降低产品成本的潜力。

分析时，主要依据产品单位成本报表及有关账簿资料，可以先根据单位成本报表中本期实际的单位成本合计数与计划生产成本进行对比，对产品单位成本进行一般的分析;然后按成本项目进行具体的分析。分析的方法主要采用对比分析法、趋势分析法和差额计算分析法等。分析的主要依据是产品单位成本、成本计划和各项消耗定额资料,以及反映各项技术经济指标的业务技术资料等。

(一) 主要产品单位成本的一般分析

1. 主要产品单位成本的水平分析

现以表8-6所示的相关数据,对甲产品进行对比分析,具体分析情况见表8-7。

表8-7　　　　　　　　甲产品单位成本比较分析表　　　　　　　单位:元

成本项目	计划成本	实际成本	升降情况 (±)		
			升降额	降低率 (%)	对单位成本的影响 (%)
直接材料	58	56	-2	-3.45	-2.17
直接人工	20	16	-4	-20	-4.35
制造费用	14	16	+2	14.29	+2.17
合计	92	88	-4	-4.35	-4.35

由表8-7可知,甲产品的实际单位成本比计划单位成本降低4元,降低率4.35%。主要原因是人工费用降低幅度较大,材料费用和制造费用各有升降,应查明原因,找出问题。

2. 主要产品单位成本的结构分析

根据甲产品的单位成本表编制甲产品单位成本结构分析表,以了解甲产品单位成本的构成及其变动原因,见表8-8。

表8-8　　　　　　　　甲产品单位成本的结构分析表　　　　　　　单位:元

成本项目	计划成本	实际成本	结构 (%)		结构变动 (%)
			计划	实际	实际减计划
直接材料	58	56	63.04	63.64	+0.6
直接人工	20	16	21.74	18.18	-3.56
制造费用	14	16	15.22	18.18	+2.96
合计	92	88	100	100	

从以上分析可以看出,该产品成本构成变动不大,只是直接材料与制造费用占成本的比例略有提高,尤其是制造费用,比重上升大,应该进行深入分析。

(二) 产品单位成本的成本项目分析

对主要产品单位成本进行一般分析的基础上,为进一步说明各成本项目发生变动的原因,应对成本项目进行分析。根据表8-6所提供的资料可以看出,该公司甲产品实际比计划降低了4元,为了说明各成本项目的变动情况,必须进行分项目分析。

1. 直接材料项目分析

材料成本往往占单位成本比重较大，成本的升降对产品成本有重要影响，所以对材料项目的分析，是产品单位成本主要成本项目分析的重点。

一般说来，单位产品直接材料成本取决于单位产品材料耗用量和材料单价两个因素，采用公式可表示为：

单位产品直接材料成本 = 单位产品材料消耗量（即单耗）×材料单价

根据以上公式，采用因素分析法，两个因素的影响计算公式如下：

材料单耗差异的影响程度 = $\sum$（实际单耗 – 计划单耗）×计划单价

材料单价差异的影响程度 = $\sum$ 实际单耗×（实际单价 – 计划单价）

根据表 8-6 所提供的资料，可分析甲产品耗用 A、B 原材料的影响程度。

A 材料：

材料单耗差异的影响程度 =（15 – 16）×2.5 = – 2.5（元）

材料单价差异的影响程度 = 15×（2.4 – 2.5）= – 1.5（元）

B 材料：

材料单耗差异的影响程度 =（11 – 10）×2 = 2（元）

材料单价差异的影响程度 = 11×（2 – 2）= 0（元）

所以，A、B 原材料的单耗和单价，对直接材料成本影响程度是：

(–2.5 + 2) + (–1.5 + 0) = –2（元）

在分析的基础上，还应该调查研究单耗和单价的变动原因。比如，生产产品耗用的材料数量的多少，是否出现材料的浪费，采购部门购进的材料质量是否引起用量增加、材料是否按经济订货批量采购、交货方式、运输方法、有无数量折扣等原因引起价格的高低。

2. 直接人工项目分析

直接人工成本包括企业直接从事产品生产的人员的工资、奖金、津贴、补贴以及职工福利费等。在多数企业中，各生产环节生产的产品品种往往都是两种以上，工资及福利费用一般按生产工时比例分配计入各种产品成本，所以，单位产品工资及福利费的多少，就取决于单位产品的生产工时（效率指标）和小时工资率（分配率指标）两个因素，用公式可表示为：

单位产品的工资 = 单位产品生产工时×小时工资率

其中：

小时工资率 = 直接人工成本总额 ÷ 生产工时消耗总额 × 100%

根据以上公式，采用因素分析法，两个因素的影响计算公式如下：

效率差异的影响 =（实际单位产品工时 – 计划单位产品工时）×计划小时工资率

工资率差异的影响 =（实际小时工资率 – 计划小时工资率）×实际单位产品工时

根据表 8-6 所提供的资料，对直接人工成本实际比计划降低 6 元进行分析：

计划小时工资率 = 20 ÷ 5 = 4（元/小时）

实际小时工资率 = 16÷4 = 3.5（元/小时）
效率差异的影响程度 = (4-5)×4 = -4
工资率差异的影响程度 = (3.5-4)×4 = -2（元）
两因素影响程度合计 = -4-2 = -6（元）

以上分析计算表明，该种产品工资费用节约了6元，完全是由工时消耗、小时工资费用节约形成的。单位产品所耗工时的节约，一般是生产工人提高了劳动熟练程度，从而提高了劳动生产率的结果；但也不排除是由于偷工减料造成的，应该查明节约工时以后是否影响了产品的质量。通过降低产品质量来节约工时，是不能允许的；小时工资费用是以直接人工成本总额除以生产工时总额计算求出的。工资总额控制好，生产工资总额减少，会使每小时工资费用节约，否则会使每小时工资费用超支。

3. 制造费用项目分析

制造费用一般是根据生产工时等分配标准分配计入产品成本的。因此，产品单位成本中制造费用的分析，通常与计时工资制度下直接人工费用的分析相类似，先要分析单位产品所耗工时变动和每小时制造费用变动两因素对制造费用变动的影响，然后查明这两个因素变动的具体原因。

制造费用项目用公式可表示如下：

$$单位产品的制造费用 = 单位产品生产工时 \times 小时费用率$$

其中：

$$小时费用率 = \frac{制造费用总额}{生产工时消耗总额} \times 100\%$$

根据上述制造费用的公式，可采用因素分析法分析效率和分配率两个因素变动对制造费用的影响，计算公式为：

效率差异的影响 = (实际单位产品生产工时 - 计划单位产品生产工时) × 计划小时费用率
分配率差异的影响 = (实际小时费用率 - 计划小时费用率) × 实际单位产品生产工时

仍以表8-6所提供的资料，说明甲产品单位成本中制造费用实际比计划超支1元的原因：

实际小时费用率 = 16÷4 = 4（元/小时）
计划小时费用率 = 14÷5 = 2.8（元/小时）
效率差异的影响 = (4-5)×2.8 = -2.8（元）
分配率差异的影响 = (4-2.8)×4 = 4.8（元）
两因素影响程度合计 = -2.8+4.8 = 2（元）

由于制造费用是由多个费用项目组成的，上述计算的差异所反映的是总差异，也不便于对每个费用项目进行控制和考核，因此应按费用明细项目的计划数与实际发生数进行对比，进一步分析差异发生的原因，分别具体情况采取相应的措施。

第四节 各种费用明细表的编制和其他成本分析

一、制造费用明细表的编制

(一) 制造费用明细表的概念和作用

制造费用明细表是反映企业及其各生产单位在报告期内发生的全部制造费用及其构成情况的报表。制造费用的构成,除了按照费用项目反映以外,还应按照生产单位反映。

根据制造费用明细表,可以分析各项费用的构成和增减变化情况,考核制造费用计划的执行结果,以便采取相应措施,节约开支,降低费用,最终降低产品的制造成本。为了加强费用管理,及时了解制造费用的发生情况,制造费用明细表一般按月编制。在有些季节性生产企业,制造费用明细表也可以按年编制。

(二) 制造费用明细表的结构和内容

制造费用明细表按制造费用项目分别反映各该费用的本年计划数,上年同期实际数,本月实际数和本年累计实际数。其中,本年计划数根据成本计划中的制造费用计划填列;上年同期实际数根据上年同期制造费用明细表的累计实际数填列;本月实际数根据"制造费用"总账科目所属各基本生产车间制造费用明细账的本月合计数汇总计算填列;本年累计实际数根据这些车间制造费用明细账的至本月末累计数汇总计算填列。制造费用明细表的基本格式见表 8-9。

表 8-9   制造费用明细表

编制单位:××公司   2010 年 12 月   单位:元

项目	行次	上年实际数	本年计划数	本月实际数	本年累计实际数
工资	1	40 000	45 000	4 100	47 500
职工福利费	2	5 600	63 000	540	66 500
折旧费	3	4 350 042	40 500	4 500	42 700
修理费	4	0	36 000	3 800	40 100
租赁费	5	55 000	50 000	4 750	50 000
机物料消耗	6	825 000	750 000	52 000	725 000
低值易耗品摊销	7	55 000	50 000	4 800	50 000
水电费	8	215 000	210 000	20 000	213 000
办公费	9	57 000	50 000	4 300	49 000

续表

项目	行次	上年实际数	本年计划数	本月实际数	本年累计实际数
差旅费	10	14 000	15 500	2 020	14 500
运输费	11	6 500	7 000	3 950	6 800
保险费	12	96 000	95 000	68 000	91 000
劳动保护费	13	630 000	590 000	41 000	570 000
停工损失	14	24 000	23 500	1 500	22 000
取暖费	15	108 000	105 000	1 850	103 500
其他	16	192 000	190 000	15 800	170 000
合计	17	2 408 600	2 263 800	232 910	2 261 600

二、管理费用明细表、财务费用明细表和销售费用明细表的编制

管理费用明细表是分别按管理费用项目反映企业在一定时期内发生的管理费用构成情况的报表。利用管理费用明细表可以考核企业管理费用的构成和变动情况。管理费用明细表的结构、格式同制造费用明细表。

财务费用明细表是按其费用项目反映企业财务费用及构成情况的报表。财务费用明细表结构、格式同制造费用明细表。

销售费用明细表是按其费用项目反映企业销售费用及构成情况的报表。销售费用明细表结构、格式同制造费用明细表。

以上三种报表的填列方法基本相同。表中"本月实际"栏应根据有关费用明细账中有关数字填列。"上年实际"栏则根据上年本表填列。为了便于考核分析各项费用计划执行情况，在明细表中同时设有"本年计划"栏，这些计划应根据本年度费用计划资料填列。对上述报表，一般可以通过对比分析法按照费用项目对本期费用和上期费用进行对比，了解费用的增减变化情况；也可以与本期计划进行对比，了解本期费用计划的执行情况，分析超支和节约的原因；还可以采用结构分析法分析各项费用的构成是否合理，并比较各项费用比重的增减变化，对占比重较大以及增减变化较大的费用进行重点分析，找出其增减变化的深刻原因，以便采取措施，降低费用的发生。

除了上述常规成本费用报表外，企业可以根据本企业的生产特点和管理要求，编制其他有利于企业进行成本控制和成本考核的报表，如材料成本考核表、材料价格差异分析表等等。

三、各种费用报表的分析

企业的费用报表包括制造费用明细表、产品销售费用明细表、管理费用明细表和财务费用明细表。报表中的费用虽然有的是作为生产费用，计入产品成本，有的是作为期间费用，直接计入当期损益，各自的经济用途不同，但它们都是由许多具有不同

经济性质和不同经济用途的指标组成的。这些费用支出的节约或浪费，往往与公司（总厂）的行政管理部门和生产车间工作的质量和有关责任制度、节约措施的贯彻执行情况密切相关。因此，有关部门、车间编报上述报表，分析这些费用的支出情况，不仅是促进节约各项费用支出，杜绝一切铺张浪费，不断降低成本和增加盈利的重要途径，同时也是推动企业改进生产经营管理工作，提高工作效率的重要措施。

由于上述各种费用都是整个公司（总厂）或分厂、车间、部门编制计划加以控制的，因而分析各种费用计划的执行情况，查明各种费用实际脱离计划的原因，只能按整个公司（总厂）或分厂、车间、部门来进行。

对于上述各种费用进行分析，首先应根据表中资料以本年实际与本年计划相比较，确定实际脱离计划差异，然后分析差异的原因。由于各种费用所包括的费用项目具有不同经济性质的用途，各项费用的变动又分别受不同因素变动影响，因此，在确定费用实际支出脱离计划差异时，应按各组成项目分别进行，而不能只检查各种费用总额计划的完成情况，不能用其中一些费用项目的节约来抵补其他费用项目的超支。同时，要注意不同费用项目支出的特点，不能简单地把任何超过计划的费用支出都看作是不合理的；同样，对某些费用项目支出的减少也要作具体分析。有的可能是企业工作成绩，有的则可能是企业工作中的问题。例如，制造费用中的劳动保护费、修理费、试验检验费，管理费用中的职工教育经费等费用的减少，并不一定是由于工作的改进。相反，不按计划进行上述活动或采取必要的措施，有可能使劳动生产率下降和产品质量下降，甚至影响安全生产。而在超额完成产量计划，增加开工班次的情况下，相应地增加机物料消耗和设备维护费、修理费、运输费也是合理的。总之，不能孤立地看费用是超支了还是节约了，而应结合其他有关情况，结合各项技术、组织措施、绩效来分析，结合各项费用支出的经济效益进行评价。

在按费用组成项目进行分析时，由于费用项目多，因此每次分析应能抓住重点，对其中费用支出占总支出比重较大的，或与计划相比发生较大偏差的项目进行分析。特别应注意那些非生产性的损失项目，如材料、在产品和产成品等存货的盘亏和毁损。因为这些费用的发生与企业管理不善直接相关。

分析时，除本年实际与本年计划相比，检查计划完成情况外，为了动态地观察、比较各项费用的变动情况和变动趋势，还应将本期实际与上年同期实际进行对比，以了解企业工作的情况，并将这一分析与推行经济责任制结合，与检查各项管理制度的执行情况结合，以使企业改进经营管理，提高工作效率，降低各项费用支出。

四、成本效益的分析

成本效益分析是对成本与生产经营成果的关系进行分析，查明企业是否以尽量少的资源耗费来取得尽可能多的生产经营成果。企业生产经营成果有生产成果、销售成果和财务成果。这些成果从价值形式表现为总产值、商品产值、产品销售收入和营业利润。与这些生产经营成果相对应的成本有总产值生产费用、产品成本、销售成本与期间费用。

(一) 每百元商品产值成本指标的分析

产品成本是产品价值的组成部分。在商品产品出厂价格不变的情况下，产品成本的降低，就会相应地增加盈利的数额。为了把生产耗费和生产成果这两个方面的因素联系起来，综合地反映企业生产经营活动中劳动耗费所取得效益的大小，还应计算和分析每百元商品产值成本这一指标。其计算公式如下：

$$每百元商品产值成本 = \frac{商品产品成本}{商品产值} \times 100\%$$

每百元商品产值成本的数值越小，说明成本效益越高；反之，则表明成本效益越低。利用这个指标的实际数同计划数、上期数相比较，可以确定完成计划的程度如何，分析其动态变化，并从一定侧面反映在同行业中的成本效益水平。

(二) 每百元销售收入成本费用指标的分析

每百元销售收入成本费用指标是企业一定时期的产品销售成本、期间费用与产品销售收入总额的比率。其计算公式如下：

$$每百元销售收入成本费用 = \frac{商品产品成本 + 期间费用}{商品销售收入} \times 100\%$$

企业生产的商品产品只有销售出去，才能实现成本费用的价值补偿，完成生产良性循环。所以，分析每百元销售收入成本费用指标具有很大的现实意义。该指标反映了企业每百元产品销售收入中的成本费用的含量，其作用是考核每百元销售收入中消耗了多少成本费用。每百元销售收入成本费用低，意味着销售盈利率高，经济效益好；反之，则经济效益低。可见，这一指标全面反映了企业生产经营过程中各种劳动耗费的经济效益，可以鼓励企业在不断降低产品销售成本和期间费用的前提下，增加社会的有效供给，体现了社会主义市场经济的要求。

(三) 成本利润率指标的分析

反映成本利润率的指标有许多形式，其主要形式有：销售成本毛利率、销售成本利润率、营业成本费用利润率、全部成本费用利润率等。

(1) 销售成本毛利率。它是指产品销售毛利与产品销售成本之间的比率。其计算公式如下：

$$销售成本毛利率 = \frac{产品销售收入 - 产品销售成本}{产品销售成本} \times 100\%$$

(2) 销售成本利润率。它是指产品销售利润与产品销售成本之间的比率。其计算公式如下：

$$销售成本利润率 = \frac{产品销售收入 - 产品销售成本}{产品销售成本} \times 100\%$$

(3) 营业成本费用利润率。它是指营业利润与营业成本费用总额的比率。营业成本费用总额包括产品销售成本及期间费用。期间费用包括产品销售费用、管理费用、财务费用等。其计算公式如下：

$$营业成本费用利润率 = \frac{营业利润}{产品销售成本 + 期间费用} \times 100\%$$

(4) 全部成本费用利润率。该指标可分为全部成本费用总利润率和全部成本费用净利润率。其计算公式如下：

$$全部成本费用总利润率 = \frac{利润总额}{营业成本费用总额 + 营业外支出} \times 100\%$$

$$全部成本费用净利润率 = \frac{净利润}{营业成本费用总额 + 营业外支出} \times 100\%$$

以上各种利润率反映企业投入产出水平，即所得与所费的比率，体现了增加利润是以降低成本及费用为基础的。这些指标的数值越高，表明生产和销售产品的每一元成本及费用取得的利润越多，劳动耗费的效益越高；反之，则说明每耗费一元成本及费用实际实现的利润越少，劳动耗费的效益越低。所以，成本利润率是综合反映企业成本效益的重要指标。

五、主要技术经济指标的分析

产品成本是反映企业生产经营和管理工作水平的重要综合指标，企业各项技术经济指标的变动，都会或多或少、直接间接地反映到产品成本指标上来。为了深入分析企业产品成本升降的原因，寻找降低产品成本的途径，挖掘企业降低产品成本的潜力，在成本分析中，应当进一步分析技术经济指标变动对产品成本的影响。

企业技术经济指标与生产经营活动的特点紧密相关，每个企业都有适应本企业生产经营活动特点的技术经济指标体系。但是，一般来说，一个企业的技术经济指标体系，不论其表现形式如何，总是包括产品产量（及产品品种）、产品质量、劳动生产率、设备利用率、原材料和燃料及动力的消耗等基本指标。

（一）产品产量变动对成本影响的分析

产品产量是企业的重要技术经济指标，企业设备利用率、劳动生产率和产品质量等指标的变动都会影响产品产量。在主要产品成本降低任务完成情况的分析中，曾分析过产品产量变动对主要产品成本降低额的影响。从技术经济指标的角度看，产品产量变动对成本水平的影响主要是指对产品成本中固定费用的影响。在固定费用总额不变的情况下，增加产品产量可以降低单位产品成本中的固定费用；当产品产量的增长幅度超过固定费用总额的增长幅度时，也可以降低单位产品成本中的固定费用。

（二）产品质量变动对成本影响的分析

反映产品质量的指标比较多，产品质量变动对成本影响的计算也比较复杂。这里，主要介绍废品率变动对产品成本影响的分析。

废品率是产品生产过程中废品数量与全部生产数量（合格品数量与废品数量之和）的比率。

因为废品所发生的生产成本的计算比较复杂，所以废品率变动对成本影响的计算比较复杂。但是，生产过程中产生的废品损失总是由合格产品成本负担。废品率变动对产品成本的影响，在废品承担的生产成本与合格品相同的条件下，可以将废品率变动前和变动后的合格产品单位成本中的废品损失进行比较，来计算废品率变动形成的成本降低额和降低率。

（三）工人劳动生产率变动对成本影响的分析

影响产品成本中直接人工费用的因素有工人劳动生产率和工人平均工资两个因素。只有当工人劳动生产率的增长超过工人平均工资的增长时，才可以形成成本的降低额和降低率。因此，分析工人劳动生产率变动对成本的影响时，应当同时考虑工人平均工资变动的影响。

（四）材料利用情况变化对成本影响的分析

企业改进产品设计，减轻单位产品的净重，合理使用代用材料，以及提高原材料利用率等，都可以改变材料利用情况，减少材料消耗，降低产品成本。

第五节 成本考核

一、成本考核的意义和原则

（一）成本考核的意义

成本考核就是通过定期对成本指标和成本效益指标的对比分析，对目标成本或成本计划以及成本效益指标的完成结果进行的全面审核、评价。它既是成本会计职能的重要组成部分，也是企业管理工作的主要内容。为了监督和评价各部门、各单位目标成本或成本计划的完成情况，必须建立定期的成本考核制度，促使各部门、单位履行有关经济责任，保证目标成本和成本计划的实现。成本考核作为成本会计的重要职能和企业管理工作的重要手段之一，对于降低成本、促进成本工作水平的提高，具有十分重要的意义。成本考核具有如下三个方面的作用：

1. 评价企业生产成本计划的完成情况

成本作为资产的耗费，目的是生产适销对路的产品、增加产品的销售收入并赚取利润。由于受市场环境、企业产品市场份额以及产品市场价格等限制，企业一定时期内的销售收入是一个限定的常数，而成本在很大程度上是一个企业可控制的变量。成本计划的完成或超额完成，标志着目标成本的实现，从而意味着目标利润的实现。对实际成本与计划成本或目标成本的比较评价的成本考核过程，也是对利润实现情况及原因的分析评价过程。

2. 评价有关财经纪律和管理制度的执行情况

为了进行经济的宏观调控管理，提供国家所需要的宏观决策参考依据，国家规定了成本开支范围、费用开支标准等。通过成本考核，可以检查有关成本制度的执行情况，保证成本核算与成本管理的合法性。另外，企业内部制定的有关成本工作制度，也有赖于成本考核的检查与评价，从中总结经验、发扬成绩，并发现管理制度中的弱点与不足，以便及时采取有效措施，改进管理制度，提高管理水平。

3. 激励责任中心与全体员工的积极性

要想降低成本，必须充分调动和发挥企业责任中心和全体员工的自觉性与积极性。成本考核在成本分析的基础上，对企业责任中心和全体员工在降低成本方面所做的贡献给予充分的肯定，对其完成成本目标的绩效采用科学方法加以衡量，并根据绩效的大小给予相应的鼓励，从而可以进一步调动各责任中心和全体员工降低成本的积极性，以达到提高企业经济效益的最终目的。

（二）成本考核的原则

企业在进行成本考核时，应遵循一定的原则，这些原则具体包括：

1. 责、权、利相结合的原则

成本考核直接涉及被考核者的经济利益，因此，考核的内容应是责任者对其所能控制的成本承担责任。这就意味着责任者具有责任，但不是无限的，而且，有了这种责任就应赋予一定的权利，由责任者自主调节、控制，对完成得好的，应给予一定的奖励，对完成得差的应给予惩罚。只有责、权、利相结合，奖罚分明，才有利于调动各部门降低成本的积极性。

2. 以国家的政策法律为依据的原则

在对企业进行成本考核时，要按照国家颁布的有关企业成本管理办法的规定，对企业的经营活动及成本指标的完成情况进行全面考核和评价。务必使成本考核工作符合国家相关政策法规的规定。

3. 以企业的目标成本为标准的原则

企业的目标成本，是根据市场经济需要并结合企业的实际情况制定的。它不仅是企业全体职工奋斗的目标，也是衡量各部门和各个环节工作的标准。因此，对企业及企业内部进行成本考核时，必须以目标成本计划为标准。

4. 以完整可靠的资料为依据的原则

能取得完整、可靠的资料与制定合理的考核指标一样重要。因为，仅有合理的标准，但没有完整、可靠的资料同样不能进行合理的评价与考核。因此，进行成本考核必须把工作的重点放在如何制定科学的考核指标和收集完整、可靠的资料之上。

5. 以提高企业的经济效益为目的的原则

成本管理的最终目的就是最大限度地提高企业经济效益。这就要求企业通过成本考核，功过分明，奖勤罚懒，调动企业各部门和全体职工进一步降低成本，保证实现提高经济效益的目标。

二、成本考核的分类和内容

（一）成本考核的分类

1. 财务指标考核和非财务指标考核

根据企业员工的工作性质及其对成本的影响，可将成本考核指标分为财务指标和非财务指标。财务指标是可以直接用价值量计量的经济责任，它主要表现为目标成本（或计划成本）限额。非财务指标虽然不能用价值量来直接计量，但其指标的优劣对成本的影响很大，因而也是重要的经济责任。

2. 数量指标考核和质量指标考核

数量指标是反映一定时期某一方面工作数量的指标，如产量、总成本等。质量指标是反映一定时期工作质量或相对水平的指标，如单位成本、产值成本费用率、可比产品成本降低额、废品率等。显然，数量指标和质量指标都是进行成本考核所必需的。

3. 单项指标考核和综合指标考核

单项指标是反映成本变化中一个侧面的指标，如某种产品的单位成本、某车间的废品率等。综合指标是总括反映成本变化的指标，如全部生产费用、可比产品成本降低率等。单项指标是成本考核的基础，综合指标是单项指标的概况和综合。

（二）成本考核的内容

在我国，从成本考核的主体和范围来看，成本考核主要包括两个方面的内容：一是国家队企业的成本考核；二是企业内部的成本考核。

长期以来，成本计划是国民经济计划的重要组成部分，国家把成本指标作为考核企业经济效益，衡量经营管理工作水平的重要指标。国家对企业成本考核的指标有商品产品总成本、可比产品成本降低额和降低率，即要求企业生产的产品（包括可比产品和不可比产品）都要编制成本计划，规定商品产品的计划总成本以及可比产品的计划成本降低额和降低率，通过实际执行结果与计划指标相比较进行考核，重点是考核成本计划的完成情况。

企业对内部单位、部门进行成本考核，是企业实行目标成本管理和贯彻内部经济责任制的重要内容。企业内部的成本考核，可根据企业下达的分级、分工、分人的成本计划指标进行。如对生产车间、可考核车间产品成本计划和可比产品成本降低指标的完成情况，还可进一步分产品进行考核；对班组，主要考核材料、工时、工具等消耗定额的完成情况；对职能部门主要考核归口管理的费用指标完成情况。然后，与奖罚制度相联系，根据考核的结果确定奖惩。

随着社会经济的迅速发展和商业竞争的日益激烈，企业规模越来越大，为了提高企业的经营效率和竞争能力，分权管理已成为现代企业管理的基本模式。分权管理思想的发展，一方面，使企业的日常经济决策权不断的下放，从而达到了决策的有效性；另一方面，企业经营管理的责任也随着经营决策权的下放层层落实到各级管理部门，使各级管理部门在充分享有经营决策权的同时，也对其经营管理的有效性承担经济责任。在这种情况下，成本考核要求责任者对所控制的成本负责任，同时与奖罚制度相结合，即企业应该实行经济责任制。目前，我国大多数企业已实行经济责任制，把加强成本管理与经济责任制有机结合起来，在企业内部进行成本考核时，便可改变以往以产品成本为考核中心的做法，代之以企业内部各经济单位的责任成本为中心的考核体系，从而建立并推行责任成本制度，为成本考核提供更为直接的依据。

三、责任中心与成本中心

（一）责任中心

随着社会经济的迅速发展和商业竞争的日趋激烈，企业规模越来越大。为了提高企业的经营效率和竞争能力，分权管理已成为现代企业管理的基本模式。

分权管理的基本特征是将企业的决策权在不同层次和不同地区的管理部门之间进行划分，以使各层次的管理人员能在所授予的权力范围内，及时地根据市场情况的变化作出最快最有效的决策，避免因逐级汇报、延误决策时间而可能造成的损失。同时通过决策权的下放，能充分调动各级管理人员的积极性和创造力，使全体管理人员既体现自身价值，又能为提高企业经济效益作出贡献。

分权管理思想的落实，使企业的日常经营决策权不断下放，从而达到决策的有效性；与此同时，企业经营管理的责任也随着经营决策权的下放一起层层落实到各级管理部门，各级管理部门在充分享有经营决策权的同时，也对其经营管理的有效性承担经济责任。这种承担着与其经营决策权相适应的经济责任的部门，被称作"责任中心"。所以，责任中心是为完成某种责任而设立的特定部门，其基本特征是权、责、利相结合。具体地说，责任中心具有如下特征：

第一，拥有与企业总体管理权相协调，与其管理职能相适应的经营决策权，使其能在最恰当的时刻对企业遇到的问题作出最恰当的决策。

第二，承担与其经营权相适应的经济责任。有什么样的决策权力，就须承担什么样的经济责任，这是对有效使用其权力的一种制约。

第三，建立与责任相配套的利益机制，以使管理人员的个人利益与其管理业绩联系起来，从而调动全体管理人员和职工的工作热情和责任心。

第四，各责任中心的局部利益必须与企业整体利益相一致，不能为了各责任中心的局部利益而影响企业的整体利益。

责任成本是指由特定的责任中心所发生的耗费。当将企业的经营责任层层落实到各责任中心后，就需对各责任中心发生的耗费进行核算，以正确反映各责任中心的经营业绩，这种以责任中心为对象进行归集的成本叫责任成本。

责任成本与产品成本是两个完全不同的概念。责任成本的归集对象是责任中心，而产品成本归集的对象是产品；责任成本按"谁负责、谁承担"的原则进行归集，产品成本按"谁受益、谁承担"的原则进行归集；责任成本的归集以可控制为原则，产品成本的归集以合理合法为原则；责任成本核算的目的是为控制和降低各产品的生产耗费水平。

责任成本与产品成本虽然有许多不同点，但是它们之间也有密切联系，因为责任成本控制的有效与否将直接影响产品成本的耗费水平，所以虽然责任成本和产品成本控制的角度不一样，但它们的总目标是一致的。

责任成本的归集以可控制为原则，这是责任成本的最重要的特点。所谓可控制，是指产品在生产过程中所发生的耗费能否为特定的责任中心所控制。例如材料的耗费，它可以分解为价格的差异和耗用量的差异两个方面，对于只有生产权而没有采购权的生产部门来说，它所能控制的只有耗用量一方面，所以考核生产部门时，只能以耗用量为考核内容。根据成本的可控性，所有的生产耗费对不同的责任中心来说，可划分为可控成本和不可控成本，而价格成本是不可控成本。对于采购或供应部门来说，材料的价格成本是它们的可控成本,而耗用量成本则是不可控成本。尽管如此,但对整个企业来说,所有的耗费都是可控成本,只是可控的主体不同而已。掌握责任成本的可控性特征,是正确进行责任成本计算并进行有效考核的基本条件。

由于各种形式的责任中心都会发生耗费,所以责任成本适用于各种形式的责任中心,只是在不同的责任中心中所起的作用不同而已。

（二）成本中心

在实行成本责任制的企业,成本考核是评价各责任中心特别是成本中心业绩的主要手段,通过考核,可以促进各责任中心控制和降低各项耗费,并借以控制和降低各种产品的生产成本。

一个责任中心,若不形成收入或者不对实现收入负责,而只对成本或费用负责,则称这类责任中心为成本中心。成本中心有广义和狭义之分。狭义的成本中心是对产品生产或提供劳动过程中的资源耗费承担责任的责任中心。狭义的成本中心一般指负责产品生产的生产部门及劳务提供部门。广义的成本中心范围较广,除了狭义的成本中心以外,还包括那些生产性的以控制经营管理费用为主的责任中心,即费用中心。

通常,狭义成本中心（以下成本中心均指狭义成本中心）的典型代表是制造业工厂、车间、工段、班组等。在生产制造活动中,每个产品都可以有明确的原材料、人工和间接制造费用的数量标准和价格标准。实际上,任何一种重复性的活动都可以建立成本中心,只要这种活动能够计量产出的实际数量,并且能够说明投入与产出之间可望达到的函数关系。

费用中心,适用于那些产出物不能用财务指标来衡量,或者投入和产出之间没有密切关系的单位。这些单位包括一般行政管理部门,如会计、人事、劳资、计划等；研究开发部门,如设备改造、新产品研制等,以及某些销售部门,如广告、宣传、仓储等。一般行政管理部门的产出难以度量,研究开发和销售活动的投入量与产出量之间没有密切的联系。对于费用中心,唯一可以准确计量的是实际费用,无法通过投入和产出的比较来评价其效果和效率,从而限制无效费用的支出,因此,有人称之为"无限制的费用中心"。

一般说来,成本中心的考核指标,是既定产品质量和数量条件下的标准成本。成本中心不需要作出价格决策、产量决策或产品结构决策,这些决策由上级管理部门作出,或授权给销货单位作出。成本中心的设备和技术决策,通常由职能管理部门作出,而不是由成本中心的管理人员自己决定。因此,成本中心不对生产能力的利用程度负责,而只对既定产量的投入量承担责任。如果采用金额成本法,成本中心不对闲置能量的差异负责,它们对于固定成本的其他差异要承担责任。

值得强调的是,如果成本中心的产品没有达到规定的质量,或没有按计划生产,则会对其他单位产生不利的影响。因此,成本中心必须按规定的质量、时间标准和计划产量来进行生产。这个要求是"硬性"的,很少有伸缩余地。完不成上述要求,成本中心要受到批评甚至惩罚。过高的产量,提前产出造成积压,超产以后销售不出去,同样会给企业带来损失,也应视为未按计划进行生产。

确定费用中心的考核指标是一件困难的工作。由于缺少度量其产出的标准，以及投入和产出之间的关系不密切。运用传统的财务技术来评估这些中心的业绩非常困难。费用中心的业绩涉及预算、工作质量和服务水平的量化很困难，并且与费用支出关系密切。这正是费用中心与本中心的主要差别。成本中心的产品质量和数量有良好的量化方法，如果能以低于预算水平的实际成本生产出相同的产品，则说明该中心业绩良好。而对于费用中心则不然，一个费用中心的支出没有超过预算，可能该中心的工作质量服务水平低于计划的要求。

　　通常，使用费用预算来评价费用中心的成本控制业绩。由于很难依据一个费用中心的工作质量和服务水平来确定预算数额，一种解决办法是考察同行业类似的职能的支出水平。例如，有的公司根据销售收入的一定百分比来制定研究开发费用预算。尽管很难解释为什么研究开发费与销售额具有某种因果关系，但是百分比法还是使人们能够在同行业之间进行比较。

　　另外一个解决办法是零基预算法，即详尽分析支出的必要性及其取得的效果，确定预算标准。还有许多企业依据历史经验来编制费用预算。这种方法虽然简单，但缺点也十分明显。管理人员为将来获得较多的预算，倾向于把能花的钱全部花掉。越是勤俭度日的管理人员，将越容易面临严峻的预算压力。预算的有利差异只能说明比过去少花了钱，既不表明达到应有的节约程度，也不说明成本控制取得了应有的效果。因此，依据历史实际费用的数额来编制预算并不是个好办法。从根本上说，决定费用中心预算水平有赖于了解情况的专业人员的判断。上级主管人员应信任费用中心的经理，并与他们密切配合，通过协商确定适当的预算水平。在考核预算完成情况时，要利用有经验的专业人员对该费用中心的工作质量和服务水平作出有根据的判断，才能对费用中心的控制业绩作出客观评价。

四、成本考核的方法和评价

（一）成本考核的方法

1. 传统成本考核方法的内容

传统成本考核指标主要是可比产品成本计划完成情况指标。具体包括全部可比产品成本计划降低率、全部可比产品成本计划降低额、全部可比产品成本实际降低率、全部可比产品成本实际降低额。

2. 现代成本考核方法的内容

在现代成本管理的理论和方法中，对传统的成本考核内容进行了较大的改革。主要是围绕责任成本设立成本考核指标，其主要内容包括行业内部考核指标和企业内部责任成本考核指标。

（二）成本考核的评价

1. 传统成本考核方法的评价

可比产品成本降低率指标在计划经济体制下，对于加强国家对国有企业的成本管理，发挥职工降低成本的积极性，在企业之间进行有效的成本比较、成本竞赛，促进企业降低成本，曾起过积极的作用。但随着这一指标运行时间的延长，其缺陷也日益暴露出来。主要表现为：缺乏全面性、缺乏准确性、缺乏一致性、缺乏科学性、缺乏公正性。

2. 成本考核的综合评价

成本考核还应包括成本岗位工作考核，引入成本否决制的基本思想，与奖惩密切结合起来，以充分体现成本考核的时代性和先进性。

（1）成本岗位工作考核。

这是会计工作达标考核标准的一部分，是对成本核算和管理人员工作内容、工作状况、工作方式、工作态度及其工作业绩的综合评价。

（2）成本否决制与成本考核。

成本否决是企业为了求得自身的不断发展而采取的一种旨在制约、促进生产经营管理，提高经济效益的手段。

企业单纯采用品种法等成本核算方法进行成本核算，成本考核可以按产品品种类别进行产品成本考核。对企业经营的产品只通过一个车间进行封闭生产，其责任成本考核也可以按该车间的产品种类分别进行产品成本考核，从而实现责任成本考核。产品成本考核的指标有两类：一种是产品目标成本节约额，另一种是产品目标成本节约率。其计算公式如下：

$$产品目标成本节约额 = 产品目标成本 - 产品实际成本$$

$$产品目标成本节约率 = \frac{产品目标成本节约额}{产品目标成本} \times 100\%$$

计算出的正数为节约额，负数为超支额。

以上目标成本节约额和节约率的计算原理可以结合实际加以应用。如计算预算成本节约额和节约率、预算费用节约额和节约率、可以使产品成本降低额和降低率等，用于各种成本费用的考核。

【例8-2】大华工厂某责任中心封闭式生产两种产品。本月甲产品成本预算为260 000元，乙产品成本预算为150 000元，月末根据产品生产成本明细账结转库存商品账的记录反映，甲产品实际成本为275 600元，乙产品实际成本为138 000元。

则两个产品目标成本节约额可计算如下：

甲产品目标成本节约额 = 260 000 - 275 600 = -15 600（元）

乙产品目标成本节约额 = 150 000 - 138 000 = 12 000（元）

根据两产品目标成本节约额的计算结果，计算出两产品的目标成本节约率如下：

$$甲产品目标成本节约率 = \frac{-15\ 600}{260\ 000} \times 100\% = -6\%$$

$$乙产品目标成本节约率 = \frac{12\ 000}{150\ 000} \times 100\% = 8\%$$

从上述成本考核指标的计算结果看，甲产品目标成本超支15 600元，超支率达6%，表明甲产品的成本控制任务完成较差。其绝对数值不小，值得责任中心其企业管理部门特别注意。对如此大的成本上升幅度，必须按例外管理原则处理，在进行处罚的同时，专门分析成本超支原因。一般可使用价值工程法专门研究降低成本的措施。乙产品目标成本完成情况较好，节约12 000元，说明该产品成本控制成效明显，应予鼓励。乙产品目标成本节约率达到了8%，反映其本期成本下降幅度相当可观。当然，为了使考核结果更加公平合理，还有必要了解目标成本修订时间的长短，如果目标成本很久没有修订的话，就很难适应环境的变化，以过时的目标成本来衡量现在的工作业绩，就会说是偏颇。另外，还应考虑有无特殊情况的发生。只有综合考虑的各个方面因素的影响，业绩评价才能做到公平合理，才能收到良好的效果。

课后练习题

一、单项选择题

1. 产品销售费用明细表属于（　　）。
   A. 成本报表　　B. 损益报表　　C. 销售报表　　D. 资金报表
2. 按照《企业会计制度》规定，成本报表是（　　）。
   A. 对外报表
   B. 对内报表
   C. 既是对内报表，又是对外报表
   D. 对内还是对外，由企业自行决定
3. 在进行成本报表分析时，分析各因素对某一指标的影响程度时，可采用（　　）。
   A. 对比分析法　　B. 结构分析法　　C. 比率分析法　　D. 因素分析法
4. 成本报表是为满足企业内部经营管理的需要编制的。报表的种类、格式、编报日期及具体报送对象决定因素是（　　）。
   A. 会计准则　　B. 会计制度　　C. 主管部门　　D. 企业自身
5. 主要产品单位成本变动可以考核（　　）。
   A. 全部商品成本和各种主要商品产品成本计划的执行结果
   B. 制造费用、企业管理费用计划的执行结果
   C. 可以按照成本项目分析和考核主要产品单位成本计划的执行结果
   D. 主要产品技术经济指标执行情况

二、多项选择题

1. 主要产品单位成本表反映的单位成本包括（　　）。
   A. 本月实际　　　　　　　　B. 历史先进水平
   C. 本年计划　　　　　　　　D. 同行业同类产品实际
2. 生产多品种情况下，影响可比产品成本降低额变动的因素有（　　）。
   A. 产品产量　　　　　　　　B. 产品单位成本
   C. 产品价格　　　　　　　　D. 产品品种结构
3. 以下报表中属于成本报表的有（　　）。
   A. 成本消耗指标和技术经济指标表

B. 主营业务收支表

C. 成本计划预计完成情况表

D. 主要产品单位成本表

4. 期间费用报表包括（　　）。

A. 制造费用明细账　　　　　　B. 责任成本报表

C. 管理费用明细账　　　　　　D. 财务费用明细账

5. 编制成本报表的基本要求（　　）。

A. 数字真实　　B. 计算正确　　C. 内容完整　　D. 编报及时

三、判断题

1. 由于成本指标的特殊性，成本报表只能定期编制。（　　）

2. 不同企业的成本报表可以存在差异。（　　）

3. 制造费用明细表只汇总企业基本生产单位的制造费用，不包括辅助生产单位的制造费用。（　　）

4. 制造费用明细表与期间费用明细表的编制方法类似。（　　）

5. 产品单位成本变动，既会影响成本降低额，又会影响成本降低率。（　　）

6. 在主要产品单位成本表中不应该包括可以出售的不合格品产量。（　　）

7. 成本报表是需要定期编制定期对外报送的报表。（　　）

8. 主要产品指的是成本、费用较大的产品。（　　）

9. 商品产品成本表与主要产品单位成本表相比，前者反映企业全部商品产品的生产成本，后者反映主要产品的生产成本。（　　）

10. 成本报表是反映企业一定时期产品成本水平、考核产品成本计划和生产费用预算执行情况的书面报告。（　　）

四、业务计算题

（一）某企业生产甲、乙两种可比产品和丙不可比产品，本年三种产品成本资料见练习题表 8-1：

练习题表 8-1

产品	产量		单位成本		
	计划	实际	上年	计划	实际
可比产品					
甲产品	260	280	260	255	247
乙产品	500	500	82	80	78
不可比产品					
丙产品	280	300		100	102

要求：

1. 分析全部产品成本计划的完成情况；
2. 分析可比产品成本的降低任务完成情况及各因素影响程度；
3. 评价与建议。

（二）某企业生产甲，本年单位成本情况如练习题表 8-2 所示：

练习题表 8-2   单位：元

成本项目	上年单位成本	计划单位成本	实际单位成本
直接材料	18.2	18.00	18.6
直接人工	7.5	7.3	7.8
制造费用	5.3	5.1	4.1
合计	31.00	30.4	30.5

要求：

1. 分析甲产品单位成本变动的一般情况；
2. 分析甲产品成本结构的变动情况；
3. 评价与建议。

第九章

其他主要行业的成本核算

本章内容引言：

与工业企业相比，商品流通企业、施工企业、交通运输企业、房地产开发企业、农业企业具有各自独特的生产经营特点，使得其成本核算无论在成本核算对象、成本计算期、成本项目、成本明细账设置还是成本计算方法等方面都各自具有其鲜明的特质，在系统掌握工业企业成本核算方法之后，了解和掌握其他主要行业成本核算方法非常必要。

商品流通企业成本核算主要掌握核算内容和特点、商品采购成本核算、产品销售成本核算；建筑施工企业成本核算主要掌握账户设置、核算程序、核算内容；房地产开发企业成本核算主要掌握土地开发成本核算、房屋开发成本核算、代建工程开发成本核算、配套设施开发成本核算；农业成本核算主要掌握种植业产品成本核算、林业产品成本核算、畜牧养殖业成本核算；交通运输企业成本核算主要掌握公路运输企业成本核算、铁路运输企业成本核算、航空运输企业成本核算。

关键术语： 成本核算　成本核算对象　成本核算期　成本项目　成本明细账　成本计算方法　成本核算程序　成本核算内容

第一节　商品流通企业成本核算

一、商品流通企业及其经营活动的特点

商品流通是指商品生产以后，通过以货币为媒介的商品买卖，实现从生产领域到消费领域的转移。商品流通企业是指以从事商品流通为主营业务的企业，通过商品购进、销售、调拨、储存、运输等经营业务实现商品流转，其中购进和销售是完成商品流通的关键业务，调拨、储存、运输等活动都是围绕商品购销活动展开，其经营资金的运动形态表现为从货币资金到商品资金再到货币资金的循环过程，主要包括商业、对外贸易、医药、石油、烟草和图书发行等企业。因商品流通企业的经济活动主要是流通领域中的购销存活动，所以商品流通企业的核算主要侧重于采购成本和销售成本的核算及商品流通费用的核算。

商品流通企业按其在商品流通过程中所处地位分为商品批发企业和商品零售企业。

商品批发企业是指向生产企业或其他企业购进商品，供应其他生产企业或零售企业以及其他批发企业用以转售，或供应给其他企业用以加工后销售的商品流通企业。商品批发企业以从事批发业务为主，其特点是经营规模及业务量较大，销售对象一般是生产企业和零售企业，商品购销活动都是大宗商品，交易额较大。商品零售企业是指向批发企业或生产企业购进商品，销售给消费者，或销售给企事业单位用以生产消费和非生产消费的商品流通企业。商品零售企业以从事零售业务为主，其商品经营特点是商品品种较多，规格型号较复杂，库存量较少，流通速度快，销售对象广泛，交易频繁，是商品流转的最终环节。

与工业企业经营活动相比，商品流通企业有三个特点：一是经营活动的主要内容是商品购销；二是商品资产在企业全部资产中占有较大的比例，是企业资产管理的重点；三是企业营运中资金活动的轨迹是"货币—商品—货币"。

二、商品流通企业成本核算的内容及特点

1. 商品流通企业成本核算的内容

商品流通企业成本主要指在组织商品购销存等过程中发生的直接计入商品成本和不计入商品成本的销售费用。从商品流通企业的业务环节上主要包括商品的取得成本、商品的储存成本和商品的销售成本。

（1）商品的取得成本。会计准则规定存货按照历史成本进行初始计量，商品的取得成本包括采购成本、加工成本和其他成本。采购成本包括购买价款、相关税费（进口关税、消费税、资源税以及教育费附加等）、运输费、装卸费、保险费及其他可归属于采购成本的费用，包括采购过程中发生的仓储费、包装费、运输途中的合理损耗、入库前的挑选整理费用等。商品购进环节是货币资金转为商品的过程。

（2）商品的储存成本。商品储存成本是商业企业购进的商品在被销售以前在企业的停留状态，它以商品资金的形态存在于企业中。

（3）商品的销售成本。商品销售成本指已销商品的购进成本，按照已销商品的数量和单位购进成本核算。是商业企业通过货币结算而售出商品的行为，商品销售的过程是商品资金转变为货币资金的过程。

无论是批发企业还是零售企业，商品流转的购进、储存、销售三个环节都构成会计核算的核心内容。

2. 商品流通企业核算的特点

（1）成本核算对象。一般是以购进或销售商品的品种或类别作为成本核算对象。

（2）成本计算期。成本计算期一般按月进行，与会计期间一致。

（3）成本构成项目。成本构成项目包括购进或销售商品的购买价款和商品采购费用等。

（4）成本账户的设置。购进商品的采购成本一般通过设置"商品采购"和"库存商品"账户进行核算，已销商品的销售成本一般通过设置"主营业务成本"账户进行核算。

三、商品流通企业成本的核算

(一) 商品采购成本的核算

商品流通企业设置"商品采购"账户核算尚未验收入库商品的进价,"商品采购"账户按照供货单位、商品类别等设置明细账进行明细核算,"库存商品"账户核算验收入库商品的售价,"商品进销差价"账户核算入库商品售价和进价之间的差额。会计处理程序如下:

借:商品采购
　　应交税费——应交增值税（进项税额）
　　贷:银行存款
借:库存商品
　　贷:商品采购
　　　　商品进销差价

【例 9-1】某商品流通企业（一般纳税人）购进一批商品,增值税专用发票上注明价款 10 000 元,增值税 1 600 元,另外支付运杂费 500 元,款项已用银行存款支付,商品已验收入库,该批商品售价为 15 000 元,该企业编制会计分录如下:

借:商品采购	10 500
应交税费——应交增值税（进项税额）	1 600
贷:银行存款	12 100
借:库存商品	15 000
贷:商品采购	12 200
商品进销差价	2 800

(二) 商品销售成本的核算

1. 商品销售成本核算方法

根据商品流通企业成本核算的特点和管理要求,通常采用售价金额核算方法。其基本内容如下:

(1) 建立实物负责人制,实物负责人对其经营的商品数量和质量负责。

(2) "库存商品"账户按售价进行记录,只登记商品的售价金额,按售价金额反映各实物负责人经营商品的进销存情况。

(3) "商品进销差价"反映商品采购成本和售价之间的差额,该账户是库存商品账户的调整账户,按商品类别设置明细账,进行明细核算。

(4) 加强商品盘点和物价管理。

2. 商品销售会计处理过程及计算

由于库存商品是按售价计价,因此在发生商品销售业务时,按含税售价反映销售收入,借记"银行存款"等账户,贷记"主营业务收入"账户,并按含税售价结转商品销售成本,借记"主营业务成本"账户、贷记"库存商品"账户。月末,当计算销项税额时,将含税销售收入调整为不含税销售收入,借记"主营业务收入",贷记"应交税费"账户。为了计算出销售商品的实际成本,按一定的方法将本月已实现的商品进销差价从以售价记录的商品销售成本中转出。具体会计处理如下:

发生商品销售业务时,借:银行存款等
　　　　　　　　　　　贷:主营业务收入
结转已销商品成本时,借:主营业务成本
　　　　　　　　　　　贷:库存商品
月末计算销项税额时,借:主营业务收入
　　　　　　　　　　　贷:应交税费——应交增值税(销项税额)
已销商品进销差价结转时,借:商品进销差价
　　　　　　　　　　　　　贷:主营业务成本

已销商品进销差价的计算方法有差价率法和实际差价法,其中差价率法是按商品的存销比例分摊进销差价的方法,根据进销差价占当月可供销售商品售价的比率,计算已销商品应分摊的进销差价。由于计算差价率的范围不同,进销差价率的计算方法又分为综合差价率计算法、分类差价率计算法。

(1)综合差价率计算法。综合差价率是指按企业全部商品计算的差价率。其过程是首先计算全部商品的综合差价率,乘以本月商品的销售额,即为已销商品应分配的进销差价,其计算公式如下:

$$综合差价率 = 月末分摊前"商品进销差价"账户余额 \div (月末"库存商品"账户余额 + 本月"主营业务成本"账户借方发生额)$$

已销商品应分摊的进销差价 = 本月"主营业务成本"账户借方发生额 × 综合差价率

【例9-2】 某商品流通企业10月末"库存商品"账户余额为200 000元,"商品进销差价"账户余额为50 000元,10月份"主营业务成本"账户借方发生额为300 000元。

综合差价率 = 50 000/(200 000 + 300 000) = 10%

10月份已销商品应分摊的进销差价 = 300 000 × 10% = 30 000(元)

会计处理如下:

借:商品进销差价　　　　　　　　　　　　　　　　30 000
　　贷:主营业务成本　　　　　　　　　　　　　　　　　30 000

经过上述调整后,"主营业务成本"账户的期末余额便是本期已销商品的实际成本,"商品进销差价"账户的期末余额则是期末库存商品应分摊的进销差价。采用综合差价率计算法确定商品的销售成本,计算手续比较简便,但只适用于商品种类较少,各种商品的进销差价比较接近的企业。对于商品种类多且各商品的进销差价差异很大的企业不宜采用,以免成本计算结果扭曲。

(2)分类差价率计算法。分类差价率是指按企业各类商品计算的差价率。在这种计算方式下,"库存商品""商品进销差价""主营业务收入"等账户均应按商品类别设置明细账。计算原理与综合差价率法相同,只是按照商品类别先计算各类商品的进销差价率和各类商品应分摊的进销差价,最后汇总计算已销商品分摊的进销差价。其计算公式如下:

$$\text{某类商品的进销差价率} = \text{某类商品分摊前月末“商品进销差价”账户余额} \div \left(\text{某类商品月末“库存商品”账户余额} + \text{某类商品本月“主营业务成本”账户借方发生额} \right)$$

$$\text{某类已售商品应分摊的进销差价} = \text{该类商品本月“主营业务成本”账户借方发生额} \times \text{该类商品的进销差价率}$$

采用分类差价率计算结果较为准确，但和实际的进销差价仍有一定距离。

（3）实际差价计算法。这种方法也称盘存商品进销差价计算法。这种方法是在期末对库存商品进行盘点，以盘存数量分别乘以商品的进货单价、销售单价计算出结存商品应负担的差价，再计算出已销商品的进销差价的一种方法。采用实际差价法，必须与商品的实物盘点结合起来，在商品盘点清单上列出全部商品的实有数量，并计算全部商品的进价总额和售价总额，计算出全部库存商品的进销差价。计算公式如下：

库存商品售价金额 =（商品盘存数量 × 商品销售单价）
库存商品进价金额 =（商品盘存数量 × 商品单位采购成本）
商品进销差价 = 库存商品售价金额 − 库存商品进价金额
已销商品进销差价 = 期末商品进销差价账户余额 − 库存商品进销差价

实际差价法计算结果较为准确，但逐一盘点库存商品导致工作量较大，一般在年终结合商品清查盘点进行，采用这种方法核实调整库存商品的进销差价。

【例 9 − 3】 某商品流通企业采用实际差价法计算已销商品应分摊的进销差价，年末进行库存商品盘点，按进价计算的结存商品金额为 100 000 元，按售价计算的结存商品金额为 150 000 元，商品进销差价账户余额为 60 000 元，根据上述资料计算已销商品差价。

库存商品进销差价 = 库存商品售价金额 − 库存商品进价金额
  = 150 000 − 100 000 = 50 000（元）
已销商品进销差价 = 期末商品进销差价账户余额 − 库存商品进销差价
  = 60 000 − 50 000 = 10 000（元）

第二节 建筑施工企业成本核算

一、建筑施工企业及其经营活动的特点

建筑施工企业是从事以建筑安装工程为主营业务的企业，具体为专门从事建筑工程、装饰工程、公用工程、线路管道和设备安装工程及装修工程的新建、扩建和改建等有关活动的企业。建筑施工企业的建筑产品和生产活动与一般制造业相比，有以下几个特点：建筑产品的固定性和施工生产的流动性；建筑产品的多样性和施工生产的单件性；生产周期与建筑产品使用的长期性。工程成本核算是对发生的施工费用进行确认、计量，并按一定的成本核算对象进行归集和分配，从而计算出工程的实际成本。通过工程成本核算，可以反映企业的施工管理水平，确定施工耗费的补偿尺度，有效

地控制成本支出，建筑施工企业成本核算是施工企业经营管理工作的一项重要内容，对于加强成本管理、提高企业的市场竞争力具有非常重要的作用。

二、建筑施工企业成本核算的特点

建筑施工企业生产特点决定了其在成本计算上的特点，主要表现在以下几个方面：

（1）成本计算对象。建筑施工企业成本核算对象是在成本核算时选择的归集施工生产费用的目标。建筑施工企业成本计算对象一般以单位工程为对象归集生产费用，计算施工成本。一个企业通常要承建多个工程项目，应结合建筑工程的具体情况，合理确定成本核算对象。对于同时建设的项目，由同一单位施工，同一施工地点，同一结构类型，开工、竣工时间相接近的若干个单位工程，可合并成为一个成本核算对象。对规模大、工期长的工程，可将其划分为若干单位，以每一个分部的工程作为成本核算对象。成本核算对象确定后，在成本核算过程中不得随意变更。

（2）成本计算期。建筑施工企业的施工生产费用应按月进行归集和分配，如月末某成本计算对象无完工工程，则该成本计算对象所归集的施工生产费用即为未完施工成本；如果当月有完工工程，则应计算完工工程成本，同时计算未完施工成本；如果当月该成本计算对象的工程竣工，则不仅要计算当月完工工程成本，而且还要计算竣工工程的实际成本。

（3）成本项目。建筑施工工程成本按其在施工生产过程中的具体用途，可以分为材料费用、人工费用、机械使用费用、其他直接费用和间接费用五个成本项目。

①材料费用指施工过程中耗用的构成工程实体的原材料、辅助材料、零配件、半成品以及周转材料的摊销费用等。

②人工费用指直接从事建筑施工的工人工资、奖金、福利费、津贴补贴及劳动保护费等。

③机械使用费用指建筑施工过程中使用自有施工机械所发生的费用和租用外单位施工机械的租赁费，以及按规定支付的施工机械安装、拆卸和进出场费等。

④其他直接费用指施工过程中发生的材料二次搬运费、临时设施摊销费、生产工具用具使用费、检验试验费和场地清理费等。

⑤间接费用指建筑施工企业下属的各施工单位，如施工队、工区、工程处、分公司、项目部等为组织和管理工程施工发生的施工管理费用。主要包括施工单位管理人员的职工薪酬、固定资产折旧费及修理费、差旅费、低值易耗品摊销及物料消耗费、办公费、水电费、取暖费、财产保险费、工程保修费、劳动保护费等。以上成本项目中，材料费用、人工费用、机械使用费用、其他直接费用构成施工企业工程成本的直接成本，间接费用构成工程成本的间接成本。

三、建筑施工成本核算的账户设置及核算程序

（一）建筑施工企业成本核算的账户设置

（1）"工程施工"账户。该账户核算施工企业进行工程施工发生的合同成本和合同

毛利,借方登记施工过程中实际发生的各项直接费、应负担的间接费以及确认的工程毛利,贷方登记确认的工程亏损,期末借方余额表示工程自开工至本期累计发生的施工费用及各期确认的毛利。该账户应按照建造合同分别设置"合同成本""合同毛利"明细账户进行核算。

① "工程施工——合同成本"账户。该明细账户核算企业进行工程施工发生的各项施工生产费用,并确定各个成本对象的成本。其借方登记施工过程中实际发生的直接费用和应负担的间接费用,贷方登记工程竣工后结转到"工程结算"账户的费用,期末借方余额表示工程自开工至本期累计发生的施工费用。

② "工程施工——合同毛利"账户。该明细账户核算各个成本核算对象各期确认的毛利,其借方登记期末确认的工程毛利,贷方登记确认的工程亏损。期末借方余额表示工程自开工至本期累计确认的毛利;期末若为贷方余额,则表示工程自开工至本期累计确认的亏损。

(2)"间接费用"账户。"间接费用"账户核算企业所属的施工生产单位为组织管理施工生产而发生的各项费用。包括工区或施工队管理人员的薪酬、固定资产折旧费、财产保险费、差旅费、办公费等间接费用。该账户借方登记实际发生的各项间接费用,贷方登记期末分配转入各工程成本的间接费用,期末结转后一般无余额。该账户应按不同的施工管理单位设置明细账进行明细核算。

(3)"辅助生产成本"账户。"辅助生产成本"账户核算企业所属的非独立核算的辅助生产部门为工程施工生产材料和提供劳务所发生的费用。借方登记实际发生的费用,贷方登记生产完工验收入库的产品成本或按受益对象分配结转的费用,期末借方余额表示在产品的成本。该账户应按辅助生产车间设置明细账。

(4)"机械作业"账户。该账户核算施工企业使用自有的施工机械和运输设备进行机械作业所发生的各项费用。该账户借方登记发生的各项机械作业费用,贷方登记月末分配计入"工程施工——合同成本"的机械化施工和运输作业成本,账户期末结转后应无余额。该账户应按不同的施工机械作为成本核算对象设置明细账。对大型施工机械,应按单机或机组设置明细账户;对小型施工机械,可按类别设置明细账户,如"施工机械""运输设备"等。

(5)"工程结算"账户。该账户核算施工企业根据建造合同约定向发包方办理工程价款结算的累计金额。贷方登记企业向发包方办理工程价款结算的金额,借方登记合同完工时,从"工程施工"账户结转的金额,期末余额反映尚未完工建造合同已办理结算的累计金额。

(二)建筑施工企业成本核算的程序

(1)归集各项生产费用。将本期发生的各项要素费用(如职工薪酬、材料费、折旧费等生产费用)按其用途和发生地点,归集到有关成本费用账户中。

(2)分配辅助生产费用。期末将归集在"辅助生产成本"账户的费用向各受益对象分配,记入"机械作业""工程施工"等账户。

(3)分配机械作业费用。期末将归集在"机械作业"账户的费用向各受益对象分配，记入"工程施工"的有关明细账户。

（4）分配施工间接费用。期末将归集在"间接费用"账户的费用向各工程分配，记入"工程施工"各有关明细账户。

（5）计算和结转工程成本。期末计算本期已完工程或竣工工程的实际成本，并将竣工工程的实际成本从"工程施工"账户转出，与"工程结算"账户对冲，尚未竣工工程的实际成本仍然保留在"工程施工"账户暂时不予结转。

四、建筑施工企业成本的核算

（一）材料费用的归集和分配

材料费用是工程成本的重要组成部分，具有品种多、用量大、领用次数频繁的特点。因此月末核算工程的材料费用时，应根据不同情况对材料费用进行归集和分配。

（1）领用时能清点数量并分清用料对象的材料，应根据成本计算对象直接记入各受益对象的成本。

（2）领用时虽然能清点数量，但属于统一下料的或集中配料的材料，如木材、油漆、玻璃等，月末根据配料情况，分配记入有关成本计算对象的"材料费用"项目。

（3）领用时难以逐一计量的大堆材料，如砖、瓦、砂、石等材料，可采用定期盘存制进行月末实地盘点，以月初结存数量加本月收入数量减月末结存量计算出本月实际耗用量。

（4）建筑施工过程中周转使用的模板、脚手架等周转材料，应按各有关成本计算对象实际领用数量及确定的摊销方法记入各有关成本计算对象的材料费项目。

【例9-4】某建筑施工企业某月编制材料费用分配汇总表如表9-1所示：

表9-1　　　　　　　　　材料费用分配表　　　　　　　　　单位：元

应借科目		金属费用	柴油费用	配件费用	沙石费用	其他材料	合计
工程施工	甲工程	30 000	10 000		15 000	5 000	60 000
	乙工程	20 000	5 000		12 000	4 000	41 000
辅助生产成本	供电车间					3 000	13 000
	机修车间			10 000		4 000	4 000
机械作业	施工机械		10 000	5 000		1 000	16 000
间接费用	工程三处					8 000	8 000
合计		50 000	25 000	15 000	27 000	25 000	142 000

根据以上材料费用分配汇总表，编制以下会计分录：

借：工程施工——合同成本——甲工程　　　　　　　60 000
　　　　　　　　　　　　——乙工程　　　　　　　41 000
　　辅助生产成本——供电车间　　　　　　　　　　4 000
　　　　　　　　——机修车间　　　　　　　　　　13 000

机械作业——施工机械	16 000
间接费用——工程三处	8 000
贷：原材料——金属	50 000
——燃料——柴油	25 000
——配件	15 000
——砂石	27 000
——其他材料	25 000

（二）人工费用的归集和分配

1. 人工费用的计算

建筑施工工程成本中的人工费用与工业企业人工费用计算基本相同，本章节予以简单介绍。建筑施工企业人工费用主要包括计时工资、加班加点工资、奖金、津贴和补贴、特殊情况下支付的工资。

（1）计时工资的计算。

计时工资是根据规定的计时工资标准和企业的考勤记录计算的工资。其中，计时工资标准有年工资标准、月工资标准、日工资标准以及小时工资标准等。我国企业一般采用月工资标准。采用月工资标准核算工资的企业，由于考勤时一般以日为单位记录，月工资标准需要换算为日工资标准。但是每月的天数不同，就导致同一位职工在不同月份的日工资标准不同。职工每月的工资是固定的，如果职工当月出全勤，都可以取得固定的月标准工资。如果发生缺勤，则在月标准工资中相应减去缺勤的工资。我国企业一般都采用月薪制，具体计算方法有两种：

①按月标准工资扣除缺勤工资方法，其计算公式如下：

$$应付职工薪酬 = 月标准工资 - 事假天数 \times 日标准工资 - 病假日数 \times 日标准工资 \times 病假扣款率$$

②按出勤日数计算工资方法，其计算公式如下：

应付职工薪酬 = 出勤日数 × 日标准工资 + 病假日数 × 日标准工资 ×（1 - 病假扣款率）

上列公式中的日标准工资，也称日工资率，其计算公式为：

日标准工资 = 月标准工资 ÷ 平均每月工作日数

（2）加班加点工资的计算。

加班加点工资是指按规定支付给职工的加班工资和加点工资。加班加点工资应按日工资（或小时工资）乘以加班加点天数（或小时）及国家规定的支付标准（系数）计算。计算公式如下：

应付加班加点工资 = 加班加点天数 × 日工资 × 规定的支付标准（系数）

规定的支付标准是在正常工作时间外加班加点应按标准工资的150%计算（系数为1.5）；在星期天加班加点时，按标准工资的200%计算（系数为2）；在节假日加班加点时，按标准工资的300%计算（系数为3）。

（3）奖金的计算。

奖金是指对职工的超额劳动在标准工资以外支付给职工的物质奖励性质的劳动报

酬。奖金包括生产奖、节约奖、劳动竞赛奖以及其他奖金。奖金应根据国家的有关规定和企业内部的奖励标准进行计算。

（4）津贴和补贴的计算。

津贴和补贴是指为了补偿职工特殊或额外的劳动消耗和其他特殊原因支付给职工的津贴，以及为了保证职工工资水平不受物价影响而支付给职工的物价补贴等。津贴和补贴应按国家规定的种类和标准计算。

（5）特殊情况下支付工资的计算。

特殊情况下支付的工资是指根据国家法律法规和政策规定，职工因病、工伤、产假、婚假、事假、探亲假等原因按规定支付的工资。特殊情况下支付的工资应按国家规定的标准和考勤记录计算。

上述各项目计算出来后，就是应付每位职工的薪酬，再扣除企业为职工代扣代缴的各种款项，其余额即为实发工资。应付职工工资和实发工资的计算公式为：

$$应付职工工资 = 应付计时工资 + 应付计件工资 + 奖金 + 津贴和补贴 + 加班加点工资 + 特殊情况下支付的工资$$

$$实发工资 = 应付职工工资 - 代扣款项$$

2. 人工费用的分配

工程施工企业月末计算出应付职工薪酬应根据职工所属部门和提供劳务的性质不同，分别计入有关成本或费用账户。其中：建筑安装工人的薪酬直接计入"工程施工——合同成本"，而且应按照不同的工程项目，将职工薪酬分别计入不同的成本计算对象；辅助生产部门人员的薪酬计入"辅助生产成本"；施工现场管理人员的薪酬计入"间接费用"；企业固定资产建设人员和无形资产开发人员的薪酬，分别计入"在建工程"或"研发支出"等，企业管理人员的薪酬计入"管理费用"。

【例9-5】2017年5月，某建筑施工企业计算出当月应付工资薪酬情况如下：甲工程直接施工生产人员工资200 000元，乙工程直接施工生产人员工资400 000元，供电车间40 000元，机修车间50 000元，施工机械作业人员的工资100 000元。负责甲工程和乙工程的工程三处施工管理人员工资80 000元，公司管理人员工资100 000元。该企业职工的医疗保险按工资总额的12%计提，养老保险按10%计提，失业保险按3%计提，住房公积金按12%计提。另根据有关规定工会经费按2%计提，职工教育经费按2.5%计提。

根据上述职工薪酬资料编制会计分录如下：

借：工程施工——合同成本——甲工程　　　　　283 000
　　　　　　　　　　　　　——乙工程　　　　　566 000
　　辅助生产成本——供电车间　　　　　　　　　 56 600
　　　　　　　　——机修车间　　　　　　　　　 70 750
　　机械作业——施工机械　　　　　　　　　　　141 500
　　间接费用——工程三处　　　　　　　　　　　113 200
　　管理费用　　　　　　　　　　　　　　　　　141 500

贷：应付职工薪酬——工资 970 000
　　　　　　——社会保险（医疗保险） 116 400
　　　　　　　　　　　（养老保险） 97 000
　　　　　　　　　　　（失业保险） 29 100
　　　　　　——住房公积金 116 400
　　　　　　——工会经费 19 400
　　　　　　——职工教育经费 24 250

（三）机械使用费用的归集和分配

建筑施工企业发生的机械使用费通过"机械作业"账户进行归集。当发生机械使用费时，借记"机械作业"账户，贷记各有关账户。月末根据各成本计算对象实际使用建筑施工机械的台班数计算各成本计算对象应分摊的机械使用费用。机械使用费用的分配可按各项工程的实际工作台班数或完工工程量的比例进行分配。也可采用计划分配率进行分配，采用计划分配率分配机械使用费用时，机械使用费用的实际发生额与按计划分配率分配的数额之差应在年末进行调整。

【例9-6】 企业本月租用推土机和挖掘机，本月使用推土机20个台班，其中：甲工程12个台班，乙工程8个台班，推土机每台班租赁费1 000元；使用挖掘机40个台班，其中：甲工程24个台班，乙工程16个台班，挖掘机每台班租赁费1 500元，款项已通过银行存款支付。根据以上资料，编制机械租赁费用分配表并进行会计处理（见表9-2）。

表9-2　　　　　　　　　　机械租赁费用分配表

受益对象	推土机		挖掘机		合计
	台班	金额	台班	金额	
甲工程	12	12 000	24	36 000	48 000
乙工程	8	8 000	16	24 000	32 000
合计	20	20 000	40	60 000	80 000

根据上述机械租赁费用分配表，编制以下会计分录：
借：工程施工——合同成本——甲工程 48 000
　　　　　　　　　　　——乙工程 32 000
　　贷：银行存款 80 000

（四）间接费用的归集和分配

间接费用是企业各施工单位为组织和管理工程发生的各项费用，这些费用发生时在"间接费用"账户进行归集，期末按一定标准分配计入各工程项目的成本。间接费用的分配方法包括：直接费用比例法、人工费用比例法等。如果本单位的工程既有建筑施工工程，又有安装工程，可先将间接费用分配给不同类别的工程，然后再将每一类别工程分配的间接费用分配给类别内内每一成本计算对象。

【例9-7】 某建筑公司工程三处本月发生办公费5 000元,劳动保护费3 000元,差旅交通费2 000元,保险费2 000元,以上费用均用银行存款支付。

　　借：间接费用——工程三处（办公费）　　　　　　　　　　5 000
　　　　　　　　　　　　　　　　（劳动保护费）　　　　　　3 000
　　　　　　　　　　　　　　　　（差旅费）　　　　　　　　2 000
　　　　　　　　　　　　　　　　（保险费）　　　　　　　　2 000
　　　　贷：银行存款　　　　　　　　　　　　　　　　　　　12 000

【例9-8】 某建筑公司工程三处本月发生的间接费用总额为12 000元,甲工程发生的直接人工费为250 000元,乙工程150 000元。根据上述资料,编制间接费用分配表如表9-3所示。

表9-3　　　　　　　　　　　间接费用分配表

		直接人工费用	分配率	分配金额
工程施工	甲工程	250 000		7 500
	乙工程	150 000		4 500
合计		400 000	0.03	12 000

根据上述分配表,编制以下会计分录：

　　借：工程施工——合同成本——甲工程　　　　　　　　　　7 500
　　　　　　　　　　　　　　　——乙工程　　　　　　　　　　4 500
　　　　贷：间接费用——工程三处　　　　　　　　　　　　　12 000

第三节　房地产开发企业成本核算

一、房地产开发企业及其生产经营特点

房地产开发包括土地开发和房屋开发,房地产开发企业生产经营的对象是房地产,是房产和地产的总称。房地产开发公司,是指从事房地产开发、经营、管理和服务活动,并以营利为目的进行自主经营、独立核算的经济组织。房地产是指土地、建筑物及附着在土地、建筑物上不可分离的部分及其附带的各种权益。房地产由于其自己的特点即位置的固定性和不可移动性又称为不动产,有三种存在形态：土地、建筑物、房地合一。在房地产开发企业从事经营活动的过程中,即征地、拆迁、土地开发、土地出让转让、房屋开发、房屋出售、出租、转租、房地产抵押以及房地产建设过程是房地产开发企业经营活动的主要内容。

在房地产开发企业经营管理过程中,行业特征对其影响明显,主要表现在：第一,

行业的市场规模较大，对企业发展起到十分巨大的推动作用；第二，行业竞争范围主要是本地市场，是面向区域的；第三，房地产行业竞争者的数量较大，但有较大实力的企业数量则较少，市场竞争强烈，企业经营过程中面临的不确定性较强；第四，房地产用户数量较多，主要包括一般的住房消费者及其他需要房地产产品的集团购买者，市场领域较为广阔；第五，房地产业进入障碍比较大，由于进入房地产业需要较大的启动资本，而且房地产的固定性也决定了退出房地产业的转移成本很高；第六，房地产企业资金量投入大、风险高，但其高盈利水平是吸引其他行业资金进入房地产业的主要因素。总之房地产具有位置固定、寿命期长、单件生产、价值昂贵、保值增值等特点。

二、房地产开发企业成本核算的特点

（1）成本计算对象。房地产开发和建设的单件性特点，决定了成本计算对象具有独立性，即可以独立组织施工的开发建设项目。企业在确定成本计算对象时，还须充分考虑企业的管理需要和管理水平，对于管理工作较好的企业，成本计算对象应更具体、详细，从而使费用的归集和分配更近于实际耗费水平。

（2）成本核算项目。房地产开发项目的建造成本一般按经济用途划分为土地受让金、土地征用及拆迁补偿费、前期工程费、建筑安装工程费、基础设施费、公共配套设施费、开发间接费用等。

（3）房地产开发企业成本计算方法通常采用订单法。

（4）房地产企业的开发项目可分为土地开发项目、房屋开发项目、配套设施开发项目和代建工程项目。对于应计入本月开发项目成本的各项费用，还应按其受益对象分别计入各类及各种开发项目成本。

三、房地产开发企业成本核算的账户设置

房地产开发企业应设置"开发成本"账户。"开发成本"账户核算企业在土地、房屋、配套设施和代建工程开发过程中所发生的各项费用，在开发成本一级科目下设置"土地成本""前期费用""建筑安装成本""基础设施费用""公共配套设施费用""开发间接费用""财务费用"等二级明细核算，并按成本项目设置专栏，分别核算各成本计算对象发生的各项费用。土地开发成本计算对象一经确定，就应按其设置土地开发成本明细账，在明细账上按成本项目设置专栏，归集土地开发项目的实际成本。土地开发成本项目的确定，取决于土地开发项目的设计要求、开发程度和开发内容。其设计要求、开发程度和开发内容不同，土地开发实际发生的费用及成本构成也不尽相同。企业应该根据土地开发项目的具体内容和有关制度规定，设置特定土地开发项目的具体成本项目。

（1）土地成本。土地成本包括土地出让金、动拆迁补偿费、土地权证费、契税、土地使用税、土地闲置费等。如果开发产品单一，可以用房管测绘部门确定的可售总面积与土地开发总成本计算单位面积成本，然后根据单一的开发产品的面积计算出其土地开发成本。

(2) 前期费用。前期费用包括勘察费、规划方案设计费、可行性研究费、环评费、施工图设计费、招标费、政府收取的各项规费等为项目施工前所做的一切准备而发生的成本费用。前期费用在开发产品的成本中所占比例较低，可以根据总费用与总面积直接计算分配。

(3) 建筑安装成本。建筑安装成本包括土建工程、水电安装工程、室内外装修工程、设备及工器具购置等所发生的费用。这部分成本在某个单一产品成本中所占比重很大，相对其他成本项目其分配对象较为明确，可直接分配到单一产品对象，也可对同一类别的开发产品进行分类汇总。

(4) 基础设施费。基础设施费包括排污排洪费、供电费、供气费、供水费、通讯费、有线电视、宽带网络、照明费、环卫设施、消防设施、绿化景观等其他基础性工程费用，分配相对简单，可按可售面积、工程造价比等方法进行分配。

(5) 公共配套设施费。公共配套设施包括教育设施费、医疗设施费、商业设施费、地区市政设施建设费、物业管理配套服务设施费、大型人防工程等配套工程的成本费用。其成本分配根据受益对象进行，配套工程是为完善项目的功能或为提高项目的服务品质而建设的，可分为可单独有偿转让或不能有偿转让的大型配套项目，有偿转让的配套设施视同开发产品进行核算，此处所指的是不能有偿转让的设施。

四、土地开发成本的核算

1. 土地开发成本的核算对象

土地开发是土地开发和土地再开发的总称。土地开发是将原始形态的土地经过开发建设使之变成具备一定建设条件的建设场地；土地的再开发是指对旧城区进行更新改造，全部或部分废除旧有土地的功能，使之再生新的功能，以满足发展的需要。在确定土地开发成本计算对象时，对于这两项土地开发项目应分别处理。

(1) 企业开发的商品性建设场地属于房地产企业的商品性产品，即最终产品，需要单独计算土地开发成本。

(2) 企业开发的自用建设场地属于房地产企业的中间产品，在计算土地开发成本时，应区别情况，采用不同的归集方法。如果在这块建设场地上进行一个房屋开发建设项目的建设，则不必单独计算土地开发成本，而将土地开发过程中发生的各项费用直接记入房屋开发成本的相应成本项目；如果在这块建设场地上将进行两个以上房屋和大型配套设施开发项目的建设，则应单独计算土地开发成本，待土地开发完成交付使用时，再按一定标准分配计入有关房屋和大型配套设施的开发成本；如果拟作为自用建设场地，但土地开发项目开工时尚无房屋开发建设的规划，也应单独计算土地开发成本。

(3) 企业开发的同一建设场地，如果一部分属于商品性建设场地，另一部分属于自用建设场地，或者在进行土地开发时，未来土地的具体用途并不明确，则应视同商品性建设场地，单独计算土地开发成本。

2. 土地开发成本计算及会计处理

(1) 企业为有偿转让而开发的商品建设场地，开发完成即形成企业的最终产品——开发产品。应于竣工验收时，将其实际成本由"开发成本——土地开发"账户结转到"开发产品——土地"账户。

借：开发产品——土地
　　贷：开发成本——土地开发——××工程

【例9-9】某房地产开发企业本月商品性建设场地A工程已开发完成，竣工验收，实际成本1 000 000元。

借：开发产品——土地　　　　　　　　　　　　　　　1 000 000
　　贷：开发成本——土地开发——A工程　　　　　　　　　　　1 000 000

（2）企业为建造商品房而开发的自用建设场地，开发完成后形成企业的中间产品。如果开发完成后近期便投入使用，应在竣工验收时，将其实际成本由"开发成本——土地开发"账户转入"开发成本——房屋开发"账户。

借：开发成本——房屋开发——××工程
　　贷：开发成本——土地开发——××工程

【例9-10】某房地产企业本月自用建设场地工程已开发完成，竣工验收，实际成本1 200 000元，近期投入使用，房屋开发A工程负担500 000元，B工程负担700 000元。

借：开发成本——房屋开发——A工程　　　　　　　　　500 000
　　　　　　——房屋开发——B工程　　　　　　　　　700 000
　　贷：开发成本——土地开发——××工程　　　　　　　　1 200 000

（3）如果场地开发建设完成后，近期不准备使用的，应视同企业最终产品，在竣工验收时，将其实际成本由"开发成本——土地开发"账户结转到"开发产品——自用土地"账户。自用建设场地开发成本不论结转到"房屋开发"还是"自用土地"，一般都采用按成本项目分项平行结转法。

借：开发产品——自用土地
　　贷：开发成本——土地开发——××工程

【例9-11】某房地产企业本月自用建设场地工程已开发完成，竣工验收，实际成本1 200 000元，假设土地开发工程竣工验收后近期不准备投入使用，则应做如下会计分录：

借：开发产品——自用土地　　　　　　　　　　　　　1 200 000
　　贷：开发成本——土地开发——××工程　　　　　　　　1 200 000

五、房屋开发成本的核算

房屋开发是指城市各种房屋建设从可行性研究、规划设计、建筑安装工程到房屋建成竣工验收的全过程，它是房地产企业的主要经济活动。企业开发建设的房屋按用途可分为三类：①为销售而开发的商品房，开发完成后将作为商品对外销售；②为出租经营而开发建设的出租房，开发完成后将作为出租开发产品租给单位或个人使用并收取租金；③为了安置拆迁居民而开发建设的周转房，开发完成以后用于安置拆迁居民周转使用。不论哪一类房屋，均要在开发完成的土地上进行开发建设，开发建设完成后均属于企业的最终产品,因此,均须设置"房屋开发"明细账。房屋开发成本计算对象应结合房屋开发内容、地点、用途、结构、施工方式等因素加以确定。

(1) 一般开发项目应以每栋独立的房屋作为成本计算对象。

(2) 对于统一开发地点、开竣工时间相近,结构类型相同的群体开发项目,可合并为一个成本计算对象,待开发完成后,再将其实际总成本按每栋独立房屋预算的比例进行分配,计算每栋房屋的开发成本。

(3) 对于规模较大且工期较长的房屋开发项目,可以结合工程进度以房屋开发项目的各个部分作为成本计算对象,待开发完成后再将各部分的实际成本进行汇总,计算该房屋的开发成本。

(4) 如果在开发的自用建设场地上继续进行房屋开发,且能分清每个房屋开发成本计算对象应分担的土地开发成本的,则应将土地开发和房屋开发合并设置为房屋开发成本计算对象,不再单独计算土地开发成本。

【例 9 – 12】某房地产公司某月共发生了有关土地开发支出详见表 9 – 4。

表 9 – 4　　　　　　　　　土地开发支出汇总表　　　　　　　　单位:元

项目	商品性土地	自用土地	合计
支付征地拆迁费	200 000	300 000	500 000
支付前期工程费	150 000	200 000	350 000
应付基础设施费	300 000	240 000	540 000
分配开发间接费	100 000	60 000	160 000
合计	750 000	800 000	1 550 000

(1) 用银行存款支付征地拆迁费时,
借:开发成本——土地开发　　　　　　　　　　　　　　　200 000
　　　　——房屋开发　　　　　　　　　　　　　　　　　300 000
　　贷:银行存款　　　　　　　　　　　　　　　　　　　500 000

(2) 用银行存款支付前期工程费时,
借:开发成本——土地开发　　　　　　　　　　　　　　　150 000
　　　　——房屋开发　　　　　　　　　　　　　　　　　200 000
　　贷:银行存款　　　　　　　　　　　　　　　　　　　350 000

(3) 应付基础设施费时,
借:开发成本——土地开发　　　　　　　　　　　　　　　300 000
　　　　——房屋开发　　　　　　　　　　　　　　　　　240 000
　　贷:应付账款——应付工程款　　　　　　　　　　　　540 000

(4) 分配应计入商品性土地开发成本的开发间接费用时,
借:开发成本——土地开发　　　　　　　　　　　　　　　100 000

——房屋开发	60 000
贷：开发间接费用	160 000

六、代建工程开发成本的核算

代建工程是指房地产企业接受委托单位的委托，代为开发的各种工程，包括土地、房屋、市政工程等。房地产企业发生的各项代建工程支出和对代建工程分配的开发间接费用，应记入"开发成本——代建工程"科目的借方和"银行存款""应付账款""原材料""应付职工薪酬"等科目的贷方。完成全部开发过程并经验收的代建工程，应将其实际开发成本自"开发成本——代建工程"科目的贷方转入"开发产品"科目的借方，并在将代建工程移交委托代建单位，办妥工程价款结算手续后，将代建工程开发成本自"开发产品"科目的贷方转入"主营业务成本"科目的借方。

【例9-13】某房地产公司接受市政工程管理部门的委托，代为扩建开发小区旁边一条道路。扩建过程中，用银行存款支付拆迁补偿费200 000元，前期工程费100 000元，应付基础设施工程款120 000元，分配开发间接费用50 000元。

(1) 在发生上列各项扩建工程开发支出和分配开发间接费用时，

借：开发成本——代建工程	470 000
贷：银行存款	300 000
应付账款	120 000
开发间接费用	50 000

(2) 道路扩建工程完工并经验收结转已完工程成本时，

借：开发产品——代建工程	470 000
贷：开发成本——代建工程	470 000

七、配套设施成本的核算

配套设施一般包括基础设施及相关配套设施，基础设施指供暖、供电、供水、小区内道路、停车场等，公共配套设施包括商品房规划范围内的配套和商品房规划范围外的配套，如商业、服务业以及医疗教育、公共交通等公共设施的配套。配套设施或称房屋相关设施，从其与房产的财产权属关系上可作两类区分。第一类是商品房小区范围内的配套设施，其权属性质应属房产小区共有共用，如小区内的电梯、绿化、道路等。第二类是商品房小区范围外的配套设施与条件，如公交线路、商场等，可称为周边公共配套，其可能是政府因房产区域安排而统一规划建设的配套设施，或者是自然形成的区位条件，但权属上是公有权属。

房屋的开发所用时间较长，有的需要几年，开发企业在开发进度安排上，有时先建房屋，后建配套设施，往往出现房屋已经建成而配套设施尚未完成，或者商品房已经销售，而幼托、消防设施等尚未完工的情况。这种房屋开发与配套设施建设的时间差，使得那些已具备使用条件并已出售的房屋应负担的配套设施费，无法按配套设施的实际开发成本进行结转和分配，只能以未完成配套设施的预算成本或计划成本为基数,计算出已出售房屋应负担的数额,用预提方式计入出售房屋等的开发成本。

开发产品预提的配套设施费的计算,一般可按以下公式进行:

$$\begin{matrix}某项开发产品\\预提的配套设施费\end{matrix} = \begin{matrix}该项开发产品\\预算成本\end{matrix} \times \begin{matrix}配套设施\\费预提率\end{matrix}$$

$$\begin{matrix}配套设施\\费预提率\end{matrix} = \begin{matrix}该配套设施的\\预算成本\end{matrix} \Big/ \begin{matrix}应负担该配套设施费的\\各开发产品预算成本合计\end{matrix}$$

配套设施费用的会计处理如下:

(1)预提配套设施费时,根据预提金额,借记"开发成本——房屋开发"等,贷记"应付账款"。

(2)实际发生时按支付款项的金额,借记"应付账款",贷记"银行存款""应付账款——应付工程款"等科目。

(3)完工结算时对已经按照预提成本结转的销售成本和资产账面价值以及库存开发产品成本进行调整,按预提率计算各项开发产品的配套设施费时,其与实际支出数的差额,应在配套设施完工时,按预提数的比例,调整增加或减少有关开发产品的成本。

①如果实际成本大于预提成本,按其差额,借记"主营业务成本""固定资产""库存商品"等科目,贷记"银行存款""应付账款——应付工程款"等科目。

②如果实际成本小于预提成本,按其差额,借记"应付账款——预提费用"科目,贷记"主营业务成本""固定资产""库存商品"等科目。

【例9-14】某房地产开发企业开发项目内绿化工程开发成本应由住宅、公寓、写字楼、商铺共同负担。由于绿化工程在其他销售物业完工出售时尚未完工,为了及时结转完工的销售物业成本,应先将绿化工程配套设施费用预提计入销售物业的开发成本。假定各项开发产品和幼托设施的预算成本如下:住宅1 000 000元;公寓800 000元;写字楼800 000元;商铺600 000元;绿化工程160 000元。假设实际支出数为180 000元。

绿化工程配套设施费预提率 = 160 000/(1 000 000 + 800 000 + 800 000 + 600 000) × 100% = 5%

各项开发产品预提绿化工程的配套设施费为:

住宅负担的预提绿化工程的配套设施费 = 1 000 000 × 5% = 50 000(元)
公寓负担的预提绿化工程的配套设施费 = 800 000 × 5% = 40 000(元)
写字楼负担的预提绿化工程的配套设施费 = 800 000 × 5% = 40 000(元)
商铺负担的预提绿化工程的配套设施费 = 600 000 × 5% = 30 000(元)

(1)预提配套设施费时,

借:开发成本——房屋开发——住宅——配套设施费　　　50 000
　　　　　　　　　　　　——公寓——配套设施费　　　40 000
　　　　　　　　　　　　——写字楼——配套设施费　　40 000
　　　　　　　　　　　　——商铺——配套设施费　　　30 000
　　贷:应付账款——预提费用　　　　　　　　　　　　160 000

(2) 配套设施建造时,
借: 应付账款——预提费用　　　　　　　　　　　160 000
　　贷: 银行存款　　　　　　　　　　　　　　　　　　　160 000
(3) 配套设施完工时,
借: 销售费用　　　　　　　　　　　　　　　　　20 000
　　贷: 银行存款　　　　　　　　　　　　　　　　　　　20 000

第四节　农业企业成本核算

一、农业企业及其生产经营活动的特点

农业企业是通过对生物的生长和繁殖进行经营和管理获取经济利益的企业,包括种植业和养殖业两大类。无论是农业生产过程,还是组织方式、经营方式等与工业企业都有着较大的差别,具有以下特点:

(1) 土地是农业企业的重要生产资料,是农业企业生产的基础。在农业生产中,土地具有不可替代性,同其他劳动资料相比,土地不需考虑磨损,不计提折旧。但是土地不是无偿使用的,开发土地发生土地费和使用费,同时土地作为农业生产的基础,除计算农业成本外,还要计算单位面积的收入及单位面积的成本,以反映土地的利用情况。

(2) 农业生产具有明显的季节性和地域性,生产周期长。由于农业生产的对象是具有生命的动植物,而动植物都有其自然生长过程,因此农业生产还必须与气候条件相适应。企业从事农业生产,其生产过程有时是在劳动的直接作用下进行,有时则依靠自然作用进行生长,所以农业生产中的劳动时间并不等于全部生产时间,两者不相一致。

(3) 农业生产中部分生产资料和劳动对象可以相互转化,部分农产品可以作为生产资料重新投入生产。如收获的粮食产品除作为商品产品外,还必须留存一部分作为种子和饲料,以供农业和畜牧业的再生产需要。

(4) 种植业和养殖业之间存在相互依赖、相互促进的关系,从而要求经营管理上必须与之相适应,一般实行一业为主,多种经营,全面发展策略。

二、种植业农产品生产成本核算的特点

(1) 种植业农产品成本核算对象。根据农业种植业生产的特点,考虑到种植业中各种作物的播种面积、产量以及在生产中所占的地位,企业首先区分主要作物与次要作物。对主要作物应当以每种作物为成本计算对象,对主要农产品的成本核算实行重点而详细的核算,单独核算其产品成本;次要作物无需按农产品品种单独组织成本核

算，可合并核算其生产成本，以每类作物为对象合并计算该类作物的总成本，先计算出各类作物的产品总成本，再按一定标准确定类内各种作物的产品成本。主要作物为小麦、水稻、大豆、玉米、棉花、糖料等，主要农产品播种面积大、产量高、播种范围广，在种植业生产中占有非常重要的地位，而其他农产品由于播种面积少、产量低，因而相对次要。

（2）种植业农产品的成本计算期。种植业农产品从播种期、栽培期、成熟期到收割入库或可以对外出售时发生的生产成本均计入农产品成本，其成本计算期为生产周期。由于农作物的生产周期较长，产品单一，收获期比较集中，在年度中间各项费用和用工发生又不均匀，根据这些特点农产品的成本计算期，一般为一年计算一次成本。

（3）种植业农产品成本项目。

①直接材料。农业企业种植业生产经营中耗用种子、种苗、肥料、农药等。种植业生产中耗用的直接材料在农产品成本中占比重较大，发生时直接计入农产品的生产成本。

②直接人工。农业企业的直接人工是指直接从事种植业生产人员，包括机械作业人员的工资、福利费、奖金、津贴和补贴等，发生时直接计入该农产品的生产成本。

③机械作业费用。农业企业种植业生产中的机械作业费是指生产过程中进行机械作业所发生的费用支出。如燃料与动力、修理用零件，农机具折旧费等。当发生机械作业费用时，对于能够区分应由哪种农产品负担的机械作业费直接计入该种农产品的生产成本，对于不能区分的可以采用一定方法分配计入农产品的生产成本。

④制造费用。农业企业种植业生产中的制造费用是指应摊销、分配计入各农产品的间接费用，如种植业生产中所发生的管理人员工资及福利费、晒场等固定资产折旧费、晾晒费用、场院照明费用、烘干费等。

（4）不同农产品生产费用确认的终点不同，计入农产品成本的费用界限是：粮、豆的成本计算至入仓入库能够销售为止。从仓囤出库和场上交售发生的包装费、运杂费、作销售费用处理；不入库入窖的鲜活产品的成本，计算至销售为止；入库入窖的鲜活产品的成本，计算至入库、入窖为止；棉花的成本计算至加工成皮棉为止。打包上交过程中发生的包装费、运输费作销售费用处理；纤维作物等农产品的成本计算至加工完成为止；年底尚未脱粒作物的成本，应当包括预提脱粒费用，下年度实际发生的脱粒费用的差额，由下年度同一作物负担。

三、种植业农产品成本的核算

1. 账户设置及会计处理

种植业生产发生的各项生产费用是通过"农业生产成本"账户核算的。为了便于汇集种植业及各个成本计算对象发生的各项费用，计算种植业产品的生产成本，可在"农业生产成本"账户下设置"××农产品"二级账户，按成本计算对象设置明细账户。发生或通过分配转来各项费用时，记入"农业生产成本"账户及所属有关明细账户的借方。种植业发生的费用，不能够区分属于某种产品负担的，先在制造费用中归集，然后计入该种农产品成本；不能区分的，可以采用一定的方法在各农产品之间进行分配。农业企业为种植业生产服务的辅助生产车间，在提供自制工具、备件、供电、供水、修理等过程中发生的费用，先在"生产成本—辅助生产成本"中归集，然后直接计入或分配计入"农业生产成本""制造费用"账户。

【例 9-15】某农业企业种植小麦 1 000 亩，施肥 5 000 公斤，单价 3 元/公斤，支付耕种费用 20 000 元，消耗种子 1 000 公斤，单价 4 元/公斤，播种费 15 000 元，支付的人工费 5 000 元。会计处理如下：

（1）施肥时，借：农业生产成本——小麦　　　　　　　15 000
　　　　　　　　贷：原材料　　　　　　　　　　　　　　　15 000
（2）支付耕种费用时，借：农业生产成本——小麦　　　20 000
　　　　　　　　　　　贷：银行存款　　　　　　　　　　　20 000
（3）播种时，借：农业生产成本——种子——小麦　　　4 000
　　　　　　　贷：原材料——小麦　　　　　　　　　　　　4 000
（4）支付播种费和人工费时，借：农业生产成本——小麦　20 000
　　　　　　　　　　　　　　贷：银行存款　　　　　　　　20 000

【例 9-16】接上例，农业企业收获小麦 400 000 公斤入库，收获时支付收割费、运输费共计 50 000 元，会计处理如下：

（1）支付收割费、运输费时，借：农业生产成本——小麦　50 000
　　　　　　　　　　　　　　贷：银行存款　　　　　　　　50 000
（2）收获小麦时，借：原材料——小麦　　　　　　　　　109 000
　　　　　　　　　贷：农业生产成本——小麦　　　　　　 109 000

2. 计算方法

农产品成本的计算包括单位面积成本和单位产量成本。单位面积成本是指种植某种农产品平均每单位播种面积所支出的费用总额。其计算公式为：

某农产品单位面积成本 = 该农产品生产费用总额/该作物播种面积

单位产量成本是指种植某种农产品平均每单位产品所支出的费用总额。其计算公式为：

某农产品单位产量成本 = 该农产品生产费用总额/该农产品产量

农产品在完成生产过程时，一般可以产出主产品和副产品两种产品。主产品是生产主要目的的产品，如小麦、水稻。副产品不是生产的主要目的，而是在生产过程中随着主产品附带获得的产品，如麦秸、稻草。由于主产品和副产品是同一个生产过程的结果，所以它们的各种费用是联系在一起的。因此，必须将费用在主产品和副产品之间进行分配，以分别确定其成本。

【例 9-17】某农业企业 2017 年收获小麦 150 000 千克，每千克计划成本为 0.6 元，麦秸 200 000 千克，每千克计划成本为 0.05 元，当年发生的实际生产费用总额为 90 000 元，用比率法计算小麦和麦秸的实际成本如表 9-5 所示：

表 9-5　　　　　　　　　　农产品主副产品成本分配表

产品名称	实际产量（千克）	计划成本		分配率	实际成本	
		单位成本	总成本		单位成本	总成本
小麦	150 000	0.6	90 000		0.54	81 000
麦秸	200 000	0.05	10 000		0.045	9 000
合计			100 000	0.9		90 000

四、林业产品成本核算

林业产品生产一般是指经济林木的生产，经济林木是指橡胶、水果、蚕桑、茶叶等。经济林木和农作物一样，都属于种植业，但林木是多年生植物，生长期较长，按其生长过程一般要经过苗圃育苗、幼树培育和成林管理三个阶段。苗圃育苗是培育树苗的阶段，幼树培育是从树苗起土、移植到成林投产为止的抚育管理阶段，成林管理是正式投产后的抚育管理阶段。林业生产费用是指企业在林业产品生产过程中发生的全部费用，包括人工栽培各种林业产品的生产费用，如苗圃育苗的费用、经济林木成林后生产林业产品的费用。经济林木在幼树成林后，按规定转为固定资产管理。此后采摘果品等发生的生产费用，均为培育林业产品的成本。成本计算期一般是按年度进行，一般每年一次。经济林木的产品成本，包括当年的抚育费用和停采、停割期间的费用。停采、停割期间的费用，本年度内产品产出以前发生的部分，计入产品成本，产品产出以后发生的部分一般作为在产品结转至下年。经济林木产品单位成本的计算公式为：

$$\text{某种经济林木产品单位成本} = \left(\text{该种经济林木本年全部抚育费} + \text{停割停采期间费用} - \text{副产品价值}\right) \Big/ \text{该种经济林木产品年总产量}$$

如果林业产品为果树，各种果树的生产费用如果采取合并核算时，可按各种果品计划成本或产值的比例分配费用，分别计算各种果品的成本。同一果品由于大小和质量有差异，在出售前还要按一定标准进行分级。因此，果品的总成本还要按计划成本或产值的比例在各级果品间分配。

【例 9-18】某林场栽培的苹果林于 2017 年发生实际费用 107 800 元，当年的副产品价值 50 000 元。生产一级品 8 000 千克，二级品 6 000 千克，三级品 4 000 千克，等外品 2 000 千克。每千克计划成本分别为 6 元、5 元、4 元和 2 元，编制苹果成本计算单如表 9-6 所示。

表 9-6　　　　　　　　　　各级苹果成本计算表

品级	产量（千克）	计划成本		分配率（%）	实际成本	
		单价	金额		单价	金额
一级品	8 000	6	48 000		6.6	52 800
二级品	6 000	5	30 000		5.5	33 000

续表

品级	产量（千克）	计划成本		分配率（%）	实际成本	
		单价	金额		单价	金额
三级品	4 000	4	16 000		4.4	17 600
等外品	2 000	2	4 000		2.2	4 400
合计	20 000		98 000	1.1		107 800

五、畜牧养殖业成本的核算

畜牧业生产是指对猪、牛、羊、鸡、鸭等畜禽产品的生产。畜牧养殖业成本核算对象是由其成本核算是采用分群核算制，还是采用混群核算制所决定的。分群核算制，是将各种不同畜按照其畜龄分为若干群别，以不同群别的畜作为成本核算对象，按群别设置畜牧生产成本明细账，汇集生产费用，采用分步法计算群别产品的生产成本及单位成本；混群核算制是直接以各种畜作为成本计算对象，畜牧生产成本明细账按畜种类设置，采用品种法计算各种产品的生产总成本和单位总成本。畜牧业产品的成本计算期，一般规定为一年计算一次，对经常有产品产出的单位，也可以按月计算成本。

1. 畜牧养殖业成本项目如下

（1）直接材料。农业企业畜牧养殖业生产中的直接材料是指耗用的饲料、燃料、动力、医药费等。直接材料费在畜牧养殖业产品成本中占很大的比重。产品生产实行混群制核算的，本身的价值及饲养中发生的直接材料费直接记入"农业生产成本——××类别"；对于分群核算的饲养费用中的直接材料费，直接记入"农业生产成本——××群别"。

（2）直接人工。畜牧养殖业的直接人工是指直接从事畜牧养殖业人员的工资、工资性津贴、奖金和福利费。农业企业从事畜牧养殖业人工费用，混群饲养的，可直接记入"农业生产成本——××类别"，分群饲养的，能够区分群别的可以直接记入"农业生产成本——××群别"。

（3）制造费用。农业企业畜牧养殖业中发生的除直接材料、直接人工以外的费用，如饲舍的维修费等称为其他直接费。农业企业畜牧养殖业生产中发生的应摊销、分配计入各群别的间接费用，如畜牧业生产过程中发生的管理人员工资及福利费、防疫费、产役畜折旧、各畜饲舍的折旧、照明电费等。费用分配时，能够直接计入各群别的制造费用直接记入"制造费用——××群别"；不能直接计入的，也可以按一定的方法分配记入"制造费用——××群别"。

2. 畜牧养殖业核算方法举例

以养猪业分群核算为例，说明畜牧业产品成本计算。

基本猪群的主产品为母猪繁殖的仔猪，其副产品为厩肥、猪鬃等。对副产品一般按市价作为其成本，全部饲养费用减去副产品成本，即为主产品的总成本。

确定基本猪群主产品的总成本后，再按照一定的计算方法分别计算出仔猪出生时的活重和出生后两个月内的增重，确定的仔猪的活重单位成本和增重单位成本。

出生的仔猪成本均按活重计算。仔猪出生至满两个月断奶时的成本,以及期末结存未断奶仔猪的成本,也以当时的活重和活重单价计算,仔猪出生活重和出生后两个月内增重的单位成本计算公式为:

$$\text{仔猪出生活重和出生后两个月内增重的单位成本} = \left(\text{基本猪群全部饲养费用} - \text{副产品价值}\right) \div \left(\text{出生活重} + \text{出生后两个月内的增重}\right)$$

仔猪的活重单位成本计算公式为:

$$\text{仔猪的活重单位成本} = \left(\text{期初结存两月内仔猪成本} + \text{基本猪群全部饲养费用} - \text{副产品价值}\right) \div \left(\text{期末存栏活重} + \text{期内离群活重}\right)$$

计算出仔猪活重单位成本以后,即可分别计算出断奶仔猪和期末结存未断奶仔猪的总成本,以及每头仔猪的总成本及每头仔猪的平均成本。计算公式为:

断奶仔猪的总成本 = 断奶仔猪的总活重 × 仔猪活重单位成本
未断奶仔猪的总成本 = 未断奶仔猪的总活重 × 仔猪活重单位成本
断奶仔猪的单位成本 = 断奶仔猪的总成本 ÷ 断奶仔猪数量
未断奶仔猪的单位成本 = 未断奶仔猪的总成本 ÷ 未断奶仔猪数量

【例9-19】 某畜牧企业2017年10月的"基本猪群饲养"和"两个月内仔猪"相关资料如下:上期结转的母猪照管下仔猪100头,活重150千克,成本为3 000元;本月基本猪群共繁殖仔猪2 000头,出生时活重为2 000千克;本月内将满两个月的仔猪1 500头,转入2~4个月内的幼猪群,转群时的活重为6 000千克;期内死亡两个月内的仔猪150头计300千克;期末仔猪出生后两个月内的增重量为4 000千克;期末结存两个月内仔猪为450头,活重为800千克;本期发生的饲养费用为20 000元,取得副产品价值为800元。

根据上列资料计算成本如下:

仔猪出生活重和出生后两个月内增重的单位成本 = (20 000 - 800) ÷ (2 000 + 4 000) = 3.2(元)

仔猪的活重单位成本 = (3 000 + 20 000 - 800) ÷ (6 000 + 800) = 3.2647(元)
断奶仔猪的总成本 = 6 000 × 3.2647 = 19 588.2(元)
未断奶仔猪的总成本 = 800 × 3.2647 = 2 611.76(元)
每头断奶仔猪的成本 = 19 588.2 ÷ 1 500 = 13.06(元)
每头未断奶仔猪的成本 = 2 611.76 ÷ 450 = 5.8(元)

第五节 交通运输企业成本核算

一、交通运输企业及其生产经营特点

交通运输业是指使用运输工具将货物或者旅客送达目的地,使其空间位置得到转移的业务活动,包括陆路运输服务、水路运输服务、航空运输服务和管道运输服务。

我国交通运输业的分类如下：铁路运输；公路运输；水路运输；航空运输；管道运输。

与工业制造及商业企业的生产经营活动相比，交通运输企业的经营活动具有以下特点：

（1）生产过程具有流动性和分散性。除机场、港口、车站等场地相对固定外，交通运输企业的营运活动范围和空间十分广阔，流动方向分散。运输过程是生产过程和消费过程同时进行的，交通运输不创造有形的产品，其运输生产过程也是消费过程，对于运输供给者它是生产过程，对于运输需求者它是消费过程。

（2）生产成果用完成的周转量来表示，不创造新的物资产品。交通运输不生产有形产品，不改变劳动对象物理属性，只改变服务对象的空间位置。

（3）具有资本密集型特征。交通运输不产生有形的产品，构成交通运输业的成本和其他产业不同，交通运输业中的固定资本所占比重巨大，资本的有机构成比一般产业要高，不论是交通路线的修建还是交通设备的购置。

（4）交通运输企业的劳动对象是其运输的旅客和货物，但其生产过程只是对劳动工具及设备的消耗，而不能消耗劳动对象。

（5）交通运输企业的生产经营过程也是销售过程，生产和销售同时进行。运输业务完成意味着旅客、货物的运输劳务已提供，企业的销售业务同时宣告完成；运输产品无法储存，无在产品，也无须销售过程，而且取得劳务报酬在前，提供劳务服务在后。

（6）交通运输企业的生产营运方式具有多样性和相互替代性。按交通运输企业的生产特点不同分为铁路运输、公路运输、水陆运输、航空运输等类型，各种运输方式具有各自不同的优势和特点，但同时彼此之间可以相互替代。

（7）交通运输业具有外部性。交通运输业的发展会促进相关地区的经济发展，它带来的利益会超过其支付费用；同时又会带来环境污染、气候变化等问题，并且当交通拥挤超过一定程度，运输服务自身就不能以一种完全有效的方式提供给人们，这些带来了交通运输的外部成本。但是交通运输业所产生的效益和成本并没有由交通运输经营企业承担，使得交通运输业具有显著的外部特征。

二、交通运输企业成本核算的特点

（1）成本计算对象多样化。交通运输企业的成本核算对象是其运输的各类业务，以及构成各类业务的具体项目，如公路运输企业是以旅客运输和货物运输业务作为核算对象，其成本核算对象既可以是承接运输的各类业务及构成各类业务的具体业务项目，又可以是承担运输任务的各类运输工具及具体运行情况，例如以旅客运输业务和货物运输业务为成本对象，也可按运输工具，如客车、货车、客轮、货轮等确定成本计算对象，或者交通运输企业也可以运输线路或运输班次等作为成本计算对象。

（2）成本计算期。交通运输企业运输周期相对较短，一般按月计算成本，交通运输企业生产经营与销售合二为一，无在产品，也没有储存环节，因此不存在运输成本与销售成本之分，实际发生的营运成本一般是当期成本，运输过程发生的各项实际消耗支出构成当期的运营成本，因此交通运输企业在成本计算期末，一般不存在将运输费用在本期成本和下期成本之间的分配问题。

（3）交通运输企业在采用客货兼营的运输方式时，应分别计算客运成本和货运成本，而且要将共同费用采用适当的方法进行分配。交通运输企业成本中运输工具的使用成本所占比重较大，且运输企业生产过程的消耗，主要取决于运行距离长短，而不是取决于完成周转量的多少。

（4）成本计量单位采用复合计量。不同业务类别的交通运输企业由于运输工具、运输时间、运输距离的不同，在全面、综合反映运输成本时一般采用运输数量和距离相结合的复合计量单位进行成本计量。

（5）交通运输生产过程受自然环境和地理环境的影响较大，存在较多的不确定因素，且对企业产生重大影响。

三、交通运输企业成本核算的账户设置

因交通运输企业的生产过程与销售过程是直接统一的，生产过程本身就是销售过程，生产过程的结束也是销售过程的结束。所以交通运输企业在运输过程中发生的各项成本实际上就是"主营业务成本"，可以直接记入"主营业务成本"账户。在主营业务成本总账科目下设置"运输支出""装卸支出"等二级账户进行核算。也可以直接将"运输支出""装卸支出"等直接设为一级账户。为了反映和监督交通运输企业的实际运营成本，可设置如下账户：

（1）"运输支出"账户。该账户核算交通运输企业经营客运及货运业务所发生的各项支出。该账户一般按运输工具类型或车船个体设置明细账，如"货车运输支出""客车运输支出"等。

（2）"装卸支出"账户。该账户核算交通运输企业经营装卸业务所发生的各项支出。该账户一般按业务类型或货物种类设置明细账。

（3）"辅助营运费用"账户。核算交通运输企业发生的辅助费用，包括工资、福利费、燃料、折旧费用、劳动保护费、事故损失及其他等。该账户按车船个体或辅助生产部门设置明细账。

（4）"营运间接费用"账户。该账户核算交通运输企业在营运过程中所发生的不能直接计入成本核算对象的各种间接费用。

（5）"其他业务成本"账户。核算除营运业务以外的其他业务所发生的各项支出，包括相关的成本费用及税金及附加等。该账户按其他业务的种类设置明细账。

四、公路运输企业成本核算

公路运输企业主要经营旅客运输和货物运输业务，其运载工具主要是汽车，汽车运输企业成本的计算，一般采取公司和车队二级核算，车辆较少时也可以由公司集中核算成本。汽车运输企业的成本计算对象是汽车和客车的运输业务。即按货车运输和客车运输分别归集计算期完成的运输总成本和单位成本。客车运输计算单位为人公里，

用元/千人公里表示；货车运输成本计算单位为吨公里，用元/千吨公里表示。汽车运输企业成本项目包括人工费用、燃材料费用、保养修理费、折旧费、养路费、行车事故损失、其他费用等。汽车运输企业采用制造成本法原理计算其运输业务的运输成本。汽车运输总成本分为客车运输总成本、货车运输总成本，即客车营运成本、货车营运成本。

1. 燃料费用的计算

企业应在"燃料"总账下设"库存"和"车存"两个明细账户。领油时，将燃料由库存转为车存，由于月末车存实际油数是一个变量而不是一个固定数，所以需经过盘存加以确定，然后按下列公式计算当月实际耗用燃料的数量。

当月实际耗用数 = 月初库存油料数 + 本月领用油料数 − 月末车存油料数

【例9－20】某公路汽车运输企业2017年8月末根据燃料领用凭证及车存燃料盘点表等有关资料编制的燃料耗用计算汇总表如表9－7所示。

表9－7　　　　　　　　　客车货车燃油费用计算汇总表

领用单位	月初存油（升）	本月领用（升）	月末存油（升）	本月耗用（升）	单位成本（元/升）	费用总额（元）
客车	10 000	20 000	5 000	25 000	4	100 000
货车	15 000	25 000	10 000	30 000	4	120 000
合计	25 000	45 000	15 000	55 000		220 000

油库向客车和货车车队发出燃料时，
借：燃料——车存　　　　　　　　　　　　　　　　　　180 000
　　贷：燃料——库存　　　　　　　　　　　　　　　　　　　　180 000
结转本月车队耗用燃料时，
借：运输支出——客车运输支出　　　　　　　　　　　100 000
　　　　　　——货车运输支出　　　　　　　　　　　120 000
　　贷：燃料——车存　　　　　　　　　　　　　　　　　　　　220 000

2. 人工费用的核算

公路运输企业月末计算出应付职工薪酬，根据职工所属部门和提供劳务的性质不同，分别记入有关成本或费用账户。其中：对司机及乘务人员的薪酬直接计入运输成本，辅助生产部门人员的薪酬计入辅助营运费用，车队管理人员的薪酬计入营运间接费用，公司管理人员的薪酬计入管理费用，销售部门人员的薪酬计入销售费用。

【例9－21】某公路运输公司是一家从事客运和货运业务的运输公司，2017年8月计算出当月应付工资薪酬情况如下：货车司机工资200 000元，客车司机工资150 000元，调度部门人员工资20 000元，车队管理人员工资30 000元，企业管理人员工资40 000元，该企业职工的医疗保险按工资总额的12%计提，养老保险按10%计提，失业保险按3%计提，住房公积金按12%计提。

根据上述职工薪酬分配汇总表编制会计分录如下：

借：运输支出——客车运输支出　　　　　　　　　　274 000
　　　　　　——货车运输支出　　　　　　　　　　205 500
　　辅助营运费用　　　　　　　　　　　　　　　　 27 400
　　营运简介费用　　　　　　　　　　　　　　　　 41 100
　　管理费用　　　　　　　　　　　　　　　　　　 54 800
　　贷：应付职工薪酬——工资　　　　　　　　　　440 000
　　　　　　　　　——社会保险（医疗保险）　　　 52 800
　　　　　　　　　　　　　　　（养老保险）　　　 44 000
　　　　　　　　　　　　　　　（失业保险）　　　 13 200
　　　　　　　　　——住房公积金　　　　　　　　 52 800

3. 其他费用的核算

（1）保养修理费。车辆的大修一般由专门的维修厂进行，大修间隔期一般在一年以上。大修理费用应记入。车辆的保养及日常修理，一般是由车站或车队进行修理，领用的材料和低值易耗品应根据其保养领用数直接记入"运输支出"账户，如果保养及日常修理由附属修理厂进行，则应将有关费用归集在"辅助营运费用"账户，月末，按受益情况分配记入"运输支出"账户。

（2）车辆保险费。向保险公司缴纳的车辆保险费按照实际缴纳金额借记"运输支出"账户，贷记"银行存款"科目。

（3）运输管理费。向运输管理部门缴纳的运输管理费，应按实际缴纳金额记入"运输支出"账户。

（4）行车事故损失费用的核算。营运车辆在营运过程中发生行车事故所发生的修理费、救援费、赔偿费以及支付给外单位人员的医疗费等事故损失费，在扣除向保险公司收回的赔偿金额后，记入"运输支出"账户。

五、铁路运输企业成本核算

铁路运输企业主要经营客货运业务以及与货运相联系的装卸业务，其成本计算对象应为客货运业务和装卸业务。客运成本计算单位为人公里，用元/人公里表示，货运成本计算单位吨公里，用元/吨公里表示。铁路运输成本一般按年或按季计算，其成本一般包括办理客货运输的费用、运输准备和列车运行的费用、运营单位固定资产维修保养费用和不构成固定资产的设备等维修保养费用、按规定应列入运输成本的固定资产折旧费、按规定列入运输成本的非生产性费用等。铁路运输实行分级核算，各基层单位只按作业内容及具体费用项目归集运输支出，强调费用发生地点。铁路运输成本不能直接利用"运输支出"账户进行计算，只能先由发生费用的基层单位按完成作业的各项费用编制运输支出表，然后由企业逐级汇总后编制汇总运输支出表并据以计算运输成本。

铁路运输企业的运输成本称为营运成本，指企业在营运生产过程中实际发生的与运输、装卸和其他业务等营运生产直接有关的各种支出。主要包括：企业在营运生产过程中实际耗用的各种材料、燃料、润料、备品、备件、动力等；企业直接从事营运生产活动人员的工资报酬等；企业在营运生产过程中发生的固定资产折旧费、修理费、铁路段绿化费、乘客紧急救护费、行车杂费、车辆冬季预热费、事故净损失、实验检验费、劳动保护费等。

铁路运输成本计算按其计算方法和作用不同，分为五大类：总成本、单位成本、专项成本、作业成本和分线运输成本。

（1）运输总成本。铁路运输企业为完成客货运输生产任务发生的运输总支出。由于铁路实行分级核算制，各级只核算本身的运输支出。而铁路运输生产是由各级、各部门共同协作完成的，每个部门、每级的运输支出只能是运输产品总成本的一部分。因此，铁路集团公司和铁路公司要经过汇总运输支出资料，计算运输总成本。

（2）单位成本。其计算公式如下：

换算吨单位公里成本（元/万人公里）＝运输支出总额÷换算吨公里单位总数

或 ＝运输支出总额÷（旅客人公里＋货物吨公里）

旅客人公里成本（元/万人公里）＝客运支出总额÷旅客人公里数

货物吨公里成本（元/万吨公里）＝货物支出总额÷货物吨公里数

（3）专项成本。铁路承运不同等级、不同席别的旅客和采用不同运输方式对不同类货物分别计算的运输成本，如高铁人公里成本、特快软卧人公里成本、普客硬座人公里成本、整车零担、集装箱运输成本等。

（4）作业成本。铁路为完成某项具体生产作业而发生或应负担的运输支出，如车辆公里成本、调车作业成本、机车公里成本等。

（5）分线运输成本。根据某一铁路线段客货运输生产所发生的客货运输支出和所完成的客货周转量而计算的各种运输成本。

六、航空运输企业成本核算

航空运输企业其经营一般分为民用航空运输业务、通用航空业务和机场服务业务。航空运输一般以每种机型为成本计算对象归集所发生的各种营运费用，计算每种机型的营运成本，并在此基础上进一步计算和考核每种机型运输周转量的单位成本。航空运输周转量的成本计算单位是吨公里，一般按月计算每种机型的成本。航空运输企业的成本项目包括直接营运费用和间接营运费用。其中：直接营运费用是指能直接计入机型成本的各种营运费用。如空勤人员、机务人员的薪酬，交通补贴，燃油费，折旧费，修理费，保险费，飞行训练费，旅客餐宿费，客舱服务费，国内外起降服务费，营运过程中货物、行李损失、丢失赔偿净损失及其他费用等。航空运输企业在营运过程中发生的各项费用大部分是直接费用，发生的各类间接费用应按其用途归集，然后再按一定的标准采用适当方法分配计入各机型的成本。航空运输各机型的直接营运费用和间接营运费用之和就是各机型的成本，各机型成本汇总后即为航空运输总成本，除以运输周转量就是航空运输单位成本。

课后练习题

一、单项选择题

1. 下列会计科目中,能够完整反映施工企业工程项目成本支出数额的是(   )。
   A. 机械作业   B. 辅助生产   C. 工程施工   D. 工程结算
2. 在下列支出中,直接计入商品流通企业当期损益的是(   )。
   A. 企业支付给租赁公司的仓库租赁费
   B. 企业取得的商品销售收入
   C. 企业支付的延期付款罚息
   D. 企业支付给生产厂家的商品采购款项
3. 房地产开发企业发生的应计入开发成本的开发间接费用指的是(   )。
   A. 多项开发产品共同发生的规划设计费、辅助工程费用等
   B. 企业的各行政部门为管理公司而发生的各项费用
   C. 企业所属的开发部门或工程指挥部门为组织和管理开发项目而发生的各项费用支出
   D. 以上都正确
4. 交通运输企业对经营仓库和堆场业务所发生的费用支出进行核算,比较适当的账户是(   )。
   A. 运输支出   B. 装卸支出   C. 堆存支出   D. 营运间接费用
5. 关于农业生产成本的核算,下列说法错误的是(   )。
   A. 从消耗性生物资产收获农产品的,企业应当将收货时点消耗性生物资产的账面价值结转为农产品的成本
   B. 从生产性生物资产收获农产品的,不应当将该生产性生物资产成本转入农产品成本
   C. 从生产性生物资产收获农产品的,应将农产品收获过程中生产性生物资产计提的折旧计入农产品的生产成本
   D. 从生产性生物资产收获农产品的,应将该生产性生物资产成本按期摊销计入农业生产成本

二、多项选择题

1. 在建筑施工企业,施工项目的成本构成内容包括(   )。
   A. 直接材料   B. 直接人工
   C. 机械使用费   D. 间接费用
   E. 符合资本化条件的项目借款利息支出
2. 房地产开发企业成本核算的特点主要包括(   )。
   A. 开发成本支出的时间范围包括房地产从征地到建成交工的全过程,其有较大的广泛性

B. 成本核算对象具有多元性，多个项目往往需要同步进行成本计算
C. 房地产的开发成本应根据开发顺序逐步进行成本核算
D. 成本计算具有较长的周期性与复杂型，不同的开发产品的成本可比性也较差
E. 企业应严格按照不同的房地产开发项目设置成本核算对象，并定期进行成本计算

3. 房地产企业的房屋开发成本项目包括的内容有（　　）。
A. 土地征用与拆迁补偿费　　　　B. 前期工程费
C. 基础设施费　　　　　　　　　D. 建筑安装工程费
E. 不能有偿转让的公共配套设施费

4. 交通运输企业成本核算的特点有（　　）。
A. 成本核算对象一般为各具体交通运输工具
B. 成本核算对象一般为旅客或货物的周转量
C. 需要定期进行完工与在产品之间的费用分配
D. 不进行在产品成本的核算，成本计算方法比较单一
E. 运输成本构成一般不包括所谓的原材料支出

5. 农业企业资产项目中，一般作为生产性生物资产核算的有（　　）。
A. 肉牛　　　　B. 奶牛　　　　C. 种牛　　　　D. 薪炭林
E. 果树

三、判断题

1. 施工企业执行建造合同发生的直接费用及组织管理施工生产活动发生的间接费用都应计入施工项目成本。（　　）

2. 施工企业内部非独立核算的辅助生产部门为工程施工、产品生产、机械作业等提供产品和劳务（如设备修理、构件的现场制作、施工机械的安装等）所发生的各项费用，可以先通过设置"辅助生产"科目核算，然后分配转入各受益项目或部门。
（　　）

3. 房地产企业的房屋开发成本并不包括前期工程费用。（　　）

4. 房地产企业为从事房地产开发而购买的土地使用权，即便在被开发时也不转入房屋开发成本，而应作为无形资产核算。（　　）

5. 由于房地产品的开发周期较长，其成本计算通常与生产周期保持一致。（　　）

6. 运输企业的相关运输成本通常定期进行结转，而不存在期末余额。（　　）

7. 汽车运输业务的成本计算一般以汽车运输业务量的计算单位为依据。（　　）

8. 对于农业企业而言，农产品收获后应将原来计入"生物资产"的成本全部转入"农产品"成本。（　　）

9. 农产品的成本计算期间一般与其生产周期保持一致。（　　）

10. 农业企业应当对所有的生产性生物资产计提折旧。（　　）

四、业务计算题

（一）某商品流通企业购进一批商品，增值税专用发票上注明价款 200 000 元，增

值税率17%,另外支付运杂费1 000元,商品运输保险费500元,商品包装费800元,上述款项均已用银行存款支付,且商品已验收入库,该批商品售价为300 000元。

要求:根据以上业务计算商品进销差价并编制会计分录。

(二)某商品流通企业采用实际差价法计算已销商品应分摊的进销差价,年末进行库存商品盘点,按进价计算的结存商品金额为500 000元,按售价计算的结存商品金额为800 000元,商品进销差价账户余额为120 000元。

要求:根据上述资料计算已销商品差价。

(三)某施工企业发生某月发生的各种材料种类及材料费用分配表如练习题表9-1所示:

练习题表9-1　　　　　　　　材料费用分配表　　　　　　　　单位:元

应借科目		金属材料费用	汽油费用	备用件费用	沙石费用	其他材料	合计
工程施工	A工程	100 000	20 000	5 000	40 000	8 000	173 000
	B工程	200 000	30 000	3 000	80 000	6 000	319 000
辅助生产成本	运输车间		50 000	2 000		800	52 800
	机修车间		5 000	10 000		1 000	16 000
机械作业	施工机械		8 000	15 000		2 000	25 000
间接费用	施工甲厂	2 000	1 000	1 000		500	4 500
合计		302 000	114 000	36 000	120 000	18 300	590 300

要求:根据以上材料费用分配汇总表编制该施工企业成本业务会计分录。

(四)某建筑施工企业某月计算出当月职工薪酬如下:A工程直接施工生产人员工资400 000元,B工程直接施工生产人员工资800 000元,运输车间80 000元,机修车间100 000元,施工机械作业人员的工资200 000元。负责A工程和B工程的工一处施工管理人员工资160 000元,公司管理人员工资200 000元。该企业职工的医疗保险按工资总额的10%计提,养老保险按12%计提,失业保险按2%计提,住房公积金按12%计提。另根据有关规定工会经费按2%计提,职工教育经费按2.5%计提。

要求:根据上述职工薪酬编制职工薪酬费用分配汇总表并编制会计分录。

(五)某房地产公司接受市政工程管理部门的委托,代为扩建开发小区旁边修筑绿化工程。扩建过程中用银行存款支付土地使用费200 000元,前期工程费100 000元,应付基础设施工程款120 000元,分配开发间接费用50 000元。

要求:计算该代建工程成本并结转完工工程成本,并编制会计分录。

(六)某房地产公司开发项目内绿化工程开发成本应由住宅、公寓、写字楼、商铺共同负担。由于绿化工程在其他销售物业完工出售时尚未完工,为了及时结转完工的销售物业成本,应先将绿化工程配套设施费用预提计入销售物业的开发成本。假定各项开发产品和幼托设施的预算成本如下:住宅1 000 000元;公寓800 000元;写字楼

800 000 元；商铺 600 000 元；绿化工程 160 000 元。假设实际支出数为 180 000 元。

要求：计算住宅、公寓、写字楼、商铺负担的预提绿化工程的配套设施费，并编制会计分录。

（七）某林场栽培的苹果林于某年发生实际费用 300 000 元，当年的副产品价值 20 000 元。生产一级品 20 000 千克，二级品 15 000 千克，三级品 10 000 千克，等外品 5 000 千克。每千克计划成本分别为 6 元、5 元、4 元和 2 元。

要求：编制苹果成本计算单并编制会计分录。

（八）某畜牧企业某月的"基本猪群饲养"和"两个月内仔猪"相关资料如下：上期结转的母猪照管下仔猪 200 头，活重 350 千克，成本为 6 000 元；本月基本猪群共繁殖仔猪 4 000 头，出生时活重为 4 000 千克；本月内将满两个月的仔猪 3 000 头，转入 2～4 个月内的幼猪群，转群时的活重为 12 000 千克；期内死亡两个月内的仔猪 300 头计 600 千克；期末仔猪出生后两个月内的增重量为 8 000 千克；期末结存两个月内仔猪为 900 头，活重为 1 600 千克；本期发生的饲养费用为 40 000 元，取得副产品价值为 1 600 元。

要求：根据以上资料计算各单位成本和总成本。

（九）某公路运输公司是一家从事客运和货运业务的运输公司，某月计算出当月应付工资薪酬情况如下：货车司机工资 400 000 元，客车司机工资 300 000 元，调度部门人员工资 40 000 元，车队管理人员工资 60 000 元，企业管理人员工资 80 000 元，该企业职工的医疗保险按工资总额的 12% 计提，养老保险按 10% 计提，失业保险按 3% 计提，住房公积金按 12% 计提。

要求：根据上述资料编制职工薪酬分配表，并编制会计分录。

（十）某公路汽车运输企业某月末根据燃料领用凭证及车存燃料盘点表等有关资料编制的燃料耗用计算汇总表如练习题表 9-2 所示。

练习题表 9-2　　　　　　　　燃料费用汇总表

领用单位	月初存油（升）	本月领用（升）	月末存油（升）	本月耗用（升）	单位成本（元/升）	费用总额（元）
客车	20 000	40 000	10 000	50 000	4.5	225 000
货车	30 000	50 000	20 000	60 000	4.5	270 000
合计	50 000	90 000	30 000	110 000		495 000

要求：根据以上资料编制客车货车燃料费用会计分录。

第十章

质量成本

本章内容引言：

质量即产品质量，指顾客实际感受到的产品效用水平与预期的产品效用水平之间的差异程度。

质量成本管理是指运用管理学、管理学和质量经济学的基本原理和方法对于企业产品质量的形成过程和结果进行预测、决策、计划、控制、核算、分析和考核的一种专业管理。它的主要内容包括两个方面：一方面是核算用于产品质量未达到规定标准而发生的各种损失，包括内部质量损失和外部质量损失；另一方面是为保证和提高产品质量发生的各项费用，包括检验费用和预防费用。

质量成本核算就是根基企业的生产经营特点和成本管理要求，选择相适应的质量成本核算体制，建立质量成本核算制度和相应的质量成本账户体系，结合财务会计核算体制，采用一定方法汇集和处理质量成本信息，正确反映质量成本的数额及构成。

质量成本控制是依据质量成本目标，对质量成本形成过程中的一切耗费进行严格的计算和审核，揭示偏差，及时纠正，实现预期的质量成本目标，并进而采取措施，不断降低质量成本。

质量成本分析是以质量成本核算提供的数据为基础，结合相应的计划、定额、统计和技术资料，运用一定的方法对产品质量成本各组成因素变动的内因和外因及相互间的关系进行的分析。质量成本分析是质量成本管理的关键环节。质量成本分析的方法有趋势分析法和指标分析法。

质量成本方法在实践中运用比较多的有全面质量成本管理和质量成本精细化管理。

关键术语： 质量成本　质量成本管理　内部质量损失　外部质量损失　质量成本核算　质量成本控制　质量成本分析　趋势分析法　指标分析法　全面质量成本管理　质量成本精细化管理

第一节　质量成本概述

一、质量成本的产生和发展

20世纪50年代初，美国质量管理专家菲根堡姆在他的研究报告中首次提出质量成本概念,半个多世纪以来,质量成本被广泛应用于企业管理,并在应用的实践中不断发展。

质量成本的形成与发展过程,体现了不同国家在不同时期对质量成本应用的不同需求,表明对质量成本理念的认知程度及其不断提高的过程。质量成本是市场经济发展到一定阶段的历史产物,它随着市场经济的发展而产生,并伴随着市场经济中质量管理和成本管理的结合而发展。研究质量成本形成和发展的历史,有助于引导人们沿着质量成本历史发展的轨迹,去认识和把握质量成本发展的规律,探索质量成本未来发展的趋势。

质量成本的形成与质量管理的发展密切相关,质量管理发展的过程包含着质量成本的萌芽和形成的过程。在国外,质量管理经历了近百年的发展历史,这段历史大体上可分为三个阶段,即标准化质量管理、统计质量管理和全面质量管理三个阶段。

(一) 标准化质量管理阶段

标准化质量管理主要指 1924 年以前的泰罗质量管理,其特点是依靠质量检验的专业化队伍,按照既定的质量技术标准进行事后检验和质量把关,以减少废、次品。标准化质量管理是在传统经验管理的基础上向科学管理迈出的可喜一步。这一阶段虽未形成对质量经济性的要求,但由于质量检验费用的大幅上升,引起了管理者的关注,并开始搜集有关质量检验费用的资料,为质量成本的形成提供了最原始的雏形。

(二) 统计质量管理阶段

第二次世界大战期间,由于军方对军品质量的要求越来越高,而且军工生产规模扩大,军品膨胀,在这种情况下,采用标准化质量管理对产品质量进行全数检验的方法既费工、又费时,且效果不佳,暴露出明显的不适应性。以美国电话公司工程师休哈特为代表,采用数理统计和概率的方法,对产品质量进行"抽样检验"和对废次品进行"防护性"的事前控制,既省时,又省工,且效果明显,成为当时质量管理的一大突破。接着,以道奇罗束格为首,采用统计方法,解决了在破坏性实验下,控制质量现状、减少损失的难题,成为质量管理的又一重大突破。两大突破促使了统计质量管理(Statistical Quality Control,SQC)的形成。在统计质量管理阶段,增强了质量经济性观念,质量成本的范围不断扩大,内容不断完善,质量成本基本成型。

(三) 全面质量管理阶段

美国质量管理专家 A·V·菲根堡姆在担任通用电气公司制造和质量经理期间提出了一种报告体系,把质量预防和鉴定活动的费用与产品质量不合格所引起的损失一并考虑,向公司最高领导层提供一种质量成本报告。该报告使公司各管理层可以在质量经济性方面沟通信息,使领导层了解质量问题及其对企业经济效益的影响,以引起领导层对质量工作的重视,便于领导进行质量决策。这种把质量与成本、质量与经济效益联系起来考虑的质量成本新概念为公司各方所接受,并迅速推广到其他公司,使质量成本在实践中逐步形成。

二、质量与质量成本概念

（一）质量的概念

我们可从顾客的角度定义质量，即产品质量，是指顾客预期的效用水平与实际感受道德效用水平两者间的差异程度。差异越小，表示满意度越高，质量越好，反之则越低。因此可用"顾客的满意度"来衡量质量的高低。通常用产品的"适用性""一致性"等质量属性予以描述。并将产品质量进一步分为设计质量与制造质量两种。

设计质量是指产品能够满足顾客需求的程度。在市场经济环境下，产品质量的高低，不是按照生产者的主观判断，而是取决于顾客的客观需求，所以顾客的需求是决定产品质量的关键因素。但如果提供质量多花费的成本超过了顾客所愿意支付的价格时，即出现"剩余质量"时，质量的提高就得不偿失。对企业来说，最佳的设计质量是利润最大化时的质量水平。

制造质量又称为合格质量或者一致性质量，指生产制造出来的产品符合设计规格，是合格产品，而且产品质量是均匀的，没有等级品之分。不符合规格的产品称为不良产品，不良产品需要修理、返工或降级为残次品出售，所有这些都需投入额外的费用或会带来经济损失。如果不良产品的缺陷未能在生产期内予以纠正，而是在顾客使用时发生故障，则需要更多的修理费用，并且会因此带来信誉损失。

（二）质量成本的概念

20世纪50年代初，美国质量管理专家J·M·朱兰在其出版的《质量控制手册》中提出，质量成本是"企业为保证和提高产品质量而支出的一切费用，以及因未达到质量水平而造成的一切损失之和"，质量成本概念经过半个多世纪的发展，其内涵与外延有了极大的扩展。

20世纪60年代初，美国质量管理专家A·V·菲根堡姆在《全面质量管理》一书中明确提出"工作质量成本"的概念，认为"工作质量成本"是指目前已能准确测算的企业内部的那部分成本，它包括控制成本和控制失效两部分。前者指预防成本和鉴定成本；后者指内部损失成本和外部损失成本。

20世纪70年代，西欧各国的企业质量体系中规范应用质量成本，英国制定了标准4778质量保证名词术语汇编，提出质量成本是"预防缺陷和检验活动费用与内部和外部故障造成的损失"。法国让·玛丽·戈格在《工业社会中的质量挑战》一书中提出：质量成本是"企业实际支出和不存在价值消耗时的假定开支间的差额"，扩大了质量成本的支出范围。

20世纪80年代，美国质量管理协会（ASQC）认为，质量成本"是对与达到或达不到产品或服务的质量要求有关的那部分费用的具体度量。这些质量要求可以由公司，或由公司与顾客所签订的合同，或由社会具体规定"到了90年代，国际标准ISO9004《质量管理和质量体系要素指南》把质量成本分为工作质量成本和外部质量保证成本两类。工作质量成本是指企业为达到和保证规定的质量水平所耗费的那些费用，其中包括预防和鉴定成本（或投资）、损失成本（或故障成本）。外部质量保证成本是按用户提供有关客观证据的要求而作的论证和证明所支付的费用,它包括特殊的和附加的质量保证措施、程序、数据、论证试验、评价的费用。这种表述把质量成本的目的、本质和构成内容进行了概括。

国际标准化组织 TC176 提出的名词术语——补充件(1)中指出,质量成本"是质量经济学的一部分。指生产方、使用方在确保和保证满意的质量时所发生的费用,以及当不能获得满意的质量时所遭受的损失"。这里,把质量成本作为质量经济学的一个概念,并把质量成本的主体扩大为生产和使用两方,把质量的标准锁定在"满意"或"不满意"上。此外,其他国家及有关学者对质量成本也作出了相应的定义。如,英国标准 4778《质量保证名词术语汇编》提出,质量成本是"预防缺陷和检验活动费用与内部和外部故障造成的损失"。

日本教授田口玄一通过他的损失函数来定义质量损失,认为在理想情况下,损失函数的常数是由所有内部成本、保证和现场成本、用户成本和社会成本所组成的综合成本。久米均教授认为,应把质量问题而失去的市场和防止质量问题而进行市场调查的费用,以及开发新产品、新品种的费用等都看作质量成本,强调既要看到有形的质量成本,也要看到无形的质量成本。

我国颁布的国家标准 GB6583·1—86《质量管理与质量保证术语》第一部分,明确规定"质量成本是将产品保持在规定质量水平上所需要的费用,它包括预防成本、鉴定成本、内部损失成本和外部损失成本"。而后,我国颁布的国家标准 GB/T10300·5—88《质量管理和质量体系要素指南》中提出,质量成本是指生产方、使用方在确保和保证满意质量时所发生的费用以及因不能获得满意质量时所遭受的损失。

1990 年 8 月,我国国家技术局拟定的国家标准《质量成本管理导则》(第二稿)把质量成本定义为:将产品质量保持在规定的水平上所需的费用,除预防、鉴定、内部损失、外部损失外,在特殊情况下,还需增加外部质量保证成本。在我国,成本管理学家许毅教授提出:"质量成本是工业企业为了保证和提高产品质量而支付的一切费用,以及因未达到质量标准而发生的一切损失之和"。管理学家林万祥教授则认为,质量成本是与产品质量活动有关的劳动耗费,是为了保证和提高产品质量的目的而支出的一切有效费用以及未达到目的而造成的一切损失。

王又庄、衣延章认为,质量成本是"企业为确保规定的产品质量水平下和实施全面质量管理而支出的费用,以及因未达到规定质量标准而发生损失的总和。它既包含预防成本、检验成本、厂内损失、厂外损失等直接质量成本,又包含了外部质量保证成本等间接的质量成本"。这种表述强调增加"外部质量保证成本"。

由此可见,质量成本在实际应用和理论研究的推动下,得到不断的完善和发展。总结以上学者观点,质量成本是与产品质量活动有关的劳动耗费,是为了保证和提高产品质量而支出的一切有效费用,以及因未达产品质量标准,不能满足用户和消费者需求而产生的一切损失。

三、质量成本项目

质量成本项目是按照经济用途对质量成本进行分类的项目,设置质量成本项目有利于对质量成本项目进行分类确认、计量、归集和汇总,以提供满足管理需要的质量成本信息,我国把质量成本分为预防成本、鉴定成本、内部损失成本、外部损失成本和外部质量保证成本,分述如下:

1. 预防成本

预防成本是用于保证和提高产品质量,防止产品低于质量标准而发生的措施费用。具体包括质量工作费、质量培训费、质量奖励费、产品评审费、质量改进措施费和质量管理专职人员工资及附加费。

(1) 质量计划工作费。质量管理体系中,为预防、保证和控制产品质量而制定的质量政策、目标、标准及开展质量管理所发生的办公费、宣传费、搜集情报费,以及编制手册、制定全面质量管理计划、开展 QC 小组活动、组织质量管理工作和工序能力研究等发生的费用。

(2) 新产品评审费。新产品研制设计阶段,对方案设计的评审和新产品试制质量评审活动所发生的一切费用。

(3) 质量培训费。为了达到所要求的质量,提高人员素质,对企业有关人员进行质量意识、质量管理、检测技术、操作水平等培训所发生的费用。

(4) 质量奖励费。为保证和改进产品质量而支付的各种奖金,如 QC 小组成果奖、产品升级创优奖、质量信得过集体和个人奖、有关提高产品质量的合理化建议奖以及为提高产品质量管理作出成绩的奖励等。

(5) 质量改进措施费。为建立质量保证体系、提高产品及工作质量、改变产品设计、调整工艺、开展工序控制、进行技术改进的措施费用等。

(6) 质量管理人员工资及福利费。质量管理部门和车间从事专职质量管理人员的工资及计提的职工福利费。

2. 鉴定成本

只对原材料、半成品、产成品和设备进行测试、鉴定和实验的费用。具体包括检验试验费、工资及附加费、检验试验办公费、检验测试设备费和房屋折旧费。

(1) 进货检验费。对外购原材料、外购半成品和其他配套协作进厂检验、化验分析所发生的费用。

(2) 工序检验费。制造过程中检验产品或零部件在各道工序的加工是否符合质量要求所发生的费用。

(3) 产品检验费。签发产品出厂合格证以前按照有关质量标准进行检查、测试检验等所发生的费用。

(4) 测试手段维护检准费。使计量工具、测试仪器、仪表、设备保持标准状态的检验、核准、维修费以及检验测试用的设备、房屋的折旧费用和有关低值易耗品摊销额。

(5) 工资及福利费。专职检验、测试、计量人员的工资及计提的职工福利费。

3. 内部损失成本

指零部件、半成品、产成品在出厂前由于质量原因造成的损失和处置费用。具体包括废品损失、返修损失、停工损失、事故分析处理费和产品降级损失。

（1）废品损失。它指无法修复或经济上不值得修复的在制品、半成品及产成品报废而造成的净损失。

（2）返修损失。对不合格的产成品、半成品和在产品进行修复，使之达到规定的质量标准而发生的材料、人工和其他费用。

（3）停工损失。它指由于产品或零部件的缺陷，使设备停机、人员停工造成的损失费用。

（4）事故分析处理费。它指由于质量问题进行分析处理所发生的损失费用。如判定不合格品能否使用所进行的处理工作而发生的费用，或由于抽样检查不合格品进行筛选的费用。

（5）产品降级损失。它指产品因外表或局部的质量问题，达不到规定的质量标准，又不影响主要性能而降级处理的损失。

4. 外部损失成本

指零部件、半成品、产成品在销售出厂后的用户使用过程中，由于质量原因造成的损失，以及为防止和处理质量问题而发生的费用。具体包括索赔费用、退货损失、保修费、诉讼费和产品降价损失。

（1）退货损失。它指产品出厂后，由于质量缺陷造成用户退货、换货而支付的一切费用。

（2）保修费用。它指产品在保修期间或根据合同对用户提供修理服务而支付的费用。

（3）理赔费。它指根据合同或协议规定，赔偿用户因产品质量低劣而蒙受的经济损失以及用户提出申诉，企业为处理申诉所支付的费用。

（4）折价损失。它指由于产品质量低于规定的质量标准，与用户协商同意折价出售，因折价而造成的损失。

5. 外部质量保证成本

指为提供用户要求的客观证据所支付的费用，包括特殊和附加的质量保证措施、程序、数据、证实试验和评定的费用，如由公认的独立试验机构对产品质量特殊安全性能进行试验所支付的费用。

第二节　质量成本管理的含义及发展历史

一、质量成本管理的含义

（一）质量成本管理的概念

质量成本管理是指运用管理学、管理学和质量经济学的基本原理和方法对于企业产品质量的形成过程和结果进行预测、决策、计划、控制、核算、分析和考核的一种专业管理。它的主要内容包括两个方面：一方面是核算用于产品质量未达到规定标准而发生的各种损失，包括内部质量损失和外部质量损失；另一方面是为保证和提高产品质量发生的各项费用，包括检验费用和预防费用。

（二）质量成本管理的作用

美国著名质量管理专家朱兰（J. M. Juran）1994年在美国质量管理年会上说过，20世纪将以"生产率的世纪"载入史册，21世纪将是一个质量的世纪，全球化的竞争由价格竞争转向质量竞争。质量已成为企业生存和发展的第一要素。世界上许多成功的公司，如美国福特汽车公司、英国的英国通讯公司、日本的富士和丰田公司、墨西哥的克莱斯勒公司等都把全面质量管理（TQM）作为20世纪90年代最主要的成功因素，因为全面质量管理能够减少成本，并提高顾客的满意度。许多久负盛名的大奖，如美国的MalcolmBaldrige质量奖、日本的Deming奖；墨西哥的PremioNacionaldeCalidad奖都是为优异质量而设置的。

第一，有利于控制和降低成本。随着时代的发展，产品结构日趋复杂，顾客对外观、精密度、可靠性的要求越来越高，使产品质量成本在产品总成本中所占的比重不断增多。

第二，是寻求提高产品质量的一种途径。对质量成本进行分析与计算，有助于推进质量改进计划的实施，提高产品的可靠性，预防潜在不合格的发生。

第三，便于管理层掌握质量管理中存在的问题。通过质量成本计算与分析，企业的管理层能看到各项费用所占的比例，能具体了解产品质量和质量管理中存在的问题，以及对企业经济效益带来的影响。

第四，可以拓宽成本管理道路。过去，我国的成本管理实际上只是成本的事后计算，没有管理到生产经营的全过程，因此目标成本没有有效手段进行控制。引入质量成本后，对成本实施全过程的预防性控制，针对不同职能，分别核算，从而扩大成本管理的职能和工作范围，使成本管理进入一个新阶段。

（三）质量成本管理的特征

第一，广泛性。质量成本具有广泛的内涵，它要求功能、成本、服务、环境、心理等诸方面都能满足用户需要，它既适用于有形的产品，也适用于无形的劳务，如服务质量、工作质量、管理质量、决策质量等。因此，现代质量成本不仅反映物质生产部门的质量成本状况，而且还能覆盖非物质生产部门质量管理的效益状况。质量成本除了反映现实的内容外，还研究反映潜在的和隐含的质量成本支出。

第二，动态性。质量成本是个相对的、变化的、发展的概念，它会随着地域、时期、使用对象、社会环境、市场竞争的变化而被赋予不同的内容和要求，而且随着社会的进步及知识的更新，其内涵与要求也不断地更新和丰富。因此，质量成本作为服务于质量经营和体现产品质量适用性的专项成本，必须保持自身的动态性，随着产品质量适用性的变化而变化。如随着社会文明的进步，现代新型产品必须具有环保、无污染、节能和更高的安全性等质量要求，这都是新型产品质量成本投入的新的增长点。

第三,多样性。由于不同的质量成本主体所要达到的目的各不相同,质量成本的考核方法也多种多样,因此,质量成本除了主要采用货币计量形式外,还要兼用其他的计量形式,从而从各个侧面反映质量成本的内在属性。

第四,收益性。质量成本作为服务于企业资本增值盈利的管理成本,目的是通过核算和反映一定量的质量改进资本投入与由此产生的质量收益之间的相互关系,寻求两者之间的最佳结构,从而为质量经营决策提供全面的价值依据。因此,现代质量成本不仅要能及时、有效地反映企业的质量成本支出,而且还要反映质量收益,进行质量成本的经济效益核算和决策,以便企业在市场竞争、顾客需求和企业生存、获利之间进行权衡。

由国家技术监督总局拟定的国家标准《质量成本管理导则》(第二稿)中所规定质量成本的内涵是:将产品质量保持在规定的水平上所需的费用。它包括预防成本、内部损失成本、外部损失成本,在特殊情况下,还需增加外部质量保证成本。

二、质量成本管理的发展

质量成本管理在20世纪后期得到了长足发展,基础性质量成本管理分别与作业成本、战略成本、目标成本和责任管理相结合,形成了作业质量成本管理、战略质量成本管理、目标质量成本管理。

(一) 作业质量成本管理

20世纪80年代后,在美国出现了以"作业"为核心的作业成本计算(ABC)及其相继发展的作业成本管理(ABCM)。以"作业"为核心,围绕成本展开的计算和管理体系的应用,取得了显著的管理效益。这种新的计算和管理体系,完全突破了传统成本计算和成本管理的模式,将管理重心深入每一个作业层次,这是现代管理史上的一次重大变革,有人称之为"作业革命"。"作业革命"导致ABC、ABCM体系的形成,从而为变革传统质量成本管理提供了重要思路。通过质量作业的确认和划分,把质量成本管理延伸到"作业"层次,从而为构建作业质量成本管理的新体系提供了理论前提。现就作业质量成本管理的主要方面阐述如下。

1. 作业质量成本分析

(1) 质量作业分析。质量作业分析主要是对质量关联作业及其成本进行分析。从定性分析到作业耗费的价值量分析,再到质量作业的效果分析,是一个不断完善的过程从质量增值作业与非增值作业的界定,到作业质量成本分析,再到效果分析,体现了质量作业分析的不断深入。

从具体质量作业分析演进为按质量作业中心展开分析显得更为重要。质量作业中心某一重要业务过程的质量关联作业所组成的集合体。设立质量作业中心应从企业的实际出发与质量形成过程、组织结构相联系。由于产品的形成过程就是内涵产品质量的形成过程,因而围绕产品生产活动而设置的各个职能部门可能设置为一个作业中心,比如,将质量检验部门(科、室)作为一个作业中心,把与质量检验有关的作业集合于这个中心,从而构成质量检验作业中心。根据管理需要,也可以在一个部门内把质量作业细分,形成若干作业中心。

从质量成本管理的角度考虑,可按质量成本的构成,分设预防作业中心,检验作业中心,内部缺陷作业中心和外部缺陷作业中心四个质量作业中心,从而更有利于作业质量成本的分析和管理。

(2)质量作业成本动因分析。成本动因(cost driver)即驱动成本的本源,作业成本动因则为引发作业成本的驱动因素。质量作业成本动因分析旨在减少和消除低效和无效作业以及由于这些作业而耗费的资源,这是从根源上寻找优化质量作业和质量成本的有效方法。质量作业成本动因分析,可以通过"头脑风暴法"等形式,与该作业过程的相关人员协作,对质量作业进行成本——效益分析,力求排除执行质量作业中表现为各种低效和无效因素的成本动因。

2. 质量作业绩效评价

日常质量作业绩效的评价,是 ABCM 下,对作业执行效果的测定和评估,其中,执行作业的业绩计量是评价的基础。质量作业的业绩计量标准必须符合 ABCM 的目标要求,如改进质量、节约成本、用户满意、顾客价值最大等。科学的质量作业绩效是评价的基础。质量作业的业绩计量标准必须符合 ABCM 的目标要求,如改进质量、节省成率、用户满意、顾客价值最大等。科学的质量作业绩效评价体系应体现各个作业中心"责权利"的统一,有利于作业质量成本管理的持续改善和不断创新。

(二)战略质量成本管理

战略质量成本管理是在质量成本会计和战略成本管理的基础上衍生形成的,主要以"战略定位"和"价值链分析"为核心,是质量成本管理的新领域。现将战略质量管理的主要方面阐述如下。

1. 战略质量成本分析

(1)战略质量成本定位分析。战略质量成本定位分析是指企业在赖以生存的市场上如何选择竞争武器,以抗衡竞争对手的分析方法。美国著名的战略管理学者迈克·波特提供了三种基本竞争战略:成本领先战略、差别化战略和目标集聚战略。企业可以根据自身的生产经营情况加以采用。

成本领先战略,是指企业通过加强内部质量成本控制,在建设投产、研究开发、生产、销售、服务等环节,把质量成本降到最低限度,在行业质量成本中处于领先地位。企业采用质量成本领先战略,主要是面对行业中的竞争压力,增强企业讨价还价能力和竞争能力。

差别化战略,主要是提供与众不同的产品质量和服务,满足顾客特殊要求,形成竞争优势战略。如在品牌形象设计、技术特点、售后服务质量等方面,独树一帜,具有特色。

目标集聚战略,是指企业把质量成本管理的重点放在一个特定的目标市场上,为特定地区或特定购买群体提供特定质量的特殊产品和服务。一般采用这种战略质量成本管理的企业,基本上是特殊的差别化企业或特殊的成本领先企业。

(2)战略质量成本价值链分析。战略质量成本的价值链分析主要包括行业价值分析、企业内部价值链分析和竞争对手价值链分析。行业价值链分析就是从战略上明确企业在行业价值链中的位置、分析企业自身与上游（供应商）、下游（分销商和顾客）价值链的关系，充分利用上游与下游价值链活动，促进质量成本的降低，调整企业在行业价值链中的位置与范围，把握质量成本优势。战略质量成本管理的内部价值链分析的目的就是要找出产品质量最基本的价值链，揭示哪些质量作业是增值作业，哪些质量作业是非增值作业，探索改善质量和提高增值作业的途径，达到降低质量成本的目的。

（3）战略质量成本动因分析。成本动因是指引起产品成本发生变动的原因。战略质量成本动因分析旨在探索减少和消除低效和无效作业，消除消极的战略质量成本动因，从根本上寻找优化质量成本的有效方法。

2. 战略质量成本业绩评价

战略质量成本的业绩评价不但应与企业的质量竞争战略相结合，而且应将业绩评价指标由财务指标系统扩展到非财务指标系统。例如，采取产品差异化战略，既要注重新产品收入占全部收入的比率等财务指标，又要注重新产品上市的时间、产品市场占有份额、产品创新率、技术进步率等非财务指标。

（三）目标质量成本管理

目标质量成本管理是以"目标"为核心，以作业质量成本计算为基础，以降低和优化质量成本为目的，通过目标质量成本的设立、分解、控制和考评，达成质量成本目标的一个信息系统。现将目标质量成本管理的主要方面阐述如下。

1. 目标质量成本分析

目标质量成本分析的主要内容一般包括：目标质量成本执行情况分析，目标质量成本结构分析、目标质量成本责任分析。

（1）目标质量成本执行情况分析。目标质量成本执行情况分析是综合运用核算提供的资料。通过对比分析，揭示实际脱离目标的差异，并对目标的执行作出总体评价。在此基础上，通过因素分析，测算各因素变动对目标执行情况的影响程度，落实原因，提出改进的目标和措施。

（2）目标质量成本结构分析。目标质量成本结构分析亦称优化分析，是通过结构分析，达到优化质量成本的目标。质量成本的结构可用以公式表示：

鉴定成本率 = 鉴定成本/质量成本 × 100%（国外优化结构参数：10% ~ 50%）

预防成本率 = 预防成本/质量成本 × 100%（国外优化结构参数：0.5% ~ 10%）

内部缺陷成本率 = 内部缺陷成本/质量成本 × 100%（国外优化结构参数：25% ~ 40%）

外部缺陷成本率 = 外部缺陷成本/质量成本 × 100%（国外优化结构参数：25% ~ 40%）

由于不同行业、不同企业质量特征及其对质量的要求不同，从而质量成本的结构也不完全一样，因此，国外质量成本优化结构的比率只能作为参考，具体的优化结构要从企业的实际出发，具体确定。

2. 目标质量成本考核

目标质量成本的考核不仅要通过分析，落实未达目标的责任，而且还应对各个责任单位的业绩进行评价。目标质量责任成本业绩评价的指标，就是对责任单位的考核指标。检验部门的考核指标大体有：目标鉴定成本，鉴定成本占质量成本的比例，检验资源和检验质量，包括漏检率、错检率及其损失等。质量管理部门的考核指标大体有：目标预防成本，预防成本占质量成本的比例，预防措施，管理质量、工作失误损失等。分厂车间、班组的考核指标大体有：目标内部缺陷成本，内部缺陷成本占质量成年的比例，百元产值商品损失率和内部损失率，合格率，返修率，超差品率，停工率，质量事故等。销售维修部门的考核指标大体有：目标外部缺陷成本，外部缺陷成本占质量成本的比例，外部缺陷反馈率，反馈及时率，维修服务质量，工作失误损失等。其他部门考核指标的选择，应区别不同部门对质量和质量成本产生影响的情况而定，如各部门分管质量成本措施指标的完成情况、工作失误损失等。

（四）质量成本责任管理

质量成本责任管理是质量成本管理与责任管理结合应用而形成的一种新型管理。其核心是通过建立质量成本中心，对质量成本实施严密的责任控制，以服务于质量成本管理。质量成本责任管理的实际应用，对发挥管理在质量成本领域中的管理职能，落实质量成本责任具有特殊意义。

质量成本责任管理是在质量成本管理与责任管理结合应用的基础上共同发展而形成的。在质量成本管理中应用责任管理的基本原理和方法，一方面发展了质量成本管理，另一方面又扩大了责任管理的服务领域，丰富了责任管理的内容，使责任管理与质量成本管理在结合应用中相互促进，共同发展。质量成本责任管理既是质量成本管理发展中形成的一个新领域，又是责任管理发展中形成的一个新领域。现将质量成本责任管理的主要方面阐述如下。

1. 建立质量成本责任中心

建立质量成本责任中心是实施质量成本责任管理的前提。按照责任范围，正确划分质量成本的责任中心，明确责任主体，从而站在各责任中心的主体立场编制质量成本责任预算，组织责任核算，进行业绩评价与考核，编制业绩报告等。按照承担质量成本的责任范围的不同，可将质量成本责任中心划分为四个主要的责任部门和单位。

（1）质量管理部门。质量管理部门作为预防费用的责任中心，负责预防费用的预算、使用、控制、核算和管理。凡是引起预防费用变动的可控因素，如宣传、培训、计划、预防改进措施、产品评审、质量管理活动等都属于本中心的责任范围。

（2）质量检验部门。质量检验部门作为鉴定费用（检验费用）的责任中心，负责鉴定费用的预算、使用、控制、核算和管理。凡是引起鉴定费用变动的可控因素属于本中心的责任范围。如对原材料、外购件、自产的零部件、半成品、产成品的检验、测试、化验、检测以及检测设备的折旧和维修费、质量保证和办公费的支出等。

（3）生产单位。生产单位是指直接制造产品的内部生产单位，如各个生产分厂和生产车间。作为内部缺陷成本的责任中心，负责对内部缺陷成本的控制、核算和管理。凡是属于该中心能够控制并形成内部缺陷成本的，都是其责任范围，如不合格品损失、返工损失、降级损失、停工损失、质量事故分析处理费用、其他质量损失等。

（4）销售及修理部门。负责对外部缺陷成本的控制、核算和管理，视为外部缺陷成本的责任中心。凡是属于该中心能够控制并形成外部缺陷成本的业务范围，便是其应承担的责任范围，如处理索赔、退货、折价、保修的损失等。

2. 质量成本业绩评价与考核

质量成本业绩评价与考核是质量成本责任管理的重要环节，其评价和考核的主要内容包括：质量成本预算执行情况的评价与考核，产品质量成本比率指标的评价与考核，产品质量成本指标的评价与考核，责任单位质量成本指标的评价与考核。

第三节 质量成本的核算、控制、报告与分析

一、质量成本的核算

（一）质量成本核算的概念

质量成本核算是指根据企业的生产经营特点和成本管理要求，选择相适应的质量成本核算体制，建立质量成本核算制度和相应的质量成本账户体系，结合财务会计核算体制，采用一定方法汇集和处理质量成本信息，正确反映质量成本数额及构成。

质量成本核算是企业开展质量成本分析、撰写质量成本报告、制定质量成本计划、实施质量成本控制以及反映企业质量管理工作绩效的依据，是企业质量成本管理中一个很重要的环节。

（二）质量成本核算的意义

在企业的生产经营过程中，各个阶段的产品或工作很难做到百分之百地符合质量要求，因而必然存在由于不合格问题引起的损失和为减少这种损失而进行预防所发生的费用。所以，质量成本在企业的实际生产经营过程中一直都在发生，是客观存在的。

企业质量成本是生产经营过程中那些与不合格问题有着密切联系的费用。顾客的质量要求与企业发生的质量成本密切相关，但是，并非为满足顾客质量要求所做的努力都计入质量成本。比如，针对企业合同中顾客的质量要求而进行的产品和服务质量改进导致的费用支出不能计入质量成本，正常生产状态下的工人工资及福利费、材料费等不能计入质量成本。必须注意的是，企业只有在明确了顾客的质量要求而制定出相关的质量标准和规范后，才能确定质量成本的核算基准。基于这一观点将有助于企业在开展质量成本管理活动时更好地理解质量成本的概念，并使有关的工作程序更具可操作性。企业进行质量成本核算的目的并非只是了解质量成本发生了多少，相关责任的归属问题，而是为质量成本分析、比较以及在此基础上作出质量成本改进方案的决策提供依据，从而达到最终实现提高质量、降低成本、增加企业经济效益的目的。

企业质量成本核算是用货币形式来综合反映企业质量管理活动的状况和成效，为企业质量改进提供依据，从而提高企业质量管理工作的科学性和可操作性。企业质量

成本核算具有四个方面的重要作用：揭示质量问题，提供质量改进的依据；提供可靠数据，保证质量成本管理的成效；探求合理关系，提高质量管理的经济性；满足顾客要求，提供质量管理证据等。

（三）质量成本核算的方法

1. 显性质量成本核算方法

显性质量成本是在组织的会计记录中加以反映的成本，一般按实际发生额进行计量，显性质量成本核算的实质就是对企业质量费用的投入与质量效益的产出进行核算。其基本方法为统计核算法、会计核算法和业务核算法。

（1）统计核算法。

统计核算法就是采用货币、实物量、工时等多种计量单位，收集和整理在经济活动中能够反映经济现象特征和规律的数据资料，运用一系列统计指标和统计图表，通过统计调查的方法取得资料，并对统计数据进行分组、整理获得所需要的各种信息，以揭示基本规律。

统计核算的主要方法有全面调查、重点调查、抽样调查、分组法和平均法等。质量成本的统计核算大致可按质量成本的统计调查、统计整理和质量成本报表编制等三个步骤进行。其特点如下：以揭示经济现象的特征和规律为目的，不要求资料很完整；用货币、实物量、工作等多种计量单位，运用一系列统计指标、统计图表；要建立统计报表制度；经常地、连续地进行；绝大部分数据是从成本、费用核算资料中获得的。

（2）会计核算法。

会计核算法主要是通过记账、算账和报账等手段，连续系统地反映和监督企业经济活动的全过程。会计核算法的特点是：采用设置账户、复式记账、填制凭证、登记账簿、成本计算、财产清查以及编制报表等一系列专门方法，按经济活动顺序连续、系统、全面、综合地记录；货币为统一计量单位；记账凭证记录经济活动的全过程。

（3）业务核算法。

业务核算法是对个别业务事项的记载，主要是进行单个业务的抽样核算。业务核算法的形式多样，没有一套专门的方法。

在核算过程中，应将上述三种核算方法协调使用，使之互补，形成质量成本核算体系。从质量成本核算对象以及会计方法和统计方法两种核算法的特点看，宜采用会计核算法和统计核算法结合的方法进行核算。若以会计核算法为主进行核算，有一定难度。

2. 隐性质量成本核算方法

质量成本的核算不仅仅是显性成本的核算，隐性成本对一个企业的发展也举足轻重，所以隐性成本的核算也应该得到重视。由于隐性质量成本是质量不合格所导致的机会成本，因而不能从会计记录中获取，当隐性成本数额较大时，应当予以评价。常用的方法有：

（1）乘数法。

乘数法的原理是假定全部故障成本是所估量的故障成本的若干倍数。由此得出：

全部故障成本 = $K \times$（所计量到外部故障成本）

其中，K 是乘数效应，其值根据经验确定。公式中"所计量到的外部故障成本"为显性质量成本，"全部故障成本"则为显性质量成本和隐性质量成本之和。

【例 10 - 1】 若某公司的 K 值为 3 ~ 4，假定已计量的外部故障成本为 1 000 000 元，则实际外部故障成本在 3 000 000 ~ 4 000 000 元。

运用该法的关键是 K 值的确定，K 值的大小左右了隐性质量成本的大小，实际应用中 K 值只能依靠经验确定，故该法存在不易操作，主观性大的缺点。

(2) 市场研究法。

规范的市场研究法可以评估产品质量低劣对销售及市场份额的影响，对顾客的调查与公司销售队伍的面谈，可用于预测由于低劣质量所导致的未来利润的损失。该法的运用需建立在大量的市场调研的基础上，需耗费大量的人力和财力，并未能提出具体的操作方法，操作性较差。

(3) 塔古奇质量损失函数。

零缺陷原理通常认为，隐性成本只有当产品超出规格的上下限时才会存在，而塔古奇损失函数则假设，对一个质量目标值的任何偏差，都会引起隐性质量成本。而且，当实际值偏离目标值时，隐性成本以该偏差值的平方增加。

该损失函数可用下式表示：$L(y) = K(y - T)^2$

其中：K 为外部故障成本结构的比例常数；

　　　y 为质量特征的实际值；

　　　T 为质量特征的目标值；

　　　L 为质量损失。

运用此函数式，关键在于估计 K 值。K 值是通过将某一规格界限外的估计成本除以该界限偏离目标值的方差计算而得。即：$K = c/d^2$

其中：c 为估计的超出规格上限或下限的成本损失；

　　　d 为界限与目标值的距离。

该法与乘数法的缺点相似，也需估计 K 值，故同样存在不易操作，主观性较大的缺点。

【例 10 - 2】 假设 K = 300，T = 5cm，4 件产品的质量损失计算如表 10 - 1 所示。

表 10 - 1　　　　　　　　　　**质量损失计算表**

单位	实际直径 y (cm)	y - T	(y - T)2	K(y - T)2
1	4.9	-0.10	0.01	3.00
2	5.1	0.10	0.01	3.00
3	5.2	0.20	0.04	12.00
4	4.8	-0.20	0.04	12.00
总数			0.10	30.00
平均数			0.025	7.50

二、质量成本的控制

质量成本控制是依据质量成本目标,对质量成本形成过程中的一切耗费进行严格的计算和审核,揭示偏差,及时纠正,实现预期的质量成本目标,并进而采取措施,不断降低质量成本。质量成本控制模型一般分为两种:

(一) 传统质量成本控制模型——可接受的质量水平模型

传统质量成本管理的目标是寻找可接受的质量水平。可接受质量水平模型建立在传统的不良产品的概念基础上,允许生产一定数量的不合格的有缺陷的产品。

从质量成本的基本构成来看,预防成本和鉴定成本属于质量控制成本,而内部损失成本和外部损失成本属于质量失败成本,控制成本与失败成本两者之间存在此消彼长的关系,当控制成本增加时,产品缺陷率降低,失败成本也将会减少。只要失败成本的减少大于控制成本的相应增加,公司就应该继续增加预防或鉴定等控制。最终,当控制成本与失败成本相等时即实现总质量成本最小,该成本最优平衡点即是"质量成本最佳点",所确定的成本即为"最佳质量成本"与"最佳质量成本"相对应的产品合格率,即为"最佳质量成本水平",也就是传统质量成本管理所追寻的目标;可接受的质量水平,AQL 允许生产并销售一定数量的缺陷性产品。如图 10-1 所示,当质量改进达到最佳点 A 点以前,总质量成本是下降的;而超过最佳点时,总质量成本又呈上升趋势。

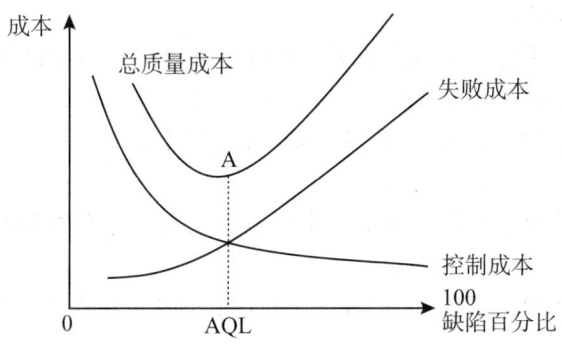

图 10-1 可接受的质量水平

(二) 现代质量成本控制模型——零缺陷模型

20 世纪 70 年代后期,AQL 受到零缺陷模式的挑战。零缺陷模式要求将不符合质量要求的产品降低到零。企业生产的不符合质量的产品越来越少,就可以比继续实施 AQL 模式的企业取得更多的竞争优势。我国工业企业从 1978 年开始推行全面质量管理。全面质量管理的推行将零缺陷模式往前推进了一步。

全面质量管理强调顾客愿意接受并支付增加价值的作业,而对于非增值作业应彻底消除。根据现在质量成本观点,内部和外部缺陷作业及其相关联的成本都属于非增值作业,应予以彻底消除。预防作业则可视为增值作业而予以保留;而一部分的鉴定作为是预防作业所必需的，如质量审计，应视为增值对象。在按照零缺陷模型实施成本控制的情况下，质量成本实际上就只包括预防成本和鉴定成本，通常所说的内部损失成本和外部损失成本并不存在。也可以这样认为，零缺陷模型的直接目的就是要彻底消除各种形式的损失成本。

三、质量成本的报告

（一）质量成本的性态

为了使质量成本业绩报告能起到应有的作用，须在编制报告之前，先对质量成本进行性态分析，即将质量成本分为变动成本和固定成本。对变动的质量成本而言，质量的改善是由变动成本率的降低来显示的。利用报告期间、期初及期末的变动成本率，即可算出实际节约（或增加）的成本；利用预计及实际的成本率，也可衡量该期间的目标进展情况。对于固定质量成本的评价，则只需将实际成本与预计成本相比较，而不必将这些成本占销售额的比率与标准比率相比较。

（二）质量业绩报告类型的选择

编制质量业绩报告的目的，是为了提供衡量一个企业在实施改善质量计划中所取得成就的有关信息，以便作出正确的评价。

质量业绩报告，大体上有四种类型：

（1）与年度标准相比较的报告；

（2）与上年质量业绩相比较的报告；

（3）自实施质量改善计划以来的趋势报告；

（4）与长远目标相比较的报告。

零缺陷的质量标准对大多数企业而言，不可能一朝一夕就实现，只能逐步达到，为此，在确定现实零缺陷这一长远目标所需的期限的同时，作出逐年达到此目标的渐进计划。以便于检查计划执行的情况，从中发现问题，及时改进，同时总结经验教训，所以，为了从不同侧面的比较中作出比较全面的评价，质量业绩报告既要有当年执行结果与计划的比较，也要有上年及将来目标的比较。

（三）质量业绩报告

1. 年度标准报告

零缺陷目标的实现是一项长期的任务，因此企业应建立每个年度所要达到的质量标准，并据此拟定达成此标准的具体计划。由于质量成本实际上是质量的衡量，目标水平可以用各类质量成本的预算金额来表达，到年度终了时，即编制该年度业绩报告时，用该期的实际质量成本与预算成本作比较，以此衡量该期间内的进展。

某企业年度标准业绩报告如表 10-2 所示。

可见根据该年度报告，该企业整体业绩与预期的标准较为接近（11.22%；10.97%），相差仅 4 000 元，占销售额的 0.25%。

2. 年度之间的比较

某企业连续两个年度质量业绩报告比较如表 10-3 所示。

表 10-2　　　　　　　2015 年度标准业绩报告：质量成本　　　　　　单位：元

项目	实际成本	预算成本	差异
（一）预防成本			
固定：质量培训	21 000	19 000	2 000（U）
固定：质量工程	42 500	41 000	1 500（U）
小计	63 500	60 000	3 500（U）
（二）鉴定成本			
变动：原料检验	10 000	12 500	2 500（F）
变动：产品检验	7 000	8 000	1 000（F）
变动：仪器校正与维修	20 000	18 000	2 000（U）
小计	37 000	38 500	1 500（F）
（三）内部故障成本			
变动：废料	27 500	25 000	2 500（U）
变动：整修	17 500	19 000	1 500（F）
小计	45 000	44 000	1 000（U）
（四）外部故障成本			
固定：顾客抱怨	12 500	12 500	0
变动：售后保证	14 000	11 500	2 500（U）
变动：修理	7 500	9 000	1 500（F）
小计	34 000	33 000	1 000（U）
（五）质量成本合计	179 500	175 500	4 000（U）
（六）占实际销售额的百分比*	11.22	10.97	0.25（U）

注：2015 年度实际销售额 1 600 000 元。

表 10-3　　　　　　　连续两个年度质量业绩报告比较　　　　　　单位：元

项目	实际成本 2015 年度	实际成本 2016 年度	差异
（一）预防成本			
固定：质量培训	21 000	20 500	500（F）
固定：质量工程	42 500	41 000	1 500（F）
小计	63 500	61 500	2 000（F）
（二）鉴定成本			
变动：原料检验	10 000	7 500	2 500（F）
变动：产品检验	7 000	600	1 000（F）

续表

项目	实际成本 2015 年度	实际成本 2016 年度	差异
变动：仪器校正与维修	20 000	13 000	700（F）
小计	37 000	26 500	10 500（F）
（三）内部故障成本			
变动：废料	27 500	25 500	2 000（F）
变动：整修	17 500	16 000	1 500（F）
小计	45 000	41 500	3 500（F）
（四）外部故障成本			
固定：顾客抱怨	12 500	10 500	2 000（F）
变动：售后保证	14 000	13 000	1 000（F）
变动：修理	7 500	7 000	500（F）
小计	34 000	30 500	3 500（F）
（五）质量成本合计	179 500	160 000	19 500（F）
（六）占实际销售额的百分比*	11.22	6.4	4.82（F）

注：2015 年度实际销售额 1 600 000 元；2016 年度实际销售额为 2 500 000 元。

从表 10-3 中数据比较可以看出，在减低成本方面，2016 年度又有新的进展。总质量成本减少 19 500 元，各项质量成本有所下降，其中以鉴定成本降低的幅度较大，原因是维修水平提高，维修人员工资减少了。但质量成本占销售额的比例仍为 6.4%，与目标水平（5%）尚有一定差距，说明仍有潜力可挖。

3. 多年度之间的趋势比较

【例 10-3】设某企业有关资料如表 10-4 所示。

表 10-4　　　　　　　某企业成本分析

年度	质量成本（元）	实际销售额（元）	成本占销售额之百分比（%）
2011	32 500	160 000	20.3
2012	30 700	175 000	17.5
2013	28 550	191 000	14.9
2014	26 750	212 500	12.6
2015	24 500	228 000	10.7
2016	22 250	256 000	8.71

以 2011 年为起点，设目标值为 5%，从显示的信息来看，该企业在控制质量成本

方面是有成效的，质量成本占销售额的比重，在 6 年中，由 20.3% 下降至 8.71%。

四、质量成本的分析

（一）质量成本分析含义

质量成本分析是以质量成本核算提供的数据为基础，结合相关的计划、定额、统计和技术资料，运用一定的方法对产品质量成本各组成因素变动的内因和外因及相互间的关系进行的分析。质量成本分析是质量成本管理的关键环节，因为它在不断提供产品质量的前提下，寻找降低质量成本的途径，提高企业经济效益。

（二）质量成本分析方法

质量成本原始资料汇总分类后，在报告中体现的都是一些静态的数据。有必要对这些静态的数据进行分析，以得出有价值的决策信息和改善信息，这也是质量管理的目的所在。常用的方法有以下几种：

1. 趋势分析法

趋势分析法是指在较长时期内，由归口管理部门对质量成本及其科目、各种指标或质量缺陷数据的变化情况进行跟踪、分析、比较，以便从总体上了解质量成本管理的效果。

趋势分析是现有成本水平与过去成本水平的简单对比。这种分析方法指出，应在合理的时间内归集成本后再尝试得出结论或制定行动计划。得到的这些数据应该用几种方法绘制出曲线图。

按总费用以及揭示未来经营活动趋势的数据，将与每种质量成本类别（预防成本、鉴定成本、内部损失成本和外部损失成本）相关的成本定期（按月或按季度）绘制出曲线。在质量成本类别中，应将高比例的成本因素单独绘制曲线并进行分析。

2. 指标分析法

指标分析法分为质量成本结构比例分析、相关比例分析、投入与产出分析三个方面。通过指标分析法，可以全面评价质量成本计划完成情况，判别质量成本所在的区域，选择质量成本优化的方向，为改进产品质量，健全质量管理体系，加强质量管理提供依据。

质量成本结构指标分析。质量成本结构指标指预防成本、鉴定成本、内部损失成本、外部损失成本各占质量总成本的比例。

质量成本相关指标分析。质量成本相关指标是指质量成本与其他有关经济指标的比值指标，这些指标有：

百元商品产值的质量成本 = 质量成本总额/商品产值总额 ×100%

百元销售收入的质量成本 = 质量成本总额/销售收入总额 ×100%

百元销售成本的质量成本 = 质量成本总额/产品成本总额 ×100%

百元销售利润的质量成本 = 质量成本总额/产品销售总利润 ×100%

第四节 全面质量管理与质量成本精细化管理

一、全面质量管理

(一) 全面质量管理产生的背景

全面质量管理的产生有三方面的动力：传统成本管理暴露了缺陷；世界经济环境的变化；现代成本管理理念的形成。

1. 传统成本管理的缺陷

传统成本管理在目标、关注重点等方面都与全面质量管理有所不同，而对复杂多变的经济环境，传统成本管理方法已经显得力不从心，缺陷日益明显。例如，传统的成本管理缺乏战略眼光，忽略了对生产前的研究开发成本、供应成本和生产后营销成本的控制，难以满足多目标要求等等。表10-5对比了传统成本管理与全面质量管理。

表10-5 传统成本管理与全面质量管理的比较

比较内容	全面质量管理	传统成本管理
成本管理目标	企业战略目标/全局性/竞争性	降低成本/局部性/具体性
眼界	广泛（考虑长期战略成本）	有限
时间	长期的（产品生命周期或更长时间）	短期的（每月、每季、每年成本）
效果	长期性/间接性	暂时性/直接性
降低成本的对象	深层次/表现在质量、时间服务等方面的动因	表面的/直接成本动因
成本的概况	包括多组成本概念，如战略、成本、作业、作业成本等内容	仅指产品的短期成本
关注重点	重视成本过程信息/实时信息	重视成本结果信息/事后信息
成本管理模型	以多目标要求为基础，其中包括会计准则	以符合会计准则为基础

2. 世界经济环境的变化

全球的竞争力，服务产业的增长，以及信息和生产技术的进步改变了经济的性质，使众多企业的经营方式发生了显著的改变。这些变化促进了有变革性意义的成本管理活动的发展。

3. 现代成本管理理念的形成

现代成本管理理念的形成与发展极大地促进了全面质量管理，典型的理论有约束理论、零存货与准时制生产理论，以及全面质量管理理论。约束理论是一种用来连续促进生产性作业和非生产性作业的方法，它以"思考性过程"为特征，一开始就认识到这一过程中的所有资源都是有限的。

（二）全面质量管理的含义

全面质量管理是为了能够在最经济的水平上，在考虑充分满足顾客要求的条件下进行市场研究、设计、制造和售后服务，把企业内各部门的研制质量、维持质量和提高质量的活动构成为一体的一种与有效的全面成本管理体系。

全面成本管理是指成本管理各环节的全面管理、全过程的成本管理、全方位的成本管理、全员成本管理。成本管理各环节的全面管理是指成本管理的环节包括成本的预测、决策、计划、控制、分析和考核等；全过程的成本管理是指对生产销售全过程的成本管理；全方位的成本管理是指从管理对象来说，不仅应核算与管理成本，而且应注重成本经营，搞好技术决策；全员成本管理是指企业内部各单位全员成本管理。

全面成本管理的基本任务是：

（1）强化全环节、全过程、全方位、全员的成本管理，提高科学管理水平；

（2）正确执行关于成本开支范围的规定，逐级建立成本管理责任制；

（3）加强成本的预测、决策、计划、分析和考核，综合反映生产经营成果，为经营决策提供可靠的数据和信息，激发和调动各级各部门管理人员和全体员工参与成本管理的积极性；

（4）寻求降低成本的途径和方法，广泛深入地挖掘潜力，节约开支，最大限度地降低生产成本和经营管理费用，提高经济效益。

（三）全面质量管理的八大要点

（1）在全面质量管理中，质量是指"最适合一定顾客的要求"，主要强调产品的实际用途和产品的售价。要有效地控制影响产品质量的因素，就必须在生产或者服务过程的所有主要阶段加以控制。这些控制就叫质量管理工作，按其性质可分为四类：新产品设计控制；进厂材料控制；产品控制；专题研究。

（2）全面质量管理的"控制"是一种管理手段，包括四个步骤：制定质量标准；评价标准的执行情况；偏离标准时采取纠正措施；安排改善标准的计划。

（3）影响产品质量的因素可以划分为两大类：技术方面，即机器、材料和工艺；人员方面，即操作者、班组长和公司的其他人员。在这两类因素中，人员因素重要得多。从人际关系的观点来看，质量管理组织包括两个方面：为有关的全体人员和部门提供产品的质量信息和沟通渠道；为有关的员工和部门参与整个质量管理工作提供手段。

（4）全面质量管理是提供优质产品所需的产品设计、加工方法以及产品维修服务等活动的一种重要手段。质量管理贯穿生产过程的所有阶段。

（5）在组织方面，全面质量管理是管理部门的工具，使管理部门可以履行产品质量方面的管理职权和职责，确保产品质量令人满意。

（6）原则上，总经理应当成为公司质量管理工作的总设计师，同时，他和公司其他主要职能部门还应促进公司在提高效率、现代化、质量控制等方面发挥作用。

（7）质量管理工作必须有管理部门的全力支持。如果管理部门的支持力度不够，不可能取得真正的效果。

（8）全面质量管理工作的一个重要特征是，从源头控制质量。

二、质量成本精细化管理

（一）成本精细化管理

成本精细化管理，是指企业以精确化、细微化、定量化的成本细化理念，运用财务管理技术与适时模块技术来实现成本最低化与收益最大化目标的资源配置过程和活动。成本精细化管理要求以"细"为起点，对常规业务活动建立工作流程和业务规范，并将财务管理的触角延伸到业务活动的各个方面，从而做到事前计划、事中控制、事后反馈，实现对经济业务的全过程管理。

随着社会分工越来越细、市场竞争愈发激烈、专业化程度越来越高，企业之间的竞争越来越表现为精细化管理水平上的竞争。精细化管理以管理过程的精细化、制度化、规范化、管理方法科学化为主要特点，以专业化为前提，系统化为保证，数据化为标准，信息化为手段，使企业的精力专注于满足顾客的需求上，以获得更高效率、更多效益和更强竞争力。

（二）质量成本与精细化管理的关系

市场竞争日趋激烈，企业要想拥有较大的竞争优势，必须在保证产品质量的前提下，合理控制质量成本，以实现企业的经济效益。现代质量成本管理的一个基本原则就是以最佳的质量成本生产出满足顾客需求、符合质量标准的产品。因此，企业需要实施精细化管理，将产品质量成本控制与企业精细化管理相结合，不断探索提高产品质量、控制质量成本的方法。

精细化管理是质量成本管理的重要手段，它突出体现了产品质量严、实、精的基本原则。我国标准质量体系中明确规定，质量成本控制能够提高质量管理体系的执行效果和效率，对企业的精细化管理有积极的作用。

（三）推行质量成本精细化管理的措施

1. 确保企业目标与顾客的需求相结合

顾客的满意程度与企业的生存和发展密切相关，因此，企业的各项营销策略和计划都应以顾客的需求和期望为中心，企业应根据当前的需求以及对其未来需求的预测来制定相关的质量目标。产品是企业提供给顾客最终服务的主要形式，如何将顾客的需求通过质量目标反映到产品上，是企业产品质量控制与精细化管理所需要考虑的重点。企业管理者应以顾客需求为导向，加强内部沟通，确保所有的工作人员都能及时了解顾客的需求和期望，并为实现这种质量目标而积极运作，处理好企业内部精细化管理体系与顾客需求之间的关系，保持顾客的忠诚度和满意度。

2. 精细化目标管理，做好基础准备工作

实施精细化目标管理，是企业实现预期的生产经营目标、抓好基础工作的保障。

在某个项目工作初始阶段，应加强对项目目标、质量目标的细化工作，对项目方案设计、控制措施、关键环节应加强审核，并提出具体的目标细化工作。通过现场管理严格控制产品生产线的操作流程和品质保证，确保员工按照规定动作完成各个操作步骤，并对员工每天完成的工作记录进行检查；了解产品完成进度情况，对于当天出现的问题及时解决，并在交接记录中有所体现，并在每个班组结束当天的工作前检查工作绩效，最大限度地实现质量成本控制。

3. 抓好生产流程管理，落实质量责任制度

管理者应将企业经营管理理念深入到质量管理体系当中，抓好生产流程管理，加强对产品质量全过程的监督和控制。从细节着手规范每一个关键环节，做到精益求精，严格控制质量成本，坚持召开质量改进会议，对质量检查的结果进行分析、总结、评价及给出具体的改进措施；按照规定的标准进行检查验收，确保在生产过程中各项工序、技术等质量指标达到要求的前提下再进入下一个生产阶段。为了确保产品能够优质高效地完成，坚持开展治理控制和改进的同时，还要落实责任制度，建立激励约束机制，对于未按照标准程序操作的工作人员要及时追问其原因，并根据情况给予奖励处理，积极主动采取质量管理和成本控制，确保整个生产流程的先进性。

4. 形成质量控制企业文化，树立全员成本目标精细化管理观念

质量控制能够有效保证企业产品的品质和安全，是企业生命之根本，也是企业回馈社会的责任体现，因而，注重质量管理应贯彻落实到企业文化建设当中，使全体员工树立成本目标精细化管理的观念。产品的质量管理体系是由全体员工共同参与完成的活动，需要每个员工都积极参与配合，充分调动员工的积极性和创造性，全面提高员工自我参加的主动性，使得企业发展需求与员工自我价值实现的需求保持一致，进而激发员工的创新精神，在质量成本控制改进过程中为企业创造更多的经济效益。

课后练习题

一、单项选择题

1. 质量成本的内容一般包括四项内容，下列不属于质量成本内容的项目是（　　）。
   A. 预防成本　　B. 坏账损失　　C. 内部损失成本　　D. 外部损失成本
2. 下列属于鉴定成本的项目是（　　）。
   A. 检测实验费　　B. 质量培训费　　C. 质量改进措施费　　D. 产品检验费
3. 对质量问题进行分析处理所发生的直接损失称为事故分析处理费，它属于（　　）。
   A. 预防成本　　B. 鉴定成本　　C. 内部损失成本　　D. 外部损失成本
4. 质量管理部门人员的工资及福利费属于（　　）。
   A. 预防成本　　B. 鉴定成本　　C. 内部故障成本　　D. 外部故障成本
5. 下列哪些项目中，不属于外部质量损失成本的是（　　）。
   A. 诉讼费　　　　　　　　　　　B. 产品售后及服务保修费
   C. 付款延迟及坏账　　　　　　　D. 质量体系保护费

二、多项选择题

1. 内部损失成本指零部件、半成品、产成品在出厂前由于质量原因造成的损失和处置费用。具体包括（　　）。

   A. 废品损失　　　　　　　　　　B. 返修损失
   C. 停工损失　　　　　　　　　　D. 事故分析处理费
   E. 产品降级损失

2. 鉴定成本是指对原材料、半成品、产成品和设备进行测试、鉴定和实验的费用。具体包括（　　）。

   A. 进货检验费　　　　　　　　　B. 工序检验费
   C. 产品检验费　　　　　　　　　D. 测试手段维护检准费
   E. 工资及福利费

3. 质量成本管理的特征有（　　）。

   A. 广泛性　　　B. 动态性　　　C. 多样性　　　D. 收益性

4. 推行质量成本精细化管理的措施有（　　）。

   A. 确保企业目标与顾客的需求相结合
   B. 精细化目标管理，做好基础准备工作
   C. 抓好生产流程管理，落实质量责任制度
   D. 形成质量控制企业文化，树立全员成本目标精细化管理观念

5. 质量业绩报告，大体上有（　　）类型。

   A. 与年度标准相比较的报告
   B. 与上年质量业绩相比较的报告
   C. 自实施质量改善计划以来的趋势报告
   D. 与长远目标相比较的报告

三、判断题

1. 质量成本方法在实践中运用比较多的有全面质量成本管理和质量成本精细化管理。（　　）

2. 在国外，质量管理经历了近百年的发展历史，这段历史大体上可分为三个阶段，即精细化质量管理、统计质量管理和全面质量管理三个阶段。（　　）

3. 我们可从顾客的角度定义质量，即产品质量，是指顾客预期的效用水平与实际感受道德效用水平两者间的差异程度。差异越大，表示满意度越高。（　　）

4. 质量成本是与产品质量活动有关的劳动耗费，是为了保证和提高产品质量而支出的一切有效费用，以及因未达产品质量标准，不能满足用户和消费者需求而产生的一切损失。（　　）

5. 质量成本管理是指运用管理学和质量经济学的基本原理和方法对于企业产品质量的形成过程和结果进行预测、决策、计划、控制、核算、分析和考核的一种专业管理。（　　）

6. 全面质量管理是为了能够在最经济的水平上，在考虑充分满足顾客要求的条件

下进行市场研究、设计、制造和售后服务，把企业内各部门的研制质量、维持质量和提高质量的活动构成为一体的一种与有效的全面成本管理体系。（　　）

7. 成本管理各环节的全面管理是指成本管理的环节包括成本的预测、决策、计划、控制、分析和考核等。（　　）

8. 全面成本管理是指成本管理各环节的全面管理、全过程的成本管理、全方位的成本管理、全员成本管理。（　　）

9. 全面质量管理的"控制"是一种管理手段，包括三个步骤：制定质量标准；偏离标准时采取纠正措施；安排改善标准的计划。（　　）

10. 全面管理是质量成本管理的重要手段，它突出体现了产品质量严、实、精的基本原则。（　　）

第十一章

目标成本管理

本章内容引言：

目标成本管理指一项产品为达到目标报酬率所允许的最大成本，其原则包括价格引导、关注顾客、关注产品与流程设计、跨职能合作、生命周期成本削减及价值链参与。目标成本管理流程主要包括四个阶段：第一阶段为建立各级责任中心；第二阶段为目标成本确立阶段，此阶段为一项产品或一系列产品设定可允许的目标成本，以市场调研、竞争分析、顾客或市场基础、产品特性、市场价格、要求利润为基础确定成本目标；第三阶段为目标成本达成阶段，首先计算成本差距，其次根据成本进行设计，最后产品投入生产并持续改进，此阶段将可允许的目标成本转化为可实现的目标成本；第四阶段为目标成本的考核和奖惩阶段，此阶段是目标成本管理的重要环节，必须同目标成本责任制结合起来，才能使成本目标落到实处。

关键术语： 目标成本　目标报酬率　目标成本管理　生命周期　价值链　责任中心　目标成本责任制

第一节　目标成本管理概述

一、目标成本管理的概念

目标成本管理指一项产品为达到目标报酬率所允许的最大成本，具体为在企业预算的基础上，根据企业的经营目标，在成本预测、成本决策的基础上，进行目标成本的分解、控制、分析、考核、评价的一系列成本管理工作。它以管理为核心，核算为手段，效益为目的，对成本进行事前测定、日常控制和事后考核，从而形成一个全企业、全过程、全员的多层次、多方位的成本体系，以达到少投入多产出获得最佳经济效益的目的，因而深受企业的青睐。目标成本管理过程是关于利润规划与成本管理的战略体系，要求由价格引导、关注顾客、以产品和流程设计为中心，从产品的最初阶段开始，贯穿产品生命周期始终，并将整个价值链纳入其中。

目标成本管理最早产生于美国，后来传入了日本、西欧等地，并得到了广泛应用，日本将目标成本管理方法应用到企业实践中，其中最著名的企业代表为丰田公司。我国是在1980年代引入目标成本管理制度，从此逐渐在企业中得以应用，目标成本管理之所以在现代企业中扮演着越来越重要的角色，是由现代企业环境决定的，企业必须面对全球性的竞争环境，而传统的管理方法已经不能为公司提供持久的竞争优势，随着科技的发展，竞争者之间的产品质量差异正在逐渐缩小，产品重点转向顾客服务，将公司内部和外部各因素有机结合，将问题作为一个整体来看待并解决，因此，实行目标成本管理具有重要意义。

二、目标成本管理的原则

第一，价格引导。目标成本管理体系通过竞争性的市场价格减去期望利润确定成本目标，其基本等式为：目标成本＝竞争性市场价格－目标利润。价格通常由市场竞争情况确定，而目标利润则由公司及其所在行业的财务状况决定，例如：一个产品的竞争性市场价格为200元，并且该公司需要达到20%的利润率才能保证在行业中生存下去，则该产品的目标成本为160元。

第二，关注顾客。目标成本管理体系由市场驱动，需要在整个目标成本管理过程中重点关注顾客的需求，顾客对质量、成本、时间的要求在产品及流程设计决策中应同时考虑，市场需求决定设计要求，产品开发过程不应过多考虑技术因素，某项产品特性或功能满足了消费者预期，顾客愿意为其支付更高价格，并能够带来销售额以满足市场份额的提高。

第三，关注产品与流程设计。目标成本管理体系下，产品与流程设计是进行成本管理的关键。在设计阶段投入更多的时间，可以缩短产品投放市场的时间，相比较而言，传统的成本降低方法更多的关注规模经济、学习曲线、减少浪费及产量的提高。此阶段目标成本管理特点如下：目标成本管理体系在成本发生前而不是成本发生后进行控制；目标成本管理体系需要工程人员考虑到产品、技术以及流程设计对产品成本的影响；目标成本管理体系鼓励企业所有参与部门共同评价产品设计，以保证产品设计改动在正式投入生产前作出；目标成本管理体系鼓励产品设计与流程设计同时进行，这样可以尽早发现并解决问题，缩短开发时间并降低开发成本。

第四，跨职能合作。目标成本管理体系下，产品与流程团队由来自各个部门的成员组成，包括设计与生产部门、销售部门、材料采购部门、会计部门以及客户服务部门，这些跨职能团队同样包含公司外部参与者，例如供应商、顾客、批发商和服务提供商等。跨职能团队对整个产品负责，相互合作，而不是各职能专家各司其职，否则不能称为跨职能合作。

第五，生命周期成本削减。目标成本管理关注产品整个生命周期的成本，包括购买价格、使用成本、维护与修理成本及处置成本。目标是最小化生产者及顾客的生命周期成本，生命周期成本削减原则具体包括：从顾客角度考虑，最小化生命周期成本表示最小化拥有该产品的成本，即降低产品在使用、维修和处置方面的成本；从生产者的角度考虑，最小化生命周期成本意味着最小化产品开发、生产、推广、销售、售后服务及处置等成本。

第六，价值链参与。目标成本管理过程依赖于价值链上全部成员的参与，包括供应商、批发商、零售商及服务供应商，所有成员之间建立合作关系，共同为成本削减作出努力，目标成本管理建立在价值链各成员长期互惠关系的基础之上。

三、目标成本管理实施环境

目标成本管理从本质上是战略管理过程，因此，目标成本管理与组织的竞争战略及产品开发循环联系紧密。竞争战略为企业满足市场需求，维持盈利提供支持，目标成本管理原则为企业实现这一目标提供途径，通过整合市场趋势、顾客需求、技术进步及质量要求等战略要素，将其融合成能够满足顾客对价格、质量和时间等方面期望的产品概念，从而帮助实现企业目标。目标成本管理对如何满足顾客、赢得市场份额、获取利润及管理成本进行同时规划。在现代企业竞争中，如果不实行目标成本管理，要在竞争性的市场价格下实现可接受的利润率很困难。

产品开发循环为目标成本管理提供实施环境，目标成本管理在产品设计阶段即对成本进行管理，设计成本通常只在新产品开发中涉及到，因此，目标成本管理与新产品开发紧密联系。目标成本管理也可运用于现有产品，但只有在现有产品或其生产过程彻底更新才被采用。产品开发循环包含如下四个阶段：

第一，产品战略与利润规划阶段。产品开发循环由整个企业层面上的战略规划开始，其结果是确定一整套产品及利润方案，确定企业进入的特定市场及在该市场中所销售的产品。同时，还应该同时确定企业希望获得的市场份额及从产品中获取的利润率。产品开发循环重视价值链的作用，价值链环节需要提供的信息包括技术及其应用能力，产品使用模式的变化，影响服务需求的消费者生活方式的改变，以及文化对环境的影响。

第二，产品概念与可行性测试阶段。产品开发循环第二步骤是将产品和利润规划转化为产品概念，产品概念根据顾客需求和竞争者信息确定，产品可行性则通过对产品生命周期成本的初步估计，评估所需技术及投资规模，及估计可利用的生产能力。在产品概念的确定阶段，供应商、分销商及回收商任何一个环节的实物都有可能导致产品概念的失败，而且如果产品设计对零部件的要求无法满足，那么产品设计是无效的。

第三，产品设计与开发阶段。产品概念确定并通过可行性测试，就可进入全面的产品设计及开发阶段，在这一过程中要求协作进行，供应商也应该参与到这个过程中，为产品及流程改进提供参考，确保产品和服务满足顾客需求。

第四，生产与物流阶段。生产与销售活动标志着产品开发循环达到顶点，售后服务与支持活动也随之开始，通过对销售情况和顾客反馈获取信息，以持续改进或更新设计原有产品，或推出新产品。

四、目标成本管理的特点

目标成本管理的主要特点是全过程、全方位、全人员的成本管理方法。全过程是指从商品企划开始到售后服务的一切活动，特别强调从商品企划开始的事前的成本规划和控制；全方位是指从生产过程管理到质量控制、企业战略、财务监督等企业内部各职能部门各方面的工作以及企业竞争环境的评估、内外部价值链、供应链管理、知识管理等；全人员是指从高层经理人员到中层管理人员、一般管理人员。以上这些活动都可以看成是对企业未来利润进行战略性管理的技术。企业第一步是在开发与设计阶段就大致确定产品在整个生命周期的成本水平，第二步是由开发与设计部门在特定的功能及质量水平上研发出符合要求的产品，即同时满足市场需求、消费者要求和企业的利润水平要求。

（1）产品成本控制范围从制造阶段扩至产品的以开发设计开始、以销售服务结束的全部过程。上述范围的扩展体现了三个优点：一是这种管理方法涉及了与产品相关的全部成本，解决了传统成本管理仅仅关注生产制造成本的问题，也强调了研究与开发和客户服务的成本管理；二是这种成本管理方法通过成本预算与实际的差异比较与分析，有利于企业找出成本管理问题，明确成本管理的重点；三是由于产品生命周期时间长，传统成本管理仅仅考虑会计年度内的成本，目标成本管理则将管理时间跨度明确到产品的整个生命周期，有利于产品成本管理。

（2）产品目标成本规划中各阶段的目标成本都与市场有重要联系，它们都间接或直接由行业市场竞争而产生。为提高企业在行业中的竞争力，企业需要运用目标成本管理进行产品成本控制和各部门的业绩考核。由于市场经济形势的不断变化，一般的成本管理方法只是借助企业内部信息来制定成本标准，忽略了市场变化及其重要影响，统计成本差异来进行产品成本控制和各部门的业绩评价，可见，传统成本管理虽然对提高企业的生产效率起着重要作用，但是无法提高企业竞争力。

（3）如何确定产品的目标成本是目标成本规划核心内容。产品层次的目标成本是由成本企划部门根据新产品的目标售价、企业经营目标所要求的收益水平、产品配置结构以及市场需求变化、企业内部成本降低的幅度、供应商的压缩空间等几个角度来影响的。这表明企业成本管理的重心成为新产品的设计开发阶段，解决了传统成本管理只关注生产制造阶段不关注研发设计阶段问题。追究成本企划部门采取这种成本管理措施的原因，是因为企业通过长时间的数据和经验积累，了解产品的生产制造成本受产品的设计因素影响较大。比如从产品的功能方面来看，如果产品的功能设计较多，复杂程度高，就会增加新产品的制造成本。或者企业为了满足顾客对产品个性化的需求和高质量要求，需要不断进行产品的设计创新，产品的设计创新也会增加产品的制造成本。

（4）企业新产品的零部件采购阶段的目标成本规划，能够实现与零部件供应商的共同发展，主要方式是通过谈判与合作，将零部件采购的目标成本压力适当地转移到零部件供应商，有助于零部件供应商与企业合作，挖掘更多的降低成本的方法，从而实现共赢的目标。通过这种途径，可实现目标成本管理的范围扩大，进而延伸到新产品的生命周期的各个阶段，同时也发挥了本企业与零部件供应商的协作能力，在共同解决新产品零部件目标成本问题的基础上，提升企业和供应商的竞争力。

（5）目标成本规划采用了战略成本的观念。主要表现在进行目标成本规划的时候，并不是单纯地为了降低成本，战略性成本管理观念主要是通过降低成本，能够持续提高企业在行业中的竞争优势,如果实现了成本降低的目标,但影响了企业在市场竞争中的地位,就不是战略管理的目的,但是如果新产品需要增加成本,而且这种成本增加情况有利于提高产品的竞争力和提升企业的市场竞争地位,就应该提倡这种成本增加的做法,这种情况主要表现在产品的功能增加,因为随着顾客需求的细分,个性化需求明显,如果市场上的顾客需要增加产品的某项功能,这项功能会增加产品的市场竞争力,但是增加设计这种功能导致新产品的制造成本增加,而如果新产品不考虑此项功能,会影响企业产品在市场上的竞争力。

五、目标成本管理与传统成本管理的区别

目标成本管理与传统的利润成本规划方法相比较具有较大优越性(见表11-1),传统利润规划方法是成本加成法,这种方法通常先估计成本,在成本基础上按照预期的利润率计算出产品价格,如果市场不接受这一价格,公司应试图削减成本。目标成本管理从市场价格出发,结合目标利润率为某产品确定可接受的最高成本,产品的设计流程都是为保证成本控制在可接受范围之内。

表11-1 目标成本管理与传统成本管理比较

目标成本管理	传统成本管理
市场竞争情况驱动成本规划	不考虑市场情况
价格决定成本	成本决定价格
产品与设计流程是降低成本的关键	浪费与低效率是成本削减的关注重点
顾客需求引导成本削减	成本削减不是由顾客驱动
跨职能团队对产品成本负责	成本会计人员对成本削减负责
价值链成员参与成本规划	价值链成员极少或不参与成本规划

目标成本管理与传统的利润和成本规划方法之间的差异,体现了它们所赖以建立的理论基础的不同。这些理论基础都源自系统理论,而系统理论正是许多现代管理与控制观点产生的根源。传统的成本加成法代表了封闭系统方法。这种方法忽视了组织与其所处环境之间的相互作用,较少考虑影响系统运作的因素。而目标成本管理则体现了"开放系统"方法。这种方法强调组织适应环境的重要性,更多地考虑影响系统运作的互动关系,在实际结果发生之前便采取预防措施,并且随着时间的推移不断提高标准。

第二节 目标成本管理的流程

目标成本管理运用于战略规划及产品开发循环,在目标成本管理过程中主要分为

四大步骤，第一阶段为建立各级责任中心；第二阶段为目标成本确立阶段，此阶段为一项产品或一系列产品设定可允许的目标成本；第三阶段为目标成本实现阶段，此阶段将可允许的目标成本转化为可实现的目标成本；第四阶段为目标成本的考核和奖惩阶段。目标成本管理的确立阶段与达成阶段在产品开发循环的不同时点，且其实现需要其他流程的支持，依赖于其他流程的有效运行。

一、建立各级责任中心

为实行行之有效的目标成本管理，首先是明确划分和建立各级责任中心，以分清各个部门的职能，正确评价其工作业绩，责任中心承担一定经济责任，并享有一定权利的企业内部单位，将企业整体划分成拥有独自产品或市场的几个绩效责任单位，然后将管理责任授予这些单位，将其处于市场竞争环境之下，透过客观性的利润计算，实施必要的业绩衡量与奖惩，以达成企业设定的经营成果，通过建立和划分责任中心，从而为目标成本的贯彻落实提供组织保证。

二、确立目标成本

目标成本是根据企业产品战略及长期利润规划等参数确定的，这些计划明确了企业的目标市场、目标顾客及相应的产品。新产品开发既可以通过应用新技术，也可以通过结合现有技术实现。目标成本的制定贯彻"先进性、科学性、严肃性、可行性"，目标成本必须是可以控制的成本，并且具有可操作性和可控制性。制定科学合理的目标成本是成本控制的前提和基础，也是目标成本管理能否贯彻实施的关键。确定目标成本的过程可分如下阶段进行：

第一，市场调研。目标成本管理将以市场为导向，以产品的市场价格与企业的利润目标获取企业的成本控制目标，作为整个过程的首要环节。市场调研可以提供有关消费者需求的信息，调查结果可用于确定企业拟开拓的市场或开发的产品。当前企业面临的市场不确定性日益增加，市场与消费者的需求也不断发生改变。

第二，竞争分析。竞争分析包括竞争者正在向目标顾客提供的产品情况，顾客如何评价此种产品，以及竞争者对本企业即将推出的新产品所做的反应。信息的透明，使各个企业之间的竞争更加激烈，激烈的市场竞争，促使企业不得不时时关注竞争对手的动态以及消费者对产品的回馈，针对出现的竞争产品或替代产品制定应对措施。为提高企业产品的市场适应性与竞争性，企业在实施目标成本管理时，往往把市场调研与竞争分析放在非常重要的地位。

第三，顾客或市场基础。顾客或市场需要通过分析市场及竞争者信息，决定针对特定的顾客群体，是更加具体的群体概念。目标成本管理对产品和流程设计的挑战在于可接受的价格满足甚至超过顾客的要求，同时不损害企业利润率，顾客需求因此成为目标成本管理过程的中心，顾客的意见运用于整个产品开发环节中，以确定价格和目标利润，引导设计决策，进行产品特性和功能的取舍。理解顾客需求不仅是数据的收集，采纳顾客的意见，在与顾客的沟通中采取相应的行动，随着这一过程的不断改善,管理者还应将市场信息予以重视。关注市场的企业具有如下特征:在产品生产中采用复合市场需求的技术;虚心询问顾客的意见;将消费者信息及市场信息在企业内沟通;团队之间共享信息;对所有假设采取怀疑态度。具有以上特征的企业适合采用目标成本管理,这些特征帮助组织建立快速学习及市场导向的基础,对目标成本管理尤为重要。

第四,产品特性。产品特性设计为产品设定具体要求,包括产品拥有的特性及每种特性应达到的性能水平,体现了传统的可靠性、可依赖性等质量要求。因为目标成本管理以市场为导向,关注消费者对特定外形、功能的需求,然后企业把这部分的信息传递给研发与设计部门,把产品信息转化成实际的产品外形与功能,实现产品的差异化。然后再把这些成本分解到为实现这些功能而需要的零部件中。如果为了实现更高的功能或其他质量,成本的提高是被消费者接受的,是合理的。

第五,市场价格。市场价格指消费者能够接受并且接受在竞争中不被打败的价格,市场价格可以多种方式确定。价格的确定主要受如下四个因素的影响:顾客需求与产品的特性;可接受价格,即顾客愿意为他们所要求的功能与特性支付的价格;竞争分析,即分析竞争者所提供的产品特性、审美功能及价格,从而为产品确定价格;目标市场份额,估计如何定价是企业获得期望的市场份额。

第六,要求利润。要求利润指某一项产品必须达到的利润目标,通常由销售利润率来表示,销售利润率必须考虑长期的利润计划,及企业在行业中必须获得的资产收益率。在公司层面,目标利润根据公司整体的利润要求决定,需要考虑企业产品组合,并为产品组合设定所要达到的利润水平。产品组合取决于企业长期产品规划,利润水平则由目标销售利润率结合产品组合的销售收入确定。成本规划往往是对产品的规划。考虑到不同产品在不同的生命周期阶段即幼稚期、成长期、成熟期和衰退期的利润水平高低是不同的。要实现企业的中长期利润目标,就要在不同时期推出不同的产品组合,使该产品组合的利润总和与企业各期的利润目标是相一致的。所以,从这个角度来看,企业实施目标成本管理应该与企业中长期的利润目标联系紧密。然而,从另外一个角度看,产品规划与企业短期利润也是相关的。因为在产品投入生产后,外在的市场环境、竞争、价格是否发生了变化,或者企业内部的生产水平、设计、工艺等方面是否能支撑产品的一系列活动,这些都需要不断调整成本控制目标来实现企业短期的利润目标。如果成本规划以企业利润规划为前提,将促使企业更有效地实现利润目标。

三、实现目标成本

确立目标成本的过程是宏观规划过程,这一阶段重点关注如何将目标成本转换为可实现的成本。为实现目标成本所进行的活动主要发生在产品的可行性测试及设计开发阶段,这些阶段都在产品设计最终投入生产之前,将投产成本削减的重点转移到改进成本方面。实现目标成本包括如下阶段:

第一,计算成本差距。成本差距是可允许成本与现行成本之间的差异,是实现目标成本的第一步，这里的成本指全部产品成本，而不仅是制造成本，现行成本可根据现有成本要素对生产该产品的耗费进行估计。可允许成本与现行成本之间的差距应按照产品生命周期进行分解，按照生命周期的分解是将产品总成本从调研、制造、销售、售后服务等阶段进行分解，生命周期成本对企业和顾客同样重要，使用成本、维修成本、质量担保成本、客户支持成本等构成最初成本要素。

第二，基于成本的设计。目标成本管理以市场需求为基本前提，然后结合企业的目标利润确定企业的整体成本目标水平。整体成本目标首先涉及的是企业的开发与设计部门，该部门将直接反映市场与企业在成本方面的压力，而且开发与设计部门决定了接下来的生产、包装与销售等环节各方面的成本费用水平。所以，与以往模式不同，目标成本管理非常关注产品的设计阶段，实施事前控制，同时结合事中控制和事后控制，全过程实施目标成本控制。成本降低的关键在于明确产品的设计是如何影响该产品从最初研发到最终处置的全部成本。通过改善产品设计来降低成本需要从以下四项活动入手，分别为产品设计、成本分析、价值工程及成本估计。这些活动重复进行，指导产品设计从最初的概念发展为可以投入生产的设计，一项产品设计只有在其预期实现成本等于可允许目标成本时才能够投入生产过程。

第三，产品投入生产并持续改进。这是实现目标成本的最后一步，这一阶段通过对产品与流程的改进，达到通过设计无法实现的成本降低，主要活动包括消除浪费、提高生产效率等，通过改善成本水平及价值分析实现目标成本。目标成本管理强调成本规划横跨产品的整个生命周期。传统的成本规划仅仅把重点放在生产与制造环节，而目标成本管理则把范围向前扩大至产品的开发与设计环节，向后扩展至产品的销售与服务环节，即成本规划的落实涉及产品整个生命周期，使产品成本在整个周期内都得到严格的控制，从而帮助企业更有效地提高利润水平。

四、目标成本的考核和奖惩

目标成本考核是目标成本管理的重要环节，必须同目标成本责任制结合起来，才能使成本目标落到实处。目标成本责任制的核心是责、权、利相结合，如不进行考核，就责任不明，成本责任便无法实施，成本目标就要落空。按归口分级管理的渠道进行目标成本的考核过程，就是对目标成本管理成果的检查过程，只有进行经常地检查考核，才能奖惩分明，激励降本增效积极性，从而促进目标成本管理的健康发展。考核是成本控制系统发挥作用的重要因素，奖惩是促使人们努力工作实现企业总目标的有力手段。成本目标的圆满完成，归根到底是要靠企业广大职工积极性的充分发挥，而其考核的一个主要内容就是要对每个环节、每个人在降低成本方面所作出的贡献给予充分肯定，并根据贡献的大小给予相应的奖励。通过考核做到有奖有罚，并把物质奖罚与精神鼓励结合起来，调动职工降低成本提高效益的积极性、主动性。目标成本考核指标如下：

第一，实物指标和价值指标。实物指标是从使用价值的角度，按照它的自然计量单位来表示的指标；价值指标是以货币为统一尺度所表示的指标。成本指标中，实物指标是基础，价值指标是综合反映。成本指标的完成情况需把实物指标和价值指标结合起来，才能全面地反映出来。

第二，数量指标和质量指标。数量指标是反映企业一定时期内某一工作数量的指标，如产量、生产费用、总成本等；质量指标是反映企业一定时期内工作质量或相对水平的指标，如单位成本、可比产品成本降低率等。数量指标和质量指标相结合，才能全面考核企业的经济效益情况。

第三，单项指标和综合指标。单项指标是反映企业成本变化中某一个侧面的指标，如某种产品的单位成本等；综合指标是总括反映成本的指标，如全部生产费用、商品产品总成本、可比产品成本降低率等。单项指标是基础，综合指标是单项指标的综合。

企业内部的成本考核，可根据企业下达的分级、分工、分人的责任成本计划指标进行。对生产分厂，可考核分厂产品成本计划和可比产品成本降低指标的完成情况，还可以进一步分产品逐个进行考核。对于班组，主要考核材料、工时、工具等消耗定额的完成情况。对于职能部门，主要考核归口管理的费用指标的完成情况。在实行目标成本责任制的企业，则用分级归口管理的目标责任成本进行考核。目标成本考核管理直接涉及集体个人的经济利益和荣誉，其关键在于制定全面详尽、合理可行的考核制度及实施细则，并严格执行，真正起到引导职工行为，保护和激励职工积极性的作用。

课后练习题

一、单项选择题

1. 从生产者的角度考虑，（　　）意味着最小化产品开发、生产、推广、销售、售后服务及处置等成本。

A. 最小化生产成本　　　　　　B. 最小化单位成本
C. 最小化销售成本　　　　　　D. 最小化生命周期成本

2. 一个产品的竞争性市场价格为300元，并且该公司需要达到30%的利润率才能保证在行业中生存下去，则该产品的目标成本为（　　）元。

A. 180　　　　B. 200　　　　C. 210　　　　D. 240

3. （　　）为产品设定具体要求，包括产品拥有的特性及每种特性应达到的性能水平，体现了传统的可靠性、可依赖性等质量要求。

A. 产品质量设计　B. 产品特性设计　　C. 产品外形设计　　　D. 产品功能设计

4. 单项指标是反映企业成本变化中某一个侧面的指标，如（　　）。

A. 全部生产费用　　　　　　　B. 某种产品的单位成本
C. 商品产品总成本　　　　　　D. 产量

5. 实现目标成本的最后一步是（　　）。

A. 产品投入生产并持续改进

B. 关注产品与流程设计
C. 计算成本差距
D. 目标成本规划采用战略成本的观念

二、多项选择题

1. 目标成本管理的原则包括（　　）。
   A. 价格引导、关注顾客　　　　B. 关注产品与流程设计
   C. 跨职能合作　　　　　　　　D. 生命周期成本削减
   E. 价值链参与

2. 产品开发循环包含的阶段有（　　）。
   A. 产品战略与利润规划阶段
   B. 产品概念与可行性测试阶段
   C. 产品设计与开发阶段
   D. 生产与物流阶段

3. 目标成本管理的主要特点是（　　）的成本管理方法。
   A. 全阶段　　　　　　　　　　B. 全过程
   C. 全方位　　　　　　　　　　D. 全人员

4. 确定目标成本的过程可分如下阶段进行（　　）。
   A. 市场调研　　　　　　　　　B. 竞争分析
   C. 顾客或市场基础　　　　　　D. 产品特性、市场价格
   E. 要求利润

5. 实现目标成本包括如下阶段（　　）。
   A. 计算成本差距　　　　　　　B. 基于成本的设计
   C. 确立目标成本　　　　　　　D. 产品投入生产并持续改进

三、判断题

1. 目标成本管理流程主要包括四个阶段：第一阶段为建立各级责任中心；第二阶段为目标成本确立阶段；第三阶段为目标成本达成阶段；第四阶段为目标成本的考核和奖惩阶段。（　　）

2. 目标成本管理指一项产品为达到目标报酬率所允许的最小成本。（　　）

3. 在产品概念的确定阶段，供应商、分销商及回收商任何一个环节的实物都有可能导致产品概念的失败，而且如果产品设计对零部件的要求无法满足，那么产品设计是无效的。（　　）

4. 产品目标成本规划中各阶段的目标成本都与市场有重要联系，它们都间接或直接由行业市场竞争而产生。（　　）

5. 目标成本管理是由成本决定价格。（　　）

6. 综合指标是从使用价值的角度，按照它的自然计量单位来表示的指标。（　　）

7. 数量指标是反映企业一定时期内某一工作数量的指标，如产量、生产费用、总成本等。（　　）

8. 目标成本考核指标有实物指标和价值指标、数量指标和质量指标、单项指标和综合指标。（　　）

9. 企业内部成本考核时，对于职能部门，主要考核归口管理的收入指标的完成情况。（　　）

10. 在实行目标成本责任制的企业，则用分级归口管理的目标责任成本进行考核。（　　）

第十二章

作业成本管理

本章内容引言：

作业成本法认为最终产品凝聚了各个作业上形成并最终转移给顾客的价值，而且产品成本是完全成本，所有的费用支出只要是合理的、有效的，都是对最终产出有益的支出，因而都应计入产品成本。另外成本计算的对象大体上可以分为资源、作业、作业中心和制造中心几个层次。产品成本结构的根本变化使得以工时或机时为基础的间接费用分配方法已经不能准确提供产品成本信息，无法为管理决策和控制提供有用信息。

作业成本法下，产品成本的计算大致可按以下步骤进行：（1）确认和计量各类资源；（2）将企业经营过程划分为各项作业；（3）确定资源动因；（4）将各资源库汇集的价值分配到各作业成本库；（5）确认各作业的成本动因，再根据每个成本动因计算相应的作用动因分配率；（6）根据各项作业所消耗的成本动因数将各作业成本库价值分配计入有关产品或劳务成本计算单，计算完工产品或劳务成本。

成本动因亦称成本驱动因素，是指决定成本发生的重要的事项或活动，成本动因揭示作业执行的原因和作业消耗资源的方式，确定成本动因是作业成本法的关键，成本动因的选择既与作业成本及成本对象的分配有关，又与作业成本的控制及作业管理有关。

价值链管理是企业作业管理的重要组成部分，价值链由一系列为企业创造价值的活动构成，这些活动可分为基本活动和辅助活动两类，基本活动包括内部后勤、生产作业、外部后勤、市场和销售、服务等，而辅助活动则包括采购、技术开发、人力资源管理和企业基础设施等。

关键术语： 作业成本法　完全成本　作业　作业中心　制造中心　资源动因　作业成本库　成本动因　价值链　价值链管理

第一节　作业成本法概述

作业成本法是伴随先进生产技术的广泛应用而产生和发展起来的一种新的成本计算方法，它的产生和发展对现代成本管理甚至管理会计理论方法都产生了深远的影响，它的先进性和科学性促使其迅速在世界各国很多企业得到推广应用。

一、作业成本法的产生与发展

传统成本计算方法要求将包括直接成本与间接成本在内的全部成本追溯到有关产品中去。由于直接成本的归属对象明确,可以做到相对准确,但是间接成本的各种分配标准和方法大多掺杂着人们的主观随意性,很难提供准确的成本信息。因此,产品成本信息失真的主要问题出在间接成本上,间接成本在各产品中的分配方法开始成为人们关注的焦点。间接费用分配标准是与数量相关的直接人工工时或直接人工工资。但是,在现代企业技术发展情况下,特别是在技术密集型的企业中,人工成本只占企业全部产品成本中的少部分,如果企业仍以日益减少的直接人工工时为基础来分配间接费用,其结果往往是高产量产品的成本会被多计,而低产量产品成本会被少计,从而造成产品成本信息的严重扭曲,从而容易引起决策失误。正是由于为克服传统成本计算系统的缺陷,必须对传统成本计算系统作出最为彻底的变革,焦点在于改革间接费用的分配基础,作业成本核算应运而生。

作业成本法是一种以作业为间接成本的分配中介、以成本动因为间接成本分配基础的成本计算方法,是一种通过对作业活动的追踪发现成本产生的作业动因,对成本的发生追根溯源和动态反映的成本计量系统。作业成本法的产生,最早可追溯到20世纪杰出的会计大师、美国人埃里克·科勒教授。科勒教授在1952年编著的《会计师词典》中,首次提出了作业、作业账户、作业会计等概念,并认为每项作业都设置一个账户,即账户的设置应从最底层预算单位开始,一层一层地设置到最后,从而使作业成本会计应用于企业的每一层次,并实现预算与会计制度的协调一致。1971年,乔治·斯托布斯教授在《作业成本计算和投入产出会计》中对"作业""成本""作业会计""作业投入产出系统"等概念做了全面系统的讨论,这是理论上研究作业会计的第一部著作,其主要思想可以总结为以下三点:(1)会计是一个信息系统,作业成本会计是一种与决策有用性目标相联系的会计。研究作业成本会计应首先明确三个概念,即"作业""成本""会计目标";(2)揭示收益的本质,首先揭示报告的目标,目标是为投资者的决策提供信息;(3)若要解决成本分配问题,成本计算的对象就应是作业,而不是完工产品,成本不应硬性分为直接材料、直接人工和间接费用,而是应该根据资源投入量,计算利用每种资源的完全成本。但是当时作业成本法却未能在理论界和实业界引起足够的重视。

20世纪80年代后期,美国芝加哥大学的青年学者库伯和哈佛大学教授罗伯特·卡普兰在对美国公司调查研究之后,发展了斯托布斯的思想,提出了以作业为基础的成本计算,即作业成本法。库珀认为,产品成本就是制造和运送产品所需全部成本的总和,成本计算的最基本对象是作业,库伯和卡普兰被西方会计界普遍认为从理论和应用上是最为系统、深入地研究作业基础成本计算的会计学家,是作业成本计算的奠基人。作业成本法在过去10年中受到了广泛的关注,作业成本理论亦日趋完善,并已在西方国家的一些企业中得到了推广应用,新型的咨询公司已经扩展了作业成本法的应用范围,并取得了较好的应用效果。

国际上对作业成本法的研究在地域和行业逐渐扩展，地域上最初由美国、日本向英国、亚洲及欧洲其他国家扩展，行业上由制造业向商业、金融、保险、医疗卫生、社会中介机构等行业发展，并且对作业成本法的基本理论和实践应用的研究都逐渐深入。国际上对于作业成本理论与实务的研究经历了三个阶段：

第一阶段强调产品成本计算，确认在一个企业中有多种成本动因，并把对成本动因的分析与管理作为成本管理和控制的手段。通过不断改进，消除不增加价值的成本动因及不增加价值的作业。在此阶段，还没有将企业内外的各成本动因联系起来，工作的重点是资源的最优利用，而不是成本形成的全过程。因而，产品成本信息还不能满足企业长期决策的需要。

第二阶段，既重视产品成本，又分析成本形成的过程。第一阶段是先确定产品成本，而第二阶段是先确定成本形成的工序，使作业适应工序。但此阶段局限于内部作业及其成本动因的分析，而未能深入外部作业及其成本动因的分析。

第三阶段，该阶段中心目标是整个企业，而不是某个作业或特定工序。在这个阶段，重点在于分析考虑企业整个作业链及如何利用辅助作业来取得竞争优势，通过价值链分析，把企业的战略目标与作业管理有机结合起来，具有战略性的意义。

中国企业成功应用作业成本法还有一段路程要走，但中国管理素质较高的企业具有实行作业成本法的条件，可以成功应用作业成本法，并可以结合自己的情况把作业成本法用于经营决策、成本控制等方面。

二、作业成本法的基本原理

作业成本系统是一个以作业为基础的管理信息系统和成本控制及作业管理系统。作业成本计算通过对作业及作业成本的确认、计量，最终取得和提供相对真实、准确的产品成本信息。作业成本法的基本理论是成本动因理论：强调按照作业对资源、成本对象对作业的消耗的实际情况进行分配，找到最合适的成本动因，并尽可能直接分配，也就是符合"谁受益谁承担"的原则。作业成本法是建立在"作业消耗资源，产品消耗作业"的基本假设之下。根据这样的假设，作业成本法的核算原理可以概括为：

第一，依据不同成本动因分别设置成本库；

第二，分别以各种产品所耗费的作业量分摊其在该成本库中的作业成本；

第三，汇总各种产品的作业总成本，计算各种产品的总成本和单位成本。

作业成本法的基本逻辑是"产品消耗作业，作业消耗资源"，在计算产品成本时，将着眼点放在作业上，即以作业为核算对象，而不再以产品为核算对象，通过对作业成本的核算，追踪成本的形成和积累过程，由此而得出产品成本。因此需要在传统成本法的资源和成本对象之间增加作业这个分配中介。作业成本计算将着眼点放在作业上，以作业为核心，依据作业对资源的消耗情况将所消耗的资源成本分配到作业上，再由作业依据成本动因追踪产品成本的形成和积累过程，由此得出最终产品成本。

作业成本计算在成本核算上突破了产品界限，把作业作为资源和产品的中间环节，把着眼点放在作业上，以作业为核算对象，依据作业对资源的消耗情况将资源成本分配到作业，再由作业成本依据作业成本动因追踪到产品成本的形成和积累过程，由此而得出最终产品成本。例如：材料采购部门发生的和材料计划与订购有关的费用，同材料的取得来源有着直接的关系，采购部门要和各个材料供应商进行联系、合同签订和货款结算等，因而其费用同材料供应商的数量有直接的关系，但和材料供应量的多少没有直接关系，这样，将"材料的计划与订购"定义为一个"作业"，发生的有关费用可以归入一个"成本库"。作业成本法通过选择多样化的作业动因进行制造费用分配，使成本计算特别是比重日益增长的制造费用比按产品对象化的过程明晰化，从而使成本的可归属性、可追溯性提高，从而提高了成本核算信息的准确性。

三、作业成本法基本特征

与单一的、直接的间接成本分配的传统成本计算方法相比，作业成本法具有以下一些特征：

（一）作业成本法是一种间接的间接成本分配方法

作业成本法在间接成本分配的过程中引入了"作业"这个分配中介，设计了先将消耗的资源分配给作业这个中间分配环节，再将作业成本库中的成本分配给产品的二阶段间接成本分配程序，改变了传统成本法直接将间接成本分配给产品的做法。

（二）作业成本法是一种求本溯源的间接成本分配方法

作业成本法根据作业的资源消耗动因将作业所消耗的资源计入作业成本库，再根据产品的作业成本动因将产品所消耗的作业成本计入产品。在被消耗的资源不能直接追溯于产品时，要寻找影响其消耗数量变化的关键因素作为分配基础，而作业和产品则需要根据它们所引起的动因数量来承担相应的间接成本，从而克服了传统的间接成本分配的主观性。

（三）作业成本法是一种成本计算与成本管理紧密结合的方法

当企业管理深入作业时就形成了作业管理，作业管理需要作业成本的信息，作业成本法由于其间接成本分配的中间环节是以作业为对象进行成本归集的，因此可以提供作业管理所需要的成本信息。作业管理对作业链上的作业进行分析、改进与调整，尽可能消除非增值作业，同时尽可能减少增值作业的资源消耗，由此促进企业价值链的价值增值，提高企业整体的经济效益。作业成本法在产品成本计量的同时也计量了作业的成本，在寻找间接成本分配依据的同时也找到了控制成本的措施，因此作业成本法是一种成本计量与成本管理相结合的方法。

作业成本法认为，由于作业消耗资源，产品消耗作业，因此资源耗费应该首先通过资源动因分配给作业形成作业成本，作业成本再通过作业动因分配给产品。成本动因是重要的量化标准，即作业动因是产出消耗作业的量化基准，资源动因是作业消耗资源的量化标准。作业成本法涉及两个阶段的费用分配：第一阶段是把各项资源耗费归集到各作业中心，形成作业成本；第二阶段是通过作业动因将作业成本库中归集的成本分配到产品，最终得到产出成本。

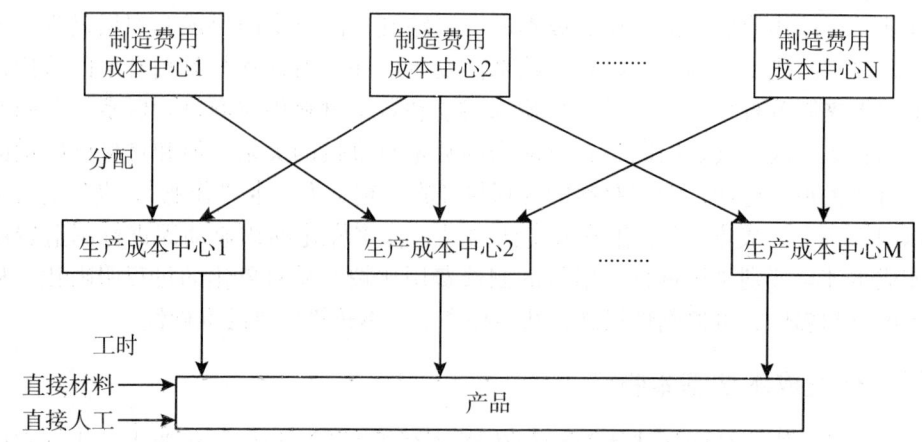

图 12-1 传统成本法成本计算流程

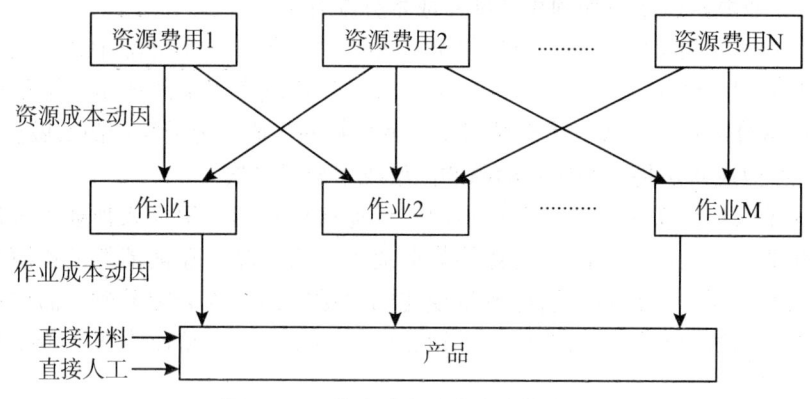

图 12-2 作业成本法成本计算流程

第二节 作业成本法的核算

一、作业成本要素

资源、作业、成本对象和成本动因构成了作业成本法的核算要素体系,其中资源是被消耗的对象、作业是资源的消耗者又被成本对象所消耗,成本对象是资源的最终消耗者及承担者,而成本动因能够揭示执行作业的原因和作业消耗资源的程度,是被消耗的资源向作业与成本对象归集的依据。

（一）资源

作业成本法下的资源是指为了产出作业或产品而发生的费用支出,即各项费用的总和。制造行业中典型的资源项目有原材料、辅助材料、燃料与动力费用、工资及福利费、折旧费、办公费、修理费、运输费等。在作业成本核算中,与某项作业直接相关的资源应该直接计入该项作业。如果把整个企业看成是一个与外界进行物质交换的投入产出系统，则所有进入该系统的人力、物力、财力等都属于资源范畴。企业的各种资源确定以后，要为每类资源设立资源库，将一定会计期间所消耗的各类资源成本归集到各相应的资源库中。

（二）作业

作业是企业为某一目的而进行的耗费资源的活动，是企业生产经营过程中相互联系、各自独立的活动。企业经营过程中的每个环节，或者生产过程的每道工序都可以视为一项作业。根据企业业务的层次和范围，可将作业分为以下四类：单位作业、批别作业、产品作业和过程作业。

1. 单位作业

单位作业即单位产品收益的作业，此种作业的成本一般与产品产量或销量成正比例变动，每生产一个单位产品执行一次，而且各个单位所消耗的资源数量大致相同，如直接人工成本、直接材料成本等成本项目。单位水平作业是使单位产品或服务受益的作业，如加工零件、对每件产品进行的检验等。

2. 批别作业

批别作业是使一批产品受益的作业，批作业的资源消耗往往与产品或劳务数量没有直接关系，而是取决于产品的批数，如整备过程成本、批别检验成本、材料运送成本等成本项目。批别水平作业是使一批产品受益的作业，作业的成本与产品的批次数量成正比，如设备调试作业、生产准备作业等。

3. 产品作业

产品作业是使某种产品的每个单位都受益的作业，这种作业中成本与产品的种类成正比例变动，如对每一种产品进行工艺设计、编制材料清单、为个别产品提供技术支持等，如产品工艺设计作业、零件数控代码编制等。

4. 过程作业

过程作业是为了支持和管理生产经营活动而进行的作业，是为维持企业正常生产而使所有产品都受益的作业，作业的成本与产品数量无关。这类作业与个别产品严重脱离，只取决于组织规模与结构，其成本分配具有主观性，如工厂管理、生产协调、厂房维修作业等。

由此可见，现代企业就是一个为了满足顾客需要而建立的一系列前后有序的作业集合体，这个有序的集合体称为作业链。

（三）成本对象

成本对象是企业需要进行计量成本的对象，通常是企业生产经营的产品。根据企业的需要，可以把每一个生产批次作为成本对象，也可以把一个品种作为成本对象。成本对象可以分为市场类成本对象和生产类成本对象。市场类成本对象的确定主要是按照不同的市场渠道和不同的顾客确定的成本对象，它主要衡量不同渠道和顾客带来的实际收益，核算结果主要用于市场决策，并支持企业的产品决策。

（四）成本动因

成本动因，作业成本驱动因素，是对导致成本发生及增加、具有相同性质的某一类重要的事项进行的度量,是对作业的量化表现。成本动因通常选择作业活动耗用资源的计量标准来进行度量。按作业成本法的原理可将成本动因分为资源动因和作业动因两类。资源动因是衡量资源消耗量与作业之间关系的某种计量标准,它反映了消耗资源的动因,是资源费用归集到作业的依据。作业动因是作业发生的原因,就是将作业成本库中的成本分配到成本对象的依据,也是将资源消耗与最终产出沟通的中介。企业生产经营过程越复杂,其成本动因就越多。

　　成本动因根据企业生产经营活动的特点分为与数量相关的成本动因和与作业量相关的成本动因。与数量相关的成本动因,包括直接人工工时、机器工时、直接人工成本、直接材料成本等。与作业量相关的成本动因,包括生产批次(生产部门发生的相关成本费用)、订单数量(材料采购部门发生的相关成本费用)、验收次数(收货部门验收货物发生的相关成本费用)、维修次数(维修部门发生的相关成本费用)、检验次数(质量管理部门发生的相关成本费用)、调整准备次数(生产部门发生的相关成本费用)等。

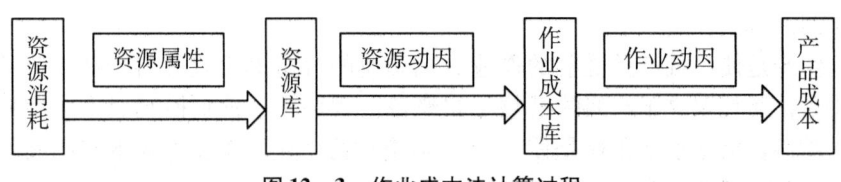

图 12-3　作业成本法计算过程

　　作业成本法与传统成本法不仅在核算程序上有区别,更重要的是作业成本法从内涵上改变了传统的成本计算基础。传统成本法将成本分为直接材料、直接人工、制造费用,所有能够直接计入产品中的都作为直接成本计入;对于制造费用则采用统一的标准分配到产品中,能够予以对象化的成本费用是与产品制造过程相关的制造成本,对于期间费用,则冲减当期损益,不计入产品成本中。在作业成本法下,直接材料和直接人工直接计入,这与传统成本法并无区别,对于制造费用的分配,按引起制造费用发生的作业来进行,同质的作业引起的成本构成一个成本库,再按成本对象所消耗的作业量分配到产品中,在作业成本法下,制造费用比传统成本法的范围更广、划分更细。

二、作业成本法的计算步骤

　　作业成本会计的基本规则是:产品消耗作业,作业消耗资源。在计算产品成本时,将着眼点放在作业上,即以作业为核算对象,而不再以产品为核算对象,通过对作业成本的核算,追踪成本的形成和积累过程,由此而得出产品成本。与传统的完全成本核算方法相比,作业成本法增加了作业层次,把间接成本的一次分配变为两次分配,将单一的数量分配标准改变为按照实际消耗情况确定的多种成本动因的分配标准,因而能够非常精细地核算产品成本,能够比较真实地反映产品和作业对于企业资源的实际消耗情况。其具体计算步骤如下:

第一步，确认和计量各类资源耗费，将资源耗费归集到各资源库。为企业每类资源都设立资源库，将一定会计期间所消耗的各类资源成本归集到各相应的资源库中。作业成本计算法并不改变企业所耗资源的总额，它改变的只是资源总额在各种产品之间的分配额。

第二步，确认主要作业和作业中心。如将与制造费用有关的作业划分为整备、检验、电费、维护等。作业中心划分正确与否，是整个作业成本系统设计成功与否的关键。在一个生产部门可能有几十个，甚至几百个作业，因此按照成本效益原则来进行作业的划分。作业的划分不一定和企业传统职能部门相一致。有的作业中心可能是跨部门的，有的部门可能完成好几项不同作业。按照作业中心披露成本信息，便于管理当局控制成本。

第三步，确定资源动因，建立作业成本库。资源动因反映了作业对资源的消耗情况，作业量的多少决定了资源的耗用量，资源的耗用量和最终的产出量没有直接关系。企业的资源耗费有以下几种情况：某项资源耗费如直观地确定为某一特定产品所消耗，则直接计入该特定产品成本，该资源动因也就是作业动因；如某项作业可以从发生领域上划分为作业消耗，则可以直接计入各作业成本库，此时资源动因可以认为是作业专属耗费；如某项资源耗费从最初的消耗上呈混合耗费形态，则需要选择合适的量化依据。将资源耗费到各作业，这个量化的依据就是资源动因。

第四步，确认各作业动因，分配作业成本。选择作业动因要考虑作业动因的数据是否易于获得。为了便于分析成本动因可以按照前述的作业层次来进行分析。作业成本计算中最难的部分是确定和选择合适的成本动因。选择作业动因应尽量限制动因数量，从成本较大的作业中选择最合适的作业动因。对于一些低成本作业，花费大量时间和精力来获取这几个复杂的动因，违背成本效益原则。

作业成本特点主要体现在制造费用核算上，具体体现为：缩小制造费用的分配范围，由全厂统一分配改为由若干个成本库分别进行分配；增加分配标准，由单一标准（直接人工小时或机器小时）分配改为多种标准分配，按引起制造费用发生的多种"成本动因"进行分配。

三、作业成本法的应用举例

【例 12-1】某企业生产 A、B 两种产品，有关产量、机器小时、直接成本、间接成本数据如表 8-1 所示，生产经营 A、B 两种产品的相关作业及其动因的数据如表 12-1 和表 12-2 所示。

表 12-1　　　　　　　　　　A、B 两种产品的产量及成本资料

项目	A 产品	B 产品
产量	1 000 件	2 000 件
单位产品机器小时	5 小时/件	8 小时/件

续表

项目	A产品	B产品
单位产品人工成本	60元/件	100元/件
单位产品材料成本	100元/件	160元/件
制造费用总额	600 000元	

表12-2　　　　　　　　　A、B两种产品成本动因分配率

作业	作业动因	作业成本	成本动因		
			A	B	合计
机器调试	调试次数	100 000	6次	4次	10次
签订订单	订单份数	80 000	12份	8份	20份
机器运行	机器小时	300 000	1 000小时	2 000小时	3 000小时
质量检查	检验次数	120 000	4次	8次	12次
合计	—	600 000	—	—	—

表12-3　　　　　　　　　A、B两种产品制造费用分配

作业	作业动因分配率	作业动因量		制造费用分配		
		A	B	A	B	合计
机器调试	10 000元/次	6次	4次	60 000	40 000	100 000
签订订单	4 000元/份	12份	8份	48 000	32 000	80 000
机器运行	100元/小时	1 000小时	2 000小时	100 000	200 000	300 000
质量检查	10 000元/次	4次	8次	40 000	80 000	120 000
合计		—	—	248 000	352 000	600 000

上表采用作业成本法对A、B两种产品进行制造费用的分配,其具体计算如下,
(1) 计算作业动因分配率及分配各项作业成本。

机器调试作业动因分配率 = 100 000 ÷ (6 + 4) = 10 000（元/次）
分配给A产品的机器调试成本 = 6 × 10 000 = 60 000（元）
分配给B产品的机器调试成本 = 4 × 10 000 = 40 000（元）
签订订单作业动因分配率 = 80 000 ÷ (12 + 8) = 4 000（元/份）
分配给A产品的签订订单成本 = 12 × 4 000 = 48 000（元）
分配给B产品的签订订单成本 = 8 × 4 000 = 32 000（元）
机器运行作业动因分配率 = 300 000 ÷ (1 000 + 2 000) = 100（元/小时）
分配给A产品的机器运行成本 = 1 000 × 100 = 100 000（元）

分配给 B 产品的机器运行成本 = 2 000 × 100 = 200 000（元）
质量检查作业动因分配率 = 120 000 ÷ (4 + 8) = 10 000（元/次）
分配给 A 产品的质量检查成本 = 4 × 10 000 = 40 000（元）
分配给 B 产品的质量检查成本 = 8 × 10 000 = 80 000（元）
（2）作业成本法分配 A、B 两种产品制造费用。
A 产品最终承担制造费用 = 60 000 + 48 000 + 100 000 + 40 000 = 248 000（元）
B 产品最终承担制造费用 = 40 000 + 32 000 + 200 000 + 80 000 = 352 000（元）
单位 A 产品承担制造费用 = 248 000 ÷ 1 000 = 248（元）
单位 B 产品承担制造费用 = 352 000 ÷ 2 000 = 176（元）
（3）传统成本法分配 A、B 两种产品制造费用。
传统制造费用以机器小时为数量基础将制造费用在 A、B 两种产品中分配，
传统制造费用分配率 = 600 000 ÷ (1 000 × 5 + 2 000 × 8) = 28.57（元/小时）
分配给 A 产品的制造费用 = (1 000 × 5) × 28.57 = 142 850（元）
分配给 B 产品的制造费用 = 600 000 - 142 850 = 457 150（元）
单位 A 产品承担制造费用 = 142 850 ÷ 1 000 = 142.85（元）
单位 B 产品承担制造费用 = 457 150 ÷ 2 000 = 228.575（元）
（4）作业成本法与传统成本法下 A、B 两种产品单位成本计算。
作业成本法下：
A 产品的单位成本 = 60 + 100 + 248 = 408（元）
B 产品的单位成本 = 100 + 160 + 176 = 436（元）
传统成本法下，
A 产品的单位成本 = 60 + 100 + 142.85 = 302.85（元）
B 产品的单位成本 = 100 + 160 + 228.575 = 488.575（元）

根据以上例题可见，两种成本计算法计算出来的 A、B 两产品单位成本进行对比，采用不同的制造费用分配方法，得出的计算结果有很大的差异，其原因是传统的成本计算方法对制造费用是按单一标准进行分配的，无法正确反映不同产品生产中不同技术、经济因素对费用发生的不同影响，使成本信息的使用者在经营决策中无法据以作出正确的判断与选择，从而对企业的经营造成不良影响。而作业成本计算是一种成本计算与控制相结合的方法，其计算过程根据作业分类及成本动因，使制造费用按产品的对象化具有客观依据，因而成本计算的正确性和成本控制的有效性都比传统的成本计算有所提高。作业成本法的出现，不仅适应了新的制造环境下成本管理实践的迫切需要，而且在成本理论上进行创新，且比传统成本系统更为科学合理，并能提供相对准确、真实的成本信息。

【例 12-2】某公司生产甲、乙两种产品，该公司本年度有关成本资料见表 12-4。

表12-4　　　　　　某公司本年度生产甲、乙两种产品有关资料

项目	甲产品	乙产品
年产量（件）	1 000	3 000
直接人工工时（小时）	10 000	15 000
单位直接人工工时（小时）	10	5
单位直接人工成本（元）	80	50
单位直接材料成本（元）	50	40
制造费用总额（元）	200 000	

首先按传统成本法计算甲、乙两种产品的单位成本（以直接人工工时为分配标准）。
制造费用分配率 = 200 000 ÷ (10 000 + 15 000) = 8
甲产品应分配制造费用 = 10 000 × 8 = 80 000（元）
乙产品应分配制造费用 = 15 000 × 8 = 120 000（元）
甲产品单位成本 = 50 + 80 + 10 × 8 = 210（元）
乙产品单位成本 = 40 + 50 + 5 × 8 = 130（元）

按作业成本法计算甲、乙两种产品单位成本（以作业量为成本动因），该公司根据各项作业的成本动因性质，设置了六个成本库，具体资料见表12-5。

表12-5　　　　　　甲、乙两种产品动因及分配率

作业	作业成本	成本动因			动因分配率
		甲产品	乙产品	合计	
机器准备	20 000	15	25	40	500
质量检验	40 000	200	600	800	50
生产订单	30 000	100	200	300	100
机器维修	50 000	20	30	50	1 000
材料订单	20 000	24	16	40	500
材料验收	40 000	15	25	40	1 000
合计	200 000	—	—	—	—

根据表12-5，计算制造费用分配表如表12-6所示。

表12-6　　　　　　制造费用分配表

作业	作业动因分配率	成本动因		制造费用分配		
		A	B	A	B	合计
机器调整准备	500	15	25	7 500	12 500	20 000
质量检验	50	200	600	10 000	30 000	40 000

续表

作业	作业动因分配率	成本动因		制造费用分配		
		A	B	A	B	合计
生产订单	100	100	200	10 000	20 000	30 000
维修	1 000	20	30	20 000	30 000	50 000
原材料订单	500	24	16	12 000	8 000	20 000
原材料收货	1 000	15	25	15 000	25 000	40 000
合计				74 500	125 500	200 000

作业成本法下：

甲产品单位成本 = 50 + 80 + (74 500 ÷ 1 000) = 204.5（元）

乙产品单位成本 = 40 + 50 + (125 500 ÷ 3 000) = 131.83（元）

第三节 成本动因与作业管理

一、成本动因

（一）成本动因的概念

成本动因亦称成本驱动因素，是指决定成本发生的重要的事项或活动，成本动因的确定是作业成本实施的重要内容，又可视作企业控制制造费用的措施。成本动因是连接作业和资源的中介，揭示了资源被作业消耗、作业被成本对象消耗的过程。成本动因支配着成本行动，决定着成本的产生，并可作为分配成本的标准。作业和成本动因的区别在于作业是为达到组织的目的和组织内部各部门的目标所需的行为，而成本动因是导致成本变动的因素。

（二）成本动因的分类

成本动因揭示作业执行的原因和作业消耗资源的方式，确定成本动因是作业成本法的关键，成本动因的选择既与作业成本及成本对象的分配有关，又与作业成本的控制及作业管理有关。

1. 按成本分配层次分类

（1）资源动因。

资源动因反映资源消耗与作业量的因果关系，是指资源被各作业消耗的方式和原因，是引起作业成本变动的因素，是把资源成本分配到作业的基本依据。对资源动因的分析，有利于反映和改进作业效率。在确定作业效率高低时，可将本企业的作业与同行业类似作业进行比较，然后通过资源动因的分析与控制，寻求提高作业效率的有效途径，重点分析与控制在总成本中占有重大比例或比例正在逐步增长的价值活动的资源动因。如可通过减少作业人数、降低作业时间、提高设备利用率等措施来减少资源消耗，提高作业效率，降低产品成本。

（2）作业动因。

作业动因是指作业贡献于最终产品的方式与原因，是表示成本对象或者其他作业对于作业需求的强度和频率的最恰当的单一数量度量标准。例如产品设计作业中心作业动因的计量可以选择为产品种类、零部件种类、设计工时等，销售作业中心作业动因的计量可以选择为广告次数、销售员工人数、销售合同数。

2. 按照作业执行特点分类

（1）执行动因。

若某项作业被重复执行时，每次作业消耗的资源费用差别很小，这时作业的执行次数即可作为成本动因。作业成本除以作业执行次数，即作业成本动因率。在设计作业成本体系时，一定要在分析有关作业历史资料的基础上，结合作业主体的意见，慎重确认执行动因，以避免由此引起成本动因信息失真，常见的具有执行动因的作业有订单处理等。

（2）数量动因。

当某项作业多次执行过程中，资源费用的消耗表现出明显的变异，不过若资源费用的消耗跟作业时间或其他数量量度之间存在近似的正比例关系，这时称成本动因为数量动因。数量动因可表现为作业时间，也可表现为耗费资源的体积、重量等量度。作业成本除以数量动因的总计，即可得到成本动因率。同执行动因相比，数量动因的精确度有了质的提高，但应用数量动因的成本费用也增加了很多，为每种产品都可能多次消耗不同的作业，观察和记录每次作业花费的时间或资源耗费的数量是一项繁杂而庞大的工作。

（3）强度动因。

有些产品、劳务或顾客需要一些具有特殊性的作业，在作业执行过程中资源的耗费并不具备执行动因或数量动因的条件，这时需要对作业作个别追踪记录，直接把作业成本归属于成本计算对象，这种成本动因称为强度动因，由于直接归属作业成本，所以不需要计算成本动因率。只有那些作业成本较大、每次执行时资源消耗又无规律可循的作业，才应用强度动因。如同样是由安装调试作业中心执行的某次产品的安装调试作业，由于技术要求高，需聘请外来专家，租用外单位的高级仪器，并且作业时间集中等原因，跟一般作业区别较大，不宜采用执行动因或数量动因，则应直接把成本归属到产品中去。

（三）选择成本动因的影响因素

成本动因是成本分配的标准，对于成本信息的相关性和准确性有重要影响，是进行成本分析的基础，通过成本动因建立成本分析的因果关系，因此成本动因的确定是作业成本实施的重要内容。在选择成本动因时，需要考虑以下因素：

1. 相关程度

在成本分配过程中假设分配源的成本与成本动因线性相关。在实际工作中，存在多个成本动因，成本动因数量与分配源成本线性相关，最好的成本动因是最恰当的成本动因，能保证成本信息的准确性。

2. 采集成本

在确定成本动因时需要遵循成本效益原则，成本分配需要针对每个分配目标采集成本动因数据，无法采集成本数据则无法进行分配，确定成本动因时，必须考虑成本动因数据采集成本，保证相关数据容易获取。如果数据采集成本过大，则可能使得作业成本管理无法实施。

3. 行为导向

不同的成本动因有不同的分配结果，不同的成本分配结果以及基于分配结果的管理决策会对组织和员工的行为产生导向作用，因此必须仔细分析成本动因的行为导向作用。企业可以利用成本动因的行为导向功能，把员工的行为导向有利于降低成本的方向。

4. 实行作业管理的目标

如果企业实施作业成本管理的目标是战略决策，通常采用自上而下的方法确定作业，其特点是作业口径较粗，成本动因数目较少；如果企业实施作业成本的目标是进行管理控制，通常采用自下而上的方法，确定作业比较详细，相应的成本动因较多。

二、作业管理

作业管理是根据作业信息，特别是作业成本信息作出经营性和战略性的决策，保证由企业经营过程所形成的作业链和价值链增值，从而实现企业的经营目标与战略目标的管理活动。利用不同的成本信息可以作出不同的经营与战略决策，作业成本法可以提供不同的成本对象，包括产品、顾客、企业的不同部门及供应商的成本信息，帮助企业科学决策、强化管理和提高价值增值水平。

作业管理是以"作业"作为企业管理的起点和核心，比传统的以"产品"作为企业管理的起点和核心，深化产品成本计算层次，可视为企业管理上一个重大的变革和突破。作业管理的有效实施，依靠作业成本计算提供信息支持，先进的作业成本计算如果不同先进的作业管理相结合，对于企业生产经营活动的不断改善和效益的不断提高就无法发挥应有的作用。

（一）价值链管理

价值链的概念最初由哈佛大学商学院教授迈克尔·波特于 1985 年提出，波特认为，"每一个企业都是在设计、生产、销售、发送和辅助其产品的过程中进行种种活动的集合体。所有这些活动可以用一个价值链来表明。"企业的价值创造是通过一系列活动构成的，这些活动可分为基本活动和辅助活动两类，基本活动包括内部后勤、生产作业、外部后勤、市场和销售、服务等，而辅助活动则包括采购、技术开发、人力资源管理和企业基础设施等，这些互不相同但又相互关联的生产经营活动，构成了一个创造价值的动态过程，即价值链。

价值链包括价值活动和利润。价值活动是企业所从事的物质上和技术上的界限分明的各项活动，利润是总价值与从事各种价值活动的总成本之差。价值活动分为两大类：基本活动和支持性活动。基本活动是涉及产品的物质创造及其销售、转移买方和售后服务的各种活动。支持性活动是辅助基本活动，并通过提供采购投入、技术、人力资源以及各种公司范围的职能支持基本活动。

基本活动有五种类型：（1）进料后勤：与接收、存储和分配相关联的各种活动，如原材料搬运、仓储、库存控制、车辆调度和向供应商退货；（2）生产作业：与将投入转化为最终产品形式相关的各种活动，如机械加工、包装、组装、设备维护、检测等；（3）发货后勤：与集中、存储和将产品发送给买方有关的各种活动，如产成品库存管理、原材料搬运、送货车辆调度等；（4）销售：与提供买方购买产品的方式和引导它们进行购买相关的各种活动，如广告、促销、销售队伍、渠道建设等；（5）服务：与提供服务以增加或保持产品价值有关的各种活动，如安装、维修、培训、零部件供应等。

支持性活动有四种类型：（1）采购与物料管理：购买用于企业价值链各种投入的活动，采购既包括企业生产原料的采购，也包括支持性活动相关的购买行为，如研发设备的购买等；（2）研究与开发：每项价值活动都包含着技术成分，无论是技术、程序，还是在工艺设备中所体现出来的技术；（3）人力资源管理：包括各种涉及所有类型人员的招聘、雇佣、培训、开发和报酬等各种活动。人力资源管理不仅对基本活动和支持性活动起到辅助作用，而且支撑着整个价值链；（4）企业基础制度：企业基础制度支撑了企业的价值链条。如：会计制度、管理流程等。

（二）作业管理的目标

作业管理把企业看作是为最终满足顾客需要而设计的一系列作业的集合体，形成一个由此及彼、由内到外的作业链。每完成一项作业要消耗一定的资源，而作业的产出又形成一定的价值，转移到下一个作业，按此逐步推移，直至最终把产品提供给企业顾客，以满足他们的需要。最终产品作为企业内部一系列作业的集合体，凝聚了在各个作业上形成而最终转移给顾客的价值。因此，作业链同时也表现为"价值链"，作业的推移同时也表现为价值在企业内部的逐步积累与转移，最终形成转移给企业外部顾客的总价值，顾客补偿企业的价值，形成企业的收入。收入扣除各项作业所消耗的资源价值后的余额，形成企业的利润。作业管理的目标，就是要充分运用作业成本计算提供的动态的明细化的信息，通过不断改进和优化企业"作业链"来不断改进和优化企业的"价值链"，以促进企业经营目标的顺利实现。

（三）作业管理的特点

1. 作业管理的中心环节是作业分析

作业管理要求企业通过不断优化企业的"作业链"、不断优化企业的"价值链"，而企业"作业链"的优化又要求深入地进行作业分析，作业管理是以作业为核心进行作业分析和价值链持续改善、优化的管理过程，作业管理的主要目标是通过作业为顾客提供更多的价值并从中获得利润，但是并不是所有的作业活动都能增加企业的价值，因此企业必须深入到作业水平，进行作业分析，确定增值与非增值作业，寻找使企业减少资源耗费、提高价值增值的途径与方式。作业管理要充分利用作业成本计算提供的动态信息，促使企业生产经营各个部分的作业紧密地协调、配合，以促进企业全面提高作业完成的效率和质量水平。

2. 作业管理的依据是作业成本计算

进行作业管理，优化价值链与作业链，明确作业链中发生的各种作业的资源耗费，使成本计算深入企业每一项作业，进行作业成本计算。作业成本计算是一个动态的信息系统，通过对作业进行追踪和动态反应，可以改进和完善企业作业链和价值链。作业成本计算法强调直接追踪成本或按照成本动因追踪成本，大量使用与产量有关或无关的成本动因，并且分析成本动因和成本之间的关系，对成本的追踪是围绕业务流程的资源消耗展开的，较好地掌握成本的形成与积累过程，提高成本信息的真实性。

3. 作业管理是人性化的柔性管理

企业管理的权力结构，从原来纵向的独裁式的集权化管理转变为横向的分权化的民主管理，以企业基层作为管理权力的基点，坚持员工本位的原则，以员工满意作为顾客满意的基础和条件。作业成本管理体系中的"作业链—价值链"表现为"契约链—信息链—行为链"，从而在其运作中形成一种以自主管理为基础的自行调节、自行控制、自行适应的机制，借以使任何失衡现象得以及时自行纠正，以保持组织内部各个环节的协调运作与动态平衡，并使整个企业处于不断改进的状态中，其最大特点是体现了"柔性管理—人性化管理"的基本原理，能使企业每个职能部门的活力得到充分的激发，从而赋予整个企业强大的生命力，为企业取得巨大竞争优势。

（四）作业管理的过程

1. 作业调研

深入企业实践并了解企业运作过程和收集作业信息，其目标是详细了解企业的经营和作业过程，明确企业的成本流动程序和导致成本发生的因素，了解各个部门对成本的责任，设计作业活动及责任控制体系。

2. 作业认定

掌握作业流程并分解，作业活动分散在企业的组织结构中，虽然企业的规模、工艺和组织形式不同，但通常企业认定作业活动有以下几种方法：（1）绘制生产流程图，将企业的各种经营过程绘制成网络，每一个流程分解出几项作业，最后将相关或同类作业合并；（2）从企业现有的职能部门出发，通过调查分析，确定各个部门的作业加以汇总；（3）召集全体员工开会，由员工或工作组对其工作进行汇总，提高企业全员参与意识，提高作业成本管理效率。

3. 成本归集

汇集和分析相关成本和成本动因，耗费资源的成本在发生时已经采用传统会计方法进行核算与记录，找出与各项作业相关的资源成本，例如将材料成本归集到消耗材料的加工作业中，根据作业的类型和资源成本的性质确定成本动因。

4. 建立成本库

按照同质的成本动因将相关的成本入库，选定作业成本动因后可按照同质的成本动因将相关的成本进行归集，每个成本库可以归集直接材料、直接人工、折旧费用、修理费用等，根据成本动因建立成本库。

5. 设计模型

在对企业的运作进行充分了解与分析的基础上，设计企业的作业成本核算模型，影响因素包括确定企业资源、作业和成本对象，各个组织层次的关系，各个计算对象的责任主体，资源作业分配的成本动因，资源到作业的分配关系，作业到产品的分配关系等。

6. 应用软件

实施作业成本管理需要比传统成本管理更丰富的信息，因此应运用软件工具系统支持作业成本的实施，软件系统有助于完成复杂的核算任务，有助于使用者对成本信息进行分析。

7. 运行分析

在建立作业成本核算体系的基础上，输入成本数据，运行作业成本法，对作业成本的计算结果进行分析，分析的内容包括成本偏高的原因，成本结构的变化等。

8. 持续改进

开展相关改进工作以实现增值作业，对作业成本实施过程中发现的问题采取相应措施，实现持续的效果改进，如考核组织和员工，重塑企业生产经营流程，消除不增值作业，提高增值作业运行效率等。

课后练习题

一、单项选择题

1. 作业成本法的基本理论是（　　）。
   A. 成本动因理论　　B. 代理成本理论　　C. 交易成本理论　　D. 成本管理理论
2. （　　）是资源的最终消耗者及承担者。
   A. 作业　　B. 成本对象　　C. 成本动因　　D. 资源动因
3. 成本动因根据企业生产经营活动的特点分为与数量相关的成本动因和与（　　）相关的成本动因。
   A. 资源　　B. 生产　　C. 作业　　D. 作业量
4. 作业成本法在计算产品成本时以（　　）为核算对象。
   A. 成本　　B. 资源　　C. 作业　　D. 人工
5. 数量动因可表现为（　　）。
   A. 作业时间　　B. 广告次数　　C. 产品种类　　D. 设计工时

二、多项选择题

1. 与数量相关的成本动因，包括（　　）。
   A. 直接人工工时　　　　　　　B. 机器工时
   C. 直接人工成本　　　　　　　D. 直接材料成本等

2. 成本动因按成本分配层次可分为（　　）。
A. 资源动因　　　　　　　　　　B. 作业动因
C. 执行动因　　　　　　　　　　D. 强度动因
3. 销售作业中心作业动因的计量可以选择为（　　）。
A. 产品种类　　　　　　　　　　B. 广告次数
C. 销售员工人数　　　　　　　　D. 销售合同数
4. 在选择成本动因时，需要考虑的因素包括（　　）。
A. 相关程度　　　　　　　　　　B. 采集成本
C. 行为导向　　　　　　　　　　D. 实行作业管理的目标
5. 与作业量相关的成本动因，包括（　　）。
A. 生产批次　　　　　　　　　　B. 订单数量
C. 维修次数　　　　　　　　　　D. 人工成本

三、判断题

1. 作业成本法是一种以作业为间接成本的分配中介、以成本动因为间接成本分配基础的成本计算方法，是一种通过对作业活动的追踪发现成本产生的作业动因，对成本的发生追根溯源和动态反映的成本计量系统。（　　）
2. 作业成本系统是一个以成本为基础的管理信息系统和成本控制及作业管理系统。（　　）
3. 作业成本法是建立在"作业消耗资源，产品消耗作业"的基本假设之下。（　　）
4. 资源、作业和成本对象构成了作业成本法的核算要素体系。（　　）
5. 成本动因是作业发生的原因，企业生产经营过程越复杂，其成本动因就越多。（　　）
6. 虽然作业成本法从内涵上改变了传统的成本计算基础，但作业成本法与传统成本法在核算程序上没有区别。（　　）
7. 与传统的完全成本核算方法相比，作业成本法增加了作业层次，把间接成本的一次分配变为两次分配，将单一的数量分配标准改变为按照实际消耗情况确定的多种成本动因的分配标准。（　　）
8. 作业的划分必须和企业传统职能部门相一致。（　　）
9. 如果企业实施作业成本的目标是进行管理控制，通常采用自上而下的方法。（　　）
10. 作业管理把企业看作是为最终满足顾客需要而设计的一系列作业的集合体，形成一个由此及彼、由内到外的作业链。（　　）

四、业务计算题

（一）某企业生产甲、乙两种产品，甲产品属于小批量生产，每年销售量为1 000件；乙产品属于大批量生产，每年销售量为100 000件，其他有关资料如下：

1. 直接成本如下:

产品名称	直接人工工时	单位人工工时	工资率	直接材料单位成本
甲	40 000	40	5	500
乙	4 000 000	40	5	400

2. 企业每年制造费用总额 600 000 元。甲、乙两产品复杂程度不一样,所耗用作业量不一样。企业制造费用驱动因素主要有 5 个,设置 5 个成本中心,资料见下表。

| 成本动因 | 成本库 | 可追溯成本 | 作业量 | | | 分配率 |
			甲产品	乙产品	合计	
生产订单次数	1	13 0000	500	300	800	162.5
质量检验次数	2	80 000	40	60	100	800
机器调整准备次数	3	150 000	10	50	60	2 500
维修次数	4	200 000	5	20	25	8 000
原材料收货次数	5	40 000	2	8	10	4 000
合计		600 000				

要求:

1. 按照传统成本计算方法计算甲、乙两种产品的成本;
2. 按照作业成本计算方法计算甲、乙两种产品的成本;
3. 确定两种成本计算结果的差异,并解释产生差异的原因。

(二)资料:某企业生产甲、乙两种产品,有关作业及成本动因如下表所示:

| 作业 | 作业动因 | 作业成本 | 成本动因 | | |
			甲	乙	合计
机器调试	调试次数(次)	50 000	12	18	30
签订订单	订单份数(份)	40 000	20	30	50
机器运行	机器小时(小时)	30 000	500	1 000	1 500
质量检查	检验次数(次)	30 000	1 000	2 000	3 000
合计	—	150 000	—	—	—

要求:按作业成本法计算甲乙产品应分配的制造费用。

第十三章

战略成本管理

本章内容引言：

战略成本管理是战略思想在成本管理中的具体应用，是为了获得和保持企业持久竞争优势而进行的成本分析与管理。战略成本管理是战略高度的成本管理，企业规划战略成本管理的目标包括两个重要的层面：一是战略层面，二是成本管理层面。战略成本管理具有不同于传统成本管理的特征：一是战略成本管理重视战略目标，具有长期性；二是战略成本管理重视企业与外部环境的关系，具有外向性；三是战略成本管理重视竞争优势的建立，具有竞争性；四是战略成本管理提供的成本信息具有多样性和全面性；五是战略成本管理重视企业生命周期的不同阶段，具有动态性。

战略成本管理的工具包括战略定位分析、价值链分析和战略成本动因分析。企业的竞争战略包括成本领先战略、差异化战略和目标集聚战略。企业战略管理具体可分为战略规划、战略实施和战略评价三个阶段，与之相配合的企业战略成本管理的实施可以分为战略成本的预测与决策、战略成本计划与控制、战略成本绩效评价三个阶段。为了了解战略成本管理的各项活动是否产生了应有的管理效果，企业需要采用一定的方法对战略成本管理的业绩进行评价，评价步骤包括一是确定业绩评价对象；二是确定业绩评价目标；三是设定评价指标；四是选择评价标准；五是收集评价信息；六是进行评价，得出结论；七是编制业绩评价报告。战略成本管理制度的维护包括战略成本管理制度的外部维护和战略成本管理制度本身的维护。

关键术语： 战略成本管理　企业生命周期　战略定位　价值链　战略成本动因　竞争战略　成本领先战略　差异化战略　目标集聚战略　战略规划　战略实施　战略评价　战略成本绩效

第一节　战略成本管理概述

一、战略成本管理的定义

"战略"一词源于军事科学，它是同"战术"相对应的概念。近代西方军事学家把战略定义为"在地图上进行战争的艺术"，而把"在地面上实际调动军队和作战的艺术"称为战术。

我国《辞海》对战略的解释为:"对战争全局的策划与指导,是依据国际、国内形势和敌对双方政治、经济、军事、科学技术和地理等因素确定的。战略解决的主要问题是:对战争的发生、发展及其特点、规律的分析与判断,战略方针、任务、方向和作战形式的确定,武装力量的建设和使用,武器装备和军需物资的生产,战略资源的开发、储备和利用,国防工程建设,战略后方建设,战争动员,以及照顾战争全局各方面、各阶段之间的关系等。"而将战术解释为:"战斗的原则和方法。根据敌对双方具体情况和地形、天候、水文等条件灵活运用。"这种由军事科学确立的"战略"概念,在被广泛地应用于政治、经济、文化、科技和社会改革的各个方面以后,其含义也就变得越来越广泛。如果按照大多数人的理解,战略可能与下列概念同义,比如"基本方针""指导原则""重要规划""远景目标""发展方向"等,但这些理解并没有说明战略的本质。我们认为,从表面上看,战略是一种长期规划,从实质上看,战略是实现长期目标的过程和方法。作为一个过程,它是指决策者立足于组织所处的环境,根据组织的基本情况,包括历史、现在和未来可能,指明组织发展的基本方向,明确组织活动的范围和总体规划。作为一种方法,它是指决策者需要使组织的资源与变化的环境相匹配,尤其是它的市场,并借助长期规划的制定和实施,才能够在竞争中取胜,实现组织所要达到的远期目标。因此,通过上面的分析,我们可以对战略做如下定义:战略是指重大的,将对全局产生深远影响的长期规划。

商场如战场,20世纪60年代兴起的战略管理理论就是将战略思想运用于企业管理以适应愈演愈烈的市场竞争,即企业的决策者们突破企业的短期利益,对企业发展进行长期的谋划,为创建企业未来持续发展的竞争优势而从战略的角度制定企业的竞争战略,从而有效配置企业的资源、协调企业的各项经营活动。战略管理需要企业若干不同管理部门的支持,成本管理作为企业管理的重要有机组成部分必须适应战略管理对于成本信息的需求,传统的成本管理所提供的成本信息已经无法满足战略决策的需要,因此,战略成本管理应运而生。

战略成本管理最早于20世纪80年代由英国学者西蒙提出,他当时对战略成本管理仅仅做了一些理论性的探讨。美国哈佛商学院的迈克尔·波特教授在《竞争优势》和《竞争战略》两本书中为我们指出了运用价值链进行战略成本分析的一般方法。美国管理会计学者杰克·桑克等人接受了西蒙提出的观点,并在迈克尔·波特研究的基础上,于1993年出版了《战略成本管理》一书,使战略成本管理的理论方法更加具体化。1998年,一向推崇作业成本制度的英国教授罗宾·库珀也提出了以作业成本制度为核心的战略成本管理体系。进入20世纪90年代以后,日本成本管理的理论界和企业界也开始加强战略成本管理方面的研究,提出了具有代表意义的战略成本管理模式——成本企划。因此,总的来看,国外学者对于战略成本管理的研究是从20世纪80年代末开始的,其研究的出发点是成本管理系统如何为新兴的企业战略管理服务,其研究成果主要表现为通过对成本管理视野和方法的拓宽来提供战略决策有用的成本信息,如价值链分析、战略定位分析、成本动因分析等。

战略成本管理(strategic cost management,SCM)是战略思想在成本管理中的具体应用，是在提高企业竞争优势的同时进行的成本管理，也就是说不仅要降低成本，更要注重与企业的竞争战略相配合以保持企业的竞争优势。具体来说，战略成本管理就是适应战略管理的需要，从战略的高度根据企业内外部环境的变化对更广泛的成本实施管理，管理人员运用专门方法提供企业本身及其竞争对手的分析资料，提供从材料的采购、产品生产及销售、顾客服务等一系列作业活动有关的准确的、与决策相关的成本信息，并进行分析与考核，帮助管理者形成和评价企业战略，以有利于企业建立和保持长久的竞争优势。战略成本管理是对传统成本管理的发展，是企业进行战略管理系统的重要子系统之一。

二、战略成本管理的意义

战略成本管理不是人为建立起来的理论空架子，它是适应学科的发展以及企业内外环境变化的需要而适时发展起来的，具有明确的理论和现实意义。

（一）战略成本管理的形成和发展是现代市场经济和竞争的必然结果，是随着战略管理理论的提出而逐步发展起来的

随着世界后工业时代的到来，世界范围内的经济环境在各个方面都发生了巨大的变化，特别是20世纪60~70年代以后，企业所处的政治、经济、文化和自然环境与过去相比有了很大的变化，企业间的竞争更加激烈，科学技术高速发展，从而使企业面临更加严峻的挑战，具体的变化主要体现在以下几个方面：①需求结构发生变化。基本消费品的需求已经饱和，市场由卖方市场转为买方市场，个性化需求提高，并且更加注重质量的需要。②科学技术突飞猛进。科技的发展促进了企业生产技术和设备的更新和提高，发展了先进的制造工艺。同时，信息技术的发展改变了企业的内部制造环境。③全球化竞争日益激烈。企业所面临的外部竞争范围在不断地扩大，跨国公司的大量涌现使得世界范围的资本流通更加快速，同时，也造就了更加激烈的竞争环境和带来了更大的风险。这些时代特征给企业的生存带来了前所未有的挑战，要生存和发展，就要采取更加有效的管理方式，战略管理应运而生。正是战略管理的产生，使得战略成为企业的核心，而成本是战略的关键，战略成本自然而然地形成了。因此，战略成本管理理论和实务的不断发展完善，对于经济的发展特别是成本管理工作具有重要的意义。

（二）战略成本管理是先进的管理方法与成本管理的融合，是对传统成本管理理论的重大飞跃

战略成本管理理论最早于20世纪80年代由英国学者提出，美国学者迈克尔·波特在《竞争战略》和《竞争优势》两书中列专章探讨"成本优势"。在波特研究的基础上，美国学者J. K. 桑克等于1993年出版了《战略成本管理》的专著，使战略成本管理更加具体化。传统的成本管理理论仅仅局限于成本核算，没有真正的实现管理的职能。而战略成本管理注重综合管理学、系统学、运筹学、经济学等多学科知识技能，应用先进的管理方法，如价值链分析、战略成本动因分析、竞争环境分析等等，将成本信息贯穿于战略管理整个循环过程之中，通过对公司成本结构、成本行为的全面了解、控制与改善，寻求长期的竞争优势。因此，可以说战略成本管理理论是个开放的系统理论，它适应战略管理的需要，进行不同重点的成本管理，同时注意紧密地和现代管理学相结合，应用先进的管理方法和技术手段以提供相关的成本信息。战略成本管理理论已经形成了完整的系统结构，并且在不断地发展，对于成本管理理论的发展以及管理学等相关学科的发展都有其重要的理论意义。

（三）战略成本管理的有效应用和实施有利于加强企业的经营管理，改善企业的经营业绩

战略成本管理是战略管理顺利实施的基石。应用战略成本管理有助于企业从战略的角度把握企业的成本管理，避免只顾短期利益，一味以低成本来衡量各项决策的短期行为。通过战略定位、价值链分析及成本动因分析等各种战略方法，将企业成本管理从仅限于企业内部扩展到企业外部，利用不同的成本管理重点来支持企业不同的竞争战略。这样，在企业实施战略成本管理的过程中能够提供更加有利于企业未来发展和战略决策的包括竞争对手和企业自身整个产品生命周期的不同阶段的成本信息，以有利于管理者时刻掌握企业的优势和劣势，并制定适合企业保持永久竞争优势的竞争战略。

另外，从我国企业所进行的成本管理改革现状来看，大多数企业没有真正领悟战略成本管理思想和方法的精髓，以至于大多数企业仍然保持传统成本管理的方式，没有真正地实施战略成本管理，使企业已经制定的战略目标难以实现。因此，研究和发展战略成本管理对于我国企业的管理方式和手段的革新具有重大的现实意义。战略成本管理的目标是基于战略管理思想而建立起来的管理系统，从系统论的观点来说，战略成本管理从内容、方法到管理的重点都不是一成不变的，它要适应企业不同时期、不同层次的战略定位而有所为。但是，目标是系统运作的方向和所希望实现的结果，正确的目标是系统良性运行的前提，企业战略成本管理的目标是企业实施战略成本管理活动所预期达到的目的，是战略成本管理系统的核心，它由战略成本管理的环境所决定，并且对战略成本管理系统的其他要素具有指导和制约作用。因此，明确战略成本管理的目标是正确执行和完善战略成本管理系统的前提和基础。

战略成本管理是战略高度的成本管理，所以，我们要规划战略成本管理的目标就不能脱离两个重要的方面：一是战略层面；二是成本管理层面。

首先，战略成本管理的目标要服从于战略管理的目标。企业的战略成本管理是战略管理的子系统，是服务于战略管理需要的。战略管理的目标是企业通过战略管理所要实现的结果，可以说是企业的使命。生存、发展、获利是一般企业目标的概述，在激烈的市场竞争中要实现企业的目标，归根结底取决于企业自身与众不同的竞争优势。那么实施战略管理无非就是从战略的角度管理企业的经营和发展，为企业目标的实现创造竞争优势。战略成本管理作为战略管理的决策支持系统，其各项活动的开展都要有助于战略管理目标的实现，也就是说，它要通过成本管理的基本功能达到保持并创建企业的竞争优势的目标。

其次，战略成本管理目标本质上要服从于成本管理的职能发挥。因为战略成本管

理是在时代的变革和企业竞争环境的变化及战略管理理论发展应用的情况下产生和发展起来的。它不是对传统成本管理的全盘否定,而是在传统成本管理的基础上注入战略的思想,拓展成本管理的时间和空间范围,是适应战略管理的需要对传统成本管理的发展和完善。所以,作为成本管理系统,进行成本管理工作仍然是战略成本管理的基本职能,成本管理所要达到的目标也就是战略成本管理的基本和首要目标。成本管理就是对与发生成本有关的企业各项活动进行成本信息的反映和管理,以提供与决策相关的成本信息。战略成本管理的目标就是不仅要提供传统成本管理所提供的战术意义上的成本信息,更重要的是要提供战略意义上的与决策相关的成本信息以有益于企业管理者进行战略决策。

最后,追求创建能够维持成本持续降低的成本结构和环境。尽管通过战略成本管理,已确定的某项决策可能会带来暂时的成本提高,但同时成本的提高是以竞争力的建立和维持为结果的。那么,与传统成本管理追求成本降低的目标相比,战略成本管理更注重抛开短期利益,而代之以长期的视角来营造有利于未来时期内成本持续降低的成本机构和环境。

总之,战略成本管理的目标就是通过提供与决策相关的战术和战略方面的成本信息,来协助管理者进行准确的战略决策以实现企业的战略目标,并达到保持企业竞争优势基础上的成本持续降低的目的。

三、战略成本管理的特点

战略成本管理是适应战略管理的需要而对传统成本管理的变革和完善,因此,战略成本管理具有不同于传统成本管理的独有的特征。

1. 长期性

战略成本管理立足于培育、维持和提高企业的竞争优势,为企业长远的战略目标服务。它是在创建企业竞争优势思想的指导下进行的成本管理活动,着眼于长期的企业目标。与传统的无视企业未来发展的短期战术性管理完全不同。战略成本管理重视战略的思想,具有长期性特征。比如企业进行人工成本管理,按"降低成本"标准衡量,企业宜雇佣年龄相对较大、技术熟练程度高的员工以便降低人工成本。以"成本优势"标准衡量,企业适宜从长远出发雇佣相对年轻、文化程度高的员工,利用学习曲线,以获得较长时期的成本优势。

2. 外向性

传统成本管理主要通过对企业内部经营管理的状况,为企业提供单一的成本信息,并在企业内部各项活动中挖掘降低成本的途径,对企业的外部价值链视而不见,是一个封闭的内部决策支持系统。而战略成本管理将成本管理的触角伸向企业外部,扩充成本管理在时间和空间上的范围。时间上,将传统的只注重产品生产阶段的成本管理扩展到对整个产品生命周期的成本管理;空间上,将企业内部成本管理向前延伸至供应商,向后延伸至销售商或者消费者。企业与供应商、企业与顾客、企业与竞争对手的关系均构成企业生存发展的外部环境,这些外部环境都直接或间接影响企业的成本水平和成本结构。因此,战略成本管理拓展了成本管理的时空范围,将有利于根据企业外部环境的变化调整企业自身的竞争战略,并通过改善与企业外部环境的关系达到优化企业成本结构、降低成本水平的目的。

3. 竞争性

战略成本管理是在考虑企业竞争优势基础上进行的成本管理,重点关注企业的成本行为。对于企业竞争地位和竞争优势的影响,在帮助企业决策者正确确定企业竞争战略的同时,辅以与之相对应的成本管理战略。而传统成本管理往往只考虑成本的降低,对降低成本给企业竞争地位带来的影响却较少考虑,这样势必造成企业的决策者为了一时的成本降低而放弃企业竞争地位的确立,更难谈到建立企业的竞争优势了。因此,我们不难看出,战略成本管理通过改革传统成本管理单纯降低成本的弊端,将成本降低定位于企业竞争优势建立的基础上。这不仅充分体现了战略的思想,实现了成本管理理念的完善和发展,而更重要的是揭示出战略成本管理是企业在日益激烈的市场竞争中得以生存和发展的利器。

4. 多样性和全面性

传统成本管理属于战术成本管理的范畴,关注的是企业日常生产经营管理所需要的适时成本信息的产生与分析利用,在提供信息方面具有一定的局限性。战略成本管理为了满足战略管理对成本信息的需求,就必须从更多的方面来提供战略性成本信息。具体地说就是,战略成本管理系统不仅要收集企业内部生产经营管理方面的日常成本资料,而且更要了解与分析政府部门、金融机构、产业政策、法律规范、供应商、客户以及竞争对手等方面对企业未来成本行为的约束,不仅要反映货币性的成本信息,还要反映顾客满意度等非货币性成本信息,不仅要提供历史的实际成本资料,更要全面地提供预测的、模拟未来的和即时的成本信息。

5. 动态系统性

系统论的观点揭示出系统不是一成不变的,而是根据不同的要求而动态变化的。战略成本管理作为一个管理系统是如何体现其动态特征的呢?企业的竞争战略是根据企业内外环境的变化而间歇调整的。从管理科学的系统性出发,为了保证战略实施的有效性,不同的战略要与不同的管理控制系统相互映射,这也正是作为管理控制系统之一的战略成本管理系统必须与具体的竞争战略相结合的逻辑所在。不同的战略选择需要不同的成本分析观和成本管理方法,这也就形成了特定竞争战略下的成本管理战略。在企业所确立的不同竞争战略的要求下,战略成本管理的侧重点也会有所变化。例如,在成本领先的竞争战略下,企业成本管理的重点是在产品设计到生产的各个阶段,尤其是企业与供应商和销售商的联系方面,挖掘降低成本的潜力,以实现和维持行业内的成本最低;而在差异化的竞争战略下,企业成本管理的重点则在于产品的设计阶段,更加注重产品的功能分析和顾客的个性化需求。

四、战略成本管理的内容

战略成本管理的基本要求就是明确成本管理在企业战略中的定位,开展企业价值链和成本分析，重视和控制战略性成本动因，从战略上降低成本。战略成本管理的主要内容包括：①确定企业在市场竞争中所采取的战略，并制定相应的成本策略。②进行价值链的分析，了解企业在整个行业价值链中的位置，探索利用上游、下游价值链管理成本的可能性，了解企业内部的价值链，努力消除不增值的作业，杜绝浪费，了解企业竞争对手的价值链，明确企业自身的优势和劣势，以及面临的机遇和挑战。③通过成本动因的分析，揭示影响企业成本的结构性动因和执行性动因，在与企业战略结合的基础上，确定控制哪些重要的成本动因，研究如何重组企业的价值链来管理成本。

五、战略成本管理的原则

战略成本管理的原则多对企业的成本管理战略的制定、实施和评价等活动的有效进行、战略成本管理目标的实现有着重要的作用，通常包括全局性原则、长期性原则、竞争性原则、效益性原则、激励原则以及信息质量原则。

1. 长期性原则

企业成本优势的建立需不断适应外界多变的竞争环境，企业的战略成本管理是为企业的长远发展服务的，其目标是提高企业长期绩效水平，培育企业竞争优势，通常通过一个长期的过程来实现企业所定的战略目标。

2. 全局性原则

全局性原则要求战略成本管理不再局限在企业内部的生产环节，而是将其范围扩展到整个产品的生命周期，使战略成本管理深入研发、采购、生产、营销和售后服务部门，范围从企业内部价值链延伸到外部。

3. 市场导向原则

生产技术、信息技术和顾客需求导向的变化，外部宏观环境的变化，都是企业在进行战略成本管理时必须关注的，因为这些因素在一定程度上影响了企业竞争的性质和管理者的管理方法。

4. 竞争性原则

战略成本管理活动在帮助企业寻求竞争潜力的同时，其自身也在增加竞争力，企业在制定战略规划和实施计划时，关键是要看各种成本指标的竞争性，要从战略的高度进行成本指标的调整、改进和变革。

5. 效益性原则

战略成本管理的目标是努力寻求并保持成本优势的目的也同样是维护企业的盈利性。战略成本管理在谋求成本降低的基础上首先是要注意效益的可比性，寻求企业效益的有效增加需要的是企业成本管理中的成本有效降低。

6. 激励性原则

战略成本管理系统的有效运行，需要人的控制，因此战略成本管理活动的持续开展需要一定的推动力，没有人的主动性和创造性，再完善的系统也无法取得预期的运行效果。企业要根据自身的行业特点，设置激励机制，使企业战略成本管理的各项工作落到实处，以保证目标的顺利实现。

7. 信息质量原则

战略成本信息是为企业的战略决策服务，稍有偏差就会带来难以预料的结果，战略成本管理所需的成本信息需要符合质量可靠性原则，切实做到成本信息资料的准确性、完整性是企业迫切需要的，这样才有助于企业战略决策的制定。

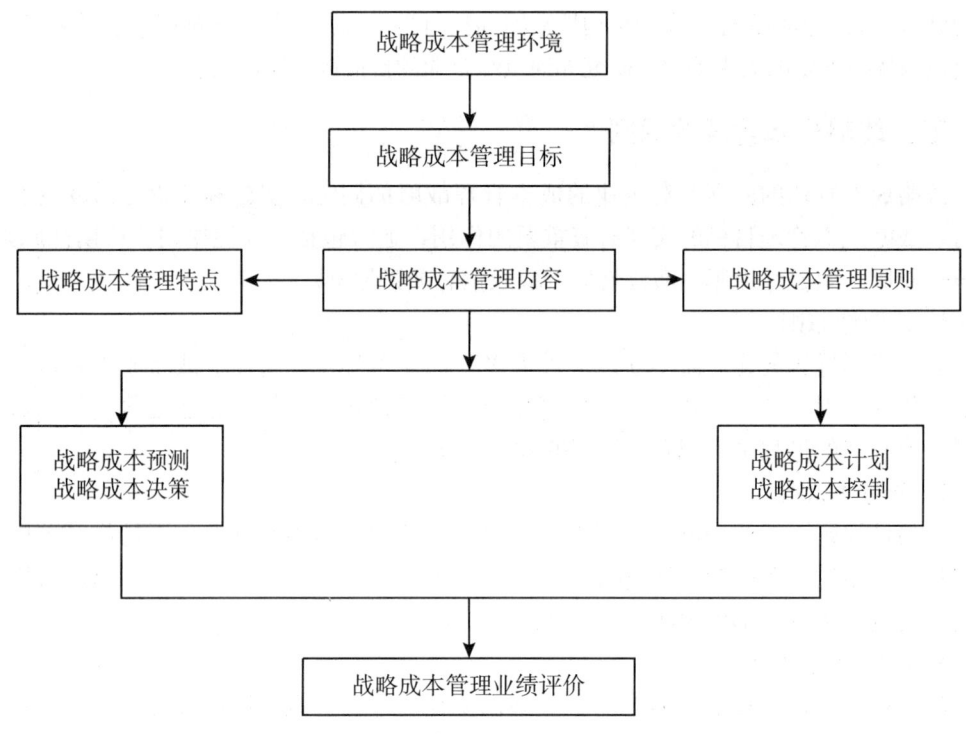

图 13-1　战略成本管理分析框架

第二节　战略成本管理的工具

战略成本管理以战略管理理论为基础，在传统成本管理的基础上进行了功能拓展。它利用一系列分析方法，为企业的成本管理提供了战略上的方向。战略成本管理的工具包括战略定位分析、价值链分析和战略成本动因分析。它们之间存在着一定的关系：首先，通过内部价值链分析，企业可以清楚地认识到企业内部的哪些活动是必不可少的，哪些活动使得企业产品更能吸引消费者，哪些活动对企业的赢利能力影响最大；通过外部价值链分析，企业可以认识到其所处行业中各环节的赢利能力，将企业置于整个行业的角度来考虑其成本问题。其次，战略定位分析可以帮助企业在充分了解自身状况后确定经营发展战略，并为企业成本管理提供方向。最后，进行战略成本动因分析，可以帮助企业将成本的发生与控制与企业的长期发展目标结合起来，从引发成本的根本原因入手，采取措施以降低成本。以下将具体说明战略成本管理的具体方法。

一、战略定位分析

能够选择恰当的竞争战略是一个企业成功的重要前提。战略定位分析，就是采用各种不同的方法对企业的内外部环境进行分析，帮助企业选择适合自己所处行业特征及自身特点的竞争战略。

（一）战略定位分析与战略成本管理

从战略成本管理的角度看，战略定位分析就是对企业的战略环境进行分析，确定所要采取的竞争战略，从而明确成本管理的方向和重点，建立与企业战略管理相适应的成本管理战略。战略定位分析是战略成本管理的重要有效工具之一。

战略定位分析能够使战略成本管理在管理方法、管理重点、分析方法上与企业的战略管理相配合，更加有利于保持战略成本管理随企业战略变化而变化的动态特征。成本管理是企业获取竞争优势的有效途径，因此，企业基本的竞争战略几乎都是在成本方面做文章，运用战略定位分析方法可以使成本管理工作对建立和保持企业竞争优势发挥最大的效应。只有进行战略定位分析，确定应采取的战略，企业才能针对特定的战略，对成本管理的具体方法进行功能运用和创新。不同的战略定位产生不同的企业战略，一就需要不同的成本分析观和成本管理方法，由此确立的战略成本管理运行机制也会存在较大的差异。

（二）战略定位分析的方法

企业进行战略成本定位分析应该考虑环境因素。确定战略定位的关键是客观地认识企业所面临的竞争环境，其中包括宏观层面的经济、政治、法律环境等，市场层面的行业发展状况、竞争者的优势、供应商和销售商的议价能力以及企业自身的核心竞争力、内部优势、劣势等。因此，战略定位分析的方法就是通过对战略环境的调查分析，明确企业自身在竞争市场中所拥有的机会、威胁和企业本身的优势和劣势，确定企业的竞争战略。战略定位分析的方法包括以下三种：

1. 五种力量分析法

美国学者迈克尔·波特强调竞争环境分析对战略定位的重要性。由于环境因素是多方面和错综复杂的，因而不可能也没有必要对所有的环境因素进行分析。迈克尔·波特认为，在进行行业环境分析中应重点评价五种力量，这些力量决定着行业的潜在赢利水平。其具体内容如下：

（1）现有企业间的竞争。

对现有企业间的竞争进行分析，有助于人们了解各企业的竞争方式，了解企业通过价格竞争与非价格竞争来取得优于竞争者的经营绩效的具体方式和竞争强度。非价格竞争主要采取产品创新、广告推销、售后服务等方式。决定企业间竞争强度的因素有很多，主要包括市场需求的缓慢增长或下降，行业所需的高固定成本，不可预测的、多样化的竞争者的加入，行业内部的低转移成本，强势品牌的建立，经济周期对行业产生的重大影响以及其他一些重大事件。

（2）新竞争者进入市场的障碍。

新竞争者加入本行业，会加大企业间的竞争程度。新竞争者进入市场的数量和速度，在很大程度上取决于其进入市场的障碍。进入障碍多而且短期内难以克服，市场竞争强度的增长就会比较平稳；反之，市场竞争强度的增长则比较激烈。新竞争者进入市场的障碍主要包括其进入的资金成本、品牌成熟度、专利技术、规模经济、学习曲线等。

（3）购买者议价的力量。

购买者或顾客力量的强弱对行业的赢利水平具有决定性的影响。购买者议价力量强，上游企业的利润就会减少。购买者或顾客力量的强弱又取决于购买者的数量、购买者的集中化程度、购买者的利润、购买者的忠实度和购买者的转移成本等因素。

（4）供应商议价的力量。

与购买者议价的力量相同，供应商议价力量的强弱也直接影响到行业的赢利水平。力量强大的供应商，可以借助其强有力的议价地位提高产品的销售价格，从行业中转移更多的利润。供应商拥有的议价力量主要是：产品供应由几家大公司支配，集中供货程度较高；供应商不必同其他销往该行业的替代品供应商竞争；供应商的产品功能及产品质量差异比较大或能形成较高的转移成本，使购买者很难转换供应商。

（5）替代品的威胁。

替代品威胁会对行业竞争力产生潜在的影响。产业经济学通常根据产品来定义行业，并在行业范围内来研究竞争。但是从战略管理的角度看，竞争不再局限于行业内部，无论行业内部还是行业之间，很多企业都在参与生产替代品的竞争。替代品的威胁主要来自三方面：一是有许多相同的有效降低成本的方法能满足相同顾客的需要；二是顾客转向替代品只需承担很小的转移成本；三是顾客对价格非常敏感，而替代品的价格又很低。

对以上五种竞争力量进行分析可以帮助企业正确分析市场环境，确立有效的企业战略。如果企业确立的战略能够防御这五种竞争力量，企业就能够有效面对竞争压力，从而建立持久的竞争优势，并通过实施战略不断发展壮大。

2. PEST分析法

PEST分析法主要是用于对企业外部宏观环境的分析方法，PEST分别是政治（politics）、经济（economics）、社会（society）、技术（technology）的英文缩写。宏观环境对企业战略定位的影响主要表现在对企业所处行业结构及未来发展趋势的影响方面。运用这个分析方法进行战略定位分析首先是要考虑哪些环境因素对企业未来发展具有重大影响；然后把这些因素分别按照政治、经济、社会、技术等四个方面进行分类，并分析它们对企业发展的长远影响，从而正确定位企业所要采取的竞争战略。这里的政治因素主要是指各种相关法律法规、国家宏观经济政策、企业与政府的关系、各种贸易协定等；经济因素指经济周期、货币政策、利率、行业投资规模等；社会因素包括人口的数量和质量、人们的生活习惯、价值观念等；技术因素包括政府对研究的投入和支持、新技术的发明和传播速度、劳动方式的改变导致劳动生产率的提高等。企业运用 PEST 分析法可以有层次、分类型的搜集调查对本企业影响较大的环境因素,并结合其对企业未来发展的影响进行分析,有利于企业更好地进行战略定位,实现战略目标。

3. SWOT 分析法

SWOT 是优势(strength)弱点(weakness)机会(opportunity)、威胁(threat)的英文缩写。SWOT 分析法是一种比较综合的战略定位分析的方法,主要是通过对企业面临的外部机会和威胁以及企业自身的优势和劣势的列举和分析,帮助企业准确地进行战略定位。

SWOT 分析法先系统确认企业各项经营业务面临的优势、弱势、机会和威胁要素,并据此选择经营业务的战略方法,其理论基础是有效的战略应该能最大限度地利用业务优势和环境机会,同时使业务弱势和环境威胁降到最低。SWOT 分析法将企业面临的外部机会和威胁与企业内部具有的优势和弱势进行对比,得出四种不同的组合方式,进而形成四种不同的战略供企业选择,即优势—机会战略(SO)、弱点—机会(WO)战略、优势—威胁(ST)战略和弱点—威胁(WT)战略。这四种战略分别以四个区域表示,见图 13-2。

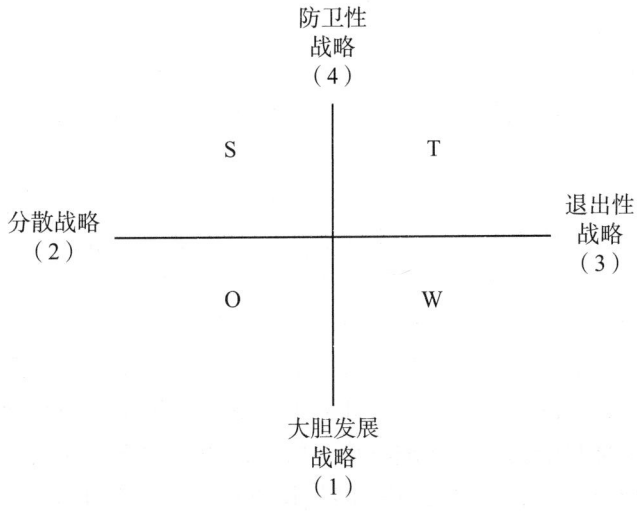

图 13-2 不同的企业战略

对图 13-2 中四种战略说明如下:

(1) SO:大胆发展战略。

SO 是最理想的战略组合。在这种战略下,企业既面临许多的机会,又拥有较多方面的优势,可以大胆发展。任何管理者都希望企业处于这样一种状况,即能够利用自己的优势抓住外部的大量机会,从而形成有利的竞争战略。

(2) ST:分散战略。

ST 是企业利用优势回避或减轻企业外部威胁的战略。在这种情况下,企业采用分散战略，一种对策是利用自己的优势在其他产品和市场上谋取发展机会，另一种对策是尽量以企业的优势把外部威胁对企业的影响降到最低。

（3）WO：退出性战略。

WO 是内部业务具有较大的市场机会，同时企业内部弱势也较明显时适用的战略。在这种情况下，企业应重点减轻自己的弱势，同时注意利用大量的市场机会。

（4）WT：防卫性战略。

WT 是最不理想的组合。在这种组合下，企业内部存在弱势，而企业外部又面临着强大的市场威胁，因此，企业时时面临着被兼并、被收购或者破产的风险，应采用防卫性战略。

应当说明的是，上述战略定位分析方法的分析结果只显示出了企业的可选战略，并不一定就是最佳战略。

（三）企业的竞争战略

迈克尔·波特将企业所面临的行业环境概括为五大竞争力量，即现有企业间的竞争、新进入者的障碍、购买者议价的力量、供应商议价的力量、替代品的威胁。迈克尔·波特认为，在与这五种竞争力量的抗争中，蕴涵着以下三种成功型业务竞争的战略思想：成本领先战略、差异化战略和目标集聚战略。

1. 成本领先战略

成本领先战略是指企业通过加强内部成本控制，在研究开发、生产、销售、服务和广告等领域内把成本降低到最低限度，成为行业中的成本领先者的战略。在这种战略指导下，企业的目标是要成为其产业中的低成本生产（服务）商，也就是在提供的产品（或服务）的功能、质量差别不大的条件下，通过努力降低成本来取得竞争优势。

为了达到成本领先的战略目标，企业在各方面都要高度重视成本因素，尽管也不能忽视质量、服务等，但贯穿于整个战略中的主题是使成本低于竞争对手。实施成本领先战略对企业成本管理的要求是最严格的，通过战略成本管理来配合这一战略的实施是最合适的。保持成本领先的竞争优势，不仅要求企业在成本管理的组织方面具备严格的成本控制、详尽的控制报告、合理完善的责任考核制度和激励制度，而且更要注重获得这一竞争优势的途径。从战略成本管理的角度考虑，要获得成本优势，公司价值链上的累计成本必须低于竞争对手的累计成本，有两个途径可以达到这个目的：一是利用比竞争对手更有效的管理价值链活动控制成本驱动因素；二是改造公司的价值链，即进行价值链重构以省略或者跨越一些高成本的价值链活动。

2. 差异化战略

差异领先战略要求企业就客户广泛重视的一些方面在产业内独树一帜，或在成本差距难以进一步扩大的情况下，生产比竞争对手功能更强、质量更优、服务更好的产品以显示经营差异。简单来讲，就是企业要提供与众不同的产品和服务，满足顾客的特殊需求。企业如能获得差异领先的地位，就可以得到溢价的报酬，即获得超常收益，并且该溢价超过了为差异化付出的额外成本，从而使企业成为产业中收益高于平均水平的佼佼者。

实施差异化战略不代表可以忽视对成本的管理，其与成本领先战略的区别在于对成本管理的重点有所不同它必须取得相对于竞争者等价或者近似价的成本，在不影响差异化的领域内降低成本。从战略成本管理的角度，企业可以通过分析整个价值链各个环节的活动来创造差异化，比如影响公司终端产品的质量或者性能的采购活动、产品的研究设计活动、产品制造活动、产品销售和顾客服务活动等。

3. 目标集聚战略

目标集聚战略是主攻某个特定的顾客群、某种产品系列的一个细分区段或某一个细分市场，以取得在某个目标市场上的竞争优势。这一战略与上述两个基本竞争战略不同，成本领先战略和差异化战略都是面向全行业，在整个行业的范围内进行管理活动；而目标集聚战略是集中企业有限的资源，以更高的效率、更好的效果为某一特定战略对象服务，从而超过服务于更广阔范围的竞争对手。目标集聚战略有两种形式，成本领先目标集聚战略寻求在特定目标市场上的成本优势，差异领先目标集聚战略则追求特定目标市场上的差异优势。

实施目标集聚战略的关键是选好战略目标，既可以在目标市场中形成产品的差异化，也可以在为该目标市场的专门服务中降低成本，形成成本优势；或者兼顾差异化与成本领先两项优势。战略成本管理则根据不同的选择而有所侧重。

二、价值链分析

（一）价值链的含义及种类

1. 价值链的含义

企业生产经营管理活动的运行是有成本的，成本是一种有目的的价值牺牲，它直接或间接地表现为企业资金的耗费。按照马克思的成本价格理论有效的劳动耗费包括物化劳动耗费和活劳动耗费，它们最终要转化为产品或劳务的价值。对于企业来说，其生产经营管理活动要发生各种耗费，消耗企业的资源，形成企业的成本，而其最终产品（包括提供的劳务）被社会所接受就意味着其价值得到了实现，成本得到了补偿。因此，企业的生产经营活动既表现为成本的耗费过程，又表现为价值的创造过程。这样，我们可以把企业的生产经营管理活动理解为价值活动，那么成本管理也就可以理解为对价值活动的管理。

如果将企业的生产经营管理活动按照业务活动的内在关系进行合理串联，就会出现一条作业链。作业要消耗资源，作业活动也是价值活动，因此，企业的作业链同时也是价值链。价值链就是将企业的生产经营管理活动按照业务活动的内在逻辑关系进行合理串联而形成的作业链。

价值链最早由迈克尔·波特提出，他将价值链描述成一个企业用以"设计、生产、销售、交货以及维护其产品"的内部过程或作业。约翰·桑克（John Shank）和戈文德瑞亚（V. Gowindarajan）对价值链概念进行了拓展，认为企业的价值链包括价值生产活动的整个过程，而企业则是价值生产过程整个系列中的一个部分，也就是用战略的眼光将价值链延伸，不仅包括企业内部价值链，还包括企业的外部链，如企业与供应商、企业与购买商、企业与竞争对手等方面。企业经营管理所要应用的价值链不仅包括给企业创造价值的各项紧密联系的价值活动,而且包括各个价值活动之间联系的"节点"。

2. 价值链的分类

将企业经营管理活动各单元作为全部价值活动中的环节,并以一个独立的企业为参照物来对价值链进行分类,可以把价值链分为企业内部价值链和企业外部价值链两类。

(1) 企业内部价值链。

企业内部价值链是指企业内部为顾客创造价值的各项活动。按照现代作业管理的观念,企业内部的价值活动可以分为两类:基本作业和支持作业。我们可以通过图示来直观地描述企业的各项内部价值活动,见图 13-3。

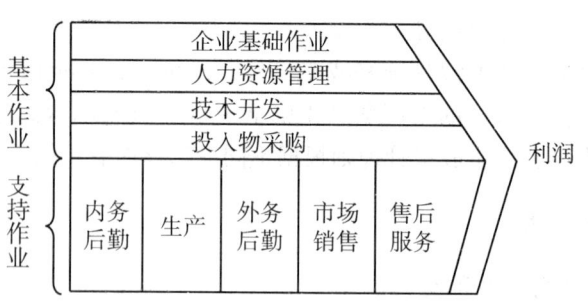

图 13-3 企业的内部价值链

企业各项作业活动是创造满足顾客需求产品的基础,它们在创造价值的同时也要发生一定的消耗。当企业生产的产品在市场上得到了消费者的认可,实现了其价值的时候,其花费的成本也得到了补偿,利润(总价值与从事各项作业活动的总成本之差)便产生了。从图 8-2 中可以清楚地看到,企业的各项价值活动不是独立的,而是相互依存的,共同为创造价值发挥作用。任何一项价值活动的发生都会对价值链中的其他价值活动产生直接或间接的影响。同时,企业内部价值链可以划分为三个层次,即企业整体的价值链、各业务单元的价值链和业务单元内部的价值链。

(2) 企业外部价值链。

企业外部价值链是指与企业具有紧密联系的外部行为主体的价值活动。在从最初的原始材料到最后向顾客提供产品的整个价值活动之中,大多数情况下企业只从事其中一部分活动。这样,对于企业来说,就存在着处于企业之外但与企业所从事的经营活动相关的价值活动,即企业的外部价值链。企业的外部价值链包括行业价值链、供应商价值链、客户价值链、竞争对手价值链等。

行业价值链是指从最初原材料的采集和加工直到最终产品进入个体消费者手中被消费掉的全部价值活动。行业价值链的建立和运行一般需要多个企业共同协作才能完成。处在行业价值链中的每一个企业对价值链中的其他企业都会产生直接或间接的影响。供应商价值链是指那些为本企业提供商品物资的企业的各种价值活动。客户价值链是指那些从本企业购买商品的企业的各种价值活动。竞争对手价值链是指与本企业生产同样产品的企业的各种价值活动。我们可以用图示来直观地描述企业外部价值链，见图13-4。

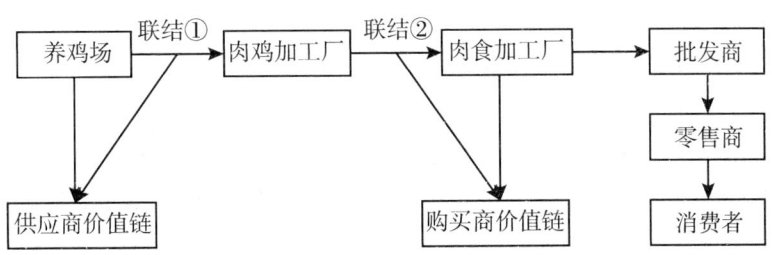

图13-4 企业的外部价值链

图13-3为鸡肉食品加工的全部行业价值链。其中，以肉鸡加工厂为中心来说明企业外部价值链中的销售商价值链和购买商价值链，联结①和联结②是企业的价值链活动和上游供应商及下游购买商的价值链活动的关联。

（二）价值链分析的意义

价值链分析是战略成本管理的有效方法之一，是指通过对企业内外部价值链的每一项价值活动及各项价值活动之间的联系的分析，区分增值作业和非增值作业分析联系点对价值活动的影响，为企业选择竞争战略和维持竞争优势提供及时的决策信息。

传统成本管理关注企业内部价值链的分析，其分析范围局限于企业内部，重点是产品制造环节。从战略成本管理的角度看，其存在的主要缺陷是：在采购之后开始成本管理，失去了同上游供应商合作的机会，不利于企业低成本供应商优势的形成；多以产品售出作为成本管理的终点，失去了同下游购买商进行合作的机会，影响了购买商的价值链，增加了最终消费者的购买成本，从而影响本企业产品的市场竞争力；不考虑竞争对手的成本情况，没有从行业价值链的角度出发，分析供应商、本企业、购买商和消费者之间的战略合作关系，没有很好地寻求降低成本的途径。通过价值链分析，企业可以确认本企业的价值活动有哪些，分布状态如何，确认其在整个行业价值链中的位置，通过对本企业价值活动所耗成本与产品价值的比较来确定其发生的合理性，进而决定是否应对行改进。而且，企业通过对竞争对手的价值链分析，可以了解本企业的成本现状，分析本企业是否存在竞争优势或劣势，从而进行改进行动。因此，进行价值链分析对消除成本劣势和创造成本优势起着非常重要的作用，有效地克服了传统成本管理的弊端。在战略成本管理中运用价值链分析具有深刻的意义：

（1）对行业价值链进行分析，明确成本管理重点。

通过对行业价值链的分析，企业可以明确本企业在行业中处的位置，并根据行业所处的生命周期阶段来决定本企业所应采取的竞争战略，进而明确成本管理的重点。同时，企业可以更加清楚地了解本企业所面对的众多供应商和购买商的情况。

(2) 对供应商和购买商的价值链进行分析，确定企业的整合战略。

通过对供应商和购买商价值链的分析，企业可以利用与上下游企业价值链的关系建立战略联盟共同获益，或者直接寻求整合方式，再造企业价值链。整合，是指企业兼并或者自己投入资金建立企业的原上下游企业所从事的业务，即从本企业现有的业务领域出发，向行业价值链的两端延伸，直至原材料供应和面向普通消费者销售产品。整合包括前向整合和后向整合。其中，后向整合是指企业将业务范围扩展到目前为其提供原材料的上游企业，比如肉食加工厂自行建立养鸡场、养牛场等，以摆脱对原供应商的依赖。前向整合是指企业将业务范围扩展到现有产业的营销领域，建立自己的市场营销体系、即兼并位于企业下游的企业，使企业可以直接接近消费者，及时了解市场需求。通过价值链分析，企业能对以整合方式降低成本是否可行提供决策依据。

(3) 利用管理供应商购买商价值链和企业价值链之间的联系形成低成本优势。

企业同供应商密切合作，可以保证及时供货，从而降低企业存货的采购成本和仓储成本，以达到企业与供应商双方的"双赢"，而不是双方利益的博弈，即企业的所得就是供应商的所失。因此，企业通过管理企业价值链与购买商价值链之间的联系，可以消除不增值作业，从而寻找降低成本的双赢机会。例如，葡萄酒酿造商在将葡萄酒销售给经销商时，如果不是直接销售分装成瓶的葡萄酒，而是销售大桶的葡萄酒，那么既可以保证葡萄酒的品质（橡树桶是高品质葡萄酒的最佳储存容器），并减少葡萄酒酿造商的产品包装成本，又可以使经销商能够随时根据市场需求选择灵活的销售方式：不但可以销售瓶装酒，还可以销售小规格桶装酒，也可以将瓶装酒储存一定时间（可以进一步提高酒的品质）后再销售，从而达到"双赢"的效果。法国著名葡萄酒生产商博瓦塞家族酒庄已采用塑料瓶代替传统的玻璃瓶葡萄酒包装，不仅携带方便，让消费者可以随时随地享受美酒，还能够很好地保持葡萄酒的品质，这一做法也值得其他经销商学习。

(4) 对竞争对手的价值链进行分析，实现低成本战略。

对竞争对手的价值链进行分析，可以了解竞争对手的成本情况，客观评价企业在所处行业中的成本优势和劣势，进而确定能取得竞争优势的竞争战略，通过成本标杆学习改进成本现状，降低成本。

(5) 对企业内部价值链进行分析，实现低成本战略。

对企业内部价值链进行分析，可以确认企业的价值活动有哪些，处于什么样的分布状态，并将每项价值活动所耗费的成本与对产品价值的贡献相比较，确定增值作业与非增值作业，从而采取消除非增值作业或改进非增值作业的战略行动，降低成本。

（三）企业价值链分析内容及方法

企业价值链分析包括两大方面：一是企业内部价值链分析、即对企业内部若干相互联系的价值活动或作业所进行的分析，包括对各个价值活动及不同价值活动之间联系的分析；二是企业外部价值链分析，这是价值链分析的战略意义之所在，即对企业与供应商、客户、竞争对手乃至整个行业的价值活动之间的联系进行分析。

1. 企业内部价值链分析

进行企业内部价值链分析的前提就是识别企业的若干价值活动。每项价值活动都与顾客价值创造有关，并且是引发资源耗费成本发生的"基本单元"。企业内部各个价值活动之间都是相互影响的，某项价值活动的成本将影响另一项价值活动的成本。因此，进行企业内部价值链分析、就是通过运用具体的方法对作业进行系统分类，分析消除和改进非增值作业，使企业内部各作业活动相互协调，配合企业的竞争战略提升竞争优势。

与内部价值链管理和分析密切相关的两种先进管理方法——价值工程和作业成本管理，是进行内部价值链分析的主要方法。

（1）价值工程分析。

价值工程又称功能成本分析，就是以最低的总成本可靠地实现的必要功能、着重于功能分析的有组织的活动，即对企业价值活动的成本与价值的比较分析。在价值工程分析中，价值在数量上是产品功能和成本的比值；产品功能即消费者使用时所担负的职能。某项功能所实现的价值是根据消费者的评价确定的等级来评价的，其中包括必要、非必要、过剩、不足等几个等级。企业在具体应用价值工程分析时要结合用户评价反馈的信息，科学地确定产品各项功能所应采用的功能系数，并以功能系数为权数为产品打分。产品成本指产品的寿命周期成本，是企业在设计、生产、销售等阶段发生的成本与消费者使用成本之和。价值工程分析方法被重点应用于产品设计阶段，也就是针对企业内部价值链的初始价值活动进行成本分析的方法。

价值工程分析方法的原理完全可以用于企业内部价值链分析的每项价值活动，把每项价值活动为产品价值所做的贡献与该价值活动所消耗的资源进行比较，发现不同价值活动的效率和改善其活动效率的方式，就可以为寻找成本降低的空间提供相关信息。运用价值工程分析法对企业内部价值链进行分析的一个关键问题是为最终产品价值所做的贡献不容易被量化，这是值得探讨的问题。

运用价值工程分析法对企业内部价值链进行分析的基本步骤是：其一，确认价值链中的各项价值活动；其二，确认各项价值活动的成本；其三，评估各项价值活动对顾客满意度的贡献；其四，分析评估各业务单元价值链之间的联系；其五，评估各业务单元价值链的协调性，采取改进行动。比如，简化高成本价值活动的经营，再造业务流程和改进工作惯例，提高生产效率，提高关键活动的效率或者改善企业对价值活动的管理，通过改造价值链来消除某些产生成本但不增加顾客价值的活动，等等。

（2）作业成本管理。

作业成本管理，是指企业利用作业成本计算提供的信息进行作业管理，以达到不断消除浪费、实现持续改善和提高客户价值，并最终实现企业战略目标的一系列活动。作业成本管理实际上就是价值链分析在企业内部成本管理中的应用，它是一种战术管理方法，主要根据产品消耗作业、作业消耗资源的原理对企业的每项作业进行分析。它考察作业变动与顾客价值变动的关系，将作业区分为增值作业和非增值作业，并剔除非增值作业，从而减少不必要成本的发生。

作业成本计算法和作业价值分析法是作业成本管理的基本方法。作业价值分析包括评价作业有效性的资源动因价值分析、判断作业增值性的作业动因价值分析以及作业综合分析。对作业进行资源动因价值分析、作业动因价值分析和综合分析的目的就是对作业进行有效的改进。分析作业发生的原因、评价作业价值及有效性的方法贯穿于作业成本管理的整个过程，所以作业价值分析是作业成本管理的基本方法，是确认并消除浪费、降低成本的有效手段。根据作业成本计算法和作业价值分析法提供的有效信息，企业可以优化作业流程，最大限度地减少非增值作业，提高作业完成的效率和质量水平，在设计、供应、生产、销售等环节减少浪费，尽可能降低资源消耗，从而最大限度地降低成本、提高企业效益。

2. 企业外部价值链分析

对企业外部价值链进行分析比对企业内部价值链进行分析更具有战略意义，因此，这也应该是执行战略成本管理的重要内容。下面将重点讲述外部价值链分析的具体内容和方法。

（1）行业价值链分析。

产业经济学通常根据产品来定义行业，任何一个企业都可以根据自己所提供的产品定位出自己所在的行业，并在行业范围内研究竞争战略。企业生产的每个最终产品都是由最初的原材料投入直至到达最终消费者手中的若干价值活动所构成的。产业价值链中的企业一般可以分为上游企业（供应商）、本企业和主要竞争者、下游企业（购买商）。产业价值链分析就是将某一经营企业的上游企业、下游企业和同业竞争者列出，并对主要供应商、购买商和竞争对手的价值链进行分析，从建立成本竞争优势的角度出发，确定企业整合战略。

同一个行业包含众多的企业，它们从事不同的价值活动，或者同一部分的价值活动由若干个企业来组织，每个企业似乎都是独立存在的。但是，从战略的角度对这个行业的若干价值活动所组成的价值链进行分析，有助于发现各个价值活动之间都存在着联系，它们是相互影响和制约的统一体。所以，进行行业价值链分析，就是找到企业在行业中所处的位置，了解企业的上下游企业与企业的联系，并找到与自己从事相同价值活动的竞争对手的对比优势。

（2）客户价值链分析。

客户属于企业的下游企业，是购买企业产品的中间商或是最终消费者。分析客户（购买商）价值链及其与本企业价值链之间的联系，有助于同客户建立起战略合作伙伴关系，形成稳定的销售渠道，不断扩大企业产品的市场份额，从而增强企业产品的市场竞争力。

直接销售产品给最终消费者的企业，可以通过了解消费者使用产品的方式和周期来降低企业的销售和售后服务成本。如对于使用方法和操作程序复杂的产品，企业可以开展上门指导等服务方式，节约由于用户操作不当造成的维修成本。对于下游客户是分销商的企业来说，进行客户价值链分析，一方面可以使其了解客户的销售活动和需求状况，合理安排交货的时间、数量和品种，以避免盲目生产造成的库存积压成本；

另一方面可以使其通过与分销商建立战略联盟或者直接通过整合的方式来避免中间交易成本和销售费用。

对客户价值链及其与企业价值链之间的联系进行分析的具体做法是：其一，了解企业产品最终消费者的购买能力。其二，分析客户的赢利水平；其三，评估客户价值链及其与企业价值链之间的联系的合理性；其四，采取战略改进行动，比如帮助购买商改善价值链，以节约其经营成本，从而降低最终消费者的购买成本，或采用最经济的联系方式，达成购买商价值链与企业价值链的合理连接，或者通过前向整合兼并购买商，以增强企业的成本竞争优势。

（3）供应商价值链分析。

对供应商价值链进行分析也就是对企业的上游企业的价值链进行分析，这对于企业避免发生一些不必要的成本是非常有作用的。对供应商价值链及其与企业价值链之间的联系进行分析，主要目的是同供应商建立战略合作伙伴关系，寻求企业成本持续降低的机会。

对供应商价值链及其与企业价值链之间的联系进行分析的程序是：其一，了解供应商的赢利水平。其二，分析评估供应商价值链及其与企业价值链之间联系的合理性。其三，采取战略改进行动。例如，企业了解供应商的生产流程，可以帮助供应商改变产品设计，帮助供应商进行价值链再造，节约其产品的生产成本，从而节约企业对原料的初步加工成本；通过与供应商的信息沟通来协调进货时间和批量甚至产品包装和运输的方式，避免企业因为急用、积压或者不适当的包装方式带来的额外时间、人力和资金成本；同供应商进行谈判，降低采购成本；实现供应商价值链与企业价值链的合理连接；更换供应商或对供应商实施兼并，以增强企业的成本竞争优势等。

（4）竞争对手价值链分析。

战略成本管理的精髓就是从战略大局的角度来评价企业，进而建立企业的竞争优势，对于竞争对手价值链的分析更说明了战略的意义。对竞争对手的价值链进行分析，就是将竞争对手价值链同本企业的价值链分析结果进行比较，明确企业的成本竞争优势或劣势，以采取战略改进行动，从而消除成本劣势，创造成本优势。

竞争对手价值链分析的程序是：其一，了解竞争对手的成本情况。其二，评估竞争对手价值链的合理性。其三，分析本企业与竞争对手相比较的成本优势或劣势。其四，采取消除成本劣势、创造成本优势的战略行动。例如，企业利用对竞争对手价值链分析所得的信息，将其应用到本企业的价值链中，学习竞争对手如何采购原材料、如何培训员工、如何安排生产、如何进行质量控制等。

企业对竞争对手进行价值链分析，可以通过对比分析和了解本企业相对于竞争对手的成本优势和劣势，使本企业能有的放矢地建立自己的竞争优势。同时，在分析竞争对手价值链的过程中企业会发现比本企业同一指标更先进的水平，那么企业就可以以此为标准来建立标杆，并以此衡量和改进自身的活动。但是，对于企业竞争对手的价值链分析尚存在一定的障碍，如无法全面了解竞争对手价值链的情况。对此，企业可以调查竞争对手的上下游企业，了解其生产和销售活动，也可以通过对其产品的分析大致了解其产品的设计和生产状况。因此，各种渠道的调查和学习，有助于企业基本掌握对本企业有价值的信息。

三、成本动因分析

（一）成本动因的概念与种类

1. 成本动因的概念

成本动因是指成本的驱动因素，即导致企业成本发生的各种因素。成本动因是作业成本管理的核心概念，作业成本管理出现以后，人们将成本管理的重点转向了作业，通过对作业的分析寻找成本发生的原因和降低成本的措施。在企业的价值链上紧密联系的每一项价值活动都要消耗资源发生成本，成本动因可以反映成本发生的原因，以了解企业的成本结构，加强成本控制。

在传统成本管理中，企业往往将产量或与其相关联的指标（如生产工时、机器工时、材料成本等）作为唯一的成本驱动因素对费用和成本进行分配，在制造费用在全部成本中所占比重不大的情况下基本可以正确地反映成本消耗状况。随着时代的变迁和高新技术的发展，生产自动化逐步实现。特别是在一些高科技企业，制造费用在成本总额中的比重大大提高，而且许多制造费用并不是单一地与产品产量相关，其构成内容复杂，一些重要的制造费用并不受产品产量或与其相关联的指标影响。在这种环境下，再沿用传统的费用分配方法，以产量作为唯一的驱动因素进行费用分配，就会造成成本信息的扭曲，高估或低估产品成本，从而影响成本管理的效果。企业高估产品成本，会有被竞争者抢占市场的风险，因为高估成本会使管理者作出不当决策，使企业丧失降低售价以阻止竞争者进入其市场并仍能获利的机会。作业成本法的适时产生，弥补了传统成本管理的缺陷。在作业成本法下，企业可以将活动划分为若干作业，并利用不同的成本动因来归集分配成本。成本动因首先用于在各作业中心内部成本库之间分配资源，然后用于在各产品之间分配成本库。作业成本法的重点是解决了费用的正确归集和合理分配问题。而且，作业成本计算系统一方面把资源的消耗（成本）和作业联系起来，进而把作业和产品联系起来；另一方面把企业内部系列作业提供给顾客的累积的价值和企业的收入（顾客的认同价值）联系起来。这可以正确描述提供给顾客的最终价值的形成过程（由价值链体现）和各种资源耗用的真实过程和数量（体现在作业链中）、从而促进企业生产经营各环节协调一致，为实现企业战略目标提供条件。

2. 成本动因的种类

作业成本法下的成本动因可以是产品产量、机器台时、原材料的运送次数、采购单数量、质量检验次数等。这里的成本动因是居于企业内部的可以量化的成本驱动因素，是战术意义上的成本动因，即存在于企业日常生产经营过程的各种作业之中。随着战略成本管理的发展，企业面临着拓宽自己的战略视角，从战略意义上去考察每个与成本发生相关的因素，也就是本部分要重点介绍和研究的战略成本动因。战略成本动因分析是战略成本管理的又一个有效的工具，它有利于从战略的高度配合企业的竞争战略，为企业明确战略成本管理的重点并保持竞争优势提供切实可行的信息支持。

因此，我们可以将成本动因可分为两个层次：一是战术层次的与企业的具体生产作业相关的成本动因，如原材料的运送次数、采购单数量、质量检验次数、作业量等。二是战略层次上的成本动因。战略成本动因，是从战略上对企业的成本结构产生长期影响的成本驱动因素。战略成本动因与企业战略联系更加紧密，与战术性成本动因相比，它具有对产品成本影响更长期、更持久、更深远并且一旦形成就难以改变的特点。战略性成本动因又可分为结构性成本动因和执行性成本动因两大类。

结构性成本动因是指与组织企业基础经济结构和决定企业成本态势相关的成本驱动因素，通常包括：其一，企业规模，指企业在生产、研究开发、制造和市场开发等方面的投资规模；其二，业务范围，指企业价值链的纵向长度和横向宽度，前者与业务范围有关，后者与规模相关；其三，学习与溢出、指内部工作熟练程度的积累和从外部寻找的学习利益，通常与作业活动的重复次数相关；其四，技术，指企业在每一个价值链活动中所运用的技术处理方式；其五，多样性，指企业提供给客户的产品、服务的种类；其六，厂址选择，指企业所处的地理位置和外部环境等。

执行性成本动因是指与企业执行作业程序相关的成本驱动因素，通常包括：其一，劳动力参与，即员工对企业生产经营活动的投入的向心力；其二全面质量管理，一个组织以质量为中心，以全员参与为基础，目的在于通过让顾客满意和本组织所有成员及社会受益而达到长期成功的管理途径；其三，生产能力利用，指企业规模即企业能力（含员工、设备和管理能力）的利用和发挥；其四，联系，指企业与供应商、客户关系的开发以及企业内部价值链各个环节的协调程度等；其五，产品外观，包括产品设计风格、规格和样式等；其六，厂内布局，指企业内部的布局方式。

（二）成本动因分析与战略成本管理

在价值链分析和战略定位分析的基础上，已经确定了企业的成本管理战略。但是，为了进一步明确成本管理的重点，企业还要找到成本的驱动因素，以便控制成本，实现战略目标。成本动因分析可以满足战略成本管理的这一要求，不仅能够更好地揭示成本的驱动因素，而且可以指出企业应该采取怎样的方法来控制这些因素，以达到战略成本管理的目标，维持企业持久的竞争优势。

成本动因可以分为两大类，成本动因分析也包括两个层面：其一是战术成本动因分析，它是在企业生产经营范围内，对已经发生或正在发生的成本费用根据科学的成本动因进行分配和分析。战术层面成本动因分析的深刻意义在于提供更加准确的成本信息并找到可以改善或降低成本的关键因素。但是，战术层面成本动因分析的视野仅局限于成本降低这样一个弹性很小的范围内。其二是战略成本动因分析，它超出了传统成本分析的狭隘范围（企业内部、责任中心）和少量因素（产量、产品制造成本要素），而以更广阔、与战略相结合的方式来分析成本。

战略成本动因对成本的影响比重更大，可塑性也大。依据战略成本动因分析进行成本管理，可以有效控制企业日常生产经营中大量潜在的成本问题。结构性成本动因分析就是分析企业规模、业务范围、经验、技术、多样性和厂址选择等成本驱动因素对价值链活动成本的直接影响以及它们之间的相互作用对价值链活动成本的影响，最终可归纳为一个"选择"问题，即企业采用什么规模和业务范围，如何设定目标和总结学习经验，如何选择技术和产品的多样性等。这种选择能够决定企业安排何种合理的基础经济结构才有利于形成企业竞争优势。执行性成本动因分析则是在企业基础经济结构既定的条件下，要求从战略成本管理的角度来强化企业的劳动力参与、全面质量管理、生产能力的利用、工厂布局的效率性、联系等方面的作业安排，提高各种生产执行性因素的能动性并优化它们之间的组合，从而使价值链活动达到最优化，进而降低价值链总成本，为战略成本管理目标的实现提供效率保证。

（三）成本动因分析的内容与方法

对于战术层面成本动因的分析属于作业管理的范畴，我们已经在内部价值链分析中有所涉及，这里我们主要介绍战略成本动因分析的具体内容与方法。

1. 结构性成本动因分析

结构性成本动因分析是从影响企业成本的关键因素入手，以企业的基础经济结构的战略选择为重点进行的战略成本分析。结构性成本动因分析要求从战略成本管理的角度来选择企业的规模、业务范围、经验、技术、多样性和厂址等，它要研究的问题是如何通过对企业基础经济结构的合理安排，以有利于企业成本竞争优势的形成。

结构性成本动因影响企业基础经济结构的确定，并决定企业的成本结构。这些成本动因的形成需要较长的时间，而且一旦形成就很难改变其对企业成本的影响是持久的。这些成本动因一般发生在生产之前，其确定必须慎重；这些成本动因不仅影响产品成本，还会对企业产品质量、管理组织等方面产生重大影响，并决定着企业能否形成竞争优势。因此，企业必须在事前进行评估分析，以其对成本的影响为切入点，与企业竞争战略相结合，考察其对竞争优势的影响。

（1）企业规模。

企业规模主要通过规模经济效应来对成本产生影响。这种影响包括积极影响和消极影响两方面，可以分别称为规模经济和规模不经济。

规模经济是指在价值链活动规模较大时，作业活动的效率提高或作业活动的成本可按较大规模的业务量分摊，从而使单位成本降低。规模经济对企业价值活动成本的作用主要表现为：其一，规模经济的更大业务量增加了分摊无形成本的能力，固定总成本不变但单位产品分摊的成本减少；其二，规模经济使支持该活动所需要的基础设施或间接费用的增长低于其扩大的比例；其三，有利于发挥专业化协作的优势，获得专业化协作的低成本效益；其四，有利于提高效率和积累经验，形成成本竞争优势。

企业规模过度扩张会导致规模不经济：一方面，当企业规模扩张超过一个临界点时，固定成本不再固定，反而会随着规模扩大而上升，使得产品单位成本不仅不下降，反而上升，导致规模报酬递减。另一方面，在企业规模扩张出现有利影响的同时，也会带来生产复杂化、管理层增加等不利影响，使得管理成本增大。当这种不利影响超过规模扩大所带来的有利影响时，就会导致规模不经济。

在实践中，规模经济和规模不经济的事例都存在。因此，当企业通过规模分析，试图以规模经济为主要成本动因取得竞争优势时,其必须注意和防范规模不经济。以下两点值得注意:一是要对市场进行充分分析。如果扩充的市场规模足以容纳规模扩张带来的产量扩充,则规模经济是有效的;反之,当市场无法支持这种规模扩张时,就会出现产品的滞销,造成账面成本降低而实际利润下降的现象。二是分析竞争对手的行为。如果竞争对手也是通过规模经济来建立成本优势的,那么这就有可能导致整个行业生产能力过剩:进一步加剧行业内的竞争强度,从而造成规模不经济的后果。

(2) 业务范围。

业务范围的扩展也称为纵向整合,包括前向整合和后向整合(本章已经介绍了企业整合的分类,即前向整合和后向整合)。纵向整合通过对企业业务范围的扩展以及沟通、协调和控制的改善,能够为企业带来低成本。具体表现为:其一,企业通过后向整合可以减少对供应商的依赖程度,使得企业能够经受来自原料市场的异常变动的影响,并能减少交易成本和采购成本。其二,通过前向整合建立自己的营销体系,可以减少对销售商的依赖而直接面对消费者,减少不必要的中间联系环节,既可节省销售成本,又可以快速了解消费者对于企业产品的要求,便于及时改进产品质量、性能等,从而取得和保持长久的竞争优势。

整合可以提高企业的竞争地位,但是,整合过度也会给企业带来一些负面影响,使企业的成本提高竞争力下降。主要表现为:其一,整合一般都需要大量的资金投入,如果没有经过细致的成本效益分析预测或者出现意外情况,比如市场容量下降、企业所从事的行业因特殊事件开始处于衰落期等,企业会遇到很大的风险。其二,企业整合的途径包括并购相关企业或者自己建立新的机构,这样就会因组织机构扩大、管理复杂程度提高、组织弹性下降而使企业在竞争中缺乏经营灵活性,增大经营风险,甚至可能出现整合以后成本不仅不降低反而上升的情况,比如企业整合后的材料自制成本高于原材料的市场售价。其三,企业的整合战略对供应商和客户的利益会产生一定的影响,企业整合程度过高可能引起企业同供应商或客户关系的恶化,不利于企业的长远发展。

因此,企业运用整合战略时必须综合考虑整合可能带来的优势和负面影响,对所要整合的业务范围及程度进行详细的分析,包括整合后对企业成本的影响、整合后发展的后劲以及对于企业竞争地位的影响等方面。企业要根据市场的变化,及时作出实施整合或者解除整合的决策。

(3) 学习与溢出。

企业开展某项活动的成本可能会因为经验和学习的积累而下降,这就是学习曲线对于企业成本的影响。经验和学习包括内部积累和外部学习。

所谓内部积累,就是企业员工通过反复的工作学会如何更有效地完成工作任务和使用新的技术。根据经济学经验曲线的解释,职工通过工作中积累的经验和各种培训丰富了他们的技术水平,或者通过实践探索,找到了改进零配件或产品生产流程的方法,实现了在干中学的效应,会大大降低企业的成本,提高竞争优势。所谓外部学习,就是从企业外部学习,寻找一些有价值的学习利益。比如企业可以了解竞争对手的产品性能和结构,为改进自己的产品提供借鉴;以其他企业的某项业绩或指标为标杆,进行标杆学习;采访供应商和购买商或向竞争对手的退休职员进行咨询以获得他们的经验,等等。通过内部的经验积累和外部学习的利益来提高作业效率,可以使各项价值活动的成本不断降低。处于不同生命周期的企业对学习效应的关注程度是有差别的,企业初建时学习效应表现得突出,而在企业发展成熟阶段则表现得不明显。同样,在萧条阶段,管理人员的工作重点不是放在满足市场需求上,学习的速度会有所加快。

学习的成果可以通过咨询顾问、新闻媒体、前雇员和供应商等渠道从一个企业流到另一个企业,这就是学习的溢出效应。学习的溢出程度会影响企业的学习速度和企业在整个行业中的竞争地位。同时,重要的是学习的溢出会影响企业保持自身特有的竞争优势,只有在没有溢出或者是专有学习的条件下,企业才可能通过学习来实现和保持成本优势。如果学习利益发生外溢,则是在为行业成本的降低做贡献,而对企业自身竞争优势的建立没有帮助。因此,企业的管理者不仅要抓住学习的利益,更要有意识地通过不同方式使经验为企业自身占有,如竭力留住经验丰富的工作人员,尽量避免他们为竞争对手工作,采取一定措施如和职工签订保守企业商业秘密的条约等限制职员传播本企业成本方面的信息,保护企业特有的经验和优势。

(4)技术。

随着知识经济时代的到来,世界在经受着一场空前的科技革命,先进的技术不断被发明和采用,技术的创新已经毋庸置疑地成为企业建立竞争优势的必备要素。从战略成本管理的角度来说,在产品的设计、生产阶段以及管理方式等方面采用先进的技术方法和手段,可以有效地降低企业的成本,保持企业的竞争优势。我国美菱集团通过科技驱动型成本管理,在"科学技术是第一生产力"的理论指导下,正确处理科技创新与成本管理之间的关系,坚持以科技创新为动力,大力推进企业成本管理组织、方法、手段的科技化,采用新技术、新工艺、新材料,广泛调动每一个员工的积极性,拓展成本管理空间,在激烈的市场竞争中获得有利的竞争优势。前几年,在全国家电行业平均利润下降30%的情况下、美菱集团却取得了销售额增长12%,利润增长4.2%的业绩。可见,技术作为成本驱动因素对于企业在激烈的市场竞争中建立和保持竞争优势有着不可低估的作用,应该引起企业管理者的高度重视。

中国电信经过十几年的高速发展,积累了一大批了解本地市场、熟悉通信设备管理、技术能力较高的专业技术人员。中国电信是高技术型企业,其发展离不开高级人才的引入和培养。为了保持技术领先,中国电信必须不断加大人力成本的投入,打造一支管理有序、执行有力的专业化的高素质员工队伍,促进员工价值与企业价值共同成长。随着科技的发展,人们对于电信产品的要求越来越高。中国电信已建成一批技术一流的专业实验室和技术中心,经过多年的持续投资,将之发展为专业齐全、装备先进和网络化的技术实验室,包括新业务、数据多媒体、网络安全和移动技术等重点实验室。中国电信的科技可以说达到了领先的地位,保持其成本领先地位的技术变革能为企业带来持久的成本优势。同时,中国电信还应该在加强网络质量、维护电信产品稳定性方面有更多的投入,以满足客户的要求,维持其市场份额。

(5) 多样性。

多样性是指以产品满足顾客需求为目的的一个结构性成本动因。多样性的出现源于顾客的多元化需求。企业为了满足顾客的要求，保持或增加市场份额，就必须使自己的产品具有广泛的适应性。当然，多样性一方面能够给企业带来竞争优势，另一方面也会加大企业生产的技术难度和资源投入，成本相对升高，从而影响企业的战略目标。中国电信不仅提供"用户间信息传递"的基本业务以及语音信箱、声讯业务等简单的增值信息服务，而且随着大量的数据信息服务如互联网服务、网上银行、网上游戏、网上办公、移动彩票、移动导航等的出现和应用推广，转换了原来只承担"信息传递服务"的角色，成为可以提供各种信息业务的信息服务商，业务范围得到很大的扩充和丰富，服务内容的改变形成了新的电信产业价值链。一方面，经营项目的多样化为企业带来了更多的顾客群，提高了市场占有率，使企业获得了更多的附加值，但另一方面也增加了资金投入。所以，企业需要对多样性这一成本动因进行利弊分析。

(6) 厂址选择。

厂址选择即企业所处的地理位置选择，它是战略决策中的一项重要内容。厂址的确定将会对企业成本产生长期甚至难以改变的影响。企业所处的地理位置可以通过若干方式来影响成本：首先，它将对企业未来成本改善造成约束性影响。比如企业厂址选择在远离原料供应商和购买商的地方，那么即使企业拥有先进的管理经验和技术也难以降低较高的进料成本和运输成本，造成企业经营的先天性缺陷。其次，将会对企业各种经营成本产生影响。在企业经营国际化日益普及的今天，不同国家的工资水平、税率甚至气候条件等都应该是企业选择厂址时应该考虑的重要因素。比如，许多发达国家选择在我国建立大规模人工作业的加工工厂，就是利用我国人力成本较低的条件来降低其经营成本。

厂址选择几乎对企业各种价值活动的成本都具有一定的影响，如运输费、人工费、税金、租金等。而且，企业所处位置的交通便利程度以及可利用的基础设施的状况也会对经营成本产生影响。据了解，2007年落户大连开发区的美国英特尔公司是改革开放以来东北地区引进的最大规模的外商独资企业，其投资规模达到25亿美元。英特尔公司是全球最大的半导体芯片制造商，成立于1968年，具有30多年创新产品和领导市场的历史。该公司在落户大连开发区之前，非常重视厂址选择问题，曾对大连整个地区和大连开发区的相关情况做了大量的调查研究，调查的内容涉及许多方面，如政府的宏观政策、出入境管理、大连市的空气污染指数等环保方面的信息、供电能力、燃气的供给能力、供水能力、污水处理能力、交通、电信服务、劳动保障、人力资源、教育、气象、现有机场吞吐量等口岸方面的信息等。可见，厂址选择对企业的影响程度之大。

2. 执行性成本动因分析

结构性成本动因分析通过对企业基础经济结构的合理安排研究，以有利于企业成本竞争优势的形成，这种战略性分析是企业成本管理战略至关重要的一步，但是，也不能忽视对执行性成本动因的分析。执行性成本动因分析是在结构性成本动因确定以后对企业的基本作业程序的详细规划，是对企业既定战略选择下成本管理战略的细化。在结构性成本动因分析的前提下，根据执行性成本动因分析的结果确定成本改善的重点，更有利于企业确立竞争优势。

执行性成本动因分析强调劳动力参与、全面质量管理、生产能力利用、工厂布局的效率性、产品外观、联系等。劳动力的全员参与，是企业可以长期、持续地降低成本的重要保证；全面质量管理，要求企业在整个生产经营过程中都贯彻质量成本控制的理念；生产能力利用与厂内布局都是为提高作业效率而采取的必要措施；产品外观一般要结合技术和成本的因素加以考虑；加强价值链各环节之间的联系，可以实现对成本的全过程控制。

（1）劳动力参与。

企业员工是执行企业各项作业活动的主体，他们的工作态度对企业成本管理战略的实施有着重要影响。企业的各项价值活动都要分摊成本，而员工的思想和行为是保证企业成本不断降低的重要因素。劳动力参与的多少及责任感程度对企业成本管理的影响是非常明显的，如果企业上下人人都有节约成本的意识，并以降低成本为己任，那么企业成本管理的效果自然就会好，企业的竞争地位也必然会提高；反之，如果人人都认为成本管理与己无关，工作中随意浪费现象严重，那么，企业的成本管理工作就会变成无源之水，企业就会处于竞争劣势地位。因此，战略成本管理要强调全员参与，建立各种激励制度鼓励全体员工参与成本管理，培养员工以厂为家的归属感和荣誉感，在培育企业文化的同时注重培育企业的成本管理文化。例如中国电信就很注重强化薪酬激励的导向作用，针对不同类别岗位特征建立差异化薪酬方案，不断完善提成制、竞标制、协议工资制、虚拟股权激励机制等灵活多样的薪酬分配制度，使得成本控制的思想深入人心，促使员工在工作中自动提高工作效率和服务质量，从而节约成本。

（2）全面质量管理。

质量与成本关系密切、企业产品价值的实现和对成本的补偿取决于最终消费者对于企业产品的肯定，而质量是决定消费者如何评价产品的主要因素。因此，在稳定提高质量的同时来降低成本是战略成本管理必须遵循的原则。在产品的设计、生产、检验等各种价值活动中都存在着质量成本的驱动因素，比如企业在设计阶段就会特别注意影响产品质量的零部件的质量或者结构，如果采用质量较高的零部件就会提高产品的质量，但同时也可能要求企业投入相对高的成本，这就涉及对质量提高和成本增加之间的矛盾的协调。企业追求成本的持续降低应当以保证产品质量为前提，如果不顾产品质量单纯追求成本降低目标，就会损害顾客的利益，使企业的市场变小、竞争地位下降；反过来，如果企业过于强调产品质量的提高，而不考虑成本的承受能力和顾客的接受程度，也会使企业的市场变小、竞争地位下降。据报道，2010年日本丰田汽车因踏板问题而陷入"召回门"，并将为此付出约135亿元人民币的代价，就是决策层为追求低成本而使产品设计出现一定缺陷产生的直接后果。为此，企业要在战略成本管理过程中充分分析质量成本动因，从质量和成本两个层面来定位企业应该采取的战略，既保证企业产品质量和用户利益，又要从企业价值活动成本高低的实际情况出发，寻找降低成本的有利时机。

(3) 生产能力利用率。

生产能力利用率可以通过影响企业的固定成本来影响企业的成本水平。由于固定成本在相关范围内保持不变，提高生产能力利用率就可以提高产品产量，使分摊到单位产品的固定成本降低，从而可以降低企业产品单位成本，实现规模经济效应。但是，生产能力利用率有时可能要受季节性、周期性和供需变化的影响，我们不能以企业某个时期的生产能力利用率来分析它对成本的驱动作用，而应以整个经营周期的正常利用水平为基础来分析生产能力利用率。对固定成本占成本比重较大的企业来说，生产能力利用率的变化对成本的影响更为明显，这类企业更要重视这一成本驱动因素的改善。企业提高其生产能力利用率有多种途径，比如可以争取为那些能够使企业生产能力处于最高水平的客户提供服务；为其产品寻找在销售淡季时的其他用途；与企业内部有不同季节性生产特点的业务单元合作来提高生产能力，等等。

应当说明的是，生产能力利用率的提高不会无限制地降低企业产品成本。因为固定成本只是在一定业务量范围内保持不变，超过一定界限后，固定成本也会提高；另外，我们也要注意企业增加的产量是否可以被市场接受，如果提高了生产能力利用率，成本下降了，却产生了大量的库存积压，那这不仅不会达到降低成本、提高利润的目的，反而会影响企业的正常发展。

(4) 联系。

联系是价值链的重要组成部分，是指企业内部各个价值活动之间的相互影响和制约的关系以及企业与外部价值链中的上下游企业之间的关系。如前所述，企业价值链分为企业内部价值链的联系和企业与供应商或购买商价值链的联系。我们就从企业内部和外部两方面来阐述联系作为成本驱动因素是如何影响企业成本水平的。首先，企业内部的各种价值活动会影响产品成本。无论是从企业生产流程角度考虑，还是从消耗资源发生成本角度来考虑，企业内部的各种价值活动都不是孤立的，而是互相影响、互相作用的。例如，企业在生产活动中加大对质量的管理和投入就会减少产品的售后服务活动的成本；企业在产品设计阶段充分考虑成本节约因素就会节约生产成本乃至销售成本。因此，针对企业内部联系的分析来尽量协调各种价值活动的关系，可以提高作业效率、降低成本。其次，企业与外部供应商和购买商的联系对企业成本的发生有着重要作用。企业可以通过了解供应商的业务流程，帮助供应商改善价值链，使其更适合本企业要求的产品性能或者采购方式等，从而降低供应商和企业的成本，达到"双赢"；企业也可以加强和改善同购买商的联系，与他们建立联盟，这不仅有利于降低企业的销售成本，而且有利于了解最前沿消费者的需求信息，节省亲自进行市场调研的费用。例如某企业对在不同地区购买其产品的分销商为销售其产品所花费的广告费用实行一律报销的制度，而且给予成绩突出的销售商参与公司分红的奖励，这样不仅提高了销售额，而且和分销商们建立了利益共同体，使他们为了提高分红而提高销量、节约成本，可谓一举两得。

(5) 产品外观。

产品外观是指产品的设计风格、规格和样式的效果。企业设计产品外观时,需要从技术水平、市场需求和成本水平等多方面进行综合考虑。

(6) 厂内布局。

厂内布局是指厂内布局的效率。分析这一成本动因,要求企业按照现代工厂的科学布局方法合理布局,以便提高作业效率,配合企业实现战略成本管理的目标。

第三节 战略成本管理的实施

战略成本管理是企业战略管理的重要支持系统。要阐述战略成本管理的实施就不能脱离战略管理的程序,战略成本管理只有配合战略管理才能为企业战略目标的实现提供信息支持。企业战略管理具体可分为战略规划、战略实施和战略评价三个阶段,与之相配合的企业战略成本管理的实施可以分为战略成本的预测与决策、战略成本计划与控制、战略成本绩效评价三个阶段。战略成本管理在实施的不同阶段能够提供必要的、及时的成本信息,以协调支持企业战略管理。下面我们将根据战略管理各阶段所对应的战略成本管理的步骤来说明战略成本管理的具体实施。

一、战略规划、战略成本预测与决策

(一) 战略规划

企业进行战略管理的重要前提就是确定自己的战略目标,并进行战略定位分析,开展战略规划,选择适合自己战略发展的竞争战略,以取得竞争优势。企业的战略规划是企业实施战略管理的开端,必须充分考虑企业所处的内外部环境的变化,并科学地估计未来环境变化的趋势,以确定适合企业长期发展战略的竞争战略方案。

进行战略规划的目的是决定企业拟采取的竞争战略。企业竞争战略可以分为三个层次,即企业总体竞争战略、企业一般竞争战略和企业具体业务竞争战略。

1. 企业总体竞争战略

企业总体竞争战略是由企业所处行业环境及所从事的经营业务生命周期的不同发展阶段决定的。企业确定的总体竞争战略一般有三种:其一,发展型战略。发展型战略强调充分利用企业外部的机会,避开威胁,充分利用企业内部的资源,以求得企业的发展。这一战略的特点是投入大量资源,扩大产销规模,提高现有产品的市场占有率或研发新产品并开辟新市场,这是一种以现有战略为起点向更高水平、更大规模发动进攻的竞争态势,如企业产品的市场发展战略、多元化经营战略、企业联合战略以及国际化经营战略等都属于发展型战略。其二,稳定型战略。稳定型战略强调投入少量或中等程度的资源,保持现有产销规模和市场占有率,稳定和巩固现有竞争地位。比如无增长和微增长战略属于稳定型战略。其三,防御型战略。该战略是指当企业面临外部和内部环境的不利影响时,要采取撤退措施,以抵制住竞争对手的进攻,保住企业的生存空间,以便转移经营方向或积蓄力量重新发展。比如调整紧缩战略、转让归并战略及清理战略都属于防御型战略。

2. 企业一般竞争战略

企业一般竞争战略是指迈克尔·波特根据五种竞争力量分析所提出的三种基本战略,即低成本战略、差异化战略、目标集聚战略。企业一般竞争战略强调的是企业应从哪些方面获取竞争优势。这三种战略的具体内容已经在前面阐述过,这里不再赘述。

3. 企业具体业务竞争战略

从价值链的角度看,企业具体业务战略是企业各业务单元所采取的配合企业实现战略目标的具体战略。即把企业已经确定的总体战略和一般战略的指导思想具体落实到各个业务单元的具体层面上,从而形成具体业务战略,如产品开发战略、生产流程战略、销售战略、人力资源管理战略等。

企业任何一个业务单元战略的确定,都要考虑其与企业总体战略和一般竞争战略的相互配合,以确保其有利于企业总体战略和一般竞争战略目标的实现。以产品开发战略为例,当进行是否开发新产品的战略决策时,企业必然要考虑本企业所处的发展阶段和相应所确定的总体战略,如果总体战略是发展型战略,就会作出开发新产品的战略决策,并对新产品的功能、成本、价格、顾客群等进行分析;如果企业总体战略是稳定型战略,则只能投入少量的资源进行新产品研发;如果企业总体战略是防御型战略,则不会投入新的资源用于新产品的研发。再从企业一般战略来看,如果拟采取低成本战略,企业就会在产品开发战略中强调成本的作用,千方百计降低成本;如果打算采取产品差异化战略;企业就会在产品开发中强调功能的先进性;如果准备选择目标集聚战略,企业就会针对特定的顾客群或特定的市场区域开展工作,取得竞争优势。

企业实施战略管理的重点是明确正确的目标和规划,而要制定适合企业长远发展的战略规划需要大量的决策信息的支持,其中包括前面已经提到的战略定位分析工具所提供的信息。这些信息帮助企业了解自己所处行业的发展状况以及自己和竞争对手相比较的优势和劣势,使企业在总体战略和一般战略的选择中能够得到充分的信息支持;同时,由于企业的任何经济活动都会涉及成本问题,所以提供未来成本信息的战略成本预测与战略成本决策信息系统则是企业必须充分考虑并用于进行战略规划的主要信息支持系统。

(二) 战略成本预测

1. 战略成本预测的定义

成本预测是指运用一定的科学方法,对未来成本水平及其变化趋势作出科学的估计。企业通过成本预测,掌握未来的成本水平及其变动趋势,有助于减少决策的盲目性,使管理者合理选择最优方案,从而作出正确决策。战略成本预测是成本预测理论与战略管理理论的相互结合,是成本预测方法和理论在战略成本管理中的应用。

战略成本预测是以企业历史成本资料、现实成本管理能力和未来竞争环境的变化为依据，利用现代预测理论和技术方法，对企业为实现某一特定战略而选择的一种或几种业务战略未来的成本水平进行合理的测算；确定与企业战略相对应的成本水平，借以评价企业战略的可行性，从而为战略成本管理服务的活动。战略成本预测与战术成本预测虽然都是在预测理论基础上进行的成本预测，但是存在着许多不同：首先，战略成本预测期更长，面临的不确定因素较多，预测结果的准确性和可靠性相对较低；其次，战略成本预测大多采用定性分析的方法，一般是根据未来环境变化的估计，确定影响企业某一战略的若干重要的成本因素的变化趋势，得出几种备选方案供决策者选择。

2. 战略成本预测的程序

战略成本预测的一般程序是：其一，确定进行成本预测的价值活动。企业经营活动是由若干不同的价值活动构成的，企业的战略成本预测是在企业已经确定基本的竞争战略框架的基础之上展开的，也就是以能够支持企业战略框架建立的某几个价值活动或具体业务战略为预测对象，并对这些具体战略未来的成本行为进行预测。其二，选择恰当的预测方法。战略成本预测大多采用定性预测的方法，但还要辅之以必要的定量预测方法。而且针对不同的预测对象，预测方法也会有所不同。其三，搜集预测所需要的成本信息。战略成本预测所需要的大量信息都要有利于未来环境的确定，因此，对于一切有利于判断未来环境发展方向和判断企业某项业务战略的信息，企业都要认真搜集，尽量保持信息准确。其四，确定预测结果。企业应通过所获取的预测信息，运用定性及定量的方法，找出对企业未来成本水平有较大影响的因素的发展趋势，得出预测结果。

（三）战略成本决策

1. 战略成本决策的定义

战略成本决策是在战略成本预测的基础上进行的，战略成本预测和战略成本决策共同为企业战略规划提供决策信息，战略成本决策工作开展的好坏关系到企业战略选择的正确性。战略成本决策是成本决策理论与战略决策理论的有机结合。从广义上来理解，成本决策是指从提高企业经济利益的目标出发，将成本指标的高低与经济效益的大小联系起来考虑，从各种可行的方案中选择一个最佳的经营方案。战略成本决策是在战略成本预测的基础上，根据对企业内外部环境的分析，在保证企业战略目标实现的各个备选方案中，选择运行成本较低的方案。

战略成本决策不同于战术成本决策。首先，决策服务对象不同。战略成本决策服务于企业战略规划，为企业作出正确的战略选择提供成本信息依据。战术成本决策服务于企业日常生产经营决策，是在企业成本计划执行过程中，为降低成本发生对各种措施作出的选择。其次，决策方法不同。战略成本决策是在战略成本预测的基础上，根据对企业内外部环境的分析，在保证企业战略目标实现的各个备选方案中对运行成本较低的方案作出战略选择的过程。战略成本决策注重企业的长期发展，与企业战略相联系，因此，其采用的方法更加偏重于对企业未来竞争地位的影响，而且大部分是建立在定性预测成本信息基础上的分析。战术成本决策则注重企业短期发展，并且多数是针对具体的某项措施进行定量的相关成本分析。

2. 战略成本决策的方法

战略成本决策是对企业战略的选择提供成本决策信息，因此，它的任务就是对战略成本预测中所预测到的与某一战略的未来发展相关的成本因素，运用一定的方法进行分析决策，以选择有利于企业战略目标实现的战略方案。但是，由于战略成本决策需要分析的大部分成本信息都是定性的，成本信息精确度相对较低，因此，要采用特殊的决策方法。

如果确定的某一战略无法实施，就只能是没有实际意义的"纸上谈兵"。但是，即使是一个适当的战略，如果未得到有效的实施，也会导致战略的失败；反之，一个并不算很好的战略，如果实施得当，也可能变成一个成功的战略。因此，从某种意义上说，战略的实施比战略的制定更重要也更困难。而且，在战略实施过程中，企业会遇到无法预料到的突发危机、无法控制的外部环境变化、没有主要实施任务和实施活动等许多问题。因此，战略管理必须具备完善的信息支持系统，并建立有效的战略计划系统和合理的控制系统。战略成本管理系统是企业战略管理的重要子系统，战略成本管理实施过程中的战略成本计划和战略成本控制是否能够有效开展对战略管理目标的实现有着重大的意义。

二、战略成本计划

战略成本计划是企业为实现其战略目标，在企业战略成本决策的基础上，根据特定战略确定的对企业未来成本管理目标和成本管理行动的规划。战略成本计划是战略成本管理作为战略管理的支持系统而在成本计划方面配合战略计划而形成的，是企业未来成本活动的基本方向和衡量成本管理业绩的主要标准。从本质上说，战略成本计划是一种长期成本计划，是对成本计划时间跨度的拓展，并且在很大程度上与企业重要资源的投入和回收的周期是一致的。战略成本计划的时间跨度与企业战略计划的时间跨度基本上是一致的，一般为5～10年。

（一）战略成本计划的意义

任何管理工作都要事先进行计划，无计划的管理就是无意义的或盲目的、流于形式的管理。计划管理不是一种管理创新，但是对于管理目标的实现具有重大的意义。战略计划和控制是战略实施的关键，而成本因素是企业建立竞争战略和赢得竞争优势的关键，因此，通过编制战略成本计划用于指导和约束企业的成本行为将是实现战略管理目标的有效保证。其重要意义在于以下方面：

（1）战略成本计划是战略成本决策的具体化，是实施企业战略的行动指南。

编制战略成本计划是战略成本决策的具体化，是企业战略实施过程中最有效的行动指南。战略成本决策为企业战略目标的实现提供了可执行的竞争战略，但是在战略实施过程中企业必须通过编制战略成本计划来具体指导企业的各项成本行动，使得资源分配比较合理、各部门的行动比较协调，发挥目标指导和行为约束的作用，从而使战略成本决策结果具体化，最终实现企业战略目标。

（2）战略成本计划有利于制定战略成本控制标准，从而顺利实施企业战略。

编制战略成本计划有利于制定战略成本控制的标准和依据，使战略实施工作得以顺利进行。战略实施是由战略计划和战略控制两部分活动组成的，实施战略成本计划和战略成本控制的目的是更好地为战略实施提供成本方面的信息，二者都是不可或缺的部分。按照战略成本管理的逻辑顺序，先有战略成本计划，后有战略成本控制，编制战略成本计划可以为战略成本控制提供可以参考的标准，可以使战略成本管理的实施得以有序进行。

（3）战略成本计划有利于企业根据未来环境变化适时调整业务活动。

编制战略成本计划有利于企业更好地根据未来环境的变化对企业的业务活动进行适应性的安排和指导，能够有效地避免在战略实施过程中遇到无法应付的意外状况或无法继续实施战略的风险。科学合理、适应性强的战略成本计划对于顺利实施战略管理和实现企业战略目标有十分重要的意义。

（二）战略成本计划的内容

任何两种不同战略的实施都会对企业资源的配置有不同的要求，这里的资源包括人力资源、财力资源和物力资源。比如企业通过战略规划所定位的是低成本战略，那么企业在实施该战略时，就要求各个部门和各项价值活动都尽量地节约成本，并且把财力用于可以实现低成本战略的整合战略，或者用于扩大生产规模，实现规模经济；而如果企业确定的是差异化战略，那么，虽然成本管理很重要，但与低成本战略相比，成本也不应被放在最重要的位置。企业实施的产品开发战略要求投入大量的人力和财力以开发独具特色的产品，而成本的短期提高是为了得到更高价值补偿或者建立企业的竞争优势。可见，在不同的战略下，对于资源的分配和对成本的管理标准是不同的，这也就是战略成本计划所要反映的两项主要内容：一是如何分配资源以配合企业战略的实施，充分满足企业战略优势建立的需要，协调各项价值活动以实现战略目标；二是确定评价影响企业战略实现的若干价值活动的成本驱动因素，并规定必要的成本标准，以反映评价战略实施活动的成败。

（三）战略成本计划编制的原则

战略成本计划的编制质量涉及企业未来较长时期的资源配置和各种价值活动的成本行为，关系到企业的战略能否顺利实施。因此，企业战略成本计划虽然是在战略成本决策的基础之上进行的，可以初步保证战略方向的正确性，但是对实施效果有重大的影响。实践是检验战略成本计划编制是否合理的最佳标准。为了最大限度地适应企业未来环境的变化，更好地实现计划效果，编制战略成本计划需要遵循以下原则：

（1）全面性原则。

这一原则要求在编制战略成本计划时从两方面尽量扩大计划的范围：一方面是影响企业长期成本行为的成本因素，应尽量全面考虑，为尽可能多的成本因素设定计划水平；另一方面是应将企业的各项价值活动尽量全面地纳入战略成本计划的范围，同时对重要的价值活动有所突出和侧重。

(2) 协调性原则。

战略成本计划包括企业的总体计划和各个职能部门计划两个层次，但是这两个层次的计划应该统一于同一个目标，即企业战略成本管理目标。企业各个职能部门的计划是企业总体战略的具体化，企业的总体计划为它们的编制提供框架和基本要求。协调性原则就是要求这两个层次的企业战略成本计划的制订协调统一，更重要的是各个职能部门的计划要协调统一，不能只顾局部利益而忽视整体的战略目标，妨碍战略目标的实现。

(3) 灵活性原则。

因为企业战略成本计划是长期的成本计划，外界环境的不断变化并不一定会完全按照预期的设想去发展，这就要求企业的战略成本计划在编制时要有一定的弹性，能够灵活适应环境的变化。同时，在战略成本计划的实施过程中，战略成本计划也不应是一成不变的，要根据环境的变化灵活地修订和补充战略成本计划的内容，使得战略成本计划与实际的成本管理环境相结合，才能使战略成本计划真正成为企业各项成本活动的指南，真正地实施企业战略，实现战略管理目标。

(4) 连续性原则。

企业战略成本计划的实施需要通过连续紧密的年度成本规划的编制和执行来实现。战略成本计划是概括性的、指导性的、具有很大弹性的长期计划，只有连贯的年度计划才能具体地、详尽地反映它的各项指标和目标，使计划在规定的时间内完成。因此，编制相互衔接、相互协调的年度成本计划，能够充分体现出战略成本计划的连贯性并实现。

(四) 战略成本计划编制的步骤

战略成本计划是一种长期成本计划，其编制步骤如下：

1. 确定编制主体

无论是企业的总体战略成本计划还是各个职能部门的具体计划，都要安排好编制计划的部门设置、人员的配备。这样不仅可以在编制计划初期进行周密的组织和协调，使得计划更具有操作性，而且还可以使企业其他人员了解到战略成本计划的重要性，并可以在战略计划的执行过程中由负责编制的组织和人员及时进行适当的修订和整理。

2. 明确战略成本计划的编制内容和期限

战略成本计划的编制内容前已述及，战略成本计划的编制期限根据实际情况而定，时间跨度一般为 5~10 年。

3. 确定编制对象

相关人员要明确所要制订的是企业的总体计划还是各个职能部门的计划，并注意其编制的逻辑顺序。

4. 制定各项业务活动的成本计划指标

这是指要制定与企业战略实施有关的各项业务活动的成本计划指标及其目标水平，企业总体战略计划一定要与企业战略相适应，而企业各职能部门的战略计划要以总体计划的基本要求为指导，严格制定每个成本指标的标准。

5. 审批战略成本计划

战略成本计划要由决策部门负责审查和批准,并将确定的成本计划落实到各个管理层,尽量落实到企业的每一成员。

(五) 战略成本计划的实施

战略成本计划的实施涉及企业资源的配置及其与年度成本计划的协调两方面。战略成本计划实施的重要内容之一是解决企业资源的配置问题,它要求按照年度成本计划所确定的工作重点进行资源配置,以使企业资源发挥最大的效应。成功的战略成本计划应首先保证企业重要价值活动所需要的资源供给。战略成本计划所要解决的资源配置问题包括企业级的资源规划和企业内部业务层的资源规划。前者是将企业资源在组织的不同业务分部或地区分部之间进行分配;后者主要是依据价值链分析方法确认对整个企业战略影响最大的价值活动并据以优先配置资源。

战略成本计划的实施也需要通过编制年度成本规划并保持年度成本计划目标与战略成本计划目标的一致性来完成。年度成本计划反映了企业资源配置的要求,是进行成本控制的重要标准,突出了企业、企业分部和各职能部门成本工作的重点。年度成本规划对企业大部分活动都会产生影响,所以,年度成本规划既要与企业战略成本计划保持一致,也要与各职能部门成本计划目标保持一致,从而增加实现企业战略成本管理目标的可能性。年度成本规划应合理明确、可度量,并附有相应的奖罚规定等。

三、战略成本控制

(一) 战略成本控制与战略成本计划

战略成本控制是对战略成本计划的延续,是对战略成本计划有组织、有领导地实施,即按照战略成本计划确定的方向、内容和目标,建立一套反映战略计划目标水平的实施标准,并对偏离战略成本控制标准的活动进行纠正,对不符合企业内外部环境的战略成本计划进行调整和修订,以保证战略成本管理目标的顺利实现。

(二) 战略成本控制的特点

战略成本控制的特点包括以下两方面:

1. 战略成本控制是一个动态的管理系统

战略成本控制是一个动态的管理系统,是一种长期的管理活动。一方面,战略成本控制系统根据战略成本计划的要求确定评价标准,对企业实际的成本活动进行监控,使企业各项活动在计划的轨道内运行,对偏离计划的行为进行反映和控制;另一方面,它根据企业内外部环境的变化,针对计划不适应实际的情况及时进行纠正和补充,使得计划确立的评价标准更具有指导作用,从而有利于战略目标的实现。

2. 战略成本控制是全面性的综合管理

战略成本控制是以资源配置为核心的全面性的综合管理。战略成本计划根据企业的战略需要对企业资源配置进行适当的安排,战略成本控制根据这一安排的指导和标准,密切配合企业的战略目标,对企业的一切资源在企业各个部门之间的有效配置进行综合管理,以保证各部门业务活动的协调一致和企业战略目标的实现。

(三) 战略成本控制系统的开发和运行

战略成本控制系统由确定控制标准、衡量实际活动和纠正错误措施三部分组成。

首先，确定控制标准，这是以战略成本计划为依据的，这个控制标准是战略成本计划实施中对成本行为的规范，是衡量实际工作是否达到预期目标的手段。因此，确定科学合理的控制标准直接关系到控制工作开展的好坏，既要考虑到同战略计划的一致性，又要考虑保证企业内部资源和管理体系的要求，不能太高或太低，以充分有效地发挥其控制功能和调动员工的积极性为标准。其次，衡量实际情况，是利用已经设定的控制标准对各项活动的实际成本行为进行分析，借以发现问题，为及时纠正偏差的措施提供信息支持。企业要安排专门的人员采取抽样调查、资料分析等方法从事这项工作。这一活动可以充分反映战略成本控制的动态特征。最后，战略成本控制系统要对计划执行过程中的错误活动及时纠正，实施纠正错误措施。一方面，企业根据控制标准考察成本活动，并及时根据控制标准和分析结果指出活动实施过程的差错，分析差错产生原因并予以改正；另一方面，企业根据内外部环境的变化，对计划和控制标准进行调整，与更好的竞争环境和战略目标相一致。

战略成本控制系统的有效运行需要相应的组织支持，并且需要全员的积极配合与参与。建立适当的控制程序对于促进控制工作的实际推行也有必要的辅助作用。

第四节 战略成本管理的业绩评价

实施战略成本管理将对企业成本管理行为产生持久的影响。为了了解战略成本管理的各项活动是否产生了应有的管理效果，企业需要采用一定的方法对战略成本管理的业绩进行评价。

一、战略成本管理业绩评价概述

(一) 企业业绩评价和战略经营业绩评价

评价是指人们为了达到一定目的，运用特定的指标和标准，采取特定的方法，对人或事物作出价值判断的认识过程。业绩反映的是人们从事某项活动所取得的成绩或成果。企业业绩评价就是评价主体运用特定的方法，结合科学的评价指标和评价标准对拟评价对象的管理业绩作出客观、公正的价值判断的过程。企业业绩评价是企业所有者对于企业经营者管理业绩的考核和激励的过程。

传统的企业经营业绩评价系统基本上是由一些基于企业财务报表的财务指标组成的，如赢利能力、偿债能力等，大多数考察局限于企业内部的生产经营。而随着企业经营环境的变化，传统单一的经营业绩评价体系已经不能适应新经济时代企业生存和发展的需求，在激烈的市场竞争中，企业需要的是不断创新以保持竞争优势，战略经营业绩评堆扩展了企业业绩评价的范围，将包括企业外部和企业内部、财务指标和非财务指标、定性和定量的分析指标和方法等都纳入评价体系，从战略高度对企业的经营业绩进行评价。这将更加有利于企业战略目标的实现，及时反馈信息，从而有利于企业及时进行战略调整。

(二) 战略成本管理业绩评价

战略成本管理是企业战略管理的子系统，对企业战略管理活动的业绩进行评价自然要包括对成本管理活动的评价。战略成本管理业绩评价是企业业绩评价的一部分，战略成本管理业绩评价和战略成本预测与决策、战略成本计划与控制共同构成战略成本管理完整的动态的实施系统。因此，战略成本管理业绩评价是结合企业战略的实施，以战略成本计划目标水平和控制标准为依据，运用财务与非财务指标，采用定性和定量分析相结合的方法，对战略成本管理的各项活动业绩进行动态的衡量，考察其完成程度并及时反馈信息的一种价值判断过程。战略成本管理业绩评价的主体是企业最高管理当局或受其委托的战略管理部门，战略成本管理业绩评价的客体是战略成本计划与控制的实施对象，进行业绩评价的依据是战略成本计划目标水平和控制标准。

二、战略成本管理业绩评价的步骤

(一) 确定业绩评价对象

评价对象是实施业绩评价行为的客体，它是由业绩评价主体的需要所决定的。传统的成本管理评价主体从战术管理立场出发，重点在于对企业日常生产经营活动的管理，将企业内部经营单位划分为成本中心、收入中心、利润中心和投资中心四个类型作为业绩评价的对象，并对成本管理实践活动起到了较好的推动和指导作用。但是，战略成本管理已经取代了传统的成本管理。它是适应新的经济环境而配合企业战略管理对企业成本进行的管理，是由配合战略选择的战略成本预测与决策以及配合战略实施的战略成本计划与控制两项主要活动构成的。因此，传统成本管理的上述业绩评价对象就显得不够全面，不能满足战略成本管理业绩评价的需要。为了更好地与战略管理系统相连接，更好地考核战略成本管理对战略目标实现的贡献情况，我们可以将企业战略成本管理业绩评价对象划分为两方面：一是以从事战略成本预测和决策的战略经营单位为核心评价战略成本决策的业绩；二是以执行成本计划的各个职能部门为核心评价战略成本计划与控制的业绩。

(二) 确定业绩评价目标

不同的业绩评价目标对于所决定应用的评价指标和评价方法都有一定的影响。战略成本管理业绩评价的总体目标就是了解已经实施的业务活动结果对实现企业战略目标的贡献程度，并以此作为对实施者进行奖惩的依据；同时能够及时反馈信息，以便企业制定或调整今后的战略。那么，针对上述两个不同评价对象的具体评价目标应当是：第一，对于从事战略成本预测与决策活动的战略经营单位，能够判断其对企业战略选择的成本导向作用是否恰当和有所贡献；第二，对于执行战略成本计划与控制的内部各职能部门，主要分析评议计划执行结果的好坏以及对战略目标实现的贡献程度。

(三) 设定评价指标

评价指标是指为评价目标和评价主体的需求而设计的、以指标形式体现的、能反映评价对象特征的因素。传统的成本管理评价指标体系是建立在企业以降低成本为主要途径来增加利润的经营原则基础之上的，因此，评价指标主要是可以反映企业成本降低程度的财务指标。然而，战略成本管理以建立企业持久的竞争优势为经营目标，以对企业竞争优势的建立有作用为标准来管理企业的成本行为。所以，对战略经营单位来说，其需要分析影响战略成功的关键因素，依据这些因素的变化来衡量企业竞争力的改变，将影响企业战略实现的关键因素的定量或定性分析指标作为战略经营单位的业绩评价指标。例如，企业可通过对企业市场占有率的考察来评价企业战略成本决策的结果是否有利于战略的实现；对企业内部各职能部门来说，其评价指标主要是围绕成本计划的执行和完成情况调整确定的，企业可以以各执行部门的生产效率、产品质量等指标来评价其完成计划的情况和对战略目标的积极或消极影响。

(四) 选择评价标准

评价标准是判断评价对象业绩优劣的基准。评价标准在一定的社会经济条件下产生，随着社会的不断进步、经济的不断发展以及外部环境的不断变化，评价的目标和范围会发生变化，作为价值判断尺度的评价标准也会发生变化。评价标准是发展变化的，但是在某个特定的时间和范围内，评价标准应当具有相对的稳定性。对于战略经营单位来说，业绩评价主要是对其战略成本决策效果进行评判，评价的主要指标是围绕企业竞争地位的变化而设定的，一般可以竞争对手的相关指标为评价标准。对于企业内部各职能部门来说，评价标准主要应当是年度成本计划。

(五) 收集评价信息

企业的信息包括财务信息与非财务信息、历史资料信息与预测信息及企业内部信息与外部信息等。是否能够及时获得与评价对象有关的准确评价信息是决定业绩评价是否客观、公正的关键。因此，建立良好的信息输出系统，并能够正确地理解、处理信息是评价业绩的重要步骤。企业可以通过建立日常报告制度及时收集战略成本管理业绩评价信息，或者根据具体评价对象的需要，通过市场调查、定期访问客户等方式获得评价指标所需要的具有针对性的信息。在日常报告制度中，企业应明确各种评价指标的计量方法、原始数据产生报告方法等问题。

(六) 进行评价，得出结论

形成评价结论的过程就是对评价对象进行价值判断的过程，即对评价对象作出是否有价值、有什么价值、价值多大的判断。评价主体通过对收集到的评价信息的整理、分析，针对不同的指标，应用不同的评价标准，进而得出被评价主体和被评价对象都能接受的客观结论。对企业战略成本管理业绩进行评价，一方面，将企业在关键成功因素方面的量化指标同竞争对手的相应指标进行比较，判断企业的竞争地位，衡量企业战略的实现程度，进而确认战略成本决策所引起的结果在哪些方面有利于企业战略的确立和实现，同时对不利的影响进行修正；另一方面，将企业内部执行部门的各种指标与计划相比较，分析有利和不利差异，并确定产生差异的原因，这样既有利于扩大有利差异、缩小不利差异,又有利于提供对责任人进行奖罚的依据。

(七) 编制业绩评价报告

编制并使用业绩评价报告,有利于有效发挥业绩评价系统的作用。业绩评价报告是反映企业战略成本管理业绩的评价程序、方法、标准、结论及结论分析等的书面资料。只有编制战略成本管理业绩评价报告,才能使企业各个部门、每个成员了解有关企业战略成本管理的执行情况以及未来的努力方向,这样更有利于战略成本管理的全面推行,符合战略成本管理要求全员参与、各个职能部门通力合作的指导思想。战略成本业绩评价报告要求有统一的格式,并且具备清晰性、可理解性及前瞻性。

三、战略成本管理的业绩评价指标

(一) 反映竞争能力变化的指标

实施战略成本管理的目标就是建立和保持企业的竞争优势,实现企业的战略目标。因此,反映企业竞争能力变化的指标可以有效地评价企业战略成本决策和战略成本实施的结果。在激烈的竞争环境里,企业可以利用市场占有率、客户满意度以及技术创新力等指标来评价企业竞争力的大小及变化。

1. 市场占有率

企业竞争力是市场占有率的函数,市场占有率(本期企业某种产品的销售额与本期该种产品的销售总额之比)越高,越表明企业具有较大的市场优势和较强的适应市场的能力。市场占有率的提高表明企业可以提供比竞争对手更有价值的产品,表明企业的竞争力得到了提高。利用规模经济可以降低企业产品成本,但是,利用规模经济要以企业相应的市场容量为前提。因此,市场占有率的提高和企业规模经济效应的实现是互为条件、互相驱动的。

2. 客户满意度

客户满意度是客户对企业所提供产品或者服务的满意程度。反映客户满意度的指标主要包括交货时间、产品质量、客户使用成本、产品售后服务四方面。为了尽量量化指标,企业可以用产品及时交货率(本期产品及时交货的次数与本期产品交货的总次数之比)指标反映及时交货的程度;用产品的合格率(本期合格产品产量与本期全部产品产量之比)和达标率(本期产品达标数量与本期全部产品产量之比)等指标反映产品的质量;用售出产品故障排除及时率(售出产品故障及时排除次数与售出产品发生故障次数之比)来反映售后服务对企业竞争地位的影响等。评价顾客满意度可以反馈企业产品的销售业绩。只有当顾客对本企业产品满意时,他们才会购买本企业的产品。

3. 技术创新力

技术创新力是当代企业获取持久的竞争优势和核心竞争力所应具备的能力。核心竞争力的形成要求企业按照客户或者市场的需求不断地推出新产品。这里可以用新产品设计的时间、成本、功能等方面的指标来综合反映技术创新对企业竞争地位的影响。例如,企业可以用研究开发费用率(本期开发费用与本期销售收入总额之比)体现企业在新产品开发上的投入及增长状况,说明企业的研究开发规模;用成本降低研究开发费用率(用于降低成本的研究开发费用与本期销售收入之比)反映企业用于产品成本降低和改善方面研究开发费用的投入规模等。增强技术创新力可以提高企业的竞争地位,而且有利于企业快速地适应市场变化,比竞争对手更及时地调整战略,从而保持持久的竞争优势。

(二) 反映生产流程效率的指标

生产流程的效率反映了企业的生产能力,也反映了企业生产过程的成本水平。产品成本可以综合反映生产流程效率的高低,可以说,生产流程中的任何问题最终都会通过产品成本指标反映出来。衡量生产流程效率的指标包括反映产品生产效率的指标和机器设备运作效率的指标。

产品生产效率指标包括产品生命周期率(产品加工时间与生产时间之比)和质量效益率(质量收入与质量成本之比)。产品生产效率会影响产品交货期,交货期越短,表明企业生产流程效率越高,生产流程的应变能力越强。质量效益率影响产品质量,反映生产流程中质量控制工作的业绩。产品质量越好,产品越容易被客户接受,市场份额才会增大。机器设备运作效率指标主要是生产能力利用率(某种产品本期实际产量与机器设备所能提供生产量之比)。设计企业生产流程效率指标,可以较好地反映企业战略成本计划与控制阶段的实际成本,并反映同成本计划和控制标准相比较的变动和差异,有效地从产品质量、生产效率等方面提高产品质量、降低产品成本,提高竞争力。

(三) 反映资产运营效率的指标

战略成本管理的实施,需要有效地配置企业资源,协调企业各职能部门的活动,提高资产的运营效率,降低企业营运成本。对资产运营效率指标的评价可以很好地反映企业战略成本管理实施中的业绩。企业可以设置总资产周转率和存货周转率指标来反映资产运营效率。

总资产周转率(销售收入与平均总资产之比)反映企业现有生产能力的利用状况。总资产周转率越高,说明企业生产能力的利用情况越好。存货周转率(销售成本与平均存货之比)反映存货的多少及其流转效率情况。存货周转率越高,表明企业存货管理得越好。从科学管理的角度来讲,任何存货的形成对于企业而言都是浪费,都会增加企业的运营成本。如果总资产周转率和存货周转率这两项指标较高,则表明企业比较有效地利用了有限的资源,并有效地降低了营运资本。

(四) 反映成本管理效益的指标

企业生产经营活动必须所得大于所费,才能实现赢利。战略成本管理追求企业竞争地位的保持和持续降低成本的能力,仍然需要依据利润增长与费用的关系来评价企业战略成本管理的效益。企业可以设定成本费用利润率和总资产报酬率指标来衡量反映成本管理效益。成本费用利润率(利润总额与成本费用总额之比)表示每一元的成本投入所创造的利润。总资产报酬率(总利润与平均总资产之比)表示每一元的资产所产生的利润回报。这两个指标从成本管理对利润的贡献这一角度来评价企业成本管理的业绩。由于利润指标会受很多因素的影响，因此，企业在使用这些指标评价成本管理效益时要特别注意管理者短期经营行为对利润的影响，这些指标适用于评价短期成本管理对利润的贡献。

第五节　战略成本管理制度的维护

战略成本管理是一个先进的成本管理系统，能够为企业战略管理提供及时、准确、相关的成本信息，是实现企业战略目标的必要支持系统。顺利开展企业战略成本管理，除了要有完善的管理体系、完备的科学方法之外，还需要用规范的制度对实施战略成本管理的行为加以约束。企业应当制定切实可行的规章制度进行管理，任何人违反了制度都要受到处罚。制度就是行为规则，规则就要公开、公平、公正。完善的战略成本管理制度应包括成本核算规程制度、成本责任制度、成本控制制度、成本分析制度、成本信息反馈制度等。建立健全战略成本管理制度并不断地对其进行维护，是有效地实施战略成本管理的必要保证。

战略成本管理制度的维护包含两个含义。一方面是对企业组织进行规范及对企业人员进行宣传和教育，促使这些组织保证和规范制度的实施，并使相关人员积极主动地配合制度的执行；另一方面是适应企业内外部环境的变化，不间断地修订制度，使其更规范、更有利于促进企业战略成本管理的顺利实施。

一、战略成本管理制度的外部维护

1. 创建企业成本管理文化

企业成本管理文化作为企业文化的一部分，对于成本管理制度的贯彻有着重要的维护作用。我们知道，一种价值观念或者原则长期融入企业的各项经营政策之中并且得到长期坚持，就可得到企业管理层和员工们的认可，从而形成企业的一种文化。成本管理文化就是企业推行的成本价值观的具体反映。比如，对成本管理重要性的认识、对成本领先优势的信心、成本节约意识等，可以作为一种意识形态指导企业的成本管理行为。可见，创建良好的企业成本管理文化可以使战略成本管理制度得到企业上上下下的拥护和支持，使员工们不再把制度的贯彻看作一种束缚，而是主观能动地去维护制度。

2. 全员参与战略成本管理

企业战略成本管理不仅是成本管理人员的工作，它涉及企业的各个职能部门和所有员工。企业要有效地实施战略成本管理，就要调动企业全体员工参与成本管理的积极性，通过必要的宣传和讲解，使不同组织的管理者和全体成员了解战略成本管理制度对他们的约束力，并通过一定的激励机制调动他们参与的积极性，这样可以有效地维护制度的实施，做到全员参与战略成本管理。

二、战略成本管理制度本身的维护

由于企业所处的内外部环境是不断变化的,企业必须前瞻性地预测所处环境的变化,并适当改变企业的竞争战略,才能保持持久的竞争优势。战略成本管理作为企业战略管理的主要管理子系统,也必须根据战略的改变而对成本管理重点和目标作出适当的调整。因此,战略成本管理制度作为一个开放的系统,要适时根据战略成本管理的要求作出修订和补充。尤其是在当今企业外部环境剧烈变化的情况下,企业必须时刻注意环境的变化,并及时对管理制度进行必要的维护,以适应管理的需要。

课后练习题

一、单项选择题

1. 准确的管理信息需要(   )。
   A. 正确的产品成本核算　　　　　　B. 正确的控制系统
   C. 正确的绩效评估系统　　　　　　D. 以上三个都需要
2. 下面表述错误的一项是(   )。
   A. 信息无论如何也不可能是完善的
   B. 战略定位与产品的市场定位有关
   C. 在作业成本法中得到的信息也存在被会计核算制度扭曲的现象
   D. 作业成本法以企业战略和发展为导向
3. 战略成本管理的第二个要素称为战略定位,它和(   )有关。
   A. 产品的价格定位　　　　　　　　B. 产品的市场定位
   C. 产品的用户定位　　　　　　　　D. 产品的质量定位
4. 战略成本管理要素为(   )。
   A. 价值链分析　　　　　　　　　　B. 战略定位
   C. 成本推动因素分析　　　　　　　D. 以上都是
5. 一个长远的、具有战略性的成本管理结构,称为(   )。
   A. 战略成本管理　　　　　　　　　B. 战略目标管理
   C. 战略盈利管理　　　　　　　　　D. 战略方针管理

二、多项选择题

1. 公司战略所规定的内容一般包括(   )。
   A. 企业使命和目标
   B. 企业宗旨和发展计划
   C. 整体的产品或市场决策及其他重大决策
   D. 公司旗下某一产品的促销战略
2. 战略成本管理的工具包括(   )。
   A. 战略定位分析　　　　　　　　　B. 价值链分析

C. 战略成本动因分析　　　　　　　　D. 价格分析

3. 一般企业目标是（　　）。

A. 生存　　　　B. 发展　　　　C. 经营　　　　D. 获利

4. 以下属于战略成本管理特点的是（　　）。

A. 长期性　　　B. 外向性　　　C. 竞争性　　　D. 多样性

5. 战略成本管理的原则有（　　）。

A. 长期性原则　　　　　　　　　　B. 全局性原则

C. 市场导向原则　　　　　　　　　D. 效益性原则

三、判断题

1. 战略成本研究的重点在于如何把生产成本控制到最低点。（　　）
2. 不管是战略成本管理还是成本管理，所追求的最终目的是让成本降到最低。（　　）
3. 任何一家企业都追求成本的最优化。（　　）
4. 战略成本管理思维主要是在竞争环境的变迁和竞争要素的变化背景下产生的。（　　）
5. 战略成本管理是对战略的进一步深化和阐释，后者决定前者的方向和范围。（　　）
6. 成本领先战略中对采购的影响是小批量高频次以质量为主。（　　）
7. 降低了采购成本和人工成本就完全控制住了产品成本。（　　）
8. 成本管理是对战略成本管理思维的执行，两者相辅相成互不冲突。（　　）
9. 规模经济效应是规模越大单位产品的成本越低。（　　）
10. 每一项业务的背后都有成本动因在推动，成本管控就是要识别并管理好成本动因。（　　）

第十四章

成本管理会计专题

本章内容引言：

环境成本是企业生产经营活动中所耗费的生态要素的价值以及为了恢复生态环境质量而产生的各种支出。其内容由维护环境支出、预防污染的支出、治理环境的支出和人为破坏生态环境造成的损失组成。环境成本具有多样性、不均衡性、潜在性、增长性和相关性的特点。

资源消耗成本管理是从管理与控制的视角对资源消耗会计的换位思考，是对作业成本管理的改进与完善。资源消耗成本管理的优越性主要体现在以下三个方面：（1）能够合理地将"剩余/闲置生产能力"计算出来；（2）提高了辅助部门成本分配的准确性；（3）促进了业务外包的科学性与有效性。

物流成本的概念有广义和狭义之分。狭义的物流成本是指在物流过程中企业为了提供有关的物流服务，所有占有和耗费的资源，是物流服务价值的重要组成部分。广义的物流成本不仅包括物流活动过程中产生的狭义物流成本，还包括客户服务成本及提供物流服务时所产生的交易成本。物流成本具有隐含性、分散性、复杂性和独特性的特点。物流成本的核算模式分为单轨制和双轨制两种。

反倾销成本核算是指，企业为实现及时规避和有效应诉反倾销的目标，对发生的生产经营管理费用和涉案产品成本的构成进行的正确核算，从而在反倾销调查提起前提供准确的成本信息以及时规避，并在反倾销调查提起后提供规范的成本信息以有效应诉。

人力资源成本是指雇佣劳动者所花费的全部代价，其主要构成包括人力资源取得成本、人力资源开发成本、人力资源使用成本、人力资源保障成本和人力资源离职成本。人力资源成本的计量方法包括历史成本、重置成本、公允价值和机会成本。

关键术语： 环境成本　资源消耗成本　物流成本　反倾销成本　人力资源成本　历史成本　重置成本　公允价值　机会成本

第一节　环境成本管理会计

一、环境成本管理会计的产生与发展

人类社会进入工业时代以来，在经济、社会、科技、教育等领域取得了显著的成

就,但在环境问题上面临着严峻的挑战,资源过度消耗、环境污染、生态破坏日益严重,环境问题上升为全球性问题,各国政府先后制定了保护环境方面的法规和政策,掀起了全球性环境保护热潮。在我国改革开放过程中,国民经济增长迅速,但其增长是"高投入、高消耗、高污染"的粗放型方式,经济发展以环境严重污染为代价,为此我国相继出台了《环境保护法》《水污染防治法》《环境标准管理办法》等一系列法律规章,2011 年,《国民经济和社会发展第十二个五年规划纲要(草案)》首次以"绿色发展"为主题,论述"建设资源节约型、环境友好型社会",标志着我国进入"绿色发展时代"。

对于经济高速增长带来严重的环境污染和资源过度消耗问题,各国会计界也积极投身于环保和绿色革命过程中,通过深入探讨会计如何参与环境保护、促进环境与经济之间的融合与发展,创立了环境会计这一现代会计新型分支,并取得了一定的成果。对环境会计的研究始于 20 世纪 70 年代,以英国学者比蒙斯在 1971 年发表《控制污染的社会成本转换研究》和马林在 1973 年发表《污染的会计问题》两篇文章为代表,由此揭开了环境会计研究的序幕。

环境会计除了引起各国学者的关注外,国际各组织机构也给予极大关注。联合国在改进国民经济核算体系时首次提出"环境会计"这一概念。联合国统计署在 1993 年发布的《环境与经济综合核算体系》中提出了环境成本的概念,环境成本分成两个层次:一是因为自然资源数量消耗和质量减退而造成的自然资源价值的减少;二是环保方面的实际支出,即为了防止环境污染而发生的各种费用和为了改善环境、恢复自然资源的数量或质量而发生的各种费用支出。1998 年 2 月,在日内瓦举行的联合国国际会计和报告标准政府间专家工作组第 15 次会议上讨论通过的《环境会计和报告的立场公告》是国际上第一份关于环境会计和报告的系统完整的国际指南。该公告以企业为主体,对于环境成本、环境资产和环境负债做初步的定义,从而对微观层面上的环境会计起到了指导作用,所有这些都标志着环境会计作为世界发展的重要课题已向纵深发展。

加拿大特许会计师协会在 1993 年对环境成本提出了"环境损失"这一类别,"环境损失"包括了对人类身体机能上造成的损害、对环境资源造成的破坏及其他损失。根据"环境损失"这一类别,又提出了"环境措施"这一环境成本,环境措施成本包含了预防、减轻或修复破坏的环境或保护再生和不可再生资源或耗用的费用。美国环保署在 1995 年发表的《对环境会计——一项企业管理工具的介绍:主要概念和术语》中,将环境会计分为国民收入会计、财务会计、管理会计三个方面。英国的英格兰和威尔士特许会计师协会于 1996 年提出了《财务报告中的环境问题》讨论文件,详细阐述了环境成本核算、资产损害复原和信息披露问题。2002 年日本环境省出版的《环境会计指南手册》中论述了环境会计的定义、功能、环境成本的内容、环境信息披露等问题。

在我国,国务院 1994 年审核批准的《中国 21 世纪议程——中国 21 世纪人口、环境与发展白皮书》中明确提出:"要有效利用市场机制和经济手段,将环境成本纳入各项经济决策和分析过程,改变以前无偿利用环境和使用资源并将环境成本转嫁给社会的做法。"除了政府明确提出环境成本的概念外,许多著名的专家学者也发表了自己的观点,北大王立彦教授将环境成本通过时间、空间、功能三个层面进行界定,具体为从时间上描述为过去、当前、未来三种;从空间上分为内部环境成本与外部环境成本;从功能上划分为环境方面损失补偿成本支出、维持环境现状的成本支出以及防备将来可能增加的环境成本的支出。中南大学肖序教授在其著作《环境成本论》中对环境成本分类进行分析,指出环境成本应分为降低环境负荷的直接成本、间接成本及增加环境负荷形成的相关成本。随着各国及社会公众对环境的重视程度越来越高,环境成本的研究一定会取得不断的发展和进步,为人类社会的发展作出巨大的贡献。

二、环境成本管理会计的基本内容

1. 环境成本的含义

联合国统计署在 1993 年发布的环境与经济综合核算体系中把环境成本界定为因自然资源数量消耗和质量减退而造成的经济损失。美国环境管理委员会把环境成本界定为环境损耗成本,即环境污染导致的成本或支出。1998 年,联合国组织专家工作组出台《环境会计和财务报告的立场公告》,对环境成本定义为:本着对环境负责的原则,为管理企业经营活动对环境造成的影响而发生的支出,以及因企业执行环境目标和要求所付出的其他成本。国内较早提出环境和可持续发展会计思想的是著名会计学家郭道扬教授,他以生态环境成本的学术思想为基础,从耗费与补偿的辩证关系出发,将环境成本界定为为了维护生态环境,依据产品生产前后对其产生的影响并且按照所测定的标准,计量相应的资源耗用和环境治理补偿费,具体表现为:由于环境恶化而追加的治理生态环境的投入;因重大责任事故导致生态环境恶化所造成的损失,以及由此而引起的环境治理费用和罚款;未经环保部门批准,擅自投资项目所造成的罚款、环境治理无效率状况下的投资损失和浪费。

在众多专家学者观点的基础上,本书对环境成本的定义如下:环境成本是企业生产经营活动中所耗费的生态要素的价值以及为了恢复生态环境质量而产生的各种支出。其内容由维护环境支出、预防污染的支出、治理环境的支出和人为破坏生态环境造成的损失组成。

2. 环境成本的分类

(1) 环境预防成本。环境预防成本是指企业在生产之前就已经规划的费用支出,该部分成本是为了预防企业生产中可能发生的对环境的损害所支付的费用或是为了规避将来经营管理中可能遇到的风险所进行的投资。具体包括:①员工培训费,指企业为帮助员工提高产品安全生产和环保知识,使他们充分认识到环境在企业生产运作中所起的作用,自觉履行环境责任,定期组织开展各种环保培训教育宣传活动所发生的费用。②环境研发成本,指企业在从事污染严重的生产活动时,为了降低对环境的损害,对新的生产工艺研发所进行的投资,以及企业为改善环境开发新产品过程中所发生的研发支出。③环保设备投资,指企业为了治理生产过程中产生的废气、废水等污染物，减少它们对环境的污染而购买环保设备发生的支出。

（2）环境治理成本。环境治理成本指企业为了保障周边的环境对生产中产生的废气、废渣等污染物进行治理发生的费用或为了保证环保设备的正常运行发生的必要支出。具体包括：①环保设备运营费，指企业为治理或保障污染物排放达标，支付的空气污染监控、废水或固体废弃物检测、处理设施等环保设备上的操作维护费、设备维修费等。②污染治理费用，指企业生产过程结束后，为了减少废弃物排放对企业生产环境及周边环境的损害，而采取相应的措施导致的支出。

（3）环境补偿成本。环境补偿成本指企业对已经产生的环境损害进行弥补而支付的成本，具体包括：①环境污染罚款，指企业在运作过程中产生违反环保法律法规规定的行为，并对环境造成污染、对他人利益产生损害，被处以的罚款等。②环境赔偿费用，指由于企业的生产经营，超标排放了污染物给予的赔偿费用，该部分补偿费用还包括由于工作环境给员工健康带来影响而支付的补偿费用。③排污费，企业因生产中排放的废水废气等污染物按一定标准向国家缴纳的排污费等。

3. 环境成本的特征

（1）多样性。环境成本可能出现在企业生产经营管理活动的每一个环节，且其产生原因具有多样性，对环境成本的多样性研究是为进行正确的环境成本核算建立理论基础，对环境成本进行资本化和费用化的区分，对于可以延长企业资产使用寿命、提高效率、购买环保设备、减少未来活动引起环境污染等成本的发生应该将其予以资本化，对于当期的污染物处理费用等应该予以费用化。

（2）不均衡性。不均衡性首先体现在环境成本发生时点的不均衡性，其支出往往不是均衡地发生在产品生产过程中，通常具有突发性或不可预见性，例如违反环境法规支付的罚款，发生意外事故的赔偿，环保设施的投资等；其次体现在发生阶段的不均衡性，对于不同的行业，企业环境成本可能集中在不同阶段；最后体现在环境成本在生产经营各个阶段的发生是不对称的，有的阶段少，有的阶段多。

（3）潜在性。由于环境本身具有一定的承受能力，企业当期生产经营活动对环境的破坏可能并不明显，但形成的危害是潜在的，这使得环境成本具有时滞性，其损害大小及所带来的影响可能难以完全掌握，但这并不表示企业不用负担任何环境成本，会在以后期间以罚款、赔偿及环境修复等方式付出代价。

（4）增长性。公众对环境保护的重视以及对环境质量标准要求越来越高，企业所承担的环境保护责任日益重大，环境支出也逐渐增加。随着政府不断出台环境保护法规，对企业的约束力逐渐增强，使企业的环境支出呈现不断增长趋势。

（5）相关性。环境成本的相关性促使企业不仅要核算本企业生产过程中的环境成本，还要核算包括为降低供货方和销售客户的环境成本在内的各种环境成本。

4. 环境成本会计理论基础

（1）可持续发展理论。

1987年，世界环境与发展委员会在题为《我们共同的未来》的报告中，第一次阐述了"可持续发展"的概念，是指既满足当代人需要，同时又不损害子孙后代满足其需要的能力。该理论是社会进步发展到一定时期的产物，主要反映了发展中人类与自然环境的依存关系。在可持续发展思想形成与发展过程中，最具国际化意义是 1992 年 6 月在巴西里约热内卢举行的联合国环境与发展大会，在这次大会上来自世界 178 个国家和地区的领导人通过了《21 世纪议程》《气候变化框架公约》等一系列文件，明确把发展与环境密切联系在一起，使可持续发展突破了理论探索阶段，形成可持续发展战略，并将之付诸为全球行动。

可持续发展包括可持续经济、可持续生态和可持续社会三方面的协调统一，要求人类在发展中讲求经济效率、关注生态和谐和追求社会公平，最终达到人的全面发展。可持续发展虽然起源于环境保护问题，但当前已超越单纯的环境保护，它将环境问题与发展问题有机地结合起来，已成为一个有关社会经济发展的全面性战略。可持续发展具体内容包括：①经济可持续发展。经济发展是国家实力和社会财富的基础，但可持续发展不仅重视经济增长的数量，更追求经济发展的质量；②生态可持续发展。可持续发展要求经济建设和社会发展要与自然承载能力相协调，发展的同时必须保护和改善地球生态环境，保证以可持续的方式使用自然资源；③社会可持续发展。可持续发展强调社会公平是环境保护得以实现的机制和目标。可持续发展促使了环境会计的产生，根据可持续发展的观点，经济发展要和环境相协调，环境资源是经济发展运行的基础，资源环境的变化对经济产生的影响应该反映在经济运行的核算体系中。

（2）社会责任理论。

企业的社会责任是企业在生产经营的过程中对社会应尽的义务，要求企业在生产经营过程中不仅要对利益相关者负责，还应对环境承担相应的责任，在获得利润的同时必须考虑其生产过程中对环境的污染和资源的损耗。社会责任会计从宏观出发，通过收集企业履行相关责任的数据，用一定的计量方法对其造成的社会影响作出具体的报告，分析企业履行社会责任的情况。这些社会责任主要包括治理污染、绿化环境、改善职工福利等，同时要求企业进一步核算企业外部的社会成本和社会效益，包括企业采取有效的措施防止废水、废气、废渣等对环境的污染，提高能源利用率，降低资源消耗等。环境成本属于社会责任会计中社会成本的一个重要组成部分，反映了企业在处理环境相关问题时所支出的相关费用，如资源成本以及环境费用等。

（3）环境价值理论。

环境价值理论认为环境资源具有有效性和可利用性，自然资源是人类赖以生存和发展的基础，环境资源凝结着人类劳动，原始的资源环境是没有价值的，但随着经济的发展，人类对生态环境的超负荷利用导致环境的污染和资源的锐减，环境资源具有稀缺性，全球性资源和能源短缺愈加受到人们的重视，人们应合理有效地利用和节约资源。环境资源是稀缺和不可替代的，而且是有价值的，过去企业忽视了环境资源的价值，以消耗和损害环境为代价来获取利润。传统会计没有将环境资源作为成本纳入会计核算也是不全面、不科学的，不利于全面客观地反映企业经营活动成本和收益，从而虚增了利润，这就要求企业建立环境成本会计，将环境因素纳入会计核算的总成本中。

（4）社会总成本理论。

社会总成本理论是从整个人类生存的生态环境系统来定义成本的特性、范围和内容的一种成本理论，打破了传统企业只核算本企业内部成本的局限，使人们能够从更广阔的空间和时间上比较全面地考虑影响环境成本的因素及其计量的方法，以便合理计量环境资源的耗费，揭示真实的产品成本。人类对自然资源的利用越彻底，自然资源总量就会相应地减小。企业为环境的改善和维护，也必将产生相应的环境成本。企业的生产成本和环境成本都应该算是企业为获取利润而支付的费用，但是企业往往忽略了环境成本，仅将生产成本作为成本核算的范围。社会总成本是从宏观的角度考虑，其范围较为广泛，主要包括对人类劳动的报酬、大自然资源的损耗补偿、维持现有状态的各项耗费等。因此，社会总成本是在人类活动中对于环境系统、物质系统的循环过程进行研究的一种成本理论。

（5）经济外部性理论。

"外部性"概念最初是1890年由剑桥大学的马歇尔在其著作《经济学原理》中提出的，他将生产的扩大依赖于产业的普遍发展，称作"外部经济"，如知识积累、技术进步导致企业的成本下降，这种影响对行业是内在的，但对企业是外在的。外部性问题的进一步研究和系统论述是由庇古完成的，1920年，庇古在他的名著《福利经济学》中提出了"内部不经济"和"外部不经济"的概念，对外界造成不利的影响称为外部不经济性，是指某些企业或个人因其他企业和个人的经济活动而受到不利影响，又不能从造成这些影响的企业和个人那里得到补偿的经济现象，研究环境问题外部性的目的主要是应用一定的经济管理分析方法，探讨环境问题产生的根源，提出解决环境污染和生态破坏这种外部不经济性问题的可行性方案。外部不经济性让人们认识到产生环境问题的经济根源，人类到目前为止一直把环境和资源看成公共物品，忽视其价值，且在经济核算中不包含对自然资源和环境的投入。因而，必须为企业生产产品和提供服务中使用的自然资源进行合理定价，将其污染产生的外部成本内在化。

三、环境成本的确认与计量

1. 环境成本的确认

环境成本的确认就是按照规定的确认条件和方法，确定企业各项环境支出是否作为环境成本加以记录，并将符合确认条件的环境成本列入财务报表的过程。环境成本的确认目前尚无具体的准则规定，综合各专家学者的研究观点，总结环境成本的确认应符合以下原则：（1）导致企业环境成本的事项已经发生，主要有两个判断标准：一是企业的此项支出必须与环境保护活动有关，二是此项支出能够引起企业经济利益的流出，最终导致企业所有者权益的减少。（2）金额能够有效衡量。由于企业环境成本的内容较为广泛，其中某些环境成本不能准确地记录、计量，现阶段对环境成本的计量以货币计量为主，辅之以实物和技术单位。例如，对于排污费、污染罚款等有明确的计价，较为容易计量，但是非温室气体排放的生态成本等，计量难度较大，并且准确性相对较差，现有条件下只有寻求相对简易且准确的方法。（3）以权责发生制为基础，划分资本性支出与收益性支出。除了非营利机构以外的所有会计主体都以权责发生制为确认基础，对于环境成本的确认要求划分资本性支出与收益性支出，即判断环境支出是资本化还是直接计入当期损益，使收入和费用达到合理配比，能正确地反映各个时点的环境支出，准确地衡量企业的当期经营成果。

2. 环境成本的计量

环境成本的计量是对环境成本确认的结果予以量化的过程，即在环境成本确认的基础上，对其事项采用一定的计量属性，确定数量和金额的过程。

（1）环境成本计量的特点。

①计量单位的多元性。企业环境成本核算的范围包含了人类活动和自然环境，由于自然环境资源种类繁多，单一的货币计量方式不能适应自然资源的计量，因此除了可以用货币来反映企业的各项环境成本以外，还应采用实物指标或文字加以说明。

②计量属性的多样性。对于环境成本可以采用多种会计计量属性，包括历史成本、重置成本等，计量属性的选择应根据企业具体的环境事项决定。

③计量的相对性。与传统成本相比，环境成本的计量更加复杂，环境成本核算的环境资源大多没有直接的市场价值，具有较大不确定性，对其计量所选用的方法带有一定的主观性，因此企业环境成本的计量只能做到相对准确，但这并不能否定其决策有用性。

（2）环境成本的计量方法。

①历史成本法。目前企业会计准则要求所有会计信息要以货币计量，传统的财务会计计量模式是以历史成本为主，兼有其他各种计量属性。在环境成本计量中，由于自然资源具有多样性价值，因此不能完全照搬已有的计量模式，企业环境成本的计量属性应以历史成本计量为主，通过专业判断对将来可能支出的成本进行合理估计。例如，企业为预防环境污染而购买的环境治理设备可按历史成本计入环境成本，但在环境成本计量中，由于自然资源具有多样性，环境问题具有持续性，环境资源从消耗到再生要经历一个时间过程，在此过程中，环境资源的市场价格也在不断地发生变化，这种变动在以历史成本计量为主的财务报表中无法反映，因此历史成本不应是环境成本计量的唯一属性。

②市场价值法。市场价值法认为企业的生产过程会引起自然环境的恶化，使环境对社会的服务能力下降，也就是环境资产的生产率降低，其结果最终会影响其相关商品的产出水平和预期收益。这种观点把自然环境资源视作一种生产要素，环境的损失可以用与此相关的商品的产量减少带来的成本和利润的变化来衡量。它是利用市场价格来计算由于自然环境资源的恶化引起的产量下降而造成的损失，作为生态环境恶化的成本。市场价值法应用范围广泛，也易于理解。

③替代市场法。替代市场法主要是在市场法无法满足核算要求的情况下，通过寻找相关替代品的市场价格衡量环境成本。主要包括以下几种方法：

a. 资产价值法。资产价值法主要将与环境相关的商品的价格作为切入点，通过核算此类商品获得生态环境成本。此种方法在房地产领域及空气质量领域应用比较广泛。

例如，评价周围环境质量，可以根据房价的高低来确定，因为房价的影响因素包括绿化情况、空气质量、交通便利度、小区文化氛围等因素的影响，因此，通过房价我们就不难看出环境的质量情况。此方法具有重要的前提条件，即假设其他因素不变的情况下，这里主要指非环境因素，因此，破除这一假设会产生误差。

b. 工资差额法。工资差额法在个人工作变换没有限制的基础上对环境成本进行计量，这种方法利用劳动力市场价值计量环境改善的效益。工作场所环境条件的差异会影响到劳动者对职业的选择，为了吸引劳动者从事工作环境比较差的职业并弥补环境污染给他们造成的损失，企业就需要在工资方面给劳动者补偿。这种用工资水平的差异来衡量环境质量的货币价值的方法就是工资差额法。由于工作环境影响到工资差异进而影响到环境价值，通过这种方法衡量环境成本，适用的范围较窄，不仅现实条件不允许人们完全自由地选择职业，而且尚不存在完全竞争的劳动市场，应用此种方法进行核算可行性较小。

c. 人力资本法。环境的基本服务之一是为人类生命的存在提供必要的支持，而环境污染将导致环境的生命支持能力的变化，会对人类健康带来多方面的影响。人力资本法是用环境污染对人的身体健康和劳动能力的伤害来计算环境污染造成的损失，也可以用减少的这种伤害来估量环境污染治理的效益。这种方法需要以一个运行良好和透明的资源市场为基础，生态环境没有达到环境质量标准会对人们的身体健康和生活造成诸多不利影响，这种不利影响不仅可以用劳动者因工作环境发病率与死亡率变化而给生产带来的损失来计量，而且还可以用医疗费开支的变化来计量，这种方法就是专门计量反映在人体健康上的环境价值的方法。

四、环境成本核算的账户设置及会计处理

1. 环境成本核算账户设置

当前我国理论界对环境成本账户的设置有两种观点，一种观点是在现有的财务报表体系之外单独设置一套账户体系，对其进行单独核算；另一种观点是在现有的账户体系内增设环境成本账户，通过设置二级明细账户的方式核算企业环境成本。理论学者普遍希望建立独立的环境会计体系，与现有企业会计体系并行，以满足环境管理者和外界信息使用者的需要，同时凸显环境成本的重要性，引起实务工作者对环境问题的重视。但在会计实务中建立一套独立的环境会计体系，实际上是把相互联系的企业财务事项分割开来，破坏了财务会计信息的整体性。因此，本书倾向于将环境成本核算的相关会计处理纳入现行企业会计核算之中。

（1）资产类账户。资产类账户核算的是企业长期环境资产投资，包括新投资项目的环保设备支出和对原有环保设备改造的支出，在"在建工程""固定资产""无形资产"一级科目下设置"环境资产"二级明细账户，该账户反映企业购置或自建环保设备及购买环保技术的投资。

（2）负债类账户。企业发生的排污费和由于违反环保法律法规所导致的罚款、赔款支出，在企业的支出义务已经确定但尚未实际支出时，应确认为一项环境负债，应

在"其他应付款"一级科目下设置"应付环保费"二级明细账户。

（3）费用类账户。费用类账户核算的是企业环境支出中的费用项目，包括排污费、绿化费、环保部门经费、环保设备的折旧维修费、研发环保产品的费用等，这类费用有些表现为期间费用，计入"管理费用"，如环境审计费、年度环境报告费、企业周围的绿化费、环境卫生费、企业环境广告和宣传费；有些应计入企业的产品生产成本，包括环境保护设备在运行过程中提取的折旧费、为环保设备正常运转而耗用的材料费、治理环境过程中耗用的材料费、污染治理人员工资及福利费、减少生态环境污染和破坏而发生的日常维修费用、降低污染和改善环境的研究与开发支出等，即先归集记入"制造费用"账户，后分配记入"生产成本"账户。

2. 环境成本的会计处理

（1）购置环保设备时：

借：固定资产——环境资产
　　贷：银行存款

（2）自建环保设施或对原有设备进行环保改造时：

借：在建工程——环境资产
　　贷：银行存款
　　　　原材料
　　　　应付职工薪酬等

设施设备建成或改造完成时：

借：固定资产——环境资产
　　贷：在建工程——环境资产

（3）发生与环保相关的各项支出时：

借：管理费用
　　制造费用
　　贷：银行存款
　　　　原材料
　　　　应付职工薪酬等

（4）将制造费用分配计入产品成本时：

借：生产成本——环保成本
　　贷：制造费用

五、环境成本的报告

1. 先进国家环境成本报告经验借鉴

（1）日本模式。日本模式是环境成本与环保效果比较型模式。企业从事环境保护活动需要付出环境成本，同时投入的环境成本会给企业带来相应的效果，表现为企业环境负荷的减少和环保效益的增加。日本的环境成本报告正是从企业环境保护活动的成本投入和取得效果这两个方面对信息使用者报告相关信息，以反映企业处理环境问题的业绩，为其决策服务。日本企业的环境成本是在企业的可持续发展报告中披露的。可持续发展报告分成若干部分，在致力于环境的可持续发展这方面，主要包括环境活动、致力于防止地球变暖、减少环境负担的绿色采购、环境友好产品、低环境负荷、环境会计等。其中环境会计主要介绍本年度环境会计的成果，即在本会计年度内，企业环境投资及相应的环境成本金额，及与之对应的收益金额，并通过表格和柱状图的形式展示环境成本和环境收益，将环境成本形象化、清晰明了。

（2）美国模式。美国模式是环境成本与经济效益比较模式。其特点是将环境成本与环保经济收益的相关数据都列入报告之中，报告以货币作为计量单位，使信息使用者可以清晰地了解企业的环境成本及其相关的收益情况，这种模式的报告由企业根据自身特点进行设计，更具有针对性。这种模式有助于企业的利益相关者了解企业环境成本的支出情况，了解环境成本不仅仅只是增加企业的支出，还可以为企业带来效益。既有利于内部的使用者进行决策分析，也利于外部信息使用者理解环境成本的作用，借此提高利益相关者对企业开展环境保护活动的信心和决心。

2. 我国环境成本报告建议方式

根据目前相关研究，有研究者提出环境成本报告的中国模式，即环境成本信息的报告可借助于企业的可持续发展报告，在其中增加一部分环境会计，在这一部分中，要列示出与环境会计有关的各项信息，包括环境资产、环境负债、环境成本、环境收益等。这种报告模式所披露的内容比较全面，而且还包括了环境资产等其他环境会计要素，但由于受环境会计发展水平及报告篇幅的限制，其不能全面、清晰地反映环境成本的发生情况，因此该模式仍有一定的局限性。

为了突出反映企业在环境保护方面所做的努力，我国专家学者在借鉴国内外成功经验的基础上，构建了一种适合我国国情、符合低碳经济发展要求的环境成本报告模式。环境成本报告披露方式如下：①在会计报表中披露，即在资产负债表中增加反映环境资产、环境负债和环境权益的项目，在利润表中增加环境损益项目；②在会计报表附注中以文字描述形式披露很多不能量化的或者报表中不能完全披露的环境信息；③编制单独的环境报告，包含企业的环境支出、环境管理情况、主要环境影响及资源的使用状况等，可以使环境成本信息的披露更加全面和系统。另外，还可以将环境事项对企业财务状况和经营成果的影响单独编制环境资产负债表、环境利润表、环境现金流量表等环境会计报表，对企业的环境成本信息详细披露。

2010年，环保部发布《上市公司环境信息披露指南（征求意见稿）》第一次对上市公司环境信息披露做了较为明确的要求，要求上市公司应当准确、及时、完整地向公众披露环境信息，不得有虚假记载、误导性陈述或者重大遗漏，并规定上市公司编制和披露环境信息，应有利于债权人、投资者、社会公众和政府管理部门了解企业环境保护情况，要求上市公司环境信息披露包括定期披露和临时披露，并规定重污染行业上市公司应当定期披露环境信息，并发布年度环境报告。

第二节 资源消耗成本管理

一、资源消耗成本管理概述

作为战略成本管理的一种表现形式，资源消耗成本管理是从管理与控制的视角对资源消耗会计的换位思考，是对作业成本管理的改进与完善。它从成本核算对象、量化指标以及成本习性等方面整合资源集结系统，为企业提供适应复杂多变的经营环境所需的相关信息，并借助于战略控制手段对资源消耗等情况进行全面的管理和评价。以资源为导向，将作业成本法（ABC）从资源及资源消耗的视角加以考察，不仅有助于弥补传统 ABC 的不足，而且能使战略控制系统延伸到企业的经营活动之中，这种将 ABC 与德国的弹性边际成本法（GPK）有机融合而形成的成本管理方法称为资源消耗成本管理（resource consumption cost management，RCCM）。该方法在美国始于 2002 年，是作为一种创新的成本管理方法而被倡导的 RCCM 不仅从内部对作业成本法加以完善，还从外部资源利用的角度提升了作业成本管理的战略性系统。

（一）以资源消耗为导向克服成本分配的难题

区别于传统的 ABC，RCCM 关注的焦点是"资源、资源之间的相互关联性，以及资源的产出是如何消耗的"。它具体由以下这些基本概念构成。

1. 资源

在 RCCM 下，资源是一个广义概念，资源消耗是指部门之间的成本（价值）转移。如用货币购入的劳动力（工人工资、职员薪酬、福利待遇），员工接受报酬提供相应的劳动；购入的劳动对象（库存材料）、劳动手段（固定资产）、固定资产按期摊入成本的价值（折旧）和转入成本的材料费用，以及企业的维修车间所发生的一切工、料、费用等都是资源。可见，RCCM 根据因果关系以资源为焦点进行成本的归属，即依据资源向成本对象分配成本，它与 ABC 有明显的不同。ABC 主要解决间接费用的分配问题，RCCM 则是用 ABC 的方法，把德国 GPK 的优点结合进来，解决资源消耗，即价值从一个部门转移到另外一个部门，故称资源消耗成本管理。

2. 资源集结点

资源集结点类似于管理会计中成本中心的一个单位，这个单位所有发生的成本（资源消耗）于此集结。集结后的产出数量，称为资源产出量。资源集结点可以是也可以不是一个行政单位。

3. 初级成本集结点

初级成本集结点是直接从事产品生产或提供可销售劳务的单位，相当于传统成本会计中的"基本生产"，但初级成本集结点还包括直接为可销售的产品或劳务提供服务的部门（销售、发运和顾客服务）。为基本生产单位或为其他二级成本集结点服务的单位，称为二级成本集结点，相当于传统成本会计中的辅助生产。

4. 直接成本

直接成本指本单位直接发生的成本，如材料、工资、福利费、折旧费。与直接成本相对的，是转入成本，是由于消耗了二级成本集结点所产出的资源而发生的成本。

5. 初级费用

初级费用反映一项成本费用固有的成本性质，与成本费用要素相似，与总账科目相同。与此相对应的是二级费用要素，反映由于资源的消耗而改变的性质。如工资、福利、折旧、维修都是总账科目，属于初级费用要素，而人力资源部门或供电部门消耗了这些初级费用要素，其产出就不再是原有的资源了，称为二级费用要素。

RCCM是一种总括的、能动的、综合的成本会计系统，是将德国成本会计的各种原理与ABC有机结合的产物。RCCM聚焦于资源，它包含ABC、ABM、变动成本计算、全部成本计算、实际成本、标准成本、按分部分类的损益表、作业资源计划设定（activity based resource planning，ABRP）、第一次成本（primary costs）、第二次成本（secondary costs）等方面的内容，是一种总括的管理方法。

在RCCM框架中，主要是基于计量基准的成本分配（计划与实际）。资源消耗根据数量加以核算，并按每一资源单位进行评价。因此，这些成本从资源集结点向成本对象（例如，作业、项目、产品、顾客等）进行分配，在这种处理方式下，RCCM注重成本性质的分析，并为实现收益目标而致力于E/I产能（剩余/闲置生产能力）的管理。符合RCCM特征的基本原理有如下八个方面：①对所有资源集结点的产能进行量化的处理；②对E/I产能进行精心的管理；③认识资源集结点的相互关联性；④对于被投入资源的成本，确认其在当初所具有的固有性质，以及在消费时点上的成本性质的变化；⑤灵活应用作业成本计算；⑥依据计量基准开展成本计算，将所有的关联成本进行归属计算；⑦基于多元收益性目标的层面，仅局限于集中计算和吸收固定费用，而不对产品/顾客的全部成本进行集中计算和吸收；⑧在操作方面，不仅是战术层面，而且在战略层面，也支持资源的管理和经营决策。

（二）基于成本战略修正传统成本会计存在的问题

由于缺乏战略性，现行成本会计方法在效用上大打折扣，其主要问题表现在：

第一，难以预料资源的浪费。例如，难以估计实际的剩余/闲置生产能力（actual-excess/idle capacity），或者不能预测资源与资源间的需求（resource-to-resourceneeds）以及资源利用的情况（计划的剩余/闲置生产能力）。

第二，成本计入过多。不是某种自己的产品与服务系列的原因而发生的闲置生产能力成本，而是由于不恰当地将成本费用计入该产品和服务之中而导致成本计算过大，从而使该产品和服务系列的管理者感到不平或不满。

第三，成本信息缺乏配比性。对于管理者而言，现行的成本会计信息缺乏一贯性，难以把握成本的真正动因，在进行收益最佳化决策（例如，产品的合理化）时，无法克服产出层面存在的固定费用死螺旋（output-side fixed-cost-death-spiral）的问题。

第四，资源配置的灵活性不足。现有资源不充分，或者对资源配置无法作出适当的决策，如对部门之间人员的变动，以及设备的移动等情况难以作出有效的安置。

第五，成本摊销偏低。因为没有充分考虑固定费、准固定费、比例费（变动费）等存在的能动性，因此，对未来资源的使用及其后续环节和产出成本的实际水平仅作了偏小的成本计算。

第六，成本风险难以把握。在现行的信息条件下，存在诸如外包等不确定性造成的投入层面的固定费用死螺旋（input-side fixed-cost-death-spiral）现象。

第七，业绩评价不准。因为缺乏计划与实绩的比较信息，难以及时作出正确的调整与变更。

总之，从战略角度积极采用资源消耗成本管理方法，不仅有助于成本会计的完善，还能够从外部资源利用的角度提升企业成本管理的战略控制系统。

（三）资源消耗成本管理的优越性

资源消耗成本管理中的"资源"是作为与作业相关联的一种替代方式（各种各样的变化可能）加以设计的，它的好处在于增加"资源消耗"的责任机制，并体现出成本管理战略控制系统中的多样化、复杂化、综合化的特性。资源消耗成本管理的优越性可以从下面几点表现出来。

第一，能够合理地将"剩余/闲置生产能力"计算出来。ABC在考察减少某项作业量的过程中，由于不能充分考虑相关作业量可能带来的"剩余/闲置生产能力"，这样当某项作业量减少，使某种产品利润增加的同时，其他产品可能会由盈利变为亏损，这是因为尽管该项作业得到了优化，但由于各项固定性费用并没有因这项作业量的减少而相应降低，这样得到的结果只是某产品的利润比计划内有所增加，其他产品却都转盈利为亏损了。对此，尽管可以采用一些方法对ABC进行改进，但由于ABC自身的内在缺陷，无论怎样处理都会使其他产品的成本受到扭曲。从RCCM的观点来看，其原因在于没有对剩余/闲置生产能力进行核算。从理论上讲，当生产某产品所需要的作业量减少，差额自然会形成一种剩余/闲置生产能力。即使这种剩余未必能够立即得到利用，企业管理层也应当注意这个问题并谋求解决。需要说明的是，要对剩余生产能力进行核算，必须规定一个成本核算单位只有一个成本动因；在上例中这个生产区域有两个成本动因（人工工时和机械小时），就必须分割成两个集结点。每一个集结点只有一个成本动因，这是RCCM沿用了德国成本会计方法GPK的一个原则，是ABC所没有的。

第二，提高了辅助部门成本分配的准确性。辅助部门的成本分配需要涉及固定成本与变动成本的分离。在RCCM下辅助部门的费用分配具有两个特点：一是每一个单位（不论是生产区域、资源集结点还是作业）都只有一种产出计量单位，也就是说只有一个成本动因，它保证了成本分配的合理、正确。二是在计算单位费率（单价）的时候，把单价分为固定和变动两个部分，当一个单位的产出数量发生变化时，能够很容易地计算出适应这种变化的新的预算数字。

第三，促进了业务外包的科学性与有效性。外包已成为现代企业管理的一种发展趋势，那么何种情况下外包更加科学合理呢？现行的管理会计虽然也强调固定成本和变动成本的分离和成本习性的分析，但主要以该企业所制造、销售的产品为对象来作出判断。虽然在讨论辅助部门的劳务供应中，也提到把劳务费率分为固定和变动两个部分，但是将一个辅助部门的成本分配到另一个部门时，这两部分就会合并成一笔成本开支，没有像 RCCM 那样，"追踪"地把成本沿着它的流程始终分割为固定与变动两个部分。对于维修工作而言，这种固定与变动费用可能就更加难以区分。我们认为以某种价格外包给外部承包单位能够带来额外的盈利，从而愿意将维修工作外包出去，然而事实上并非如此简单。从企业内部供应链角度分析，若企业将维修工作全部外包，可能全部维修成本因外包而节省下来，但由于维修工作外包，却引起了上游（一般材料采购）和更高的上游（材料采购）不可避免地发生剩余生产能力，这样很可能并不会给企业带来好处。究竟要低到什么程度才对本企业有利，要看是不是把全部维修工作都外包、它的上游和再上游是不是也外包、外包多少，再根据 RCCM 的方法进行具体计算才能确定。这在传统的管理会计方法下做不到，ABC 同样做不到。因为 ABC 方法最初的立论基础是把一切费用都看作变动成本。从这一点出发，很可能会陷入外包潮流的"死螺旋"中："先是把甲部门的作业外包，没有看到该作业原先负担了一部分共同的服务，现在改由未外包的作业负担，从而提高了未外包的作业的成本。这样外包了一次作业，就更有必要外包第二、三、四次作业。"针对这一问题，有人提出修改 ABC 的具体方法，但均难以做到彻底解决。要使这一问题圆满地得到处理，就需要把各个单位的成本分割成两个部分，这就是 RCCM 的做法。

（四）资源消耗成本管理的积极意义

理论界曾经将作业成本应用于预算之中，形成了所谓的作业成本预算（ABB），并在此基础上发展为"作业计划与预算"（ABP/B）。然而，由于 ABP/B 仍然以 ABC 为基础，因此，使得 ABC 本身存在的问题也带入了 ABP/B 之中。通过以"资源"为导向对这种预算工具加以修正，并依此形成的新方法——"作业资源计划制定"（ABRP），则较好地解决了传统 ABC 的内在缺陷。ABRP 一般有以下四个步骤：第一，对于资源，需要制定在资源集结点上的单位标准。第二，对于消费者，需要制定有关资源产出消费的单位标准。第三，决定有关资源产出所需的计划。第四，将有关资源产出所需的计划转换为等价的货币量。

从成本管理的控制功能观察，资源消耗成本管理能够在以下方面发挥积极作用：第一，在资源集结点上，使适应于每一期间所需的资源供给能力变得更大。第二，对计划期间整体的资源需要进行费用预测，并且在可能的情况下，对计划/过剩生产能力作出转换。第三，在不同的月份计算和揭示预测的营业利润。第四，将高度的弹性草案用于计划制定。第五，改善申请书编制等事务处理的周期。第六，使间接费用可视化。第七，提供正确的边际信息。第八，在计划制定之际进行高水平的投入，以及进行详细的内容描述。第九，员工接受资源消耗的会计核算和产能管理。第十，理解制造环节各内容上的相互关联性。

RCCM 的应用，意味着成本会计系统有了实质性的变革，一方面 RCCM 补充和完善了 ABC 等成本会计方法，另一方面它还有助于推进企业的信息化建设，尤其是对采用 ERP 系统的企业可能会更有成效，即有助于使信息管理实现综合化的效果。同样，依据导入的 RCCM，同时借助其总括性特征，将全社会的成本管理与收益计划，以及预算管理的应对策略有效地加以推广和应用成为可能。

二、资源消耗成本管理的实践

资源消耗成本管理在我国还是一种新生事物，应用的企业还不多见，为了便于人们掌握和应用这种方法，本节以西门子公司为例，对资源消耗成本管理的应用加以探讨。

（一）西门子公司资源消耗成本管理的方法与特征

德国现代制造企业西门子公司注重成本管理，设立专门的监控部门主持成本控制。西门子公司在产品研发阶段主要采用目标成本法与产品生命周期盈利性分析相结合的方法以优化产品设计阶段确定的 80% 的产品成本结构。而在产品量产阶段，西门子公司以 SAP 为信息基础，设定大量的多层次成本中心，并采用统一的可比的成本计算结构。监控部门每年在预算的基础上确定标准成本附加率，以进行产品标准成本核算，在各产品的标准成本分配上，充分体现了资源消耗的指导思想。在产品的直接人工和制造费用核算上采用作业成本法。除此之外，西门子公司采用许多现代管理理念，推行持续改进的成本管理文化，全员参与，集体贡献。EVA 的业绩考核标准进一步保证了有效成本管理的成果。

西门子公司的资源消耗成本管理不仅仅局限于资源消耗成本这种单一的核算技术与方法，而是在 SAP 这一成本管理信息系统的基础上，综合应用了弹性分析成本法（GPK）和目标成本法，以及生命周期成本分析法等。

1. 目标成本法和产品生命周期法在西门子公司产品研发阶段成本管理中的应用

现代成本管理理论认为，产品研发设计阶段的成本控制是所有成本管理的基础，是整个产品价值链的源头。DARPA Study 的研究表明，80% 的产品成本锁定于产品的研发设计阶段。因此要降低成本，最有效的措施就是在产品设计阶段进行成本管理，待产品投入生产后再采取措施降低成本的难度就比较大了。所以，西门子的产品研发经理和研发工程师将大量的时间用在产品的定位和概念设计阶段。在市场所确定的目标成本的指导下，项目组会不断与采购工程师、项目成本专员一起，核算每一种不同的解决方案，以找到最优化的组合。

该阶段的成本管理主要分为以下几个方面：

（1）产品的定位与目标成本的设定。

市场调研是确定产品的市场定位的必要手段。通过充分的市场调研，了解竞争对手的产品性能、销售价格、销售策略，顾客对产品性能、价格、销售策略的接受度，分析自己的优劣势，然后确定自己产品的目标价格、目标顾客以及目标销售策略。

目标成本设定与分解这一环节要充分利用所确定的目标价格，减去目标利润设定目标成本，即最大准许成本。同时目标成本要保证企业确立竞争优势地位，如果企业采取成本领先战略，则目标成本应低于竞争对手的成本且满足顾客需要的该产品的基本功能,使企业能够保持成本领先竞争优势;如果企业采取差异化竞争战略,则目标成本应与竞争对手持平或略高于竞争对手且应满足顾客需要的该产品的特殊功能(或提供竞争对手没有的服务),使企业保持自己的差异化竞争优势。

在确定目标成本的同时,要在图纸上按照产品的功能域进行分解并确定完成每一功能所需的构造件,将该功能域的最大准许成本(即目标成本)"筑入"到各构造件,直到"筑入"每一构造件完工预计所需的各项作业,这样将最大准许成本一直"筑入"到每一项作业中,形成目标作业成本。如果这个过程能够顺利进行,目标成本才能确定下来,进行生产过程的成本管理,否则从头再来。

在这一环节,既要运用成本企划法确定产品的最大准许成本(即目标成本),又要用作业成本管理法在图纸上把最大准许成本"筑入"到各项作业,形成具有"可行性"的目标作业成本。

(2) 设计方案的评估与产品生命周期盈利性分析。

目标成本的设定与分解可以说是自上而下的分解,即从目标售价到目标成本的分解,但是另一种自下而上的分析对于新产品研发及投产的决定是至关重要的,那就是产品定位阶段的产品生命周期的盈利能力分析,这在西门子公司称为 GAP 计算,即目标利润率与可达成利润率之间的差额分析。

产品定位分析的最终体现应该是一份详细的产品设计需求书。它列示出产品的各种性能要求及指标,产品的目标价格、销售预测、目标利润及成本。根据这样的信息,研发人员建立产品的原型并进行模块分解,分析各模块的材料成本以及生产工艺。这样的分析一般不能具体到每一种物料,而只能得到大致的材料清单。基于这样的分析,在物料成本的基础上,加上生产工艺所确定的直接人工和机器费用,以及运用同类产品的标准成本附加率得到的生产管理费用,便能够得到该产品的正常生产成本。由于产品生命周期内销售的特点,要想了解产品的真正盈利状况,静态的分析是远远不够的。所以,产品生命周期的盈利能力分析模型是非常必要的。在产品生命周期中,销售价格、材料成本乃至生产成本都应随着动态的市场状况的改变而改变。大部分企业处于完全竞争市场,因而销售价格会受到竞争的压力而降低,所以必须设定一个销售价格年变化率,这种变化可以是直线降低,也可以是每年不同。具体的变化应该由市场专业分析结果决定;同时,那些投入的直接成本或者说可变成本也应该有降低的压力,如物料成本的年降低率以及生产费用的年降低率等。这样,外部市场的价格压力,在西门子公司内部便转化成了成本管理的压力。此外,加上其他投入成本,如研发费用、市场费用,以及基于产品定位的服务费用等在产品生命周期中的预算,一个产品生命周期的盈利能力分析模型便能够建立起来。GAP 的意义是所有的生命周期的销售额减去所有成本与目标利润之间的差距。这样的计算和分析给管理层提供了一个非常有效的决策依据。

(3) 研发费用及产品投资的控制。

研发费用是指在开发新产品的过程中所投入的试验费、样品费、差旅费等非人力成本以及所投入的硬件工程师、软件工程师等的人力成本。因此,对研发费用的控制可以分为非人力成本的控制以及人力成本的控制。

①非人力成本。在自动化控制产品研发的总费用中，有近30%是非人力成本。这一比例会随着产品的性质和行业的不同而有所差异。汽车行业在没有很先进的模拟技术之前，研发的非人力成本很大。研发费用中的非人力成本一般可以分为样品材料费用、测试费用、差旅费用和培训费用。其中，样品材料费用和测试费用是非人力成本的主要组成部分。研发过程中所耗用的材料主要指在产品研发阶段根据最终确定的设计方案设计出来的各期实验室样机的费用。为了验证设计结果是否成功，一批样机会生产出来用于各种实验室实验。测试费用也是基于这样的需要而发生的费用。自动化产品在进入批量生产之前，会模拟各种用户环境进行产品测试，以确保研发的产品足以适应各个目标用户的需要。许多模拟环境都需要在特定的大型实验室进行，这样的测试往往需要很多次，因此测试费用也是研发费用中非人力成本的重要组成部分。当然，因为研发的特定需要，许多差旅和培训费用也会产生。

②人力成本。人力成本是研发费用的很大的组成部分。在自动化产品的研发总费用中，人力成本占近70%。人力成本的预算和控制显得格外重要。在西门子自动化产品的研发过程中，人力成本的预算和核算基本上采用ABC方法。在每年的公司财务预算结束后，每年的研发部工程师的小时成本率会及时计算出来。所有的研发项目的预算会基于这样的小时成本率和各个产品性能组合的研发时间计划而计算出人力成本。研发项目组织的矩阵结构使得研发费用的预算与核算类似于资源消耗和ABC理论的结合。

一般来说，西门子倾向于把企业的研发部门看成是一个相对独立的部门。为了保证研发活动的正常进行，研发部共享公司的其他资源，如采购工程师、成本控制专员、研发质量专员和人力资源部等管理资源。此外，为了保证研发成果的专有权，西门子总部会全额支付合资公司所有的研发费用。因此研发部工程师的小时率预算就变得格外复杂。除了合理地核算其他资源的分配比例，研发工程师的正常工作时间和工作效率也要进行核算，此外，因为总部的费用支付，也会涉及系列转移定价的计算。

第一，研发部成本中心的预算。研发部门的各个分部门都有自己的成本中心，而各个分部门的年度预算则会在各个成本中心进行。成本中心的预算包括为了确保其正常运行的各种资源消耗的预算，如直接间接的材料消耗、能源消耗、人员工资福利、人员日常差旅费用及培训费用、外购服务、办公场所的摊销、各种办公设备和实验仪器及设备以及其他固定资产的折旧。

第二，研发部人员数量的预算。在年度预算中，研发部的人员数量预算更是一个研发项目经理与各成本中心负责人的一次通力合作。研发部人员的配置在很大程度上取决于研发项目的需求量，因此项目经理会根据各自的项目进度和子模块的要求估算出各种人力资源的年度需求量，如硬件工程师、软件工程师、结构设计工程师、系统测试工程师的需求等。项目需求往往计算出的只是工作时间的需求，基于历史工作效率的计算，则能求出项目所需的人头数。加上研发部的管理人员和各项目通用辅助人员的需求，研发部人员数量预算就能确定了。

第三，其他成本中心费用分配比例的确定。根据项目研发对其他成本中心资源的依赖程度，其他相关成本中心可以按一定的比例分配一部分费用到研发部。比例的确定往往是依据该成本中心在研发部所花时间的比例。其他共用管理部门如人力资源部、电脑网络部等可以按研发部门人数与公司总人数的比例来作为分配比例。

第四，总费用和有效工作时间的确定、小时成本率的预算。研发部各分部门成本中心预算加上其他成本中心费用的分配即得到总费用。而标准小时成本率的计算的另一个重要元素则是有效工作时间的计算。这种计算往往先将研发部门总人员数预算中除去所有管理职能如各分部门（成本中心）经理和通用辅助人员如秘书、实验室管理员等。这样，首先确定能为研发项目工作的总工程师数，然后基于研发工程师的工作时间历史记录大致估算出工程师的有效工作时间。总费用与总有效工作时间相除则为净小时成本率。根据转移定价的计算方法，最终能核算出标准小时成本率。

③标准小时成本率的差异性分析。标准小时成本率是在公司年度预算的基础上计算所得，因此，对实际小时成本率的核算及差异分析也非常有必要。按照每月实际费用发生情况以及工程师所记录的小时数，每月的实际小时成本率便能够核算出来。一个系统可以跟踪和控制的工时记录工具是核算实际小时成本率的有力基础。在实际工时记录的工具中，除了所有的研发项目外，还有一个专门记录休假时间、会议时间、管理时间以及杂事等的项目。这样有效的项目工作时间便很容易得到了。

2. 研发释放后批量生产过程中的成本控制及方法——GPK，RCCM 及 ABC 的综合运用

西门子公司在批量生产过程中产品成本的核算和控制主要运用了德国的成本位置核算法，充分体现了德国弹性分析成本法（GPK）和资源消耗成本法（RCCM）的特征，也穿插着作业成本法（ABC）的思想。

（1）产品标准成本的核算方法。

在产品的核算上，西门子在每年预算的基础上核算当年的产品标准成本，先确定直接材料的标准价格和标准用量，然后通过成本分配和成本分摊的方法，将预备成本中心的成本预算分配到生产成本中心和归集间接成本的职能成本中心，再通过资源耗用的驱动因素分摊到最终成本中心（产品成本中心）。成本分配和分摊后，预备成本中心、生产成本中心和职能成本中心的结余为零，分配和分摊后的成本以二级成本的形式体现在产品的最终成本中心，与一级成本形成的直接材料成本一起构成了该产品的完全标准成本。这个预算分配分摊的核算过程实际上的结果除了得到该产品的本财务预算年度的完全标准成本，从而可以计算该产品的经济效益之外，还得到非常重要的该产品系列本年度的间接成本标准附加率，即西门子所谓的 Regulativ。各个产品系列的标准成本和标准附加率一旦核算并确定下来，会适用于整个财年，并作为当年指导该系列新品成本核算的依据。这也是 GPK 创始人 Plaut 所推崇的，即标准一旦设立则要在计划期内保持稳定性和连续性的思想所在。

具体来说，产品标准成本的计算主要包括以下几个部分。

①直接材料成本。产品研发释放后，标准物料清单释放。物料清单是体现产品组

成结构和所有涉及物料的数据文件,它通过树形结构体现出产品组件、子件、零件直至原材料的组成与数量关系。产品按物料清单由底层到高层的顺序进行生产加工,它是企业所有核心业务都要用到的共享管理文件,是计算最终产品的成本,提供成本差异分析的基础。在现代化的生产方式下,产品成本中的70%~80%都是由物料清单所计算出的直接材料成本,因此,直接材料成本的准确核算和控制显得格外重要。直接材料成本的核算包括直接材料的计划价格和计划用量两个部分。一般来说,对于每一种原材料,在材料释放之后,根据每年的平均生产量,采购工程师会定义该材料的计划价格。该计划价格与材料实际采购价格之间会允许一定的差异,这种差异也是直接材料成本的实际与标准之间差异的一个最重要的组成部分。往往在产品的生产初期或是试生产阶段,由于小批量生产计划的限制,采购量也会较低,此时的实际采购价格有可能高于该物料的计划价格。计划价格一般要求每个财年维护一次,取当年可以预测到的采购价格的平均水平。在直接材料的计划价格确认上,一般会把与这些材料相关的运费、保费和关税及报关手续费等计算在内,从而维护直接材料的落地价(landing cost)。而释放的标准物料清单的每个材料的用量则作为该产品的单位标准用量。一些难以在物料清单中加以定义的生产用通用耗材会在生产线上用来归集人工和机器折旧的生产成本作为间接材料核算。直接材料的计划价格和计划用量会被用作这些材料所服务的半成品和成品的标准成本的计算以及当年的销售价格核算的重要基础。

②材料间接成本。在产品的标准成本计算中,材料的间接成本或管理成本(material overhead)也是与材料相关的重要成本。原材料的间接成本包括从材料计划开始,到抵达工厂再到转入生产线生产前的所有计划、采购、材料检验和认证、仓储等一系列间接费用。根据资源的驱动因素,直接材料的计划使用量往往用作材料间接成本向各个最终成本中心(产品成本中心)分配的依据。在每年的预算过后,根据产品核算矩阵,材料间接成本的标准成本附加率可以计算出来,并且用于当年的所有该类产品的材料间接成本的估算。附加是指在直接材料的标准成本基础上的附加。

③生产直接人工和机器成本。生产线上的工人的工资和福利以及机器折旧由生产成本中心来归集,通过不同的会计科目加以区分。从预备成本中心分配过来的厂房摊销和能源等公用成本以及机器维护费用等,均被作为机器费用。人工和机器成本具体到各个产品的核算形式上采用类似作业成本法的做法。每年,在生产中心的人工和机器折旧的分配和其他机器费用的基础上,生产计划部门还会对来年的所有产品的计划生产时间和计划产能做预算。在人工和机器的计划成本和计划时间的基础上,人工和机器的标准小时成本率则可计算出来。这里,在机器成本的计算上,西门子公司与德国传统的GPK的做法有些不同。它并不把所有的机器可利用时间作为标准小时成本率的计算依据,旨在使所有成本都得以在产品成本中进行分配。但是对于产能分析和生产设备的投资决策,公司有其他的控制手段和依据。这样,生产成本中心的负责人的管理职责则是充分利用计划产能,并进行分析。单个产品的生产直接人工和机器成本的核算主要取决于工作中心和工艺路线。工作中心是企业各种生产单元的统称,是发生加工成本,进行产品成本归集的基本单元,它与生产成本中心并不矛盾。实际上,

一个生产成本中心定义的是一种类型的生产行为如 SMT 线,但是它可以由多个工作中心组成,如 SMT 一线、SMT 二线等。在西门子公司,工作中心被用作最基本的加工单位,主要负责提供工作时间和机器工作能力的数据。一般机器工作中心都会有一个直接人工工作中心相对应。工艺路线是生产成本核算的另一个重要因素。工艺路线是说明物料实际加工和装配的工序顺序、每道工序使用的工作中心、各项活动的时间定额的数据文件,是产品成本累计计算、产品标准成本形成的主要依据之一。生产工艺路线会在产品试生产完成之后做最后一次调整而相对固定下来。除非 BOM 或其他生产率改进措施导致的工艺修改,否则工艺路线会相对固定,并且标准成本会基于此而释放。因而由工艺路线而计算出的产品生产成本一般包含两个部分:人工成本和机器费用。

④生产间接管理成本。生产间接管理成本的核算,在西门子原自动化驱动集团的工厂有统一的计算方法,即 A&D harmonized calculation scheme 中的 regulartiv,也即标准生产管理成本附加率。每个财年结束后,该成本附加率的计算是控制部门的重要工作之一。各种产品标准生产成本附加率的计算的准确与否决定了来年新品的定价的准确性、已有产品利润率的预算与核算。因为西门子将销售与生产进行分离,并且于美国上市,报表遵循美国公认会计准则。生产工厂不负责产品的销售和市场,因此,对于各个生产工厂来说,除很少一部分董事会费用外,其余费用均被认为是生产间接管理成本,而不会作为当期费用。但是,即使工厂的绝大部分费用都被认为是生产间接管理成本,由于各个间接的职能成本中心的性质不同,在处理不同产品之间的分配的时候,也遵循 RCCM 的要求,用不同的驱动因素和不同的因果关系将所有生产间接管理成本分为两大类因素:生产的支持程度和销售的支持程度。那些被认定为与生产直接挂钩的部门(类似中国传统成本管理理论中的间接成本部门)如生产管理部、质量管理部、工艺工程部等,都会按照这些部门的所有相关成本中心在各种产品之间的投入时间比作为分配依据。而那些与日常运营和产品销售关系更为密切的部门如订单处理部、产品售后服务部、监控部甚至财务部等均依据销售额的预算比例进行分配。这样,针对不同的产品类别,可以计算出标准生产间接管理成本的附加率。这样的附加率一旦算出,则会适用于整个财年。

综上所述,各个产品的标准成本可以通过材料标准成本、材料间接成本附加率、生产工艺路线计算出的标准人工和机器费用以及该类产品的间接管理成本计算出来。如果再加上保修期内的产品质保成本和质量成本,产品的标准完全吸收成本便可核算出来。如果在关联公司之间的交易采用成本加固定利润法,产品的转移定价则能方便求出。

(2)产品的成本控制方法。

①直接材料成本的控制。第一,计划成本和移动加权平均成本之间的差异分析和调整。在确定的 BOM 标准成本中,材料成本的差异一般来自两个方面:材料用量的差异、材料消耗的实际加权平均采购价格和材料计划价格之间的差异。

由于采购部门具有购料价格的控制权,一般而言,价格差异应由采购部门负责。而材料数量差异,一般应由生产部门负责,但有时也可能是采购部门或库房的责任。

第二,产品的采购价格变动的追踪、报告和控制。在直接材料的成本控制中价格控制尤为重要。直接材料的采购价格的变动和分析,以及材料价格每年变动的预测,都是直接材料成本控制中非常重要的方面。由于产品的销售量的变化曲线和特点,产品在市场的认同度和销售量往往经历起步、发展、成熟和衰退四个阶段,而产品的制造和生产量也是随着这样的曲线而变化的。在产品的生产初期,由于采购量的限制,采购价格的谈判地位并不高,因而可能有相对较高的采购价格;而随着生产量的加大,直接材料价格也会随之降低。在西门子公司自动化驱动集团,为了寻求更大的原材料的价格谈判权,所有该集团的制造企业会组织一个全球采购中心,把许多通用标准器件的用量集中起来,集中谈判,从而得到更为优惠的价格。材料采购价格变化报告是采购部门的重要报告之一。随着产量的扩大,采购价格变动(降低)率是考核采购部门的最重要指标。现代制造业的特点决定了采购价格的降低是产品成本降低的最重要的手段。产品的所有成本中,直接材料成本占 70%~80%。以 100 元的完全成本,10% 的利润率来计算,若 70% 是直接材料成本,那么材料价格每降低 1%,则材料成本可以节省 7 元,在销售价格与其他成本不变的情况下,利润则增加为 $1-(100-7)/[100/(1-10\%)]=16\%$。所以直接材料的价格控制是对利润增长非常重要的贡献。

在直接材料的成本控制中,本土化是最大的一个主题。所谓本土化,即在中国境内开发合格供应商,以降低直接材料成本。所有在西门子中国工厂生产的产品,材料本土化率是衡量其成本优势的一个非常重要的标准。每年 EBIT 变动分析中,材料的本土化采购所产生的采购价格的降低贡献很大。

产品的材料成本控制中,运保费、关税等的费用控制和持续的优化组合也是重要组成部分。这些成本也是构成材料落地价格的重要组成部分。由于供应链的一体化,无论这些费用发生在原材料的供应商环节还是由于不同的价格条款发生在西门子公司,对整个入厂材料的运输关税等费用的优化总是非常有必要的。但是,单单依靠价格谈判降低而促使的材料价格的降低毕竟有限。材料价格本身的降低受制于很多因素,如采购量、可选择供应商的多寡等。而研发部门参与的为降低成本而进行的设计更改(redesign-to-cost)则可以促进除价格谈判之外的材料价格的降低。redesign-to-cost 即通过减少定制材料,增加标准件的使用,合并单元化功能以形成模块化,减少不增值或客户不愿额外负担的多余功能等,从根本上降低材料成本。

其他直接材料成本的控制方法如供应商管理库存(vendor managed inventory,VMI),旨在降低库存,减少营运资本。简单地说,就是供应商把产品放在客户的仓库,客户消费一件,付费一件。消费之前,库存算供应商的。VMI 在操作中设定库存上下限,比如平均四周的消费量为上限,平均两周的消费量为下限。供应商要维持库存水平介于上下限之间。当消费量高、稳定时,VMI 不失为一种好模式,因为它简化了围绕订单的一系列操作流程(例如买卖双方不需要频繁下单、跟单、催单、收货、付费),供应商的库存周转率也会提高。

②生产直接成本的控制。生产直接成本控制包括直接人工成本的控制和机器成本的控制。对于直接人工成本的控制,人工的实际成本与人工标准成本差异的分析至关

重要。一般来说,人工差异的形成来自两个方面:直接人工工资率差异,即实际工资率与标准工资率的差异;直接人工效率差异,即实际工时与标准工时的差异。

　　工资率差异形成的原因,可能是生产中升级或降级使用不同工资等级的工人(会反映在平均工资率的变动中),也可能是加班工资所形成不利的工资率差异,一般应由生产部门负责。但也可能是由于工资标准的调整,因此应具体分析。而效率差异形成的原因,可能是工人的熟练程度、设备的原因、管理的问题,也可能是原材料的质量。一般应由生产部门负责,但也可能是采购部门的责任。

　　产品生产的机器成本的差异可由机器费用预算差异和机器生产能力利用差异两部分组成。

　　机器费用预算差异是指实际机器费用与预算机器费用之间的差额,表示支付的超额或节约。生产能力利用差异是指机器费用按实际消耗的运行小时数计算的分配数与其预算数之间的差额。该项差异是由预计业务量的变动而引起的,反映的是计划生产能力的利用程度,只有通过对业务量的控制才能加以控制。

　　为了提高机器生产能力,减少机器不能按计划运行带来的额外费用,西门子的生产车间还采取了其他许多措施,如机器的不间断维护。在西门子的生产车间,机器的不间断维护是车间的一个非常重要的角色。机器的不间断维护主要可以分为操作工人的日常维护以及机器维护技术人员的不间断定期维护。机器的有效维护延长了机器的使用寿命,并且可以减少因机器故障造成的停产损失。

　　此外,在西门子的自动化生产车间,除了大量使用 SMT、THT 等现代化生产设备外,还运行着许多大大小小的提高生产率的项目与措施,如生产单元的 U 形改进(U-shape)、单间流(one-piece-flow)、产品价值流分析,寻求最优的生产节奏,等等。

　　U 形生产单元的设计和使用就是现代化的生产车间的一大改进。几年之前,生产工艺工程师还为自己用西门子自己的可编程逻辑控制器开发出来的直线形传送装配线而骄傲,因为这种传送装配线大大节约了人工传递的时间,节约了直接人工成本。而今天,生产车间的这种直线形传送设备早就淘汰了,U 形的生产单元成了主导者。经分析发现,直线形的生产单元让操作工人过度局限于自己的固定操作位置而浪费了许多的工序与工序之间的等待时间;U 形生产单元的改革使得充分利用操作工人的等待时间变为了可能。U 形设备也使得工位与工位之间移动和转换的时间大大缩短,许多不增值的动作和移动被消除。实际工作中,一个 U 形生产单元的建成往往能将一个原来需要四个操作工人的装配线缩减为三个,大大提高了生产效率,节约了直接人工成本。单件流、拉动式生产以及生产节奏的计算与平衡等都在西门子生产车间里有效运行,这样的一系列活动对生产过程的成本控制非常有效,减少了不必要的浪费和不增值活动,为生产效率的持续改进提供了有力的保障。

　　最后,西门子公司有一个非常重要的文化就是持续改进。这种持续改进不仅仅局限于产品持续创新和竞争力的提高。事实上,持续改进思想贯穿整个公司的生产和管理。生产线上的工人是持续改进的最大的贡献者。公司鼓励每一项改进提议,并且给每个部门设定最低改进提议目标。从一些持续改进推行较好的标杆企业来看,这些改进建议不仅简化了流程，提高了生产效率，还有利于员工满意度的提高。

(3) 其他成本中心的费用控制。

与其他所有 GPK 的德语系企业一样，西门子的制造企业也设有非常多的成本中心。成本中心的设立根据一是费用发生地归集原则；二是利于利润核算原则。所有的成本中心都有指定的负责人。该负责人除了对该成本中心的费用和投资年度预算负责之外，每个会计期还会收到监控部准备的成本中心报告，并适时作出滚动预测。应该说，西门子公司成本中心的控制是监控部和各成本中心负责人共同的任务。这种设置和做法充分体现了责任控制。

(4) 成本控制的最终体现：增加息税前利润，提高 EVA。

西门子公司所有的成本控制方法和措施都只有一个目的，那就是在假定市场占有率一定的基础上，如何降低成本以增加 EBIT，最终提高 EVA。西门子公司是国际上几个以 EVA 衡量业绩的公司之一。基于 EVA 建立新的业绩评价和激励制度，可以引导企业行为注重长远发展。以传统财务指标（利润、投资回报率、净资本收益率等）为基础的传统的业绩评价系统失败的关键是：它拒绝将决策权授予分部经理，却根据经营利润对经营部门进行评价，因此经营部门对获得一定的利润水平所对应要求的投资水平并不关心，同时也忽视那些可以给企业带来长期效益但投资回报率低的项目。部门经理的主要激励是获得稳健的或有节制的利润增长。这种增长一般通过两种方式实现：提高资源使用效率；从总部获得更多的拨款。部门经理很快就认识到了投资回报率不能大于资金的机会成本，因此在企业内部就会出现投资饥渴症。而 EVA 业绩评价和激励报酬系统可以使部门经理通过三种方式来增加本部门的经济增加值，从而提高企业整体的经济增加值：提高部门现有资产回报率；增加超过资本成本的新资本投入；收回低于资本成本的投资，从而正确引导企业的行为。

此外，通过使用 EVA 这一指标，企业可将部门的部分研究开发费用、市场开发费用、员工培训费用等战略性投资资本化，调整经营净利润，使部门管理者着眼于企业的长期发展，而不是仅仅关心净利润这一短期指标；使部门管理者不以牺牲长期业绩的代价来夸大短期效果，比如削减研究和开发费用的行为，而是着眼于企业的长远发展，进行能给企业带来长远利益的投资决策，如新产品的研究和开发、人力资源的培养等，这样就能够杜绝企业经营者短期行为的发生。

西门子自动化驱动部的成本控制工具 PUMA 正是以统一的提高 EVA 为指导思想的报告工具。PUMA 是德语中描述生产率提高、销售增长、材料贡献和资产优化的四个单词的首字母缩写。这四个词形象地概括出了驱动 EVA 增长的四个主要贡献因素。每个会计期末，各个公司都要把自己的数据在这个工具中汇报。在全球，各个西门子自动化驱动的业务单元还组织了各种行动，设定以后的目标，提高全球竞争力。

事实表明，西门子作为典型的德国制造企业，通过其不断创新、持续改进和成本控制以及资产优化的方法，一直保持着在全球自动化医疗等领域的优势地位，并且通过不断为股东创造的价值，得到了广泛的支持。

(二) 西门子公司的资源消耗成本管理应用的启示

通过对西门子公司应用资源消耗成本管理的案例分析，我们可以感受到西门子公司独特的成本管理理念,以及严格的制度执行力和组织管理效率。下面,从成本管理文化、组织特点等方面加以总结。

1. 西门子公司成本管理的文化:持续改进

西门子一直坚持以持续改进、提高效率和降低成本的高标准要求自己。为此,西门子总公司设立专门的办公室负责公司持续改进。熟悉西门子公司管理的人也许知道一些有名的术语如 CIP(continuous improvement program)、3i(initiative, improve, impulse)、PUMA(productivity, umsatz; material & assets)等。这些是在公司内部倡导持续改进,鼓励员工的合理化建议,以及用管理层目标分解的方法促进和引导提高生产率,降低材料费用,优化资产配置。公司追求长久的发展和收益,即使有些建议或想法需要许多初期投入,公司在分析利害得失之后,会坚决选择实行。

2. 西门子公司成本管理的组织:监控部门

西门子对成本管理非常重视,这在很大程度上体现在其不同于许多其他公司的组织结构。每个西门子运营公司中都有独立于财务部门的监控部。财务部门负责会计及对外报表,而所有对公司内部的监控和内部管理报表都由监控部门负责。监控部门不仅对公司的最高管理层出具各种内部报表,也为其他的成本责任人提供各种责任报表,帮助各成本责任人分析预算差异,以及对各项发生的生产经营活动提供成本建议和咨询。

3. 西门子公司成本管理理念:开放、融合

从作为现代德国公司代表的西门子公司的成本管理模式可以看出,现代的德国制造企业成本管理不拘泥于某些固有的理论和方法,取百家之长。随着社会的变化以及生产方式的变革,GPK 或 RCCM 也不能化解所有的挑战,其他的先进的成本管理理论如目标成本法、产品生命周期成本法、作业成本法等实际上有许多做法可以借鉴,并据此建立先进的成本管理体系以配合公司治理。

4. 西门子公司成本管理工具:先进的 SAP 信息系统

SAP 信息系统的利用为成本预算、核算和分析提供了有力的信息保障。总结起来,西门子公司使用如下具体的成本管理方法:

第一,设计阶段成本控制,充分吸收先进的成本管理经验与做法,采用目标成本分析法以及产品生命周期盈利分析法,以达到在设计阶段把握好产品成本结构的目的。

第二,量产阶段成本控制,设立大量的成本中心,将所发生的成本根据不同的成本动因和成本发生地进行归集和统计,并且设置特定责任人进行控制。西门子自动化驱动部所有工厂采用统一的成本计算理念,以便作出更好的生产决策。在产品的成本核算中,采用位置核算法,根据每年的预算估算出各产品系列的标准成本附加率,并逐月进行差异分析。生产过程中的人工和机器采用作业成本法进行预算和控制。

第三,成本控制的文化。西门子充分意识到成本优势对公司运营的重要性,采用各种先进的生产管理、资产管理和日常管理方法,以提高工作效率,促进产出。持续改进是西门子公司极力推行的成本管理主题。适当考核的关键业绩指标和 360 度反馈等考核手段也为取得并巩固成本控制成果作出了很大的贡献。

第三节 物流成本管理会计

一、物流成本会计的产生与发展

对于现代物流的产生,不同的学者持不同的见解,目前被普遍认同的观点是现代物流发源于军事领域。1905 年,詹姆士·约翰逊和唐纳德·伍德在《当代物流》一书中首次提出军事领域中物流的概念,20 世纪 30 年代初,在市场营销著作中开始出现了物资运输、物资储存等业务名词。1935 年,美国销售协会对物流一词做了定义,认为物流是包含于销售的物质资料和服务从生产地点到消费地点流动过程中伴随的活动。早期的物流活动主要是从有利于商品的销售出发,研究如何进行物资分配和加强物资分布过程的管理,被看成是市场的延伸。随着科技的不断发展进步及企业间的竞争加剧,人们逐渐认识到企业要想在竞争中获胜,仅仅依赖降低生产成本已经很难实现,因此竞争的焦点开始从生产领域转向物流领域。人们开始关注物流,研究如何在这个领域中降低成本,提高质量,获得竞争优势,创造"第三利润源泉",物流管理从传统的生产和销售中分离出来,开拓独立的研究领域。

美国、日本是现代物流业发达的国家,在物流成本会计核算方法与规范的制定方面处于世界领先地位。1977 年,日本运输省流通对策部根据流通理论和经济活动制定了计算物流成本的基本方法,公布了《物流成本计算统一标准》,1992 年,日本通产省政策局流通产业课又编写了《物流成本计算实用手册》,使得日本企业能清楚地了解企业在物流方面的费用开支,从此为日本现代物流的发展奠定了基础。1996 年,中小企业厅发布了《简单易懂的物流成本计算指南》,2000 年中小企业厅再次发布了《物流成本计算指南——不同行业》。日本最新的物流成本计算标准是 2003 年中小企业厅颁布的《物流作业成本法物流成本计算、效率化指南》,这一标准对中小企业应用新的物流管理方法核算物流成本起到了一定的推进作用。美国现有的物流成本核算制度规范主要是美国管理会计师协会 1992 年发布的《物流成本管理公告》,对物流成本的核算与管理提供了较为系统的思路。该公告界定的企业物流活动包括:采购、运输、仓储、存货管理、顾客服务、订单处理、预测和生产计划、相关的信息系统、支持活动,并对作业成本法在物流业中的应用作了非常详细的阐述。

我国对物流成本核算的规范主要包括:2001 年 8 月 1 日正式实施的《中华人民共和国国家标准——物流术语》,其中的概念规定物流应包括供应物流、生产物流、销售物流、回收物流、废弃物流等环节,每个环节都有相对应的物流成本,揭示了销售物流只是物流的一个环节,其物流成本仅是整个物流成本的一部分。2006 年 9 月由国家标准化管理委员会批准发布《企业物流成本构成与计算》,它建立了一套涵盖物流成本项目、物流范围和物流成本支付形态三个维度的物流成本计算体系,为企业物流成本的计算提供理论支持。

二、物流成本的基本内容

1. 物流成本的概念

物流是指市场主体利用现代信息技术和先进设备，将物品从供应地向接收地进行准确、及时、安全保量、点到点的合理化服务模式和先进的服务流程。物流成本的概念有广义和狭义之分。狭义的物流成本是指在物流过程中企业为了提供有关的物流服务，所有占有和耗费的资源，是物流服务价值的重要组成部分。广义的物流成本不仅包括物流活动过程中产生的狭义物流成本，还包括客户服务成本及提供物流服务时所产生的交易成本。我国2006年颁布实施的国家标准中指出："物流成本是企业物流活动中所消耗的物化劳动和活劳动的货币表现，包括货物在运输、储存、包装、装卸搬运、流通加工、物流信息、物流管理等过程中所耗费的人力、物力和财力的总和及与存货有关的流动资金占用成本、存货风险成本和存货保险成本"。

2. 物流成本的分类

（1）按物流活动发生的范围分类。现代物流范围包括从原材料采购开始，经过企业内的生产周转，到产品的销售乃至退货以及废弃物的处理等领域。物流成本按物流活动的范围可以分为供应物流成本、生产物流成本、销售物流成本、回收物流成本和废弃物物流成本。

①供应物流成本，指原材料、燃料、包装材料等辅助材料从采购到送达企业仓库为止的供应物流活动所发生的成本。企业供应物流不仅是企业生产正常、高效进行的保证，而且还有最低成本、最小消耗的作业目标，表现最为明显的就是对采购成本和原材料仓储成本的控制。

②生产物流成本，是货物在企业内部流转所发生的物流费用。具体是指从原材料进入企业仓库开始，经过出库、制造形成产品以及产品进入成品库，直到产品从成品库出库为止的物流过程中发生的物流费用。

③销售物流成本，是企业在销售环节所发生的物流费用。具体是指为了进行销售，产品从成品仓库运动开始，经过流通环节，直到运输至消费者手中或终端销售点的物流活动过程中所发生的物流费用。

④回收物流成本，指退货、返修物品和周转使用的包装容器等从需求方返回供应方的物流活动过程中所发生的物流费用。

⑤废弃物流成本指将经济活动中失去原有价值的物品，根据实际需要进行收集、分类、加工、包装、搬运、储存等环节，并分送到专门处理场所的物流活动过程中所发生的物流费用。

（2）按照费用的支付形态划分。按照物流费用的支付形态可以将物流成本分为委托物流成本和企业内部物流成本。

①委托物流成本是由于企业将其物流活动外包而需支付给其他企业的物流费用，包括企业外支付的运输费、保管费、包装费、出入库装卸费、委托物流加工费和手续

费等。

②企业内部物流成本是指物流活动由自己完成时所发生的费用。包括材料费、人工费、维护费、公益费、一般经费。材料费是指因物料消耗而发生的费用，具体包括资材费、工具费、器具费、低值易耗品摊销以及其他物料消耗等。人工费，指因人力劳务的消耗而发生的费用，具体包括职工工资、福利、奖金、津贴、补贴、住房公积金、职工劳动保护费、人员保险费等。维护费指土地、建筑物以及各种设施设备等固定资产的使用、运转和维护保养所产生的费用。一般经费，包含各物流功能成本在材料费、人工费和维护费三种支付形态之外的所有费用项目，例如办公费、差旅费、会议费、教育费、通讯费、咨询费、水电费等。

（3）按照企业的经营性质划分。物流成本分为制造企业的物流成本、流通企业的物流成本以及第三方物流企业的物流成本。

①制造企业的物流成本主要是由于产品的生产和销售而产生的物流成本，关注的是企业生产过程中的物流成本消耗。

②流通企业的物流成本主要是企业在商品销售过程中的物流活动消耗，关注的是商品流通过程的物流成本。

③第三方物流企业的物流成本主要是物流企业在完成合同的过程中发生的可以归属某一合同的运营成本和相关费用，其本质上就是企业物流成本的转移。

3. 物流成本的构成

（1）运输成本。运输成本是指一定时期内，企业为完成货物运输业务而发生的全部费用，包括人工费、营运费和其他一般经费。

（2）仓储成本。仓储成本有广义和狭义之分，狭义的仓储成本是指一定时期内，企业为完成货物存储业务而发生的全部费用，包括人工费、营运费和其他一般经费；广义的仓储成本通常包括仓储持有成本、订货和生产准备成本、缺货成本和在途库存持有成本等。

（3）包装成本。企业为完成一定的物流包装任务而消耗或占用的全部资源的货币表现。具体包括包装工具的折旧费、周转材料摊销费、维修保养费、财产保险费，包装人员的工资、福利费、培训费、社保费等，包装过程中的动力消耗费和包装材料消耗等成本，包装技术设计、实施费用以及包装标记的设计、印刷等辅助费用。

（4）装卸搬运成本。成本企业为完成物资的装卸搬运任务而消耗资源的货币表现，装卸搬运活动发生于企业生产经营流程的各个环节，贯穿物流活动始终。具体包括装卸搬运工具的折旧费、维修保养费、财产保险费，装卸搬运过程中的燃动费、物品的毁损成本、装卸搬运人员的工资福利费、培训费等。

（5）流通加工成本。成本企业为协助流通而对物资进行加工所消耗或占用的全部资源的货币表现。具体包括流通加工业务人员费用、材料消耗、加工设施折旧费、维修保养费、财产保险费，燃料与动力消耗费等。

（6）物流信息成本。企业为进行物流信息收集、存储与传递而消耗或占用的全部资源的货币表现。具体包括物流信息收集、存储与传递有关的软硬件设备的折旧费和摊销费、维修护理费、财产保险费、入网费、物流信息技术的购买费和维护升级费，物流信息业务人员的工资、福利费、培训费、社保费等人员费，通讯费等。

（7）物流管理成本。企业为了进行物流管理而消耗或占用的全部资源的货币表现，物流管理成本是站在对物流各项活动进行优化调节的角度，因对各种物流相关活动进行计划、组织、协调、监督和控制所发生的成本费用，包括幕后管理团队和幕前作业现场管理指挥等发生的人员工资、差旅费、办公费、会议费等。

4. 物流成本的特征

（1）隐含性。物流成本是特定物流活动过程中发生的费用支出，与物流活动不相关的费用不能计入物流成本。现行会计体系中没有单独设置物流成本核算科目，经营过程中企业内部发生的与物流活动相关的费用被记入到相关的会计科目，导致物流费用隐藏在采购成本、管理费用等科目里，给物流成本的收集和核算带来困难。

（2）分散性。物流成本的产生并不单纯集中在某个或几个职能部门，而是跨越了涉及企业的全部物资流动活动范畴，包括采购、生产、销售及其他的相关部门，因此使得物流成本的形态呈现出比较分散的态势。

（3）复杂性。物流费用的构成复杂，它不仅涉及企业运营多个环节，而且各个环节中的费用组成多样化，包括人工费、管理费、设施设备折旧费和维护费等。

（4）独特性。由于企业在经营理念、资源结构、业务发展方向等方面都存在一定的差异，因此各企业所具备的竞争能力是不一致的。具体到企业的物流服务能力方面，由于企业在地理位置、业务流程构造、人员能力、资产结构等许多方面存在的差异性，由此决定了企业的物流具有独特性。

5. 物流成本的理论基础

（1）"黑大陆"学说。

"黑大陆"学说主要是指尚未认识、尚未了解的领域，在黑大陆中，如果理论研究和实践探索照亮了这块黑大陆，那么摆在人们面前的可能是一片不毛之地，也可能是一片宝藏。1962年，著名的管理学家彼得·德鲁克在《财富》杂志上发表了一篇《经济的黑色大陆》文章，指出应该非常重视物品在流通过程中的物流管理，因为在流通领域中只有物流的模糊性特别突出，所以"黑大陆"主要指物流领域而言。之所以存在"黑大陆"是由于没有单独的物流成本核算体系，因此物流成本被分别计入生产成本、管理费用、营业费用、财务费用和营业外支出等项目。而在利润表中所列出的只是物流成本的非常小的一部分。由于大部分的物流成本不能从企业的会计核算体系剥离出来，因此物流成本的重要性自然不会被认识到。

（2）物流"冰山"说。

物流"冰山"说理论是日本早稻田大学的西泽修教授在1970年提出的，物流成本正如浮在水面上的冰山，是指当计算物流成本时，企业公布的财务数据中的物流费用只是露出海面的冰山的一角，因此只能反映物流成本的一部分，海水中的冰山才是物流成本的主要部分，当水下的物流内耗越深反而露出水面的冰山就越小，将各种问题掩盖起来。

(3)"第三利润源"理论。

"第三利润源"理论是日本早稻田大学教授、权威物流成本研究学者西泽修先生于1970年提出的,是对物流潜力及效益的描述。西泽修教授在他的著作《物流——降低成本的关键》中谈到,企业的利润源泉随着时代的发展和企业经营重点的转移而变化。从发展历程来看,曾经有两个提供利润的领域,当生产力比较落后、产品供不应求时,挖掘的对象是生产力中的劳动对象——资源领域,即第一利润源泉;当产品供大于求,第一利润源泉已经到了极限时,此时开始采用扩大销售来寻找新的利润点,或通过提高劳动力的训练程度来提高劳动生产率,从而增加利润,挖掘的对象是生产力中的劳动者——人力领域,即第二利润源;当这两个利润空间越来越小时,物流领域便开始被人们所重视,主要挖掘生产力中劳动工具的潜力——物流领域,即第三利润源。物流作为第三利润源,同时注重劳动对象和劳动者的潜力,合理组织产供销环节,将货物按必要的数量以必要的方式,在要求的时间内送到必要的地点,就是让每个要素、每个环节均达到最优,该利润源因而更具全面性。

(4)效益背反理论。

效益背反理论表明两个相互排斥而又被认为是同样正确的命题之间的矛盾,是物流领域中很普遍的现象,是物流领域中内部矛盾的反映和表现。效益背反指的是物流的若干功能要素之间存在损益的矛盾,即某一功能要素的优化和利益发生的同时,必然会存在另一个或几个功能要素的利益损失,反之亦如此。这种现象导致整个物流系统效率低下,最终损害物流系统利益。物流成本也具有效益背反性,这不仅表现在物流成本与物流服务水平之间,在物流各功能活动之间也存在着效益背反关系。

三、物流成本的核算

1. 物流成本核算模式选择

物流成本核算模式是通过会计凭证、账簿和报表对物流成本进行连续、系统、全面地核算模式,物流成本的会计核算模式分为单轨制和双轨制。

(1)单轨制。单轨制是把物流成本核算与企业财务会计和成本核算结合起来进行,在现有成本核算的基础上增设与物流成本相关的会计科目、凭证和账簿。使用这种模式在会计处理上,与物流成本无关的部分直接记入相关的成本费用账户,把与物流成本有关的部分直接记入物流成本账户中,这种模式下物流成本账户和传统的成本费用账户是合一的。

(2)双轨制。双轨制是在现有成本核算体系之外重新构建另一套成本核算体系反映物流相关的成本费用,把物流成本核算与其他成本核算分开,单独建立物流成本核算体系。对于每项物流业务,在登记财务会计账户的同时,物流成本核算人员登记物流成本账户,形成相互独立的两套系统,两套计算体系分别按不同要求进行,向不同的信息要求者提供信息,提供的信息比较系统、全面、连续、准确和真实。

单轨制要对现有成本计算体系进行较大变革及内容调整,而双轨制对企业现有体系变动相对较小,因此,双轨制比单轨制更符合我国企业会计准则的规定。另外,单轨制在一套成本核算体系中会提供多种成本核算信息，而双轨制下物流成本核算体系只反映物流成本的情况。

2. 物流成本的核算对象

（1）以物流成本项目作为物流成本核算对象。以物流成本项目作为物流成本核算对象，是将物流成本分为运输、仓储、包装、装卸搬运、流通加工、物流信息和物流管理等功能作为成本核算对象，这种物流成本核算对象的选取目的是加强每个物流环节的管理，物流成本项目是最基本的物流成本核算对象。

（2）以物流范围作为物流成本核算对象。以物流活动的范围作为物流成本核算对象，具体包括供应物流、企业内物流、销售物流、回收物流和废弃物物流等不同阶段所发生的成本支出。通过物流数据计算，得出不同范围的物流成本和物流成本总额，使管理者了解物流成本的全貌，并据此进行分析比较。

（3）以物流成本支付形态作为物流成本核算对象。将物流成本分为企业内物流费用（包括为组织物流活动发生的材料费、人工费、燃料费、办公费、维护费、折旧费等）和委托物流费用（包括企业为组织物流向外单位支付的包装费、保管费、运输费等）等成本支付形态，由此可以得到不同形态的物流成本支出数据，了解企业本身的物流成本支出和对外支付的物流成本支出。

（4）以部门作为物流成本核算对象。以部门作为物流成本核算对象获取物流成本信息有利于明确物流成本责任中心，开展物流责任成本管理。

3. 传统成本法下物流成本核算的局限性

（1）造成物流成本"冰山说"。传统成本法下企业只把支付给外部运输、仓储企业的费用列入物流成本，而没有将企业利用自己的车辆运输、仓库保管货物和由人工包装及装卸等发生在制造企业内部的相关费用进行会计核算，实际上支付给外部的物流费用在企业发生的整个物流费用的一部分，这些费用在整个物流费用中犹如冰山一角，造成物流成本失真，不能真实地反映企业的物流成本状况。

（2）传统费用分配方法不合理。传统成本核算中大部分物流费用是企业间接费用的一部分，其分配方法是采用与产量关联的分配基础，即生产工时、机器小时、材料费用定额等。随着物流费用对企业利润贡献的加大，传统会计间接费用分配方法不仅扭曲了产品成本或服务成本，而且不利于企业业绩的考核与评价，容易导致决策偏差。

（3）无法有效进行物流成本控制。传统的计算方法提供的物流成本信息失真，不利于科学地控制企业的物流成本。在现代制造环境下，产品成本结构发生了较大变化，机械化操作取代了人工操作，减少了企业生产成本中直接人工成本的份额。同时，由于产品品种结构以及生产工艺的多样化，使得订货作业、物料搬运、物流信息系统的维护等与企业产品产量无关的物流费用大大增加。

综上所述，按照传统成本法进行物流成本核算存在一些局限性，导致物流成本不能反映真实物流信息，且不利于物流成本控制，当前会计理论与实务工作者普遍赞成采用作业成本法核算物流成本，进而增强物流成本核算的科学合理性。

4. 作业成本法下物流成本的核算

(1) 作业成本法基本原理。

作业成本法是将间接成本更准确地分配到作业、产品、服务以及其他成本计算对象的一种成本计算方法，体现的是一种精细化和多元化的成本计算和管理的思想。作业成本法的基本原理是"作业消耗资源，产品消耗作业"，物流成本的作业成本核算方法将物流成本按作业进行分类，该方法科学准确，基本涵盖了物流活动的各个方面，能够提供相对准确的成本信息。在作业成本法下，按照各种产品实际消耗的与间接成本相关的作业量进行分配。按作业成本法计算的成本也包括直接成本和间接成本，对直接成本的核算与传统成本核算方法一致，对于间接成本的分配，根据各种间接成本的作业性质和特点采取不同的分配标准。由于引起各种间接成本的原因是不同的，因此以多种分配标准来分配间接成本能使企业的成本计算更加准确。

由于直接物流成本与传统成本法计算方法一致，本书只从间接物流成本的角度按照作业成本法进行核算。

①确认和计量资源耗费。企业的资源一般有货币、人工、材料、动力、机器设备、厂房等，作业成本法的运用并不会改变企业所消耗资源的总额，改变的只是资源成本总额在各成本对象之间的分配，因而物流企业的各类资源耗费可以按照现行成本法获得。

②确定物流作业。作业是资源耗费的活动，企业应根据实际情况和管理需求，在考虑成本收益原则的前提下确定。企业所有的作业活动分为物流作业和非物流作业，将物流作业进一步细分为运输作业、仓储作业、包装作业、装卸搬运作业、流通加工作业、物流信息作业、物流管理作业。

③确定资源动因。确认资源动因、归集资源成本到作业并形成作业成本库。物流作业确定以后要为每一项作业设立一个物流作业成本库，然后将资源耗费分配至物流作业成本库，建立起作业和资源之间的对应关系。确定资源动因分配率，然后确定各物流作业所耗费的资源，具体计算公式如下：

资源动因分配率 = 某项资源耗费/该项资源耗费的动因总量

某物流作业应分配的资源耗费 = 该项物流作业所耗费的资源动因量 × 资源动因分配率

④确定作业动因。将作业成本分配至成本计算对象确定作业动因，一项作业的成本动因不止一个，应选择与实际消耗资源相关程度较高且易于量化的作业成本动因作为分配作业成本、计算产品成本的依据，将各作业成本分配至最终成本计算对象，作业动因和作业消耗之间相关程度越高，实际成本被歪曲的可能性越小。

作业动因分配率 = 某作业中心所发生的作业成本/该作业中心可提供的作业动因量

某物流成本核算对象应分配的某项作业成本 = (该项物流成本核算对象耗用的/该项作业的作业动因量) × 作业动因分配率

(2) 作业成本法下物流成本核算账户设置。

企业设置一级会计科目"物流成本"对物流业务进行核算，并按照物流成本的核算对象设置二级会计科目，并设置"运输作业成本""仓储作业成本""包装作业成本""装卸作业成本""订单处理作业成本"等明细科目，用于核算各作业耗费资源的数量，例如"物流成本——××产品（运输作业成本）"。

（3）作业成本法下物流成本会计处理。

①如果某项资源耗费能直观地确定为产品服务，则直接记入"物流成本——××产品"，不需确认资源动因和成本动因。

②如果某项资源耗费可以从发生领域上确定为某项作业所消耗，可直接计入"物流成本——××作业成本"，不需确认资源动因。

③某项物流作业成本核算之后，将该部分记入"物流成本——××作业成本"的费用，转入"物流成本——××产品（××作业成本）"中，将一定时期内不同作业成本合并得到物流成本核算对象的总物流成本。

借：物流成本——××作业成本
　　贷：银行存款
　　　　原材料
　　　　应付职工薪酬等
借：物流成本——××产品（××作业成本）
　　贷：物流成本——××作业成本

当前理论与实务界对物流成本的研究尚存在一些不尽完善之处，如隐性物流成本的核算带有一定的主观性，没有具体的标准，运用作业成本进行物流成本核算时，实际操作复杂很多，而且成本动因的确立带有一定的主观性，动因之间的关联性考虑很少等。应进一步深入物流成本核算工作，为企业利益相关者提供真实全面的成本信息，使其作出正确的成本决策。

第四节　反倾销成本管理会计

一、反倾销中相关概念界定

1. 正常价值与出口价格

（1）正常价值。

正常价值，也被称为正常价格，是反倾销诉讼中判定倾销与否以及计算倾销幅度的重要因素之一。经过调查之后的正常价值的数据将直接决定倾销指控的成立与否。《关税与贸易总协定》第六条规定了确定应诉产品正常价值的三种规则：出口国国内销售价格、第三国出口价格、出口国结构价格。出口国国内销售价格是指在正常交易中出口国国内销售该产品的价格，即国内市场价格；第三国出口价格是指若在出口国国内正常贸易中没有该相同或类似产品的销售时，则该出口国出口到相应的第三国的相同或类似产品价格；出口国结构价格是指以该出口国产品的生产成本加上销售管理和一般费用,并加以适当的利润作为该产品的正常价值。

(2) 出口价格。

出口价格是指出口国出口产品的价格或进口国进口产品的价格,是进出口双方达成的交易价格。在实务中,它通常指进口方实际支付的价格或买卖合同中签订的价格。WTO 反倾销协议规定,出口价格通常有两种核算方法。一是实际出口价格,是指货物在输出国的出口方送至出口口岸甲板上交货时所计算的价格,实务中出口价格通常是进口方实际支付的价格;二是推定价格,若反倾销调查机构认为进出口双方不存在实际的出口行为,使出口价格不可信,出口价格的界定应从进口产品首次转卖给独立的消费者的价格考虑。

2. 倾销及其判定标准

英国经济学家亚当·斯密在其代表作《国富论》中论述了欧洲各国允许对出口实行官方奖励的做法,并称为倾销,这是经济学界最早提及倾销的概念,亚当·斯密的倾销与现代意义上补贴的定义更为接近。从 19 世纪末开始,西方国家利用厂房及机器设备实现大规模生产,厂商有能力垄断国内市场,进而有能力以较低的价格抢占国际市场。在此背景下,美国经济学家雅各布·瓦恩纳提出了现代意义的倾销的概念,即同一商品在不同国家市场上的价格歧视。《关税与贸易总协定》将倾销定义为:一国产品以低于正常价值的水平进入他国市场,由此对该国相关产业造成实质性的损害或重大威胁的行为。在《关税与贸易总协定》对倾销定义基础上,本书对倾销的定义如下:在正常贸易过程中,出口国将产品出口到另一国的出口价格,低于该出口国国内用于正常消费时的销售价格,即低于该产品的正常价值而进入另一国,并对进口国已经建立的同类产业造成实质性的伤害,则该出口销售视为倾销。其具有如下特点:(1) 倾销的动机多样化,如销售过剩商品或为争夺市场份额;(2) 倾销是不公平的竞争行为,即通过低价销售来打击竞争对手;(3) 倾销的结果是扰乱市场经济秩序,给进口国的经济造成沉重打击。

界定倾销行为必须同时满足三个条件:第一,倾销行为确实存在,即出口产品以低于正常价值出售,但以下三种情况例外:出口价格低于产品成本的销售持续不足六个月、出口价格低于产品成本的销售量小于为确定正常价值而被调查当局调查交易的销售总量的 20%、出口价格低于产品成本的销售能在合理的期间内回收成本;第二,这种行为对进口国相关产业造成损害的事实已经发生;第三,倾销行为与损害之间存在一定的因果关系,即对同类产业造成的伤害是由于低于正常价值销售造成的。

3. 反倾销的含义及调查程序

反倾销与倾销是一组相对应的概念。目前各国关于反倾销还没有明确界定。由于倾销是一种不合理的贸易行为,会扰乱国际正常的贸易秩序,世贸组织和大多数国家都对此进行了相应的立法,授权进口国相关行政机构采取相应的措施对其进行制裁,即反倾销。WTO 反倾销协议允许其成员国按照有关规定通过调查和采取征税等措施限制该产品的进口,以救助国内受到损害的产业,这些措施手段就称为反倾销。本书对反倾销的界定是进口国为保护本国相关产业,依据法律法规,对违反正常国际贸易秩序使国内相关产业造成损害或威胁行为所采取的抵制措施。

在进口国相关企业提起反倾销调查申请之后，进口国的有关部门将对其进行审核，并作出是否受理的决定。当受理决定作出之后，进口国的相关部门则按照有关法律规定展开反倾销调查。通过出口企业填写反倾销调查问卷，进口国的反倾销调查机构对涉案产品的相关信息进行计算、分析、归类、汇总，得出涉案产品的正常价值，然后将计算出来的正常价值与出口价格进行比较，进而判断倾销是否存在以及倾销幅度的大小。

4. 应对反倾销成本核算的含义

应对反倾销实质上是对成本核算信息的收集和整理、分析和处理，从而重构涉案产品价格及其成本。因此，本书对应对反倾销成本核算的定义为：企业为实现及时规避和有效应诉反倾销的目标，对发生的生产经营管理费用和涉案产品成本的构成进行的正确核算，从而在反倾销调查提起前提供准确的成本信息以及时规避，并在反倾销调查提起后提供规范的成本信息以有效应诉。

二、反倾销调查中对产品成本的调查

1. 成本信息与被调查产品正常价值的关系

被调查企业的成本数据影响到最终倾销裁定及倾销幅度，因此，确定正常价值的前提是要求被调查企业的成本信息能够真实地反映产品的真实成本。在倾销与反倾销调查中，正常价值往往是反倾销发起方和应诉方关注的焦点，出口价格与正常价值的高低，是判断是否构成反倾销行为及判定结果的关键。

正常价值 = 产品生产成本 + 利润 + 涉案产品应摊销的销售和一般行政费用

倾销幅度 = (正常价值 − 出口价格)/出口价格 × 100%

2. 反倾销调查中成本调查分析重点

（1）产品成本划分是否合理。

产品成本依据成本性态将成本分为变动成本和固定成本两部分。WTO反倾销协定、欧盟反倾销基本法及美国反倾销调查明确规定被调查产品总成本应由制造成本和销售与一般行政费用两部分构成，其中制造成本细分为固定制造成本和变动制造成本，这表明成本性态的划分在反倾销的结构价格的计算中有非常重要的地位。由于使用成本性态作为成本核算的基础，直接影响到共同费用分配的精准性，既有利于分析涉诉产品成本结构合理性，又有利于分析企业生产能力利用水平、市场化水平、技术水平，多数国家的反倾销法对被调查产品的成本构成规定与WTO反倾销协定的原则基本一致，因此反倾销调查所需涉诉产品成本信息是基于变动成本法的思想。

（2）产品成本组成项目是否全面。

产品成本是否包含其全部成本。在反倾销调查中，反倾销调查当局根据生产过程中已经全部分配的实际成本决定产品的成本。按照我国会计准则核算的产品成本包括产品的生产成本，即直接人工、直接原材和制造费用。但国际会计准则对成本的界定不仅仅局限在产品的制造成本上，国际上核算产品的生产成本通常是制造成本加销售管理费用和一般费用，即不仅包括为生产产品而发生的各种支出，也应包括应摊销的销售和一般行政费用。

（3）是否提供细化的成本信息。

应对反倾销是对应诉企业成本核算的一场挑战，以产品成本核算项目为例，国内把产品成本一般分为直接材料、直接人工、制造费用三项，有些企业可能增设燃料及动力、废品损失等成本项目，这远远不能满足反倾销涉诉产品成本调查的要求。

（4）间接费用分配方法的合理性。

现代企业生产产品具有多样化及大批量的特点，因此，通常会存在被调查产品与其他产品分摊共同成本的问题。由于现代制造条件下间接费用在产品总成本中所占的比重较大，同时间接费用与代表生产数量指标的相关性正在逐渐减弱，其分配方法单一性和不合理性导致产品成本不精确。例如，如果间接费用在产品中所占的比重较大，采用生产工时、机器工时、生产工人工资、产量等分配标准，会导致不同产品成本之间的交叉补贴。因此，要求被调查企业成本计算与分配方法要有合理性，产品成本计算必须反映其真实的成本。

三、应对反倾销成本核算的方法

我国企业根据会计准则规定，在进行产品成本核算时采用制造成本法。但是，国际广泛采用和认定的产品核算方法是作业成本法。调查方和被调查方成本核算方法存在的差异，直接导致在进行产品成本核算上产生的分歧，进而影响我国企业的反倾销应诉结果。我国企业想要规避产品成本方法差异所带来的影响，应选用科学合理且国际上比较认可的作业成本法。

四、应对反倾销成本核算的范围

由于反倾销案件具有突发性的特点，企业在接受反倾销调查时需要在极短的时间内提供大量的相关涉案产品的成本信息，由于成本信息数量庞大，所以如果企业有完善的应对反倾销成本核算体系，那么应诉工作将容易得多。应对反倾销成本核算体系并不是对我国传统的成本核算体系的否定，而是在成本核算范围、成本核算方法等方面进行改进，以进一步满足企业应对反倾销的要求。

产品生产的每一个环节都与产品成本的确定息息相关，国外反倾销调查机构对我国成本核算体系的调查主要是确定我国现行的成本核算体系是否如实反映了产品的生产成本。国外反倾销机构在进行调查时要求涉案企业提供涉案产品相应的各项成本核算信息资料，所涉及的成本构成直接影响对于正常价值的判定结果。由于我国会计准则对产品成本的要求与WTO反倾销法对产品成本的规定存在较大的差异，这也导致我国出口企业"市场经济地位"申请被驳回，甚至直接影响裁定结果。以调查机构对产品成本组成内容的要求为依据，应对反倾销成本核算范围不仅包括生产过程中各种资源的耗费，还包括研发阶段、销售阶段、售后服务阶段所耗费的各项资源。国际反倾销调查机构相对于我国对产品成本核算的范围更广，不仅仅包括我国会计准则所要求的生产成本还包括应摊销的销售和一般行政费用,国际惯例要求摊入成本的费用除了生产成本之外,还要计算出每个产品所包含的运输费、研发费、包装费、保险费、广告费等。因此,我国应该加强与生产产品相关的成本的核算,将其纳入产品成本的一部分,将制造成本与销售和一般行政费用为基础计算产品的成本。

出口企业可以按照全新的成本核算体系的要求,在原有成本核算基础上扩大产品成本核算的范围,规避由于我国成本核算范围与国际反倾销法成本核算范围的差异给我国出口企业所带来的危害。除此之外,我国产品成本核算范围还存在成本支出计量不足的问题,如忽视土地成本、环境成本、人力成本、知识产权成本等,而调查机构在进行成本核算时通常把这一系列相关成本计算在内,因此在确定反倾销成本核算范围时,应充分考虑国际国内各项成本内容差异,充分反映企业产品成本。

反倾销诉讼是一项复杂的系统工程,它涵盖了政治、法律、经济、会计等多方面的因素,而且在每一方面中,还可以从不同的角度来考查。因此反倾销诉讼涉及了方方面面的因素,并且各方面的因素是有机地联系在一起、不可分割的。本书将成本工作作为应对反倾销诉讼的关键和重点,不断地研究分析反倾销调查机构对成本问题的调查重点与测算方法,规范企业成本会计的核算,搜集同行业同类产品相应的成本资料信息,为应对反倾销做好预防工作。

第五节 人力资源成本管理会计

一、人力资源会计的产生与发展

人力资源理论源于西方经济学中的劳动价值理论,经济学家首先肯定人力资源在财富创造中的作用。现代经济学创始人亚当·斯密在其《国富论》中把劳动者的知识技能作为一种资本,提出了具有开创性的人力资本的思想体系。其后,具有代表性的人物是英国著名的新古典学派创始人阿尔弗雷德·马歇尔于19世纪末在其著作《经济学原理》中指出:"所有资本投资中最具价值的是对人本身的投资"。人力资源会计产生于20世纪六七十年代,最早由美国会计学家赫曼森在1964年的《人力资源会计》中首次提出,赫曼森认为应该把人力资产并入到会计报表中,并最先提出了人力资源会计的概念,被认为是人力资源会计理论研究的起点。其后美国会计学会对人力资源会计理论进行了系统研究,认为需要对人力资源成本以及人力资源效益进行衡量和评价,同时其他专家学者陆续提出一系列人力资源基本概念,例如人力资产、人力资源成本、人力资源价值等,从此人力资源会计正式进入理论研究阶段。美国会计学会还专门成立了一个人力资源会计委员会,专门从事这一领域的研究和指导工作。

人力资源会计的思想在20世纪80年代引入我国,1980年我国著名会计学家潘序伦在参加人才问题的讨论时,提出了开展人力资源会计研究,并率先提出应重视人力资源研究的问题，此后对人力资源会计的研究便成为中国会计学界研究的重要课题之一。20世纪90年代以后，人力资源会计开始转向系统的研究，内容主要涉及人力资源会计的理论体系、会计假设、会计模式、核算方法等方面。1991年厦门大学陈仁栋先生主编的我国第一本人力资源会计的专著问世，1993年著名会计学家阎达五教授将《人力资源会计准则》列入其主编的《会计准则全书》中，已有越来越多的会计学者和实务工作者关注人力资源会计，我国目前对人力资源会计研究方面形成了较多的观点，有共识有争议也有突破。

人力资源会计的基本前提是将人力资源视为一项资产，是在一定的历史条件和社会环境下产生的。（1）社会经济环境的需求。当前服务行业逐渐成为发达国家的支柱产业，许多经济现象已不能用传统的经济理论解释，产生了许多新的经济理论，人力资本、人力资产等便是其中重要的组成部分。（2）传统会计的局限性。传统会计处理方法将所有人力资源成本计入当期损益，而不是进行资本化并摊销，但人力资源投资的受益期是长期的，应予以资本化并在有效期内摊销。（3）企业需求。越来越多的企业意识到人力资源在企业价值增长及实现利润过程中的重要性，以人为本的管理理论已逐渐在企业管理中成为主导思想，人力资源会计的产生有其历史必然性。

二、人力资源成本的基本内容

1. 相关概念

（1）人力资产。

人力资产是企业拥有或控制的一种人力资源，它可以用货币计量并且可以为企业带来未来经济利益。人力资产是一种具有主观能动性的资产，其价值除了受各种客观条件影响外，也易受劳动者个人主观因素，如能力、性格等的影响。人力资产投入企业后，其价值会随着企业的使用而逐渐消耗，由于企业对人力资源的投资和劳动者个人的不断学习及经验积累，其价值也在不断地增长，因此，人力资产是一种特殊的资产，其价值具有很大的不确定性。

（2）人力资本。

人力资本理论的创始人西奥多·舒尔茨认为人力资本是对人力资源进行投资所形成的凝聚在人身上的价值，该价值以知识、技能、经历、经验和熟练程度等形式表现。贝克尔则进一步把人力资本与时间因素联系起来，认为人力资本不仅意味着才干、知识和技能，而且还意味着时间、健康和寿命。我国会计学者阎达五认为人力资本代表人力资源的使用权让渡给企业后所形成的企业的一种资金来源，它在性质上近似于实收资本。

人力资本不同于物质资本具有其特殊属性，第一，人力资本具有一定的依附性。主要表现在对人身的依附，人力资本与劳动者密不可分，人力资本不能脱离劳动者而单独存在，人们不能让渡其所有权，只能让渡其使用权；第二，人力资本本身具有可变性。这种可变性表现为随着技术的进步人力资本所具有的知识与技能会不断变化，如果不更新还会失去其效用而且其损耗过程是不可见的；第三，人力资本具有主观能动性。人力资本作为人力资源所拥有的一种能力，必须在使用过程中自觉地发挥作用，并且又受其主观能动性的制约，使人力资源具有能动性。

（3）人力资源。

人力资源是一种获得资源，是存在于人体内的体力资源和智力资源，具体指具有一定的劳动技能，能创造财富和价值的劳动者能力的价值。人力资源体现的是劳动者所具有的创造经济收益的潜在能力，在企业这个特定组织中，人力资源包括企业家或高级管理人员的经营管理能力、一般管理人员的协作管理能力、技术人员的科技开发能力、生产工人的劳动技能等，人力资源实质上就是劳动力资源。

人力资源特征：①时效性。其开发和利用受时间限制，其形成、开发、使用和培训具有周期性；②能动性。人的能动性主要体现在人是有目的地进行活动，主要表现为强化、选择工作和劳动；③时代性。经济发展水平不同，人力资源的质量也会不同；④再生性。人力资源是一种可再生资源，与可再生资源相比是取之不尽的，人力资源是个连续开发的资源，尤其是智力型人力资源，其使用过程本身也就是开发过程；⑤社会性。人存在于特定的社会环境中，不同的社会形态和文化背景下都会产生不同的价值观和思维方式；⑥自有性。人力资源属于人类自身所有，具有不可剥夺性，虽然人力资源会阶段性地被雇主所使用，但劳动者仍拥有其终极所有权，这是区别于其他任何资源的根本特性。

2. 人力资源成本的含义

人力资源成本是指雇佣劳动者所花费的全部代价，具有广义和狭义之分。广义的人力资源成本是企业为了实现一定的目标，获得经济效益，取得人力资产使用权、开发人力资源潜力，使用人力资源价值，保障人力资源丧失使用价值时的生存权而付出的总代价。狭义的人力资源成本仅仅是指企业在一定时期内，在生产、经营和提供劳务活动中因使用劳动力而以直接支付或间接支付方式投资和分配的全部费用。

3. 人力资源成本的构成

（1）人力资源取得成本。

①招聘成本。招聘成本指企业为了招揽所需人才，发布企业对人力资源需求的信息，进行社会和高校等范围的招聘宣讲、吸引所需的内外人力资源等工作而发生的一切费用。包括招聘时发生的广告宣传费、人才交流中心的手续费、招聘工作人员工资、招聘发生的差旅费等。②甄选成本。企业要对应聘人员进行筛选以判断是否能够录用，该阶段产生的各种费用称为甄选成本。主要包括：通过简单的口头询问进行筛选、对提交求职申请的候选人资料进行整理、对合格人员进行笔试面试、通过总体成绩得出结果决定是否录用、与候选人面谈录用的待遇。通常甄选的应聘者应聘职位越高，产生的成本也就越高。③录用成本。企业将录用了的员工安排到工作岗位而产生的各种费用。主要指搬迁费、接待费、差旅费、签约费，支付给录用人员原单位的离职补偿费等。

（2）人力资源开发成本。

人力资源开发成本是指为提高人力资源的产出能力，增加人员的工作效率而付出的代价，或为了培训员工使其达到某个职位的预期业绩水平或提高其技能等发生的支出。①岗前培训成本。企业对上岗前的新职工在基本知识和基本技能等方面进行教育所发生的费用。②在岗培训成本。企业为使职工达到岗位要求，在其不脱离工作岗位的情况下对其进行培训而发生的成本。包括培训和受培训人员的工资福利费、为培训而消耗的材料费、培训过程中因培训人员占用时间学习新技术而给生产造成的损失等。③脱产培训成本。企业为了满足对企业发展起重要作用的高层次管理人才或关键技术人才的需要而脱产培训员工所产生的成本费用。包括支付培训机构的培养费、支付给受训人员的生活费、交通费、住宿费、出差补贴费等。通过对人力资源开发，可以提高员工的生产技术水平、管理能力和综合素质，从而提高工作效率。

（3）人力资源使用成本。

人力资源使用成本是指企业为了补偿员工在企业服务期间支付的费用。①维持成本。维持成本是企业为了保持员工的正常生产需要所发生的费用，主要指支付给员工的工资福利费等。②奖励成本。奖励成本是指为激励企业职工，使人力资源发挥更大作用，对其超额劳动或其他特别贡献所支付的奖金。③调剂成本。调剂成本是企业为了提高员工在企业中的幸福感和归属感，稳定员工的整体工作和生活节奏而发生的支出。

（4）人力资源保障成本。

人力资源保障成本是指为了保障人力资源在暂时或长期丧失使用价值时的生存权而必须支付的费用。具体包括以下几项：①健康保障成本。是指企业支付给那些由于工作之外的因素导致身体健康出现问题而不能胜任原有工作岗位的员工的经济补偿支出，如伤病期间的补贴等。②劳动事故保障成本。是指企业承担的职工因工伤事故而应给予的经济补偿，包括工伤职工的工资、医疗费等。③退休养老保障成本。员工退休之后的退休金及其他一些费用，这种支出也是企业社会责任的一种体现，是对退休员工老有所养的一种保障，主要包括养老保险和养老金等。④失业保障成本。是指企业对员工被辞退之后为保障他们寻找新的工作岗位而支付的补偿费用，主要形式是失业救济金。这项支出并不能给企业带来经济利益，是一种社会责任的体现。

（5）人力资源离职成本。

人力资源离职成本是指员工离职时企业可能支付的一切离职补偿费用以及离职前员工怠于工作产生的损失和离职后职位空缺带来的损失。①离职补偿成本。企业在员工离职时给予的经济补偿。主要包括支付给员工的离职津贴补偿金、离职时的交通费用及一定时期内的生活补助等。②离职前低效成本。职工在离职前由于移交工作或办理各种手续，而造成的工作或生产效率低下所带来的损失费用，是由于员工的使用价值降低而造成的收益减少。③空职成本。指由于职工离职后职位空缺而导致某项工作或任务不能完成而造成的损失或费用，包括由于某职位空缺而造成的该职位业绩的减少，以及由空职影响其他职工的工作而引起企业整体效益降低而造成的相关业绩的减少。

4. 人力资源成本理论基础

（1）人力资本理论。

人力资本理论的发展起源于18世纪，现代经济学的创始人亚当·斯密在他的代表作《国富论》中首创性地将劳动者的知识和技能看作是一种资本，为后来进行人力资本的研究具有非常重要的历史意义。人力资本理论的先驱舒尔茨认为，人是国民财富中的重要组成部分，人力资本是一个国家经济发展的关键因素，而人力资本表现为人身上的知识和技能的存量。通过对人力资本进行定量分析和解释，建立经济模型，把人力资本纳入经济增长模型，研究人力资本对经济增长的重要作用。随着经济社会的发展，人力资源的作用越来越凸显，人力资本理论的发展和完善也对人力资源进行单独确认和计量提供了理论支撑，人力资本理论为人力资源成本会计的出现奠定了坚实的基础。人力资本理论主要包括：①人力资源是一切资源中最主要的资源，人力资本理论是经济学的核心问题。②在经济增长中，人力资本的作用大于物质资本的作用。③人力资本的核心是提高人口质量，教育投资是人力投资的主要部分。不应当把人力资本的再生产仅仅视为一种消费，而应视同为一种投资，这种投资的经济效益远大于物质投资的经济效益。

（2）劳动价值论。

劳动决定价值思想最初由英国经济学家配第提出，亚当·斯密对劳动价值论作出了巨大贡献。劳动价值论认为价值是一种凝结在商品中的无差别的人类劳动，亚当·斯密系统地阐述了劳动价值学说，认为商品交换价值的真实尺度是劳动，劳动的价值或工资就体现在劳动的产品当中。亚当·斯密把一个人学习的知识和增长的才智归于他个人财产的一部分，同机器和工具一样被看作是社会上的固定资本，因为它同样具备带来利润的能力。马克思继承了亚当·斯密理论的科学成分，用辩证法和历史唯物论从根本上论证了它的历史性质，并在劳动价值论基础上科学地创立了剩余价值理论，认为资本主义的企业追求的是剩余价值这种剩余劳动，而不是追求使用价值。马克思认为人的能力的充分发挥才是最根本的财富，并且把具有一定知识和技能的劳动者看成是一种社会的固定资本。马克思把个人的发展认为是固定资本增加的思想为以后人力资源成本会计理论的产生和完善提供了借鉴。

三、人力资源成本的计量方法

1. 历史成本

历史成本法是以企业取得、开发和使用人力资源时实际发生的支出来计量人力资源成本的一种核算方法，这种方法符合传统会计的核算原则和核算方法，它反映的是企业人力资源的实际成本。历史成本法的优点是操作简便，取得的数据较客观，具有可验证性。缺点是人力资源的实际成本与历史成本有较大的差异，历史成本法核算的是人力资源发生时的成本，与现在的实际成本有一些差距，相关性不高，人力资源的增值或摊销并不直接与人力资源的实际生产能力相关联，从而在一定程度上削弱了人力资源计量的可靠性。

2. 重置成本

重置成本是在现有的条件下重新得到企业目前所拥有或控制的人力资源发生的支出的一种计量属性。它体现了对人力资源成本评估的一种现实价值，有利于企业管理层实时掌握所拥有的人力资源价值。采用这种方法不足之处是增加了会计核算的工作量，核算时按重置成本调整人力资源成本的账面价值，将重置成本与账面价值的差额计入当期损益,同时对以后会计期间分摊的成本也要进行相应调整,会导致提供的会计信息失真,重置成本的确定具有一定的主观性。

3. 公允价值

公允价值是指在公平交易中,熟悉情况的双方,自愿进行资产交换或债务清偿的金额的一种计量属性。采用公允价值计量模式应该符合以下两个条件,一是存在人力资源的活跃市场;二是企业能够从活跃的人力资源市场获得同类或类似人力资源的价格等相关信息,以便对其公允价值进行合理的估计。如果在人力资源取得及以后的评估中能够满足以上两个条件,就能对人力资源成本采用公允价值计量。公允价值计量能够对人力资源的现实成本作出合理准确的估计,对企业管理层或者外部信息使用者能够作出准确的判断提供了一种比较准确的依据。

4. 机会成本

人力资源的机会成本是企业员工不在企业期间,未能参加企业的生产运营过程所产生的经济损失。机会成本的发生主要体现在两个方面,一种是指在企业员工脱产培训学习期间或者离职人员在离职前工作效率下降带来的无形损失,另一种是由于这种离职带来的职位空缺,可能会导致企业运转不灵所带来的损失。机会成本计量模式确定的成本比较接近于人力资源的实际经济价值,以机会成本作为人力资源价值的计量依据,有助于正确评价人力资源的价值,合理评估其作用。

四、人力资源成本核算的账户设置及会计处理

1. 人力资源成本核算账户设置

(1)"人力资产"账户。该账户以员工类别进行详细核算,记录企业能够支配的人力资源的价值。借方与贷方分别反映企业人力资产的增减状况,余额记录在借方,体现企业当前人力资产价值。

(2)"应付职工薪酬"账户。应付职工薪酬是企业根据有关规定应付给职工的各种薪酬,按照"工资,奖金,津贴,补贴""职工福利""社会保险费""住房公积金""工会经费""职工教育经费""解除职工劳动关系补偿""非货币性福利""其他与获得职工提供的服务相关的支出"等应付职工薪酬项目进行明细核算。

(3)"人力资源成本"账户。按照"人力资源取得成本""人力资源开发成本""人力资源使用成本""人力资源保障成本""人力资源离职成本"设置二级明细账户。此账户用于对取得、开发、使用、保障、离职等过程中产生的所有支出进行核算。该账户借方反映企业在人力资源方面进行的投资,贷方反映转入"人力资产"账户时减少的金额。其中,"人力资源取得成本""人力资源开发成本"应予以资本化,"人力资源使用成本""人力资源保障成本""人力资源离职成本"应予以费用化。

2. 人力资源成本会计处理过程

(1)发生各项人力资源支出时:

借:人力资源成本——人力资源取得成本
　　　　　　　　——人力资源开发成本

　　　　　——人力资源使用成本
　　　　　——人力资源保障成本
　　　　　——人力资源离职成本
　　贷：应付职工薪酬
　　　　银行存款等

(2) 人力资源成本资本化时：
借：人力资产
　　贷：人力资源成本——人力资源取得成本
　　　　　　　　　　——人力资源开发成本

(3) 人力资源成本费用化时：
借：生产成本
　　制造费用
　　管理费用
　　销售费用
　　贷：人力资源成本——人力资源使用成本
　　　　　　　　　　——人力资源保障成本
　　　　　　　　　　——人力资源离职成本

目前学者们对人力资源成本会计研究方面形成了较多的观点，有共识有争议也有突破。现代企业管理人员已经意识到了人力资源的重要性，但我国现行会计准则尚未对人力资源会计进行明确规定，因此人力资源会计在我国理论研究较多，实务应用较少，其推广存在一定难度。

课后练习题

一、单项选择题

1. 下列各项中，不属于环境成本分类的是（　　）。
   A. 环境预防成本　　　　　　　　B. 环境治理成本
   C. 环境补偿成本　　　　　　　　D. 环境恢复成本
2. 下列各项中，不属于环境成本的计量方法是（　　）。
   A. 历史成本法　　　　　　　　　B. 公允价值法
   C. 替代市场法　　　　　　　　　D. 市场价值法
3. 传统成本法下物流成本核算的局限性不包括（　　）。
   A. 缺乏战略性　　　　　　　　　B. 造成物流成本"冰山说"
   C. 传统费用分配方法不合理　　　D. 无法有效进行物流成本控制
4. 人力资源不同于物质资本的特殊属性不包括（　　）。
   A. 依附性　　B. 可变性　　C. 相对性　　D. 主观能动性
5. 人力资源成本的计量方法不包括（　　）。

A. 历史成本 B. 现值
C. 重置成本 D. 公允价值
E. 机会成本

二、多项选择题

1. 环境成本的特征包括（　　）。
   A. 多样性 B. 不均衡性
   C. 潜在性 D. 增长性
   E. 相关性

2. 下列各项中，体现资源消耗成本管理的优越性的有（　　）。
   A. 能够合理地将"剩余/闲置生产能力"计算出来
   B. 提高了辅助部门成本分配的准确性
   C. 促进了业务外包的科学性与有效性
   D. 增加"资源消耗"的责任机制

3. 物流成本的核算对象包括（　　）。
   A. 物流成本项目 B. 物流范围
   C. 物流成本支付形态 D. 部门

4. 倾销的特点是（　　）。
   A. 倾销的动机多样化，如销售过剩商品或为争夺市场份额
   B. 倾销是不公平的竞争行为，即通过低价销售来打击竞争对手
   C. 倾销的结果是扰乱市场经济秩序，给进口国的经济造成沉重打击
   D. 出口价格低于产品成本的销售持续不足六个月

5. 人力资源成本的构成包括（　　）。
   A. 人力资源取得成本 B. 人力资源开发成本
   C. 人力资源使用成本 D. 人力资源保障成本
   E. 人力资源离职成本

三、判断题

1. 环境成本分成两个层次：一是因为自然资源数量消耗和质量减退而造成的自然资源价值的减少；二是环保方面的实际支出，即为了防止环境污染而发生的各种费用和为了改善环境、恢复自然资源的数量或质量而发生的各种费用支出。（　　）

2. 物流成本的概念有广义和狭义之分。广义的物流成本是指在物流过程中企业为了提供有关的物流服务，所有占有和耗费的资源，是物流服务价值的重要组成部分。
（　　）

3. 物流成本的会计核算模式分为单轨制和双轨制，单轨制比双轨制更符合我国企业会计准则的规定。（　　）

4. 按照传统成本法进行物流成本核算存在一些局限性，导致物流成本不能反映真实物流信息，且不利于物流成本控制，当前会计理论与实务工作者普遍赞成采用作业成本法核算物流成本。（　　）

5. 倾销是指在正常贸易过程中,出口国将产品出口到另一国的出口价格,低于该出口国国内用于正常消费时的销售价格,即低于该产品的正常价值而进入另一国,并对进口国已经建立的同类产业造成实质性的伤害。（   ）

6. 反倾销成本核算是指企业为实现及时规避和有效应诉反倾销的目标,对发生的生产经营管理费用和涉案产品成本的构成进行的正确核算,从而在反倾销调查提起前提供准确的成本信息以及时规避,并在反倾销调查提起后提供规范的成本信息以有效应诉。（   ）

7. 人力资产是企业拥有或控制的一种人力资源,它可以为企业带来未来经济利益,但不可以用货币进行计量。（   ）

8. 狭义的人力资源成本是企业为了实现一定的目标,获得经济效益,取得人力资产使用权、开发人力资源潜力,使用人力资源价值,保障人力资源丧失使用价值时的生存权等而付出的总代价。（   ）

9. 人力资源属于人类自身所有,具有不可剥夺性,虽然人力资源会阶段性地被雇主所使用,但劳动者仍拥有其终极所有权,这是区别于其他任何资源的根本特性。（   ）

10. 我国企业根据会计准则规定,在进行产品成本核算时采用制造成本法。但是,国际广泛采用和认定的产品核算方法是作业成本法。（   ）